전쟁의 역사

전쟁의 역사

동서양 고대 세계의 전쟁부터 미래 전쟁까지

2023년 1월 20일 초판 1쇄 펴냄
2025년 9월 29일 개정판 1쇄 펴냄

지은이 기세찬 · 나종남 · 박동휘 · 박영준 · 반기현 · 심호섭 · 이근욱 · 이내주 · 이용재 · 홍용진

편집 김천희 · 이근영
디자인 김진운
마케팅 유명원

펴낸이 윤철호
펴낸곳 ㈜사회평론아카데미
등록번호 2013-000247(2013년 8월 23일)
전화 02-326-1182
팩스 02-326-1626
주소 03993 서울특별시 마포구 월드컵북로6길 56
이메일 academy@sapyoung.com
홈페이지 www.sapyoung.com

ISBN 979-11-6707-201-6 93390

전쟁의 역사

동서양 고대 세계의 전쟁부터 미래 전쟁까지

기세찬
나종남
박동휘
박영준
반기현
심호섭
이근욱
이내주
이용재
홍용진
지음

사회평론아카데미

개정판 서문

약 3년간의 기획, 집필, 편집 과정을 거쳐 2023년 1월 『전쟁의 역사』 초판이 출간되었다. 당시 러시아-우크라이나 전쟁은 러시아군 우위의 단기전으로 끝날 거라는 많은 전문가들의 예측과는 달리 11개월째 진행 중이었다. 그리고 그해 10월에 이스라엘에 대한 하마스의 기습공격으로 이스라엘-하마스 전쟁이 시작되더니, 이듬해 4월에는 이스라엘의 공세적인 대응으로 이란과의 분쟁으로까지 확전될 조짐을 보였다. 이러한 전시 상황의 지속과 국제 정세의 변화 속에서 초판이 출간된 지 근 3년 만에 개정판이 나오게 되었다. 미국의 트럼프 대통령이나 러시아의 푸틴 대통령 같은 강대국의 지도자들이 서로의 국익을 앞세워 러시아-우크라이나 전쟁의 종식과 중동 문제의 해결을 위해 골몰한 가운데, 북한군의 러시아 파병은 작금의 상황이 우리와 결코 무관하지 않다는 점을 재확인시켜 주고 있다. 인류의 역사는 또다시 '전쟁의 역사'로 되돌아가고 있는 것이다.

2025년 『전쟁의 역사』 개정판은 콘텐츠와 디자인 측면에서 상당한 변화를 추구하였다. 콘텐츠의 변화는 각 챕터별로 내용의 수정 및 보완이 이뤄진 점이다. 이는 현 실태를 반영한 것은 물론이고, 초판 출간 이후 독자들의 피드백을 충실히 반영한 결과물이기도 하다. 디자인의 변화는 훨씬 두드러지는데, 텍스트보다 이미지에 친숙한 독자층에 어필할 수 있도록 그림 및 사진 자료와 지도의 양을 대폭 늘려서 올 컬러판으로 제작된 점이다. 따라서 책의 판형도 커지고 커버와 종이의 질도 업그레이드하여 양장판으로 출간하게 되었다. 처음 기획 단계부터 "매번 새롭고 중요한 전쟁사와 군사 연구를 수용하고 시간이 지날수록 더 좋은 내용과 형태를 갖춘 양서로 발전"시키는 것을 목적으로 한 만큼, 끊임없이 진화하는 전쟁의 양상처럼 『전쟁의 역사』 또한 계속해서 진화해 나갈 것이다.

우리는 왜 전쟁사를 공부해야 하는 걸까? 답은 의외로 간단하다. 평시 전쟁에 대비하고 전시에 승리하는 방법을 알기 위한 최선의 공부이기 때문이다. 중요한 사실은 전쟁만큼 우리 사회를 극적으로 변화시킨 사건은 없다는 것이다. 따라서 과거의 역사가들 대부분이 전쟁을 다루거나 그 영향력 또는 파급력에 대해 다루었다. '인류사는 곧 전쟁사'라는 명제는 러시아-우크라이나 전쟁과 이스라엘-하마스 전쟁이 한창인 오늘날도 여전히 참이다. 사실 평화를 어떻게 지키는지, 전쟁에 어떻게 대비하는지, 전쟁이 나면 어떻게 승리하는지에 대한 묘책을 알아내기란 쉽지 않다. 그럼에도 불구하고, 전쟁사 공부의 쓸모는 이러한 것들에 대해 생각해볼 수 있는 그야말로 유일한 방법이라는 점에 있다. 모쪼록 이 책을 집필하는 데 들인 고민과 노력이 전쟁사에 관심 있는 이들의 공부에 도움이 되었으면 하는 바람이다.

마지막으로 개정판 서문을 빌려, 그간 『전쟁의 역사』가 출간되는 데 힘써주신 분들에게 늦게나마 감사의 뜻을 전하고 싶다. 윤철호 사회평론 대표님을 비롯하여 이번 개정판이 나올 수 있도록 힘써주신 이근영 한국과학기술미디어센터장님과 김천희 사회평론아카데미 연구소장님께 특히 감사드린다. 한때 사회평론아카데미 소속으로 『전쟁의 역사』의 출간을 위해 노력해주신 고하영, 최세정, 권현준, 이소영 선생님께도 심심한 감사를 드리고 싶다. 그리고 이 책으로 열심히 공부하고 피드백을 아끼지 않은, 지금은 야전에서 국가와 민족을 위해 열과 성을 다하고 있을 젊은 장교들에게 애정 어린 감사를 표한다.

저자를 대표하여

나종남, 반기현 씀

서문

『전쟁의 역사』는 고대부터 현대까지 동양과 서양의 전쟁사戰爭史, History of Warfare와 군사사軍事史, Military History를 다룬다. 이 책을 기획할 당시의 의도는 군대의 장교와 간부를 양성하는 각 군 사관학교와 일부 대학 군사학과에서 개설한 전쟁사와 군사사 교육에 활용할 수 있는 교재를 만드는 것이었다. 장차 국군國軍의 중추로 성장할 미래의 인재에게 체계적 전쟁사 교육이 가능할 뿐 아니라 최신 군사사 연구 경향을 전달하는 데 적합한 좋은 교재가 필요했기 때문이다. 그동안 외국의 전쟁사 교재를 번역 또는 편역해 사용했으나 이것으로는 수시로 변화하는 전쟁의 양상을 제대로 다루기 힘들고, 새로운 주제와 연구 경향을 전달하기 어려웠다. 이러한 문제에 공감한 다수의 전쟁사 전공자가 모여 해법을 논의했고, 여기에 각 시대별 군사전문가가 참가해 필진을 구성했다. 전쟁사 연구에 전념한 학자와 전문가의 공동작업이 좋은 시너지를 가져올 것으로 기대했다.

전쟁은 역사상 인류의 가장 보편적 활동 중 하나이다. 전쟁을 담당하는 군대는 오랫동안 인간 공동체의 중심이었다. 인간 공동체가 상호작용하는 중요한 방법이었던 전쟁은 정치권력과 종교의 팽창을 이끌었고, 무역과 경제 교류의 수단으로 활용되었으며, 종종 질병을 전파하는 매개체가 되기도 했다. 이처럼 전쟁은 인간 공동체가 수행하는 중요한 활동이었기 때문에 그 자체가 중요한 주제가 될 수 있으며, 전쟁과 관련된 다양한 주제로 연결되기도 한다.

하지만 20세기 전반기까지 전쟁사 연구의 주류는 군대의 활동, 특히 군사작전과 전술, 각종 전투와 부대 지휘 등에 집중했다. 그러다보니 실제 전장에서 전투를 수행하는 군인과 개별 전투원에 대한 관심은 크지 않았다. 게다가 함께 전쟁을 경험한 국가와 사회, 군대보다 더 큰 인명 피해를 입은 여성과 아동을 포함한 민간인, 무기를 만들어 전선에 보내기 위해 노력한 산업현장의 노동자 등에 대한 관심은 기대하기 어려웠다. 하지만 지난 세기 후반에 시작된 군사사, 특히 새로운 군사사New Military History는 전쟁을 보편화된 인간 행동으로 이해하고, 인간 중심의 시각에서 전쟁을 이해하려고 시도했다. 제1차 세계대전 내내 북해에서 알프스까지 약 760km에 이르는 참호선을 돌파하기 위한 수많은 군사작전이 시도된 것도 중요하지만, 어둡고 축축하고 춥고 숨 막히는 참호선에서 생활하다 전투에 투입된 전투원에 대한 이해 역시 중요하기 때문이다. 이처럼 『전쟁의 역사』는 새로운 군사사의 시각에서 각 시기와 주제에 관한 최신 연구를 최대한 반영하려 노력했으며, 그 결과 기존 전쟁사 교재에 비해 좀 더 폭넓고 새로운 시각을 전달할 수 있게 되었다.

한편, 16세기를 전후해 화약의 사용과 더불어 시작된 군사혁명, 그리고 현재까지 계속되고 있는 산업혁명으로 인해 전쟁의 양상에 큰 변화가 생겼다. 특히 산업혁명 이후의 전쟁은 강도와 양상 면에서 기존의 전쟁과 많이 다른 모습으로 전개되었고, 급기야 21세기에는 전쟁을 기획 및 주도할 수 있다는 시각에서 '새로운 전쟁 수행방식a new way of warfare'의 필요성을 주장하는 이들도 나타났다. 각 군대는 나날이 발전하는 과학기술을 활용하여 군사 효율성military effectiveness 향상에 치중하며, 이를 통해 전쟁에서 승리할 수 있다고 생각했다. 하지만 2022년 2월 말에 시작된 러시아의 우크라이나 침공에서 알 수 있듯이, 단편적으로 군사 효율성을 높이는 것만으로 수시로 변화하는 전쟁의 문제를 해결할 수 없었다. 왜냐하면 살아 있는 인간의 의지와 의지가 대결하는 공간에서 발생하는 전쟁은 그 자체가 시시각각 변화하며, 그러한 변화에 대한 예측은 사실상 불가능하기 때문이다. 그러한 맥락에서 『전쟁의 역사』는 각 시대별 전쟁 양상의 변화를 다루고, 이를 근거로 시대를 관통하는 전쟁사의 흐름을 이해하려고 노력했다.

일반 대학에서 전쟁과 군사혁신, 군대문화 등을 심도 있게 강의하는 미국이나 영국과 달리 국내 학계에서 전쟁사는 소외된 분야이다. 이러한 현상은 일반 서점의 교양서적 중 전쟁 관련 서적이 차지하는 비율에서도 확인할 수 있다. 그러다보니 자연스럽게 전쟁과 군사 관련 연구는 국방부 산하의 전문연구기관과 사관학교가 주도해왔다. 다만 근래에 일부 대학에 군사학과가 신설되었고, 이들을 중심으로 군사학 연구가 새롭게 시작되어 다행스럽게 생각한다. 이러한 변화가 계기가 되어 전쟁사 교육과 연구의 지평이 넓고 깊어지기를 기대하며, 『전쟁의 역사』가 이러한 변화에서 의미 있는 역할을 하기를 기대한다.

『전쟁의 역사』는 그동안 국내에서 출간된 전쟁사, 군사사 교재와 크게 두 가지 면에서 차이가 있다. 첫째, 이 책이 다루는 시간과 지역, 차원, 영역의 범위이다. 이 책은 고대부터 현대에 이르기까지, 구체적으로 기원전 30세기부터 기원후 21세기까지 다룬다. 지리적으로는 동양과 서양의 전쟁사를 모두 포함하되, 다만 초판은 아시아와 유럽, 북아메리카 대륙, 태평양, 대서양, 지중해를 중심으로 서술했다. 한편, 기존 교재와 달리 육지뿐 아니라 바다와 공중에서 발생한 전쟁도 포함했다. 그 결과 20세기 이후의 전쟁에서는 육지, 바다, 공중 등 3차원에 걸쳐 전개되는 전쟁의 양상을 이해함은 물론이고, 이런 전쟁에서 승리하기 위해서는 합동성과 원활한 연합작전이 중요한 요소임을 강조했다. 이와 더불어 사이버와 인공지능이 활약하는 제4의 공간과 우주에서 발생하는 전쟁에 대해서도 간략하게나마 다뤘고, 앞으로 더욱 발전시켜나갈 예정이다.

둘째, 앞서 언급했듯이 각 시대별로 전쟁을 전문적으로 수행하는 군대와 군사軍事에 집중했던 기존의 교재들과 달리 이 책은 전쟁을 경험하는 인간과 사회, 전쟁과 문화, 전쟁이 미친 영향 등에 대한 다양한 항목을 포함했다. 더 구체적으로는 각 시기별 전쟁의 양상과 전개 방식에 주목했고, 여기에 영향을 미치는 다양한 요소들을 분석해 제시했다. 이를 통해서 각 군대의 싸우는 방식way of war으로 대표되는 전술과 전략에 집중하되, 이들의 형성과 변화에 영향을 미치는 정치, 문화, 사회, 그리고 인간 요소를 중요하게 다뤘다. 각 시대를 대표하는 군사사의 주요 이슈를 특별 항목으로 편성해 학생들의 관심을 자극했고, 이를 통해 각 시기의 전쟁과 군사작전에 영향을 미치는 다양한 요소, 그리고 이들이 가져온 결과와 영향이 무엇이었는지 고민하도록 유도했다.

『전쟁의 역사』는 총 12개 장을 통해 기원전 30세기부터 기원후 21세기, 그리고 미래의 전쟁을 다루며, 각 시기와 장소에서 발생한 전쟁과 군사 발전을 다룬다. 12개 장 중에서 5개를 20세기와 21세기의 전쟁사와 군사 발전에 할애했다. 역사 속의 다양한 주제를 총괄하는 개론서와 달리 이 책이 현대와 미래의 전쟁, 즉 현재를 기준으로 가까운 과거와 가까운 미래의 전쟁과 군사 발전에 집중한 이유는 이 책의 기획 의도에 포함된 실용주의적 관점에 따른 것이다.

각 장의 핵심 내용과 특징을 간략하게 살펴보면 다음과 같다.

「1장 서양 고대 세계의 전쟁(기원전 30세기~기원후 5세기)」은 약 35세기에 걸쳐 지중해 중심의 서양 고대 세계의 전쟁사를 다뤘다. 청동기가 석기를 대체하던 기원전 3,000년경부터 제정일치 군주가 통치하는 초기 형태의 도시국가에 주목하여, 원시적 폭력이 조직적, 의식적 수준으로 발전하던 시기의 전쟁부터 살펴보았다. 또한 청동기에 이어 등장한 철기 문명 시기의 그리스와 인도, 이탈리아반도에서 발달한 문명 사이의 전쟁이 이들의 흥망성쇠에 영향을 미치는 과정을 분석했다.

「2장 서양 중세 세계의 전쟁(기원후 5세기~15세기)」은 약 1,000년 동안 진행된 중세 서양의 전쟁 양상의 변화와 그 원동력을 서술했다. 기존의 일부 연구들이 '전쟁의 암흑기'로 간주했던 중세에도 다양한 형태의 군사 발전이 이뤄졌고, 이를 바탕으로 중요한 전쟁과 군사작전이 전개되었음을 강조했다. 또한 투르 전투, 헤이스팅스 전투, 십자군 원정, 백년전쟁 등 중세 시대를 대표하는 전쟁과 결전을 자세하게 분석하여, 이전 및 이후 시대의 전쟁 양상과 어떤 차이가 있는지 비교해 설명했다. 이와 더불어 다음 시대에 전장戰場의 모습을 바꾼 화약이 도입되는 배경과 과정, 축성술과 공성전의 전개 양상을 서술했다.

「3장 고·중세 동양의 전쟁(기원전 7세기~기원후 13세기)」에서는 약 20세기에 걸쳐 중국 대륙을 중심으로 발발한 전쟁과 군사軍事 발전을 다뤘다. 구체적으로는 '춘추전국시대의 전쟁', '한漢-흉노 전쟁', '당唐의 대외 전쟁', '송과 요(거란)의 전쟁' 등에서 동아시아 역사에서 중요한 분기점이 되었던 주요 전쟁을 서술했다. 또한 '몽골 제국의 정복 전쟁'에서는 칭기즈칸이 몽골 제국을 성립하는 과정부터 유럽 원정을 다뤘으며, 이 과정에서 발견된 각종 군사상의 변화와 발전에 주목했다.

「4장 화약전쟁의 시대와 유럽의 변화(1500년~1720년)」는 유럽의 근대국가들이 르네상스, 종교개혁, 대항해 시대 등을 경험하며 왕조의 번영과 국가의 이익을 앞세웠던 시기의 전쟁과 군사 변화를 다뤘다. 16세기의 전쟁 양상과 군사 발전을 중심으로 서술한 '16세기 유럽, 르네상스와 종교전쟁'에서는 화약과 화약무기의 출현과 발전을 포함한 군사혁명Military Revolution과, 이 시기에 놀라운 군사적 업적을 달성한 영국과 네덜란드의 성장을 다뤘다. 30년전쟁(1618~1648)으로 대표되는 17세기의 전쟁사를 중심으로 다룬 '17세기 유럽, 절대주의와 왕조 전쟁'에서는 초기 형태의 전쟁 산업 출현과 강력한 상비 군사력을 보유한 스웨덴과 프랑스의 전쟁 사례를 자세하게 분석했다.

「5장 전쟁과 혁명의 시대(1720년~1815년)」에서는 강력한 전제군주의 등장으로 다소 전쟁이 줄어들고 인구가 증가하며 경제가 번영했던 시기의 전쟁과 군사 발전을 다뤘다. 영국, 프랑스, 네덜란드 외에도 러시아, 오스트리아, 프로이센에서 절대왕권이 강화되면서, 동시에 상업과 무역으로 부를 축적한 지식과 교양을 쌓은 중간 계층이 사회의 중추로 등장하면서 새로운 사상과 문화가 움트기 시작했다. 이 장에서는 체계적이며 강력한 군사력을 보유한 유럽 각국이 유럽 내에서의 세력균형을 유지하면서, 다른 한편으로는 적극적으로 해외 팽창에 나서 전 세계에 거점을 세우고 식민지를 건설하는 과정에서의 충돌을 서술했다. 그리고 프랑스 혁명 후 나폴레옹전쟁을 경험하는 과정에서 유럽과 전 세계에서 전개된 총력전, 국민군 등 다양한 군사 발전, 변화된 전쟁 수행 양상을 분석했다.

「6장 산업화 시대의 전쟁(1815년~1914년)」에서는 나폴레옹전쟁이 종료된 이후부터 제1차 세계대전이 발발한 시기까지 약 100년 사이에 발발한 다양한 전쟁과 군사 발전을 다뤘다. 특히 대량생산, 기술혁신, 철도의 발달 등을 앞세운 산업화가 강화 및 확산되는 과정에서 전쟁의 하드웨어와 소프트웨어에 미친 영향을 분석했다. 이와 더불어 전쟁과 산업화의 긴밀한 연계를 통해 이전 시기에 등장한 '총력전'의 양상이 이 시기 군사문화의 중요한 요소로 자리 잡았음을 서술했다. 한편 19세기 후반에 전 세계를 뒤흔든 민족주의 열풍에 의해 발생한 다양한 전쟁과 군사작전—크림전쟁, 독일과 이탈리아 통일전쟁, 아프리카 분할 경쟁 등—에 주목했다.

「7장 동아시아의 전쟁(16세기 이후)」은 4장에 이어 중국을 포함한 동아시아에서 발생한 전쟁과 군사 발전을 다뤘다. 이 시기에 동아시아 국가들은 유럽 국가들에 비해 상대적으로 군사 발전이 더뎠고, 그 결과 17세기 이후 유럽 국가의 접근과 공격에 제대로 대처하지 못한 채 급기야 식민지로 전락하는 경우도 많았다. 한편 이 장에서는 일찍이 서양의 군사혁명과 전쟁 수행 방식을 수용한 일본이 동아시아의 군사 강국으로 성장하는 과정을 서술했다. 특히 임진왜란(1592~1598), 청일전쟁(1894~1895), 러일전쟁(1904~1905) 등을 주요 전쟁 사례로 제시했다.

「8장 제1차 세계대전(1914년~1918년)」에서는 19세기 후반부터 시작된 유럽 국가들 사이의 갈등, 적대적 군비 경쟁, 민족주의에 근간한 동맹의 출현과 대립에서 촉발한 제1차 세계대전과 20세기 초기의 군사 발전을 다뤘다. 제1차 세계대전은 기존의 크고 작은 전쟁과는 군사작전의 규모와 범위, 강도 등에서 비교할 수 없는 완전히 다른 차원의 전쟁the Great War으로, 산업화 시대 이후 전쟁의 양상으로 자리 잡은 무제한 폭력과 막대한 인명 피해가 발생하는 총력전total war이었다. 한편 이 장에서는 20세기 초에 초기 항공기의 등장과 항공 산업의 발전으로 공중이 전쟁의 새로운 영역으로 자리 잡는 계기가 되었음을 서술했다. 또한 제1차 세계대전을 상징하는 참호전, 소모전, 대규모 포격전 등의 양상이 등장하게 된 배경과 이들이 실제 전장에 투입되어 싸웠던 전투원에게 미쳤던 영향 등을 자세하게 서술했다.

「9장 제2차 세계대전(1939년~1945년)」에서는 제1차 세계대전 종전 이후 불과 20년 만에 발발한 제2차 세계대전의 배경과 원인, 개전과 확전, 종전 과정을 서술했다. 독일, 일본, 이탈리아 등 추축국이 대두되는 과정과 이들이 전쟁을 발발하는 경과를 기술했고, 이후 유럽 전역과 태평양 전역을 중심으로 전개된 세계대전을 균형 있게 다뤘다. 또한 독일이 주도한 유럽 전역의 전쟁을 프랑스, 소련, 북아프리카 등으로 구분해 다뤘으며, 미국에 대한 일본의 공격으로 시작된 태평양전쟁은 각 시기와 단계별 주요 전투와 사건을 중심으로 분석했다. 전대미문의 규모로 전개된 대규모 세계대전의 모습을 절제된 문체로 간략하게 서술함으로써 일부 사건과 요소에 함몰되지 않고 전쟁의 전반적인 모습을 파악하는 데 집중했다.

「10장 냉전 시기의 전쟁(1946년~1989년)」에서는 제2차 세계대전 이후 형성된 미국과 소련의 냉전 대결과 그 과정에서 발발한 전쟁과 군사 발전을 다뤘다. '적대적 양극체제의 형성'에서는 냉전이 형성된 원인과 배경을 검토한 이후 미국과 소련의 영향력에 의해 적대적으로 분단된 상황을 서술했다. '핵무기의 등장과 군비 경쟁'은 냉전을 상징적으로 나타내는 핵무기 경쟁 과정을 서술한 뒤, 핵전략의 등장과 발전, IAEA와 NPT로 대표되는 핵 억제를 위한 국제사회의 대응도 살펴보았다. 냉전 시기에 발발한 주요 전쟁 중에는 6.25전쟁, 베트남전쟁, 이스라엘과 중동 국가의 분쟁을 사례로 선정해 분석했다. 한편, 냉전의 첨예한 대결을 완화하기 위한 노력을 다룬 '평화공존과 데탕트, 그리고 위기 고조'와 '냉전의 붕괴'에서는 1960년대 이후 미국과 소련 사이에 첨예하게 전개된 냉전의 위기와 화해, 위기 고조, 소련의 해체에 이르는 과정을 서술했다.

「11장 탈냉전기의 전쟁(아프가니스탄과 이라크, 돈바스와 크림반도 전쟁)」에서는 소련이 해체된 1990년대 이후 발생한 주요 전쟁—이라크전쟁, 아프가니스탄전쟁, 우크라이나전쟁—을 다뤘다. 미국과 소련의 적대적 대결로 진행된 냉전체제가 붕괴된 직후부터 발달한 과학기술을 군사 업무에 적용하는 군사 혁신과 군사 변혁을 통해 군대의 효율성이 증가하는 데 집중했다. 이후 미국 군대는 걸프전쟁(1990~1991), 아프가니스탄전쟁(2001~2020), 이라크전쟁(2003~2011) 등을 경험하면서 짧은 시간에 압도적 군사력을 동원해 전쟁이 추구하는 정치적 목표를 달성할 수 있다는 소위 새로운 전쟁 수행 방식a new American way of war을 선보였다. 이 장에서는 미국이 다양한 종류와 형태의 전쟁을 경험하는 과정에서 압도적 군사력을 동원해 새로운 전쟁 수행 방식을 적용했는데도 불구하고 매번 예상치 못한 새로운 전쟁의 모습에 직면했음을 분석했다. 그리고 이러한 현상은 2014년과 2022년에 우크라이나를 침공한 러시아에서도 유사하게 나타나고 있음을 지적했다.

「12장 21세기 전쟁과 미래 전쟁(사이버, 로봇(드론), AI)」에서는 21세기를 넘어 소위 4차 산업혁명 시대의 전쟁에서 중요한 역할을 담당할 인공지능, 사물 인터넷, 로봇 기술과 드론, 자율주행 자동차, 가상현실 등의 군사적 효용과 미래 전쟁에서의 역할을 검토했다. 이 장에서는 4차 산업혁명 기술이 주도할 21세기와 미래 전쟁의 가장 큰 특징을 경계의 모호성으로 제시했는데, 전쟁 주체의 불확정, 시간 및 공간의 모호성, 기술의 다양한 사용 등을 그 특징으로 분석했다. 이를 위해서 새로운 전쟁 양상이 등장한 '사이버전', '로봇과 드론전', '인공지능의 활약'이라는 주제를 중심으로 미래의 전쟁 양상을 제시했다.

『전쟁의 역사』를 통해서 전쟁사를 배우는 학생들은 폭넓은width 전쟁사 지식과 더불어 수준 높은depth 최신 군사사 연구 주제와 경향을 접할 수 있을 것이다. 그리고 다양한 상황의 역사를 통해 배운 지혜wisdom through various context를 바탕으로 장차 자신들이 임무를 수행하는 과정에 도움이 되기를 기대한다. 이를 위해서 『전쟁의 역사』는 최초의 기획 의도에서 벗어나지 않는 범위 내에서 매번 새롭고 중요한 전쟁사와 군사 연구를 수용하기 위해 노력할 것이며,

시간이 지날수록 더 좋은 내용과 형태를 갖춘 양서良書로 발전하기 위해 부단히 노력할 것이다.

저자를 대표하여
나종남, 반기현 씀

차례

07 동아시아의 전쟁 — 16세기 이후 박영준 307

08 제1차 세계대전 — 1914년~1918년 나종남 357

01

서양 고대 세계의 전쟁

기원전 30세기~기원후 5세기

반기현 육군사관학교 군사사학과 교수

I

서양 고대 세계 개관

이 장에서 다룰 '서양 고대 세계'의 시간과 공간은 BC 30세기에서 AD 5세기까지의 지중해 일대로 한정한다.[1] 그중에서도 특히 BC 13세기에서 AD 4세기까지의 지중해 인근 지역을 중점적으로 다룰 것이다.[2] 물론 인류가 집단 의지를 관철하기 위해 조직화한 무력을 동원한 행위는 훨씬 이전부터 존재했을 것이다. 그런데도 유독 기원전 3000년경부터 살펴보려는 이유는 다음과 같다. 이 시기에 본격적으로 청동기가 석기를 대체해 나아갔고, 제정일치 군주가 통치하는 도시를 중심으로 한 정치 공동체인 초기 도시국가가 나타났으며, 기록을 남기기 위한 수단으로 초기 형태의 문자가 사용되었고, 국가 권력에 복무하기 위해 청동제 무기로 무장한 제도화된 전사 집단이 등장했기 때문이다. 쉽게 말해 이전까지 폭력의 목적이 단순히 비축된 잉여생산물의 약탈이나 노동력 착취 수준에 머물렀다면, 이제는 좀 더 의식적이고 조직적인 목적을 띤 전쟁 행위로 진화한 것이다. 이와 같은 변화가 나타난 지리적 공간으로 우리에게 익숙한 '유럽' 대신 '지중해 일대'를 택한 이유는 그곳이 서양 문명의 근간을 이룬 고대 그리스인과 로마인이 주로 활동한 무대였기 때문이다. BC 8~BC 6세기경 그리스인은 지중해 도처에 식민시를 건설했고, BC 1세기 말부터 로마인은 호기롭게 지중해를 '우리 바다mare nostrum'라고 불렀다.

....

1 서양 고대 세계의 장구하고도 다채로운 면모를 한정된 지면에 빠짐없이 소개하는 것은 애초에 불가능한 일이다. 따라서 효과적인 개관을 위해 여러 가지 역사적 사실들을 요약하고 단순화하는 과정에서 부득이 필자의 주관이 개입할 수밖에 없었음을 미리 밝힌다. 물론 어디까지나 사실의 취사선택까지를 개입의 한계로 한다.

2 연도 표기는 '기원전'은 'BC'로 표기하고, '기원후'의 경우 'AD'로 표기했다.

서양 고대 세계는 크게 다섯 시기로 나누어 살펴볼 수 있다. BC 30~BC 13세기 동부 지중해 일대를 중심으로 발전한 에게해Aegean Sea의 청동기 문명 시기, BC 12~BC 10세기 '바다 민족Sea Peoples'으로 불린 자들의 침입에 따른 청동기 문명의 파괴와 이어진 암흑기Dark Age, BC 9~BC 5세기 철기 문명의 발전과 도시국가의 형성으로 두드러진 상고기Archaic period와, 스파르타와 아테네로 대표되는 도시국가들 간의 경쟁과 대립이 펠로폰네소스 동맹Peloponnesian League과 델로스 동맹Delian League의 갈등으로 치달은 고전기Classical period, BC 4~BC 1세기 그리스 세계를 통합하고 인더스강 유역까지 진출한 알렉산드로스의 단명한 제국과 후속 왕국들이 주도한 헬레니즘 시기, 그리고 BC 8세기 중엽 이탈리아반도에서 시작해 BC 1~AD 5세기 지중해 일대를 하나의 문명권으로 통합한 로마 제국의 시기로 이어진다. 이는 어디까지나 편의에 따른 시기 구분일 뿐 각각의 시기와 시기들은 서로 단절된 개념이 아니라 앞선 시기와 뒤이은 시기가 서로 중첩되고 연속되는 전환기의 개념으로 이해하는 것이 타당할 것이다.

에게해의 청동기 문명은 크레타섬의 미노스Minos 문명과 키클라데스 제도의 키클라데스Cyclades 문명, 아나톨리아반도 서쪽 끝의 트로이Troy 문명, 그리스 본토의 헬라스Hellas 문명(훗날 미케네 문명)으로 나뉜다. 이 중 가장 오래된 것으로 알려진 미노스 문명[3]은 오늘날 서구의 관점에서 흔히 근동Near East 또는 중동Middle East이라 불리는 지중해 동부 지역의 선진문명으로부터 많은 영향을 받은 것으로 보인다. 유라시아 대륙에서 가장 오랜 문명으로 알려진 나일, 유프라테스-티그리스, 인더스, 황허 유역 일대의 문명 가운데 무려 두 개의 문명이 이 지역에서 꽃을 피웠다.[4] 이집트와 메소포타미아에서 일찍이 도시화가 이루어진 것인데,[5] 공동체의 규모가 확대되고 정교해짐에 따라 지배자와 민중 사이에 신관과 전사 집단 같은 사회 계층이 등장했고, 청동제 의례용품과 무기를 사용했으며, 초기 문자가 등장했다. 약간의 시간차를 두고 미노스 문명에서

....

3 크레타섬의 크노소스(Knossos) 왕궁 유적을 발굴한 영국 고고학자 아서 에반스 경(Sir Arthur Evans, 1851~1941)이 전설상의 왕 미노스(Minos)의 이름을 붙인 것이다.

4 '세계 4대 문명 발상지' 또는 '문명의 요람(Cradle of Civilization)' 등으로 익히 알려진 지역 가운데 '비옥한 초승달 지대(Fertile Crescent)'를 가리킨다. 메소포타미아, 레반트, 이집트 일대를 포괄한다.

5 도시란 결국 civis(시민)가 모여 만들어진 civitas(공동체)이다. 즉 '문명화(civilization)'는 기본적으로 '도시화'를 전제로 한다.

튀르키예 앙카라의 아나톨리아 문명박물관에 전시된 히타이트 전차 부조

도 비슷한 발전 양상이 나타났고, 전성기에는 에게해 전역에 영향을 미쳤다.

BC 20세기경에는 캅카스 북부 지역에서 말을 다루는 데 능한 유이민 세력(오늘날 인도-유럽 어족으로 일컬어지는)이 전차 전력을 앞세워 남하했다. 이들은 유럽과 서아시아 일대로 뻗어나갔으며, BC 18~BC 16세기에 아나톨리아(소아시아) 지역에 정착한 일부가 히타이트Hittite 문명을, 그리스 본토에 정착한 이들이 미케네Mycenae 문명을 이룩했다. BC 1275년경 히타이트는 레반트Levant 지역의 패권을 놓고 이집트와 카데시Qadesh에서 맞붙었는데, 동부 지중해 초강대국들이 벌인 대규모 전차전답게 꽤 상세한 전투 경과가 기록으로 남았다. 양측 기록이 서로 자신의 승리를 주장하는 가운데 어느 쪽도 압도적인 승리를 거두지 못한 상태로 갈등이 계속되었고, 이 적대 관계는 16년이 지나서야 양측이 맺은 평화조약으로 일단락되었다. 한편 미케네인들은 히타이트 입장에서 변경에 해당하는 아나톨리아 서안의 군소 세력인 트로이를 침공했다. 이 사건은 호메로스의 서사시 『일리아스*Ilias*』와 『오디세이아*Odysseia*』를 통해 실제 규모 이상으로 과장되어 널리 알려졌다. 해당 작품의 전투 장면 묘사에서 마찬가지로 전차전의 모습을 어렵지 않게 찾아볼 수 있다.

BC 12세기 초에는 바다에서 왔다는 정보 외에 알려진 것이 거의 없는 유이민 집단(바다 민족)이 침입해 동부 지중해의 청동기 문명을 심각하게 파괴했다. 미케네와 히타이트는 몰락에 가까울 정도로 피해를 입었고 이집트의 피해도 상당했다. 이후 이어진 3세기가량을 고대사의 '암흑기Dark Age'라 부른다. 바다 민족이 문자를 사용하지 않았는지 문헌 기록이 거의 남아 있지 않기 때문이

다. 바다 민족의 대규모 이동 원인을 두고 기후 변화에 따른 식량 자원의 고갈이나 화산 폭발과 같은 자연재해 등 여러 가지 의견이 제시되었으나 아직까지 뚜렷하게 밝혀진 것은 없다. 암흑기를 거치면서 이집트는 건재했지만 명맥만 이어가던 히타이트는 메소포타미아 지역에서 급부상한 아시리아Assyria에게 멸망했다. 아시리아군은 철제무기를 사용한 것으로 알려져 있다.

BC 9세기경 새로운 유이민 세력이 들어선 (또는 토착 세력이 복귀한) 그리스 세계에서는 점차 폴리스polis라는 새로운 형태의 도시국가들이 생겨났다. 폴리스는 기본적으로 신전이 위치한 아크로폴리스acropolis, 광장으로 기능한 아고라agora, 방어를 위한 성벽teichos, 농업 생산력을 위한 배후 농경지로 구성된 소규모 정치 공동체였다.[6] 영토의 대부분이 산지로 이뤄진 그리스에서 폴리스의 인구 성장을 감당할 만한 배후 농경지의 확보는 매우 중요하고도 어려운 일이었다. 따라서 폴리스의 시민들은 인구압 해소를 위해 해외로 진출하여 수세기에 걸쳐 지중해 전역을 대상으로 수많은 식민시를 개척했다. 대부분의 폴리스가 아테네처럼 바다로 진출하는 길을 선택한 반면, 스파르타의 경우에는 이웃한 메세니아Messenia를 정복하는 길을 택했다. BC 8세기 말 메세니아를 정복하는 데 성공한 스파르타는 피정복민을 농노로 삼아 생산을 전담하게 했다. 문제는 이들의 수가 스파르타 시민 수보다 월등히 많다는 점이었다. 따라서 스파르타는 피정복민을 강력하게 통제하기 위해 군국주의라는 독특한 방향으로 나아간다.

고전기 그리스 세계에서 단연 두각을 나타낸 폴리스는 스파르타와 아테네였다. 대부분의 폴리스들이 왕정에서 귀족정(과두정)으로 정치체제를 변화시켜나간 가운데 아테네는 스파르타의 군국주의와 다른 매우 독특한 정치체제를 향해 나아갔다. 상고기에 드라콘Drakon(BC 7세기)의 성문법 제정과 솔론Solon(BC 7세기 말~BC 6세기 초)의 금권정 확립으로 기초적인 수준의 법적 지위를 보장받게 된 아테네 시민들은 자신들의 권익을 대변할 만한 포퓰리스트를 찾았다. 페이시스트라토스Peisistratos(BC 546~BC 527)가 부름에 응해 권력을 장악한 결과 참주僭主, tyrannos[7]가 탄생했다. 그러나 절대권력은 부패하기 쉬웠

....

6 대규모 폴리스의 경우 인구수가 30만 명 정도였는데, 여자, 아이, 외국인, 노예 등을 제외하면 정치적 목소리를 낼 수 있는 시민의 숫자는 4~5만 명이 채 안 되었다.

7 혈통상 군주가 될 수 없는 자가 폴리스 내에서 군주에 버금가는 정치권력을 독점하게 된 상태를 뜻한다. 상단

기원전 490년
페르시아와의 전투에서
사망한 아테네 전몰자 무덤

고, 결정적으로 자식인 히파르코스Hipparchos와 히피아스Hippias에게 권력을 승계함으로써 시민들을 실망시켰다. 다른 여러 폴리스에서도 참주가 등장하는 상황이었지만, 분노한 아테네 시민들은 부패한 참주들의 정치적 압력을 적당히 인내해줄 생각이 없었다. 그들은 참주들을 제거하고 클레이스테네스Cleisthenes(BC 508~BC ?)를 중심으로 새롭게 민주정democratia을 성립했다. 클레이스테네스는 기존의 혈연 중심 4부족제를 지역 중심 10부족제로 재편하고 부족별 대표 50인을 선출하게 하여 500인 민회를 만들었으며 도편추방제[8]를 도입했다. 아테네 민주정은 페리클레스Perikles(BC 461~BC 429) 시기에 정점을 맞이했는데, 18세 이상의 모든 남성은 민회에 참여할 수 있었고, 군 지휘관인 스트라테고스strategos 직책을 제외하고는 대부분의 공직이 단임제였으며, 재산 수준이 낮은 자도 정무관직을 원활하게 수행할 수 있도록 수당제가 도입되었다.

페리클레스 시기 아테네에서 민주정이 꽃필 수 있었던 배경에는 전쟁이 있었다. BC 5세기 전반 세 차례에 걸친 페르시아의 침입Persian Wars(BC 492~BC 479)을 성공적으로 막아내는 과정에서 아테네가 중추적인 역할을 했고, 그 결과 반페르시아 연합인 델로스 동맹의 맹주로서 전성기를 구가했기 때문이다. 그러나 페리클레스는 함대 유지를 위한 동맹의 자금을 전용하면서 철

....

의 단주나 군 지휘관 출신인 경우가 많았다. 참주나 후계자 중 권력을 함부로 휘두르는 폭군(tyrant)이 나타나기도 했다.

8 정치권력을 독점하는 야심가의 출현을 미연에 방지하기 위한 수단으로 6,000표 이상 득표하면 10년간 추방되었다. 그러나 정적을 제거하기 위해 악용되는 사례도 있었다.

저하게 아테네 우선 정책을 펼쳤고, 이에 반발한 동맹들을 군사적으로 제압하는 제국주의적인 면모를 보이기까지 했다. 게다가 델로스 동맹의 세력 팽창은 스파르타 중심의 유서 깊은 펠로폰네소스 동맹을 긴장시켰다. 델로스 동맹보다 무려 한 세기가량 앞선 이 동맹의 영향력은 거의 펠로폰네소스반도 인근으로 위축되었다.

이와 같은 상황에서 서로 다른 동맹에 속한 폴리스 간의 갈등이 진영 대결로 비화되는 것은 시간문제였다. 펠로폰네소스전쟁Peloponnesian War(BC 431~BC 404)에서 아테네는 최강의 지상군을 갖춘 스파르타를 맞아 잘 싸웠으나, 전염병의 불운이 덮치고 시칠리아 원정 실패라는 잘못된 전략적 선택을 함으로써 스스로 무너졌다. 그러나 이어진 스파르타의 패권도 그리 오래가지 못했다. 거듭된 전쟁에도 엄격한 시민권 정책을 계속 유지한 결과 태생적으로 안고 있던 사회 구조적 문제가 심화된 데다 이오니아계 폴리스들을 페르시아 측에 넘겨버림으로써 동맹들에게 신뢰마저 잃었기 때문이다. 이에 레욱트라 전투Battle of Leuctra(BC 371)에서 테베Thebae가 스파르타를 무너뜨리고 잠시 헤게모니를 쥐기도 했지만, 그리스 세계는 끝내 단합하지 못하고 북쪽에서 남하한 마케도니아군에게 병합되고 만다.

그리스인이 북방의 야만족쯤으로 취급했던 마케도니아는 필리포스 2세Philippos II(BC 359~BC 336)[9] 때 대대적인 개혁을 하여 강국으로 거듭났다. 그는 카이로네이아 전투Battle of Chaeronea(BC 338)에서 그리스 연합군을 무찌르고 그리스 세계의 패권을 장악했다. 그다음 목표는 동쪽의 페르시아 제국으로, 필리포스는 자신이 그리스 세계를 페르시아의 오랜 위협으로부터 해방시켰다는 프로파간다를 앞세워 그리스인이 마케도니아의 페르시아 원정에 동참해줄 것을 종용했다. 그러나 모종의 음모에 의해 갑작스럽게 암살당했고, 그의 원대한 꿈과 프로파간다는 아들인 알렉산드로스Alexandros Megas(BC 336~BC 323)에게 계승되었다. 20살의 어린 나이에 왕위에 오른 알렉산드로스는 그리스 일부 지역의 반발을 제압하고 곧바로 페르시아 원정에 나섰다. 그는 그라니코스 전투Battle of Granicus(BC 334), 이소스 전투Battle of Issus(BC 333), 가우가멜라 전

9 테베가 전성기를 구가하던 시기, 탁월한 군사 지도자였던 에파미논다스(Epaminondas) 휘하에서 인질 생활을 한 것으로 알려져 있다. 군사 분야에서 그로부터 많은 영향을 받은 것으로 보인다. 당시에는 야만족 지배층 인사가 자식을 그리스 세계 유력자에게 인질 또는 식객으로 보내는 경우가 종종 있었다.

악티움 해전 장면을 그린 로렌초 카스트로의 작품(1672). 카스트로는 플랑드르 화가로 해경(海景)과 초상화를 주로 그린 화가이다.

투Battle of Gaugamela(BC 331), 작사르테스 전투Battle of Jaxartes(BC 329), 히다스페스 전투Battle of Hydaspes(BC 326) 등 일련의 전투를 승리로 이끌면서 페르시아 제국을 멸망시켰고, 오늘날 파키스탄에 위치한 인더스강 상류 지역까지 진출했다. 그러나 알렉산드로스 제국은 BC 323년 그가 후계자 없이 갑자기 쓰러져 사망하면서 야심찬 휘하 장군들의 각축장이 돼버렸다Wars of the Diadochi(BC 323~BC 281). 비록 단명했지만 제국은 알렉산드로스의 동방 원정에서 비롯된 헬레니즘이라는 불멸의 문화유산을 남겼다. 저마다 알렉산드로스의 적법한 후계자라고 주장했던 장군들은 수많은 전투들을 거친 결과, 헬레니즘 세계는 그리스 본토의 안티고노스 왕조, 이집트의 프톨레마이오스 왕조, 시리아와 메소포타미아의 셀레우코스 왕조로 정리되었다. 이 헬레니즘 왕국들의 시대는 BC 31년 악티움 해전Battle of Actium에서 로마가 이집트 프톨레마이오스 왕조의 클레오파트라 7세를 꺾으면서 막을 내린다.

BC 8세기 중반 이탈리아 중부의 작은 정치 공동체로 출발한 로마는 BC 1

세기 무렵 이미 지중해 전역을 아우르는 대제국으로 성장했다. AD 5세기에는 여러 이민족들의 침입 속에 제국의 서반부(서로마 제국)를 상실했지만, 동반부(동로마 제국 또는 비잔티움 제국)는 15세기 중반에 수도 콘스탄티노폴리스가 오스만 제국에 의해 함락되기까지 무려 1,000년 가까이 명맥을 유지했다. 서로마 제국의 몰락은 고대와 중세를, 동로마 제국의 멸망은 중세와 근세를 가르는 기준이 될 정도로 로마인의 역사는 서양사에 커다란 족적을 남겼다. 로마는 오랜 세월을 거치면서 정치제도를 왕정에서 공화정(BC 509), 제정(BC 27) 순으로 변화시켰고, 숱한 위기와 도전을 특유의 개방성과 포용성, 개혁들로 극복해 나아갔다. 그중에서도 일련의 군제 개혁이 두드러졌는데, 특히 제정기에 들어서면서 초대 황제인 아우구스투스Augustus(BC 27~AD 14)가 소위 전문상비군professional standing army 제도를 마련한 것이 가장 중대한 변화였다. 기존의 군대가 자비로 무장하고 전시에만 동원되었다면 이제는 군대 금고aerarium militare 예산으로 운영하는 군대가 변경 지역에 상시 주둔했다. 따라서 평시 훈련과 규율 확립이 매우 중요해졌다. 그렇게 로마군은 제국에 안정과 번영을 가져온 안전판 역할을 했지만 정치적 혼란이라는 위기를 야기한 양날의 검이기도 했다. '3세기의 위기Crisis of the Third Century(235~284)'는 빈번해진 이민족의 침입뿐 아니라 군인 출신 황제들의 치열한 권력 쟁탈에 따른 내전에 기인한 것이 컸다. 이 같은 내우외환을 해결하기 위해 로마군은 광대한 제국에서 신속한 대응이 가능한 야전군comitatenses 위주의 군대로 거듭나려는 모습을 보였고, 이 개혁은 디오클레티아누스Diocletianus 황제 때 마무리되었다. AD 4세기 말에는 테오도시우스 황제Theodosius I(379~395)가 이교 숭배를 금하면서 제국을 기독교 국가로 만들었다. 유일신을 강조함으로써 신의 대리인인 황제의 절대권력을 강화하려는 의도였으나 동시에 로마의 주된 성장 동력이었던 다양성과 개방성, 포용성을 포기한 것이기도 했다.

II

전쟁 양상의 변화와 그 원동력

서양 고대 세계의 전쟁 양상은 매우 느리고 점진적으로 변화했다. 지난 세기를 주름잡았던 역사수정주의자들의 견해에 따르면 혁명적인 변화는 없었다고 해도 좋을 것이다. 그런데도 전쟁 양상이 중대한 변화를 겪은 시기는 분명히 존재했다. 변화의 바람은 대개 침략의 형태를 띤 대규모 유이민 집단의 이동에서 비롯되었는데 문명의 중심보다 변경에서부터 불어닥친 경우가 많았다. 캅카스 지역 인도-유럽 어족의 이동을 따라 전차 전술도 지중해 지역으로 확산되었고, 바다 민족의 침입은 청동기 문명의 파괴와 철기 문명의 도래를 알렸으며, 그리스 세계의 폴리스들은 지중해 곳곳에 식민시를 건설하면서 팔랑크스phalanx(중장보병 밀집방진대형) 전술 또한 전파했다. 아케메네스 왕조의 페르시아 입장에서 변방의 야만인에 불과했던 마케도니아인은 알렉산드로스라는 위대한Great 지도자를 따라 그리스 문화를 페르시아 문화에 뒤섞어 헬레니즘 시대를 여는 견인차 역할을 했다. 헬레니즘 세계에서 마케도니아식 팔랑크스는 서쪽에서 로마 군단legio이 쳐들어오기 전까지 최강자로 군림했다. 그리스인의 입장에서 촌스럽고 투박하게만 보였던 로마인은 강인함virtus[10]으로 그들을 굴복시켰고, 계속해서 지중해 세계 전체를 제패했다. 그러나 영원할 것 같았던 로마 제국도 변방에서 산발적으로 쇄도해 들어오는 게르마니아계 부족들의 침입을 효과적으로 막아내지 못했고, 기병을 지속적으로 증강시켜 나갔지만 서로마 제국을 지키기에는 역부족이었다. 이런 각각의 변화들은 짧게

10 virtus는 로마인들이 가장 중요시한 가치 중 하나로, 직역하면 '사내다움'을 뜻하나 일반적으로 '힘', '강인함', '용맹함', '용기', '탁월함', '미덕' 등 다양한 의미로 사용되었다.

는 수십 년, 길게는 수세기에 걸쳐 일어났다.

전쟁은 사회 변화에 막대한 영향을 미쳤고, 반대로 변화된 사회 모습이 전쟁의 패러다임을 바꿔놓기도 했다. 고대를 거치면서 전쟁은 구조적으로 소수의 전사 집단(특권 계층)이 승패를 결정짓는 의식적인 행위에서 점차 다수의 시민병을 중심으로 한 실질적인 무력 행위로 확대되어갔다. 전쟁이 반복되고 규모가 커질수록 평민층의 협조가 더욱 절실해졌고, 공동체의 안위라는 명분만으로 그들의 전쟁 참여를 독려하기가 점점 어려워졌다. 따라서 전쟁 참여와 소득 수준 향상에 따른 납세로 책임을 다하게 된 시민이 특권 계층에게 정치권력의 분배를 요구하게 된 것은 어찌 보면 당연한 수순이었다. 아테네 민주정의 발전 과정이나 로마 공화정기 신분 투쟁Struggle of the Orders이 대표적인 사례였다. 아테네에서는 페르시아전쟁을 통해 무산자인 시민들도 노잡이로 참전하면서 사회적인 목소리를 내기 시작했고, 로마는 이탈리아를 통합해가는 과정에 숱한 전쟁을 겪으면서 평민층의 권익 신장을 이루어냈다.

고대 세계의 전쟁은 대체적으로 연중 전시와 평시가 확실히 구분되는 편이었다. 전투에 참여한 병력의 절대 다수가 농업 종사자였기 때문에 농번기에는 되도록 서로 침략하지 않는 것이 암묵적인 룰과 같았다. 전쟁은 통상 추수기가 끝나갈 무렵에 시작하곤 했다. 병력은 귀한 노동력이기도 했기에 적을 괴멸하기보다 잉여생산물 확보를 목적으로 했다. 따라서 대부분의 전쟁은 회전會戰을 통한 단기전 승부로 결판이 났다. 그러나 페르시아 제국의 그리스 원정이나 알렉산드로스의 동방 원정, 로마 제국의 대규모 원정 같은 다른 목적의 장기전이나 공성전이 나타나기도 했다. 전쟁 수행은 대부분 수적 우세에 의존했기 때문에 기본적으로 준비 과정에서 적보다 많은 병력을 확보하는 것이 중요했다. 전투가 개시되면 중장보병들은 밀집방진대형으로 싸웠는데, 짧은 시간 안에 소집되어 대열을 갖춘 군인들 사이에 연대의식과 전우애를 고취시켜 전투력으로 이어지게 하기 쉬운 기본 대형이었다. 따라서 전투 역시 피아간 밀집방진대가 기동력을 발휘하기보다 서로 충격력을 주고받는 방식으로 이루어졌고, 먼저 대열에 균열이 생기거나 무너지는 쪽이 패하기 쉬웠다. 한편 중장보병 밀집방진대형은 방향전환이 어려워 기병에 의한 측면 보호가 필수적이었는데, 포에니전쟁의 칸나이 전투Battle of Cannae(BC 216)처럼 압도적인 수의 중장보병을 갖추고도 적 기병에게 측면을 내줘 패하는 경우도 있었다.

고대 그리스 중장보병을 묘사한 아테네식 암포라(BC 560경)

무기체계의 발전은 다른 시기에 비해 매우 느리지만 꾸준히 이루어졌다. 한마디로 표현하면 끊임없는 무기의 강도 향상과 경량화 과정으로, 적이 사용하는 것보다 단단하고 가벼운 무기를 만드는 것이 핵심이었다. 이것이 16~17세기 화약무기가 일반화되기 전까지 냉병기cold weapon 시대의 법칙인 셈이었다. 무기의 재질은 석기에서 청동기를 거쳐 철기로 변화했다. 청동기 시대에도 목재나 석재 무기를 여전히 사용했고, 초기 철기 시대에는 철제 무기보다 강력한 청동제 투구나 갑옷을 선호하기도 했다. 일괄적인 대량생산이 불가능한 시기였기 때문에 장인의 무기 제작 기술이나 군인의 숙련도에 따라 재질의 차이를 극복하는 것이 어느 정도 가능했다. BC 30~BC 13세기에는 청동무기를 주로 사용했고, BC 20세기부터는 전차가 가장 값비싸고 중요한 무기로 등장했다. 카데시 전투나 트로이전쟁처럼 본격적인 전차전의 양상이 나타난 전장에서는 전차의 내구성을 향상시키면서도 경량화에 성공해 기동성을 높이는 기술이 주효했다. 활도 그에 못지않은 중요한 무기였다. 탄성이 좋은 목재와 뿔, 힘줄 등을 결합해 만든 합성궁composite bow으로 더 멀리 있는 적을 더 강하게 꿰뚫을 수 있게 개량하는 것이 관건이었다.

철제무기는 암흑기로 알려진 BC 12~BC 10세기를 거치면서 점진적으로 도입한 것으로 보인다. 그전까지 청동무기를 사용했던 아시리아는 BC 9세기

레오니다스, 페리클레스, 알렉산드로스, 카이사르, 스키피오, 한니발(왼쪽 위부터 시계방향)

경부터 본격적으로 철제무기를 사용하면서 BC 7세기에는 이집트를 정복할 만큼 동부 지중해의 최강국으로 거듭났다. BC 6세기 중반 아시리아의 뒤를 이은 페르시아 제국도 철제무기를 사용했는데, 그리스 세계의 중장보병들은 BC 6세기 말까지도 청동무기에 대한 선호도를 유지했다. 정교하게 제작한 청동 투구와 흉갑이 오래도록 사랑받았으며, 자신들을 일컫는 '호플리테스hoplites'의 어원인 '호플론hoplon'도 청동 원형방패를 가리켰다. 그러다가 BC 5세기 이후에서야 비로소 철제무기를 보편적으로 사용한 것으로 보인다. 마케도니아 중장보병의 장창인 사리사sarrisa, 로마 군단병의 검인 글라디우스gladius와 판갑옷인 로리카 세그멘타타lorica segmentata, 기병의 장검인 스파타spatha도 강도 높은 철제무기에 속했다. 공성용 파성퇴와 공성탑은 물론 장거리 투척 무기인 발석차와 발리스타ballista[11]도 이때 등장했다.

고대로 거슬러 올라갈수록 야전 지휘관의 용병술과 리더십은 전쟁의 승

11 실타래를 꼬아 얻은 탄력을 이용해 레버를 튕겨 장전한 묵직한 석환이나 화살을 날려 보내는 무기였다. 위급 상황에서는 실타래 대신 여성의 머리칼을 사용한 사례도 있었다고 전해진다.

패에 결정적인 영향을 미쳤다.[12] 지휘관 개인의 용력만이 아니라 부하들의 사기를 진작시키는 카리스마와 연설, 사전에 적정을 파악하는 능력과 적의 약점을 과감하게 파고드는 판단력 등이 중요하게 작용했다. 잘 알려진 스파르타의 레오니다스(테르모필라이 전투, BC 480)와 아테네의 테미스토클레스(살라미스 해전, BC 480), 마케도니아의 알렉산드로스(이소스 전투, 가우가멜라 전투, BC 333~BC 331), 카르타고의 한니발(칸나이 전투, BC 216), 로마의 스키피오(자마 전투, BC 202), 카이사르(알레시아 공방전, BC 52) 등이 대표적인 사례이다. 그러나 아우구스투스 시기 이후 로마 제국에서는 상대적으로 개인보다 시스템에 의지하는 모습을 보이기도 했다. 그만큼 주둔지 인근의 인프라 건설 및 유지보수와 병참선 확보가 강조된 것이다. 그렇다손 치더라도 코르불로Gnaeus Domitius Corbulo(AD 7경~67)나 아그리콜라Gnaeus Iulius Agricola(AD 40~93) 같은 속주 총독 겸 야전 지휘관들의 역할은 여전히 중요했다. 특히 총사령관imperator이라 할 수 있는 황제의 군사적 역량은 제국의 전략과 방위에 직결되는 문제였다.

....

12 고대 역사가들의 인물 중심적 서사 방식 때문에 사료에서 지휘관의 역할 외에 다른 정보를 얻어내기 어려운 면도 있다.

III

고대 서양의 대표적인 전쟁

1 이집트-히타이트 전쟁: 카데시 전투(BC 1275경)

카데시 전투를 가장 먼저 소개하는 데에는 크게 세 가지 이유가 있다. 첫째, 신왕국 시기 이집트와 히타이트라는 지중해 동부의 최강대국이 맞붙은 청동기 시대의 대표적인 전투이기 때문이다. 둘째, 기록이 빈약한 청동기 시대의 다른 전투 사례들에 비해 비교적 상세한 전투 과정이 남아 있는 최초의 사례이기 때문이다. 이집트의 여러 신전 벽면에 새겨진 람세스 2세Ramesses II 관련 기록들과 보가즈칼레Bogazkale에서 발견된 히타이트 서판들의 기록을 통해 한쪽에 편향되지 않은 전투의 재구성이 가능해졌다. 사실 기록 양으로만 따진다면 이보다 후대에 일어난 트로이전쟁을 뛰어넘기 어려울 것이다. 트로이전쟁은 『일리아스』와 『오디세이아』라는 훌륭한 서사시 덕분에 그리스인의 해외 식민시 개척이 활발하게 이루어지던 상고기에 지중해 전 지역으로 널리 알려졌다. 그 결과 지중해 일대에서 가장 유명한 전쟁 이야기가 되었지만, 신화에 바탕을 둔 서사시의 성격상 어디까지가 사실인지 분간도 어렵고 과장된 면도 컸다. 헤로도토스Herodotos의 역사 기록과 히타이트의 서판 기록,[13] 고고학적 발굴 성과에 근거해 재구성한 트로이전쟁의 모습은 카데시 전투에 비하면 규모나 영향력 측면에서 상당히 지엽적이었다. 셋째, 전쟁의 원인과 결과에 대한 분석이

....

13 히타이트 왕과 피호국 왕의 서신 내용이 적힌 서판으로 '아히야와(Ahhiyawa)'와 '윌루사(Wilusa)'의 분쟁에 대한 내용을 담고 있다. 당시 히타이트어로 아카이아(Achaea/Mycenae)와 일리오스(Ilios/Troy)를 일컬은 것으로 보인다.

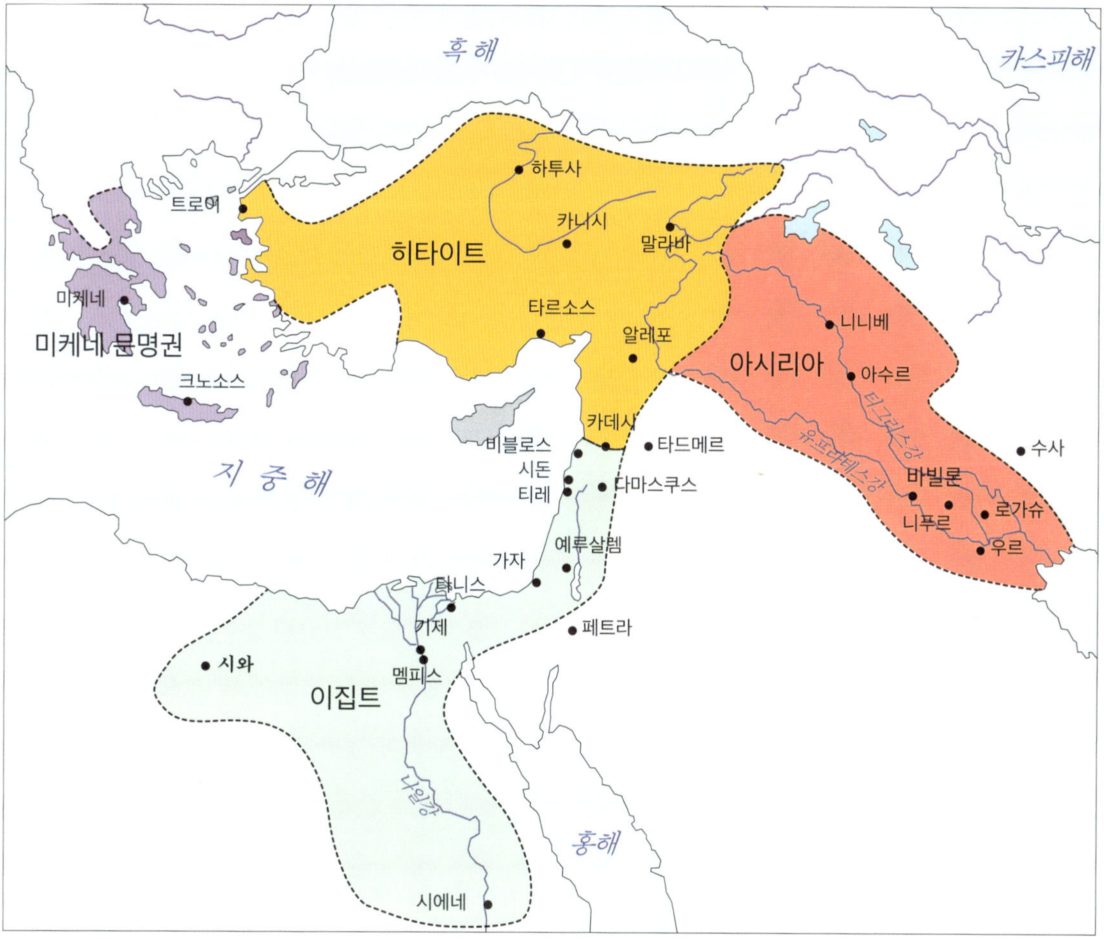

기원전 13세기 지중해 동부 지역 세력 구도

현재 관점에서 우리에게 유의미할 수 있기 때문이다. 이처럼 대표성과 중요성, 상세한 기록의 유무, 현재적 의의라는 기준은 앞으로 소개할 다른 전쟁 사례에도 동일한 잣대로 적용될 것이다.

신왕국 시기 이집트(BC 16~BC 11세기)는 공격적인 대외정책을 펼친 것으로 유명하다. 제18왕조의 개창자인 아흐모세 1세Ahmose I 이래 레반트 일대로 진출한 이집트 세력은 투트모세 1세Thutmose I 때 미타니 왕국kingdom of Mitanni과 접경하게 되었다. 미타니 왕국은 시리아와 메소포타미아 상류 일대를 중심으로 동부 지중해와 메소포타미아를 연결하는 교통의 요지라는 지리적 이점을 살려 BC 15세기 무렵 가장 번영했다. 하지만 이 같은 이점을 노린 이집트와 히타이트에 의해 남북으로 압박을 받았고, 그 과정에서 전략적 요충지인 아무루Amurru와 카데시에 대한 지배력도 이집트에 빼앗겼다. BC 15세기 말엽에는 이집트와 평화협정을 맺고 히타이트에 공동 대응하는 모습을 보였으나, BC 14세기 중반 수필룰리우마 1세Supiluliuma I가 이끄는 히타이트군에게 시리아 지역 대부분을 빼앗기고 말았다. 이때 아무루 왕 아지루Aziru가 히타이트 왕의 침입에 호응하면서 카데시 역시 히타이트 진영으로 넘어가게 되었다. 이로써 히타이트는 카데시를 필두로 이집트와 경계를 마주했다. 하지만 이집트는 세티 1세Seti I 때 카데시를 되찾았고, 그의 아들 람세스 2세 때 아무루를 다시 영향력 아래 두는 데 성공했다. 아무루 왕 벤테시나Benteshina가 이집트 편에 서기로 한 것이다. 이는 안 그래도 이집트와의 일전을 벼르고 있던 히타이트 왕 무와탈리 2세Muwatalli II에게 좋은 침공 구실이 되었다. 그는 전면전을 치를 준비에 들어갔고, 그렇게 지중해 동부 지역의 최강대국 이집트와 히타이트가 카데시에서 격돌하게 되었다.

재위 5년째(BC 1275)에 접어든 람세스 2세는 친히 이집트군 4개 사단을 이끌고 오론테스강 협곡을 따라 카데시로 진격했다. 그는 각 사단에 아문Amun, 레Re, 프타Ptah, 세트Set 신의 이름을 붙여 가호를 받게 했고, 자신은 선봉인 아문 사단을 이끌었다. 그 밖에 가나안Canaan 일대에서 동맹군(또는 용병) 사단인 네아린Ne'arin을 조직해 해안선을 따라 아무루 인근으로 이동하도록 지시했다. 양측 병력은 정확히 파악하기는 어려우나 이집트 측은 각 사단에 4,000명의 보병과 500승의 전차를 배치해 총 2만 명의 보병과 2,000승 이상의 전차(2인승 전차로 4,000명 이상, 네아린 사단의 전차 여부는 불명확)를 동원했고, 히타이트 측은 총 4만 명에 이르는 보병과 3,500승의 전차(3인승 전차로 1만 500명)를 동원했다. 여기서 히타이트 측 동맹군 전력(1만~1만 5,000명, 전차 1,000승)을 제외하면 아마도 히타이트군의 핵심 전력은 이집트군보다 약간 많은 수준이었을 것이다. 이집트군의 전차에는 통상 마부와 궁병 또는 마부와 창병이 탑승했던 반면, 히타이트군의 전차에는 방패병이 추가되어 3인이 탑승했다. 이집트 전차는 히타이트 전차에 비해 가볍고 빠르게 기동할 수 있도록 차체와 바퀴를 개량한 상태였다. 게다가 2인승이었기 때문에 3인승인 히타이트 전차보다 확실히 가볍고 전차 내부 공간도 여유가 있어 궁수가 사방으로 위치를 바꿔가며 재빨리 화살을 날릴 수 있었다.

카데시 인근에 도착한 람세스 2세의 아문 사단은 오론테스강을 건너 북상했다. 그 과정에서 히타이트 측 첩자 두 명을 사로잡았다. 이들은 히타이트군

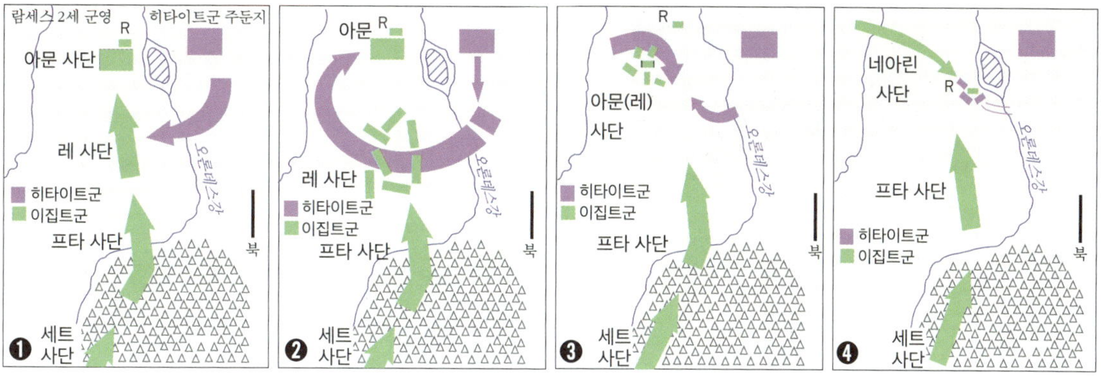

카데시 전투의 전개

이 아직 카데시 인근에 도착하지 못했다고 거짓 자백을 했고, 이를 믿은 람세스는 행군 속도를 올려 카데시 북서부 지역에 주둔했다. 그러나 얼마 지나지 않아 또 다른 히타이트 정찰병을 사로잡아 알아본 결과, 히타이트군이 이미 카데시 북동부 지역에 주둔지를 정비한 뒤 공격 준비를 완료한 상태라는 사실을 알게 되었다. 람세스는 후속하던 레 사단에게 신속한 합류를 재촉하는 전령을 보냈지만 히타이트군의 움직임이 더 빨랐다. 무와탈리 2세의 정예 전차부대가 공포를 자아내는 굉음을 울리며 레 사단을 측면에서부터 휘젓고 들어갔다. 레 사단은 급속히 와해되어 아문 사단이 주둔한 방면으로 달아날 수밖에 없었다. 진영에 난입한 병사들이 가져온 충격과 공포가 그대로 아문 사단에 전염되었다. 곧이어 추격해온 히타이트 전차부대가 공황 상태에 빠진 이집트군을 덮쳐 대오가 무너지고 람세스 직속 전차부대만이 간신히 버티고 선 형국이 되었다. 이집트군의 패색이 짙어진 절체절명의 순간, 때마침 서쪽에서 도착한 네아린 사단이 히타이트군의 후위를 치면서 전세가 뒤집혔다. 람세스의 전차부대도 이에 호응하자 이제는 앞뒤로 적을 맞이한 히타이트군이 무너지기 시작했다. 간신히 히타이트군을 막아낸 람세스는 부대를 재정비한 뒤 프타 사단과 함께 히타이트 전차부대의 제파식 공격을 격퇴하면서 마침내 그들을 오론테스강 동안으로 몰아내는 데 성공했다. 무와탈리는 보병 전력은 온전한 상태였지만 주력인 전차부대가 심각하게 피해를 입은 데다 이집트의 세트 사단이 곧 도착한다는 소식을 접하고 람세스에게 휴전 협상을 요청했다. 람세스도 신승으로 겨우 위기를 모면한 상황에서 체면은 유지한 채 복귀할 명분이 생겼기에 딱히 거절할 이유가 없었다. 그렇게 지중해 동부의 명운을 건 전투는 무승부로 마무리되었다.

이집트 아부심벨 대성전의 람세스 2세 조각

람세스 2세와 무와탈리 2세는 각자 자신의 승리를 주장하며 기록을 남겼다. 그러나 이후 펼쳐진 상황을 보면 히타이트가 전략적인 차원에서 승리를 거둔 것으로 보인다. 아무루와 카데시가 다시 히타이트 측으로 돌아섰고, 히타이트의 세력권이 다마스쿠스까지 확장되었기 때문이다. 람세스 2세는 다마스쿠스 이남 지역에서 일어난 잇따른 소요 사태를 진압하느라 몇 해를 보내야 했다. 하마터면 남부 레반트 지역의 헤게모니마저 놓칠 뻔한 것이다. 그 후 이집트와 히타이트 사이에 전면전이 벌어지지는 않았지만 양측의 경계를 두고 크고 작은 충돌이 계속되었다. 이 냉전기는 카데시 전투 이후 16년째 되던 BC 1259년경 양측이 극적으로 평화조약을 맺으면서 종식되었다. 세간에 '카데시 평화조약'이라 알려진 이 조약은 실제로 카데시 전투에 대한 언급이 없기 때문에 '이집트-히타이트 평화조약'으로 명명해야 옳을 것이다. 조약의 당사자는 재위 21년째를 맞이한 이집트의 람세스 2세와 히타이트의 왕 하투실리 3세Hattusili III였다. 핵심 조항은 상호간에 더 이상의 전쟁 행위를 금지(종전)하고, 어느 한쪽이 침략을 당하거나 내부 반란의 위협을 겪으면 공동으로 대응(상호 방위)하며, 범죄자가 상대 국가로 도피하면 본국으로 송환(범죄자 처리 및 송환)한다는 것이었다. 양국 경계는 현 상태를 유지하는 것으로 확정되었고, 람세스는 하투실리의 딸과 혼인까지 했다. 이 시기에 이집트와 히타이트의 관계가 순조롭게 급물살을 탄 이유는 당시 메소포타미아 지역에서 새로운 강자로 부상한 아시리아의 위협 때문이 아니었나 싶다. 아시리아가 시리아 일대로 진출할 기회를 노리는 상황이었기 때문에 상호간 공동 대응의 필요성을 느꼈을 것이다. 결국 아시리아는 이후 BC 12~BC 10세기 동안 '바다 민족'의 침입으로 괴멸적인 타격을 입은 히타이트를 정복했고, 약 2세기가량 뒤에는 이집트마저 정복했다.

카데시 전투가 현재 시점에서 유의미한 지점이 몇 가지 있다. 첫째, 전쟁의 원인 또는 구실로 작용한 아무루 왕국의 모습에서 접경지대 완충 국가의 운명을 목격할 수 있다는 점이다. 전쟁 이후 아무루 왕국은 독립 세력으로서의 정체성을 거의 상실했다. 둘째, 고대 세계에서 벌어진 대규모 전차전의 구체적인 모습을 살펴볼 수 있는 최초의 사례라는 점이다. 이집트군이 참패해도 전혀 이상할 것 없는 열세에 놓여 있었으면서도 버틸 수 있었던 이유는, 람세스 2세의 카리스마 넘치는 리더십이나 기가 막힌 타이밍에 합류한 네아린 사단도 중요했지만 무엇보다도 히타이트군 전차를 효과적으로 상대한 이집트군 전차의 기동성과 효율성에 있었다. 셋째, 기록이 남아 있는 최초의 평화조약이라 할 수 있는 '이집트-히타이트 평화조약'이라는 결론을 도출했다는 점이다. 현재 고대 이집트어로 새긴 조약문이 카르나크Karnak 신전과 라메세움Ramesseum에 남아 있고, 히타이트어 조약문은 이스탄불 고고학박물관과 베를린박물관에 소장되어 있다. 그리고 히타이트어 버전의 복제품이 상징적으로 뉴욕 UN 본부에 소장되어 있다.

2 페르시아전쟁(BC 490~BC 479)

페르시아전쟁에 대한 기록은 '역사의 아버지'로 알려진 헤로도토스가 BC 430년경에 저술한 『역사*Historiae*』에서 찾아볼 수 있다. 할리카르나소스Halikarnassos 출신인 그는 아케메네스 왕조 페르시아Achaemenid Persia의 흥기와 페르시아전쟁의 원인에 대해 자세히 다루었다.[14] 페르시아는 BC 7세기 말 아시리아를 몰아내고 근동 지역의 신흥 강자로 등장한 신바빌로니아를 근 한 세기만에 무너뜨리고, BC 6세기 말엽 오늘날의 튀르키예, 이란에서 이집트 지역까지 폭넓게 아우르는 대제국을 수립했다. '왕 중의 왕' 다리우스 1세Darius I(BC 522~BC 486)는 제국의 통치를 원활하게 하기 위해 각 지역을 20여 개의 속주satrapy로 재편하고 총독satrap을 파견했다. 각지에 부임한 총독들에 대한 관리·감독은 다리우스의 '눈과 귀'로 불리는 감찰관들이 맡았다. 제국의 공용어는 아시리아 때부터 사용한 아람어를 페르시아어와 함께 사용했다. 그리고 제국의 중심인 수사Susa에서 아나톨리아 서부의 유서 깊은 도시 사르디스Sardis까지 시원하게 뻗은 일종의 공공도로인 '왕의 길'을 냈다. 이 길에는 구간마다 역참을 설치해 제

14 그는 할리카르나소스를 중심으로 서양(Occident)과 동양(Orient)을 구분하고, 페르시아로부터 서양에 적대적이고 위협적인 동양의 이미지를 창안해낸 최초의 인물로 평가되기도 한다.

국 내 수송 및 통신이 막힘없이 신속하게 이루어지도록 만들었다. 특히 역참에 부속된 식량 창고에서 군대가 이동할 때 적절한 보급을 받을 수 있어서 병사들의 약탈로 민심이 이반하는 일을 미연에 방지할 수 있었다. 페르시아 군대는 제국의 군대답게 다인종, 다민족으로 구성되어 수많은 보조군과 특수부대로 조직되었다. 핵심 전력은 그리스의 중장보병에 해당하는 엘리트 중장보병이자 상비군인 1만 명의 불사신부대immortals와 버팀목 역할을 하는 방패부대sparabara였다. 그 밖에 전차와 중장기병도 효과적인 전력으로 운용되었다.

부족할 것 없어 보이는 대제국 페르시아가 서쪽 변방인 그리스까지 원정을 단행하게 된 배경에는 이오니아 반란Ionian Revolt(BC 499~BC 493)이 있었다. 이 반란은 다소 엉뚱한 계기로 일어났는데 이오니아 지역민들의 반페르시아 정서가 저변에 깔려 있었기에 가능했다. 다리우스 1세의 페르시아는 아나톨리아 서안의 이오니아 지역까지 막강한 영향력을 미치고 있었고, 이 지역의 폴리스들은 대부분 친페르시아 성향의 참주들에 의해 통치되는 실정이었다. 그중 밀레투스Miletus의 참주였던 아리스타고라스Aristagoras가 키클라데스 제도의 가장 크고 부유한 섬이었던 낙소스Naxos를 정복할 계획을 세웠다. 이 일은 다리우스의 형제이자 리디아 속주 총독인 아르타페르네스Artaphernes의 지원 없이는 불가능했다. 하지만 아리스타고라스는 페르시아가 지원을 했는데도 낙소스 점령에 실패했다. 그러자 자신의 군사적 실패가 정치적 실패로 이어지지 않게 하려고 꾀를 냈다. 패전의 책임을 페르시아로 돌리면서 당시 이오니아 일대의 반페르시아 정서를 건드린 것이다. 그렇게 이오니아 반란이 시작되었다. 아리스타고라스는 그리스 본토에도 지원을 요청했는데, 여기에 응한 폴리스가 아테네와 에레트리아Eretria였다.[15] 결코 많다고 할 수 없는 지원군이 25척 남짓한 삼단노선trireme을 타고 에페수스Ephesus에 도착했다. 이들은 아르타페르네스의 근거지인 사르디스까지 진격해 도시를 공격하고 불태우는 데 일조했다. 이로써 다리우스에게 이오니아 반란 진압과 더불어 그리스 원정까지 기획할 수 있는 명분이 생겼다.

BC 493년 이오니아 반란을 진압한 다리우스 1세는 이듬해 사위인 마르도

....

15 BC 6세기 말, 아테네에서 쫓겨난 참주 히피아스는 페르시아 세력을 등에 업고 자신의 지위를 되찾으려 했다. 따라서 아테네가 이오니아 반란을 지원할 이유는 충분했다. 반면 에레트리아가 반란을 지원한 까닭은 잘 알려져 있지 않다.

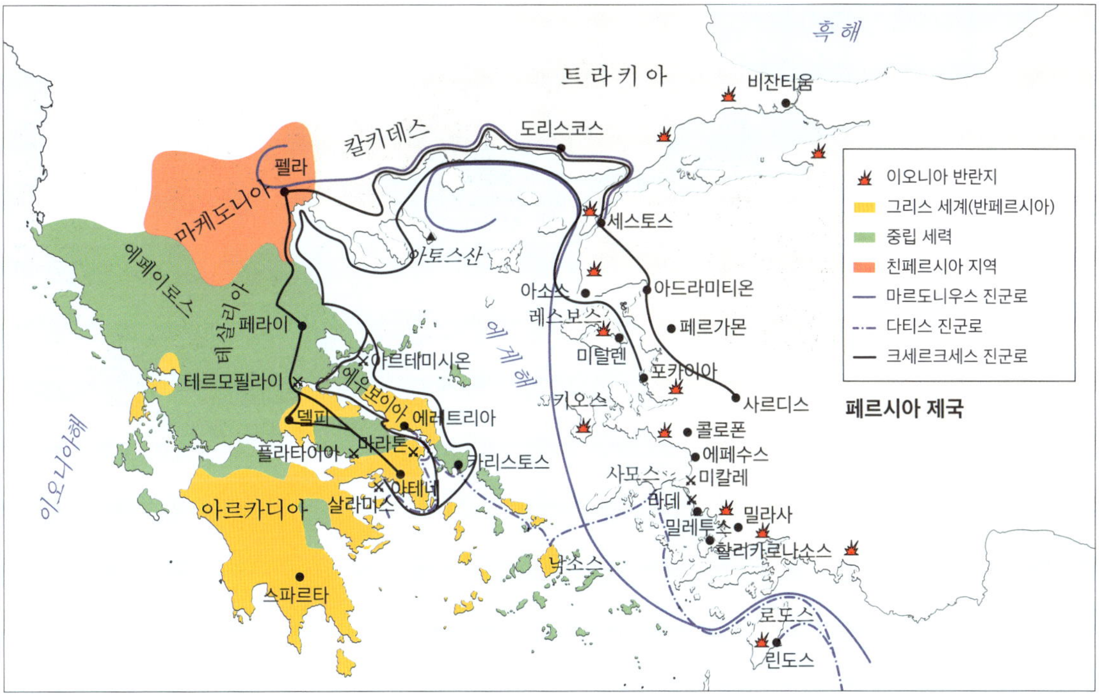

기원전 5세기 초 그리스 세계의 세력 구도

니우스Mardonius에게 그리스 원정을 지시했다. 마르도니우스가 이끄는 페르시아군은 트라키아와 마케도니아를 장악하고 아테네와 에레트리아를 향해 남하할 계획이었다. 그러나 보급을 맡은 페르시아 함대가 아토스산Mt. Athos 인근에서 풍랑을 만나 침몰하면서 원정도 중단되었다. 다리우스는 그리스 세계 폴리스들의 항복을 요구하며 증표로 '흙과 물'을 요구하기도 했는데, 아테네와 스파르타를 위시한 여러 폴리스가 거부 의사를 분명히 밝혔다. BC 490년, 이번에는 아르타페르네스와 다티스가 이끄는 페르시아 함대가 에레트리아가 위치한 에우보이아섬Euboea으로 직행했다. 약 2만 5,000명에 이르는 페르시아군은 에레트리아를 점령하고 아테네가 위치한 아티카반도로 향했다. 그들은 아테네에서 쫓겨난 참주 히피아스(페이시스트라토스의 아들)의 안내에 따라 마라톤Marathon 평원에 상륙했다. 그곳이 에우보이아와 이오니아로부터 병력과 물자를 보급받기에 용이한 지점이라고 판단했기 때문이다. 이에 맞서 1만 명의 아테네군을 중심으로 한 그리스 세계 연합군도 싸울 준비를 마쳤다. 그러나 병력의 차이가 확연해 최강 지상군을 보유한 스파르타에게 지원을 요청하는 전령을 급파했다.[16] 그러나 사회 구조상의 문제 때문에 병력의 파견을 꺼렸던 스파

그리스 테르모필라이 전투 기념비

르타는 이번에도 요청을 거부했다.

한편 그리스 중장보병들은 총사령관 밀티아데스Miltiades의 지휘 아래 일사불란하게 움직였다. 페르시아군에게 측면을 허용하지 않기 위해 넓고 얕게 대형을 갖춘 그리스 중장보병은 전력이 열세인데도 과감하게 적진으로 돌격함으로써 적을 도발함과 동시에 당황하게 만들었다. 이윽고 페르시아군의 격렬한 대응이 이어지자 그리스 중장보병들은 버티기에 들어갔다. 그러는 동안 양익에서 페르시아 기병대를 물리친 그리스 기병대가 페르시아군의 측후방을 공략해 들어가면서 승부가 갈렸다. 밀티아데스의 과감한 공격 지시, 페르시아군의 파상공세를 잘 버텨낸 그리스 중장보병의 무장 상태와 응집성, 페르시아 기병을 압도한 노련한 그리스 기병의 활약이라는 삼박자가 잘 맞아떨어진 결과였다. 하지만 언제까지 이런 식으로 페르시아의 대규모 지상군을 상대할 수는 없는 노릇이었다. 마라톤 전투에 참전했던 테미스토클레스Themistocles는 아마도 이때부터 아테네에 유리한 방위 전략으로 해전을 떠올렸을 것이다.

다리우스 1세의 뒤를 이은 크세르크세스 1세Xerxes I(BC 486~BC 465)는 선대가 마무리하지 못한 과업을 완수하기 위해 대규모 그리스 침공 준비에 들어가 마침내 BC 480년 친정을 단행했다. 이번 침공은 육상 전력과 해상 전력이

....

16 이름이 페이디피데스(Pheidippides)인 이 전령은 아테네에서 스파르타까지 왕복 480km를 4~5일 만에 달린 것으로 알려져 있다. 만약 동일한 전령이 마라톤에서 아테네까지 승전보를 알리기 위해 42.195km를 달려야 했다면 충분히 극적인 과로사에 이르렀을 법도 하다. 그러나 불멸의 영광을 얻은 마라톤 평원에서 아테네까지 달렸다는 이야기는 헤로도토스의 기록에는 없다.

테르모필라이 전투와
살라미스 해전

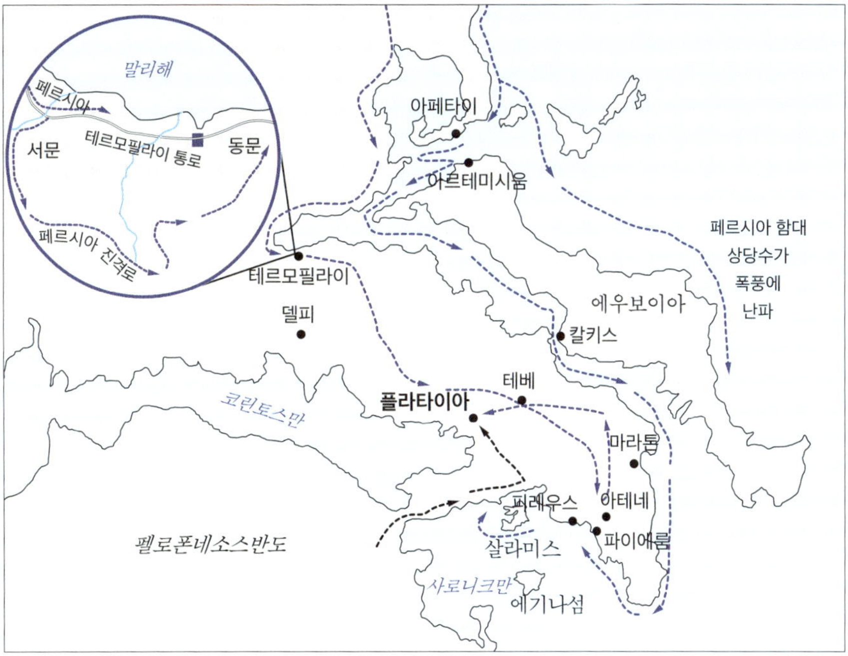

거의 총동원된 수륙 병진 작전으로 진행되었다. 헤로도토스의 기록에 따르면 동원된 실 전투 병력만 250만이었다. 학자들은 이런 비현실적인 수치를 30만에서 50만 선으로 현실화하고 있는데, 어쨌든 그리스 세계 연합군을 압도하는 대규모 병력인 것만큼은 분명해 보인다.

그리스 세계 폴리스들도 지난 10년간 손 놓고 있지만은 않았다. 스파르타와 아테네를 중심으로 대부분의 폴리스가 반페르시아 전선에 동참했고,[17] 스파르타가 육상전을, 아테네가 해상전을 지휘하기로 했다. 특히 테미스토클레스는 200척이 넘는 삼단노선을 준비했다. 양측이 처음으로 제대로 맞붙은 장소는 테르모필라이Thermopylae였다. 깎아지른 듯한 벼랑과 바다 사이에 놓인 좁디좁은 경로였기 때문에 적은 병력으로 대규모 병력을 상대하기에 적합한 지형이었다. 스파르타의 왕 레오니다스Leonidas가 이끄는 300명의 중장보병을 선두로 6,000~7,000명의 그리스 중장보병이 이 경로를 틀어막았고, 페르시아군을 지원하려고 테르모필라이 인근 바다로 진입하려는 페르시아 함대를 막

17 한쪽에서는 페르시아의 침공이 이제껏 독립적인 성향의 폴리스들을 '헬레네스(Hellenes)'라는 동포의식의 자각 또는 강화로 나아가게 했다고 보기도 하는데, 그러한 연대는 불과 20년도 안 되어서 펠로폰네소스 동맹과 델로스 동맹의 갈등과 반목 국면으로 치닫게 된다.

기 위해 270여 척의 그리스 삼단노선이 아르테미시움Artemisium 앞바다를 틀어막았다. 그리스 중장보병은 압도적인 페르시아군을 상대로 사흘간 결사항전을 벌였으나, 트라키스 출신의 에피알테스Ephialtes of Trachis가 페르시아 불사신부대에게 우회로를 알려줌으로써 앞뒤로 적을 맞은 끝에 괴멸당하고 말았다.[18] 아르테미시움 앞바다에서 잦은 풍랑과 씨름하며 페르시아 함대에 맞서 싸우던 그리스 연합 함대도 그 소식을 접하고 아테네 인근으로 후퇴할 수밖에 없었다.

테르모필라이 전투에서의 선전善戰 덕분에 어느 정도 시간을 벌 수 있었던 아테네의 함대는 대부분의 시민들을 배로 대피시킨 뒤 연합 함대와 합류해 살라미스섬 인근 해협으로 이동했다. 아테네에 도착한 페르시아 지상군이 도시를 파괴하고 약탈하는 사이 페르시아 함대는 그리스 함대를 쫓아 살라미스로 이동했다. 살라미스 인근 해협은 페르시아군 입장에서 테르모필라이 전투 때와 마찬가지로 대규모 함대가 지닌 장점을 살리기 어려운 좁디 좁은 환경이었다. 따라서 1,400척이 넘는 압도적인 전력을 갖고도 300척 남짓한 그리스 연합 함대를 상대로 소규모 함대전을 거듭해야 했다. 고대 세계의 함대전은 주로 적의 함선으로 접근해 옮겨 탄 뒤 백병전을 벌이는 식으로 전개되곤 했다. 삼단노선 한 척에 승선할 수 있는 보병은 20~40명 수준으로 제한되었기 때문에 함대전은 지상전을 보조하는 성격이 강했다. 그러나 살라미스 해전에 임하는 그리스 연합 함대는 숙련된 노잡이들(삼단노선 한 척에 150명)의 체력을 엔진 삼아 기동력을 극한으로 끌어올렸다. 속력을 높인 삼단노선들은 적 함선들을 향해 비스듬히 돌격해 노를 부숴버림과 동시에 노잡이들에게 부상을 입혀 기동불능으로 만들거나 측면으로 신속히 기동해 단단한 충각으로 옆구리를 들이받아 파괴하는 전술을 사용했다. 살라미스 해협이 마치 제 집 안마당처럼 익숙했던 그리스 연합 함대는 그렇게 적의 대형을 휘젓고 다녔다. 해협 바깥에서 대기하던 페르시아 함대가 패퇴한 함선들의 쓰나미를 맞기까지 그리 오랜 시간이 걸리지 않았다. 살라미스 해전은 그리스 세계의 명운을 건 결정적 전투로 역사에 이름을 남겼다. 인근 아이갈레오산Mt. Aigaleo에서 해전을 지켜보던 크세

....

18 300명의 스파르타 중장보병 가운데 판티테스(Pantites)나 아리스토데모스(Aristodemos) 같은 생존자도 있었다. 이들은 생존 자체를 불명예로 여긴 나머지 판티테스는 목을 매어 자살하고, 아리스토데모스는 플라타이아 전투에서 전사했다.

1980년대 말 복원한 삼단노선 올림피아스

르크세스는 패색이 짙어지자 마르도니우스에게 지상군을 맡기고 페르시아로 돌아가버렸다.

승기를 잡은 그리스 연합군은 역사상 유례없는 대규모 병력을 일으켜 보이오티아Boeotia 지역의 플라타이아Plataea로 향했다. 페르시아군은 많은 병력이 크세르크세스를 따라 복귀하고 사기도 바닥으로 떨어졌지만, 여전히 마르도니우스 휘하에 상당수 병력을 유지하고 있었다. 헤로도토스에 따르면, 페르시아군이 그리스 연합군에 비해 3배 이상 많아서 수적으로는 압도적인 상황이었다. 그러나 학자들의 현실적인 견해에 따르면 양측 모두 8만 명 정도의 비등한 병력이었던 것으로 추산된다. 어쨌든 그리스 연합군의 지휘를 맡은 스파르타의 파우사니아스Pausanias 장군은 페르시아군이 진영에서 나오도록 유인한 뒤 회전으로 승패를 결정지었다. 페르시아군은 패배했고, 마르도니우스는 전사했다. 이오니아 인근 미칼레Mycale에서도 그리스 연합 함대의 승전보가 들려왔다. 그렇게 페르시아전쟁은 일단락되었다.

페르시아전쟁은 그리스 세계 전체에 큰 변화를 가져왔다. 우선 군사·외교적인 변화로, BC 478년 그리스 세계에 새롭게 아테네를 중심으로 한 해상 동맹이 결성되었다. 이 동맹은 살라미스 해전의 승리로 검증된 함대전 위주의 대페르시아 전략에 따른 결과물이었다. 오늘날의 보스포루스, 마르마라, 다르다넬스 해협에서 에게해 연안에 자리한 수많은 폴리스들이 동참했다. 이들은 해마다 함대 유지 및 보수를 위한 기금을 델로스섬의 금고에 납부하거나 군사력을 제공하는 방식으로 동맹에 기여했다. 동맹의 규모가 나날이 커지면서 아테네의 영향력도 막강해져, 페르시아는 물론 기존 펠로폰네소스 동맹의 스파르타마저 경계할 수준으로 성장했다. 페리클레스 시기(BC 461~BC 429)에는 동맹의 금고를 델로스에서 아테네로 이전하고 그 자산을 팽창정책을 위해 전용하면서 동맹 내에서 균열이 생기기 시작했다. 아테네인들은 동맹 폴리스들의 내정에 간섭하고 무분별하게 부동산 소유를 확장해갔으며, 반발하는 폴리스들을 가차 없이 진압하는 등 제국주의적인 면모까지 보였다. 페리클레스 시기 아테네 민주정의 완성으로 알려진 그리스 세계의 정치사회적인 변화는 이러한 상황에서 촉진되었다. 시민이지만 정치적 역할이 제한되었던 무산자들은 전략적으로 중요해진 함대에서 노잡이로 활약하면서 점점 정치적인 목소리를 낼 수 있게 되었다. 이들은 전투 참여와 정치 참여를 통해 비로소 진정한 '폴리스적 존재zoon politikon'가 될 수 있었다.[19] 아테네의 영향력이 커질수록 동맹 폴리스들의 정치체제도 과두정에서 민주정으로 이행하는 모습을 보였다. 아테네는 그리스 세계의 문화예술적 변화도 선도해나갔다. 풍부한 재원을 바탕으로 페르시아전쟁 당시 파괴된 파르테논 신전을 재건하고 극장을 건설했으며, 각지에서 모여든 내로라하는 소피스트들이 활동할 수 있는 토대를 마련해주었다. 아테네는 그리스의 학교이자 문화예술의 중심지가 되었다. 하지만 근본적으로 민주정의 발전과 문화예술의 부흥은 제국주의에 기반한 것이 컸다.

3 펠로폰네소스전쟁(BC 431~BC 404)

펠로폰네소스전쟁에 대한 기록은 이 전쟁에 지휘관으로 참전했던 투키디데스Thucydides가 쓴 『역사*Historiae*』에서 찾아볼 수 있다. 오늘날 『펠로폰네소스

19 이들을 위한 '관극(觀劇) 수당'이 신설되기도 했다. 그리스 문화예술의 정수인 그리스 희비극을 관람할 수 있도록 비용을 지원하는 일종의 복지정책이라 할 수 있다.

전쟁사』라는 제목으로 더 잘 알려진 이 작품은 투키디데스가 암피폴리스 전투Battle of Amphipolis(BC 422)에서 구원작전 실패에 따른 책임으로 아테네에서 추방당한 뒤 본격적으로 저술한 것으로 알려져 있다. 그는 전쟁의 원인이 아테네의 급격한 세력 팽창에 대한 스파르타의 두려움에 있었다고 명확하게 밝혔다. 그리스 세계에서 가장 강력한 군사력을 갖추고 페르시아전쟁에서 최종적으로 페르시아군을 몰아내는 데 주도적인 역할을 한 스파르타의 패권에 신흥 패권 국가로 등장한 아테네의 제국주의적 팽창이 위협으로 작용한 결과 양자 간의 전쟁은 피할 수 없는 일이 되었다는 것이다. 이러한 논리는 최근 미국의 저명한 정치학자 그레이엄 앨리슨Graham T. Allison에 의해 '투키디데스의 함정Thucydides's Trap'이라는 개념으로 재조명되었다. 그는 과거의 대표적인 전쟁들이 대부분 기존 패권 국가가 주도하는 질서에 신흥 패권 국가가 도전하는 과정에서 비롯되었다는 점을 지적하면서 현재 미중 갈등의 심화가 몰고 올 것으로 예상되는 참담한 결과에 대해 엄중히 경고했다. 물론 '투키디데스의 함정'만으로 모든 전쟁의 원인을 충분히 설명하기란 불가능하다. 그러나 현재 '팍스아메리카나pax Americana'에 대한 '팍스시니카pax Sinica'의 도전이 스파르타 패권에 대한 아테네 제국주의의 도전과 상당히 유사해 보인다는 점은 부인하기 어려울 듯싶다.

전쟁의 직접적인 원인은 발칸반도 북서부에 위치한 해안도시 에피담노스Epidamnos에서 벌어진 정치적 분쟁에서 비롯되었다. 과두정의 스파르타와 민주정의 아테네가 갈등을 빚듯 당시 에피담노스 내에서도 과두파와 민주파가 첨예하게 대립했다. 민주파가 정권을 장악하자 쫓겨난 과두파는 인근 일리리아인과 연합하여 에피담노스를 공격했다. 위기에 처한 민주파는 에피담노스의 실질적인 모도시인 코르키라에 지원을 요청하였으나 거절당했고, 따라서 전통적인 모도시인 코린토스에까지 지원을 요청하게 되었다. 문제는 이 요청에 응한 코린토스 함대의 에피담노스 진출이 코르키라에 의해 저지되자 코린토스가 일부 펠로폰네소스 동맹 폴리스들의 함대를 소집하면서 심각해졌다. 이에 코르키라는 델로스 동맹의 맹주인 아테네와 손을 잡는 것으로 대응했다. 아테네와 코린토스의 대결이 아테네와 스파르타의 대결로 확산되는 것은 시간문제였다. 펠로폰네소스 동맹에 대한 아테네의 적대 행위를 확인한 스파르타가 참전을 결정하면서 결국 펠로폰네소스전쟁이 시작되었다.

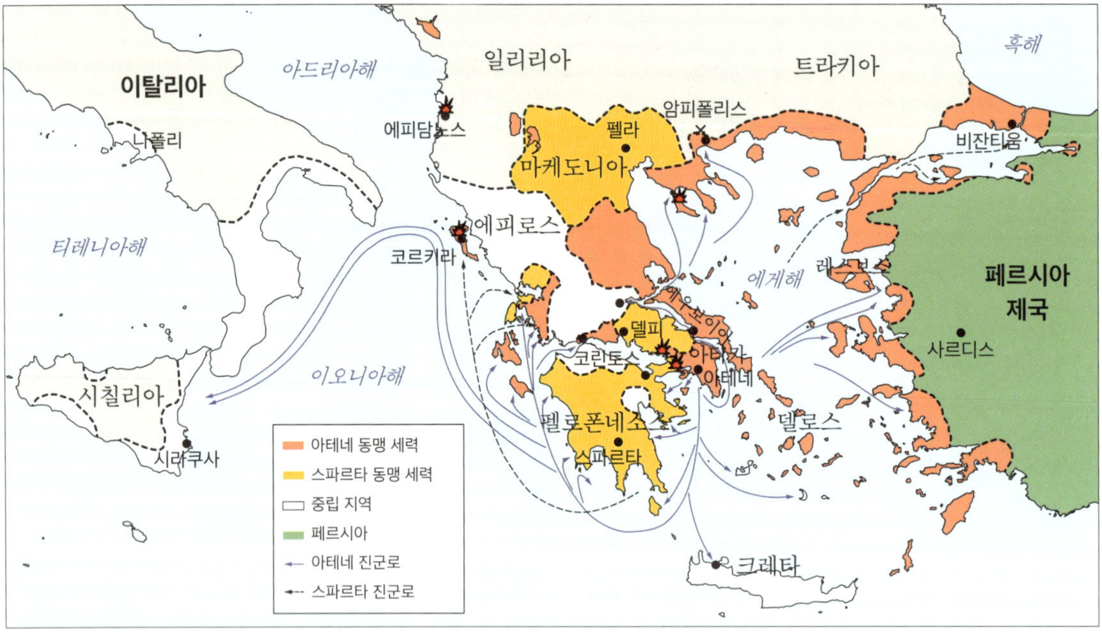

펠로폰네소스전쟁 당시 세력 구도와 주요 격전지

BC 431년 스파르타의 왕 아르키다모스Archidamos는 지상군을 이끌고 아티카반도의 아테네로 향했다. 페리클레스의 방어 전략은 페르시아전쟁 당시의 전략을 개선한 것이었다. 그는 일단 아테네에서 피레우스Piraeus 항구까지 건설한 견고한 장성 안으로 시민들을 대피시키고, 유사시 신속하게 시민들을 항구로 이동시켜 함대전으로 전환한다는 전략을 수립한 상태였다. 최소 2~3년 정도 버티면서 농성전을 벌이면 사회 구조적 문제와 보급 문제 때문에 장기전을 부담스러워하는 스파르타군 입장에서 물러날 수밖에 없다는 판단에서였다. 페리클레스의 전략은 일견 타당해 보였고, 훗날 숱한 지도자들이 연설문을 작성할 때 참고하게 될 유명한 '전몰자 연설Funeral Oration'을 통해 시민들의 항전 의지도 충분히 북돋워놓은 상태였다.[20]

그러나 역병이라는 불운이 아테네 시민들에게 들이닥쳤다. 역병은 인구밀도가 높아질 대로 높아진 비좁은 장성 내부의 환경에 치명적이었다. BC 430년 아테네 역병은 수많은 시민뿐만 아니라 페리클레스의 목숨마저 앗아가버렸다. 역병은 내편 네편 가리지 않았기 때문에 아르키다모스도 일단 퇴각할 수밖에 없었다. 이후 주전파인 스파르타의 장군 브라시다스Brasidas와 아테네의 지

20 '전몰자 연설'은 민주정이라는 아테네 정치체제의 우수성을 강조하고, 아테네 시민들은 그것을 전복시키려는 세력의 위협에 굴복하지 않고 맞서 싸워왔으며, 앞으로도 그러할 것이라는 내용을 골자로 하고 있다.

도자 크레온Cleon이 서로 목숨이 다할 때까지 양 진영의 전황을 이끌었다. 그 과정에서 아테네의 자금줄을 차단하기 위한 스파르타의 암피폴리스 공략도 진행되었다. 전투 결과 스파르타는 암피폴리스를 차지했지만, 이는 양측 지휘관인 브라시다스와 크레온이 사망할 정도로 격전을 치른 뒤였다. 따라서 펠로폰네소스전쟁의 전반부는 BC 421년 니키아스 평화조약Peace of Nicias으로 일단락을 맺었다.

그러나 평화는 오래가지 못했다. BC 415년 소규모 접전 끝에 아테네가 대규모 시칠리아 원정을 단행했다. 아테네 함대의 목적은 시칠리아에서 주도권을 행사하는 유서 깊은 폴리스 시라쿠사Siracusa를 점령하는 것이었다. 시라쿠사는 펠로폰네소스 동맹의 폴리스들과 상업적으로 긴밀하게 연관되어 있었다. 그런데 당시 시칠리아 내에서 시라쿠사의 패권에 반발하는 폴리스도 다수 있었기에, 아테네는 주어진 여건을 잘 활용하면 시칠리아를 확보함으로써 전쟁에서 전략적 우위에 설 수 있으리라 판단했다. 그러나 가까이 있는 적을 두고 대규모 전력을 외부로 돌려 제2전선을 형성한다는 것은 전략적으로 상당한 위험부담을 감수해야 하는 일이었다.

시칠리아 원정은 처음부터 순조롭지 못했다. 함대는 폭풍에 시달렸고, 주요 지휘관인 알키비아데스Alcibiades는 불미스러운 일에 연루되어 시칠리아에 도착하기도 전에 소환되었다.[21] 이런 상황에서 상륙에 성공한 아테네군은 시라쿠사 공략에 돌입했다. 하지만 이 폴리스는 훗날 포에니전쟁 당시 로마군도 고전을 면치 못했을 정도로 난공불락의 요새였다. 게다가 펠로폰네소스 동맹의 스파르타와 코린토스가 지원하면서 아테네는 2년여의 원정에도 불구하고 끝내 패배하고 말았다.

시칠리아 원정 실패는 아테네가 단기간에 회복하기 어려운 치명적인 상처를 남겼다. 그간 그리스 세계의 집안싸움을 구경하던 페르시아도 서서히 움직이기 시작했다. 아테네가 이오니아 일대의 헤게모니를 장악한 것을 탐탁지 않게 여기던 페르시아는 스파르타 세력을 지원하기로 결정해 아테네를 궁지로

....

21 알키비아데스는 페리클레스의 조카이자 소크라테스의 제자로 전도유망한 젊은이였다. 그러나 신성모독죄로 시칠리아 원정에서 소환된 뒤 재판에 회부되었다. 정적들에 의해 제거될 위기에 처하자 그는 스파르타로 망명을 택했다. 그 후 페르시아로 망명했다가 다시 아테네로 복귀하게 된다. 펠로폰네소스전쟁 시기에 활약한 인물 가운데 가장 탈 폴리스적인 유형이었다고 할 수 있다.

몰아넣었다. BC 404년, 마침내 아테네는 스파르타의 공격에 무너지고 말았고 굴욕적인 요구 사항들을 받아들여야 했다. 정치적으로 친스파르타 계열의 30인 과두정이 수립되고, 외교적으로 델로스 해상 동맹이 해체되었으며, 군사적으로 아테네가 자랑하던 함선의 대부분을 스파르타에 빼앗기고 장성마저 파괴당했다. 아테네가 스파르타의 위성도시로 전락한 셈이었다. 30인 과두정은 1년 만에 타도되고 민주파가 복권했지만, 스파르타가 패권을 장악한 상황에서 대외 활동은 극히 제한될 수밖에 없었다. 아테네는 내부 정쟁에만 매몰된 중우정衆愚政과 같은 상태가 되었다.

정체되어 있던 그리스 세계에 활력을 불어넣은 것은 다소 의외의 전쟁이었다. 페르시아 황제 다리우스 2세의 뒤를 이은 아르타크세르크세스 2세Artaxerxes II(BC 404~BC 358)의 황위를 찬탈하기 위해 그의 동생 키루스Cyrus the Younger가 그리스 세계에서 용병을 모집한 것이다. 이 황위 계승 전쟁에 참전하기 위해 1만 명가량의 중장보병이 모여들었는데, 그중에 아테네 출신의 크세노폰Xenophon of Athens도 끼어 있었다. BC 401년 페르시아 제국에 투입된 그리스 중장보병들은 오랜 전란을 겪은 베테랑답게 쿠낙사 전투Battle of Cunaxa에서 아르타크세르크세스군을 상대로 승리를 거두었다. 그러나 불운하게도 전투 도중 키루스가 사망해 그리스 용병대는 고용주를 잃고 적진 한복판에 고립되는 난감한 상황을 맞이하게 되었다. 아르타크세르크세스도 자신에게 칼을 들이댄 세력을 무사히 돌려보낼 생각은 없었다. 문제는 1만 명이나 되는 역전의 용사들을 상대하려면 상당한 출혈을 감수해야 하는데, 그만한 전면전을 벌이기에 아직 황제의 입지가 탄탄하지 못했다는 것이다. 그는 결국 그리스 용병대가 희생 없이 제국을 가로질러 복귀하는 것을 두고 볼 수밖에 없었다. 크세노폰은 『아나바시스*Anabasis*』에 이 모든 과정을 상세히 기록했다. 중요한 사실은 이 작품이 그리스 세계로 하여금 이제껏 수세적이었던 대페르시아 전략에서 벗어나 공세의 가능성을 엿보게 해주었다는 점이다. 이제 페르시아는 그리스 중장보병 1만 명도 어쩌지 못할 정도로 쇠락했다는 인상을 주기에 충분했다. 그리고 이 가능성은 훗날 마케도니아 왕 알렉산드로스에 의해 현실로 이루어졌다.

한편 그리스 세계를 장악한 스파르타의 패권은 그리 오래가지 못했다. 대외적으로 델로스 동맹의 폴리스들을 상당수 페르시아 세력에 넘겨 동맹의 신뢰를 상실했고, 대내적으로 폐쇄적인 시민권 정책으로 시민권자이면서 핵심

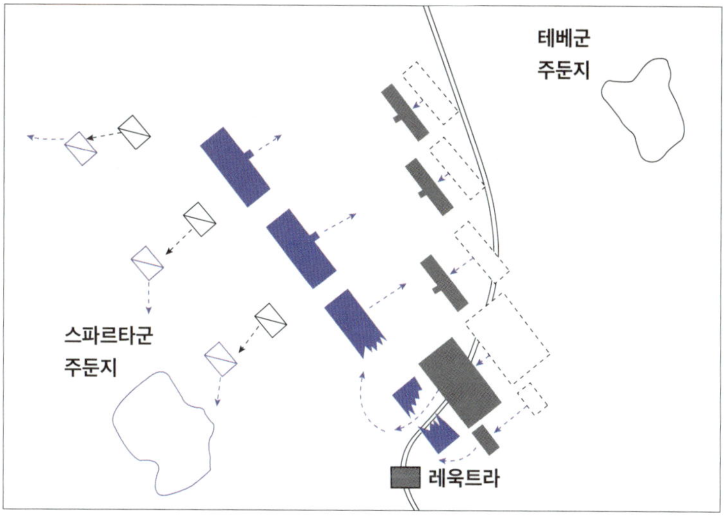

레욱트라 전투

전력인 스파르타 중장보병의 숫자가 심각한 수준으로 줄어들었기 때문이다. 패권 국가로서 각지의 분쟁에 개입해 병력을 소모해야 했던 스파르타가 자연 출산율에만 의지해 손실을 메우기에는 분명 한계가 있었다. 그리스 세계의 폴리스들은 BC 370년대에 2,000~3,000명 수준으로 줄어든 스파르타의 중장보병을 이제 두려움의 대상이 아니라 극복해야 할 대상으로 여겼다. BC 371년 스파르타는 보이오티아 지역의 신흥 강자로 부상한 테베와 레욱트라Leuctra에서 맞붙었다. 에파미논다스Epaminondas가 이끄는 테베군은 좌익의 전력을 두 세 배 이상 강화하고 나머지 부대들을 사선으로 배치하는 사선진斜線陣, echelon formation을 전개했다. 중앙과 우익의 아군이 적의 공세를 서서히 받아주면서 버티는 동안 강화한 좌익이 신속하게 적의 우익을 분쇄하고 후위로 파고들어 적을 포위 섬멸하는 전술이었다. 당시 그리스 세계에서는 좌우로 균등하게 팔랑크스를 배치하고 고참병을 우익에 세우는 것이 일반적이어서 우익이 분쇄된 부대는 공황에 빠질 수밖에 없었다. 이처럼 주공과 조공의 역할을 명확히 구분한 에파미논다스의 새로운 전술은 최강으로 일컬어졌던 스파르타군을 패퇴시키고 테베를 그리스 세계의 패권 국가로 부상하게 하는 데 결정적인 역할을 했다. 하지만 그것도 잠시, BC 362년 에파미논다스가 만티네이아 전투Battle of Mantineia에서 전사하면서 테베의 위세도 내리막을 걸었다. 그 후 그리스 세계는 이렇다 할 패권 세력 없이 소모적인 전투를 반복하는 상황에 놓이게 된다.

4 알렉산드로스의 전쟁(BC 334~BC 324)

테베의 전성기를 견인한 에파미논다스 밑에는 인질 생활을 하던 마케도니아 청년이 있었다. 당시 그리스인 사이에서 야만인barbaroi으로 불리던 마케도니아인은 부족의 후계자를 그리스의 유력 가문에 인질로 보내 우호 관계를 맺곤 했다. 필리포스라는 이름의 이 청년에게는 에파미논다스의 리더십과 전술을 배우는 좋은 기회였을 것이다. 테베 생활을 마치고 마케도니아로 돌아간 필리포스는 BC 359년 왕위에 올라 필리포스 2세Philippos II(BC 359~BC 336)가 되었다. 훗날 알렉산드로스 대왕의 아버지로 더욱 유명해질 그는 사실 여러 혁신적인 정책들을 통해 부족국가 수준이었던 마케도니아를 강력한 왕국으로 성장시킨 장본인이었다. 그의 업적 가운데 가장 두드러진 것은 군제 개혁이었다. 기존에 사용하던 2.5~3m 길이의 창 도리dory 대신 4~6m로 두 배가량 긴 장창인 사리사sarissa를 도입했다. 당시 그리스 중장보병들이 도리를 찌르기 용도로 사용했다면, 마케도니아 중장보병들은 사리사를 찌르기뿐 아니라 적의 접근을 저지하고 위압을 가하는 용도로 사용했다. 필리포스는 전투 대형에서 병사 간에 일정 간격을 벌리도록 했다. 그리스식 팔랑크스가 신속한 방향 전환이 어려웠기에 마케도니아식 팔랑크스는 시시각각 변화하는 전장의 상황에 좀 더 기민하고 효과적으로 대응할 수 있도록 하기 위함이었다. 필리포스는 전술적으로 중앙에 강력한 마케도니아식 팔랑크스를 배치해 적의 공세를 저지 및 지연시킴과 동시에 양익의 기병으로 적의 측방이나 후방, 또는 빈틈을 노리는 전술을 사용했다. 이렇게 완성한 마케도니아식 팔랑크스는 훗날 알렉산드로스가 즐겨 사용한 소위 '망치와 모루hammer and anvil' 전술에서 모루 역할을 담당하게 되었다. 망치 역할은 알렉산드로스의 '전우 기병대companion cavalry'가 맡았다.

BC 338년 벌어진 카이로네이아 전투Battle of Chaeronea는 필리포스 2세의 마케도니아가 더 이상 변방의 왕국이 아니라 그리스 세계의 확고한 지배 세력임을 입증한 사건이었다. 필리포스가 친히 마케도니아군을 이끌고 남하하자, 그리스의 폴리스들은 마침내 서로에 대한 적대 행위를 멈추고 대응 방법을 논의했다. 아테네 정계는 주화파인 친필리포스파와 주전파인 반필리포스파로 나뉘었는데, 데모스테네스Demosthenes의 '반필리포스 연설'을 앞세운 주전파가

BC 4세기경 마케도니아식
팔랑크스

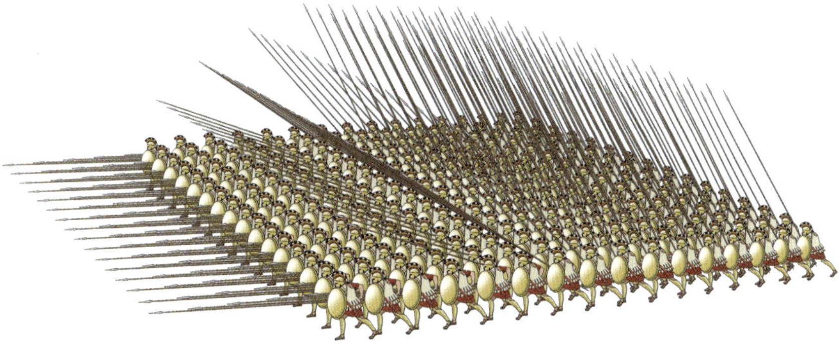

여론을 장악해 마케도니아와 일전을 벌이기로 결정했다. 테베가 주도하는 보이오티아 동맹도 아테네와 뜻을 함께하기로 했다.

보이오티아 지역의 카이로네이아 인근에서 맞닥뜨린 마케도니아군과 아테네-테베 연합군은 양측 전력이 모두 3만 5,000명 수준으로 비슷했다. 사기는 승리를 거듭해온 마케도니아군이 높았을지 모르지만 병사들의 경험치나 숙련도는 양측이 비등했을 것이다. 그래서인지 교전이 시작되었는데도 한참이 지나도록 교착상태가 지속되었다. 그러나 결국 새로운 무기와 전술, 리더십의 차이가 승패를 갈랐다. 필리포스가 이끄는 우익의 기병대와 중앙의 중장보병이 조직적으로 후퇴하면서 아테네군의 돌격을 유도했다. 마치 사선진으로 적의 공세를 받아내면서 아테네군과 테베군 사이에 빈틈이 생기기를 노리는 형국이었다. 그때 적진의 균열을 포착한 18세의 알렉산드로스가 좌익의 병력을 이끌고 돌격해 들어갔다. 아테네-테베 연합군의 대형이 혼란스러워지자 필리포스는 신속하게 전군을 공세로 전환해 아테네군을 몰아붙였다. 아테네군과 테베군의 대열이 급격하게 무너지면서 승리는 마케도니아군에게 돌아갔다. 이 전투로 필리포스의 마케도니아 왕국은 명실공히 그리스 세계의 패자覇者가 되었다.

필리포스의 다음 목표는 동방의 페르시아였다. 그는 페르시아 원정 준비를 위해 그리스인들의 반페르시아 정서를 자극했다. 마케도니아가 그들을 페르시아의 위협으로부터 해방시켜주었다는 논리를 펼친 것이다. 그 대가로 차후 전쟁에 필요한 병력과 물자를 요구했다. 그는 실질적으로 알렉산드로스의 동방 원정 이전에 모든 준비를 마친 인물이라 해도 과언이 아니다. 그러나 BC 336년 필리포스가 모종의 음모로 암살당하면서 아들인 알렉산드로스가 20세

이탈리아 폼페이 '파우노의 집'에서 발견한 이소스 전투 모자이크(복원도). 마케도니아의 알렉산드로스 대왕(좌)과 페르시아의 다리우스 왕(우)의 전투 장면이 박진감 넘치게 묘사되어 있다.

의 나이로 마케도니아 왕위를 계승했다.

알렉산드로스는 BC 334년이 되어서야 원정에 착수할 수 있었다. 필리포스가 죽자마자 그리스 세계 곳곳에서 일어난 반란을 진압해야 했기 때문이다. 그리스에서 자신의 입지를 공고히 한 알렉산드로스는 군을 이끌고 보스포루스 해협을 건넜다. 그는 아나톨리아 초입인 그라니코스에서 페르시아 총독의 군대를 격파하고 남쪽으로 내려가 이오니아의 주요 도시들을 점령했다. BC 333년에는 동남부의 이소스까지 진출해 마침내 다리우스 3세Darius III(BC 336~BC 330)와 격돌했다. 양측 병력은 사료상의 기록은 물론 학자들이 현실화한 수치를 비교하더라도 페르시아 측이 압도적이었다. 그러나 단순히 병력이 많다고 수년간 실전으로 단련된 마케도니아식 팔랑크스를 쉽사리 무너뜨릴 수는 없었다. 마케도니아군의 중장보병들은 적의 공세를 잘 버텨내며 '모루' 역할을 수행했고, 알렉산드로스의 '전우 기병대'가 적의 균열이나 측후방을 노리는 '망치' 역할을 맡았다. 이들은 리넨을 수없이 덧대어 만든 경량갑옷linothorax, 찌르기용 장창xyston, 단검xiphos 등으로 무장하고 방패는 들지 않았다. 대신 중장보병의 측면을 방어하던 방패병hypaspites이 따라붙었다. 페르시아군은 제국의 군대답게 다국적군의 위용을 갖추었으나 부대 간의 연대나 협조, 소통

등은 원활하지 못했던 것 같다. '모루'가 잘 버텨준 덕분에 적진의 미세한 균열을 읽어낸 알렉산드로스는 곧장 다리우스와 근위대가 위치한 적의 중심부로 뛰어들었다. 갑작스런 알렉산드로스의 등장에 놀란 다리우스가 달아나려는 장면은 현재 나폴리 국립고고학박물관에 소장되어 있는 유명한 이소스 전투 모자이크화로 영구 박제되었다. 다리우스가 달아나자 페르시아군은 삽시간에 와해되고, 전투는 마케도니아군의 승리로 끝났다.

알렉산드로스는 2년 뒤 가우가멜라Gaugamela에서 다리우스 3세와 다시 맞붙었다. 레반트와 이집트를 평정하고 메소포타미아 바빌론으로 향하는 마케도니아군을 그간 페르시아 전역에서 동원한 병력에 전차와 코끼리까지 더해 두 배가 훌쩍 넘는 전력을 갖춘 다리우스가 가로막았다. 알렉산드로스는 이소스 전투 때와 마찬가지 전술로 접근하려 했는데, 적이 같은 수에 두 번 당하지 않을 것이라 판단했는지 본인 스스로 미끼가 되기로 했다. 양측 중장보병들 사이에 교전이 벌어지자 우익에 위치했던 알렉산드로스가 갑자기 '전우 기병대'를 이끌고 우측으로 달려갔다. 그러자 측후방이 포위될 것을 두려워한 페르시아군의 좌익 기병대가 알렉산드로스를 추격하기 시작했다. 한참을 달리다가 적 기병대와 본진 사이에 어느 정도 거리가 벌어진 것을 확인한 알렉산드로스는 방향을 급선회해 무방비 상태로 열린 페르시아군의 좌측방을 향해 돌격해 들어갔다. 알렉산드로스를 추격하던 페르시아 기병대도 그의 의도를 알아채고 곧 방향 전환을 시도했으나, 알렉산드로스를 후속한 방패병들과 일부 기병대에게 발목이 잡혔다. 페르시아군의 좌측으로 난입한 알렉산드로스와 '전우 기병대'가 곧장 다리우스가 있는 중앙으로 치고 들어가자 그 기세에 놀란 다리우스가 이소스 전투 때와 마찬가지로 퇴각하면서 중군이 일대 혼란에 빠졌다. 마케도니아 중장보병대는 때를 놓치지 않고 마치 탱크처럼 밀어붙였다. 승기를 잡은 알렉산드로스가 곧바로 다리우스를 추격하려 했으나 마케도니아군 좌익의 기병대가 고전하고 있다는 소식을 듣고 말머리를 돌릴 수밖에 없었다. 상당한 격전 끝에 알렉산드로스는 가우가멜라 전투에서 결정적인 승리를 거머쥐었다. 달아난 다리우스 3세는 부하였던 박트리아Bactria 총독 베수스Bessus의 배신으로 살해당하고 말았다. BC 330년, 아케메네스 왕조 페르시아는 그렇게 허무하게 멸망했다.

바빌론에 입성한 알렉산드로스는 승리를 만끽했으나 곧 중대한 난관에 봉

알렉산드로스의 원정로.

착했다. 페르시아가 멸망했기에 원정의 명분도 사라진 것과 다름 없었다. 원정 초부터 따라나선 마케도니아인들은 고향으로 돌아가고 싶어했다. 알렉산드로스는 적이지만 훌륭했던 다리우스 3세가 불의의 죽음을 당했으므로 배신자 베수스를 처벌해야 한다는 새로운 명분을 내세웠다. 그리고 페르시아 지배층을 우대하고 그들의 관습을 받아들여 마치 페르시아 황제처럼 행동했다. 이러한 행보는 사실 그리스의 해방자를 자처했던 과거의 대민 선전과 크게 다르지 않았다. 페르시아를 지배하려면 페르시아식이 수월했고, 배신자는 제거해야 할 위협으로 강조할 필요가 있었다. 이듬해 베수스의 추격에 나선 알렉산드로스는 소그디니아Sogdinia와 박트리아를 비롯해 오늘날의 중앙아시아 일대까지 진출했다. 그 과정에서 소그디니아의 스피타메네스Spitamenes로부터 베수스의 신병을 인도받았음에도 불구하고 진군을 멈추지 않았다. 그는 BC 329년 작사르테스강 인근에서 스키타이인과 전투를 벌였고, 이후 남하해 BC 326년 오늘날 펀자브 지방에 흐르는 히다스페스강 인근에서 인도인과도 전투를 벌였다. 알렉산드로스가 왜 부하들이 반대하는데도 그토록 원정에 몰입했는지 명확하게 알려진 바는 없다. 한 가지 확실한 사실은 인더스강 인근에서 벌어진 말리인Mahli과의 전투에서 심각한 부상을 입기 전까지는 멈출 생각이 없어 보였다는 것이다. BC 324년 마침내 페르시아로 돌아온 알렉산드로스는 이듬해 바빌론에서 33세의 나이로 사망했다.

알렉산드로스의 마케도니아군은 BC 334년에서 BC 324년까지 10년간 20여 차례의 전투를 치르면서 오늘날 발칸에서 파키스탄에 이르는 대제국을 건설했다. 비록 정치적으로 단명한 제국이었지만 군사적으로 놀랄 만한 성과였다. 마케도니아군의 강점은 크게 세 가지로 요약할 수 있다. 첫째, 새로운 무기체계의 도입에 적극적이었다. 위에 언급한 사리사나 경량갑옷 외에도 그리스와 페르시아에서 여러 가지 투척 무기와 공성 장비들을 도입해 실전에 활용했다. 둘째, 병사들 개개인의 훈련도와 전술 이해도가 높았다. 당시 마케도니아 지휘관들과 병사들은 상당수가 필리포스 2세 때부터 활동했던 베테랑 중에서도 베테랑이었다. 원정을 위해 그리스 세계에서 모집한 병사들도 실전 경험이 풍부하기는 마찬가지였다. 이들이 중앙에서 굳건한 버팀목 역할을 하면서 일사불란하게 움직였기 때문에 알렉산드로스도 '전우 기병대'를 이끌고 과감하게 기동할 수 있었다. 셋째, 알렉산드로스가 뛰어난 리더십을 발휘했다. 그는 전황을 읽는 능력이 탁월하고 적진의 균열을 놓치지 않았으며, 늘 선두에서 군을 이끌었다. 게다가 점령지의 문화와 종교를 존중하는 모습을 보였고, 말년에는 의욕적으로 동서 문화의 교류와 융합을 꾀했다. 물론 이런 리더십에 대한 비판의 목소리도 존재했다. 알렉산드로스가 동방 문화를 수용하는 모습은 최측근이자 기득권이었던 휘하 마케도니아 지휘관들의 거센 반발을 불러오곤 했다. 또한 그의 영웅적인 군 지휘관으로서의 면모는 훗날 로마 역사가 리비우스Titus Livius에 의해 위험천만한 행위로 평가되었다. 단순한 지휘관이 아닌 왕이었기에 그가 생포되거나 전사라도 하면 국가의 존립 자체가 위태로워질 수 있는 것이다. 이와 달리 로마 공화정은 지휘관이 전사하더라도 계속해서 새로운 지휘관을 선출해 파견할 수 있었기 때문에 만약 그가 동쪽이 아니라 서쪽으로 원정을 했더라도 로마를 당해낼 수는 없었을 것이라고 평했다.

5 포에니전쟁(BC 264~BC 146)

지중해 동쪽에서 알렉산드로스가 한창 활약할 무렵 지중해 중부의 이탈리아에서는 로마인이 아펜니노산맥의 삼니움인Samnites과 치열하게 맞붙고 있었다. BC 6세기 말 에트루리아계 왕을 몰아내고 공화정을 수립한 로마는 에트루리아인과의 전쟁을 시작으로 주변 부족 및 도시들과 끊임없이 전투를 벌였다. BC 390년경 갈리아인의 침입으로 절체절명의 위기를 겪기도 했지만, 로마인은 대부분의 위기를 극복하고 이탈리아반도의 패권을 향해 나아갔다. 삼니움인과의 전쟁은 BC 4세기 중반에 시작되어 BC 3세기 초까지 세 차례에 걸쳐 일어났다. 이탈리아 전체를 장악하려는 로마에게 남은 마지막 관문과도 같은 싸움이었다. 삼니움인은 끈질기게 저항했지만 결국 로마의 힘에 굴복했다. 이제 이탈리아에서 로마에 반대하는 세력은 거의 남지 않았다. 중장보병으로 참전해 숱한 전쟁을 거친 평민들은 목소리가 점점 커졌다. 그리고 마침내 BC 287년 독재관dictator[22] 호르텐시우스Hortensius가 발의한 법안으로 평민회의 의결이 원로원 인준 없이도 법적 효력을 발휘하게 되자, 두 세기에 걸친 귀족과 평민의 '신분 투쟁'은 일단락되었다. 적어도 법적으로 귀족과 평민은 동등한 권리를 갖게 된 셈이다. 이처럼 이탈리아 통합 과정에서 보인 평민층의 절대적인 헌신은 평민권의 신장으로 이어졌다.

이탈리아를 제패한 로마가 눈을 돌린 곳은 바다였다. 반도 남단 너머에 자리한 시칠리아가 다음 목표로 적절해 보였다. BC 3세기 당시 시칠리아는 시라쿠사를 중심으로 한 그리스 세력과 아크라가스Akragas를 중심으로 한 카르타고 세력으로 양분되어 있었다. 이들 세력은 서로 시칠리아를 장악하기 위해 이미 오랜 기간 투쟁해온 상태였는데, 시라쿠사의 참주 아가토클레스Agathocles가 많은 용병을 고용해 카르타고 세력을 압박하고 있었다. 그러다 BC 289년 아가토클레스가 사망해 용병대도 자연스럽게 해산 수순을 밟았다. 그런데 그들 중 일부가 고향으로 돌아가지 않고 시칠리아에 남아 메사나Messana를 공략해 점거하자, 시라쿠사와 카르타고 양쪽 모두에게 불편한 존재가 되었다. 시칠리아에 고립된 이 전직 용병들은 외부 세력에 도움을 요청할 수밖에 없었다. 흥미로운 사실은 이들이 로마에 구원을 요청할 때 자신들을 캄파니아 출신의 '마르스의 아들들Mamertini'로 소개했다는 것이다. 본인들의 정체성을 로마 건국자의 아버지인 전쟁의 신 마르스[23]에 연결함으로써 로마인에게 개입할 명분을 준 것이

....

22 공화정기 로마의 최고위 정무관은 '콘술'로 매년 2명이 선출되었다. 그러나 로마에 위기가 닥치면 국난 극복을 위해 독재관을 임명하고 막강한 권한을 부여했다. 단, 6개월 임기직이었다.

23 건국신화에서 로물루스의 부모는 전쟁의 신 마르스와 레아 실비아로 설정되어 있다.

로마군 장비. 검(gladius)과 단검(pugio), 갑옷(lorica segmentata), 제대증(diplomata militaria), 방패(scutum) (왼쪽 위부터 시계방향)

다. 로마인은 독특하게도 늘 전쟁의 명분을 중요시했다. 사전에 유피테르 신을 모시는 사제들fetiales을 적에게 전령으로 파견해 협상을 진행하고, 결렬되었을 때 적진에 창을 던져 개전을 알리는 일종의 선전포고 관행도 있었다. 로마의 전쟁이 정당bellum iustum하다는 것을 알림으로써 동맹과 민중의 지지를 얻고자 한 것이다.

BC 264년 로마가 시칠리아 사태에 개입하면서 포에니전쟁이 시작되었다. 이 전쟁은 BC 2세기의 그리스 역사가 폴리비오스Polybios에 의해 상세히 기록되었다. '포에니'라는 명칭이 붙은 이유는 이 전쟁으로 로마와 카르타고가 시칠리아를 비롯한 중부 지중해의 패권을 두고 겨루게 되었기 때문이다. 북아프리카의 카르타고는 '페니키아'계 식민시 가운데 상업적으로 가장 번성한 도시

국가였다. 카르타고인은 로마인이 '마그나 그라이키아magna Graecia'라고 불렀던 이탈리아 남부와 시칠리아의 그리스계 식민시들과 군사·경제적으로 경쟁을 벌였고, 이제 시칠리아를 확보함으로써 중부 지중해를 장악하려 하고 있었다. 이제껏 지상전 위주의 전쟁을 겪어온 로마인에게 해상전의 강자 카르타고와의 대결은 쉽지 않은 도전일 수 있었다. 그러나 로마인은 이미 이탈리아를 통합하는 과정에서 남부의 그리스계 도시들을 동맹으로 포섭한 상태였다. 따라서 시칠리아로 건너가 카르타고와 일전을 벌일 전함과 항해술을 어렵지 않게 준비할 수 있었다. 게다가 일설에 따르면, 전함에 못이 달린 교량을 설치해 해전을 벌일 때 적 전함의 갑판에 꽂아 해상에서도 안정적으로 백병전을 펼칠 수 있도록 했다고 한다. 생김새 때문에 '까마귀corvus'라 불린 이 장치는 실용성을 중시한 로마인의 특징을 잘 드러내는 해전 장비였다. 로마는 시칠리아 인근에서 벌어진 해전에서 카르타고에 전혀 밀리지 않았고, 상륙 뒤에는 카르타고군을 파죽지세로 몰아붙였다. 시라쿠사는 저항하지 않고 일찌감치 로마의 동맹시가 되었다. BC 241년, 제1차 포에니전쟁이 끝나고 시칠리아는 로마의 첫 번째 속주provincia가 되었다.

로마에게 중부 지중해의 패권을 빼앗긴 카르타고는 서쪽 스페인으로 눈을 돌렸다. 카르타고의 스페인 식민 사업은 시칠리아에서 카르타고군의 지휘를 맡았던 하밀카르 바르카Hamilcar Barca가 맡았다. 그의 사업은 사위인 하스드루발Hasdrubal의 손을 거쳐 아들 한니발에게 전해졌다. 폴리비오스에 따르면, 하밀카르는 로마에 대한 적개심으로 한니발에게 평생 로마를 적대시하도록 맹세하게 했다고 한다. 어쨌든 서부 지중해에서 세력을 키워가던 카르타고가 중부 지중해에서 세력을 확장해가던 로마와 또다시 충돌한다 해도 이상할 것이 없는 상황이 되었다. 따라서 BC 226년 양측은 이베리아반도 북쪽 에브로강을 경계로 상호불가침을 약속하는 에브로 협정Ebro treaty을 맺었다. 그러나 이 협정은 결과적으로 또 다른 전쟁의 빌미가 되었다. 본격적인 스페인 정복에 착수한 한니발은 사군툼Saguntum 공략에 들어갔는데, 이 도시는 에브로강 이남에 위치해 카르타고의 세력권에 들었지만 동시에 로마의 동맹시이기도 했다. 그런데도 한나발은 로마와의 대결을 작심한 듯 사군툼을 공격했다. 이에 로마가 카르타고를 상대로 전쟁을 선포하고 푸블리우스 스키피오Publius C. Scipio를 지휘관 삼아 사군툼 구원 함대를 파견했다. '한니발 전쟁'으로 알려진 제2차 포

2차 포에니전쟁 당시 한니발의 공격로

에니전쟁(BC 218~BC 201)이 시작된 것이다.

카르타고 측은 로마의 에브로 협정 위반을 전쟁의 명분으로 제시했지만, 한니발의 신속한 진군을 보면 이미 전면전을 염두에 두고 사군툼을 공격한 혐의가 짙었다. 신카르타고(지금의 스페인 카르타헤나)에서 출발한 한니발 군대는 삽시간에 갈리아를 거쳐 론강Rhone 일대에 다다랐다. 그때 사군툼을 구원하러 가던 로마군은 보급을 위해 마실리아Massilia에 정박 중이었는데, 놀랍게도 한니발이 이미 론강을 건너고 있다는 정찰병의 보고를 받았다. 따라서 부대를 둘로 나눠 일부는 계획대로 사군툼을 구원하러 가고, 일부는 한니발을 추격하기로 결정했다. 한니발은 상당한 피해를 감수하면서 알프스를 넘어 이탈리아 본토에 진입했고, 로마군은 BC 218년 티키누스Ticinus강에 이르러서야 그를 따라잡았다. 그러나 스키피오의 기병대는 한니발이 갈리아를 거치면서 모집한 기병대에 수적으로나 질적으로 상대가 되지 않았다. 절체절명의 위기에서 지휘관 스키피오를 구한 이는 불과 18세밖에 안 된 그의 아들 스키피오(훗날 스키피오 아프리카누스)였다. 스키피오군을 지원하기 위해 로마에서 파견한 군대마저 트레비아Trebia 강변에서 격퇴한 한니발은 이후로도 로마군을 상대로 잇달아 승리를 거뒀다.

로마는 한때 지연전과 소모전으로 한니발군이 원정군으로서 갖는 핸디캡을 파고들며 지속적인 출혈을 강요했으나, 대군을 동원한 로마 원로원은 이탈리아 내에서 카르타고군을 일소하기로 결정을 내렸다. 결전 장소는 이탈리아 남부 칸나이Cannae 평원으로 정해졌다. 양측 전력은 로마군 8만 명 대 카르타고군 5만 명 수준으로, 보병 전력에서는 로마군이 앞섰지만 기병 전력에서는 카르타고군이 수적으로도 질적으로도 우위에 있었다. 북아프리카에서 카르타고와 이웃한 누미디아Numidia의 기병이 동맹으로 참전했기 때문이다. 로마군의 의도는 명확한 편이었는데, 압도적인 보병 전력으로 카르타고군의 중앙을 돌파하는 것이었다. 반면 한니발은 로마군의 의도를 알아차린 듯 공세를 받아내면서 종심으로 유인하는 형세를 취했다. 그때 양익에서 로마 기병대를 물리친 카르타고와 누미디아의 기병대가 로마군의 측후방을 파고들었다. 양익과 후방이 포위된 상황에서 카르타고 중앙군이 반격해 들어오자, 로마군은 더는 버티지 못하고 무너졌다. BC 216년 벌어진 이 전투에서 로마군은 전멸이라고 해도 과언이 아닐 정도로 심각한 피해를 입었다.

로마는 이제 멸망한다 해도 이상할 것이 없는 상황이었다. 그런데 한니발은 도시 로마를 살펴본 뒤 공성전에 돌입하지 않고 다시 남부로 내려가 수개월 동안 장기 주둔에 들어갔다. 정확한 의도는 알려진 것이 없으나, 여러 가지 정황으로 보아 어느 정도 추측이 가능하다. 제아무리 날고 기는 한니발이라 해도 BC 6세기경 로마의 여섯 번째 왕 세르비우스 툴리우스Servius Tullius가 쌓았다고 알려진 성벽에 둘러싸인 도시를 장기간 공성하기는 쉽지 않았을 것이다.[24] 칸나이에서 대승을 거두었지만 한니발군은 여전히 적진 한복판에 있는 원정군이라는 처지에는 변함이 없었다. 위험부담이 큰 공성전을 강행하기보다 대승의 위세에 기대어 로마의 동맹들이 카르타고 편에 서기를 기다리는 것이 장기전에 유리할 수 있었다. 실제로 한니발은 전투마다 매번 로마의 동맹시 출신 포로들을 관대하게 처분했다. 전쟁의 최종적인 승리는 이탈리아 내에서 로마를 고립시키는 데 있다고 전략적으로 판단한 것으로 보인다. 실제로 몇몇 동맹시는 카르타고 측으로 넘어갔다. 그러나 한니발이 간과한 사실이 있었는데, 로마가 이탈리아 통합 과정에서 보인 '승자의 관용'이었다. 로마는 패배한 도시나 부족들을 노예화하지 않고 '동맹socii'으로 받아들였으며, 시민권ius Latinum[25]

....

24 세르비우스 성벽은 실제로 BC 4세기 초에 건설된 것으로 보인다.

25 '라틴 시민권'을 이르며, 로마가 동맹시에 부여한 시민으로서의 권리를 통칭하는 개념이다. 라틴 시민권자는 로마에서 피선거권을 가질 수 없다는 점에서 로마 시민권과 차이가 있었다. 그러나 마찬가지로 로마 시민권자

에 자치권munipicium까지 부여하는 포용력과 화합력을 보였다. 반대로, 관용에도 불구하고 배신한 동맹은 용서받지 못할 터였다. 대부분의 도시들은 그대로 로마의 동맹으로 남기를 원했다. 결과적으로 한니발은 칸나이 전투 이후 수개월을 허송하면서 공격의 적기를 놓쳐버린 반면 로마는 재기할 시간을 벌었다.

BC 211년 로마에게 반격의 시간이 다가왔다. 원로원은 최근 스페인 방면에서 전사한 스키피오 형제를 대신해 이제 갓 25세가 된 아들 스키피오에게 지휘권을 맡기는 파격적인 인사를 단행했다. 부친과 삼촌의 원수를 갚을 기회를 준다는 명분도 있었지만, 그는 이미 티키누스 전투Battle of Ticinus 때부터 남다른 용력과 군사적인 재능을 인정받고 있던 터였다. 스키피오는 원로원의 기대를 저버리지 않았다. 그는 BC 206년 스페인의 일리파 전투Battle of Ilipa에서 카르타고군을 상대로 대승을 거둔 다음 카르타고 본토를 타격할 계획을 세웠다. 이탈리아에서 한니발을 상대하면서 전 국토를 피폐하게 만드는 것보다 전장을 카르타고로 옮기는 것이 이 전쟁에서 승리에 근접할 수 있는 가장 좋은 방법이라 판단한 것이다. 다행히 중부 지중해의 해상권은 여전히 로마가 장악하고 있었기에 아프리카 상륙이 불가능한 일은 아니었다.

스키피오가 로마군을 이끌고 카르타고 침공을 개시하자, 예상대로 한니발은 본토 방어를 위해 귀국할 수밖에 없었다. 스키피오는 로마군이 겪은 칸나이 전투에서의 실패를 반복할 생각이 없었다. 그의 군대는 이미 카르타고와 이웃한 누미디아 왕국의 야심가 마시니사Masinissa를 아군으로 포섭해 기병 전력을 대폭 강화한 상태였다. 협력의 대가는 로마가 마시니사의 누미디아 왕위 계승을 지원하는 형태로 제공될 것이었다. BC 202년 스키피오군은 한니발군과 자마Zama에서 맞붙었다. 보병 전력은 카르타고군이 우세했지만 기병 전력은 스키피오군이 우세했다. 먼저 카르타고군의 코끼리 부대가 돌격해 들어왔다. 코끼리는 전장에서 위압 효과가 확실하긴 했지만, 완벽한 통제가 어렵기 때문에 아군이 피해를 입는 경우가 적지 않았다. 스키피오는 부대의 간격을 벌려 코끼리들을 통과시킨 뒤 간단히 제압하고 격렬한 보병전에 들어갔다. 한니발군은 병력은 많았지만 오랜 원정을 거치면서 정예는 대부분 사라지고 신병으로 교체된 반면 스키피오군은 최근의 승리로 기세가 드높았다. 로마군은 카르타고

....

도 동맹시의 정무직에 입후보할 수 없었다.

기원전 202년 자마전투 상상도. 1567년 코르넬리스 코르트의 판화 작품으로, 훈터리안 미술관 소장

군의 압박을 정면에서 받아내면서 자신들의 진영으로 끌어들이는 한편 양익에서 카르타고 기병대를 물리친 로마와 누미디아의 기병대가 적진의 후미를 파고들었다. 그러자 카르타고군이 더는 버티지 못하고 무너졌다. 마치 한니발이 칸나이에서 펼쳤던 전술을 그대로 응용해 되갚아준 셈이었다. 이 승리로 스키피오는 '아프리카를 정복한 자Africanus'가 되었고, 패배한 카르타고는 로마의 굴욕적인 요구 조건들을 수용해야 했다. 한니발은 살아남았지만 그의 생존 자체를 위협으로 여긴 로마의 끊임없는 견제와 압박을 견뎌내야 했다. 카르타고 정계에서도 한니발에 대한 반감이 일자 그는 결국 망명을 선택했다. 얄궂게도 그가 망명지로 동방을 택하면서 로마의 다음 목표도 동방으로 설정되었다. 로

마는 BC 2세기부터 헬레니즘 왕국들을 하나씩 복속시켜나갔고, 동시에 아프리카에서는 카르타고의 마지막 숨통을 끊는 전쟁(BC 149~BC 146)을 수행했다. 폴리비오스는 카르타고를 멸망시킨 스키피오 아이밀리아누스Scipio Aemilianus[26]가 언젠가는 로마도 멸망의 운명에 처할 것임을 직감하고 눈물을 흘렸다는 일화를 전했다.

로마는 포에니전쟁을 거치면서 지중해 지역의 최강대국으로 거듭났다. 그러나 사회·경제적으로 그만한 대가를 치러야 했다. 가장 큰 문제는 빈익빈 부익부에 따른 소득 불평등이었다. 로마의 제국주의적 팽창은 기득권층에게 좋은 기회였지만, 실질적으로 장기 원정을 감수해야 했던 평민층의 희생을 바탕으로 한 것이었다. 이들의 토지는 농지로 쓸 수 없을 정도로 황폐해졌지만, 기득권층은 로마로 유입되는 값싼 노예 노동력을 바탕으로 '대토지latifundium'를 확장하고 경영했다. 이러한 불평등 문제로 로마 사회는 수구파optimates와 민중파populares로 분열되었다. 사태 해결을 위해 그라쿠스Gracchus 형제가 호민관으로 나서서 개인 토지 보유 상한선을 설정하는 토지 개혁을 단행하려 했으나 거센 반발에 부딪혀 실패로 끝나고 말았다.[27] 이 문제는 단순한 사회·경제적 갈등을 넘어 국방력 약화로까지 이어졌다. 당시 자비로 무장을 갖춰 중장보병으로 참전했던 병사들이 무산자화하면서 경장보병화하는 추세가 나타난 것이다. 이들이 다시 중장보병으로 기능할 수 있도록 지원한 인물이 가이우스 마리우스Gaius Marius였다. 민중파 출신이나 BC 107년 최고위 정무관인 콘술에 선출된 그는 군제 개혁을 단행해 무산자까지 동원해 무장시켰을 뿐 아니라 군공에 따라 공정하게 포상했다. 이들은 '마리우스의 노새'라고 불릴 정도로 지휘관에게 복종하고 사병화가 되었으며, 원정에서 돌아와서는 다시 마리우스에게 표를 던졌다. 그렇게 마리우스는 공화정에서 유례없이 일곱 번이나 콘술에 선출되었다. 정치 엘리트 집단인 원로원이 사회문제에 무대책으로 일관하는 동안 이러한 형태로 특정 인물이 군권과 정권을 독점하는 현상이 계속되었다.[28] 결국 술라의 정권, 제1차 삼두정(폼페이우스, 크라수스, 카이사르), 제2차 삼두정(안토니우스, 옥타비아누스, 레피두스) 같은 권력자들 간의 내전을 겪으며 공화

....

26 스키피오 아프리카누스의 손자 격이다.

27 형인 티베리우스 그라쿠스는 살해당했고, 동생인 가이우스 그라쿠스는 자살을 당했다.

28 가이우스 율리우스 카이사르(Gaius Julius Caesar)는 BC 44년 살해당하기 전까지 종신 독재관직에 있었다.

정은 몰락하고 만다.

6 파르티아/페르시아 전쟁과 전략

BC 27년 옥타비아누스는 '존엄한 자Augustus'로서 로마의 제정기를 열었다. 그는 원로원의 정치적 권한을 회복한다고 선언했지만 군단들의 절대적 지지를 받는 그에게 감히 반대할 원로원 의원은 없었다. 내전을 거치면서 방대해진 군 조직은 아우구스투스에게도 부담이 될 수밖에 없었다. 야심을 품을 수 있는 군단장의 수는 군단 수에 비례했기에 이제는 정치적 수완을 발휘해야 할 때였다. 아우구스투스는 28개 군단만 남기고 나머지 병력은 해산시켰다.[29] 무조건 퇴역만 시키면 당연히 문제가 불거질 것이기에 그들이 정착할 수 있도록 토지를 지급했다. 현역에게는 기본 장비와 연봉, 퇴역 후 정착 자금(토지가 부족할 경우) 등을 지급했고, 신병에게는 자대까지 찾아오는 비용viaticum이 교통비 명목으로 지급되었다.[30] 이 모든 비용은 오늘날 국방 예산에 해당하는 '군대 금고aerarium militare'를 새롭게 조성해 해결했는데, 대부분 세금과 전리품, 정적에게서 몰수한 재산 등으로 충당했다. 복무 기간은 율리우스-클라우디우스 왕조Julio-Claudian dynasty(BC 27~AD 68)를 거치면서 점점 늘어나 25년 복무로 정착되었다. 로마의 전문 상비군 제도가 완비되었다는 측면에서 어떻게 보면 마리우스가 시작한 군제 개혁이 아우구스투스에 이르러 완성되었다고 할 수 있다.

황제의 가장 큰 역할은 제국의 군 통수권자로서 국방을 책임지는 것이었다. 따라서 로마 군단과 보조군 대부분이 황제가 관리하는 변경 속주에 배치되었다. 브리타니아 속주에서 라인강과 도나우강 일대를 연하는 북쪽 변경, 카파도키아와 시리아에서 이집트를 연하는 동쪽 변경이 향후 5세기 동안 주요 군사 활동이 벌어진 지역이었다. 남쪽 변경은 사하라 사막에 면한 북아프리카 일대였는데, 간혹 약탈을 목적으로 습격하는 무리들이 있었으나 규모도 작았고 조

....

29 물론 남겨진 군단 예하 보조군은 그대로 유지되었다.

30 일반 병사 연봉의 1/3에서 1/4에 해당하는 금액으로, 17~18세의 젊은이에게 경제 활동의 시작과 동시에 가부권(patria potestas)으로부터의 독립을 의미했다.

아우구스투스 입상

직적이지 못했기 때문에 큰 위협이 되지는 않았다. 변경 중 가장 전략적인 접근이 필요한 곳은 동쪽이었다. 라이벌 제국이라 해도 손색없을 아르사케스 왕조 파르티아Arsacid Parthia와 접경하고 있었기 때문이다. 로마의 대파르티아 전략은 크게 세 가지로 요약할 수 있다.

첫째, 자국민에게 파르티아를 실질적인 위협으로 계속 인식시켰다. 로마는 BC 53년 카라이 전투Battle of Carrhae에서 파르티아에 대패한 기억이 있다. 당시 크라수스Crassus가 이끈 로마군은 훗날 '파르티아식 활쏘기Parthian shot'로 거의 신화적인 명성을 쌓아올리는 파르티아 궁기병의 배사背射 전술에 의해 궤멸당한 것으로 알려졌다. 그러나 사실은 불충분한 정보에 입각한 지휘관의 잘못된 전략적 판단과 전장 선택, 기병 전력의 절대적 열세에 따른 당연한 결과였다. 그런데도 '파르티아식 활쏘기'로 대표되는 파르티아의 위협은 꾸준히 제기되고 강조되었다. 포에니전쟁 당시 원로원에서 소 카토Cato the Younger가 카르타고의 위협을 강조하며 모든 연설을 "카르타고는 멸망해야 한다Carthago delenda est"로 마무리했던 것처럼 파르티아의 위협은 역으로 침공의 명분으로 작용했다. 실제로 224년 파르티아가 멸망하기 전까지 로마는 전략은 수세적이라기보다는 일관되게 공세적이었다.

둘째, 황제 스스로 알렉산드로스의 이미지를 모방했다. 로마 황제는 과거 알렉산드로스가 페르시아의 위협으로부터 그리스 세계를 해방시켰던 것처럼 자신이 로마인 알렉산드로스Roman Alexander로서 동부 속주의 인민들, 특히 그리스계를 파르티아의 위협으로부터 해방시키겠다는 논리를 펼쳤다. 파르티아를 본격적으로 침략해 들어간 트라야누스, 루키우스 베루스, 셉티미우스 세베루스, 카라칼라 같은 황제들이 알렉산드로스의 이미지를 차용했다. 또한 고대 세계에서 가장 유용한 선전 수단이었던 주화에 로마 황제와 알렉산드로스의 이미지를 함께 새겨넣곤 했다.

셋째, 로마와 파르티아 접경 지역의 아르메니아 왕국을 '완충 국가'로 활용했다. 로마와 파르티아는 서로 전면전을 벌이기보다 아르메니아 왕국에 대

아우구스투스 시기 로마제국 판도 및 군단 주둔지

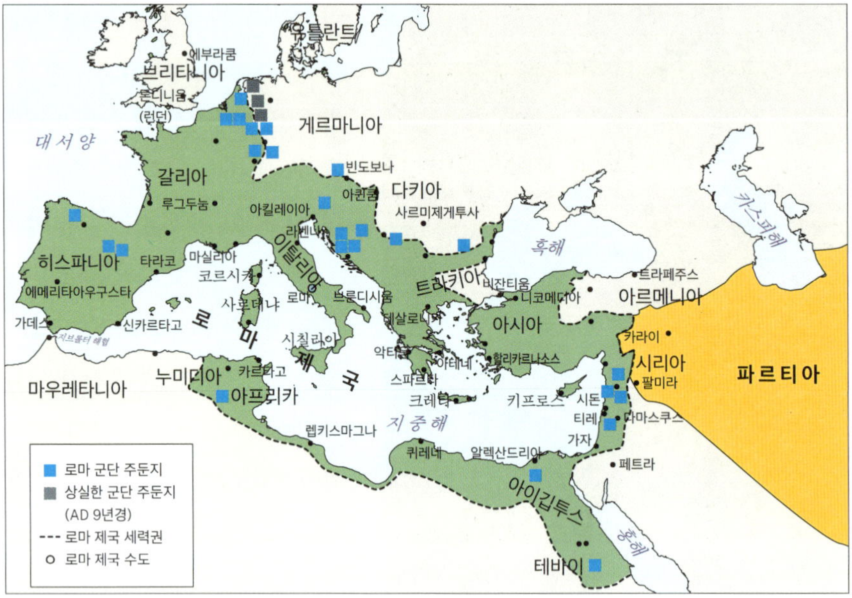

한 패권을 확립함으로써 상대에 대한 우위를 확인하곤 했다. 그러나 일단 전쟁이 벌어지면 아르메니아가 주요 전장이 되기 일쑤였다. 아우구스투스 시기 이후 파르티아가 추천한 아르메니아 왕위 계승 후보자를 로마가 승인하는 형태로 합의를 이루었지만, 양자 간 대결 구도가 극심할 때는 왕국이 동서로 쪼개진 적도 있었다. 이를테면 냉전 시기 미국과 소련 사이의 한반도 상황과 크게 다르지 않았다.

로마의 기본 전략은 224년 파르티아가 사산조 페르시아로 교체된 이후에도 큰 변화 없이 유지되었으나, 페르시아는 파르티아와 달리 공세적이었다. 특히 페르시아 황제 사푸르 1세Shapur I는 260년 벌어진 에데사 전투Battle of Edessa에서 로마 황제 발레리아누스Valerianus를 사로잡았을 정도로 위협적이었다. 이 사건은 251년 도나우 변경의 아브리투스에서 고트족과 싸우다 전사한 데키우스Decius 황제의 사례와 더불어 '3세기의 위기'를 나타내는 상징과도 같은 사례가 되었다.

이러한 위기를 극복하기 위해 여러 황제들이 군제 개혁에 나섰다. 개혁의 핵심은 기병 전력의 확충이었다. 로마 제국이 관리하는 광범위한 변경에서 동시다발적으로 공격해 들어오는 이민족에 효과적으로 대응하기 위해서는 부대의 기동성을 끌어올리는 것이 필요했다. 갈리에누스Gallienus(253~268) 황제는 야전군comitatenses을 편성하고 기병 위주의 분견대를 운용했다. 기존 로마 군단 한 개에 기병이 120명 정도로 편성되었다면 야전군 군단에는 1,000명 넘는 기병을 편성했다. 여기에 더해 아우렐리아누스Aurelianus(270~275) 황제는 중장기병의 비중을 높였다. 중장기병은 점차 기존의 중장기병cataphractarii과 달리 머리끝부터 발끝까지 판금갑옷을 두르고 마갑까지 갖춘 일종의 페르시아식 중장기병clibanarii으로 변모해갔다. 로마인이 페르시아 중장기병의 무장 상태를 보고 '찜통 운반자clibanarii'라고 부르던 멸칭을 그대로 차용한 것이다. 마침내 '3세기의 위기'를 극복한 디오클레티아누스(284~305) 황제는 로마군을 중앙군palatini, 야전군, 변경군limitanei으로 재편했다. 변경군은 기존 군단으로 대규모 이민족이 쳐들어오면 견제하거나 손실을 강요했다. 그렇게 변경 지역을 통과한 적을 기동성 뛰어난 야전군이 추격해 섬멸했다. 중앙군은 황제와 함께 움직였다. 문제는 이런 식으로 종심 방어defense in depth를 취하다보니 만성적인 약탈에 노출된 변경 지역은 변경군 외에 아무도 살고 싶지 않은 땅이 되어갔다는 점이다. 로마 황제는 공백 지역에 동맹 관계인 이민족foederati을 정착시켰고, 그 대가로 인근 변경을 방위하도록 했다. 이들은 점차 로마의 문화뿐 아니라 군사제도, 무기, 전술까지 받아들였다. 4세기를 거치면서 아이러니하게도 변경 지역에서 야만화와 로마화가 동시에 이루어졌다. 5세기에 접어들면 이들 세력은 이미 지역 군벌로 성장해 로마 정계까지 막강한 영향력을 행사했다.

다음 장으로 넘어가기 전에 378년 하드리아노폴리스 전투Battle of Hadrianopolis를 언급할 필요가 있다. 로마 제국의 다뉴브 변경에 동맹 이민족으로 정착해 살던 한 고트인 부족이 반란을 일으켰을 때 발렌스Valens(364~378) 황제가 하드리아노폴리스 인근에서 이를 진압하려다 실패해 본인마저 전사한 사건이 있었다. 이 부족은 훈족의 침입에 떠밀려 비교적 안전한 로마 제국 변경으로 이주, 정착했는데 기근과 약탈에 시달렸다. 그런데도 중앙에서 적절한 조치를 취하지 않자 부족장 프리티게른Fritigern을 중심으로 단결해 들고일어난 것이다. 이 전투는 흔히 고대와 중세의 전쟁 양상을 구분 짓는 분기점으로 일컬어지곤 한다. 보병 위주의 로마군이 기병 위주의 고트족 군대에게 패하면서 본격적으로 기병을 주력으로 육성하기 시작했다는 것이다.[31] 그러나 앞서 살펴본

31 영국의 군사사학자 찰스 오만(Charles William Chadwick Oman, 1860~1946)의 주장으로 한때 많은 학자들이 그의 견해를 따랐다.

로마군 기병

것처럼 로마군은 이미 3세기 말부터 동시다발적인 적들의 침입에 대응하기 위해 기병 전력을 꾸준히 확충했다. 실제로 하드리아노폴리스 인근에서 맞붙은 양측의 전력은 로마군 2만 5,000~3만 명 대 고트족 군대 2만 명 정도였는데, 기병 전력은 둘 다 1만 명 수준으로 비슷했다. 그런데도 로마군이 참패한 원인을 찾자면 세 가지로 요약된다. 첫째, 고트족 군대가 1만 명 수준이라는 잘못된 정보를 입수한 발렌스 황제가 증원군을 기다리지 않고 섣불리 움직였다. 증원군을 기다렸다면 압도적인 병력으로 반란을 진압했을 터였다. 둘째, 가솔들을 이끌고 나온 고트족 군대는 '마차 요새wagon fort' 전술을 펼쳤다. 따라서 요새 안의 가족들을 뒤로한 기병들은 더 절박한 상황에서 전투에 임했고, 그동안 요새 내에서 전력을 보전한 보병이 전투를 마무리하러 나올 수 있었다. 셋째, 전반적으로 로마군의 기강이 흐트러진 상태였다. 동맹 이민족이 변경의 방위를 맡으면서 실전 경험을 더해 로마화된 반면 2선에 있었던 로마군은 질적인 차원의 퇴보를 피할 수 없었다.

참고문헌

도널드 케이건(허승일, 박재욱 역), 『펠로폰네소스전쟁사』, 까치, 2006.
마이클 휘트비 외(김홍래 역), 『로마 전쟁』, 플래닛미디어, 2020.
손경호, 『군사사의 관점에서 본 펠로폰네소스전쟁』, 푸른사상, 2020.
제러미 블랙(유나영 역), 『거의 모든 전쟁의 역사』, 서해문집, 2022.
톰 홀랜드(김병화 역), 『루비콘』, 책과함께, 2017.
톰 홀랜드(이순호 역), 『페르시아전쟁』, 책과함께, 2006.
폴 카트리지(이종인 역), 『알렉산더-위대한 정복자』, 을유문화사, 2004.

Brice, Lee L. (ed.), *New Approaches to Greek and Roman Warfare*, Hoboken, NJ: Wiley-Blackwell, 2020.
Luttwak, Edward N., *The Grand Strategy of the Roman Empire from the First Century CE to the Third*, Baltimore: Johns Hopkins University Press, 2016.
Morillo, Stephen et al. (eds.), *War in World History: Society, Technology, and War from Ancient Times to the Present. Vol. 1, to 1500*, New York: McGraw-Hill Companies, 2009.
Murray, Williamson and Sinnreich, Richard Hart (eds.), *Successful Strategies: Triumphing in War and Peace from Antiquity to the Present*, Cambridge: Cambridge University Press, 2014.
Sabin, Philip et al. (eds.), *The Cambridge History of Greek and Roman Warfare. Vol. I, Greece, the Hellenistic World and the Rise of Rome*, Cambridge: Cambridge University Press, 2007.
Sabin, Philip et al. (eds.), *The Cambridge History of Greek and Roman Warfare. Vol. II, Rome from the Late Republic to the Late Empire*, Cambridge: Cambridge University Press, 2007.

02

서양 중세 세계의 전쟁

기원후 5세기~15세기

반기현 육군사관학교 군사사학과 교수

홍용진 고려대학교 역사교육과 교수

I

서양 중세 세계 개관

이 장에서 다룰 서양 중세 세계의 시공간은 5세기에서 15세기까지 유럽을 무대로 한다. 물론 십자군전쟁이나 콘스탄티노폴리스 공방전을 살펴볼 때는 레반트를 비롯한 지중해 동부도 일부 다룰 것이다. 일반 인식 속의 중세는 5세기 서로마 제국의 멸망에서 15세기 중반 백년전쟁의 종식까지 1,000년에 달하는 시기로, 정치적으로 분권화되었고 사회경제적으로 봉건제feudalism가 확립됐으며 군사적으로 기사가 활약하는 한편 종교·문화적으로 기독교가 지배한 세상으로 요약된다. 그러나 사실 이런 식의 설명은 1,000년이라는 긴 세월 동안 파편화된 권력들이 저마다의 방식으로 서로 다른 문화와 기술을 발전시켜 나간 중세 유럽의 다채롭고 독특한 모습을 지나치게 단순화할 위험이 있다. 유일하게 보편성을 띠고 있다고 할 기독교마저도 교황청부터 수도회까지 다양한 스펙트럼을 나타냈다. 중세를 단순화 또는 왜곡한 표현 가운데 '암흑기saeculum obscurum'도 꽤 유명한데, 이제 수많은 사료들이 당시가 사회·경제·문화적으로 암울하고 침체된 시기가 아니었음을 입증해주고 있다. 문헌 사료의 빈약함을 근거로 협의狹義의 '암흑기'를 주장하더라도 5세기 말에서 8세기 사이의 전환기에만 해당될 것이다. 그러나 이마저도 단절된 시기가 아닌 고대 세계의 연장으로 '후기 고대Late Antiquity'에 속했다. 또한 '암흑기'라는 표현을 처음으로 사용한 인문주의자 페트라르카 역시 사실은 중세 말 14세기에 활동한 인물이었다는 점을 잊지 말아야 한다. 따라서 중세 세계는 고대 세계와의 연속성에서 파악해야 하며, 고립되고 이질적인 시공간이 아니었다는 점을 분명히 해둘 필요가 있다.

476년 서로마 제국의 멸망은 고대 세계의 종언과 함께 중세의 시작을 알리는 상징과도 같은 사건이었다. 그러나 이 사건은 각종 영상매체에서 묘사하듯 게르마니아 지역에서부터 일시에 몰려온 야만인들이 문명인의 도시를 파괴하고 불태우는 살육의 향연 속에서 벌어진 것은 아니었다. 게르마니아인은 이미 2세기 후반부터 로마 제국의 변경을 계속해서 침범하고 있었다. 게르마니아 부족들의 생계 자체가 근본적으로 로마 제국의 경제에 기댄 것이었기에 한편에서 우호적인 교역이 이뤄지더라도 다른 한편에서는 적대적인 약탈 행위가 빈번하게 일어났다. 3~5세기를 거치면서 변경 인근의 게르마니아인은 로마화되었고, 더 멀리서 침입해온 이민족들을 피해 로마의 보호를 요청하기도 했으며, 부족 단위로 '동맹 이민족foederati'의 지위를 얻어 변경 지역에 정착해 살기도 했다. 따라서 로마 제국의 라인-도나우 변경은 문명화한 이민족들의 로마 수호 의지와 (로마인 시각에서는) 여전히 야만적인 이민족들의 침략 의지가 충돌하는 무대가 되었다. 변경의 방위를 맡은 이민족 수장 중에는 서고트족의 왕 알라리쿠스Alaric(395~410)나 훗날의 플라비우스 오도아케르Flavius Odoacer처럼 군공을 쌓아 중앙 정계로 진출한 경우도 적지 않았다. 이처럼 서로마 제국의 멸망은 장기간에 걸친 게르마니아인의 이주와 정착에서 비롯된 로마 지배층의 교체로 보는 것이 타당할 것이다.

476년 오도아케르는 서로마 제국 황제인 로물루스 아우구스툴루스Romulus Augustulus(475~476)를 폐위시켰지만 스스로 황제를 칭하기보다는 이탈리아 왕rex Italiae(476~493)에 머물렀다. 이후에 도시 로마를 차지한 이들도 마찬가지였다. 동로마 제국의 황제는 여전히 건재했고, 6세기까지만 하더라도 끊임없이 이탈리아와 도시 로마의 수복을 시도할 정도로 위세가 있었다. 『시민법전*Corpus Iuris Civilis*』 편찬으로 유명한 유스티니아누스 황제Iustinianus I(527~565)는 이탈리아를 포함해 서로마 제국 영토의 1/3가량을 회복하는 데 성공했다. 330년 콘스탄티누스 황제의 역사적인 천도 이래 실질적인 수도의 역할은 콘스탄티노폴리스가 가져갔지만 '영원한 도시'로서 로마가 갖는 상징성은 여전했던 것이다.[1] 그 상징성에 불나방처럼 이탈리아 지역으로 몰려든 게르만 부족들이

....

1 동로마 제국 또는 비잔티움 제국 연구자들은 역사의 출발점을 330년으로 잡는다. 르네상스 시기 이탈리아 학자들은 라틴어 문화와 다신교 전통의 고대 로마와, 그리스어 문화와 기독교 전통의 중세 로마를 의도적으로 분리하기 위해 후자에 동로마 제국 대신 비잔티움 제국이라고 이름 붙였다. 고대 로마의 중심은 이탈리아이고

있는가 하면 정착해 살기 좋은 지역에 뿌리를 내리고 왕국의 반석을 다진 부족들도 있었다. 오늘날의 프랑스 지역에 정착한 프랑크족과 영국 지역으로 건너간 앵글로-색슨족이 대표적이었다. 다른 부족들이 세운 왕국들은 동로마 제국의 공격이나 토착 세력의 저항에 직면해 단명한 반면, 이들은 지역 사회의 기득권층과 영합하는 데 성공하여 굳건한 세력으로 자리매김했다. 프랑크족을 통합하고 메로베우스Meroveus(메로빙거) 왕조를 개창한 클로도베쿠스 1세Chlodovechus I(클로비스, 509~511)의 경우 기존 아리우스파Arianism[2]에서 로마가톨릭으로 개종함으로써 교황과의 관계를 돈독히 하면서도 민심을 확보하는 데 성공했다. 앵글로-색슨족은 지역 군벌들의 혼란상을 잠재우고 7개의 왕국(노섬브리아Northumbria, 머시아Mercia, 이스트앵글리아East Anglia, 켄트Kent, 에섹스Essex, 서섹스Sussex, 웨섹스Wessex)을 수립했다.

이탈리아 라벤나에 있는 성 아폴리나레 누오보 대성당의 성 유스티니아누스 대제 모자이크

프랑스와 서부 독일 지역에서 세력을 확장해나가던 메로베우스 왕조의 프랑크 왕국은 8세기 초 중대한 위기에 봉착했다. 이베리아반도를 장악하고 무서운 기세로 북상하던 무슬림과 맞서 싸워야 했기 때문이다. 7세기 아라비아반도에서 급성장한 이슬람 세력은 예언자 무함마드의 가르침을 전파한다는 명목하에 각지에서 성전聖戰을 수행했다. 특히 우마이야 칼리파조 시기(661~750)에 활발하게 본격적인 대외 팽창정책을 전개했다. 이들은 동로마 제국이 건재한 상황에서는 동부 유럽으로의 진출이 쉽지 않을 것이라 판단하고, 대신 북아프리카 일대를 신속하게 확보하고 지브롤터 해협을 건너 이베리아반도로 진출했다. 732년 프랑크군은 투르Tours 인근까지 밀고 들어온 우마이야군을 상대로 격전을 벌여 승리를 거두었다. 이슬람 세력에 맞서 기독교 세계의 방패 역할을 수행한 셈이었다. 승리를 견인한 프랑크 왕국의 궁재宮宰, maior

자신들이 그 유산을 이어받았음을 강조하고 싶었기 때문이다.

2 아리우스(Arius of Alexandria)의 기독교 신학 논리를 따르는 교파로 삼위일체(Trinity)에 대한 해석을 놓고 아타나시우스파와 대립해 제1차 니케아 공의회(325)에서 이단으로 규정되었다. 그러나 대부분의 로마화한 게르만인은 비교적 이해하기 쉬운 이 교파의 교리를 따랐다.

장남 카를로마누스와 차남 피피누스에게 영토를 분할해 나눠주는 카롤루스 마르텔루스(프랑스 대연대기, 국립도서관)

domus[3] 카롤루스 마르텔루스Carolus Martellus의 명성과 위세는 왕을 능가할 정도였으나 왕위 찬탈에 이르지는 않았다. 그러나 그의 아들 피피누스Pippinus Brevis(751~768)는 메로베우스 왕조의 숨통을 끊고 새롭게 카롤루스(카롤링거) 왕조를 개창했다. 피피누스는 왕조의 정통성 문제와 민심의 이반이 염려되었는지 이탈리아에서 지속적으로 로마를 압박하던 랑고바르드족을 물리치고 라벤나와 여러 도시들을 교황령으로 기증함으로써 교황과의 관계를 돈독히 했다. 프랑크 왕국은 그의 아들인 카롤루스 마그누스Carolus Magnus(768~814) 대에 이르러 전성기를 구가했다. 그는 '위대한magnus'이라는 이름에 걸맞게 왕국의 영토를 최대 판도로 확장시켰고,[4] 무슬림의 유럽 진출을 성공적으로 저지했으며, 훗날 '카롤루스 르네상스'라 불리게 될 정도로 고전 라틴어 문헌 연구가 부흥하도록 여건을 성숙시켰다. 게다가 800년에는 교황으로부터 황제의 관을 받아 로마 제국 황제에 즉위했다. 그렇게 유럽에 다시 두 개의 로마 제국이 병립하게 되었다.

3 왕실의 대소사를 맡아보던 직책에서 점차 국정 전반을 담당하는 것으로 역할이 확대되었다. 쉽게 말해 오늘날의 총리에 해당하는 직책이었다.

4 오늘날의 프랑스, 독일 서부, 이탈리아 북부를 포괄하는 영역이었다.

그러나 부활한 로마 제국의 영광은 그리 오래가지 못했다. 카롤루스 마그누스의 뒤를 이은 루도비쿠스Ludovicus Pius(813~840)가 균분상속이라는 프랑크족의 전통에 따라 세 아들에게 영토를 분할 상속했는데, 이들 세력 간에 영토 분쟁과 상속이 반복되면서 영토 구획과 경계 확정을 위한 몇 차례의 노력(843년 베르됭 조약, 870년 메르센 조약)에도 불구하고 제국이 사분오열되고 말았다. 여기에 또 다른 유이민 세력의 유입이 혼란상을 가중시켰다. 오늘날 '바이킹Viking'이라는 별칭으로 더 익숙한 스칸디나비아 토착민들이 8세기경부터 온난해진 기후로 인해 활짝 열린 북해의 바닷길을 따라 남하하기 시작했다. 9세기에 들어서면 이들의 진출은 한층 더 과감해져 아이슬란드와 잉글랜드는 물론 남서쪽으로 서유럽 해안선을 따라 지중해까지, 남동쪽으로 강줄기를 따라 오늘날 우크라이나를 거쳐 흑해까지 나아갔다. 그러자 앵글로-색슨 군주들과 프랑크의 군주들은 이 세상 무서울 것 없는 야만인들과 계속해서 맞서 싸우기보다 변방의 땅을 내주고 공존하는 길을 택했다. 이를테면 프랑크인은 오늘날 프랑스의 북서쪽 끝자락을 차지한 이들을 '노르만(북쪽에서 온 사람)'이라 불렀는데, 그들이 정착한 땅은 노르망디Normandie가 되었고, 그들의 족장은 작위를 받아 노르망디 공작이 되었다. 11세기에 노르망디 공작 기욤Guillaume(영어로 윌리엄William)은 잉글랜드를 침공해 헤이스팅스 전투Battle of Hastings(1066)에서 승리를 거두고 잉글랜드 왕이 되기도 했다.

이처럼 9세기 서유럽의 세력 지형은 이렇다 할 패권국 없이 파편화된 권력 집단이 난립한 상태였고, 이베리아반도와 북아프리카 일대에서는 여전히 강성한 이슬람 세력이 유럽 진출을 호시탐탐 노리고 있었다. 기존의 보편 제국이 가치를 보장했던 화폐는 통용 가치를 상실하는 대신 실물거래가 빈번해졌으며, 그중에서도 토지가 가장 확실하고도 선호하는 매개 수단으로 자리 잡았다. 따라서 봉토feudum를 매개로 한 주군lord과 종신vassal 관계가 성립되기 쉬웠고, 가신은 주군에게 충성 맹세와 함께 군사력을 제공했다. 이들은 정치적으로 영주이면서 군사적으로는 기사로서 전장의 주력으로 활약했다. 백성들도 안위와 영달을 위해 멀리 있는 왕보다 가까이 있는 영주들에게 의탁해 그들의 장원manor에 예속되는 편이 나았다. 이처럼 9~11세기 정치·군사적인 변화 속에서 배태된 사회경제 체제로 중세 봉건제와 장원이 확립되었다.

종교 영역에서도 9~11세기는 변화의 시기였다. 로마 교황은 거듭된 이민족의 침입과 동로마 교회의 견제에도 불구하고 신앙심을 무기로 여러 세속 권력자들을 체스 말로 활용해가며 독자적인 세력을 구축해갔다. '교황권의 신장'으로 꽤 단순하게 표현되곤 하는 이 변화는 사실 혼란상 속에서 신의 가호를 바라는 사람들의 종교적인 의탁 심리와 교황의 권력 의지가 호응한 결과였다. 따라서 교황의 종교적 영향력뿐 아니라 세속 권력자로서의 정치적 영향력도 유럽인의 생활 전반에 스며들었음을 의미했다. 성직자는 기사(귀족), 농민과 더불어 중세 3신분의 하나로 굳건히 자리 잡았다. 962년, 교황은 이제는 유명무실해진 카롤루스 황가를 대체할 새로운 전략적 파트너로 작센공 오토에게 황제의 관을 수여했다. 그러나 오토 대제Otto der Große(962~973)가 신성로마제국의 이름하에 중부 유럽의 헤게모니를 장악하자, 교황 입장에서는 이탈리아를 위협할 수 있는 새로운 정적을 머리맡에 둔 꼴이 되었다. 이후 교황과 신성로마제국 황제는 로마 가톨릭 신앙의 수호자인 동시에 정치적 라이벌로 줄기차게 반목과 화해를 거듭했다.

11~13세기 십자군 원정은 세속화한 교황권의 한계를 보여준 상징적인 사례였다. 기독교 진영의 방파제 역할을 해오던 동로마 제국은 셀주크 튀르크Seljuk Turks의 공세적인 팽창과 만지케르트 전투Battle of Manzikert(1071)에서의 패배로 소아시아 지역을 대부분 상실했는데, 황제의 영토 수복 의지가 동부 유럽 지역과 그 너머로 세력 확장을 꾀하던 교황의 의도와 맞아떨어져 이 거대한 프로젝트가 성사되었다. 신의 대리인인 교황의 존재는 기독교 진영 간의 전쟁을 억제하거나 중재하는 기능을 해왔지만, 이교도를 상대로 한 전쟁에 있어서는 구심점이 되기에 충분했다. 따라서 대외적으로 이교도들의 손아귀에서 성지인 예루살렘을 탈환한다는 숭고한 명분 아래 십자군을 모집했다. 1096년 출정한 1차 십자군은 차후 소집할 십자군에 비하면 가장 순수하고 가장 성공적이었다. 십자군은 1099년 예루살렘을 탈환했고, 예루살렘 왕국이 수립되어 수많은 성지순례객이 오가게 되었다. 이들의 안전한 여정을 보장하기 위한 기사단도 우후죽순처럼 생겨났다. 그러나 레반트 지역의 민심이 확보되지 않은 단계에서 왕국의 유지는 쉽지 않은 과제였다. 1187년 결국 예루살렘은 살라흐 앗딘이 이끄는 아이유브조 술탄국 군대에게 점령당했고, 이를 되찾기 위한 3차 십자군 원정이 있었으나 실패로 끝나고 말았다. 이후에도 십자군의 이름을 내건 원정은 수차례 계속되었으나 1차 원정 때만큼의 성과를 거두지 못하고 변

콘스탄티노폴리스를 공략하는 십자군

질되어 갔다. 심지어 4차 십자군은 동로마 제국의 황위 계승 전쟁에 개입하여 콘스탄티노폴리스를 점령하고 라틴 제국을 수립하기까지 했다(1204). 결국 세속적인 욕망의 분출구나 다름없던 십자군 원정은 실패로 돌아갔고, 교황의 영향력도 온전히 유지되기 어렵게 되었다. 동시에 프랑스의 카페 왕조Capetian dynasty나 잉글랜드의 플랜태저넷 왕조Plantagenet dynasty, 그리고 신성로마제국 내 제후들이 세력을 키우면서 교황과 황제의 권한에 중대한 도전으로 다가왔다.

13세기에는 무슬림 세력보다 더 위협적인 아시아계 이교도들이 동쪽에서 들이닥쳤다. 바투와 수부타이가 이끄는 몽골군의 기병 전술에 유럽의 기사들은 속수무책으로 당했다. 1241년 레그니차 전투Battle of Legnica에서 폴란드와 모라비아의 군대를 격파한 몽골군은 이틀 뒤에 벌어진 모히 전투Battle of Mohi에서 헝가리군을 대파했다. 곧 유럽 전체가 몽골군의 말발굽에 짓밟힐 것이라는 위기의식이 확산됐으나 바투가 오고타이 칸(1229~1241) 사후 승계를 결정하기 위한 쿠릴타이에 관여하기 위해 회군하면서 마치 유럽인들의 기도에 대한 신의 응답처럼 평화가 찾아왔다. 그러나 신의 은총은 오래가지 못했으니, 곧 대기근fames, 전염병pestis, 전쟁bellum으로 점철된 위기의 시대가 이어졌다.

중세 유럽에 큰 충격을 준 흑사병에 따른 사회적 격변과 공포를 표현한 페테르 브뤼헬의 <죽음의 승리>

'14세기의 위기' 또는 '중세 후기의 위기'로 알려지게 되는 이 사태의 종착점은 인구 급감이었다. 지역마다 편차는 있었지만 1/4에서 1/3에 이르는 인구가 굶주림과 흑사병, 영국과 프랑스가 벌인 백년전쟁 속에서 희생됐다. 특히 흑사병은 인구밀도가 높은 도시, 수도원, 병원, 병영 등에서 맹위를 떨쳤다.[5]

종말이 임박한 듯 죽음이 만연했으나 그 와중에도 살아남은 자들은 새 시대를 맞이했다. 인구수의 급감이 노동력의 품귀현상을 가져오면서 농민과 도시 수공업자들이 고용주에게 몸값을 흥정할 수 있는 상황이 펼쳐지게 된 것이다. 장원에 결박된 채 거주이전의 자유가 없는 농노 신세였던 농민들은 영주에게 노동력의 대가로 현물에 더해 현금을 요구했고, 조건이 맞지 않으면 떠나기도 했다. 이들은 토지와 자본력을 갖춰 부농으로 성장하거나 도시로 이동하기도 했다. 봉건제 질서와 장원의 해체는 정해진 수순이었다. 도시에서도 공고한 위계질서를 혁파하고 처우 개선을 요구하는 수공업자들의 소요 사태가 빈발

5 역사상 가장 위협적인 전염병 가운데 하나로 알려진 흑사병(pestis)은 신종 병원균의 등장으로 인한 대유행은 아니었다. 그런데도 피해가 막심했던 이유는 전염병이 유례없이 강력했다기보다 숙주인 유럽인의 면역력 상태가 매우 약했기 때문이다. 12~13세기 온난한 기후와 농업 생산력의 증가는 자연스럽게 인구 증가를 가져왔는데, 당시의 농업 기술력으로 그 속도를 따라잡기가 불가능했고, 14세기에 이상기후로 한파까지 몰아치자 대기근(fames)을 피할 수 없었다. 만성적인 영양실조 상태에 빠진 유럽인들의 면역력 수준은 흑사병을 막기에 역부족이었다. 흑사병은 17세기까지 계속됐다.

했다.

이렇듯 높아진 사회 유동성은 전쟁에도 그대로 반영되어 그 양상을 바꿔 나가기 시작했다. 보병 자원의 확보가 어려워지고 장창이나 석궁 또는 장궁으로 무장한 보병 전력이 기병의 전력에 필적하게 되자, 군주들은 굳이 시간과 돈이 많이 드는 기병을 육성하기보다 가성비 면에서 효율적인 보병을 육성하는 데 관심을 기울였다. 따라서 소위 '14세기 보병 혁명'의 시대가 도래했다. 보병들은 15~16세기에 개인 화기까지 갖추면서 기사계층에 한층 더 위협적인 세력으로 성장했다. 기사 신분이면서 보병으로 참전하는 인물들도 적지 않았다. 이들은 잉글랜드와 프랑스가 벌인 백년전쟁에서 자신들의 효용가치를 제대로 입증했다. 1453년 마무리된 이 전쟁은 서유럽 사회를 중세에서 근세로 넘어가게 하는 상징적인 사건이 되었다. 공교롭게도 같은 시기에 동유럽에서도 동로마 제국의 수도인 콘스탄티노폴리스가 오스만 튀르크에 의해 함락되면서 새 시대의 시작을 알렸다. 동로마 제국의 유산은 계승자를 자처한 오스만 튀르크와 신성로마제국, 그리고 이탈리아에 널리 전파되었다.

II

전쟁 양상의 변화와 그 원동력

고대 시기와 마찬가지로 5세기에서 15세기까지 1,000년에 이르는 중세 역시 대표적인 전쟁 양상의 변화를 일괄하기란 불가능에 가깝다. 오랜 세월을 거치면서 파편화된 권력 집단들이 각자의 방식으로 처한 환경에 맞게 서로 다른 전쟁 기술을 발전시켜나갔기 때문이다. 예를 들어 토지가 비옥하고 평지가 많은 프랑스에서는 기병을 육성하고 전술을 발전시키는 데 적합했고, 대부분 산지인 스위스 지역에서는 우수한 보병Reisläufer을 육성해 유럽 각지에 용병으로 공급했으며, 도시가 발달한 동로마 제국은 도시를 요새화해 농성에 유리하게 전황을 이끌어나갔다.

그런데도 중세의 전쟁 양상에서 몇 가지 두드러진 특징을 꼽아보자면, 가장 먼저 중장기병인 기사가 전장에서 중심을 차지하게 된 점을 들 수 있다. 사실 기병 전력은 3세기 말부터 꾸준히 증강된 측면이 있는데, 로마 제국에서도 기병화되어가는 이민족 군대에 대응하기 위해 기병 전력을 꾸준히 증강시켰다. 따라서 기사는 중세가 시작되면서 갑자기 나타난 것이 아니라 3세기 말에서 8세기까지 오랜 기간에 걸쳐 이뤄진 보병에서 기병 중심으로의 점진적인 전환이라는 역사적인 맥락을 배경으로 등장하였다. 특히 사회적 신분으로서 중세 기사계층이 공고히 자리를 잡게 된 것은 9세기 이후의 일이었다. 중장기병은 육성하는 데 시간과 돈이 많이 들었기 때문에 대규모 동원이 어려웠고, 따라서 전투의 규모도 작아질 수밖에 없었다. 중세 시기를 통틀어 십자군 원정이나 백년전쟁 정도를 제외하면 대규모 전쟁이라 할 만한 전쟁은 거의 없었다.

다음 특징은 축성술과 공성술이 발전했다는 점이다. 기사들은 각 지역의 봉건 영주로서 독자적인 권한인 불수불입권을 갖고 자신의 봉토에 성곽을 건축하여 요새화했다. 따라서 회전을 마쳐도 공성전으로 전환되는 일이 잦았고, 공성 병기들도 빈번하게 활용되었다. 또 다른 특징은 전쟁 역시 교회의 영향으로부터 자유로울 수 없었다는 점이다. 교황은 때때로 전쟁의 규칙 및 성격 등을 규정하고 전반적으로 통제하는 역할을 했다. 물론 십자군 원정처럼 이교도에 맞서는 전쟁의 경우에는 매우 주도적이고 적극적인 면모를 보이기도 했으나 대체로 기독교 국가들 사이의 전쟁은 중재하는 기능을 했다. 또한 석궁 같은 살상력 높은 무기의 사용을 금지하기도 했다. 석궁은 주로 보병들이 사용했는데, 종종 기사들을 저격할 용도로 사용했기 때문에 신분 질서를 어지럽힐 위험이 있으므로 금지한 측면도 있었다.

이처럼 중세 시대는 교회의 통제 아래 대규모 전쟁이 드물었고, 살상력 높은 무기들의 개발 및 대량생산도 제한되었기 때문에 다른 시대에 비해 군사과학 기술의 발전이 미진했던 것으로 평가받곤 한다. 기사들 간에도 '기사도'에 입각한 일대일 토너먼트 같은 명예를 중시하는 고전적인 싸움 방식이 더 각광을 받았다. 그럼에도 기사들을 위한 각종 장비와 화력을 투사할 수 있는 무기, 그리고 축성술 등의 발전은 두드러졌다.

예를 들어 기병들의 필수 장비가 되는 '등자stirrup'나 동로마 제국에서 사용한 '그리스의 불Greek fire'처럼 나름 혁신적인 장비나 무기들도 있었다. 8세기경 동유럽을 거쳐 서유럽 세계에 도입된 것으로 알려진 등자는 단순히 기병들이 말을 편하게 타기 위한 장비가 아니었다. 일렬횡대로 돌진해 충격력을 가하는

동로마 제국의 무기였던 '그리스의 불'을 묘사한 12세기 그림

기마전술을 가능하게 했고, 마상 전투를 좀 더 수월하게 치를 수 있도록 해주었다.[6] 더 중요한 사실은 기존에 기병을 하나 키우는 데 수년 정도가 걸렸다면, 등자 사용 후에는 수개월 정도만 훈련시켜도 실전에 바로 투입할 수 있을 정도로 비교적 신속하게 기병을 육성할 수 있게 되었는 점이다.

'그리스의 불'은 동로마 제국이 이슬람 세력의 침입을 막기 위해 만들어낸 무기로, 기름과 각종 화학물질을 섞어 만든 연료에 불을 붙여 투사하는 형태의 무기였다. 특히 해상에서 적의 함선을 불태우는 데 요긴하게 쓰였다. 그 밖에도 16~17세기부터 주로 사용되는 화약무기의 초기 형태라 할 핸드캐논hand canon이나 대포 같은 것들이 이미 백년전쟁 당시부터 사용되고 있었다. 이러한 무기들은 전쟁 종반에 프랑스가 승기를 잡는 데 상당 부분 기여했다. 따라서 중세 시대 군사과학의 발전이 미진했다는 평가는 재고의 여지가 크다.

한편 중국이나 이슬람 국가 등에서 먼저 발견하고 활용했던 화약이 중세 말엽 서양에 도입되면서 근세에 '화약 혁명Gunpowder Revolution'이라 불리는 획기적인 발전이 이뤄진 것으로 알려져 있다. 이 발전이 서양의 '군사혁명Military Revolution'을 이끌면서 결과적으로 서양이 동양을 군사적으로 압도하게 된 근본적인 원인으로 작동했다는 설명이다. 그러나 실상 화약무기의 등장은 전장의 상황을 그렇게 '혁명적'으로 바꿔놓지는 못했다. 대포의 적중률이나 파괴력은 여전히 떨어졌고, 머스킷 총병들은 기병의 돌격이나 창과 칼로 무장한 보병들의 근접전 상황에서 무기력할 수밖에 없었다. 15세기에서 18세기까지 약 4세기에 걸친 유럽 국가들 간의 경쟁적인 연구와 개량 끝에 비로소 소총과 대포로 상징되는 화약무기가 전장을 장악하게 되었다. 그럼에도 불구하고 화약무기의 등장이 14세기부터 시작된 사회 변화라는 도화선에 불을 붙인 것만큼은 분명했다. '14세기의 위기'에서 살아남아 '14세기 보병 혁명'의 주역이 된 이들은 개인 화기를 갖추게 되자 강력한 창과 칼, 석궁 등으로 기병을 효과적으로 견제하던 수준을 넘어서서 제압할 수 있는 수준까지 넘볼 수 있게 되었다. 중세의 신분제 질서에서 기사계층에 대해 갖고 있었던 막연한 두려움도 점차 옅어져갔다. 따라서 화약무기가 전장에서 제 몫을 해내려면 16~17세기를 거쳐야 하겠지만, 그 등장은 중세 기사의 몰락과 함께 영주의 몰락도 시작됐음을

....

6 그러나 접전이 벌어지면 말에서 내려 육박전을 벌이는 광경을 심심찮게 볼 수 있었다.

우르반 거포. 영국 왕립 병기창 소장

알리는 신호탄과도 같았다.

대포의 발전은 축성술과 공성술의 변화를 가져왔다. 중세의 성은 영주 개인 또는 소속 가문의 재력과 위세를 드러내기 위한 용도로 활용되었지만, 기본적으로 유사시 요새의 역할을 하기 위해 군사적인 목적으로 건설되었다. 따라서 지역마다 개성 있는 성곽 양식들이 나타났지만, 이중, 삼중으로 건설된 성벽과 성곽 위의 요철형 구조, 높이 치솟은 망대 또는 감시탑 등은 공통된 양식이었다. 평지에 건설된 성의 경우 해자를 둘러 적의 접근을 차단하려 했다. 기존의 공성용 무기들이 주로 성벽 위의 방어 병력이나 성벽 너머의 예비 병력들을 노렸다면 대포의 화력은 성벽을 뚫어 진입로를 개척하거나 붕괴시키기 위해 사용됐다. 1453년 콘스탄티노폴리스 공방전 당시 두껍기로 유명한 테오도시우스 성벽을 뚫기 위해 오스만 튀르크군이 사용한 오르반 거포Urban's gun가 대표적인 사례다. 헝가리 출신 철포 제작자인 오르반이 설계한 이 거포는 본래 동로마 제국에 제공할 예정이었으나 황제가 제작 여건과 예산에 난색을 표하자, 반대로 오스만 튀르크에서 제작하게 돼 콘스탄티노폴리스의 성벽을 노리게 되었다. 그런데 이 포는 20톤에 이르는 무게와 엄청난 포성으로 농성하는 수비병들을 공포에 떨게 하기에는 충분했으나 성벽을 파괴하는 데는 성공적이지 못했다. 근세로 넘어가면서 경량화되었지만 파괴력은 더욱 강력해진 개량 대포들이 등장했는데, 축성술도 그러한 대포의 공격에 대응할 수 있도록 더욱 두껍고 종심 깊으며 사각지대를 잘 활용할 수 있는 성곽을 짓는 방향으로 변화되어갔다.

III

중세 서양의 대표적인 전쟁

1 프랑크 vs 우마이야 전쟁: 투르 전투(732)

투르 전투는 카롤루스 마르텔루스가 이끄는 메로베우스조 프랑크군과 압드 알-라흐만Abd al-Rahman이 이끄는 우마이야 칼리파조의 군대가 732년 투르와 푸아티에 인근에서 맞붙은 전투였다.[7] 예언자 무함마드 시절 아라비아반도에 국한됐던 이슬람 세력은 정통 칼리파 시대(632~661)[8]와 우마이야 칼리파조 시기(661~750)를 거치면서 빠르게 팽창했다. 특히 7세기 중반 사산조 페르시아를 멸망시키고 동로마 제국으로부터 시리아와 이집트를 빼앗은 이슬람 세력은 북아프리카 지역에서 맹위를 떨쳤고, 8세기 초에는 이베리아반도까지 차지했다. 당시 이베리아반도에는 서고트 왕국이 3세기가량 존속하고 있었는데, 이때 우마이야군의 총공세에 무너졌다. 5세기경 이베리아반도에 정착한 서고트족은 다른 게르마니아 부족들처럼 476년 서로마 제국 황제가 폐위되자 부지런히 주변 지역을 복속시키면서 왕국의 세를 키워나갔다. 이들은 계속해서 아리우스파를 고수했고 7세기에 이르러서야 비로소 이베리아반도 전체를 장악할 수 있었다. 따라서 7세기 말에서 8세기 초 무슬림들이 이베리아반도에 침입했을 때 민중으로부터 외세에 대한 통합된 항전 의식이나 방위 태세를 기

....

7 투르-푸아티에 전투로 알려져 있으나, 백년전쟁 당시 비슷한 지역에서 벌어졌던 푸아티에 전투(Battle of Poitier, 1356)와 구분하기 위해 투르 전투로 명명한다. 정확한 전투 위치는 밝혀지지 않았다.

8 무함마드 사후 그의 유지를 이어받은 칼리파(후계자) 아부 바크르(Abu Bakr, 632~634), 우마르(Umar, 634~644), 우트만(Uthman, 644~656), 알리(Ali, 656~661)가 다스리던 시기를 뜻한다.

투르 전투 중인 카롤루스 마르텔루스

대하기 어려운 입장이었다.

파죽지세의 우마이야군을 처음으로 멈춰 세운 인물은 아키타니아 대공 오도(프랑스어로 외드Eudes)(700경~735)였다. 721년 툴루즈를 포위한 무슬림들을 몰아낸 그는 교황으로부터 기독교 세계를 지켜낸 영웅으로 추앙받았다. 그러나 오도는 신앙심만으로 움직이는 인물은 아니었다. 그는 곧 일부 이슬람 세력과 동맹을 맺어 변경 지역의 안정을 꾀했다. 또한 이교도와의 동맹을 구실삼아 북쪽에서 프랑크 왕국의 궁재인 카롤루스 마르텔루스가 쳐들어오자 그와 맞서 싸우기도 했다. 메로베우스조 프랑크 왕국의 가신이었으나 사실상 독립적인 지위를 누리고 있던 오도는 이러한 방식으로 우마이야군과 프랑크군 사이에서 줄타기를 하며 자신의 입지를 강화하고 있었다. 그러나 732년 압드 알-라흐만 휘하 우마이야군이 아키타니아와 바스코니아에 총공세를 감행하자 카롤루스 마르텔루스에게 구원을 요청했다. 왕은 테오데리쿠스 4세Theodericus IV(721~737)였지만, 왕국의 실질적인 정치·군사적 권한을 쥐고 있던 궁재 카롤루스 마르텔루스는 이 상황을 자신이 아키타니아와 바스코니아를 차지하고 세력을 극대화할 수 있는 절호의 기회라고 판단했다. 그는 프랑크군을 이끌고 남하해 투르 인근에서 압드 알-라흐만의 우마이야군과 대치했다. 학자들에

견해에 따르면 양측의 병력은 비슷하게 2만~2만 5,000명 수준이었다. 우마이야군이 우수한 중장기병을 갖추고 있었던 반면 프랑크군은 중장보병이 우세했던 것으로 보인다.

전투 경과와 관련해서는 단편적인 기록들만 전하기 때문에 상세한 전개 과정을 재구성하기란 쉽지 않다. 실제 전투 자체가 단순하게 진행되었기 때문일 수도 있고, 중세 전투의 기록자들이 신의 섭리가 양측 지휘관의 용병술이나 군대의 움직임보다 승패에 더 절대적인 영향을 미쳤다고 믿었기 때문일 수도 있다. 어쨌든 프랑크군 보병대가 고지대를 선점하고 방진대형으로 버티고 선 상황에서 우마이야군의 중장기병이 전력의 우세를 믿고 무리하게 공세 행동을 거듭했는데, 힘이 빠질 무렵이 되자 프랑크군이 기세 좋게 쏟아져 내려왔다. 이때 프랑크군이 자랑하는 투척용 도끼 프랑키스카francisca가 위력을 발휘한 것으로 알려져 있다. 그 과정에서 지휘관인 압드 알-라흐만마저 전사하자 우마이야군은 삽시간에 무너졌다. 그렇게 우마이야군이 패배함으로써 최종적으로 이슬람 세력의 북진이 저지되었다. 반면에 승리를 거둔 카롤루스 마르텔루스와 투르 전투는 이슬람 세력의 위협에서 기독교 세계를 지켜낸 위대한 인물과 전투로 신화화되었다. 그리고 좀 더 실질적으로 카롤루스 가문의 영향력이 아퀴타니아와 바스코니아까지 확장되었다. 이렇게 막강해진 세력을 기반으로 카롤루스의 아들인 피피누스는 메로베우스 왕조를 전복시키고 새로운 왕조를 개창할 수 있었다. 한편, 우마이야군은 비록 전투에 패배했지만 10세기까지 이베리아반도 대부분을 굳건히 지켜냈다. 결과적으로 보았을 때, 이 전투의 가장 큰 피해자는 프랑크 왕국과 우마이야 칼리파국 사이의 투쟁 속에서 몰락해버린 오도였다.

투르 전투에서 프랑크군이 중장기병을 동원했는지 여부는 오래도록 논란의 주제가 되어왔다. 사료에서 프랑크군 기병에 대한 기록을 거의 찾아볼 수 없었기 때문이다. 그러나 서기 3세기 후반 무렵부터 로마 제국의 변경을 괴롭혀온 게르마니아 기병들에 대한 기록이나 로마군이 이들의 위협에 효과적으로 대응하기 위해 기병 전력 증강에 기울였던 노력, 그리고 서로마 제국 몰락 뒤에 들어선 게르마니아계 왕국들의 군 편제상 분명히 존재했을 기병들을 감안하면 프랑크 왕국이 기병대를 운용하지 않았을 가능성은 거의 없다. 물론 높은 비용과 긴 육성 기간이라는 한계 때문에 많은 병력을 동원하지는 못했을 것이다. 특히 중장기병 같은 경우는 더더욱 소수 정예로만 운용되어야 했을 것이다. 그럼에도 불구하고 각종 고고학 증거로 미루어보건대, 프랑크군 기병은 머리끝부터 발끝까지 철갑을 두르고 마갑까지 갖춘 전형적인 중세 기사의 모습은 아닐지언정 일정 수준의 중장비를 갖춘 채 전장에 나섰을 것으로 추정된다. 또 하나의 쟁점은 등자의 사용 여부이다. 등자는 6~7세기경 아바르인Avars이나 마자르인Magyars 같은 중앙아시아계 유목민 침입자들을 통해 유럽에 처음 전해진 것으로 알려져 있다. 7~8세기 무렵에는 그들과 맞서 싸우던 동로마 제국 기병들이 등자의 유용성을 파악해 사용하기 시작했고, 늦어도 8~9세기 무렵에는 서유럽에도 전파됐을 것으로 보인다. 물론 투르 전투에 참전한 프랑크군 중장기병이 등자를 사용했는지 여부는 전혀 알 수 없지만, 적어도 이를 전후한 시기에 프랑크군에서도 도입하기 시작했을 가능성은 꽤 높아 보인다.[9] 등자는 기병 육성을 비교적 용이하게 만들어 중세 기사계층이 두터워질 수 있는 하나의 요인이 되었다. 결론적으로 투르 전투는 고대에서 중세로 넘어가는 전환기의 전쟁 양상 변화를 목격할 수 있는 대표적인 사건이었다.

2 노르만 vs 앵글로-색슨 전쟁: 헤이스팅스 전투(1066)

헤이스팅스 전투를 제대로 파악하기 위해서는 9~11세기 당시 스칸디나비아에서 남하해온 유이민 세력의 공격적인 유입에서 비롯된 유럽 내 세력 구도의 재편이라는 배경을 먼저 이해할 필요가 있다. 6세기에서 9세기 중반까지 오늘날의 프랑스 지역에서 프랑크 왕국이 성장했다면, 북쪽 해협 너머의 브리튼섬에서는 앵글로-색슨족이 수립한 일곱 왕국이 각자 지역 세력들을 규합하고 서로 경쟁하면서 성장했다. 그런데 9세기 중반부터 유틀란트반도에서 데인족이 침입해 들어오자, 이들과 맞서 싸우는 과정에서 상대적으로 피해가 적었던 남서부의 웨섹스 왕국이 서서히 헤게모니를 쥐게 되었다. 웨섹스 왕국은 한편으로 교전을 벌이고 다른 한편으로 금전을 주거나 영토를 떼어주는 방식으로 데인족 침략자들을 적절히 통제하려 했다. 그러다 알프레드 대

....

9 일각에서는 밧줄이나 목재로 만든 등자가 사용됐을 가능성도 제시하고 있다. 물론 근거가 될 만한 고고학 증거가 1,300여 년을 견뎌내고 발견되기는 상당히 어려워 보인다.

왕Alfred the Great(886경~939) 시기에 잉글랜드 통합의 전기를 마련하게 되었는데, 알프레드는 에딩턴 전투Battle of Edington(878)에서 결정적으로 데인족을 격퇴했고, 이어 런던까지 되찾는 등 충분히 잉글랜드의 왕으로 불릴 만한 리더십을 보여주었다. 알프레드는 데인족에게 더 이상의 세력 팽창 없이 잉글랜드 북부의 지배에 만족하고 공존할 것을 강요했다. 이후 분란이 전혀 없었던 것은 아니지만, 그래도 어느 정도 세력균형과 안정이 1세기가량 지속되는 듯했다. 그러나 11세기에 들어서자 다시 데인족의 세력이 쇄도했고, 특히 크누트Cnut(1016~1035) 왕 치하에서 스칸디나비아 일대뿐 아니라 잉글랜드 대부분을 장악하는 상황이 벌어지기도 했다. 크누트 사후 웨섹스 왕조가 다시 헤게모니를 잡으려 했으나 잉글랜드의 상황은 심각하게 분열되어 있었다.

이러한 상황은 프랑스 쪽도 마찬가지였다. 9세기 말 프랑크 왕국의 상황은 카롤루스 마그누스 시절의 영광을 뒤로한 채 세력 분열이 심화되고 있었다. 스칸디나비아 출신 유이민 세력의 유입은 이러한 분열상을 더욱 가중시켰는데, 이들 중 10세기 초 롤로Rollo가 이끄는 무리가 프랑스 북서쪽 해안가에 성공적으로 정착해 그 지역이 노르망디로 불리게 만들었다. 그들의 족장은 카롤루스조 프랑크의 왕으로부터 작위를 받아 대대손손 노르망디 공작이 되었고, 따라서 당연히 노르망디는 프랑크 왕국으로부터 정치·경제·군사적으로 많은 영향을 받았다.

한편 프랑크 왕국의 가신이었던 위그 카페Hugh Capet(987~996)가 카롤루스 왕조를 전복시키고 새롭게 카페 왕조의 프랑스를 열자 노르망디 공작 리샤르Richard(942~996)는 그의 누이와 혼인해 자신의 권력을 공고히 해나갔는데, 그들의 딸이 크누트와 결혼하면서 잉글랜드의 왕실과도 연이 닿게 되었다. 쉽게 말해 노르망디 가문이 오늘날의 덴마크, 잉글랜드, 프랑스의 왕실 가문들을 혈연으로 연결시키는 허브 역할을 한 셈이다.

헤이스팅스 전투는 프랑스 왕 필리프 1세Philippe I(1060~1108)의 봉신인 노르망디 공 기욤Guillaume(윌리엄)이 잉글랜드 왕 에드워드Edward the Confessor(1043~1066)가 사망하자 왕위 계승권을 주장하기 위해 잉글랜드에 침입하면서 시작되었다. 잉글랜드에서 에드워드의 적법한 후계자임을 자처했던 인물은 웨섹스의 해럴드Harold Godwinson로, 에드워드왕의 매제인 동시에 11세기 초 잉글랜드를 지배했던 데인족의 왕 크누트와도 혈연지간이었다. 한편 노르망디 공작 기욤은 에드워드의 모계 혈통으로, 전적으로 승자의 기록에 근거한 것이기는 하지만 일찍이 1064년 무렵 에드워드로부터 후계자로 낙점되어 있었고, 심지어 해럴드의 충성 맹세까지 받아낸 상태였다. 그러나 막상 1066년 에드워드가 승하하자 해럴드가 그 자리를 차지했으므로 기욤은 그를 단죄하고 자신의 권리를 되찾아야 한다는 정당성을 앞세워 잉글랜드로 쳐들어간 것이다. 이렇듯 헤이스팅스 전투를 전후한 전쟁의 모습은 오늘날 국가 간 전쟁의 성격보다는 잉글랜드의 왕좌를 향한 웨섹스 가문과 노르망디 가문의 패권 싸움에 가까웠다.

전쟁의 원인과 준비 과정, 결정적 전투였던 헤이스팅스 전투의 장면들은 11세기경 제작된 바이외 태피스트리Bayeux Tapestry에 수놓은 생생한 묘사와 기록을 통해 오늘날까지 전해지고 있다. 기욤은 약 1년 동안 노르망디는 물론이고 인근 프랑스 지역에서 엄선한 병력들을 대상으로 철저하게 전투 준비를 시켰고, 이들을 잉글랜드로 이동시키기 위한 함선들도 준비했다. 해럴드도 기욤을 상대하기 위한 만반의 준비를 마친 상태였다. 그러나 기욤의 군대가 해협 횡단을 준비할 무렵 해럴드는 노르웨이 일대에서 쳐들어온 일단의 바이킹 침입자들을 상대해야만 했다. 흥미롭게도 기욤의 침공을 의식한 해럴드의 조급함이 침입자들에게는 불운으로 작용했다. 해럴드의 관심이 남쪽에 쏠려 있을

기욤에게 충성 맹세를 하는 해럴드를 묘사한 바이외 태피스트리

헤이스팅스 전투에 참가한 노르망디 기사와 궁수들

것이라고 판단한 바이킹들은 요크 일대를 약탈하는 데 혈안이 되어 있었는데, 이때 잉글랜드군의 신속한 행군과 공격이 이들에게는 기습의 결과로 나타났다. 그렇게 바이킹 침입자들을 물리친 해럴드는 지역을 안정시키기 위한 일부 병력만 남기고 다시 기욤을 상대하기 위해 남쪽으로 이동했다. 그러나 이미 기욤은 상륙을 마치고 북상 중이었다.

해럴드의 잉글랜드군과 기욤의 노르망디군이 맞닥뜨린 곳은 헤이스팅스 인근의 언덕이었다. 해럴드가 고지대를 선점해 수세를 취하고 기욤이 공세를 취하는 형국이었다. 학자들에 따르면 양측의 병력은 둘 다 8천에서 1만 명 수준으로 비등했다. 그러나 잉글랜드군이 대부분 보병으로 구성된 반면 노르망디군은 1/4에서 1/3에 이르는 병력이 기병으로 채워져 있었다. 기동력 면에서 우세했던 노르망디군은 언덕 위에서 방어대형을 갖춘 잉글랜드군을 무리하게 공격하기보다는 평지로 유인하는 쪽을 선택했다. 아무래도 평지에서는 노르망디군이 유리할 터였다. 해럴드와 잉글랜드군이 후퇴하는 것처럼 보이는 노르망디군을 쫓아 평지로 내려오자, 기욤의 기사들이 기다렸다는 듯 잉글랜드군 진영을 휘젓기 시작했다. 그 과정에서 해럴드가 눈에 화살을 맞고 전사하자 잉글랜드군은 급속하게 무너져 내렸다. 헤이스팅스에서 승리를 거둔 기욤은 계속해서 서쪽과 북쪽으로 전과를 확대해 나아갔다. 잉글랜드의 군소 세력들은 정복당하거나 귀부歸附하는 과정을 거쳐 기욤의 세력에 편입되었다. 그렇게 기욤은 노르망디 공작이면서 동시에 잉글랜드 왕으로, '정복왕 윌리엄'이라고 불리게 되었다. 훗날 기욤의 손녀이자 노르망디 가문의 상속녀인 마틸다Matilda

헤이스팅스 전투 전개 상황

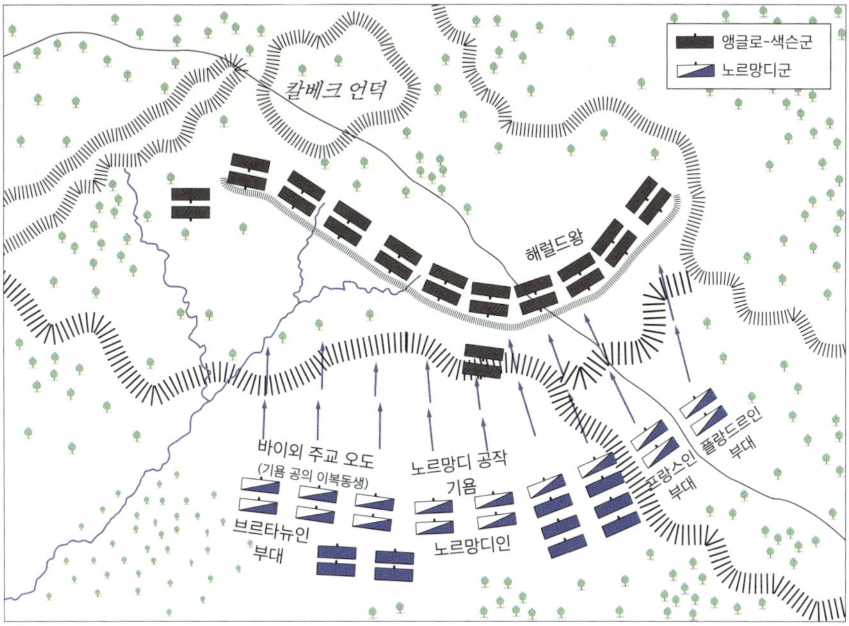

는 노르망디와 지리적으로 인접한 앙주 가문의 조프리Geoffrey Plantagenet와 결혼해 플랜태저넷 가문을 열었다. 조프리와 마틸다의 아들인 헨리 2세Henry II (1154~1189)는 최초의 플랜태저넷조 잉글랜드의 왕으로, 그의 재위기에 가문의 영지는 상속과 결혼을 통해 잉글랜드뿐 아니라 프랑스 서반부까지 포함해 최대 판도를 자랑했다. 그중 프랑스 남서부의 아키텐(기옌) 지역은 훗날 백년전쟁의 원인이 되기도 했다.

헤이스팅스 전투는 중세 전투의 전형을 보여준 대표적인 사례였다. 먼저 이전 시대의 대표적인 전투들에 비해 전투 규모가 그렇게 크지 않았다. 잉글랜드군과 노르망디군 양측 병력을 다 합쳐도 2만여 명 수준이었다. 이는 해럴드의 잉글랜드와 기욤의 노르망디가 자체적으로 동원할 수 있는 인적 자원과 물적 자원의 한계 때문이기도 했지만, 그만큼 기사가 대규모로 동원하기 어려운 값비싼 전력인 것도 사실이었다. 그리고 정치적으로도 구속력이 약한 기사들을 동원하려면 전쟁의 명분과 보상이 확실해야 했다. 헤이스팅스 전투의 또 다른 특징은 확실한 중장기병의 우위를 보여주었다는 사실이다. 노르망디는 다방면에서 프랑스의 영향을 깊게 받았는데 군사적인 측면에서도 선진적인 기병 전술을 받아들인 것으로 보인다. 바이외 태피스트리를 보면 노르망디 기사들의 활약이 두드러진 것을 확인할 수 있다.

3 십자군전쟁(11세기 말~13세기)

만지케르트 전투Battle of Manzikert(1071)에서의 패배는 동로마 제국에 돌이킬 수 없을 정도로 치명적인 상처를 남겼다. 동로마 제국의 황제 로마노스 4세Romanos IV Diogenes(1068~1071)는 셀주크 튀르크의 군사적 위협을 분쇄하고 소아시아 지역에서 영향력을 회복하기 위한 회심의 일격으로 만지케르트 전투에 전력을 다했다. 그러나 결과는 참패였고, 술탄인 알프 아슬란은 그를 사로잡았다가 털끝 하나 건드리지 않고 돌려보냄으로써 상상 이상으로 큰 모욕을 주었다. 로마노스 4세는 곧바로 사망했고 셀주크 튀르크는 오래지 않아 아나톨리아와 시리아 일대를 완벽하게 장악했다. 이로써 동로마 제국의 수도인 콘스탄티노폴리스가 대 튀르크 항전의 최전선에 위치하게 되었다. 하지만 유목민의 연합이었던 셀주크 제국은 1092년 말리크 샤가 사망하자 왕자들 간의 내전이 발생하여 쇠락하기 시작했다.

1095년 동로마 제국의 황제 알렉시오스 1세Alexios I Komnenos(1081~1118)는 상실한 소아시아 지역을 되찾기 위해 기발한 아이디어를 냈다. 바로 로마 총대주교(교황)를 움직여 서유럽의 군사적 원조를 얻는 것이었다. 로마 제국 당시 황제 휘하의 5개 총대주교중 한 명이었던 로마 총대주교는 8세기 성상파괴운동 당시부터 동로마제국 황제의 영향력에서 벗어나고자 했다. 결국 11세기에 이르러 셀주크 튀르크의 공격적인 확장으로 동로마 제국의 권위가 위축된 상황에서, 1054년 교리 및 전례의 문제로 로마 총대주교와 동로마 황제의 측근인 콘스탄티노스 총대주교 간에 상호파문이 이루어졌다. 이때 동로마 제국은 로마에 어떠한 실질적인 조치를 취할 수 없는 상황이었고, 결국 1075년 신임 로마 총대주교인 그레고리우스 7세가 강력한 교회개혁을 추진하면서 로마 총대주교만이 '파파Papa', 즉 교황이라 불릴 수 있다는 독점권을 주장하였다. 알렉시오스 1세는 이렇게 떨어져 나간 로마 총대주교를 다시 동로마 제국의 품으로 불러올 심산이었다.

교황 우르바누스 2세Urbanus II(1088~1099)는 알렉시오스 1세의 부름에 응답했는데, 이는 카노사의 굴욕 이후 '세속권력보다 우위를 점하는 보편적 교황권'이라는 이데올로기를 라틴 기독교 세계에 다시 한번 현실적으로 증명하기 위해서였다. 세속귀족들, 특히 프랑스의 봉건기사들이 그가 소집한 클레르

군중 십자군을 이끄는 은자隱者 피에르

몽 공의회에 모여들었다. 이들은 종교적 구원을 목적으로 하면서도, 이베리아 반도나 이탈리아 반도에서 들려오던 소식에 주목하고 있던 차였다. 이 소식은 이들에게 폭력을 휘둘러도 이교도와의 투쟁이면 구원을 보장받는다는 폭력의 정당화, 하급 귀족이어도 새로운 세계에서 왕이 될 수 있다는 열망을 심어주었다. 이는 종교·정치·경제적 목표가 구분할 수 없이 한데 뒤얽힌 강력한 욕망을 산출하였다.

1차 십자군 원정(1096~1099)은 이후 계속해서 이어지게 될 원정들에 비하면 가장 성공적이라 평할 만했다. 서유럽의 기사들과 농민들을 주축으로 하고 신성로마제국 제후들의 병력까지 합세한 원정군은 소아시아 남부 연안 일대를 빠르게 장악해 교두보를 확보하고 예루살렘을 공략해 장악하기에 이르렀다. 그렇게 1099년 수립된 예루살렘 왕국은 이후 무슬림 군대의 공격에 소아시아 남부와 시리아 일대의 제후국들이 빠르게 무너지는 상황에서도 1291년까지 2세기 가까이 살아남았다. 그러나 1차 십자군 원정의 성공에도 불구하고 점령 지역의 장기적인 지배를 위한 준비가 미흡했음이 곧바로 드러났다. 11세기 말에 수립된 기독교 국가들은 전략적 요충지인 주요 도시들을 중심으로 방어 계획만 수립했을 뿐 지역 주민들의 민심을 얻어 자전자수自戰自守가 가능한 인적·물적 자원을 확보하려는 고민을 하지 않았다. 예루살렘 왕국의 처세도 크게 다르지 않았는데, 각지에서 몰려오는 용병 성격의 기사단 병력에 의존하는 모습을 보였다. 따라서 예루살렘 왕국을 제외한 대부분의 기독교 국가들은 수립한 지 얼마 되지 않아 곧바로 튀르크군에게 재점령당했다.

2차 십자군 원정(1147~1149)은 무슬림 세력에 둘러싸여 섬처럼 남겨진 예루살렘 왕국을 구원하기 위해 조직되었다. 이 원정에는 프랑스 국왕 루이 7세Louis VII(1137~1180)와 신성로마제국 제후 콘라트 3세Konrad III(1138~1152)가 참전했다. 2차 원정대의 병력은 약 3만 5천에서 4만 명 수준으로, 이들의 진격은 일견 순조로워 보였으나 시리아 인근에서 공격 목표를 일원화하지 못하고 각각 에데사와 다마스쿠스를 공격함으로써 전력을 분산시키는 실책을 범하고 말았다. 이후 공성전이 길어지면서 보급 문제로 어려움을 겪게 되어 결국 철수할 수밖에 없었다. 2차 원정은 기사들의 기병 전술이 근본적으로 공성전에 취약하고 특히 튀르크 궁병대에 무력하다는 약점을 그대로 노출했다. 이후 14세기 중엽 백년전쟁의 크레시 전투Battle of Crécy에서 잉글랜드 장궁대를 맞이한 프랑스 기사들도 똑같은 무력감을 맛보게 될 터였다. 2차 십자군 원정이 실패로 돌아가면서 예루살렘 왕국은 고립무원의 처지가 되었다. 그럼에도 불구하고 무슬림 세력의 총공세에 맞서 결사항전의 의지를 보였다. 한편, 이집트의 파티마조 칼리파를 접수한 살라흐 앗딘은 새롭게 아이유브조를 개창하고 본격적인 예루살렘 공략에 들어갔다. 탁월한 전략가였던 그는 예루살렘 인근의 도시 티베리아스를 포위해 예루살렘에서 구원군을 파견하도록 유도하는 양동작전을 펼쳤고, 티베리아스로 향하는 길목의 유일한 식수원이었던 하틴 인근 우물을 장악함으로써 예루살렘군에게 공급하는 식수를 끊어버렸다. 결국 아

2차 십자군전쟁 때 다마스쿠스 포위전을 묘사한 그림

초기 십자군전쟁 상황

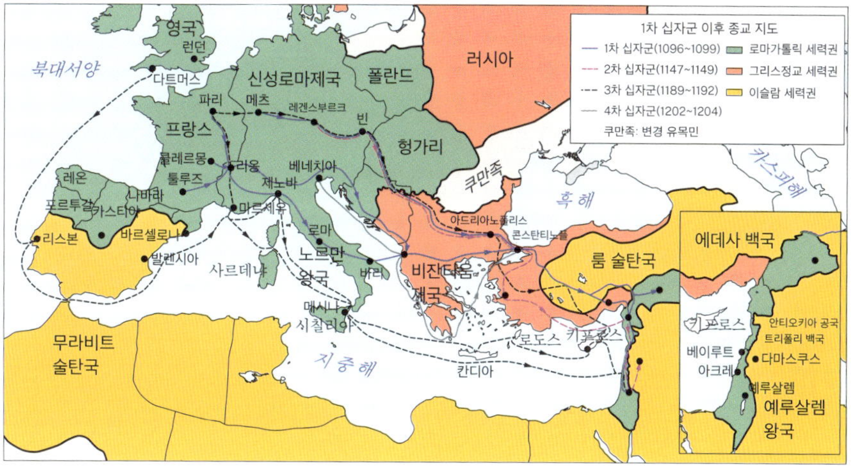

이유브군은 빠른 행군과 목마름에 지친 예루살렘군을 상대로 하틴 전투에서 대승을 거두었다. 이어진 예루살렘 공방전에서 예루살렘군은 처절한 방어전을 벌였으나 결국 1187년에 함락되고 말았다.

3차 십자군 원정(1189~1192)은 셀주크 튀르크 군대에게 함락된 예루살렘을 되찾기 위해 기획되었다. 이 원정에는 잉글랜드 왕 리처드 1세Richard I(1189~1199)와 프랑스 왕 필리프 2세Philippe II(1180~1223), 신성로마제국 황제 프리드리히 1세Friedrich I(1155~1190) 등 유럽에서 내로라하는 군주들이 모두 참전했다. 특히 리처드 1세와 프리드리히 1세는 탁월한 군 지휘관으로 평가받고 있었기에 가장 성공적인 십자군 원정이 될 것이라는 기대가 모아졌다. 그러나 프리드리히가 오늘날 타우루스산맥 인근의 강을 건너다 실족사하고, 전략적 요충지인 아크레Acre 공략 이후 리처드와 필리프가 반목하면서 원정군의 미래가 불투명해졌다. 결국 필리프는 프랑스 내부 문제와 와병을 핑계로 군대를 이끌고 복귀하기에 이르렀다. 이제 3차 십자군 원정은 리처드 1세가 홀로 치러야 할 과업이 되었다. 리처드는 살라흐 앗딘과 일진일퇴의 치열한 공방전을 치른 뒤, 아이유브조 술탄국이 예루살렘을 점유하되 기독교 성지순례객의 안전을 보장해준다는 조건으로 1192년 야파에서 평화협정treaty of Jaffa을 맺었다. 리처드 1세는 의심의 여지가 없는 전쟁 영웅이었으나 이교도와 맺은 평화조약으로 인해 위신의 추락은 피할 수 없었다. 한편 본국으로 돌아간 필리프 2세는 잉글랜드에 리처드 1세가 부재한 상황에서 대리를 맡은 리처드의 동생 존이 군사적으로 무능하다는 점을 이용해 프랑스 내 잉글랜드 영지를 차근차

리처드 1세와 살라흐 앗딘

근 점령해나갔다.

4차 십자군 원정(1202~1204)은 원정의 성격이 변질된 (또는 본질이 그대로 드러난) 대표적인 사례였다. 원정군은 베네치아의 함대를 이용해 전장으로 이동할 요량이었는데 뱃삯을 비롯한 각종 비용이 넉넉하지 못했다. 발이 묶인 십자군에게 접근한 사람은 동로마 제국의 알렉시오스 4세였다. 그는 십자군이 자신의 삼촌이자 황위 찬탈자인 알렉시오스 3세를 물리치고 자신을 황위에 앉히는 데 도움을 주면 필요한 보상을 해주겠노라 약속했다. 이에 십자군이 호응하여 콘스탄티노폴리스를 공략하고 알렉시오스 4세를 황제에 등극시켰다. 그런데 십자군의 전비 마련을 위해 과중한 세금을 매긴 알렉시오스 4세가 시민들의 반란에 의해 살해당하자, 물주를 잃은 십자군도 폭주하기에 이르렀다. 예루살렘을 향해야 했던 십자군은 엉뚱하게도 콘스탄티노폴리스를 차지하고 라틴 제국을 수립했다. 콘스탄티노폴리스는 1261년 미카엘 8세 팔라이올로고스 Michael VIII Palaiologos(1261~1282)에 의해 수복되고 동로마 제국의 세력도 어느 정도 회복할 수 있었지만, 더 이상 십자군을 신뢰하기는 어렵게 되었다. 이후에도 십자군 원정은 수차례 반복되었으나 참가 세력들 사이의 복잡한 이해관계 속에 성공적인 결과를 내놓지 못하고 흐지부지되었다.

4 백년전쟁(1337~1453)

백년전쟁은 1337년부터 1453년까지 100년이 넘는 기간 동안 잉글랜드와 프랑스 사이에 전개된 여러 전쟁과 전시상황을 일컫는다. 오해하지 말아야 할 점은 100년 내내 전쟁이 벌어진 것은 아니었다는 사실이다. '백년전쟁'이라는 명칭은 19세기 초에 붙었던 만큼, 이 시기는 전쟁 일변도의 전개로만 이루어진 것은 아니었다. 이미 프랑스와 잉글랜드는 노르망디공이 잉글랜드를 정복한 헤이스팅스 전투 이후 정치·사회·경제·문화 등 모든 영역에 걸쳐 매우 밀접한 관계를 맺어 왔다. 따라서 백년전쟁은 각국의 정치적 상황과 내전, 다양한 도시 및 농민 봉기, 흑사병(1346~1352)이라는 대규모의 인구감소와 경제적 위기를 수반하였고 이는 전쟁 상황에 깊은 영향을 미쳤다.

아울러 전쟁 전 아키텐(기옌)이라는 봉토를 두고 프랑스 왕과 잉글랜드 왕 사이에 맺어진 위계적 봉건 관계는 전쟁 후 프랑스와 잉글랜드라는 서로 독립적인 두 국가 주권의 확립으로 이어졌다. 특히 두 국가는 이 백년전쟁을 계기로 '재정·군사국가'라는 용어로 정의할 수 있는 체제를 발전시켰다. 이것은 전국적인 차원에서 중앙정부가 전쟁과 재정을 독점하며 이를 이중의 원동력으로 삼으며, 지방의 세분화된 권력을 중앙의 정치로 집중시켜 나갔다. 이 와중에 두 국가는 서로 다른 체제가 확립되었는데, 먼저 잉글랜드에서는 의회가 중앙정부를 제어하는 의회주의가 자리 잡았다. 반면 프랑스에서는 강력한 관료제와 상비군을 기반으로 총신분회États généraux의 역할이 점차 축소되어 가는 절대주의를 향해 나아갔다.

백년전쟁 발발의 배경과 원인

그렇다면 과연 백년전쟁은 왜 일어났을까? 이를 알아보기 위해서는 배경과 직접적인 원인을 구분해보아야 하는데, 이는 어떤 폭발이 일어날 때 화약고와 불씨의 관계와 같다고 볼 수 있다. 먼저 화약고 역할을 하는 배경은 네 가지 상황으로 정리해 볼 수 있다.

첫 번째는 프랑스 왕국에 속하지만 잉글랜드 왕이 통치하고 있던 아키텐 공작령 문제다. 봉건사회에서는 위계적인 관계로 이해된 이 영토가 14세기 들어와서는 각국의 주권 문제로 인식되기 시작하면서 첨예한 대결 양상을 만들었다. 13세기부터 프랑스 왕은 종종 봉토 몰수를 선언하며 잉글랜드 왕과 전쟁을 했고, 늘 패배하던 잉글랜드 왕은 충성을 맹세하며 아키텐에 대한 통치권을 다시 인정받아 왔다. 그러나 이제 프랑스 왕의 봉신인 아키텐 공작(잉글랜드 왕)이 다스리던 영역은 잉글랜드와 프랑스, 두 왕국 중 궁극적으로 어디에 속하는가가 문제를 제기하였다.

두 번째 문제적 상황은 프랑스 왕국 북동부에 위치한 플랑드르 백작과 도시와 관련된다. 플랑드르 백작은 전통적으로 프랑스 내에서 강력한 봉건세력을 형성했었고 그의 백작령 내에 위치한 플랑드르 도시들은 자치도시로서 번영을 구가하고 있었다. 이에 필리프 4세와 같은 프랑스 왕은 플랑드르를 직접 통치를 목적으로 장악하고자 했고 이는 백작과 도시, 나아가 농민의 강력한 저항에 부딪혔다. 문제는 잉글랜드가 플랑드르와 밀접한 경제적 이해관계를 공유하고 있었다는 점이다. 잉글랜드에서 생산된 양모 원료는 플랑드르에서 모직물로 가공되어 전 유럽으로 팔려나갔던 만큼, 플랑드르가 프랑스 왕권에 장악된다면 이는 아키텐과 마찬가지로 잉글랜드 왕에게는 또 다른 프랑스의 굴레가 될 수 있었다. 잉글랜드와 플랑드르의 경제적 이해관계와 플랑드르 도시의 자치권 사수 의지가 결합하였고, 이는 프랑스에 다시 커다란 부담으로 다가왔다.

세 번째는 잉글랜드 북부의 스코틀랜드였다. 13세기 말부터 잉글랜드 왕 에드워드 1세는 웨일즈와 스코틀랜드에 대한 정복전쟁을 시작했는데, 웨일즈와 달리 스코틀랜드는 쉽사리 정복에 성공할 수 없었다. 스코틀랜드와의 전쟁은 장기화되었고, 특히 잉글랜드를 견제하려는 프랑스는 종종 스코틀랜드에 적극적인 지원책을 펼쳤다. 이렇게 해서 북부 프랑스의 플랑드르가 친잉글랜드라면 잉글랜드 북쪽 너머의 스코틀랜드는 친프랑스인 상황이 펼쳐졌다.

마지막은 그 유명한 프랑스 왕위 계승 문제였다. 본격적으로 프랑스 왕국에서 국왕에 의한 주권을 현실화하기 위해 강력한 중앙집권정책을 펼쳤던 필리프 4세Philippe IV(1285~1314)에게는 3명의 아들과 1명의 딸이 있었다. 필리프 4세 사후 그의 강압적 정책에 대한 지방 세력의 반발이 고조되는 가운데 그의 세 아들, 즉 루이 10세Louis X(1315~1316), 필리프 5세Philippe V(1316~1322), 샤를 4세Charles IV(1322~1328)는 모두 단명하고 말았고 아들을 후사로 두지 못했다. 사실 남성만이 왕위계승을 할 수 있다는 원칙은 루이 10세의 딸인 잔

14세기 초 프랑스 왕위계승

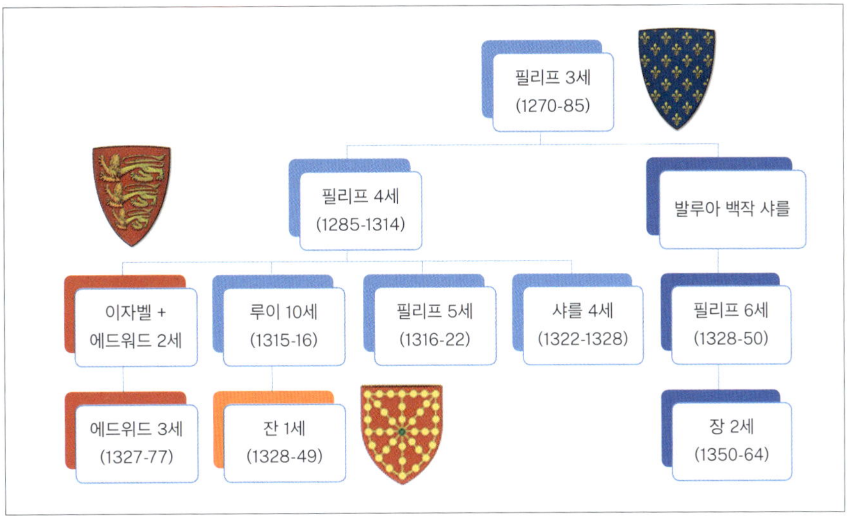

Jeanne으로부터 왕위를 찬탈한 필리프 5세가 성직자회의를 소집하여 규정한 것이었다. 아니나 다를까 이 원칙은 본인에게도 또 동생에게도 적용되었다. 그리하여 1328년 샤를 4세가 사망했을 때 카페 가문에서는 두 명의 남성만이 왕위계승 후보로 떠올랐다. 바로 필리프 4세의 딸인 이자벨Isabelle의 아들 에드워드와 필리프 4세의 동생인 샤를의 아들인 발루아 백작 필리프였다. 문제는 이자벨이 잉글랜드 왕 에드워드 2세와 결혼했기 때문에 그의 아들은 1327년에 이미 잉글랜드 왕에 즉위한 상태였다는 점이다. 샤를 4세가 사망한 이후 프랑스 대귀족들이 모여 왕위계승 문제에 대해 논의하였고, 그 결과 프랑스에서 태어나고 자란, 그리하여 프랑스적인 본성natura을 지닌 발루아 백작 필리프를 왕으로 추대했다. 아직 16세에 불과했던 에드워드는 섭정인 모후 이자벨의 영향 아래 있었기에 프랑스에서의 결정에 대해 이의제기를 하지 못했고, 1329년에는 아키텐 봉토와 관련하여 필리프 6세에게 충성신서를 실시할 수밖에 없었다.

에드워드 3세와의 경쟁구도를 완전히 청산했다고 생각한 필리프 6세는 자신이 신하들에 의해 추대된 왕이라는 사실을 만회하기 위해 루이 9세와 필리프 4세가 실시했던 왕권 강화정책을 다양한 방식으로 모방하였다. 특히 가장 신경을 써서 준비한 것은 새로운 십자군 준비였다. 1333년부터 그는 아비뇽 교황 요하네스 22세Iohannes XXII의 도움으로 지중해에 함대를 건설하기 시작했다. 하지만 1334년 새롭게 교황이된 베네딕투스 12세Benedictus XII는 1336년에 십자군 준비가 생각만큼 진전되지 않자 교회의 지원을 중단했고, 이는 십자군 준비에 큰 차질을 초래하며 필리프 6세의 정치적 입지에 손상을 입혔다. 이러한 와중에 프랑스 왕국에 속한 아키텐과 플랑드르에서는 에드워드 3세와 관련한 민사 소송이 줄지어 발생했다. 필리프 6세는 주군으로서 에드워드 3세에게 파리 법정에 출석할 것을 명령했고, 에드워드 3세는 이를 거부하였다. 동시에 플랑드르에서는 프랑스의 압박에서 벗어나고자 하면서 에드워드 3세를 지지하는 부르주아 봉기가 발발하기도 했다. 이에 필리프 6세는 에드워드 3세에게 강한 압박을 주기 위해 지중해의 십자군 함대를 영불해협으로 이동시켰고, 이를 확인한 에드워드 3세와 잉글랜드 의회는 이를 선전포고로 인식하며 필리프 6세와의 전쟁을 준비하기 시작했다. 결국 1337년 5월 필리프 6세는 에드워드 3세를 불충한 봉신félonie으로 규정하며 영지몰수를 선언했고, 이에 10월 에드워드는 필리프 6세에게 "자칭 프랑스 왕이라는 필리프에게Philippe, qui se dit roi de France…"라는 구절로 시작하는 도발적인 편지를 보냈다. 이렇게 해서 116년 동안 이어질 전쟁이 시작되었다.

백년전쟁의 첫 번째 단계: 크레시 전투와 푸아티에 전투, 그리고 흑사병

백년전쟁은 아래의 표와 같이 대략 30년을 주기로 4단계에 걸쳐 전개되었다.

단계	프랑스	잉글랜드
1단계 1337~1364	패배: 필리프 6세, 장 2세 봉기: 자크리, 에티엔 마르셀 내전: 나바라왕 샤를 2세 흑사병과 인구 급감	승리: 에드워드 3세, 웨일즈공 프랑스 약탈 원정 칼레시 함락
2단계 1364~1399	승리: 샤를 5세, 샤를 6세 초기 영토 회복, 질서 안정, 왕권 재확립과 왕권 이데올로기	패배: 에드워드 3세, 리처드 2세 봉기: 잉글랜드 농민 봉기(와트 타일러) 내전: 리처드 2세 폐위(1399)
3단계 1399~1422	패배: 샤를 6세 봉기: 카보쉬앙 내전: 샤를 6세의 광기 아르마냑파 대 부르고뉴파	승리: 헨리 4세, 헨리 5세 파리를 포함한 북부 프랑스 장악 부르고뉴, 잉글랜드와 동맹
4단계 1422~1453	승리: 샤를 7세 잔다르크의 등장, 샤를 7세 축성 잉글랜드군 척결, 왕권 강화	패배: 헨리 6세 내전: 헨리 6세의 광기 랭카스터파 대 요크파

먼저 제1단계는 잉글랜드의 일방적인 승리와 프랑스의 정치·사회적 위기

를 특징으로 보여준다. 양국의 선전포고는 1337년에 이루어졌지만 일단 양국은 외교적으로 동맹을 구축하는 데 몰두하였다. 이렇게 해서 백년전쟁은 단순히 잉글랜드와 프랑스만의 전쟁이 아니라 유럽 전역에 걸친 경쟁 세력들을 양편으로 갈라 서로 연대하도록 만들었다. 플랑드르의 경우 백작은 프랑스 편에, 도시 세력은 잉글랜드 편에 섰고, 브르타뉴에서는 공위公位를 주장하는 두 경쟁 세력이 두 왕국으로부터 각기 지원을 얻어냈다. 반면 14세기 초부터 시작한 아비뇽 교황은 당연히 프랑스를 지지했고, 이에 잉글랜드에서는 위클리프와 같은 개혁적 성직자가 지배 엘리트의 지지를 받았다.

본격적인 무력충돌은 1340년 슬로이스 해전으로 시작되었는데, 여기에서 프랑스는 그간 준비한 '십자군' 함대를 대거 상실했다. 또한 1346년 7월 에드워드 3세는 원정대를 조직하여 노르망디에 상륙한 후, 북부 프랑스 지역을 약탈하며 칼레까지 진군했다. 에드워드 3세의 원정은 필리프 6세의 무능력함을 드러내는 결투 재판과 같은 성격을 지녔기에, 특정 지역에 대한 장악과 수성을 목표로 하지는 않았다. 어렵게 군대를 모은 필리프 6세는 에드워드 3세의 군대를 쫓았고 드디어 크레시Crécy라는 곳에서 마주치게 되었다. 기사보다는 궁병과 보병을 중심으로 한 잉글랜드군은 마치 1066년의 해럴드가 그러했던 것처럼 고지대를 점령하고 전투를 준비하고 있었다. 전통적인 기사로서 빠른 기동전을 자랑하던 프랑스군은 언덕 아래에 도착하자마자 어떠한 작전도 없이 용맹만을 내세우며 고지대로 내달렸다. 함께 온 제노바 용병이 석궁으로 엄호를 하기도 전이었다. 결과는 무모한 돌격으로 일관한 프랑스의 대패였다. 280년 전 노르망디 공작 기욤의 군대에게 그러했듯 고지대는 기병에게 불리했고, 웨일즈와 스코틀랜드에서 충분한 경험을 쌓은 잉글랜드 장궁 부대의 화살은 프랑스 기사의 갑옷을 뚫었다. 게다가 새롭게 동원된 화포는 명중하지는 못하더라도 큰 굉음으로 기사들을 낙마하게 했다. 프랑스는 2만 이상의 군대에서 1천5백 명에 이르는 기사가 전사했지만, 잉글랜드는 1만이 넘는 군대에서 고작 1~2백 명의 사망자만 냈을 뿐이었다. 승리한 잉글랜드군은 잉글랜드로 돌아가는 길에 항구도시 칼레를 점령했고, 무능한 왕으로 낙인찍힌 필리프 6세는 새로운 군대를 모으지 못한 채 1347년 칼레가 적에게 넘어가는 것을 지켜볼 수밖에 없었다.[10] 이렇게 해서 잉글랜드군은 프랑스 침략의 중요한 교두보를 저 남동부의 아키텐 이외에 파리와 가까운 북부에도 확보할 수 있었다.

1346년 8월 26일 크레시 전투에서 잉글랜드의 에드워드 3세에게 프랑스의 필립 6세가 완패했다.

이후 전쟁은 소강상태를 맞이했다. 왕실 재정이 취약했던 서유럽 군주들의 사정도 사정이지만 무엇보다도 서유럽을 공포의 도가니로 몰아넣었던 흑사병이 이때부터 1350년 초까지 프랑스와 잉글랜드를 휩쓸었기 때문이었다. 1350년 프랑스에서는 장 2세가 새로 즉위하였다. 하지만 그는 에드워드 3세 외에 프랑스 왕위를 요구하는 또 다른 세력으로 나바라왕 샤를 2세의 도전을 받았고 이는 국정 불안과 내전상황을 야기했다.[11] 이러한 상황에서 다시 전쟁 준비를 마친 잉글랜드군이 1356년에 새로운 원정을 감행했다. 이번에는 북부가 아닌 남서부 아키텐에서 왕세자 에드워드가 군대를 지휘했다.[12] 이에 힘들

....

10 칼레 함락과 관련한 유명한 일화가 바로 로댕의 조각으로도 유명한 '칼레의 시민'이다. 이 전설은 4명의 도시 대표가 도시 내 양민 학살을 막기 위해 자신들의 희생만을 요구했다는 내용인데, 최근 연구는 이것이 실제 사실은 아니었다고 밝히고 있다.

11 필리프 5세에게 왕위를 빼앗기고 1328년에 이베리아 반도 북부의 소국 나바라의 왕위만 물려받은 루이 10세의 딸인 잔의 아들이다. 그는 에드워드와 마찬가지로 여계·직계로서 왕위 요구권을 지녔다. 한편 나바라 왕위는 13세기 초 프랑스 왕의 봉신인 샹파뉴 백작이 차지했고, 필리프 4세는 샹파뉴 여백작이자 나바라 여왕인 잔 1세와 결혼했었다.

12 보통 영어로 'Edward Black Prince'라고 지칭된다. 하지만 이 칭호는 르네상스 시기에 부여된 별칭으로 당대 공식 명칭은 '웨일즈공 에드워드'다. 에드워드 1세가 웨일즈를 정복한 이후 현재까지도 왕세자는 '웨일즈 공'이라 불린다. 한편 위의 영어 별칭의 번역어인 '흑태자'는 태자가 왕위가 아닌 제위 계승자라는 점에서, 나아

게 군대를 소집한 장 2세가 푸아티에로 진격하여 잉글랜드군을 맞이했으나 또 다시 대패하고 말았다. 숲으로 숨어든 잉글랜드군은 비가 와서 진흙창이 된 벌판에서 허우적대는 프랑스군에 대해 가차없이 화살을 날렸고, 제대로 싸우지도 못한 프랑스군은 모두 후퇴하고 말았다. 프랑스의 동맹인 룩셈부르크 공작 요하네스 1세를 비롯하여 수많은 귀족이 사망했는데, 최악은 후퇴하지 않고 끝까지 싸운 국왕 장 2세가 막내 아들 필리프와 함께 잉글랜드의 포로가 되었다는 사실이었다.

푸아티에 전투의 후폭풍은 거대했다. 국왕이 포로가 되도록 내버려둔 채 자기 살길만 찾아 도망친 기사 귀족은 가차 없는 성토의 대상이 되었다. 에티엔 마르셀Étienne Marcel과 같은 부르주아나 자크리Jacquerie와 같은 부농 봉기군은 무능한 귀족을 몰아내고 스스로 국정을 장악하려는 꿈을 꾸었다. 하지만 1358년 세자 샤를이 귀족 세력을 재규합하면서 일순간 혁명처럼 타올랐던 개혁의 기세는 꺾였고, 1360년 브레티니 조약treaty of Brétigny으로 프랑스는 잉글랜드에 광대한 서부 영토의 양도와 막대한 국왕 몸값을 약속할 수밖에 없었다. 같은 해 프랑스로 돌아온 장 2세는 1364년 사망했고, 곧이어 세자가 샤를 5세 Charles V(1364~1380)로 즉위했다.

백년전쟁의 두 번째 단계

'현명왕'이라는 별칭을 지닌 샤를 5세는 매우 신속하게 왕국 내 평화와 질서를 확립하고 강력한 왕권 이데올로기를 확립해 나갔다. 그의 치세가 포함되는 이 두 번째 단계에서 극적으로 보이는 전투가 있었던 것은 아니었지만, 프랑스는 지속적인 군사작전으로 잉글랜드에게 할양하기로 약속했던 대부분의 영토를 되찾았다. 특별할 것이 없어 보이는 이와 같은 군사작전은 당대인들에게 매우 놀라운 일이었다. 왜냐하면 이 당시에 상시적으로 군대를 동원하기란 매우 어려운 일이기 때문이었다. 봉신의 군역ost은 통상 40~60일로 한정되었고, 이 기일을 마친 봉신은 언제든지 자신의 고향으로 되돌아갈 권리를 지녔다. 첫 번째 단계에서 전투가 일시적이고도 간헐적으로 이루어진 이유는 바로 이 때문이었고, 승리한 잉글랜드군도 프랑스에 많은 수의 병력을 주둔시킬 수

....

가 'Prince'를 그대로 계승권자로 번역할 수 없다는 점에서 심각한 오류를 지니고 있다.

샤를 5세

없었다. 이러한 봉건 군대 외에 가용할 수 있는 군대는 용병인데, 이를 운용하기 위해서는 막대한 재정이 필요했다. 바로 이 부분에서 샤를 5세는 이전과 다른 이후의 모델이 될 새로운 정책을 채택했다.

필리프 4세 치세 이래로 프랑스에서는 전쟁의 목적 및 이를 위한 과세가 타당한지 전국적인 차원에서 세 신분 대표들의 의견을 구하기 위해 프랑스 총신분회États généraux가 개최되었다.[13] 하지만 샤를 5세는 이와 같은 대의제를 무시하고 긴급한 상황임을 내세워 전국적인 세금을 부과하였고, 이를 바탕으로 축적한 막대한 재정을 바탕으로 상시 운용할 수 있는 용병대를 고용하였다. 이렇게 해서 그는 한편으로는 빼앗겼던 영토를 회복할 수 있었고, 다른 한편으로는 미고용 당시 비적 집단이 되곤하던 용병부대를 재고용하여 왕국 내 평화와 질서를 확립할 수 있었다. 대의제의 동의 없는 과세, 이를 바탕으로 한 '상'시적으로 준'비'된 '군'대의 등장, 그리고 새로운 요새인 바스티유 등은 이후 등장할 절대주의의 길을 예비하고 있었다.

한편 이와 같은 프랑스의 물량 공세 앞에서 에드워드 3세는 패배를 거듭했다. 1376년 세자 에드워드가 사망했고 본인도 1377년에 사망했다. 이제 왕위는 손자인 리처드 2세Richard II(1377~1399)에게 돌아갔다. 동시에 이번엔 잉글랜드 농민과 부르주아가 패전의 늪에 빠진 잉글랜드 귀족에게 차별과 과중한 과세에 항의하며 1381년 봉기를 일으켰다. 지도자 와트 타일러의 이름으로 유명한 이 봉기도 프랑스와 마찬가지로 순식간에 진압되었지만, 위클리프의 영향을 받은 롤라드파 성직자 존 볼의 연설은 위계 없는 평등한 세상에 대한 열망을 유럽 전역에 깊이 각인시켰다. 봉기를 진압했지만, 독단적이면서도 예술가적 기질을 지닌 리처드 2세는 잉글랜드 귀족들과 수시로 충돌했다. 많은 귀족 세력이 탄압을 받고 재산을 몰수당하는 일이 수시로 발생하였고, 불만이

....

13 통상 일본식 번역어를 그대로 차용하여 '삼부회'라고 번역되곤 한다. 하지만 이때 당시 프랑스 신분회는 지역별로 또는 신분별로 따로 모이는 경우도 자주 있었기 때문에 삼부회라는 번역어는 매우 제한적일 수밖에 없다. 전국에 걸친 모든 신분이 모이는 이 신분회는 프랑스어 그대로 '총신분회'라 번역하는 것이 적절하다.

폭발한 귀족들은 의회를 개최하여 그의 폐위를 결정했다. 그리고 1399년 에드워드 3세의 차남인 존 오브 곤트John of Gaunt의 아들 헨리 볼링브로크가 이들의 지지로 즉위했다.

헨리 4세는 과거 프랑스 왕 필리프 6세처럼 추대로 왕위에 올랐기에 어떠한 능동적인 모습도 보여줄 수가 없었다. 따라서 그동안 프랑스와의 전쟁상태는 소강상태에 접어들었다. 그렇지만 이번에는 프랑스의 상황이 불안해지기 시작했다. 1380년 샤를 5세가 사망하고 12세에 불과했지만 샤를 6세Charles VI(1380~1422)가 큰 어려움 없이 왕위에 올랐다. 하지만 샤를 5세의 동생들, 즉 샤를 6세의 숙부들은 강력한 세력을 형성하면서 국정 주도권, 보다 노골적으로 말해 세금을 바탕으로 한 국가재정을 장악하기 위해 첨예한 긴장 관계를 형성하고 있었다. 일단 1388년 20세로 성년이 된 샤를 6세는 숙부들의 간섭에서 벗어나 독자적인 친정체제를 구축하면서 국정을 이끌어 나갔다. 하지만 부왕의 업적과 숙부의 견제에 대한 부담과 스트레스로 인해 그는 1392년 광기에 휩싸이기 시작했다. 그리고 수면 아래 가라앉았던 왕실 대귀족 간의 경쟁이 서서히 가시화되기 시작했다.

백년전쟁의 세 번째 및 네 번째 단계

프랑스에서 대귀족 간 경쟁과 분열은 아르마냑파 대 부르고뉴파 간의 내전으로 비화되었다. 전쟁의 장기화와 국가재정 확대는 귀족의 경제적 기반을 지방의 장원이 아닌 중앙 정계로 눈을 돌리게 만들었다. 왕실 귀족은 중앙 정계의 강력한 우두머리로 위계적으로 이어진 수많은 수하를 두면서 파벌을 형성하였다. 이는 프랑스나 잉글랜드나 마찬가지였다. 전쟁을 특권으로 하는 귀족은 바로 그 전쟁을 이용하여 각종 하사금과 연금을 확보하면서 경제적 이득을 확보하였기에, 이들에게 전쟁은 일종의 사업과도 같이 여겨지게 되었다. 프랑스의 내전에서 감세를 통한 왕국의 개혁을 표면적으로 내세웠던 부르고뉴 공작 파벌은 1407년 반대파였던 왕제 오를레앙공 루이를 암살하고 1413년에는 정육업자들의 반란인 카보쉬앙의 봉기를 통해 일시적으로 파리를 장악했다. 하지만 곧 아르마냑파가 파리를 다시 장악하면서 샤를 6세의 신변을 확보하고 국정을 주도했다.

이러한 와중에 같은해 잉글랜드에서는 헨리 4세가 사망하고 야심만만한 헨리 5세Henry V(1413~1422)가 새롭게 즉위하면서 다시 프랑스 원정을 준비했다. 1만 명도 안 되는 병력으로 프랑스 북부 해안가를 약탈한 그의 군대는 1347년 때와 마찬가지로 칼레로 되돌아가던 중 크레시에서 아주 가까운 아쟁쿠르Azincourt에서 프랑스 군대와 마주쳤다. 이번에도 진흙에 빠져든 프랑스 중무장 기병들은 잉글랜드 장궁 부대에게 처절하게 희생되었다. 잉글랜드군이 600명 정도 전사했던 반면 프랑스군은 2만이 넘는 병력 중 6천 명 이상의 기사들이 살육당했다. 이를 발판으로 전열을 가다듬은 헨리 5세는 프랑스 원정을 대규모로 감행하였고 급기야 1420년에는 수도 파리를 장악하였다. 헨리 5세의 공세에 굴복한 샤를 6세는 1420년 트루아에서 거행된 공주 카트린과 헨리 5세의 결혼을 계기로, 본인의 사후 헨리 5세의 프랑스 왕위 계승을 인정한다는 내용의 조약에 서명했다.

운명은 이제 헨리 5세에게 손을 들어준 듯이 보였다. 하지만 너무나도 갑작스레 헨리 5세는 1422년 36세의 나이로 요절했다. 그리고 뒤이어 샤를 6세 또한 같은 해 노환으로 사망했다. 프랑스 왕위는 다시 전쟁의 불씨가 되었다. 잉글랜드 측은 헨리 5세와 카트린 사이에서 탄생한 헨리 6세Henry VI(1422~1461)를 내세웠고, 샤를 6세의 막내 아들로 다른 아르마냑파와 프랑스 남부로 후퇴해 있던 샤를 7세는 이에 저항했다. 하지만 수도 파리는 잉글랜드군의 손아귀에 있었고 1419년 부르고뉴 공작 장Jean sans Peur이 암살당한 이후 그의 아들인 필리프Philippe le Bon는 그 자신도 프랑스 왕가의 혈통임에도 불구하고 잉글랜드와 동맹을 맺었다. 반면 루아르강 이남을 차지하고 있던 샤를 7세는 매우 무기력한 상황에 빠져 있었다.

그러던 중 1429년 멀리 동쪽 시골 마을 동레미Domrémy에서 그가 체류하고 있던 시농Chinon성까지 찾아온 소녀 잔다르크Jeanne d'Arc는 모든 상황을 역전시켰다. 사기 부분에서 매우 중요한 역할을 담당했던 잔다르크는 우선 샤를 7세가 장악한 남부 프랑스로 가는 관문인 오를레앙을 잉글랜드군의 공격으로부터 구해내는 데 크게 기여했다. 사실 사기士氣라는 차원에서 전공을 가늠하기란 쉽지 않지만, 공성전의 과정을 보면 잔다르크의 역할을 부인하긴 어렵다. 이 당시 오를레앙Orléans시는 1428년 10월부터 시작된 잉글랜드의 공세 앞에서 풍전등화와 같은 상태에 있었고 시간은 포위당한 프랑스군에게 불리하게 흘러가고 있었다. 이러한 상황에서 1429년 4월 29일 잔다르크가 오를레앙에

프랑스 오를레앙 마르트로이광장에 있는 잔다르크 동상

도착했고, 바로 5월 8일 잉글랜드군은 공성을 포기하고 철수했다. 잔이 오기 전의 6개월에 걸친 지난했던 공성전과 이후 이루어진 신속한 잉글랜드군의 철수라는 과정에서 실로 잔이 담당했던 역할을 부인할 수는 없을 것이다.

이후 프랑스는 승기를 잡고 수세에서 공세를 취하기 시작했으며, 이후 잉글랜드와 부르고뉴군이 장악한 지역을 돌파하고 같은해 7월 17일 랭스Reims에 입성하여 샤를 7세의 축성식consécration을 거행하였다. 클로비스가 도유를 받은 랭스 대성당이야 말로 프랑스 왕이 전통적으로 축성식을 받는 곳이었기에, 샤를 7세는 이를 통해 정치적 정당성과 자신감을 회복해 나갈 수 있었다. 하지만 문제는 늘 공격 일변도의 주장을 펼치는 잔다르크에 대해, 샤를 7세는 늘 찬성할 수는 없었다는 점이었다. 결국 그녀는 같은 해 9월에 이루어진 파리 공성전에서 크게 부상을 당했고, 국왕의 동의 없이 1430년 콩피에뉴Compiègne 공성전에 참가했다가 결국 부르고뉴군에게 포로로 사로잡히고 말았다. 이후 잉글랜드군에게 넘겨진 잔다르크는 이단으로 고발되었고 1431년 5월 30일 루앙에서 화형을 당했다.

잔다르크는 사라졌지만 전세는 계속해서 프랑스에 유리하게 전개되었다. 1431년 헨리 6세도 파리의 노트르담 대성당에서 프랑스 왕으로서 축성식을 치렀지만 랭스 대성당이 지닌 신화와 전통의 무게를 이겨내지는 못했다. 1435년 아르마냑파가 장악했던 프랑스 정부는 부르고뉴 공작과 아라스에서 평화

백년전쟁의 라로셸 전투, 아쟁쿠르 전투, 파테 전투, 오를레앙 공성전에서 활약한 잔다르크(왼쪽 위부터 시계방향)

조약을 맺고 1407년에 시작한 내전을 끝맺었다. 이로써 잉글랜드는 대프랑스 전쟁의 중요한 지원군을 상실하게 되었으며 1437년에 프랑스는 파리를 수복할 수 있었다. 1439년 샤를 7세는 오를레앙 칙령으로 상비군을 공식적으로 천명했다. 모든 지방 제후들의 재정적 지원으로 국왕만이 용병집단을 만들고, 지방 제후들에게는 용병 고용을 금지한다는 이 칙령에 일부 지방 제후들은 1440년에 무장봉기로 맞섰다. 하지만 이미 강력하진 샤를 7세의 군대는 5개월 안에 봉기를 진압하고 이후 노르망디와 아키텐에서 잉글랜드를 몰아내기 시작했다. 결국 1453년 아키텐의 카스티용 요새를 함락하면서 프랑스는 칼레시市를 제외하고 왕국 전체에서 잉글랜드군을 모두 몰아낼 수 있었다.

백년전쟁 이후의 상황과 백년전쟁의 영향

1453년 이후로 잉글랜드와 프랑스 사이에는 전쟁이라 할 만한 상황이 펼쳐지지 않았기에, 통상적으로 1453년을 백년전쟁의 끝이라고 설정하곤 한다. 하지만 양국 간의 공식적인 평화조약이 이루어진 것은 아니었는데, 이는 패전을 경험한 잉글랜드에서 앞선 패턴에 따라 내전이 발발했기 때문이었다. 외조부 샤를 6세의 영향인지 헨리 6세는 잉글랜드군의 연패와 영토 상실로 극도의 불안을 보이다가 결국 광기에 휩싸였다. 광기에 빠진 왕에 대한 양국의 반응은 전혀 달랐다. 프랑스에서는 내전이 '신성한' 왕권에 대한 찬탈로 이어지지 않았지만, 잉글랜드에서는 또 다른 플랜태저넷 가문의 방계인 요크 가문이 왕위를 찬탈하였다. 애초에 백년전쟁의 주요한 쟁점이 프랑스 왕권이었지 잉글랜드 왕권은 아니었다는 점도 새삼 주목할 만하다.

어쨌든 요크 가문의 에드워드 4세Edward IV(1461~1483)가 1461년 헨리 6세를 내쫓고 왕좌에 즉위했다. 1470~1471년 동안 그의 반대파가 잠시 헨리 6세를 복권시키긴 했지만 곧 에드워드 4세는 헨리 6세를 제거하고 다시 왕위에 오를 수 있었다. 이때에 가서야 에드워드 4세는 프랑스 왕 루이 11세와 피키니Picquigny 조약(1475)을 통해 백년전쟁의 대미를 마무리할 수 있었다. 하지만 그의 사후 잉글랜드는 다시 한번 모진 정쟁과 전란에 휩싸였다. 그의 뒤를 이은 어린 아들 에드워드 5세의 취약한 왕권, 그를 제거하고 왕위에 오른 동생 리처드 3세Richard III(1483~1485)의 불안정한 통치, 그리고 모계를 통해 랭카스터의 후예임을 내세운 웨일즈 출신 튜더 가문의 헨리(후일 헨리 7세Henry VII(1485~1509))의 왕권 도전과 즉위 이후에야 잉글랜드는 장기적인 안정을 되찾을 수 있었다.

반면 프랑스에서는 샤를 5세 당시에 경험한 절대주의 정책과 샤를 7세에 본격적인 궤도에 오른 중앙집권적 왕권을 바탕으로 루이 11세Louis XI(1461~1483)의 치세가 시작되었다. 귀족 세력을 무력화한 그의 강력한 왕권은 이제 독립적인 세력이 된 부르고뉴 공국과의 전쟁으로 나아갔다. 결국 부르고뉴의 용담공 샤를Charles le Téméraire(1467~1477)은 스위스군과 연합한 프랑스군에 의해 전사하였고, 그의 뒤를 이은 여공작 마리Marie de Bourgogne(1477~1482)는 프랑스의 위협을 피하기 위해, 같은 해 8월 합스부르크 가문 출신으로 신성로마 제국 황제 프리드리히 3세Friedrich III(1452~1493)의 아들인 막시밀리안 1세Maximilian I와 결혼했다. 이후 루이 11세는 용담공 샤를이 통치하던 영토 중 플랑드르를 제외하고 원래 프랑스 왕국령에 속했던 영지를 되찾아 왔고, 플랑드르와 나머지 제국에 속했던 영지는 합스부르크 가문에 귀속되었다. 이렇게 해서 현재 벨기에와 네덜란드를 이루는 저지대는 합스부르크의 통치를 받게 되었다. 한편 거대한 상비군을 거느리며 폭력의 중앙집권화를 이룬 프랑스는 내부의 폭력적 기운을 다시 한번 외부로 돌리기 시작했다. 15세기 말에서 16세기 초까지 프랑스는 이탈리아 남부 지방과 밀라노를 장악하기 위해 수차례 침공을 강행했고, 이는 곧이어 유럽의 신흥 강자로 급부상하던 합스부르크 가문, 특히 신성로마제국 카를 5세와의 대결로 치달았다.

백년전쟁은 유럽에 항구적인 전쟁상태의 지속이라는 씨앗을 뿌렸다. 장기적으로 본다면 유럽에서는 1337년부터 1945년까지 600여 년 동안 여러 국가 간의 합종연횡이 이루어지는 국제전이 지속되었다고 볼 수 있다. 19세기 혁명의 시대와 20세기의 양차 세계대전을 별도로 놓고 본다고 해도 이 폭력의 집중과 집적, 그리고 전쟁이 전쟁을 불러일으키는 연쇄반응은 적어도 1815년 나폴레옹 전쟁이 막을 내릴 때까지 지속되었다. 이러한 상황에서 유럽의 국가는 전쟁을 목적으로 한 전쟁국가로 발전하게 되었고, 상시적인 전쟁 준비를 위해 과세가 이루어졌다. 이 과세의 목적이 타당한지에 대해 논의하는 대의제가 일반적으로 자리 잡았지만, 이를 번거롭게 여기면서 관료제를 발전시킨 프랑스에서는 절대왕정이 자리 잡기도 했다.

백년전쟁은 전쟁 자체와 관련해서도 두 가지 점에서 향후 근대 유럽에 지대한 영향을 미쳤다. 첫 번째는 잉글랜드가 먼저 보여준 것으로 바로 무기 분야에서의 발전이었다. 기사의 충돌이 위력을 발휘하던 중세의 전통적인 전법이 막을 내리고 장궁과 대포와 같은 발사체 무기가 전쟁의 주무대를 장악해 나갔기 때문이다. 여전히 백병전이 중요했다고는 하지만 총포는 근대 유럽에서 지속적으로 이루지며 중요한 무기로 자리매김했다.

두 번째는 프랑스가 창출한 것으로 봉건적 군역을 대신하여 막대한 국가재정을 바탕으로 운용되는 상비군의 조직이었다. 제후와 귀족의 군대를 사병으로 격하시킨 이 왕의 군대는 공식적인 국가의 군대가 되었다. 앞으로 유럽에서는 이와 같은 상비군을 누가 더 대규모로 운용할 수 있는가가, 그리고 이를 유지하기 위한 막대한 재정을 어떻게 확보하는가가 국가체제의 핵심을 이루게 되었다. 이러한 상황에서 국가재정은 대내외의 자본세력을 끌어들였다. 이미 에드워드 3세는 백년전쟁을 준비하기 위해 피렌체 상인으로부터 막대한 자금을 빌린 바 있다. 물론 14세기 초에 이 피렌체 상인들은 잉글랜드 정부의 채무불이행 선언에 속절없이 무너질 수밖에 없었다. 하지만 300년이 지난 후에는 어떠한 유럽 국가에서도 이처럼 할 수 없었다. 또다시 이루어질 전쟁을 생각한다면 전쟁국가가 적어도 대외적으로 독립적인 국제금융 세력에게 파산을 선언해 신용을 잃을 수는 없었기 때문이었다. 백년전쟁과 이후의 지속된 전쟁 상황 속에서 서유럽에서는 정치권력이 자본을 통제하는 상황에서 자본이 정치권력을 통제하는 방향으로 진행되어 갔다. 이렇게 해서 '재정·군사국가'라는 체제가 서유럽에 뿌리를 내리기 시작했다.

참고문헌

김능우 편저, 『중세 아랍시로 본 이슬람 진영의 대 십자군전쟁』, 서울대학교출판문화원, 2016.
데즈먼드 수어드(최파일 역), 『백년전쟁 1337~1453, 중세의 역사를 바꾼 영국-프랑스 간의 백년전쟁 이야기』, 미지북스, 2018.
아민 말루프, 『아랍인의 눈으로 본 십자군 전쟁』, 서울: 아침이슬, 2002.
제러미 블랙(유나영 역), 『거의 모든 전쟁의 역사』, 서해문집, 2022.
찰스 오만(안유정 역, 홍용진 감수), 『중세의 전쟁 378~1515』, 필요한책, 2018.
토머스 매든(권영주 역), 『십자군』, 루비박스, 2005.
폴 쥠토르(김동섭 역), 『정복왕 윌리엄: 노르망디 공작에서 잉글랜드의 왕으로』, 파주: 글항아리, 2020.

Allmand, Christopher, *The Hundred Years War. England and France at War c.1300-c.1450*, Cambridge: Cambridge University Press, 2001[초판 1988].
Contamine, Philippe, *La guerre de Cent ans*, Paris: PUF, 2010[초판 1968].
Contamine, Philippe, *War in the Middle Ages*, London: Wiley-Blackwell, 1991.
Dougherty, Martin, *Medieval Warriors: Weapons, Technology, and Fighting Techniques, AD 1000~1500*, London: Lyons Press, 2011.
DeVries, Kelly and Livingston, Michael (eds.), *Medieval Warfare: A Reader*, Toronto: University of Toronto Press, 2019.
Favier, Jean, *La Guerre de Cent Ans*, Paris: Fayard, 1980.
Keen, Maurice (ed.), *Medieval Warfare: A History*, Oxford: Oxford University Press, 1999.
Morillo, Stephen et al. (eds.), *War in World History: Society, Technology, and War from Ancient Times to the Present. Vol. 1, to 1500*, New York: McGraw-Hill Companies, 2009.
Murray, Williamson and Sinnreich, Richard Hart (eds.), *Successful Strategies: Triumphing in War and Peace from Antiquity to the Present*, Cambridge: Cambridge University

Press, 2014.
Nicholson, Helen J., *Medieval Warfare: Theory and Practice of War in Europe, 300~1500*, London: Bloomsbury Academics, 2017.
Tyerman, Christopher, *God's War: A New History of the Crusades*, Cambridge(MA): Belknap Press, 2006.

03

고·중세 동양의 전쟁

기원전 7세기~기원후 13세기

기세찬 국방대학교 군사전략학과 교수

رن می نمود و میگفت از پدر پسر باید که چنین آید شعر بگیتی کسی مرد زینسان ندید ۞ نه از نامداران پیشین شنید ۞ چون اخین
کاه و غرقاب خود را بساحل خلاص توانست برد از و کارهای بسیار و فتنهای بیشمار پدید لشکر مغول چون دیدند که او بر آب زد خواستند که بر عقب
آب دهند چنگیز خان نگذاشت و در تاریخ معتمد علیه آورده اند که سلطان چون دانست که مقاومت ممکن نیست پیشتر زن و بچه و اهل حرم را در آب غرق
ند تا بذل اسیری نیفتند و خزاین را نیز در آب و بعد از آن بر آب زد و بگذشت و لشکریان سلطان جلال الدین تمامت بقتل آمدند و بقول دیگر فرزندان سینه

I

춘추전국시대의 전쟁

1 주의 군사제도

서주 시대[1]는 봉건제와 종법제 등 중국 전통의 관료제가 발달한 시기이다. 주 무왕은 BC 1046년경 강족羌族을 비롯한 주변 여러 부족과 연합해 상商을 멸망시켰다. 이후 상 유민들의 반란을 진압하고 주변 지역에 대한 본격적인 정복 활동을 전개했다. 주대에 치른 전쟁은 약 55회로 그중에서 30여 회가 이민족과의 싸움이었다. 대규모로 치러진 이민족과의 전쟁에서는 중앙의 강력한 육군六軍이 출동해 외적을 격퇴했다. 주 육군은 변방의 제후가 주변 황무지를 개척하고 성읍城邑을 세워 식민 사업을 전개했을 때도 무력을 앞세워 그들을 보호하고 협조했다. 제후가 불충한 경우에는 주왕의 명령에 따라 육군이 출병해 징벌했는데, 그것은 주왕의 권위와 위엄을 높이는 결과를 가져다주었다. 이렇듯 주의 중앙군은 주 왕조의 봉건제도를 뒷받침한 실질적인 통치 수단의 하나였다.

주의 군제는 주족周族의 3씨족으로 구성된 3군 체제였고, 3경의 통솔 아래 좌·중·우 3군으로 조직되었다. 개국 후에는 광대한 정복지를 통치하기 위해 이전의 군사조직을 6군으로 확대 개편했다. 이것이 주 육군이다. 육군은 각 군

....

1 주의 창업부터 BC 770년 평왕이 낙읍으로 천도할 때까지를 서주 시대라 하고, 그 이후 진의 중국 통일(BC 221)까지 약 550년간을 동주 시대라 한다. 동주 시대를 다시 둘로 나누어 전기를 춘추시대(BC 770~BC 453), 후기를 전국시대(BC 453~BC 221)라 부른다. 춘추시대의 명칭은 공자의 『춘추』에서 유래했고, 전국시대의 명칭은 전국시대의 사실을 기록한 『전국책』에서 유래했다.

이 기본 편제 단위인 오伍로부터 양兩, 졸卒, 여旅, 사師, 군軍으로 조직되었다. 오는 부대의 최하 단위로 5명으로 구성되었고, 양은 5개의 오로 편성해 25명으로 구성했다. 졸은 4개의 양으로 편성했고, 5개의 여가 1사, 5개의 사가 1군으로 구성되었다. 주의 군제를 보면 다음과 같다.

주의 군제

군대 편제		군(軍)	사(師)	여(旅)	졸(卒)	양(兩)	오(伍)
지휘관	관명	군장	사수	여수	졸장	양사마	오장
	작급	명경	중대부	하대부	상사	중사	
인원(명)		1만 2,500	2,500	500	100	25	5
부대 수(개)			5	5	5	4	5

주의 전투부대는 대체로 보병과 전차대로 구성되었다. 보병은 일반 농민 출신의 장정으로 구성되었다. 이들은 창과 활, 검 등으로 무장했으며, 농한기에 정기적으로 군사훈련을 받았다. 서주 시대의 전쟁은 기본적으로 전차를 주력으로 하는 귀족끼리의 전차전이었다. 전차에는 마부, 궁수, 창수의 3인이 탑승했다. 중앙에 마부가 타고, 왼쪽에 궁수, 오른쪽에 창으로 무장한 병사가 탑승했다. 전차는 선봉에서 적진을 돌파하는 데 큰 역할을 했다. 찬란한 청동제 장식품으로 치장한 전차는 실전에서 사용하기에 지나치게 무겁고 시끄러웠지만, 그 위용은 이민족들에게 상당한 심리적 위압감을 주었던 것으로 보인다. 주의 소왕과 목왕은 위용 넘치는 전차부대를 이끌고 남쪽으로 장거리 원정을 떠나기도 했다.

BC 841년 반란에 이어 내전이 일어나고, BC 771년에는 서쪽에서 융적戎狄의 침입으로 수도 호경이 약탈당했다. 주 평왕은 낙읍으로 천도했지만, 이때부터 주 왕실 세력은 급격히 쇠퇴했다. 중앙의 통제가 약해지자 지방 제후국들은 국익 증진과 세력 확장에 전력을 기울이게 된다. 중앙군과 지방군을 근간으로 외부의 적에 대응했던 주의 군사체제가 이제는 제후국 간의 대결 체제로 바뀐 것이다. 물론 춘추시대에 들어와서도 패권 제후국을 중심으로 연합군을 편성해 외부의 침입에 대응하는 경우도 있었지만, 제후국 간의 대결은 더욱 치열하게 전개되었다. 주 왕실보다 세력이 강해진 제후들은 스스로 왕으로 칭했다.

2 성복 전투

성복城濮 전투는 최소한 병력 4만 명과 전차 1,000대 이상이 동원된 대규모 전투로 춘추시대의 동맹 형태와 전차전의 수행 방식을 잘 보여준다. 제齊의 환공桓公과 관중管仲이 죽은 이후 내란이 발생하고, 송, 위, 주 등의 침입을 받아 제의 패권은 사라졌다. 제 환공의 패업을 이어받은 이는 진晉 문공文公이었다. 진은 원래 주 성왕이 지금의 태원현 북쪽에 위치한 땅에 분봉한 제후국이었다. 진의 패업은 문공의 아버지 헌공 때부터 시작되었다. 헌공은 즉위 5년에 군사 제도를 개혁해 군비를 증강한 후, 곽, 경, 괵, 우 등 여러 나라를 병합해 영토를 확장했고, 동시에 내부의 많은 일족을 제거해 통치 기반을 튼튼히 했다.

헌공 사후 진은 한때 내란이 일어나 국세가 기울기도 했으나, 17년 동안 각국을 유랑하던 공자 중이重耳가 문공으로 즉위한 뒤 국력을 회복했다. 문공은 내정 개혁에 착수해 공신들의 자손을 우선 등용했으며, 사졸들에게 토지를 지급해 경제적 기반을 마련해줌으로써 안심하고 전쟁에 임할 수 있게 했다. 주 왕실에 내분이 일어나고 북방의 적인狄人이 다시 침입하자, 문공은 왕실의 내란을 종식하고 정鄭으로 도피했던 양왕을 복귀시켰다. 주 양왕은 이에 대한 보답으로 문공에게 황하와 소수 사이에 위치한 하내 땅을 하사했다. 진은 소수 유역을 확보함으로써 수도 익에서 중원으로 직접 통하는 교통로를 확보하게 되었고, 이는 문공이 패업을 이루는 데 큰 도움이 되었다.

BC 632년에 있었던 성복 전투는 진 문공이 중원의 패자霸者에 오르는 결정적 계기가 되었다. 이 전투의 직접적 원인은 초楚의 북상에 있었다. 제 환공 사

송대에 이당(李唐)이 그린 <진문공복원도>. 헌공의 아들 중이는 진나라를 떠나 19년간 전국을 유랑하다 돌아와 왕위에 올랐다. 진 문공(BC 636~BC 628)은 각종 개혁정책과 군사 활동으로 춘추오패의 한 사람이 되었다.

후 제의 국력이 쇠퇴하자, 초는 북상을 개시해 노, 정, 허 등 약소국을 굴복시키고 송宋을 압박했다. 이에 송은 진에 구원을 요청했다. 진 문공은 망명 시절에 송의 보호를 받은 은혜를 갚고, 동시에 이를 계기로 초를 굴복시켜 패업을 이루고자 인접국과 동맹을 맺은 후 출병했다.

진은 송에 대한 초의 포위를 풀기 위해 먼저 초와 동맹국이었던 조曹와 위衛를 공격했다. 정세를 관망하던 초 성왕은 송의 포위를 풀고 나서 군대를 철수하려 했다. 초의 군사력이 막강하다고는 하나 중원에서 진의 동맹군과 본격적인 전쟁을 수행하기에는 병참선이 길어졌다고 판단했기 때문이다. 그러나 진 문공이 초나라에 잠시 망명해 있을 때 그를 죽이려고 했던 장수 자옥子玉은 끝까지 군대의 철수를 반대했다. 결국 초 성왕은 자옥의 의견을 받아들였고, 초군의 지휘권을 자옥에게 위임해 전쟁을 수행토록 했다.

진은 이미 송, 제, 진秦 등 중원의 유력한 제후국들과 연합군을 형성하고 있었다. 연합군은 진 문공, 송 성공, 진秦의 공자 은, 제의 국귀보國歸父가 이끌었다. 진과 초가 대치한 이후 진은 초의 공격을 받지 않았는데도 세 차례에 걸쳐 총 90리를 물러났다. 진 문공이 초 성왕과의 회담 때 3사(90리) 거리까지 후퇴

성복에서 대치한 진·초 양군의 대형

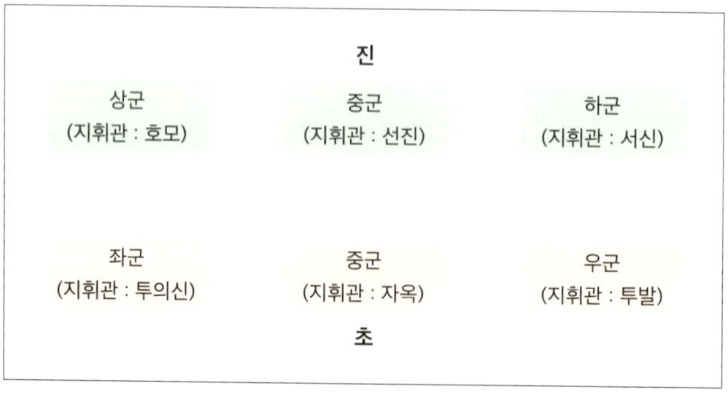

성복 전투의 경과

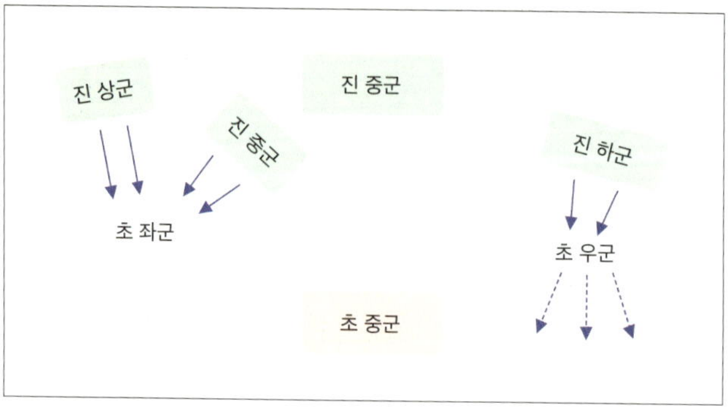

하겠다는 약속을 했기 때문이다. 진 연합군은 90리를 물러나 성복(지금의 산둥성 쥐안청현 부근)에 진을 쳤다. 하지만 후퇴한 진 문공의 의도가 단순히 약속을 지키기 위해서였는지, 아니면 전투에 유리한 지형으로 초군을 유인하기 위해서였는지는 불분명하다.

이후 양군은 성복에서 대치했다. 진 진영의 전차는 700대였고, 총 병력은 2만 명에 이르렀다. 진의 중군은 선진과 극진, 상군은 호모와 호언, 하군은 난지와 서신이 맡았다. 초 진영은 진, 채, 정, 허의 군대와 신과 식에서 데려온 지원군으로 편성했고, 병력 규모는 진 연합군에 비해 약간 열세였다. 초의 중군은 자옥, 좌군은 투의신, 우군은 투발이 맡았다.

진군은 급하게 편성된 초의 연합군이 일사불란하게 통제되지 않는다는 점을 이용했다. 진은 초군의 약한 우익을 먼저 친 뒤 훈련이 덜 된 좌익은 유인해 협공하고, 마지막으로 초의 중군을 공격한다는 계획을 세웠다(위 그림 참조). 승패는 전투가 벌어진 지 얼마 지나지 않아 극명하게 드러났다. 사전 계획대로 진의 하군 부장 서신이 먼저 초의 우군을 맡고 있던 진陳과 채蔡의 군대를 공격해 무너뜨렸다. 우측의 상군을 맡은 진의 호모와 호언이 일부러 퇴각하자, 초의 좌군은 진군을 추격했다. 초의 좌군이 진군 진영으로 깊숙이 진격해 들어오자, 진 중군의 일부가 중앙에서 빠져나와 초 좌군의 우측을 공격했다. 이때 퇴각하던 진의 상군이 뒤돌아 중군과 호응해 초 좌군의 정면을 공격했다. 양쪽에서 협공을 당한 초의 좌군은 버티지 못하고 무너졌다. 초의 좌군과 우군이 무너지고 있었지만, 초의 중군은 진의 중군 중 일부가 견제하고 있었기 때문에 쉽사리 병력을 이동하지 못했다. 결국 초의 좌군과 우군은 모두 진군에게 각개 격파당하고, 전투는 진의 일방적인 승리로 끝났다. 전쟁에서 승리한 진 문공은 천토에서 주왕을 알현하고, 초의 포로 1,000명과 군마 400마리를 바쳤다. 주왕은 문공을 패자로 인정하고 징표를 내렸다.

성복 전투는 여러모로 춘추시대의 획을 긋는 사건이었다. 그 이유는 첫째, 이 싸움은 춘추 4강이 모두 개입한 최초의 국제전이었다. 둘째, 전쟁의 양상이 기존의 대리전에서 서서히 열강 간의 맞대결로 바뀌어갔다. 셋째, 전쟁의 규모가 확대되었다. 성복 전투에는 양측을 합해 최소한 병력 4만 명과 전차 1,000대 이상이 동원되었다. 춘추시대는 주 왕조의 권위가 겨우 유지되는 가운데 강대한 군사력을 가진 대국들과 그들 사이에서 연명할 방법을 모색하는 소국이 병존하는 시대였다. 이때의 전쟁 목적은 성복 전투처럼 주로 적대국과의 군사적 항쟁에서 승리해 중원에서 패권을 차지하는 형태로 자국에 안녕과 번영을 가져오는 것이었다.

3 진의 통일전쟁

전국시대는 진晉이 한, 조, 위의 3국으로 분리되면서 시작되었다. 춘추 초기에 100여 국이었던 열국은 수많은 전쟁을 거쳐 진秦, 초楚, 제齊, 연燕, 한韓, 조趙, 위魏의 7국만 남았다. 진秦은 전국칠웅戰國七雄 중 개혁의 측면에서 늦은 후발 국가였지만, 상앙商鞅의 변법을 통해 일약 군사 대국으로 성장했고, BC 221년 춘추전국의 분열 시대를 마감하고 마침내 전국을 통일했다. 진의 통일 전략 중에서 주목할 것은 합종合從 전략에 맞서는 연횡連橫 전략이다. 진은 일약 군사 강국으로 성장했지만 단독으로 나머지 6개 연합국을 압도할 정도의 국력과 군사력을 갖추지는 못했다. 그 때문에 6국이 연합해 대항하는 것을 무엇보다 걱정했다. 실제로 소진蘇秦은 조왕을 만나 6국이 연합해 진과 맞서야 한다고 주장하면서 합종책을 추진했다. 만약 소진의 주장대로 된다면 진은 6국 병합은 물론이거니와 어느 한 국가와의 전쟁에서도 승리를 장담할 수 없는 상황이었다. 그중에서도 강대국인 제와 초가 연합해 공격해오는 것을 가장 우려했다. 당시 제는 진의 동쪽에, 초는 진의 남쪽에 있었고, 두 국가는 동맹을 맺은 밀접한 사이였다. 이에 진왕은 초에 재상 장의張儀를 사신으로 보내 두 나라를 이간질했다. 이후에도 진은 지속적으로 회유책을 쓰고 강압을 통한 연횡 전략을 구사하면서 통일을 이룰 때까지 각국의 합종을 방해했다. 또한 상황에 따라 다른 국가의 원한을 이용해 주도적으로 합종을 성공시켜 강국인 제와 초를 공격하기도 했다. 진이 강력한 군사력을 기반으로 천하를 병합한 이면에는 이처럼 교묘한 외교 전략의 뒷받침이 있었다.

군사적으로 진은 통일 과정에서 '원교근공遠交近攻' 전략을 사용했다. BC 270년, 진의 책사로 있던 범휴는 멀리 있는 제와 외교 관계를 맺어 위협을 줄인 후 가까이 있는 한, 위를 무력으로 공격해야 한다는 소위 원교근공책을 주장했다. 전국을 통일한 후 진시황제秦始皇帝로 불린 진왕 정政은 범휴가 제시했

북방 유목민족의 침입을 막기 위해 춘추전국시대의 조·연 등이 축조한 것을 진시황이 증축한 만리장성. 오늘날 남아 있는 성벽은 대부분 15세기 이후 명나라 때 쌓았다. (© Hao Wei / Wikimedia Commons CC BY 2.0)

던 원교근공책을 그대로 이어받아 6국을 차례차례 병합해나갔다. 전국시대 말기 6국의 사정을 보면, 한, 위, 연은 이미 국력이 고갈되어 진에 대항할 수 없었고, 초는 영토는 넓으나 아직 국력을 회복하지 못하고 있었으며, 조는 장평 전투 이후 국력이 크게 기울어졌다. 다만 동쪽의 제가 강국으로 남아 있었는데, 진은 제와 친선 관계를 맺어 진의 군사 행동에 함부로 개입하지 못하도록 국면을 조성했다.

BC 237년, 재상 이사는 진왕 정에게 먼저 한을 취해 다른 국가들이 두려워하게 만들자고 건의했고, 진은 제일 먼저 국경을 접하고 있던 한을 공격해

역사 속 역사 장평 전투

BC 261년 진(秦)과 조(趙) 사이에 벌어진 대규모 전투이다. 지금의 낙양 북쪽에 있는 한(韓)의 땅 상당을 두고 벌인 영토 분쟁이 원인이 되었다. 장평 전투 이전에 진이 한을 끊임없이 공격하자 한은 상당 땅을 진에 헌상하고 화친을 요청했다. 하지만 상당 군수가 임의로 이를 거부하고 그 땅을 조에 헌납했다. 이에 진이 대군을 출정시키자 조가 맞섬으로써 대규모 전투가 발생했다. 이 전투에서 조군이 패해 병사를 비롯한 40여만 명이 진군에 투항했다. 이때 진군은 아이들 240명만 살려주고 모조리 매장했다고 전한다. 전투 결과 진은 천하통일의 토대를 마련했고, 조는 몰락의 길을 걷게 된다.

진의 6국 병합

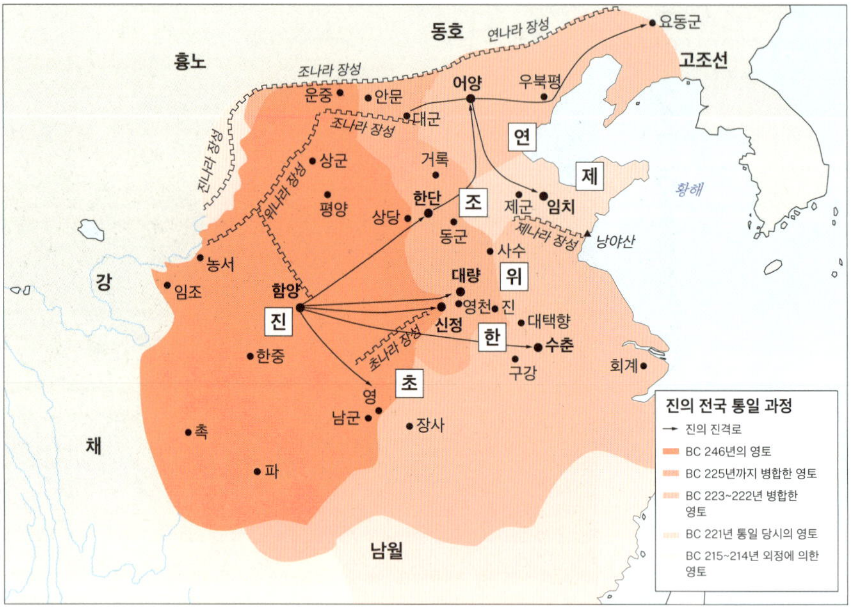

멸망시켰다(BC 230). 2년 후에는 이웃한 위를 잠시 보류해둔 채 바로 동북쪽의 조를 공격했다. 하지만 조의 이목과 사마상에게 격퇴당하고 말았다. 이에 진은 반간계反間計를 써서 이목과 사마상이 진과 함께 반란을 도모하고 있다는 누명을 씌워 피살되게 만들었다. 이목이 죽자 진의 왕전이 수도 한단을 공격해 조를 멸망시켰다(BC 228). 왕전은 계속해 연도 공격했으나 멸망시키지는 못했다. 이때 진왕 정은 왕전의 아들 왕분을 시켜 초를 공격하게 했고, 왕분은 초의 10여 성을 함락시켰다. 그 후 진왕 정은 왕분을 초에서 회군시킴과 동시에 위를 공격하게 했다. 왕분은 수도 대량에 황하의 강물을 끌어들여 성을 파괴하고 위를 멸망시켰다(BC 225). 이로써 원래 진晉에서 갈라져 나와 3국을 형성했던 한, 조, 위가 차례로 멸망했다.

위를 멸망시킨 진은 초를 점령하기 위해 얼마의 군대를 파병할지 고민에 빠졌다. 왕전은 초의 국력이 쇠약해졌으나 여전히 강국이라 60만 대군이 필요하다고 주장했다. 반면 청년 장군 이신은 20만 대군이면 초를 멸망시킬 수 있다고 자신했다. 진왕 정은 이신과 몽염에게 20만 대군을 주고 초를 공격하게 했다. 하지만 진군은 초군과의 전투에서 대패했다. 이에 진왕 정은 BC 224년 왕전에게 60만 대군으로 초를 공격하게 했다. 초는 결사적으로 맞서 싸웠으나 역부족으로 이듬해에 멸망했다(BC 223). 진은 그다음 해에 왕분에게 대군을 진시황릉에서 발견된 병마용. 중국 산시성 린퉁현 여산 남쪽 기슭에 위치한 시황제의 구릉형 묘에서 전차와 기병, 보병을 비롯해 많은 무기가 출토되었다.

주어 연을 공격하게 했고, 왕분은 요동을 공격해 왕을 사로잡고 연을 멸망시켰다(BC 222).

마지막 남은 것은 제뿐이었다. 진은 5국을 멸망시키자 제에게 국교 단절을 통보했다. 제는 병력을 총동원해 진과 국경을 마주한 서쪽 수비를 강화했다. 이때 진왕 정은 제의 북쪽에 있던 연을 정벌하고 회군하는 왕분에게 제의 수도 임치臨淄를 공격하도록 지시했다. 진군이 북쪽에서 기습공격을 하자 제는 변변한 저항도 못 해보고 멸망했다(BC 221). 이로써 동주부터 춘추전국시대로 500여 년 동안 이어진 제후들의 분열 국면은 끝나고, 진은 중앙집권적 제국을 수립하게 된다. 진이 6국을 병합한 이면에는 강력한 군사력 이외에도 외교적인 연횡 전략과 선후를 가려 공략한 원교근공 전략이 주요하게 작용했음을 알 수 있다.

II

한-흉노 전쟁

1 전쟁의 배경

농경민족인 한漢과 유목민족인 흉노匈奴의 대립은 남과 북에서 각각 팽창하던 두 제국의 불가피한 충돌로 이어졌다. 진 제국이 멸망해갈 무렵 북방 초원지대에는 유목민 흉노가 묵특선우의 통솔 아래 강력한 유목 제국을 형성하고 있었다. BC 209년, 묵특은 아버지 두만을 살해하고 족장의 지위를 차지했다. 족장이 된 묵특은 동몽골과 남만주 일대, 그리고 서쪽으로 간쑤성 일대의 월지를 정벌해 전례 없는 유목 제국을 건설했다. 몽골을 중심으로 광대한 제국을 형성한 묵특선우는 동·서·북 삼면에서 한 제국을 포위하고 남침을 개시했다. 그 결과 진대에 상실한 하남 지역을 모두 회복하고, 동북의 연燕, 대代 등의 영토를 수없이 침탈했다. 한편 남쪽 중원에서는 한 고조 유방劉邦이 강적 항우項羽를 물리치고 중국을 재통일한 여세를 몰아 북방의 흉노를 직접 정벌하려

역사 속 역사 해하 전투

BC 202년 서초(西楚)의 항우와 한(漢)의 유방이 중국 패권을 두고 벌인 마지막 전투이다. 초한 전쟁 초기에는 항우가 우세를 점했으나, 한신이 한에 합류하면서 전세는 점차 유방에게 유리하게 전개되었다. 그러다 양군이 해하에서 최후의 일전을 벌이게 된다. 이 전투에서 한군이 승리하고, 고립된 항우는 800명의 기병과 함께 포위를 뚫고 남쪽으로 달아났다. 항우는 도주하면서도 엄청난 무용을 보여주었으나 끝내 패배하고 오강에서 자결하고 만다.

했다.

한과 흉노의 첫 충돌은 BC 200년에 발생했다. 흉노의 묵특선우는 40만의 기병부대를 이끌고 남하했고, 한의 유방은 32만의 보병부대를 이끌고 북상해 지금의 산시성 다퉁현 부근에서 마주했다. 묵특선우는 약한 군사를 전면에 내세워 유방의 대군을 평성의 백등산으로 유인해 포위하는 데 성공했다. 7일간 후방과의 연락과 보급이 끊긴 한 고조 유방은 포로가 될 뻔했으나, 진평의 책략에 따라 겨우 목숨을 건졌다. 묵특의 부인 연지에게 막대한 뇌물을 쓴 것이다. 흉노의 군사력을 직접 체험한 유방은 이후 흉노에 대한 무력 정벌을 포기하고 화의를 맺었다.

화친 조건으로 한은 공주를 흉노의 선우에게 출가시키고, 매년 다량의 비단과 쌀, 술 등을 공물로 바치기로 했다. 굴욕적인 화친이었다. 하지만 조약을 맺은 뒤에도 흉노의 북방 침입은 계속되었다. 묵특선우가 죽고 그의 아들 노상선우가 즉위하자, 한 문제는 종실 여식을 공주로 바꿔치기해 선우에게 출가시켰다. 또 해마다 흉노에게 보내는 물품 수를 늘려갔으며, 접경 지역에 시장을 열어 상호 교역을 행하게 했다. 이처럼 한이 후대를 했는데도 흉노의 북방 침입은 계속되었다. 노상선우의 뒤를 이은 군신선우 때에도 한과 흉노의 관계는 화친과 파탄이 반복되었다. 그로부터 80여 년 후 무제에 이르러 한은 흉노에 대한 적극적인 공세를 펼쳐 그들을 고비사막 이북으로 몰아낸다.

2 한의 군사제도

한은 진에 이어 중앙집권화된 정치체제와 그에 상응한 군사제도를 운영했다. 물론 한 초기에는 군현제와 봉건제를 병용하는 군국제도[2]를 실시해 중앙 지배권이 진나라 때보다 약화되었다. 실제로 한 초기 황제의 직할지가 15군이었던 데 비해 제후 왕국의 영토는 30여 군이었다. 하지만 이성제후왕[3]들은 고조 때 이미 거의 제거되었고, 국가 권력이 어느 정도 안정된 문제·경제

....

2 군국제도(郡國制度)는 진의 군현제도와 주의 봉건제도를 혼합한 것으로, 중앙에는 진나라처럼 군현을 두어 황제가 직접 통치하고 지방은 제후들에게 통치하게 한 제도이다.

3 이성제후왕이란 황제와 성이 다른 제후들을 말하며, 동성제후왕이란 황제와 성이 같은 제후들을 말한다.

때부터는 동성제후왕들에 대한 억압책을 실시해 봉지삭감정책을 추진했다. 나아가 무제 때에는 제후국의 분할 상속을 허가한 추은령이 공표되어, 한나라는 형식상 군국제였지만 실제로는 군현제도와 같은 중앙집권적 체제를 갖추게 되었다.

먼저 한의 중앙정부 조직을 살펴보면, 진대와 마찬가지로 중앙의 최고 관직으로 승상, 어사대부, 태위를 두었다. 승상은 행정의 최고 책임자로서 황제를 보좌해 국정 업무를 총괄하는 관직이었고, 어사대부는 관료들에 대한 감찰과 탄핵을 수행하는 관직이었으며, 태위는 군사를 총괄하는 관직이었다. 태위는 명분상으로 최고 군사 장관이었지만 군사 행정만 책임지고 군사를 동원하거나 지휘하는 실질적인 권한은 없었다. 태위는 무제 때 폐지되어 대사마로 개칭되었고, 장군의 칭호를 받기도 했다. 한대에는 정부기구로서 완전한 장군부가 설치되지는 않았다. 장군은 군사작전의 필요에 따라 임시로 임명되었으며, 표기장군, 거기장군, 위장군 등이 있었다. 그 아래에 있는 상장군, 유격장군, 이사장군 등이 부대를 지휘하고 작전 임무를 수행했다.

한의 군대는 중앙군과 지방군으로 구성되었다. 중앙군은 궁성과 경성을 경비하는 중앙경위부대로 낭중령이 통솔해 황제의 시위를 담당했던 성전위군과, 위위가 통솔해 궁성의 경비를 담당했던 궁성위사, 중위가 통솔해 경성의 경비를 담당하던 경사둔병으로 구성되었다. 지방군은 군국병 제도로 군수, 군위, 도위가 주둔지의 병력을 지휘 통솔했고, 각 현과 주에도 소수의 부대가 주둔했다. 군국병의 징발과 동원에 관련된 일체의 권한은 중앙의 조정에 있었고, 지방군에 대한 통제권도 무제 때 중앙정부가 완전히 장악했다. 이것은 무제 때 이르러 한의 왕실이 중앙만이 아니라 지방의 행정과 군사를 완전히 통제하고 있었다는 것을 보여준다.

다음은 한군의 지휘와 편제이다. 한의 군사 편제는 진의 부곡제部曲制를 토대로 했다. 부곡제는 상급 부대인 부와 하급 부대인 곡으로 편성한 체제이다. 부-곡 아래에 둔-대-십-오의 체계를 갖추고 있었다. 대장군은 5부를 지휘했고, 부를 통솔한 지휘관은 교위였으며, 곡을 통솔한 지휘관은 군후였다. 그 예하 부대는 둔장-대솔·대리-십장-오장이 차례로 부대를 통솔했다. 평시에는 이와 같은 편제가 유지되었고, 전시에는 황제가 임명한 장군이 부대를 통솔해 출정했다. 이러한 한의 전·평시 군대 편성은 황제가 총지휘관을 임명해 중

한대의 생활상을 보여주는 벽돌 부조에 기병대의 모습이 묘사되어 있다. (© Anagoria / Wikimedia Commons CC BY 3.0)

앙집권을 실현하면서도 기존의 행정체제를 활용해 최대한 효율적으로 군대를 운용하려는 목적이었다.

한의 동원 제도는 기본적으로 진에서 이어받은 군현 행정 단위를 토대로 한 징병제였다. 일반적으로 23~56세(일부 시대는 20~56세)가 된 남자들은 2년의 복무 의무가 있었다. 1년은 고향의 군에서 훈련 및 복무를 했고, 나머지 1년은 수도나 변경에서 복무했다. 병역 의무를 다한 남자는 예비역으로 전환되었고, 고향으로 돌아가 생업에 종사하면서 유사시에 수시로 징발되었다. 징집된 남자는 대부분 보병으로 훈련받았지만, 특정 지역(한나라 소속이 아닌 변경 부족도 포함)의 남자들은 기병이나 수군으로 징집되었다.

한에서 운용한 병종은 차병, 기병, 보병, 수군 등 4종이었다. 그중 한대의 전쟁에서 가장 큰 변화를 가져왔던 병종은 기병이었다. 전국시대에 보병의 보조 역할을 했던 기병은 진대와 초한 내전 시기를 거치면서 전장에서 점점 중요해져 흉노와의 전쟁에서는 핵심 병종으로 대두되었다. 일반적으로 기병은 중기병과 경기병으로 구성된다. 중기병은 강력한 충격력을 이용해 적진을 공략하는 임무를 맡았으며, 갑옷 등 중무장을 갖추었다. 반면 경기병은 장거리를 이동해 적을 습격하는 임무를 수행했으며, 기사는 갑옷을 착용하지 않고 무기도 비교적 가벼운 것만 휴대했다. 무제 시기에 등자[4]를 일반적으로 사용하지 않았기 때문에 대흉노전에 투입된 기병은 대부분 경기병이었을 것이다.

4 말 등에 올라 균형을 잡기 위해 사람의 발을 끼워넣는 고리 모양의 금속 마장구이다.

기병 위주인 흉노와의 전투에 대비하기 위해 한군 기병대의 강화는 불가피한 것이었다. 특히 장기간 지속된 대흉노전에서 기병대의 성공 여부는 기병대를 지속적으로 유지시킬 수 있느냐에 달려 있었고, 핵심은 충분한 군마의 확보 여부였다. 전통적으로 중국은 유목민족의 변경 시장에서 말을 수입했지만, 외부에서 말을 수입하는 데에는 한계가 있었다. 전시에 군대가 말을 확보할 수 없는 상황을 초래할 수도 있었다. 한의 초기 황제들은 이 문제를 해결하기 위해 북방 변경과 가까운 지역에서 말을 기르기 시작했다. 정책적으로는 BC 178년 문제 때 한의 정치가 조조가 군마 한 필을 사육하는 데 세 명의 요역을 면제해주는 이른바 '마복령馬復令' 정책을 수립, 건의해 민간의 말 사육을 권장했다. BC 140년경에 한은 이미 북쪽과 북서쪽 변경의 36개소에서 군마 30만 마리를 사육했다.

하지만 군마가 확보되었다고 유능한 기병부대가 바로 만들어지는 것은 아니었다. 기사들이 말 위에서 활을 쏘는 기술 등을 포함해 여타 마상 기술을 익히도록 훈련해야 했다. 전국시대에 조趙가 이미 북방 유목민족을 모방해 기병부대를 조직했었기 때문에 당시의 한군은 이미 기본적인 기마 전술을 숙달하고 있었다. 하지만 전반적인 기마부대의 규모와 전투력 면에서는 흉노에 비해 상당히 열세였다. 무제는 흉노와 대적하기 위해 이러한 기병부대를 확대 조직했다. BC 129년에 이르러 한의 기병대는 독립적인 전투부대로 성장했고, 대對흉노 원정군의 핵심이 되었다.

보병은 기병에 비해 급진적인 발전은 없었다. 하지만 야금[5]이나 주조 기술의 향상으로 철병기의 사용이 증대됨에 따라 한군 보병의 전투력도 향상되었다. 흉노와의 원정 작전에 있어서 기병의 역할이 중요해졌지만, 전방 방어선의 요새를 지키고 기병과의 협동 작전을 수행하는 데에는 보병의 역할도 여전히 중요했다. 한군은 철판을 댄 갑주를 도입해 개개인의 방호력을 크게 개선했는데, 철 갑주는 이전에 사용한 구리 갑옷 및 금속 투구를 대체했다. 또한 한군은 쇠뇌를 발전시켜 공격력을 강화했는데, 한 번에 여러 발을 발사할 수 있는 다연장 쇠뇌와 연속해 발사할 수 있는 연발 쇠뇌를 개발했다. 한군의 쇠뇌가 유목민의 활보다 큰 위력을 발휘하면서 유목민은 조직화된 한군과의 싸움에서

....

5 금속을 광석으로부터 추출하고 정련해 각종 사용 목적에 알맞게 조성 및 조직을 조정하고 또 필요한 형태로 만드는 기술이다.

점점 열세에 처했다.

3 전쟁 경과

BC 141년에 즉위한 무제는 흉노의 공격에 적극 대응함으로써 그동안 수세에 처했던 상황을 반전시키고자 했다. 무제가 즉위한 때에는 중앙정부에 도전할 독립적인 지방 세력이 거의 소멸되었고, 흉노와의 평화조약으로 나라가 안정되면서 한은 국력을 축적하고 군사력을 강화할 수 있었다. BC 134년, 무제는 밀무역을 구실로 흉노의 군신선우를 마읍으로 유인해 생포하려 했다. 하지만 도중에 한군의 매복을 알아차린 군신선우가 급히 회군해 계획이 실패했다. 마읍 사건 이후 한과 흉노의 관계는 급격히 악화되어 변경에서 흉노의 침탈이 증가했다. 무제가 이에 적극적으로 대응하자, 한과 흉노 사이에는 전면적인 무력 충돌이 발생하게 되었다. 무제는 국경에서 흉노를 유인해 타격을 가하는 종래의 전략을 버리고 흉노의 본거지인 고비사막에 진입해 직접 공략하는 전략을 채택했다. 동시에 장건張騫을 서역에 사신으로 파견해 흉노와 적대시했던 국가들과 동맹 전략을 추진했다. 비록 동맹 체결에는 이르지 못했지만 장건이 가져온 서역에 관한 많은 정보들은 한나라의 외교 정책을 추진하는 데 큰 도움이 되었다. 또 서역 나라들도 한나라의 존재를 알게 되었다. 장건의 여행은 '실크로드'라 일컬어지는 동서 교통로의 기반을 놓는 역할을 했다.

무제의 대흉노전은 재위 40여 년간 총 14차례 치러졌다. 가장 중요했던 전역은 BC 129년부터 BC 119년까지 10여 년에 걸쳐 이루어졌다. 무제는 BC 129년에 흉노에 대한 공격을 개시했다. 한이 공세를 취하자 흉노도 이에 대응해 2년 후인 BC 127년 한의 요서를 침입해 태수를 살해하는 등 강력한 보복작전을 수행했다. 이에 무제는 침략한 흉노를 격퇴함과 동시에 흉노에 대한 대규모 우회 포위 작전을 구상했다. 일부 부대를 흉노의 정면으로 진격시키고 주력인 위청과 이식 부대를 운중으로 북상시키다가 서쪽으로 방향을 전환해 흉노 우현왕의 증원을 차단하는 한편 고궐에 있던 흉노의 누번왕, 백양왕을 포위 섬멸하려 한 것이다. 이 작전이 성공함으로써 한군은 고궐의 흉노를 급습, 흉노족 2,300명을 포획하는 전과를 거두었다. 흉노의 두 왕은 도주했고, 한은

한과 흉노의 영역

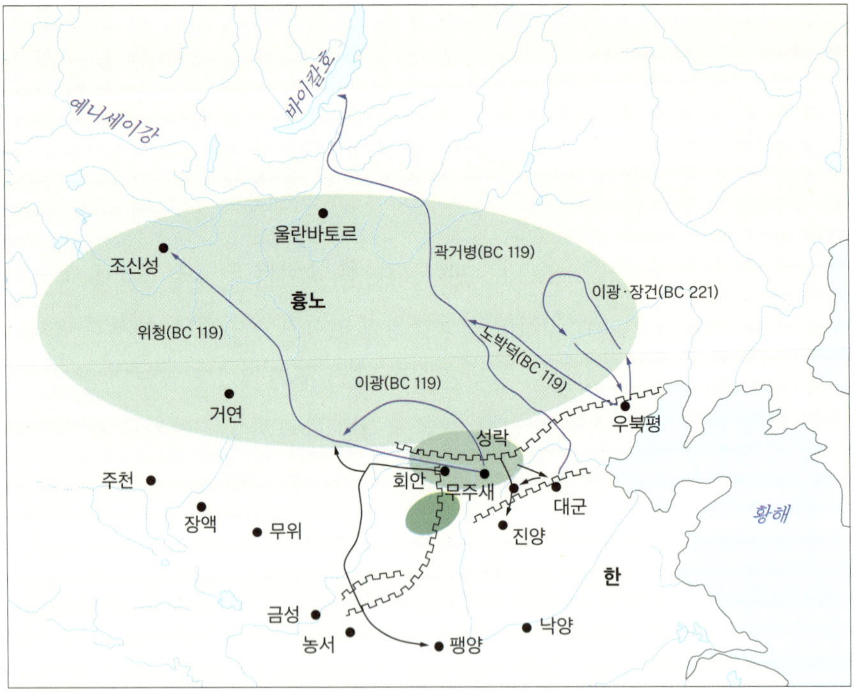

섬서의 오르도스[6]를 수중에 넣었다. 무제는 점령한 지역에 새로운 행정구역인 삭방군을 설치하고 성벽을 구축해 방어력을 강화했으며, 한의 주민을 대거 이주시켜 영구 점령을 꾀했다. 이 전역은 한군이 흉노의 강점을 피하고 약점을 공격해 성공한 첫 사례가 되었다. 이 작전의 성공은 한군의 기동력이 이전에 비해 비약적으로 발전했다는 것을 보여준다. 나아가 삭방군의 설치는 한에게 전략적인 이점을 제공했다. 전초기지를 확보한 한군은 이전보다 적극적인 대흉노전을 전개할 수 있게 되었다.

BC 125년부터 BC 121년까지 한과 흉노의 공방전은 계속되었다. 『한서』 「흉노전」에는 BC 121년에 표기장군 곽거병이 1만 기병을 이끌고 농서에서 출발해 1,000리 이상을 행군해 언지산을 넘어 흉노를 공격했다는 기록이 나온다. 곽거병은 공손오와 함께 기병을 이끌고 농서와 북지 북쪽 2,000리 되는 곳

6 중국 서북쪽에서 황하 본류가 불쑥 올라갔다 내려오는 곳이다. 지금의 닝샤후이족 자치구를 중심으로 간쑤성, 내몽골자치구, 산시성에 걸쳐 있으며, 오르도스고원 서북부는 전통적으로 반농반목 지역이자 서역과 아시아를 잇는 관문이었다. 유목과 농경의 경계지로 황허 문명과 인접했기 때문에 이 지역을 차지한 민족이 고대 동아시아에서 큰 영향력을 발휘했다.

까지 공격해 들어갔고, 한군은 거연을 지나 기련산에서 흉노와 싸워 3만 명이 넘는 적을 죽이거나 사로잡았다. 이 전역의 성공은 한군의 기병이 흉노를 압도했으며, 한군이 대규모 원정 작전 능력까지 갖추었음을 보여준다.

그렇지만 고비사막 북쪽의 흉노 주력군은 여전히 건재해 변경 침탈을 계속했다. 지금까지의 대흉노전을 통해 자신감을 갖게 된 무제는 BC 119년에 이전보다 더욱 과감한 작전을 시도했다. 고비사막 북쪽 흉노의 본거지를 공격하려는 야심찬 원정에 착수했는데, 이 원정에 대량의 보병과 기병 10만 명이 동원되었다. 위청과 곽거병은 각각 기병 5만 명을 지휘했다. 무제는 주력을 셋으로 나누어 좌군은 위청, 중앙군은 이광, 우군은 곽거병이 지휘하도록 했다. 곽거병은 정양을 거쳐 바로 북진해 고비사막의 좌현왕을 공격했고, 위청은 정양에서 출격해 선우 본대를 공격했으며, 이광은 선우 본대를 우회해 위청과 함께 협공했다. 이 전역에서 흉노는 큰 타격을 입고 고비사막 북쪽으로 근거지를 옮겨야 했다. 이제 하남, 하서 같은 좋은 목초지를 상실한 흉노는 이전과 같은 세력을 회복하기가 어려워졌다. 하지만 장기간 지속된 전쟁으로 한도 크나큰 재정적, 군사적 피해를 입어 흉노를 괴멸하지는 못했다. 이후 한과 흉노 관계는 소강상태를 유지했고, 단발적인 전역만이 발생했다.

한과 흉노의 전쟁은 팽창하던 두 제국의 충돌이었다. 격렬한 전투가 있었던 10여 년간 흉노는 20여만 명이 살상되거나 투항했으며, 한 또한 막대한 손실을 입었다. 중국의 사료에 근거한 이러한 숫자는 자신들의 업적을 부풀리거나 황제의 성공을 자랑하기 위해 틀림없이 과장했을 것이다. 하지만 한과 흉노의 전쟁은 당시 중국의 전쟁 양상을 잘 알려주고 있다. 우선 전투에서 보병이 주, 기병이 보조하던 전국시대와 달리 전쟁 형태가 기병전 위주로 변화되었다는 것이다. 전장에서 기병은 주력이 되었고, 보병은 보조적인 역할을 수행했다. 그 결과 기병을 주력으로 삼은 한군의 작전 거리는 상상을 초월할 정도로 늘어났으며, 한군은 기존의 성곽 위주의 방어전에서 벗어나 공세적인 기동전을 수행할 수 있게 되었다.

III

당의 대외 전쟁

1 당의 건국

후한이 멸망한 후 중국은 삼국에서 위진 남북조 시대를 거쳐 수당隋唐 시대로 진입하게 된다. 수 문제는 남방에서 군사를 일으켜 중국을 통일했다. 하지만 그의 계승자인 양제가 빈번하게 주변국과 전쟁을 벌이고, 대운하 건설과 함께 개인적인 사치를 일삼자 전국적으로 농민 반란이 일어났으며 군웅들이 봉기했다. 이때 수 말의 혼란을 평정한 이가 바로 당의 창시자인 이연李淵이다.

이연은 본래 수 양제로부터 태원의 농민 반란군을 진압하라는 명을 받고 태원의 지방관으로 근무했다. 그러나 농민 봉기를 진압하는 도중에 북쪽에서 침입한 돌궐에게 몇 차례 패하자, 오히려 거병해 수도 장안으로 진격해 들어갔다(617). 농민군을 포함해 20만 대군으로 세력이 강해진 이연의 군대는 손쉽게 장안을 점령했다. 이는 이연에게 행운이었는데, 서위, 북주, 수로 이어지는 3왕조의 수도였던 장안의 창고에는 식량, 무기, 재화가 쌓여 있었고, 지방의 호적과 같은 것이 남아 있어 전국의 상황을 파악할 수 있었기 때문이다. 이연은 민심을 얻기 위해 수 양제의 손자 양유를 황제로 옹립하고, 수나라의 가혹한 법령들을 모두 폐지하고 새로운 법령을 반포했다. 이듬해 618년 여름, 강도(지금의 양저우)에서 수 양제가 우문화급에게 살해되었다는 소식을 들은 이연은 바로 양유를 폐하고 스스로 황제가 되었고, 국호를 당唐으로 고쳤다.

이연이 황제의 자리에 올라 당을 건국했으나 전국을 통일한 것은 아니었다. 중국 각지에는 여전히 여러 군웅이 할거하고 있었다. 이연은 이후 6년 동

당 태종 이세민의 능인 소릉의 벽면 부조. 당 초기의 재상이자 화가인 염립본이 제작한 당 태종의 말로 알려져 있다.

안 강력한 지방 세력들과 전쟁을 해야만 했다. 이연은 웨이허강渭河을 시작으로 하남, 하북, 양쯔강으로 통일 전쟁을 벌여나갔다. 그러나 620년 봄까지도 남쪽의 강력한 세력들은 여전히 기세를 떨쳤다. 당시 동도 낙양에서는 수나라 장군 왕세충이 하남을 장악하고 있던 이밀과 양제를 살해하고 북상한 우문화급과 각축을 벌이고 있었다. 이밀은 우문화급을 격파했지만 왕세충에게 대패했다. 이밀과 우문화급이 제거된 후, 당에 견줄 만한 세력은 낙양을 차지하고 있던 왕세충과 하북 지방의 두건덕뿐이었다. 왕세충은 이밀을 물리친 뒤 스스로 천자라 칭하고 국호를 정鄭이라 했으며, 두건덕은 스스로 하왕夏王이라 칭하고 나라 이름을 대하大夏라고 정했다. 이연은 두 세력 중 먼저 장안과 가까운 낙양의 왕세충부터 공격하기로 결정했다.

620년 7월, 이연은 아들 이세민李世民에게 5만 명의 병력으로 왕세충의 근거지인 낙양을 공격하도록 지시했다. 이세민은 낙양성 주변의 왕세충 세력을 먼저 소탕한 후 낙양성을 직접 공략하는 전략을 세웠다. 8개월 동안 이세민의 당군은 낙양 외곽에서 왕세충군과 일련의 전투를 벌여 승리했고, 이듬해 2월 낙양성을 외부와 완전히 고립시켰다. 하지만 왕세충의 완강한 저항으로 낙양성을 함락시키지는 못했다. 그러나 장기간에 걸친 농성전으로 낙양성의 식량 사정이 최악의 상태가 되어가자 왕세충은 하북의 두건덕에게 지원군을 요청했다. 당의 세력이 점점 강대해져가는 것을 두렵게 여긴 두건덕은 621년 3월 12만 명의 대군을 이끌고 낙양으로 출정했다.

두건덕이 하북에서 낙양을 구원하러 급히 달려온 것은 당의 입장에서 오히려 행운이었다. 일거에 하남과 하북을 평정할 좋은 기회를 얻었기 때문이다. 이세민은 낙양에 보루를 쌓아 왕세충을 성안에 고립시키고, 자신은 본대를 이끌고 호뢰관에 진을 친 후 두건덕을 기다렸다. 군사를 끌고 온 두건덕은 이세민에게 여러 차례 도전했지만, 이세민은 전투를 회피하고 대치 상태를 유지했다. 몇 개월간의 대치로 식량이 부족해진 두건덕은 전군을 투입해 다시 한번 호뢰관을 공격했다. 하지만 이세민이 계속해서 결전을 피하자 당군에게 싸울 의지가 없다고 판단하고 철군을 지시했다. 때를 기다리던 이세민은 두건덕군이 철수를 시작하자 바로 전군에 총공격 명령을 내렸다. 당군은 충분한 휴식을 취해 사기가 드높았으나, 두건덕군은 여러 차례 출전한 탓에 피로한 상태였다. 이세민은 기병을 선두에 세워 적진을 돌파한 뒤 앞뒤에서 공격해 두건덕군을 무너뜨렸고, 두건덕을 포로로 사로잡았다. 이세민이 두건덕을 밧줄로 묶어 낙양성 아래로 끌고 가 왕세충에게 보여주자, 마침내 왕세충도 낙양성을 넘기고 항복했다. 이후 당은 624년 양쯔강 하류의 보공우를 제압함으로써 국내의 저항 세력을 일소하게 되었다.

2 당의 군사제도

당의 군사제도는 기본적으로 부병제府兵制로 수나라의 군제를 계승했다. 부병제는 병농일치의 민병 체제를 골간으로 한다. 백성을 총동원하는 것이 아니라 부역을 면제받는 대신 세습병 의무를 지닌 군인 가문이나 일반 가문에서 선택적으로 병력을 선발한 것이다. 1호戶당 장정 2명을 기준으로 5호마다 대략 10명을 선발했다. 부병은 평생토록 병역에 종사하는 것을 원칙으로 했는데, 일단 징집되어 군대에 편입되면 60세가 돼야 면역할 수 있었다. 수와 당의 근거지인 관중關中은 300년에 걸친 오랜 전란으로 사회 자체가 군사화되어 있었다. 왕조에 대한 충성심도 가장 높아 부병제 시행 초기에는 부병을 보내는 집안이 사회적으로 높은 신분에 속했다.

636년 당 태종 이세민은 전국 600여 곳에 절충부折衝府를 설치해 부병제를 더욱 조직화했다. 각 절충부에는 군 복무가 가능한 21~60세의 장정 800~1,200명이 소속되어 있었다. 절충부는 1,200명이면 상부, 1,000명이면 중부, 800명이면 하부라 하여 3등급으로 분류해 관리했다. 수나라 때는 지방 문관이 부병을 지휘하도록 했지만, 당나라에서는 병부를 설치해 조정에서 직접 부병을 관리했다. 부의 수장은 절위도위折衝都尉라 칭했다. 절충부에는 보병과 기병이 모두 있었으며, 각 절충부에는 200명 단위로 편성된 단團이 있었고, 지휘관은 교위校尉였다. 단 예하에는 50명으로 편성된 대隊가 있었으며, 정正이 지휘했다. 대 예하에는 10명으로 구성된 화火를 두었고, 장長이 지휘했다.

절충부의 장교들은 상비군이었으나 병사들은 거주지의 거리에 따라 순환

당의 부병제 편제

구분	부(府)	단(團)	대(隊)	화(火)
지휘관	절위도위	교위	정	장
인원(명)	800~1,200	200	50	10
부대 수(개)		4~6	2~4	5

제로 도성에 소집되어 훈련을 받았다. 예를 들면 도성에서 약 100km 이상 떨어진 지역의 부병들은 5개월에 한 달 정도 훈련을 받았으며, 약 800km 떨어진 지역의 부병들은 18개월마다 2개월 정도 훈련을 받았다. 절충부가 주로 북쪽 변방과 수도 주변에 집중 배치되어 있었기 때문에 처음에는 이러한 방식이 원활하게 운영되었다. 그러나 7세기 말이 되면서 부병제의 결함이 드러나기 시작했다. 부병제는 평시의 수비병 양성이나 단기간 작전에는 적합했지만, 장기간 거점 방어나 장거리 원정 작전에는 부적합했다. 이를테면 664년 당의 고구려 원정 시 당 조정은 부병들에게 1년 치 양식을 준비해오라고 했지만 전쟁이 1년 이상 넘어가자 부병들이 불만을 토로했다. 또한 부병들이 너무 오랫동안 동원되면서 농업에 차질이 생기거나 군량, 군수품 조달에 문제가 발생했다.

이에 당나라는 상비군 수를 늘려 부병제를 대체했다. 7세기 말부터 모병제를 실시해 장기 복무하는 상비군이 변방의 수비를 맡도록 한 것이다. 물론 이들 중 상당수가 부병 출신이었다. 710년에는 국경 수비대가 부병의 도움 없이도 적의 공격을 막아낼 수 있도록 대규모 개혁을 실시했다. 변방지대 9곳에 번진藩鎭을 설치하고, 각 번진마다 절도사가 전권을 가지고 여러 곳의 수비대를 지휘하도록 했다. 하지만 잦은 전쟁으로 국경 병력만 60만 명에 이르자 국가의 부담이 과중해졌다. 이에 현종 때에는 국경 병력 20만 명을 감축하고 이들을 농민으로 돌려보내기도 했다.

하지만 안록산의 난[7] 이후 지방 절도사들의 병력은 거의 절도사의 사병으로 전락했고, 절도사들은 서로 자주 싸움을 벌였다. 절도사를 통제하기 어려워진 당 조정은 9세기 들어 환관들이 지휘하는 신책군神策軍을 창설했다. 신책군은 주로 장안의 청년들을 모아 편성했으며, 규모가 대략 5만 4,000명이었다.

....

7 755년 당 현종 때 절도사 안록산이 일으킨 반란이다. 이후 사사명의 난으로 이어져 안사의 난으로 부르기도 한다. 이 난은 755년에서 763년까지 약 9년 동안 당나라를 뒤흔들었다. 안사의 난 이후 지방에 파견된 절도사가 병권을 장악하자, 당나라는 군사적으로 중앙집권적 지배 체제가 무너지고 지방 분권화 현상이 강화되었다.

하지만 이 부대는 전투로 단련된 절도사들의 변방 부대에 맞설 능력이 부족했다. 10세기 들어 당나라의 실권은 남방의 변주(지금의 카이펑) 절도사인 주전충과 사타족을 거느린 북방의 이극용, 두 절도사가 장악했다.

수나라 때에는 사람과 말 모두 철갑을 두르고 창과 검을 들고 근접전을 벌였다. 당나라 초기에는 철갑기병의 돌격 전술이 사용되었지만, 돌궐의 영향으로 점차 무게가 많이 나가는 철갑 장비는 사용하지 않게 되었다. 돌궐 기병 고유의 창과 활을 함께 사용하는 전술이 널리 사용되었는데, 당의 기병들도 이러한 전술을 따랐다. 당나라가 중앙아시아로 파병한 원정군 가운데는 전원이 이러한 기병으로 구성된 부대도 있었다. 보병은 창으로 무장한 보병과 활을 쏘는 보사步射 부대로 구분되었다. 한나라 보병의 주무기였던 석궁은 복합궁에 밀려 점차 사라졌다. 공성 무기로는 포차, 운제, 충차 등이 사용되었으며, 원정을 할 때는 치밀하게 요새화된 진지를 구축해 부대를 방어했다.

3 당의 영토 확장

당의 천하통일에는 고조의 차남 이세민의 공적이 가장 컸다. 그때 장자인 이건성은 이미 황태자로 책봉되어 있었는데, 자신의 지위에 불안을 느끼고 막냇동생 이원길과 결탁해 이세민에게 대항했다. 결국 626년 이세민은 정변을 일으켜 태자 건성과 막내 원길을 죽인 후 아버지 이연을 퇴위시키고 스스로 황제의 자리에 올랐다. 이듬해 그는 정관貞觀으로 개원하고 23년간 나라를 통치했다. 당 태종 이세민의 재위 시기(627~649)는 중국 역사상 군사적인 면에서 가장 성공적이어서 그의 치세 기간을 '정관의 치'라고 불렀다. 당 태종은 후세에 중국에서 가장 모범적인 제왕으로 칭송받았다.

이세민은 당의 세력 확장에 가장 공을 들인 황제이기도 했다. 그는 황제에 오르자마자 대외 원정을 시작했다. 당시 당의 북쪽에는 돌궐이 있었다. 돌궐은 유연을 무너뜨리고 중국의 분열 시기를 틈타 세력을 확장했다. 수나라 때 돌궐은 동서로 분열되었지만, 알타이산을 경계로 동돌궐은 만주의 거란 등 여러 민족을 항복시켰고, 서돌궐은 중앙아시아의 여러 민족을 병합해 사산조 페르시아를 패퇴시켰다. 돌궐의 세력이 강성해지자 수 말에 중국 북부에서 할거한 군

7세기 동아시아 영역

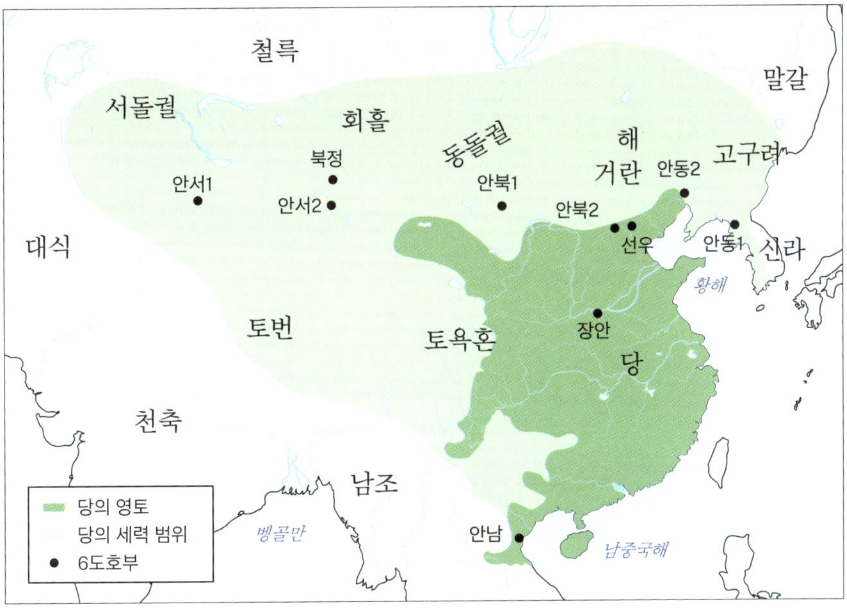

웅들은 돌궐에 원군을 요청했다. 당의 고조 이연이 태원에서 거병해 장안으로 들어갈 때도 돌궐 기병의 지원을 받았다.

당 초기에 동돌궐의 힐리가한頡利可汗은 당을 속국처럼 대해 공물헌상의 요구가 받아들여지지 않으면 종종 출병해 장안 부근까지 압박해왔다. 626년 이세민 형제가 황위 다툼을 벌이는 동안에는 장안 북쪽 위수까지 쳐들어왔다. 이때 이세민은 백마를 죽이고 동돌궐과 동맹을 맺었는데 이를 '위수의 치욕'이라 부른다. 이후 태종은 동돌궐 국경지대에 방어 요새를 강화하는 한편 북방의 군사력을 대폭 증강했다. 무력으로 동돌궐을 공략하기 전에 태종은 서돌궐과 혼인 관계를 맺는 등 동돌궐을 고립시키는 외교 전략을 펼쳤다. 돌궐 북방에는 설연타, 회흘 등의 여러 부족이 있었는데, 돌궐로부터 거듭되는 군역과 목축 징발에 시달리자 반란을 일으켰다. 629년, 태종은 이를 틈타 이정, 이적 등의 장군을 출정시켰고, 당군은 동돌궐군을 격파하고 힐리가한을 포로로 잡아 돌아왔다. 당나라는 항복한 돌궐인 10만 명을 북쪽 변경에 정주시켜 북방의 수비를 담당하게 했다.

한편, 서쪽에서는 오호 시대부터 청해 방면에 토욕혼吐谷渾이 나타나 세력을 키워나갔다. 동돌궐을 정복한 태종은 서역의 실크로드를 확보하기 위한 원정을 실시했다. 634년에는 청해 및 신강 남부 지역을 차지하고 있던 토욕혼을 공격해 굴복시켰다. 이후 톈산산맥 남쪽 타림분지의 도시국가들인 고창高昌, 언기焉耆, 구자龜茲를 차례로 점령해 속국으로 만들었다. 이 도시국가들이 644년부터 서돌궐 편에서 당에 저항했기에 지금의 신장 구처高車현에 안서도호부를 설치하고 서역과 서방으로 가는 교역로를 직접 통제했다.

서역을 평정한 태종은 당의 동쪽에 위치해 있던 고구려, 백제, 신라의 분쟁에 개입했다. 643년 직접 대군을 이끌고 원정에 나서 요동의 비사성, 백암성 등을 함락했으나 끝내 안시성을 함락시키지 못하고 철수했다. 태종이 사망한 후 651년 세력을 결집한 서돌궐이 국경지대를 공격해오자 당은 곧바로 반격을 가했다. 657년 서돌궐이 다시 한번 타림분지를 공격해오자, 소정방蘇定方이 이끄는 당군은 지금의 키르기스스탄 이식쿨호 부근에서 서돌궐군을 대파하고 이 지역을 통제했다. 한편 663년 당나라는 신라와 동맹을 맺고 다시 고구려를 침공했다. 고구려 침공에 앞서 나당 연합군은 660년에 백제를 공격해 멸망시켰다. 이후 당과 신라는 고구려를 남과 북에서 협공했고, 668년 고구려의 도성인 평양성을 점령했다. 당은 그곳에 안동도호부를 설치했다. 하지만 당의 승리는 일시적이었으며, 신라와 고구려·백제 유민들이 단결해 당군을 물리쳤다. 그 결과 한반도의 대부분은 신라가 차지했다.

당나라는 640년부터 서쪽에서 신흥 세력인 토번吐番과 대결했다. 당시 당의 서쪽에는 지금의 티베트의 선조인 토번이 있었다. 당 초기 토번은 급속히 강국으로 성장했다. 토번의 왕 송첸감포는 쓰촨 일대를 공격해 당나라의 공주를 신부로 보낼 것을 요구했다. 당은 문성공주를 토번의 왕과 결혼시키고 화친을 맺었다. 이후 토번은 당나라가 점령했던 토욕혼을 장악하고, 670년에는 타림분지까지 점령했다. 당나라는 두 차례 원정군을 보냈으나 모두 토번에 패배했다. 680년에 이르러서 토번은 쓰촨의 안융(지금의 쓰촨 마오현)을 점령해 중국 서남부를 장악하기에 이르렀다. 이후 당은 10여 년간 토번과 공방전을 펼쳐 692년 타림분지를 탈환했다.

712년, 현종 재위 이후 당은 토번에 대한 적극적인 공세 전략을 펼쳤다. 당은 714년부터 747년까지 30여 년간 토번을 향한 수차례의 원정을 실시했다. 결국 당군은 토번을 굴복시키고 파미르고원까지 진출했다. 747년에는 고구려 유민이었던 고선지가 오늘날 파키스탄 북부에 있는 와칸과 발률을 점령했다. 751년에는 고선지가 이끄는 당군이 탈라스강 유역에서 아랍의 무슬림 세력과 대결하기에 이르렀다. 하지만 전투 도중 당군의 일부였던 서돌궐 계열의 카르룩족이 배신하는 바람에 대패해 퇴각했다. 당군은 이 전투에서 패배함으로써 이후 서역에 대한 통제권을 상실했다.

당 중기에 이르러 비록 중동으로 이어지는 서역에 대한 통제권을 잃기는 했지만, 당나라는 626년 태종이 재위한 이후 현종에 이르기까지 130여 년간 끊임없이 대외 원정을 실시해 영역을 확장했다. 당시 당나라는 동쪽으로 고구려, 북서쪽으로 돌궐, 토욕혼, 토번을 제압해 아시아를 석권했던 제국이었다.

IV

송과 요(거란)의 전쟁

1 전쟁의 배경

당 제국의 붕괴로 동아시아의 국제질서가 변화되어 북쪽에서는 거란(요)이, 남쪽에서는 송이 세력을 확장했다. 거란족은 동몽골의 시라무렌허 유역에 거주하던 유목민으로 4세기 이후 역사의 전면에 모습을 드러냈다가 당 세력이 쇠퇴한 9세기 말이 되자 이 지역을 장악했던 위구르 제국의 뒤를 이어 자립하기 시작했다. 원래 거란은 양, 말, 돼지뿐 아니라 농작물, 특히 좁쌀에 의존하는 반유목민이었다. 하지만 그들은 초원과 농경지대에 걸친 경계 지역을 장악함으로써 세력을 떨쳤다.

거란은 기동력을 갖춘 60만 명의 기마궁사로 이루어진 강력한 12개의 오르도ordo(유목민 집단) 부대를 보유했다. 이를 기반으로 5세기 이후 만주 지역의 강자로 군림했고, 당나라 동북 지방의 절도사들을 상대로 몇 차례 승리를 거두었다. 10세기 초 등장한 야율아보기(916~926)는 8개 부족으로 나뉘어 있던 거란족을 통합하고 종래 군장의 선출 제도를 타파해 전제적인 권력을 확립했다. 거란족은 당이 멸망한 후 916년에 유목 국가인 요를 건국함과 동시에 사방으로 세력을 확장해 926년 발해를 멸망시켰다. 이후 서남방의 탕구트 등을 제압하고 중국으로 남진을 시도해 세력 범위를 중국 북방으로 확대했다. 이어 936년, 거란 태종은 하동절도사 석경당의 후진 건국을 돕고, 그 대가로 연운십육주(지금의 베이징 근방)를 획득했다.

한편 중국은 907년 당이 멸망한 후 송나라가 다시 통일할 때까지 5대10국의 분열 시대를 맞았다. 960년 금군 총사령관 조광윤趙匡胤은 후주를 멸망시키고 송을 건국했다. 조광윤은 병사할 때까지 형남(963), 후촉(965), 남한(971), 남당(975) 등을 멸망시켰다. 조광윤의 뒤를 이은 송 태종은 오월(978), 북한(979)을 복속시켜 당 제국 붕괴 이후 5대10국의 분열 국면을 종식시키고 중국을 대부분 통일했다. 송 태종은 통일의 기세를 몰아 979년 북벌을 감행해 거란과의 전쟁을 시작했다. 북벌의 목적은 이민족이 차지하고 있던 만리장성 이남의 땅, 즉 옛날부터 한족이 거주하던 연운십육주를 회복해 중국의 자존심을 세우고, 만리장성이라는 군사적 요충지를 확보해 훗날 북방 민족의 침입을 수월하게 방어하고자 함이었다.

2 송과 요의 군대

당나라 때에는 절도사의 권한이 막강해 절도사가 군사권뿐 아니라 재정권, 행정권까지 갖고 있었다. 하지만 절도사 출신으로 부하들의 추대를 받아 황제의 자리에 오른 태조 조광윤은 자신과 같이 군사 반란을 일으키는 것을 방지하기 위해 부하 장군들의 병권을 해제하고 절도사를 문인 관료로 대체하는 등 문관이 무관의 우위에 서는 문신관료제를 도입했다. 또한 절도사 제도를 폐지해 지방의 행정권과 군사권을 완전히 분리시키는 동시에 최고 지휘관이었던 도지휘사의 권한도 단지 부대의 지휘와 통제만을 담당하는 정도로 축소했다. 대신 중앙에 추밀원을 설치해 작전에 관한 모든 권한을 갖도록 했다. 추밀원의 수장인 추밀사와 추밀부사는 모두 문관으로 임명했다. 사실상 군의 지휘권과 작전권을 분리함으로써 군사 반란을 철저하게 방지함과 동시에 전국의 군사 지휘권을 황제의 직접적인 통제 아래 놓게 한 것이다. 이러한 변화는 2대 황제인 태종 시기를 지나면서 사회의 지배계층이 귀족으로부터 사대부로 대체되는 결과를 낳았다. 이러한 송의 중문경무重文輕武 정책은 장군의 권한을 약화시켜 군사 발전에는 저해 요인이 되었다.

북송의 군대는 중앙군인 금군禁軍, 지방군인 상병廂兵, 민병인 향병鄉兵으로 구성되었다. 가장 중요한 부대는 중앙군인 금군이었다. 금군은 원래 황제의 친위부대였지만 송 건국 이후 중앙군 겸 정규군으로 성장했다. 금군은 경성 수비

북송의 금군 편제

군대 편제	좌상/우상 (左廂/右廂)	상(廂)	군(軍)	지휘(指揮, 營)	도(都)
지휘관	상도지휘사	도지휘사	군도지휘사	지휘사	도두/군사
인원(명)	10만	2만 5,000	2,500	500	100
부대 수(개)		4	10	5	5

외에도 대외 전쟁이나 반란 진압 등의 임무를 수행했다. 금군의 편제는 상廂-군軍-지휘指揮, 營-도都 등 4단계로 이루어졌다. 금군은 좌상·우상으로 구성된 2상 체제였고, 상도지휘사가 각각 총괄했다. 좌상과 우상은 각각 4개의 상으로 구성되었고, 상은 도지휘사의 통솔 아래 10군으로 조직되었다. 군은 군도지휘사의 통솔 아래 5개의 지휘(영)로 조직되었고, 지휘(영)는 지휘사의 통솔 아래 5개 도로 조직되었다. 지휘는 송의 군대 편제에서 가장 중요한 전술 단위 부대였다. 지휘 아래 설치된 도는 100명 단위로 편성되었고, 보병의 경우 도두가 지휘했으며 기병의 경우 군사가 지휘했다.

앞서 언급한 것처럼 당나라 때에는 부병제라는 사실상의 징병제를 실시했지만, 송 태조 조광윤은 병사를 모집하는 방식으로 양병제養兵制를 실시했다. 모병 대상은 파산한 농민이나 유민 등 극빈층이었는데, 그들에게 고용의 기회를 주어 대중의 불만을 누그러뜨리고 사회를 안정시키려는 의도가 있었다. 11세기 중국의 사회경제 상황은 당나라 때와 매우 달라져 있었다. 남방 개발로 인구가 증가했으며, 국가의 부도 급속히 증가했다. 하지만 중문경무 정책의 결과 군 복무에 대한 선호도는 떨어졌다. 또한 유민이나 극빈층에서 선발한 병사들은 왕조에 별반 충성심이 없었으며, 이렇게 선발한 병사들을 장교들도 경멸하고 멸시했다.

그렇지만 북방의 요, 금, 하나라 등과의 충돌로 송은 건국 초기부터 병력을 증가시킬 수밖에 없었다. 960년경 38만 명이었던 병력은 1000년에는 90만 명, 1041년에는 126만 명까지 증가했다. 병력이 증가하면서 사회경제적으로 여러 가지 문제가 발생했다. 송대 후기로 갈수록 국가의 재정 수입이 줄어들면서 군사비가 전체 지출의 80%를 차지하기에 이르렀다. 또한 가뭄과 흉년 등의 자연재해는 송의 양병제를 더욱 취약하게 만들었다. 1040년대에 이르면 일반 병사들이 원래 받기로 했던 급여의 10분의 1 정도만 받는 경우가 빈번했고, 병사의 선발 과정과 훈련이 모두 부실해졌다. 그에 따라 군사 반란이 빈번히 발생했고, 11세기에는 탈주병과 군도軍盜가 끊임없이 사회의 법과 질서를 위협하기에 이르렀다.

송의 군대는 보병·기병·수군으로 구성되었다. 주력은 보병이었고, 북방 민족과 대결하기 위해 기병을 양성했다. 하지만 북방의 유목민족에 비해 항상 군마가 부족했다. 이는 말을 양육하는 데 절대적으로 필요했던 북방의 초원지대를 당 중기 이후 상실했기 때문이다. 사료에 따르면, 북방 유목민족들은 기마병 1명이 군마 3필을 대동할 정도의 기동력을 갖추고 있었지만, 송은 기마병 1명당 1필 정도의 군마밖에 배치할 수 없었다. 기동력 면에서 송이 북방의 유목민족에 뒤떨어질 수밖에 없었던 이유였다. 북송의 수도 개봉開封은 황허강 평원을 가로질러 습격해오는 요나라 기병의 침략에 항상 노출되어 있었다. 송나라는 요나라 기병의 공격을 막기 위해 비용이 덜 드는 방식으로 예상 침입로 일대의 땅을 갈아놓거나 버드나무를 일렬로 심는 등 다양한 방법을 동원했다. 재상 왕안석王安石은 부족한 군마를 해결하기 위해 말을 기르기에 적합한 지역의 농민들에게 말을 대여해 사육하는 보마법을 시행하기도 했다. 농민들은 돌보는 말을 경작에 이용할 수 있었으며, 말이 죽을 경우에는 국가에 배상해야 했다.

송대의 기병도

송나라 군대가 강점이 없었던 것은 아니다. 과학적인 연구를 토대로 훈련을 실시했고, 정예부대의 경우에는 병사들의 활쏘기와 체력 측정을 통해 능력별로 군사를 배치했다. 또한 군기감을 설치해 각종 병기의 제작 방식이나 규격, 질량에 대한 기준을 제시했고, 지방에 도작원을 설치해 여러 곳에서 병기를 제작하도록 했다. 군기감을 설치한 이후로는 병기 공장의 제작 규모가 확대되었고, 무기의 질과 양도 크게 향상되었다.

송나라 때 중요했던 무기는 석궁이었다. 석궁수들은 방패로 몸을 보호하면서 앞으로 나아가 석궁을 발사한 후 대열의 뒤로 물러나 다시 장전했다. 석궁은 송의 병기창에서 대량으로 생산했다. 일반 석궁 외에 장거리 공격을 전문으로 하는 상자노床子弩라는 석궁도 있었다. 상자노는 노弩를 개량한 것으로 고정 발사대 위에 설치한 대형 노였다. 상자노의 장전은 사람의 힘이 아니라 기계장치를 이용했고, 크기와 무게 때문에 주로 공성전에 사용했다. 또한 1068년 이정이라는 장인이 뽕나무와 놋쇠로 신비궁神臂弓이라는 석궁을 만들었는데, 당시 개인이 사용하는 활 가운데 가장 위력이 좋았다. 신비궁의 실제 사거리는 150m 정도였지만, 140m에서 쏠 경우에는 나무를 뚫을 수 있었고, 370m에서는 화살촉이 나무에 절반쯤 박혔으며, 460m에서는 얇은 철판을 관통할 수도 있었다.

요나라 군대에 관한 세부 기록이 많이 전해지지는 않지만, 요군의 핵심은 정규군인 오르도 부대였다. 이들은 중무장 기병으로 기병창, 활, 검, 철퇴 등을 사용했다. 오르도 부대 외에도 요나라 군대에는 거란 부족병 및 동맹군들이 있었다. 이들은 전통적인 유목민 방식으로 산발적인 기마전을 담당했다. 그 밖에 징집된 정착민들은 보병으로 편성되었다. 또한 중국식 노포도 공성전에서 사용되었다. 요나라 군대는 일반적으로 전투를 할 때 3열로 배치했다. 1열에는 갑옷을 입지 않은 경기병을 배치하고, 2열에는 갑옷을 입은 기병이, 3열에는 말까지 갑옷을 입힌 중기병, 즉 오르도 부대를 배치했다.

오르도 기병은 500~700명이 1개 연대를 이루고, 10개 연대가 1개 사단을 이루며, 10개 사단이 1개 군을 구성했다. 이들은 여러 차례의 통제된 돌격을 감행했고, 각 연대마다 차례로 나아가 돌격한 다음 뒤로 물러나 휴식을 취했다. 한 부대가 적의 전열을 돌파하면 나머지 부대들이 지원했다. 기록에 따르면, 요나라 군대는 매복에도 능했으며, 신속하게 공격하고 후퇴하는 소규모 접전에도 강했다고 한다. 요나라 군대의 전술은 후대 몽골군 전술의 선구적 형태였던 것으로 보인다. 보통 유목민 기마궁수가 넓게 산개해 포위 공격 전술을 펼쳤다면 거란군은 조금 더 밀집된 대형을 이루었다.

3 전쟁 경과

송과 요는 979년부터 1004년까지 25년간 전쟁을 벌이게 된다. 979년 중국을 통일한 송 태종이 북한北漢을 점령하고자 친히 군대를 이끌고 북상했다. 송의 공격을 받은 북한은 인접국인 요나라에 구원을 요청했고, 요나라는 지원군을 파병했다. 하지만 요나라 지원군이 송나라 군대에 패배해 북한은 송에 항복했다. 북한을 평정한 송 태종은 연운십육주를 빼앗기 위해 바로 요나라를 공격

1000년경의 중국 형세

했다. 당시 송의 군대는 계속되는 전투로 몹시 지쳐 있었고 군량도 충분치 않았다. 하지만 송 태종은 북한을 정벌한 기세로 바로 요나라를 치고 유주를 차지하려 했다.

979년 5월 22일 송 태종은 수십만 대군을 거느리고 태원에서 유주를 향해 진격했다. 요나라가 사전에 방비하지 못한 탓에 송군은 기구관과 탁주(지금의 허베이성 탁현)를 점령하고 6월 22일에는 유주성에 근접했다. 당시 유주성은 요의 남경유수인 한덕양이 8만 병력으로 방어하고 있었다. 송군은 유주성을 빈틈없이 포위하고 밤낮으로 공격했다. 하지만 태원에서 유주로 오는 동안 연일 격전을 벌인 송 군대는 피로해 있었고, 유주성 내의 요군이 격렬하게 저항해 쉽게 점령할 수 없었다.

유주성이 위급하다는 소식을 들은 요 경종은 처음에 유주성을 포기하고 송에게 내주려 했다. 하지만 요의 장군 야율휴가耶律休哥는 일단 송과 결전을 벌인 후 포기해도 늦지 않다고 진언했다. 경종은 그의 의견을 받아들여 16만 대군으로 유주를 구원토록 했다. 당시 유주성 근처의 야율색진耶律色珍군과 야율학고耶律學古군은 수적으로 열세했기 때문에 송군과의 결전을 회피했지만, 유주성이 함락되지 않도록 견제 역할을 했다. 7월 초, 선발대인 야율사耶律沙군이 유주에 도착했고, 송군과 고량하(지금의 베이징 서쪽 교외)에서 치열한 접전을 벌였다. 하지만 야율사군은 먼 길을 행군하느라 몹시 지친 데다 선발부대의 수효도 많지 않아 송군에게 패했다. 이어서 야율휴격耶律休格의 기병대와 야율휴

제1차 송-요 전쟁 요도

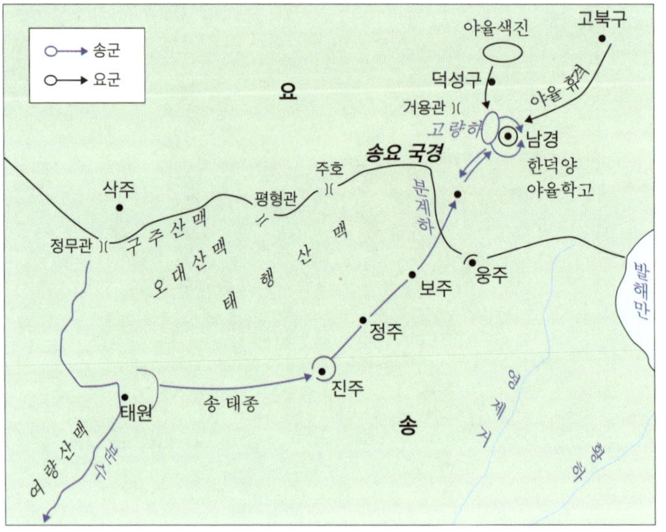

가의 본대가 고량하에 도착했다. 야율휴가는 각 병사들에게 횃불을 두 개씩 들게 해서 병력이 실제보다 많아 보이게 했다. 이를 본 송나라 병사들은 요군의 속내도 모른 채 횃불 규모에 압도당했다.

야율휴가의 부대는 유주성 밖에 주둔하고 있는 야율색진군과 합류한 후 이튿날 부대를 둘로 나누어 송군을 맹렬히 공격했다. 양측이 접전을 벌이고 있을 때 유주성 내의 요나라 군사들도 출격해 송군을 공격했다. 삼면에서 협공을 받은 송군은 불시에 대란이 생겨 대오가 흩어지는 바람에 대패했다. 이날 전투에서 송군 1만여 명이 전사했다. 전세가 기울자 송 태종은 급히 남쪽으로 퇴각했다. 요군이 추격하자 송군은 많은 물자와 무기들을 방치한 채 급히 후퇴했다. 송 태종이 연운십육주를 차지하기 위해 벌인 송과 요의 첫 싸움은 이렇게 요나라의 승리로 끝이 났다. 이 전쟁을 '고량하 싸움' 또는 '유주 싸움'이라 한다. 이 전쟁 이후 송군은 관남(지금의 허베이성 정현) 일대로 물러났다.

982년 요나라 경종이 죽고 12살밖에 안 된 성종이 황위에 오르자, 송 태종 조광의趙匡義는 요를 다시 공격해 연운십육주를 차지하려 했다. 송군의 계획은 분진합격 전술로, 대장 조빈의 주력부대 10만 명을 동쪽 유주를 향해 전진시키고, 전중진이 거느리는 부대를 중앙에서 허베이성 서북부와 산시성 동북부를 향해 진격시키며, 반미가 이끄는 부대가 서쪽 산시성 북부를 향해 진격한 후 세 부대가 다시 회합해 유주를 공격하는 것이었다.

송군은 986년 1월 계획대로 부대를 세 갈래로 나누어 요나라로 쳐들어갔다. 요는 송군이 대거 북진함을 알고 야율휴가에게 성을 고수해 조빈의 북진을 저지하게 하는 한편 야율사진에게 별도의 군사를 이끌고 서쪽 반미의 송군을 맞아 싸우게 했다. 그리고 소태후와 성종은 친히 부대를 거느리고 송의 최종 목표인 유주의 방어를 지원했다. 요의 전략은 송 중앙군과 서로군은 일단 견제하고 동쪽 주력부대에 전력을 집중해 송군을 섬멸한다는 작전이었다.

전쟁 초기 송군은 연속해 승리했다. 서쪽으로 진격하는 부대는 환주, 삭주, 옹주, 운주 등 네 개 주를 점령해 산시성 북부 대부분의 땅을 점령했다. 그러나 동쪽으로 진격하던 송의 주력부대는 탁주에서 요군에 대패했다. 처음에 조빈 군대는 하북의 신성, 고안, 탁주 등을 점령했지만, 10여 일 후 야율휴가 군대에 병참선을 차단당했고, 뒤이어 요의 성종과 소태후가 거느린 지원군이 공격하자 대패했다. 얼마 되지 않아 송의 중앙군과 서로군도 야율사진의 10만 대군의 반격을 받았다.

송의 동로 주력군이 대패하자 송 태종은 군이 전멸하는 것을 막기 위해 전 부대를 전선에서 퇴각하게 했다. 서로군인 반미와 양업에게는 환주, 삭주, 옹주, 운주의 백성들을 보호해 내지로 이동하도록 지시했다. 그러나 반미는 양업 단독으로 요군과 대결하게 하고 자신은 몰래 후퇴했다. 고립된 양업군은 진가곡에서 전멸했다. 이로써 송의 삼로 대군은 전선이 무너지고, 송이 잠시 점령했던 지역들은 다시 요에 귀속되었다. 이 전쟁 이후 송은 다시는 요를 공격하지 못했다. 요는 전쟁의 주도권을 장악하고 여섯 차례 대규모 공격을 통해 송 북방의 영토를 빼앗았다.

송나라는 두 차례의 요나라 공격 실패 이후 방어진을 구축하기 시작했다. 요나라와의 경계 지역에 물길을 내어 방어진을 구축했는데, 이를 '분계하分界河'라고 한다. 1004년 요의 성종은 20만 대군을 이끌고 남진했다. 요군은 황하 가까이에 있는 전연澶淵까지 진격해 송의 수도를 위협했다. 이에 송 진종은 신하들을 모아놓고 대책을 논의했다. 참지정사 왕흠약은 금릉金陵으로 천도할 것을 주장했고, 또 다른 참지정사 진요수는 도읍을 쓰촨성 청두成都로 옮길 것을 주장했다. 하지만 재상 구준은 수도를 잃으면 민심이 흉흉해져 적들이 막힘없이 쳐들어올 것이니 지금 상하가 합심해 적들과 승부를 가려야 한다고 주장하며 황제가 친히 출정할 것을 청했다. 송 진종은 구준의 권유를 듣고 친히 대군을 인솔해 요와 대치하고 있는 전선으로 출정했다. 전주를 지키던 송나라 군대

제2차 송-요 전쟁 요도

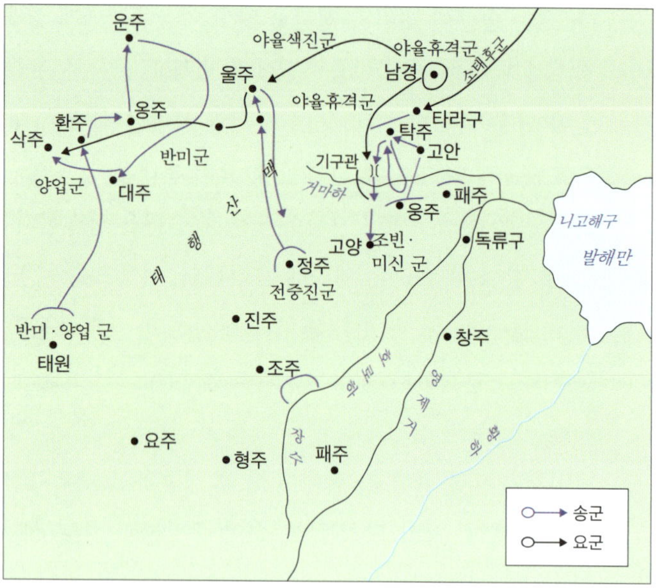

는 황제가 친히 출정했다는 소식을 듣고 사기가 올라 몇 차례 요나라군의 공격을 물리쳤다. 하지만 이후 전투에서 송과 요 양군 어느 쪽도 결정적인 승리를 거두지는 못했다.

요와의 전쟁에서 승리할 수 없음을 잘 알고 있었던 송 진종은 출정하기 전에 이미 조리용이라는 관원을 요에 사신으로 파견해 협상을 진행하고 있었다. 송 황제의 친정으로 사기가 오른 송군이 강력히 저항해 쉽게 승리할 수 없다고 판단한 요는 송의 화친 제의를 받아들였다. 1004년 송나라와 요나라는 화친을 맺었다. 송나라는 해마다 요나라에 백은 10만 냥, 비단 20만 필을 보내고, 양국은 송이 형, 요가 동생인 형제국의 관계를 맺으며, 현재의 국경선을 준수한다는 협약을 맺었다. 이 화친조약이 전연에서 맺어졌기에 '전연의 맹약'이라고 한다. 송이 요에 지불하는 금액은 막대했지만, 송의 입장에서 볼 때 매년 요와 관련해 지출하는 군사비에 비하면 적은 부담이었다. 이후 송과 요는 100여 년 동안 평화를 유지했고, 송은 역사상 유례없는 경제 번영을 이룩했다.

V

몽골 제국의 정복 전쟁

1 칭기즈칸과 몽골 제국의 성립

칭기즈칸의 몽골족은 몽골, 중국, 러시아, 이란, 이라크, 아프가니스탄, 시리아 등을 포함해 전례 없는 대제국을 건설했다. 칭기즈칸이 출현하기 이전의 몽골고원에는 군소 부족이 난립해 있었는데, 그들은 적대국 타타르와 금나라와의 전쟁에서 잇따라 패배했다. 이처럼 분열되고 상대적으로 그리 강하지 않았던 몽골족이 초원의 다른 부족들을 제압하고 대제국을 건설할 수 있었던 이유는 바로 칭기즈칸이라는 위대한 인물이 있었기 때문이다.

몽골족 및 그들과 혈연관계에 있는 타타르족, 메르키트족, 나이만족은 몽골고원과 오늘날 러시아와 중국의 일부를 이루는 인접 지역에 살았다. 칭기즈칸의 아버지 예수게이는 보르지기드족의 수장이었다. 1160년대, 예수게이는 강력한 부족 옹기라트족과 동맹을 추진하면서 테무친(칭기즈칸의 본명)의 아내 될 사람을 찾기 위해 여행을 떠났다. 예수게이는 옹기라트족의 데이 세첸의 딸 보르테와 테무친의 약혼을 성사시켰다. 하지만 야영지로 돌아오는 도중에 만난 타타르인들이 예수게이를 알아보고 음식에 독을 탔고, 그는 자신의 야영지로 돌아왔지만 숨을 거두었다.

예수게이가 죽자 그의 부하들은 유력한 부족을 찾아 떠났다. 강한 지도자에게 몸을 의탁하는 것은 당시 몽골족의 일반적인 모습이었다. 테무친은 어머니 호엘룬을 중심으로 형제들과 초원에서 사냥을 하면서 근근이 생활해나갈 수밖에 없었다. 이때 테무친은 이복형 벡테르가 자신과 형제들이 잡은 사냥감과 음식물을 빼앗아갔다는 이유로 죽이고 만다. 형제를 죽이는 것은 유목민의 풍습에 반하는 행동이었기에 타이치우트족은 이를 구실로 테무친을 급습해 그를 감금했다. 하지만 테무친은 일부 타이치우트족 부하들의 도움을 받아 탈출한 뒤 약혼녀 보르테를 찾는 동시에 후원자를 찾아나섰다. 그가 찾아간 후원자는 케레이트족의 토그릴이었다. 과거 예수게이의 도움을 받았던 토그릴은 테무친을 후원하기로 약속했다.

그 후 얼마 지나지 않아 메르키트족이 예전에 예수게이가 호엘룬을 납치한 것에 대한 보복으로 테무친 진영을 급습해 보르테를 납치했다. 테무친은 토그릴에게 도움을 요청했고, 토그릴은 자신의 군대와 함께 자지라트족의 자무카에게 테무친을 도우라고 지시했다. 이들의 도움을 받은 테무친은 메르키트족을 물리치고 보르테를 되찾아왔다. 하지만 수개월 동안 억류되어 있던 보르테는 메르키트족의 아이를 가졌고, 얼마 후 주치를 낳았다. 테무친은 주치를 자신의 맏아들로 인정했으나, 이는 그의 사후 자식들 간에 불화의 원인이 되었다.

메르키트족에 대한 공격 이후 테무친은 자무카와 아주 가깝게 지냈다. 둘이 갈라서기 전까지 1년 반 동안 테무친은 자무카가 지휘하는 부대에서 다양한 전술을 익혔다. 귀족들의 후원을 받은 자무카와 하급계층의 지지를 받은 테무친은 결국 결별했지만, 테무친이 떠날 때 적지 않은 자무카의 병사들이 테무친을 따라나섰다. 메르키트족과의 싸움에서 승리를 거둔 테무친은 몽골고원에 이름이 널리 알려졌다. 그 덕분에 자무카보다 세력은 약했지만 독자적인 세력을 구축해나갈 수 있었다.

1185년 테무친은 보르지기드족의 칸으로 선출되었고, 1197년에는 케레이트족과 연합해 중국 북부의 강국 타타르를 공격해 승리를 거두었다. 그러자 자무카는 1201년 테무친에 대항하기로 결정하고, 나이만족, 메르키트족, 오이라트족, 타이치우트족으로 동맹군을 결성했다. 테무친은 다시 한번 토그릴에게 도움을 요청했다. 토그릴이 구원군을 보내와 두 진영은 할하강에서 대치했다. 이때 테무친은 토그릴과 함께 자무카의 동맹군을 격퇴시켰고, 이듬해에는 타타르와의 전쟁에서 대승을 거두었다. 타타르인이 예수게이를 독살했기 때문에 테무친은 그에 대한 보복으로 많은 타타르족을 살해한 것으로 알려졌다. 테무친이 연전연승을 거두며 세력을 키우자, 그동안 테무친을 후원했던 케레이트족의 토그릴은 테무친을 제거하기로 했다. 1203년 두 세력은 첫 대결을 벌여 토그릴이 승자가 되었다. 하지만 테무친은 승리를 자축하던 케레이트족을 급습해 최후의 승자가 되었다. 케레이트족을 무찌른 테무친의 위상은 전보다 훨씬 높아졌다. 그는 이제 몽골고원 중앙과 동부의 지배자가 되었다.

몽골고원 전체를 지배하기 위한 최후의 걸림돌은 나이만족이었다. 나이만족은 테무친과 적대관계에 있던 메르키트족과 동맹을 맺고 테무친과 대치했다. 나이만-메르키트 동맹군의 규모는 테무친의 몽골군을 압도했다. 동맹군에는 자무카도 포함되어 있었다. 테무친은 병력의 열세를 위장하려고 밤에 여러 곳에 모닥불을 피우라고 지시했다. 당시 나이만족 내부에서는 대몽골군 전략에 대한 이견이 있었다. 부족장 타양 칸은 테무친을 알타이산맥을 넘어 나이만 본거지로 유인해 섬멸하기를 원했고, 그의 아들 쿠츨루크와 다른 지도자들은 정면 공격을 주장했다.

한편, 테무친은 고지대를 점령한 적이 외선에서 포위 공격을 한다면 승산이 없을 것으로 판단하고 적을 평야로 유인해 각개격파하기로 결심했다. 그는 몽골군을 넓게 산개시켜 적의 병력이 우세하다는 것을 회의하게 하는 동시에 첩자를 보내 포위 공격이 적절하지 않다고 여기게끔 만들었다. 그 결과 나이만군은 평야지대로 나와 몽골군을 공격했고, 기회를 노리던 테무친은 과감하게 적의 중앙을 돌파한 후 각 고지의 적을 각개격파했다. 나이만군이 격파당하자 동맹 부족들은 항복하거나 달아났다. 나이만-메르키트 동맹군을 격파한 테무친은 몽골고원 전체의 지배자가 되었다. 1206년 몽골의 대 쿠릴타이(부족장 회의)는 평화로운 분위기 속에서 테무친을 칭기즈칸(확고부동한 지배자 또는 용감무쌍한 지배자)으로 추대했다.

칭기즈칸은 곧바로 군대를 재편하고 새로운 제국의 건립에 착수했다. 몽골고원 인접 지역에 관심을 기울여 북쪽의 오이라트족을 비롯한 삼림 부족 집단을 굴복시킨 후 신생 몽골 제국의 남동쪽에 위치한 서하를 침공했다. 탕구트족으로 구성된 서하는 1209년 몽골에 항복했다. 서하가 복속하자 칭기즈칸은 접경 지역에 있던 강국 금나라로 관심을 돌렸다. 1212년 처음 금을 공격한 이후 1218년 무렵 금의 영토 대부분을 점령했다.

하지만 서쪽으로 달아난 나이만족과 메르키트족이 동맹을 결성해 다시 칭기즈칸에 도전했다. 칭기즈칸은 금나라 공격을 잠시 중지하고 이들을 멸망시켰다. 1218년 칭기즈칸은 자신의 대상을 살해하고 사신에게 모욕을 준 호라즘

13세기 초 금의 수도인 베이징에 입성한 칭기즈칸

제국에 10만 명의 몽골군을 보내 멸망시켰다. 이후 칭기즈칸은 반란을 일으킨 서하를 공격하다 사냥 도중 낙마해 부상을 입어 1227년 8월 18일 사망했다.

2 몽골군의 편성과 훈련

칭기즈칸이 지휘한 몽골군은 전통 부족의 구성을 대신했는데, 그는 초원 부족들의 동맹을 군대로 바꾸어 대제국을 건설했다. 사실 몽골군은 몽골 제국의 영토 확장에 따라 그 규모가 달라졌다. 정복 지역의 확장에 따라 튀르크를 비롯한 다른 지역 출신들을 군에 편입시킨 것이다. 정확한 기록은 남아 있지 않지만, 제국의 전성기 때 몽골군은 대략 100만 명 이상이었을 것으로 추정된다. 칭기즈칸은 십진법에 따라 군대를 편성했다. 단위의 명칭은 각각 10명 단위는 아르반Arban, 100명 단위는 자군Jaghun, 1,000명 단위는 밍칸Minqan, 1만 명 단위는 투멘Tümen이었다.

몽골군은 크게 세 부대, 즉 바라군 가르Baraghun Ghar(우익), 제운 가르Jeün Gahr(좌익), 텁 또는 콜Töb or Qol(중앙 부대)로 구성되었다. 부대별로 지휘관이 있었고, 다시 이들을 총지휘하는 어를루그Örlüg가 있었다. 칸이 어를루그를 임명하면 어를루그는 투멘의 지휘관을, 투멘의 지휘관은 밍칸의 지휘관을 임명하는 식으로 최하위 아르반의 지휘관까지 각 지휘관이 자기 밑의 지휘관을 임명할 수 있었다. 이러한 방식을 통해 몽골군 지휘관들은 자신이 맡은 부대에 엄격한 군율을 유지하고, 부하들은 자신을 임명한 지휘관에게 충성을 다했다.

칭기즈칸은 군사조직의 일부로 '케시크'라는 호위대를 만들었다. 대략 1만 명으로 구성된 케시크의 주요 임무는 칸을 호위하는 것이었다. 케시크의 군율은 다른 부대보다 엄격했다. 칸의 막사는 일반 병사들의 막사와 화살 사거리의 2배인 500m 이상 떨어져 있었고, 누구도 케시크의 허락 없이 무장한 채 칸의 막사에 들어갈 수 없었다. 칭기즈칸은 지위나 출신 성분과 관계없이 유능하거나 임무를 맡기기에 적당하다고 생각하는 장교의 아들들을 비롯한 인재를 수시로 케시크에 포함시켰다. 쿠빌라이칸(칭기즈칸의 손자로 중국 원나라의 시조)의 통치기에 케시크의 규모는 1만 2,000명에 이르기도 했다. 이들은 케시크에 근무하면서 몽골 제국의 통치나 군대 지휘 등에 관한 업무를 배울 수 있었고, 몽골군 전체에 배치된 후에는 칸에 대한 부하들의 충성심을 강화하는 데 도움을 주었다. 피정복민의 귀족 자식들도 케시크에 포함하는 경우가 많았는데, 이들은 정치적 목적에서 인질 역할을 했다.

몽골군의 기병은 경기병과 중기병으로 나누어졌고, 경기병이 2 대 1 정도의 비율로 수가 많았다. 경기병은 무거운 갑옷을 착용하지 않고 주로 활로 무장했으며, 전투에서 활을 이용한 사격을 위주로 했다. 반면 중기병은 투구와 갑옷을 착용하고, 활 외에도 창, 도끼, 칼을 휴대했으며, 전투에서 돌격을 위주로 했다. 몽골군의 주 무기는 각궁으로 최대 사정거리가 300m였다. 당시 유럽의 석궁 사거리는 75m에 불과해 몽골군은 각궁으로 유럽인보다 훨씬 멀리서 공격할 수 있었다. 몽골군은 전투할 때 자신을 보호하기 위해 갑옷을 입었는데, 미늘 갑옷보다 층상형 갑옷을 선호했다. 미늘 갑옷은 적당한 거리에서 쏜 화살의 충격을 잘 흡수했지만 상처가 나지 않도록 보호하지는 못했다. 이와 달리 층상형 갑옷은 미늘 갑옷보다 제작이 간편했고, 화살도 더 효과적으로 막아냈다. 또한 몽골 병사들은 비단으로 된 내복을 입어 화살촉에 의한 부상을 경감시켰다. 비단 내복은 화살촉이 몸을 관통하는 것을 막아주었을 뿐 아니라 치료할 때는 비단 속옷을 당겨 화살촉을 뽑아낼 수도 있었다.

전투 중 적을 추격하는 몽골군

몽골의 말은 전쟁을 승리로 이끈 중요한 요소였다. 몽골마는 서유럽의 군마나 중동의 말에 비해 몸집이 왜소했지만, 체력과 지구력이 어떤 말보다 뛰어났다. 원정 때 몽골 병사 한 명은 대략 5마리의 말을 대동했다. 몽골군은 거세마를 선호했는데, 거세마는 발육이 좋고 성질이 온순해 전쟁을 수행하기에 적합했다. 종종 거세마와 함께 암말을 데려가기도 했다. 암말은 장거리 원정 때 병사들에게 마유를 제공한다는 장점이 있었다. 각각의 병사들이 거느린 여러 필의 말은 주식이 사료가 아니라 풀이어서 몽골군은 본영을 넓은 목초지에 두었다. 몽골마는 어려서부터 사람 말을 잘 따르도록 훈련받았다. 훈련이 잘된 몽골마는 지구력이 대단해 전쟁에 나가면 먹이와 물이 없는 환경에서도 8~10일간 지치지 않고 달릴 수 있는 것으로 알려졌다.

몽골인은 매일 30리가량 말을 타고 달렸다. 안장을 비롯한 마구의 무게는 대체로 가벼웠다. 몽골인의 안장은 무게가 4~5kg 정도였고, 나무로 만들었으며, 물에 닿아도 부풀어 오르지 않도록 양의 기름을 발랐다. 등자는 기마병의 무게중심이 중앙에 위치하도록 짧게 설계했는데, 이는 기마병이 뒤를 돌아보며 활을 쏘는 데 도움이 되었다. 암말은 하루에 2~2.5*l*의 젖을 생산했다. 이는 성인 남성 하루 권장량인 3,000킬로칼로리의 절반에 해당하는 영양분이었다. 암말 두 필이 5개월 정도의 수유기 동안 병사 한 명을 먹여 살릴 수 있었다. 몽골군은 젖이 나오지 않을 때를 대비해 분말로 된 마유를 준비해 물에 풀어 먹

몽골군의 카라콜 전술: 첫 번째 열이 돌격하며 화살을 쏘다가 적군과의 거리가 40~50m 지점에 이르면 선회한다. 이어 첫 번째 열이 파르티아 화살을 쏘는 동안 두 번째 열이 돌격한다. 돌격하는 열과 선회하는 열이 서로 충돌하지 않도록 각 열이 조화를 이루는 일이 중요했다.
(티모시 메이 지음, 신우철 옮김, 『칭기즈칸의 세계화 전략: 몽골 병법』, 대성닷컴, 2009, p.146에 의거 재작성)

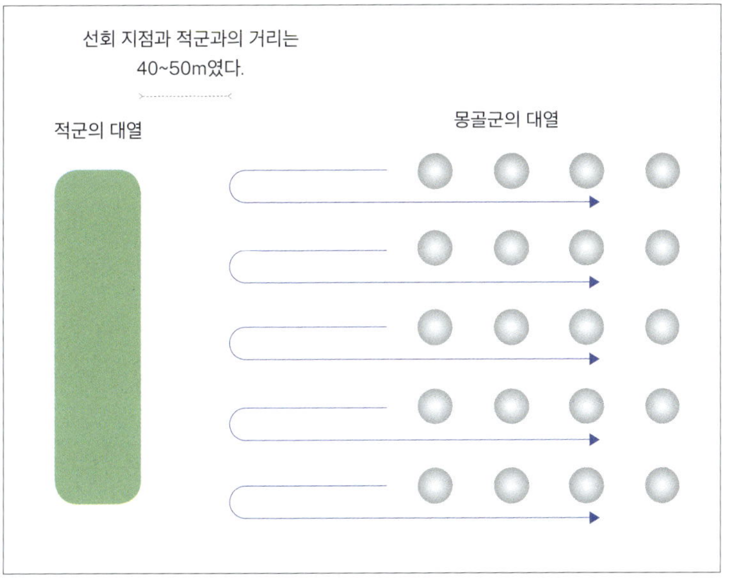

기도 했다. 말의 피는 고립되거나 여분의 음식이 없는 경우에 최후의 비상식량이 되었다. 말은 피의 3분의 1을 빼내도 건강에 위협이 되지 않는 것으로 알려져왔다. 말 한 마리의 피는 남성 하루 권장 칼로리의 3분의 2에 해당하는 영양분을 제공할 수 있었고, 8마리의 말을 대동한 몽골 병사는 최소 6일간 더 생존할 수 있었다. 그러나 식용으로 말의 피를 빼내는 것은 말에 치명적인 해를 줄 수 있기 때문에 최후의 수단으로만 사용했다.

유목민족은 일상생활에서 말타기와 활쏘기를 익혔기 때문에 이미 유능한 전사가 될 환경적 조건을 갖추고 있었다. 어려서부터 활쏘기를 익힌 몽골인은 활을 최대한 잡아당기는 데 필요한 힘을 길렀다. 몽골군은 활솜씨와 기동성을 최대한 활용할 수 있는 전술도 고안했다. 이는 카라콜Caracole 전술로, 한 부대가 활을 쏘면서 전진하면 뒤의 부대가 그 뒤쪽에서 활을 쏘면서 전진하고, 먼저 전진했던 부대는 퇴각하는 전술이다. 각 열은 돌격하면서 여러 발의 화살을 쏘았고, 적진에서 40~50미터 떨어진 돌격 최종 지점에서 마지막 화살을 쏘면서 선회해 본진으로 되돌아왔다. 선회한 몽골군은 후퇴하는 동안에 뒤를 돌아보면서 쏘는 화살인 '파르티아식 활쏘기Parthian shot'를 활용했다. 그러면 추격하던 적군은 순간 움찔하게 되고, 이때 후퇴하던 몽골군은 방향을 선회해 적군을 섬멸했다.

카라콜 전술을 성공적으로 수행하려면 규칙적인 훈련이 필요했다. 일련의 부대가 명령에 따라 연이어 공격하기 위해서는 부대 간의 협조와 엄격한 규율 또한 요구되었다. 이러한 몽골군의 군사작전은 집단 사냥 네르제nerge에 기초를 두고 있다. 네르제는 수많은 사냥꾼이 몇 킬로미터 밖에서 부채꼴로 퍼져 벌이는 사냥이다. 부채꼴은 사냥꾼과 말이 원형을 이룰 때까지 점점 좁혀들어 사냥감이 꼼짝없이 그 원형 안에 갇히게 된다. 아시아에서 사냥 기술을 군사훈련으로 활용한 예는 몽골족뿐만 아니었고, 거란족과 여진족도 마찬가지였다. 그 밖에도 몽골군은 한데 모여 일제히 화살을 연속적으로 쏘는 화살 세례 전술, 선봉대가 적진을 향해 돌격했다가 퇴각해 적군을 유인해내는 위장 퇴각 전술을 사용했다. 다만 몽골군은 불가피한 경우가 아니라면 되도록 백병전은 피했다.

몽골군이 사용한 주요 무기 중 하나는 공성포 등의 공성 무기였다. 신생 몽골 제국의 군사력에서 가장 큰 약점은 성 공격을 효과적으로 하지 못하는 것이었다. 중국 등 정주민과의 전쟁 경험으로 공성 무기의 필요성을 절감한 칭기즈칸과 부하들은 영토를 확장해가면서 점령지 기술자들을 군대에 편입시켰다. 주로 중국이나 페르시아 출신 기술자들이었다. 그들은 몽골군의 공병대에 배치되어 포와 공성기를 만들었다. 공성 무기를 갖춘 몽골군은 유럽 원정 때 견고한 성들을 효과적으로 공략할 수 있었다.

3 호라즘 원정

호라즘과 정확하게 일치하는 현대 국가는 없다. 호라즘은 지금의 이란, 아프가니스탄, 파키스탄, 중앙아시아, 이라크 등지에 영토를 갖고 있던 제국이었다. 칭기즈칸이 금을 공격하는 동안 서쪽으로 달아났던 나이만족과 메르키트족이 동맹을 맺어 몽골에 대항했다. 칭기즈칸은 금나라 공격을 잠시 중단하고 부하 장군 제베와 수부타이를 보내 공격하도록 지시했다. 제베와 수부타이는 메르키트족을 격멸하는 데 성공했지만, 돌아오는 길에 무함마드 2세가 이끄는 서이슬람 지역의 호라즘 군대와 마주쳤다. 칭기즈칸은 애초에 호라즘과 전쟁보다 무역을 원했다. 중앙아시아까지 침공한 몽골은 금은 물론이거니와 고려에서 시르다리야강에 이르는 광대한 영토에 군사를 배치해야 했기 때문이다.

칭기즈칸은 선물로 줄 금은, 비단, 모피 등을 낙타 500마리에 실어 대상大商 편으로 호라즘의 무함마드 2세에게 보냈다. 그런데 대상이 호라즘 국경도시인 오트라르에 도착했을 때 그곳 태수인 이날칸이 간첩 혐의를 씌워 살해하고 선물로 보낸 물건들을 모두 압수해버렸다. 그 소식을 듣고도 칭기즈칸은 호라즘과의 전쟁을 선포하지 않았다. 금과 전쟁을 벌이는 상황에서 호라즘과 또 다른 전쟁을 일으키고 싶지 않았기 때문이다. 그 대신 무함마드 2세에게 사절단을 보내 자신들이 처벌할 수 있도록 태수의 인도를 요구했다. 하지만 무함마드 2세는 요구를 거부한 데다 칭기즈칸이 보낸 사신 한 명을 죽이고 나머지 두 사람의 수염을 불태우는 모욕을 주었다. 무함마드 2세의 만행 소식을 들은 칭기즈칸은 격노했다. 그는 금을 치려던 계획을 보류하고, 몽골고원을 지키는 일부 병력을 제외한 기마병 15만 명을 직접 이끌고 호라즘으로 진격했다. 몽골 제국과 호라즘 제국의 전쟁이 시작된 것이다.

칭기즈칸은 먼저 전위부대를 출발시켰다. 수부타이, 제베, 토쿠차르가 이끄는 몽골군 전위부대는 칭기즈칸이 도착할 때까지 대규모 공격을 자제하며 기다렸다. 전위부대의 뒤를 이은 칭기즈칸 본대는 알타이산맥을 넘어 호라즘으로 진격했다. 몽골군은 오트라르로 진격하기 전에 말을 살찌우기 위해 이르티시강에서 1219년 여름을 보냈다. 몽골의 보복 움직임이 확실해지자 무함마드 2세도 전쟁에 대비했다. 그는 수도 사마르칸트에 성벽을 쌓아 상당한 병력의 방어군을 성안에 주둔시키고 궁수부대를 증강했다. 그는 몽골군이 기병 위주의 부대라 공성구를 이용한 성곽 공략은 하지 못하리라 생각했다.

1219년 초가을, 오트라르에 닿은 몽골군은 밤낮으로 성을 공격해 도시를 함락시켰다. 칭기즈칸은 대상을 죽인 태수에 대한 보복으로 녹인 은을 그의 눈과 귀에 부으라고 명령했다. 오트라르를 함락시킨 몽골군은 호라즘군이 수적인 우세를 이용하지 못하도록 병력을 다섯으로 나누어 부대마다 서로 다른 공격 목표를 설정했다. 그에 따라 각각 여러 도시를 하나씩 함락시켜나갔다. 칭기즈칸의 직속부대는 1220년 2월 부하라를 점령했다. 부하라가 함락되었다는 소식을 들은 무함마드 2세는 아무다리야강을 건너 도망갔다. 무함마드의 행동은 군의 사기를 떨어뜨려 호라즘 병사 7,000명이 몽골군에 투항했다. 칭기즈칸은 부하라에서 포획한 포로를 앞세워 사마르칸트로 진격해 인근 지역을 점령했다. 또한 저항하는 지역은 봉쇄한 후 다음 지역으로 진격하는 전술을 쓰며

몽골의 호라즘 원정

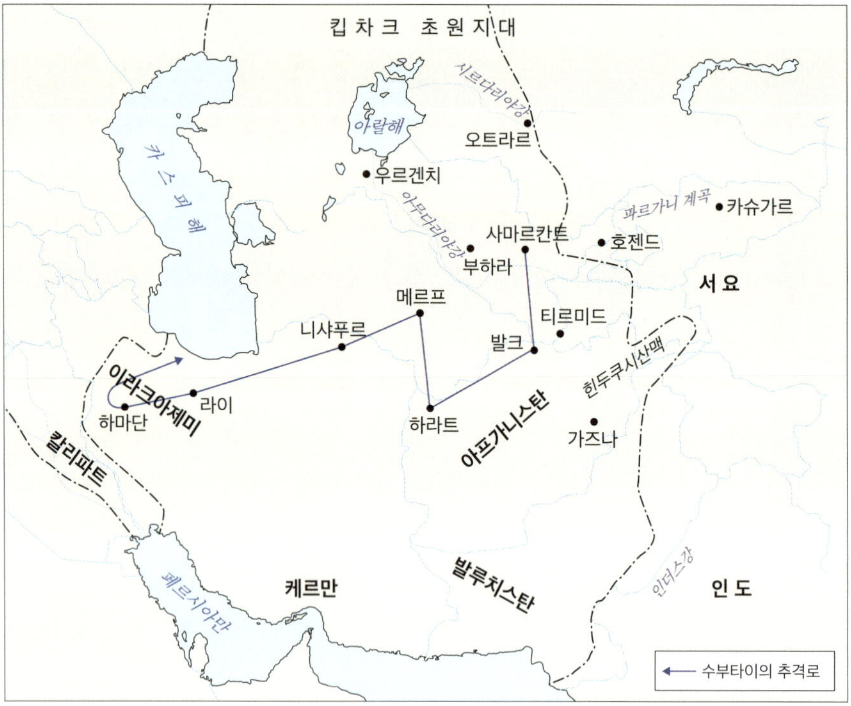

전진해 사마르칸트에서 다른 부대와 합류했다.

6만 명의 병력과 전투용 코끼리까지 거느린 호라즘의 사마르칸트 방어군은 칭기즈칸의 몽골군을 압도했다. 사마르칸트의 호라즘군은 몽골군을 향해 돌격했고, 생포한 포로에게 가혹한 고문을 가했다. 양군의 치열한 돌격에 사상자가 속출하자, 몽골군은 정면승부보다 우회작전을 통해 결전을 벌이기로 결정했다. 몽골군은 군사를 미리 매복시킨 다음 싸우다 퇴각하는 척하며 사마르칸트 군대를 성 밖으로 유인했다. 성 밖으로 나온 사마르칸트 군대를 둘러싸는 데 성공한 몽골군은 일시에 쇠뇌와 화살을 퍼부었다. 동시에 칭기즈칸은 모든 성문에 군사를 배치해 호라즘 기병대의 출격을 봉쇄했다. 기병대의 지원을 받지 못한 호라즘의 코끼리 부대와 보병들은 몽골군을 효과적으로 공략할 수 없었다.

성 밖으로 나온 부대를 격멸한 몽골군은 이어 성곽을 직접 공격했다. 성벽이 돌파되자, 몽골군 포로의 심한 고문에 대한 보복이 두려웠던 사마르칸트의 최고 종교 지도자 샤이크 알-이슬람은 칭기즈칸과 물밑 협상을 벌였다. 칭기즈칸과 샤이크 사이에 비밀조약이 체결되어 열흘 동안의 포위전이 막을 내렸다. 샤이크는 몽골군에게 성문을 열어주었고(1220. 3. 17.), 몽골군은 샤이크의 보호를 받은 5만 명을 제외한 시민들을 죽이고 약탈했다. 몽골군이 침공하기 전 50만 명이었던 사마르칸트의 인구는 학살 뒤 12만 5,000명으로 줄었다.

칭기즈칸과 몽골군에 쫓겨 인더스강을 건너는 자랄 알딘

사마르칸트를 점령한 몽골군은 부대를 소규모로 나누어 호라즘의 나머지 지역을 차례대로 점령해나갔다. 칭기즈칸은 제베, 수부타이, 토쿠차르에게 군사 3만 명을 주어 무함마드 2세를 추격하도록 했고, 다른 부대는 와크시와 탈라칸(지금의 아프가니스탄 지역)을 공격하도록 명했다. 칭기즈칸 자신은 나크세부에서 여름을 보낸 후 초가을에 티르미드를 점령했다. 티르미드에서 다시 군대를 나누어 호라산, 구르, 가즈나를 점령했다.

칭기즈칸의 맏아들 주치는 오트라르 점령 이후 합류한 차가타이와 오고타이 부대와 합류해 우르간즈로 진군해 그곳을 함락시켰다(1221). 제베와 수부타이는 진군 도중에 발크와 니샤푸르를 점령한 뒤 무함마드 2세를 추격했고, 무함마드 2세는 몽골군을 피해 카스피해의 어느 섬으로 들어갔다가 얼마 후 이질로 사망했다. 무함마드 2세가 죽자 제베와 수부타이 군은 트리느코카시아로 진격해 그루지야를 격파하고 여러 도시의 항복을 받아냈다. 두 장수는 데르벤드를 통해 캅카스산맥을 넘어 마침내 지금의 카자흐스탄에서 주치 군대와 합류했다. 한편, 티르미드를 점령한 칭기즈칸과 그의 아들 툴루이는 군대를 소규모로 나누어 호라산을 공격했다. 무함마드 2세의 아들 자랄 알딘은 끝까지 저항했지만, 1221년 말 인더스강 부근에서 생포되었다. 이로써 호라즘 제국은 멸망했다.

4 유럽 원정

1229년 칭기즈칸의 뒤를 이은 오고타이는 금을 공격해 멸망시켰다(1234).

이후 부대를 셋으로 나누어 1개 군은 남송, 1개 군은 고려, 1개 군은 유럽 원정에 나서게 했다. 몽골의 명장 바투와 수부타이가 지휘한 유럽 원정에는 15만 명의 군대가 동원되었다. 이 원정은 1236~1240년까지 러시아 침공, 1240~1241년까지 폴란드 침공의 양대 전역으로 구분된다. 몽골군은 칭기즈칸의 호라즘 원정 때 이미 러시아 공국 제후 연합군과 칼가강에서 교전한 경험을 갖고 있었다(1224). 당시 무함마드 2세와 킵차크족을 추격하던 몽골군은 제후 연합군과 칼가강에서 교전해 이들을 격멸시켰다. 몽골군은 영토 정복보다 원정 자체에 관심이 있었기 때문에, 이들을 격파했지만 러시아 영토를 차지하지 않고 바로 회군했다. 그러나 이번 원정의 양상은 달랐다. 러시아로 공격해 들어간 몽골군은 러시아 북부의 도시를 하나씩 점령해나갔다. 분열된 러시아 공국은 조직적인 저항을 하지 못했다. 몽골군은 1239년까지 러시아 남부의 도시들을 대부분 복속시켰다. 이후 1240년 말까지 휴식을 취한 몽골군은 서쪽으로 기수를 돌려 곧바로 유럽으로 진격했다.

몽골군은 병력을 여러 갈래로 나누어 카르파티아산맥을 넘어 합류 지점인 부다페스트로 진격했다. 몽골군의 각 부대가 부다페스트를 향해 전진하고 있을 때 헝가리 왕 벨라는 호라즘의 무함마드 2세처럼 수수방관하지 않았다. 벨라는 부다페스트에서 대책 회의를 열고 몽골군과의 전투를 준비했다. 당시 헝가리 기병은 유럽 최고로 정평이 나 있었고, 각국의 지원군도 속속 도착해 헝가리 연합군의 병력은 약 10만 명에 달했다. 수부타이는 적정을 관찰한 결과 병력이 많고 투지가 높아서 정면 공격은 적합하지 않다고 판단하고 유인해 섬멸하는 전략을 사용하기로 했다. 그는 먼저 다뉴브강에 도착한 몽골 기병들에게 동쪽으로 철수하라고 지시했다.

헝가리 연합군은 몽골군이 공격하지 않고 철수하는 것을 보고 추격해 섬멸하려 했다. 헝가리 연합군은 다뉴브강을 건넜지만 몽골의 주력군을 발견할 수 없었다. 몽골의 주력군은 이미 뒤로 물러나 있었다. 헝가리 연합군은 계속 동쪽으로 몽골군을 추격했다. 6일째까지 몽골군을 따라잡지 못한 헝가리 연합군은 일단 모히 평원의 사요강 유역에서 숙영을 했다. 몽골군의 야간 기습에 대비해 숙영지 바깥쪽에는 화물 수레를 연결해 방어선을 만들어두었다.

헝가리 연합군이 몽골군의 작전에 유리한 평원으로 나오자, 수부타이는 다음 날 새벽 바로 병력을 둘로 나누어 공격을 개시했다. 북쪽 방면의 몽골군

몽골의 유럽 원정

은 바투의 지휘 아래 공성포의 지원 사격을 받아 사요강의 돌다리를 향해 돌진했다. 다리를 건넌 뒤 평원에서 대열을 갖춘 몽골군은 전진하기 시작했다. 이때 수부타이가 지휘하는 남쪽 방면의 부대는 헝가리 연합군 몰래 사요강을 건넜다. 몽골군의 두 부대는 남북에서 헝가리군 숙영지를 포위하는 형세를 만들었다. 몽골군이 말에 재갈을 물리고 야간에 은밀히 이동했기 때문에 헝가리 연합군은 다음 날 아침까지도 몽골군의 접근 사실을 알아차리지 못했다.

날이 밝자, 헝가리 연합군은 숙영지 주위로 몽골군이 접근 중인 것을 발견했다. 헝가리 연합군은 먼저 기병대를 출동시켜 밀집대형으로 몽골군과의 정면충돌을 시도했다. 그러나 몽골군은 헝가리 기병대가 진격하자 오히려 양쪽으로 갈라지면서 헝가리군을 포위하고 화살 세례를 퍼부었다. 심각한 손실을 입은 헝가리 기병대는 일단 숙영지로 물러섰다. 헝가리 연합군은 전열을 갖춰 다시 2차 공격을 시도했다. 몽골군은 원거리 무기로 헝가리 연합군을 공격한 다음 연막을 피워 적을 혼란해 빠뜨려 기복이 심한 지형으로 유인했다. 몽골군은 헝가리 연합군이 포위망으로 진입하자 반격을 개시했고, 헝가리 연합군의 몽골군과 헝가리 연합군의 사요강 전투 (Stephen Turnbull, *Genghis Khan and the Mongol Conquests 1190-1400*, New York, Routledge, 2003, p.54에 의거 재작성)

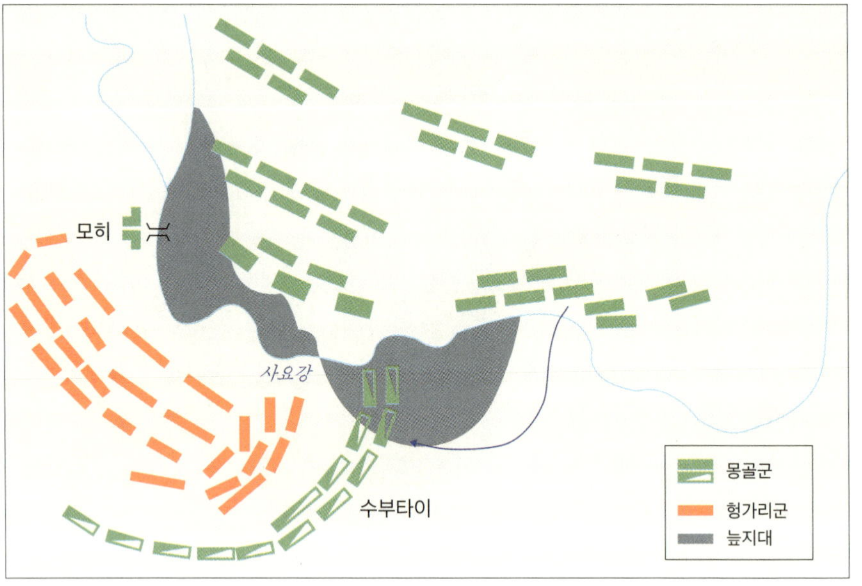

주력은 거의 전멸되다시피 했다.

헝가리 연합군의 주력을 격파한 몽골군은 지휘부가 있는 숙영지로 압박해 들어갔다. 이때 몽골군은 헝가리 연합군의 퇴로를 완전히 차단하면 그들이 필사적으로 싸울 것으로 판단하고, 서쪽 다뉴브강으로 퇴각할 수 있는 통로를 열어놓았다. 공격을 받은 헝가리 연합군은 전세가 불리하자 몽골군이 의도한 다뉴브강 방향으로 퇴각을 시도했다. 퇴각하는 동안 헝가리 연합군의 대오가 흐트러지자, 몽골군은 이들을 추격해 완전히 섬멸했다. 벨라왕은 간신히 다뉴브강을 넘어 도주했지만, 이 전투에서 7만여 명의 헝가리 연합군이 몽골군에게 몰살당했다.

헝가리 연합군의 패배로 유럽 전역은 공포에 떨었다. 유럽에는 이제 몽골군을 저지할 군대가 없었다. 그러나 몽골군은 계속해서 전진하지 않고 갑자기 몽골 제국의 수도 카라코룸Kharakorum으로 회군했다. 당시 몽골 황제 오고타이가 사망해 원정군을 이끄는 바투와 수부타이가 제국의 칸을 선출하는 쿠릴타이에 참석해야 했기 때문이다. 이로써 몽골의 유럽 원정은 막을 내렸다. 유럽은 가까스로 살아남았다. 몽골은 유라시아에 걸친 정복 전쟁을 벌여 전례 없는 대제국을 건설했다. 동해에서 지중해와 카르파티아산맥에 걸쳐 영역을 넓혔고, 전성기에는 100만 명이 넘는 군대를 보유했다. 몽골군이 전쟁에서 연전연승할 수 있었던 것은 초원의 전술을 새로운 전술과 무기, 새로운 전쟁 형태에 실용적으로 조화시켰기 때문이다.

참고문헌

궁기시정(임중혁·박선희 옮김), 『중국 중세사』, 신서원, 1989.
김희영, 『이야기 중국사 1』, 청아출판사, 2006.
니콜라 디코스모(이재정 옮김), 『오랑캐의 탄생』, 황금가지, 2005.
백기인, 『中國軍事制度史』, 국방군사연구소, 1998.
에릭 힐딩거(채만식 옮김), 『초원의 전사들』, 일조각, 2008.
이춘식, 『중국 고대의 역사와 문화』, 신서원, 2007.
임대희 외 옮김, 『수당 오대사』, 서경, 2005.
장신퀘이(남은숙 옮김), 『흉노 제국 이야기』, 아이필드, 2010.
크리스 피어스(황보종우 옮김), 『전쟁으로 보는 중국사』, 수막새, 2005.
티모시 메이(신우철 옮김), 『몽골 병법』, 대성닷컴, 2003.
팽세건(김순규 옮김), 『몽골군의 전략전술』, 국방군사연구소, 1997.
황충호, 『제왕 중의 제왕 당태종 이세민』, 아이필드, 2008.
郭汝瑰 外, 『中國歷代軍事戰略』 上·下, 北京: 解放軍出版社, 2006.
《戰爭簡史》 編書著, 『中國歷代戰爭簡史』, 北京: 解放軍出版社, 2006.
湯淺邦弘, 『中國古代軍事思想史の硏究』, 東京: 硏文出版, 1999.

Fairbank, John K., Denis C. Twitchett, *The Cambridge History of China, Vol. 1: The Ch'in and Han Empire, 221 BC-AD 220*, Cambridge University Press, 1986.
Kierman, Jr., Frank A., John K. Fairbank, *Chinese Ways in Warfare*, Cambridge, Massachusetts: Harvard University Press, 1974.
Turnbull, Stephen, *The Mongols*, London: Osprey Publishing, 1980.
Turnbull, Stephen, *Genghis Khan and the Mongol Conquests 1190-1400*, New York: Routledge, 2003.
Twitchett, Denis C., *The Cambridge History of China, Vol. 3 Sui and T'ang China, 589-906 AD, Part 1*, Cambridge University Press, 1979.
Ven, Hans van de (ed.), *Warfare in Chinese History*, Leiden, Boston: Brill, 2000.

04

화약전쟁의 시대와 유럽의 변화

1500년~1720년

이용재 전북대학교 사학과 교수

I

16세기 유럽, 르네상스와 종교전쟁

14세기경부터 유럽에서는 중세 봉건사회가 무너지고 교회 중심의 기독교 문화가 쇠퇴하기 시작했다. 중세의 황혼 녘에 새로운 근대의 문물이 싹터 올랐다. 르네상스Renaissance와 종교개혁Reformation, 그리고 대항해 시대Age of Exploration가 막을 열었다.

15세기 무렵 르네상스는 무역과 상공업의 발달에 힘입어 일찍부터 시민계층이 중세적 속박에서 벗어난 이탈리아에서 시작되었다. 르네상스는 중세의 신 중심적 세계관에서 벗어나 고대 그리스·로마 문화의 부흥을 바탕으로 새로운 인본주의적 문화를 창조하고 보급하고자 했다. 피렌체, 밀라노, 베네치아, 교황령국가, 나폴리 왕국 등 이탈리아 국가들은 서로 이합집산하면서 전쟁을 일삼고 흥망성쇠를 거듭했다. 전쟁과 위기의 세월에 군주들은 왕실의 영예와 군주의 위엄을 과시하는 방편으로 찬란한 예술과 문화를 일구는 데 앞장섰다. 이탈리아에서 만개한 르네상스 문화는 16세기에 알프스 너머 국가들과의 교류나 전쟁을 통해 유럽으로 널리 전파되었다.

종교개혁은 중세 1,000년 동안 유럽인의 정신세계를 지배해온 가톨릭교회와 교황의 권위를 부정하고 성경 중심의 진정한 신앙을 회복한다는 종교 혁신을 표방했다. 1517년 독일 비텐베르크에서 개혁의 봉화를 올린 마르틴 루터Martin Luther는 가톨릭교회와 신성로마제국 황제의 탄압에 맞서 '항의하는 무리(프로테스탄트)'의 선봉에 섰다. 루터교는 북부 독일 지역을 중심으로 덴마크, 스웨덴, 노르웨이로 전파되었다. 1536년 스위스 제네바에 정착한 장 칼뱅Jean Calvin은 개혁을 단행하고 제네바를 프로테스탄티즘의 본향으로 만들었다. 예정설에 바탕을 두고 근검과 노동을 강조한 칼뱅의 새로운 교리는 신속하게 유럽 각지로 전파되었으며, 프랑스의 위그노Huguenots, 네덜란드의 고이센Geussen, 스코틀랜드의 장로교파Presbyterians, 잉글랜드의 청교도Puritains 등 칼뱅교 계통의 프로테스탄티즘이 등장하게 된다. 이로써 16세기 후반 유럽은 가톨릭 지역과 프로테스탄트 지역으로 양분되었다.

콜럼버스의 신대륙 발견에 뒤이은 16~17세기 대항해 시대에 유럽은 세계로 팽창했다. 십자가 깃발을 들고 신대륙에 상륙한 에스파냐는 중앙아메리카(멕시코)의 아스테카와 남아메리카(페루)의 잉카 등 토착 문명을 말살하고 대제국을 건설했다. 인도 항로를 개척한 포르투갈은 인도양과 동남아시아의 바다를 누비며 동양과의 교역을 독점했다. 뒤이어 네덜란드, 프랑스, 잉글랜드 등이 아메리카 대륙과 인도, 동아시아로 진출해 패권 경쟁을 벌였다. 새로운 시대의 과학과 기술의 발전을 계기로 서양의 힘이 동양으로 뻗친 것이다.

르네상스, 종교개혁, 대항해 등 새로운 시대로 접어든 서양의 근대 초기는 유럽의 국민국가들이 저마다 왕조의 번영과 국가의 이익을 앞세우며 서로 경합하고 싸우는 격동의 시기였다. 인구가 증가하고 경제가 발전하는 시대에 유럽의 크고 작은 국가들은 영토와 부의 획득을 노리고 국경을 넘나들며 끝없이 충돌을 일삼았다. 이와 같은 대립은 흔히 대규모 국제전쟁으로 비화되곤 했다. 르네상스는 무려 70년 가까이 지속되는 이른바 이탈리아전쟁을 배경으로 일어났으며, 종교개혁은 프랑스에서 참혹한 종교전쟁을, 유럽의 거의 전역에서 30년전쟁이라는 국제전쟁을 치르고야 비로소 막을 내릴 수 있었다.

1 전쟁에서 전쟁으로

서양 전쟁사에서 근대 초 유럽은 전쟁의 시대로 기록되어 있다. 유럽 기독교 세계는 전 세계 어느 곳보다 자주 전쟁을 치렀다. 잉글랜드, 프랑스, 에스파냐, 오스트리아, 프로이센, 네덜란드, 스웨덴, 러시아 등등 유럽 열강이 참여한 전쟁 없이 지나간 해가 16세기에 5년, 17세기에 6년에 지나지 않는다. 200년 동안 단 10년만 유럽 대륙에 그럭저럭 평화가 유지된 셈이다. 16세기에 프랑스와 에스파냐는 늘 교전 상태를 유지했으며, 17세기에 오스만 제국, 오스트리아, 스웨덴은 100년 중 65년간, 에스파냐는 75년간, 폴란드와 러시아는 80년간 전쟁을 쉬지 않았다.[1] 전쟁이 일상화되고 평화는 오히려 예외적인 현상이어서 일종의 휴전으로 여겨질 정도였다.

전쟁이 워낙 빈번하게 일어나고 오래 지속된 까닭에 모든 전쟁의 원인과 전개 과정을 낱낱이 설명하기는 불가능할 정도이다. 여기서는 유럽 근대국가들에게 발전의 계기가 되고 국면 전환을 가져온 대표적인 전쟁들만 살펴보도록 하자.

이탈리아전쟁

1494년 프랑스의 샤를 8세Charles VIII가 이탈리아를 침공했다. 이로써 르네상스의 본고장 이탈리아를 무대로 프랑스, 에스파냐, 신성로마제국 등 인접 강국뿐 아니라 멀리 잉글랜드와 오스만 제국까지 가담해 무려 70년 가까이 지속되는 이탈리아전쟁(1494~1559)이 시작되었다. 당시 이탈리아는 르네상스의 절정기였다. 제조업과 무역으로 부를 축적한 신흥 상인과 귀족들이 지배층으로 등장하고, 이들의 후원을 받은 예술가들이 중세의 종교적 속박을 걷어내고 찬란한 문화를 일구었다. 하지만 이탈리아는 밀라노, 피렌체, 베네치아, 교황령, 나폴리 등 서로 팽팽하게 겨루는 크고 작은 국가들로 분열되어 있었다. 1494년 초 나폴리 왕 페르디난도 1세Ferdinando I가 죽자, 프랑스 왕 샤를 8세가 왕위 계승권을 내세우며 나폴리 정복에 나선 것이다.

전쟁은 이탈리아 군소 국가들이 프랑스와 에스파냐 양대 강국을 사이에 두고 합종연횡, 이합집산을 거듭하면서 복잡하게 진행되었으며, 교전국 사이의 동맹과 제휴 관계에 따라 승패가 갈렸다. 이탈리아전쟁을 유럽의 근대적 국제정치의 시발점으로 보는 것은 바로 이런 이유에서이다. 프랑스와 에스파냐의 침략과 간섭, 이탈리아 군소 국가들 사이의 동맹과 역동맹이 되풀이되면서 전쟁은 무려 8차례나 이어졌다. 1559년 국내의 종교 분쟁에 시달린 프랑스가 에스파냐와 강화조약(카토-캉브레지 조약)을 맺고 이탈리아에 대한 개입을 포기함에 따라 기나긴 전쟁이 막을 내렸다.

이탈리아전쟁에서 특기할 만한 사항은 이때부터 근대 유럽의 영원한 숙

....

1 Geoffrey Parker (dir.), *The Cambridge Illustrated History of Warfare*, Cambridge University Press, 1995, p.147.

카를 5세의 합스부르크 제국 영토

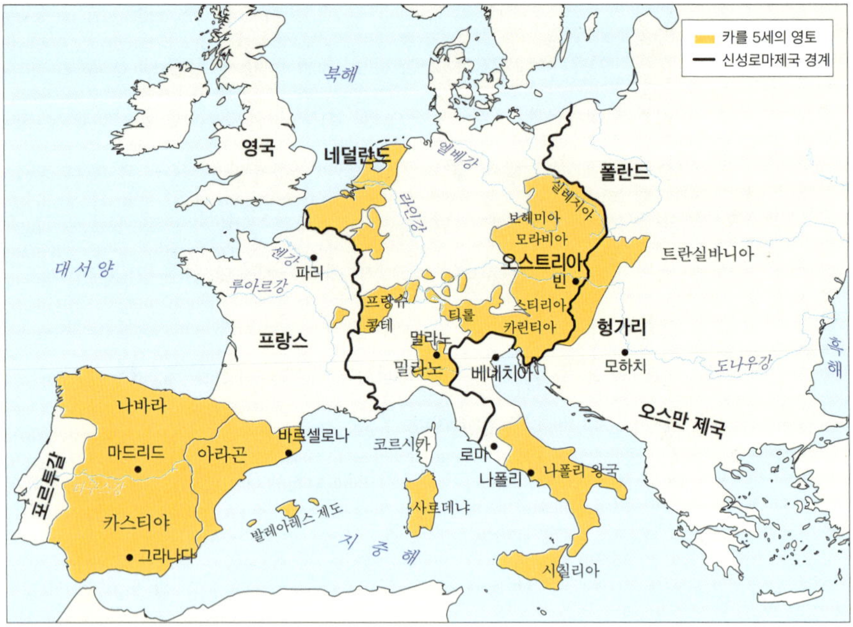

적 프랑스와 합스부르크 제국 사이의 세력 다툼이 시작되었다는 점이다. 1519년 합스부르크 왕조의 카를 5세Karl V가 신성로마제국 황제로 선출된 것은 유럽 근대정치사에서 결정적인 사건이었다. 카를 5세는 네덜란드와 프랑슈콩테, 이베리아반도의 아라곤과 카스티야 왕국, 사르데냐, 시칠리아와 나폴리 왕국, 오스트리아 대공국 등 광대한 영토를 상속받은 유럽 최고의 통치자였다. 합스부르크 제국이 사방에서 프랑스 영토를 포위하는 형국이 되자 프랑스의 발루아 왕조는 한시도 공세를 늦출 수 없었다. 신성로마제국 황제 카를 5세와 프랑스 국왕 프랑수아 1세François I가 한판 승부를 펼친 파비아Pavia 전투(1525) 이후 프랑스와 에스파냐 사이의 충돌은 이탈리아전쟁 내내 벌어졌다. 프랑스와 합스부르크 제국 사이의 세력 다툼은 다음 세기에도 유럽 전역에서 계속될 것이었다.

프랑스의 종교전쟁

종교개혁으로 인한 가톨릭과 프로테스탄트 사이의 대립은 급기야 전쟁으로 비화되었다. 1521년 보름스 제국의회에서 신성로마제국 황제 카를 5세가 루터를 파문한 이후 황제를 따라 정통 가톨릭교회 편에 선 제후들과 루터를 따라 프로테스탄트 편에 선 제후들 사이에 긴장이 고조되었다. 작센의 선제후 프리드리히Friedrich I를 비롯한 루터파 제후들은 1531년 슈말칼덴에서 동맹을 맺고 황제파에 맞섰으며, 급기야 전쟁이 벌어졌다. 슈말칼덴Schmalkalden전쟁(1546~1547)은 더 많은 용병부대를 동원한 황제파의 우세를 확인하면서 어중간하게 막을 내렸다. 1555년 아우크스부르크 종교화의宗教和議에서 가톨릭과 프로테스탄트 사이의 선택권을 영방의 제후들에게 부여한다는 합의가 이루어지면서 독일 지역의 종교 갈등은 일단락되었다.

반면 프랑스에서의 신교와 구교의 대립은 내전으로 시작해 국제전쟁으로 비화하며 큰 상처를 남겼다. 장 칼뱅이 제네바에서 종교개혁에 성공한 후 프랑스 남동부 지방에도 위그노라 불린 칼뱅교도 세력이 증가했다. 상인, 수공업자 등 신흥 집단 중심의 개신교 세력과 전통 귀족과 왕실의 지지를 받는 구교 세력 사이에 충돌이 빈번했다. 이로써 '위그노전쟁(1562~1598)'이라 불리는, 위그노와 가톨릭교회 사이에 무려 8차례에 걸친 처절한 충돌이 발생했다. 신교와 구교 사이의 내전으로 시작된 위그노전쟁은 잉글랜드와 스코틀랜드가 위그노 편에, 에스파냐와 사부아 왕국이 가톨릭 편에 가담함으로써 국제전의 양상을 띠기도 했다.

가톨릭에 의한 개신교도 대학살('성바르돌로메오 축일의 학살', 1572년 8월 24일)이란 엄청난 비극을 낳기도 한 프랑스의 종교전쟁은 유럽 군주들의 이목을 집중시켰으며, 국제정치를 개신교 세력과 가톨릭 세력으로 양분하는 계기를 제공했다. 위그노전쟁은 신교에서 구교로 개종한 후 프랑스 왕위에 오른 앙리 4세Henri IV가 1598년 4월 낭트 칙령Edit de Nantes을 선포하고 신교도에게 종교의 자유를 허용함으로써 막을 내렸다. 반란과 내전, 음모와 테러, 학살과 국왕 시해로 점철된 반세기 동안의 종교적 충돌 속에서 프랑스인 150만 명 이상이 희생된 것으로 보인다. 프랑스가 종교전쟁의 소용돌이에 빠져 힘을 잃은 16세기 후반부터 국제무대에서 에스파냐가 절대 강자로 등장한다.

네덜란드 독립전쟁

초강대국으로 군림한 합스부르크 왕조의 에스파냐도 저지대 네덜란드에서 일어난 독립투쟁으로 오랫동안 골머리를 썩어야 했다. 1556년 신성로마제국 황제 카를 5세가 은퇴를 선언하면서 합스부르크 제국은 합스부르크 에스파냐와 합스부르크 오스트리아로 양분되었다. 부왕에게 에스파냐, 네덜란드, 시칠리아와 나폴리 등 이탈리아 영토, 프랑슈콩테 지방과 해외 영토를 물려받은 펠리페 2세Felipe II는 여전히 유럽에서 가장 강력한 군주였다.

상업과 무역이 번성하고 칼뱅교도가 자리를 잡은 네덜란드 저지대 지방은 합스부르크 에스파냐의 영지 중 경제적으로 가장 발전한 지역이었다. 거듭된 대외 전쟁으로 경제적 파산 위기에 봉착한 펠리페 2세는 개신교의 땅 네덜란드에 가톨릭 정책을 강화하고 중과세를 부과했다. 네덜란드 17개 주와 자유도시들은 에스파냐의 가혹한 통치에 맞서 봉기했다. 네덜란드 총독으로 파견된 알바 공작은 '피의 법정'을 세우고 항의자 수천 명을 처벌하는 등 유혈 진압을 시도했다. 홀란트, 젤란트, 위트레흐트의 주총독을 지낸 오라녀 공작 빌렘Willem van Oranje이 독립투쟁의 선봉에 서면서 향후 80년 동안 끈질기게 이어질 독립전쟁이 시작되었다. 네덜란드의 남부 10개 주를 제외한 북부 7개 주는 위트레흐트에서 '연합Unie'을 결성하고(1579) 독립을 선언했다(1581).

신생 네덜란드 연합의 수장 빌렘은 잉글랜드와 힘을 합해 에스파냐에 맞섰으나, 1584년 에스파냐가 보낸 자객에게 암살당했다. 하지만 에스파냐에 맞선 전쟁은 빌렘의 둘째 아들 나사우 공 마우리츠Maurits van Nassau에 의해 계속되었다. 네덜란드군 총사령관 마우리츠는 군제 개혁과 전략 혁신으로 네덜란드를 군사 강국으로 탈바꿈시켜나갔다. 네덜란드가 강력한 해군력을 바탕으로 아시아의 바다를 누비는 무역 강국으로 성장한 것도 이 무렵이다. 1607년 4월 지브롤터 해전에서 네덜란드가 결정적인 승리를 거두자 에스파냐는 휴전에 합의했다. 하지만 평화조약 협상은 결렬되고 이후 유럽 열강이 모두 개입한 30년전쟁(1618~1648)의 소용돌이 속에서 다시 전쟁 상태에 들어갔다. 네덜란드는 이후 30년전쟁을 종결하는 베스트팔렌 조약(1648)을 맺고 나서야 국제적으로 독립을 승인받게 된다.

2 화약 혁명과 전쟁의 변모

대포와 성채

1494년 프랑스 국왕 샤를 8세는 2만 7,000명의 병력을 이끌고 알프스산맥을 넘었다. 단 5개월 만에 샤를의 군대는 밀라노에서 피렌체와 로마를 거쳐 파죽지세로 진군해 나폴리에 입성했다. 원정군의 막강한 파괴력은 프랑스 친위 기병대나 스위스 용병부대가 아니라 바로 화포에서 나왔다. 프랑스군이 끌고 간 대포 200여 문은 난공불락의 성곽들을 파괴하고 도시들을 쑥대밭으로 만들었다.

중세식 기사군 전투에 마지막 타격을 가한 것은 화약무기의 도입이었다. 등자, 나침반, 종이와 마찬가지로 화약 역시 중국에서 발명되어 서양으로 전파되었다. 유럽에서 화기에 대한 기록은 1326년 피렌체까지 거슬러 올라간다. 대포가 전장에서 효력을 발휘한 첫 사례로는 백년전쟁(1337~1453) 초기인 1346년 8월 잉글랜드군과 프랑스군 사이에 벌어진 크레시Crécy 전투가 꼽힌다. 잉글랜드군은 프랑스 측에 고용된 제노바 석궁병을 퇴치하기 위해 대포를 사용했다. 물론 굉음을 내며 석환石丸을 발사하는 봄바드Bombard 포는 살상용이라기보다 심리적 공포감을 유발하는 효과가 더 컸을 것이다. 백년전쟁이 막바지에 이른 1453년, 카스티용Castillon 전투에서 대포는 프랑스가 잉글랜드를 꺾고 마침내 승리를 거두는 데 중요한 역할을 했다. 15세기 후반기에 철과 구리의 생산 증가, 야금술과 화약 제조법의 발달로 유럽에서는 성능과 용법이 표준화된 다양한 화기가 제작되기 시작했다. 화기의 엄청난 힘을 체득한 프랑스는 대포와 화약의 성능을 개선하는 데 앞장섰다. 포신과 포차를 갖춘 청동제 대포는 군대의 기동력을 어느 정도 향상시켰으며 철제 포탄은 파괴력을 높였다.

물론 화약병기는 유럽의 전유물이 아니었다. 아시아 대륙에서 명나라와 조선, 그리고 도쿠가와 막부의 일본도 화기를 개량하고 효과적으로 사용했다. 15~17세기에 오리엔트 지역과 인도 대륙을 평정한 세 이슬람 왕조 – 오스만, 사파비, 무굴 – 는 화약과 거포를 앞세워 거대 제국을 건설했다는 점을 강조해 오늘날 '화약 제국gunpowder empire'이라는 다소 과장된 호칭으로 불리기도 한다. 하지만 유럽은 화기를 개발하고 생산하며 전쟁터에서 효과적으로 활용하는 데 일찌감치 앞서나갔다.

중무장 기병과 육중한 성곽은 중세 전쟁의 상징이었다. 하지만 이제 대포의 엄청난 화력 앞에 성벽은 애처로울 만큼 허약했다. 15세기에 대포는 유럽 전역에서 오래된 중세 성곽의 대부분을 쉽게 무너뜨렸다. 프랑스 국왕 샤를 8세는 40문의 대포를 사용해 난공불락의 요새 몬테산조반니 성채를 몇 시간 만에 함락시키고 나폴리에 입성했다. 『군주론』으로 유명한 피렌체의 정치사상가 마키아벨리Niccoló Machiavelli는 훗날 이 사건을 회상하면서 "제아무리 두꺼워도 대포로 며칠 만에 파괴하지 못할 성벽은 이탈리아에 더는 없다"고 말했다.[2]

대포의 등장이 기사와 성곽으로 상징되는 중세 전쟁의 종언을 의미하기는 하지만 전쟁의 승패를 결정할 정도로 결정적인 영향력을 지닌 것은 아니었다. 당시 이탈리아인들이 프랑스 포병의 위력에 경탄을 금치 못했으나, 대포의 출현으로 병력 구성과 전쟁 양상이 하루아침에 바뀔 수는 없었다. 사실 대포로 성곽을 파괴하는 공성전이 승리의 보증수표가 되는 기간은 잠시였다. 새로운 공격 기술이 개발되면 그에 대응하는 방어 기술도 고안되기 마련이다.

이탈리아군 전략가들은 프랑스군의 막강한 대포 공격에 대한 방어책으로 새로운 성채를 고안했다. 적의 공격을 방어하는 측에서도 대포를 사용해야 했기에 발포에 편하도록 성벽을 낮추고, 성곽 모양을 뾰족하게 돌출하도록 만들었다. 불쑥 튀어나온 능보稜堡, bastion를 사방에 만들고 외벽의 포문에 대포도 배치했다. 접근하는 적군에 대한 감시가 용이하도록 능보는 원형에서 오각형으로 바뀌었다. 성벽은 적군의 포탄에 견딜 수 있도록 두터운 토루土壘로 보호했으며, 낮은 성벽의 단점을 보완하기 위해 둘레에 해자垓子를 넓게 만들었다. 이탈리아의 도시국가들은 저마다 도시를 둘러 견고한 성채를 쌓았으며, 1530년대 무렵이면 새로 지은 방어 성벽들은 아무리 뛰어난 화포 공격에도 버틸 수 있게 되었다. 이런 현대식 성채는 곧 알프스 이북으로 전파되었다. 유럽인들이 프랑스어로 '이탈리아식 형상trace italienne'이라 부른 이 별모양 성채星型要塞는 17세기 들어 에스파냐, 프랑스, 네덜란드, 독일 등 전쟁이 빈발한 지역에 널리 세워졌다.

막대한 비용을 들여 새로운 축성법으로 건설한 요새는 그만큼 엄청난 병력과 화력을 쏟아부어야 공략이 가능했다. 공격 비용이 방어 비용보다 몇 배나 더 비싸게 먹히는 것이다. 근대 초 유럽의 어떤 나라도 다른 나라를 완전히 정복할 정도의 막강한 군사력과 경제력을 과시하지 못했다. 따라서 새로운 군사 기술은 전투가 공격전 위주에서 방어전 위주로 재편되는 효과를 가져왔다.

화력의 발전에 상응하는 축성술의 발전으로 16세기 하반기부터 적어도 17세기 상반기에 30년전쟁이 발발하기 전까지 유럽에서 결정적인 전투가 드물

....

2 니콜로 마키아벨리, 『로마사 논고』(1531) 제2권 제17장, 한길사, 2018.

이탈리아 북부의 성채도시 팔마노바(Palmanova)(좌)

에스파냐 북부에 자리한 성형요새 하카(Jaca)(중)

네덜란드의 부르탕헤(Bourtange) 성채(1742년 복원)(우)

었다. 공성전이든 야전이든 단숨에 국가의 명운이 갈리는 경우가 드물어진 것이다. 에스파냐의 통치에 맞선 네덜란드의 독립투쟁을 '80년전쟁'이라 부르는 데서 알 수 있듯이, 당시 유럽의 전쟁은 어떤 패권 국가의 출현도, 결정적인 승패의 갈림도 없이 일진일퇴를 거듭하는 지루한 장기전을 되풀이하는 형국이었다.

16세기 전쟁의 주력 무기가 된 대포는 내륙보다 바다에서 더 빛났다. 15세기까지 해상전은 지상전과 별반 다르지 않았다. 화승총 사격을 주고받으며 적함을 들이받아 승선한 후 육박전을 벌여 제압하는 것이 고작이었다. 따라서 대개의 전함은 많은 병사를 태우고도 바람에 의존하지 않고 신속하게 움직일 수 있는, 노를 갖춘 갤리선이었다. 하지만 16세기에 대형 범선 갤리언선이 등장함으로써 화력이 뛰어난 거포의 장착이 가능해졌다.

16세기 대항해 시대에 포르투갈은 인도양 너머 아시아의 바다로 진출했다. 다른 지역보다 유럽에서 먼저 선박과 대포가 성공적으로 결합한 것은 세계사의 판세에서 결정적인 주도권을 잡는 요소 중 하나였다. 배의 균형을 잡기 위해서는 무거운 대포를 갑판 위가 아니라 흘수선에 두어야 했다. 포격의 반동으로 배가 기우는 것을 막기 위해 바퀴를 단 발사대가 개발되었다. 함포로 무장한 포르투갈 선박은 1509년 디우Diu 해전에서 이슬람 연합함대를 꺾은 후 인도양에서 절대 우위를 차지했다. 포르투갈에 이어 네덜란드와 잉글랜드 등 유럽의 함선들이 인도양으로 밀려와 아시아의 상선들을 제압하는 한편 서로 무역 전쟁을 벌였다.

바다의 16세기는 '함포 전쟁'의 시대였다. 에스파냐, 네덜란드, 프랑스, 잉글랜드 등 유럽 열강은 튼튼한 배와 고성능 대포를 앞세워 대서양과 인도양을 누비며 일진일퇴의 해전을 거듭했다. 유럽 기독교 연합군이 오스만 제국의 이슬람 세력을 격파한 레판토Lepanto 해전(1571)이나 잉글랜드가 에스파냐 무적 함대를 격파한 해전(1588)에서도 함포가 승패를 결정지었다.

장창과 소총, 승리의 보병 전술

화약과 총포의 도입은 야전의 양상을 바꾸어놓았다. 대포가 공성전에서 필수 무기였다면 야전에서는 총기의 쓰임새가 증가했다. 엄청난 제작 비용이 드는 육중한 대포는 사실 전쟁터로 운송하기가 쉽지 않았다. 16세기 말 대포 1문을 끌려면 말 20마리, 포탄과 짐수레까지 끌려면 30마리가 필요한 형편이었다. 군대의 기동력을 떨어뜨리며 뒤늦게 전장에 도착한 대포는 느린 발포 속도와 형편없는 적중률로 쇄도하는 적군을 효과적으로 저지하기 힘들었다. 마키아벨리가 『전술론*Dell'arte della guerra*』(1520)에서 기록했듯이, "거대한 대포들은 보병들을 못 맞히는 경우가 허다했다. 대포가 조금이라도 높게 조준되면 포탄이 보병들 머리 위로 날아갔으며, 조금이라도 낮게 조준되면 근처에도 못 가고 땅에 처박혔다."[3] 야전에서 대포가 제몫을 해내려면 적어도 17세기까지 기다려야 했다.

16세기부터 군대는 기병, 보병, 포병의 병과를 갖추기는 했지만 전장의 주인공은 소형 화기로 무장한 보병이었다. 15세기 초 독일 지방에서 처음 개발한 소형 화기인 아쿼버스arquebus(화승총)는 곧 유럽 전역으로 전파되어 장궁이나 석궁을 대체했다.[4]

16세기 초 아쿼버스는 더 길고 무거운 머스킷musket으로 대체되었다. 머스킷총은 받침대가 필요하고 장전과 발사가 느린 단점이 있었지만 기병의 철판 갑옷을 뚫을 수 있는 강력한 무기로 곧 총기의 대명사가 되었다.[5] 다만 머스킷 병사는 장전 속도가 느려 적군 기병의 공격에 노출되곤 한 까닭에 장창 병사의 보호를 받아야 했다.

....

3 니콜로 마키아벨리, 『전술론』, 스카이출판사, 2011. pp.180~185.

4 독일에서 개발한 소형 화기는 크기와 모양이 농기구와 비슷해 HackenbUchse(곡괭이 총)라고 불렸다. 이것이 네덜란드로 전해져 Hakkenbusse로, 프랑스에서는 (h)a(r)quebuze로 불렸다. 영어권에서는 프랑스어를 차용해 Arquebus가 되어 당시 소형 화기 일반을 지칭하는 용어로 쓰였다.

5 musket의 어원은 프랑스어 mousquette(수컷 새매)인 듯하다. 프랑스에서는 새로 개발된 소형 화기를 mousquet로, 소총병을 mousquetaire로 불렀다. 우리에게 익숙한 알렉상드르 뒤마(Alexandre Dumas)의 소설 『삼총사(*Les Trois Mousquetaires*)』(1844)는 '세 명의 머스킷 총병'이라는 뜻이다.

16~17세기의 머스킷 총병과 사격 과정

이렇게 '장창과 소총pike & shot'이 결합한 보병의 전투력이 중세 백년전쟁을 수놓았던 기병의 무훈시를 대체하기 시작했다. 총병은 적군 기병대에 선제공격을 가했으며, 3~7.5m 길이의 장창을 지닌 창병은 기병대의 돌격으로부터 총병을 보호하는 한편 적진으로 쇄도해 육박전을 벌였다. 1498년 프랑스의 샤를 8세가 이탈리아를 침공했을 때 병력의 절반이 기병이었다. 하지만 1524년 프랑수아 1세가 이탈리아를 침공했을 때에는 병사의 20%만이 말을 타고 있었다. 1700년 무렵이면 유럽 군대의 대부분은 보병 75%, 기병 25% 정도로 구성된다.

1499년 교황 알렉산데르 6세Alexander VI와 비밀 동맹을 맺은 프랑스군이 다시 이탈리아를 침공해 제2차 이탈리아전쟁이 일어났다. 1503년 4월 이탈리아 체리뇰라 평원에서 벌어진 에스파냐군과 프랑스군의 한판 승부는 창병과 총병이 결합한 보병 중심의 새로운 전투 편제의 위력을 잘 보여준다. 에스파냐 '대장군' 곤살로 페르난데스Gonzalo Fernández가 이끄는 6,000명의 에스파냐 병력은 아르마냑 공작 루이Louis d'Armagnac가 이끄는 9,000명의 프랑스 병력과 맞섰다. 중무장 기병대와 스위스 장창 용병대가 주력을 이룬 프랑스군의 연이은 공세를 꺾고 중과부적 상태에서 에스파냐군의 완승으로 이끈 것은 아쿼버스 총병과 장창병의 연합 전술이었다. 프랑스군 사령관은 추격한 기병의 총에 맞아 목숨을 잃었으며, 무려 4,000여 명의 프랑스군이 전사했다. 승리를 가져온 새로운 보병 전술에 고무된 카를 5세는 에스파냐 군대를 공식적으로 '테르시오' 부대로 완전히 재편성했다.

혼성 부대, 테르시오는 가공할 위력을 발휘했다. 16세기 내내 유럽의 전쟁

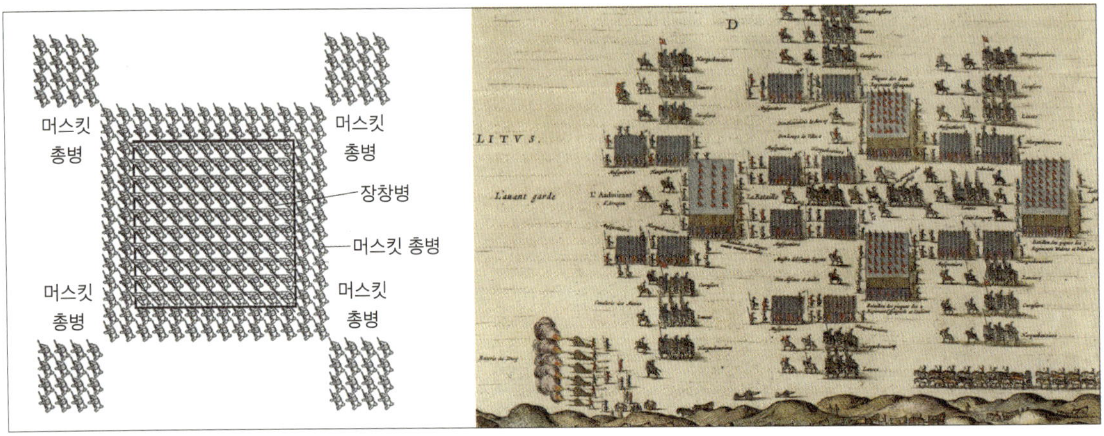

테르시오 방진

터를 지배한 것은 바로 테르시오, 장창병과 총병이 결합한 에스파냐 방진이었다. 이탈리아전쟁에서 에스파냐는 테르시오 부대의 힘으로 프랑스를 제압하고 대미를 장식할 수 있었다. 이탈리아전쟁은 영원한 숙적, 프랑스 발루아 왕조와 에스파냐-오스트리아 합스부르크 왕조가 패권을 다투는 무대였다. 1525년 2월, 이탈리아 북부 파비아Pavia에서 신성로마제국군과 프랑스군 사이에 대격전이 벌어졌다.

파비아 전투는 에스파냐 테르시오 군단의 위용, 즉 장창과 머스킷총으로 무장한 보병 전투의 전형을 보여준다. 프랑수아 1세는 친히 프랑스 기병 6,500명과 이탈리아 보병 3,000명을 이끌었으며, 여기에 스위스 용병 5,000명과 '검은 군단'이라 불린 독일 용병 란츠크네히트 4,500명이 가세했다. 신성로마제국 진영에는 기병 4,000명과 독일 총병부대 란츠크네히트 6,000명을 포함한 보병 1만 7,000명이 포진했다.

역사 속 역사 테르시오 Tercio

테르시오는 가운데 소총병을 두고 양쪽으로 장창병을 배치해 세 부분(tercio, 1/3)으로 구성된다. 창병이 종심 20~30열 정도의 방진을 조직하고, 이 방진의 사방을 2열의 총병이 둘러싸며, 네 귀퉁이에는 종심 4열로 작은 방진을 구축한다. 테르시오 1개 부대는 이상적으로는 보통 12중대(장창병 10중대와 총병 2중대) 병력 3,000명으로 구성된다. 대략 장창병 3.25명마다 총병 1명이 배치된 셈이다. 하지만 실제로는 1개 중대가 150명도 안 되는 경우가 많았으며, 따라서 테르시오는 보통 1,500명 병력이었고, 장창병 2.25명당 총병 1명 비율이었다.

〈파비아 전투〉, 한스 레온하르트 샤우펠라인 작. 황제군 란츠크네히트 병사와 프랑스에 고용된 스위스 병사들이 '장창 밀기'로 맞서고 있다.

2월 23일 밤, 프랑스군은 기습공격을 단행했다. 프랑스군 기병대는 대포의 엄호 사격을 받으며 돌격을 감행했지만, 장창과 머스킷총으로 무장한 에스파냐 테르시오의 밀집대형을 뚫지 못하고 오히려 에스파냐 머스킷 부대의 화력에 큰 피해를 입었다. 불굴의 투지를 자랑하는 스위스 용병들은 에스파냐 병사들을 상대로 '장창 밀기'로 버텼으나 화승총과 머스킷총의 화력을 이기지 못하고 속절없이 무너졌다. 10시간에 걸친 처절한 사투 끝에 프랑스는 국왕 프랑수아가 포로로 잡히는 대참사를 겪고 말았다(프랑스군 사상자 6,000명, 신성로마제국군 사상자 1,500명).

파비아 전투는 이탈리아 평원에서 에스파냐의 합스부르크 왕조가 프랑스의 발루아 왕조를 누르고 승기를 잡는 결정적인 계기가 되었다. 파비아 전투는 또한 스위스 용병과 독일 용병이 사투를 벌인 '용병 전쟁'을 보여주는 전형적인 장면이기도 했다.

3 용병들의 전쟁

16~17세기 유럽의 전쟁은 주로 왕권 강화와 영토 팽창을 위한 왕조 대결이거나 종교개혁 이후 가톨릭과 프로테스탄트의 대립에 따른 종교전쟁이었다. 전쟁을 유발하는 근본적인 이유가 무엇이든 간에 전쟁 수행을 위해 주민을 징발하고 물자를 동원하는 군주의 실질적인 권력은 여전히 제한되어 있었다. 병력을 조달할 권한도 자금도 부족한 군주들은 전쟁을 앞두고 병력 동원을 위해 전쟁기업가들에게 의존하지 않을 수 없었다. 이렇게 동원한 부대는 대개 이방인 용병들로 구성되곤 했다.

근대 초 이탈리아 도시국가들의 군사력은 용병부대에 크게 의존했다. 르네상스 시대의 이탈리아는 무역과 금융을 통해 상업경제가 발달한 선진 지역이었다. 북부 이탈리아의 부유한 도시국가들은 민병대만으로 도시를 방어하기가 힘들게 되자 급료를 주고 병사들을 고용하는 방식을 택했다. 무력의 활용이 일종의 비즈니스가 되어 상호계약condotta(콘도타)을 맺은 계약 병사condottieri(콘도티에리), 즉 용병부대가 탄생한 것이다. 15세기 초에 특정 도시국가가 특정 용병대장과 장기 계약을 맺는 것이 일반화되었는데, 용병들은 일정 기간 동안 도시의 정규 상비군 구실을 하기도 했다. 도시국가들이 용병에 의존하다 보니 때로 야욕을 품은 용병대장들은 하극상을 일으켜 스스로 권좌에 올랐다. 15세기 중엽 밀라노 공국의 집권자 비스콘티Visconti 가문의 용병대장으로 출세가도를 달린 프란체스코 스포르자Francesco Sforza는 비스콘티 가의 마지막 후계자가 죽자 권력을 찬탈해 밀라노 공작으로 즉위했다. 르네상스 휴머니즘을 꽃피운 우르비노 공국의 군주 페데리코 몬테펠트로Federico Montefeltro도 용병대장 출신이었다.

피렌체, 밀라노, 베네치아, 교황령국가 등 르네상스를 꽃피운 대다수 도시국가에서 도시 방어와 전투 수행은 이들 용병부대의 몫이었다. 하지만 용병부대는 미래 고객이 될 수도 있는 경쟁 도시와의 전투에서 몸을 사릴 수밖에 없었고, 적군 용병부대와 짜고 가짜 전투를 벌이기도 했다. 제때 급료를 받지 못하거나 계약이 만료되어 일자리를 잃은 용병들이 도시를 약탈하는 폭도로 변하기도 했다. 불충과 배신에 더해 용병 가격이 급등한 까닭에 이탈리아 용병부대의 이용 가치는 급속히 떨어졌다. 용병부대를 도시 방어의 주력으로 삼은 이

〈란츠크네히트 병사〉, 다니엘 호퍼 작, 동판화, 1530년

탈리아 군소 국가들은 16세기 초반 프랑스의 기병대, 에스파냐의 테르시오 부대 등 거대 병력이 들이닥쳤을 때 사기도 전술도 잃고 사분오열해 제대로 대응할 수 없었다. 피렌체의 정치사상가 마키아벨리는 분열된 '조국' 이탈리아의 통일을 가져다줄 군주를 염원하며 『군주론』(1532년 출판)을 썼다. 그가 용병 전쟁의 피해를 지적하면서 이탈리아가 평화를 되찾으려면 용병을 다시 시민군으로 대체해야 한다고 힘주어 말한 것도 바로 이런 이유에서였다.

16세기 전쟁사를 장식한 용병 무용담의 주역은 무엇보다 스위스 용병들이었다. 15세기 초 신성로마제국의 공세를 잠재우고 작은 연방국가로 사실상 독립한 스위스는 척박한 토양과 열악한 경제 여건으로 인접 강국에 돈을 받고 병력을 수출해야 하는 처지였다. 스위스의 각 칸톤Canton(주) 정부는 지역 젊은이들을 한 묶음으로 유럽 각국 왕실과 용병 계약을 맺었다. 이른바 '피의 수출'이 스위스 최대 산업이 된 것이다. 장창과 미늘창으로 무장한 채 밀집방진을 이루어 거침없이 백병전을 벌이는 스위스 창병 라이슬로이퍼Reisläufer의 용맹은 유럽의 돈 많은 군주들을 고객으로 끌어들였다.

15세기 말 남부 독일 슈바벤 지역에서 스위스 장창부대를 본떠 용병부대 란츠크네히트Landsknecht(향토를 지키는 병사)가 조직되었다. 엄정한 군율과 복무 규칙을 갖추고 민간인 병참부대를 대동하고 다니는 란츠크네히트는 더욱 기업화되고 현대화된 부대였다. 스위스의 라이슬로이퍼가 장창병 밀집부대 위주인데 비해 란츠크네히트는 장창 보병과 머스킷 총병을 결합한 전투 대형의 양 끝에 약간의 기병과 포병까지 덧붙여 화력을 보강했다. 란츠크네히트는 주로 신성로마제국의 황제나 독일 지역 영방 제후들을 위해 복무했으나 더 많은 돈을 지불한다면 언제든 적군에 고용되어 싸우기를 주저하지 않았다.

이탈리아전쟁은 용병들의 전쟁이기도 했다. 1515년 프랑스 국왕 프랑수아 1세는 선왕들의 뒤를 이어 이탈리아 원정에 올랐다. 프랑수아가 동원한 병력 4만 5,000명의 절반 이상이 독일 란츠크네히트 용병이었다. 반면에 밀라노 공국을 방어하는 부대는 스위스 각 칸톤에서 파견한 2만 명의 용병이었다. 9월 밀라노 남쪽 마리냐노Marignano에서 벌어진 전투는 프랑스의 완승으로 끝났다. 프랑스는 스위스 연방과 용병 공급을 위한 영구 조약을 체결했다. 이제 스위스군은 프랑스 왕조만을 위해 복무하게 된 것이다. 10년 후 1525년 2월 프랑수아 1세가 이끄는 프랑스군과 카를 5세의 신성로마제국군이 맞붙은 파비아 전투도 사실 용병 전쟁에 다름 아니었다.

전쟁이 꼬리를 물고 일어난 16세기에 용병의 수요도 폭발적으로 증가했다. 용병 전쟁은 국제적인 비즈니스였다. 이탈리아 용병들은 잉글랜드 여왕을 위해, 또는 네덜란드인을 위해 싸웠다. 독일 용병들은 에스파냐를 위해서든 프랑스를 위해서든 기꺼이 창칼을 들었다. 아일랜드 용병 '와일드 기즈Wild Geese'는 주로 유럽의 가톨릭 군주들, 특히 프랑스의 루이 14세를 위해 봉사했다. 유럽의 전장을 누빈 용병부대들은 급료를 못 받으면 당연히 전투에 나가지도, 일을 하지도 않았다. 일자리를 찾아 어제의 적군을 새 고용주로 섬겼고, 생계를 보충하기 위해 숙영지의 농민을 약탈하고 상인들을 갈취했다. 1567년 에스파냐의 강압적인 가톨릭 정책과 중과세에 맞선 저지대 네덜란드의 반란은 독립전쟁으로 비화되었다. 1576년 반란을 진압하기 위해 벨기에 북부 안트베르펜에 파견된 에스파냐 부대가 제때 급료를 못 받자 도시를 파괴하고 주민을 약탈하는 일이 벌어졌다. 안트베르펜 사건은 용병 전쟁, 말하자면 전쟁의 상업화가 가져온 가장 끔찍한 사례 중 하나였다.

17세기 절대주의 시대에 접어들어서도 용병의 수요는 줄어들지 않았다. 영내 주민들을 충분히 강제 동원할 만큼 국가 권력이 강하지 못한 탓에 군주들은 대귀족이나 현지 유력자 출신의 전쟁기업가들을 통해 용병을 모집했다. 현지의 병력과 물자를 동원할 수 있는 충분한 자금을 지닌 전쟁기업가들이 때로 상비군 수준의 규모를 갖춘 대규모 용병부대를 조직해 전쟁을 앞둔 국왕들에게 제공한 것이다. 17세기 최대 규모의 전쟁인 30년전쟁도 병력 동원 측면에서 볼 때 용병들의 전쟁, 전쟁의 기업화에 다름 아니었다.

4 잉글랜드와 네덜란드의 성장

잉글랜드: 바다의 제왕

16세기 '태양이 지지 않는 나라'는 에스파냐였다. 선왕 카를 5세로부터 에스파냐 왕위와 저지대 네덜란드 지역을 물려받은 펠리페 2세는 아메리카 대륙을 아우르는 대제국을 건설했다. 에스파냐 선단은 매년 엄청난 양의 금과 은을 신대륙에서 유럽으로 실어 날랐다. 1571년 10월, 이슬람의 침공에 맞서 가톨릭 신성동맹의 선두에 선 에스파냐는 지중해 한복판, 그리스 해안 근처 레판토에서 오스만 제국의 해군을 꺾고 대승을 거두었다. 이슬람의 팽창을 저지한 기독교의 영광의 순간으로 기록된 레판토 해전은 당시 세계의 바다를 누비던 에스파냐 함대의 위용을 잘 보여준다. 가톨릭 에스파냐의 세력 확장은 이제 막 종교개혁을 이룬 개신교 잉글랜드와의 무역 분쟁과 군사 대립을 예고하고 있었다.

국가의 묵인 또는 후원 아래 해적질을 일삼던 잉글랜드의 사략선들은 에스파냐의 보물선을 나포하고 해군기지를 공격하는 등 엄청난 손실을 안겨주었다. 세계일주 항해를 완료해 작위를 얻은 프랜시스 드레이크Francis Drake 경은 1585년 카리브해의 에스파냐 점령지 카르타헤나와 산토도밍고를 약탈해 엄청난 재산을 축적해 엘리자베스 여왕의 총신이 되었다. 1567년 저지대 네덜란드가 에스파냐로부터 독립을 선언하고 향후 80여 년간 이어지는 기나긴 전쟁에 돌입했다. 잉글랜드가 개신교 국가 네덜란드에 군사를 원조하자 에스파냐의 펠리페 2세는 아르마다Armada를 동원해 잉글랜드 침공을 준비했다.

1588년 5월, 리스본을 떠난 에스파냐 무적함대는 총 130척으로 구성되었다. 그중 108척은 무장 상선이었고 최고 전함이라 할 수 있는 갤리언선은 22척에 지나지 않았다. 대포 2,400여 문 가운데 파괴력이 강한 중포는 140문뿐이었고, 승선한 2만여 병사들은 대부분 화승총으로 무장하고 있었다. 이러한 편제는 접근한 뒤 적선에 올라타 육박전을 감행하는 전통적인 해전 방식에 따른 것이었다. 17년 전 레판토 해전에서도 에스파냐는 근접전 방식으로 승리를 거두

〈엘리자베스 여왕, 아르마다 초상화〉, 작자 미상, 1588년. 에스파냐 무적함대를 꺾은 엘리자베스 여왕의 위용을 나타내고 있다(좌).

〈영국 함대와 에스파냐 아르마다〉, 1588년 8월 8일 도버 해협(우)

었다. 하지만 신흥 강자 잉글랜드 해군을 상대하기에는 이미 낡은 방식이었다. 일찍부터 해군력 강화에 착수한 잉글랜드는 1573년 작지만 속도와 화력이 향상된 갤리언선 드레드노트Dreadnought를 진수하는 데 성공했다. 1588년 에스파냐 무적함대에 맞서 잉글랜드는 우수한 기동성과 최강의 함포로 무장한 전열함 30여 척을 전면에, 무장 상선 163척을 후면에 배치했다. 함선의 양측 흘수선 부근에는 육중한 중포가 설치되었다. 잉글랜드 해군의 중포 251문은 승리의 견인차였다.

잉글랜드 함선들은 근접전을 피하고 일정한 거리를 유지하면서 에스파냐 함선에 엄청난 화력을 쏟아부었다. 승리는 화포를 가장 효율적으로 사용한 진영에 돌아갔다. 도버 해협 근처에서 벌어진 해전은 에스파냐 무적함대의 마지막 전투가 되었다. 포격으로 가라앉은 전함은 5척에 지나지 않았지만, 대부분 심하게 파손된 배들은 거친 바다를 항해하기조차 힘들 정도였다. 멀리 북해를 돌아 다시 에스파냐로 돌아온 배는 단 60척에 지나지 않았고, 채 절반도 안 되는 병사들만이 고향 땅을 밟을 수 있었다.

잉글랜드 해군의 승리는 함포의 승리였다. 화약무기가 해전의 양상과 명암을 바꾸어놓은 것이다. 1588년 에스파냐 무적함대의 패배는 지난 한 세기 넘게 강대국으로 군림한 에스파냐가 쇠퇴하고 잉글랜드가 강대국으로 부상하는 역사의 전환점이 되었다.

네덜란드: 마우리츠 전법

17세기에 접어들면서 테르시오로 무장한 에스파냐군의 위용을 무너트린 새로운 전법은 뜻밖에도 강대국 틈바구니에서 국력을 신장한 네덜란드에서 나왔다. 신생국 네덜란드는 1648년 국제무대에서 완전한 독립을 인정받기까지 무려 80여 년간 에스파냐와 간헐적으로 전쟁을 치러야 했다. 해외 무역을 통해 획득한 부를 바탕으로 '작지만 강한 나라'로 성장한 네덜란드는 병력의 확충과 군대의 전문화를 통해 군사 강국으로 발돋움했다.

초기의 독립투쟁을 이끌던 오라녀 공작 빌렘이 암살당한 후 에스파냐에 맞서 전쟁을 이어간 사람은 그의 아들 마우리츠Mauritz van Oranje였다. 1587년 육군 총사령관 자리에 오른 마우리츠는 군제 개혁을 단행해 상비군을 증강했다. 인구가 적은 네덜란드 군대는 주로 전통적인 의미의 용병을 포함해 외국인 병사가 다수를 이루었다. 예컨대 1603년 네덜란드 병력 총 132개 중대 중에서 잉글랜드 중대 43개, 프랑스 중대 32개, 스코틀랜드 중대 20개, 왈로니 중대 11개, 독일 중대 9개였고, 정작 네덜란드 중대는 17개에 지나지 않았다. 마우리츠는 우방국 군주들이 파견한 외국인 병사들에게 본국 병사와 마찬가지로 복무 기간 동안 정규적으로 급료를 지불했다. 네덜란드 병사들과 함께 훈련받고 네덜란드군의 지휘와 통제에 따라야 하는 외국인 부대는 용병부대의 낡은 폐습을 벗어나 네덜란드 정규군 구실을 했다.

전쟁이 장기화될수록 이러한 혼성 군대를 통제하기 위해서도 군사훈련의 표준화와 규율의 쇄신이 필요했다. 고대부터 전해오는 군사 교본, 특히 아일리아누스Aelianus와 베게티우스Vegetius의 병서 등을 연구한 마우리츠는 로마 군단의 선례를 본받아 엄격한 훈련과 규율을 통한 군대의 개혁을 추진했다. 평시에도 매일같이 반복되는 전투 훈련, 복종과 협력의 규율 문화, 장기 복무와 재입대에 혜택을 주는 병영 생활 등으로 '민간인'과 구별되는 '군인'으로서의 정체성이 확립되었으며, 동료의식과 전우애가 싹트는 계기가 되기도 했다. 지휘와 통솔, 규율과 훈련에 사용하는 모든 용어들이 표준화되었으며, 장창과 머스킷총의 구조와 용법, 공격 대형과 방어 대형 따위가 단계별로 엄격한 훈련을 통해 교육되었다. 이러한 '네덜란드식 규율'을 바탕으로 한 새로운 전법은 1607년 야코프 드 게인Jacob de Gheyn이 발간한 『무기 사용 도감*Wapenhandelinghe*』을 통해 유럽 각지에 소개되었다.

『무기 사용 도감』, 야코프 드 게인, 1607년. 화기와 장창 사용법을 부분 동작으로 나누어 설명한 116장의 도판이 실려 있다.

마우리츠는 특히 보병의 전술과 조직을 혁신했으며, 오랜 훈련을 통해 일제사격volley 방식을 개발했다. 육중한 테르시오 부대와 달리 네덜란드 부대는 550명(장창병 250명, 총병 300명)으로 구성된 대대 단위로 재편성되었다. 전투에 임할 때 총병은 대략 10~12열 횡대로 정렬했으며, 창병은 돌진해오는 적군 기병들로부터 총병 대형을 보호하기 위해 사이사이에 끼워넣었다. 앞 열에 포진한 머스킷 총병이 총을 쏜 후 종열의 맨 뒤로 달려가 재장전을 하는 동안 두 번째 열의 총병들이 총을 쏜다. 이렇게 장전-발사-이동의 과정을 숙달시킴으로써 연속사격이 가능해졌다. 테르시오 진영에서는 장창병이 우선이고 총병은 주로 적 기병대의 돌격으로부터 장창병을 보호하는 역할에 그쳤다. 하지만 네덜란드 군대에서는 총병과 창병의 역할과 비중이 역전되었으며, 머스킷 총병이 핵심이 되었다.

마우리츠식으로 훈련받은 부대는 전장에서 어김없이 효력을 발휘했다. 에스파냐가 잉글랜드와 프랑스에 패배해 약화된 사이 네덜란드는 남부 저지대 지방의 주요 도시들을 속속 점령해나갔다. 1600년 6월 벨기에 해안지대 니우포르트에서 마우리츠는 에스파냐 테르시오 군대를 상대로 분전 끝에 승리를 거둠으로써 네덜란드 전법의 우수성을 직접 보여주기도 했다. 마우리츠의 혁신적인 전술은 덴마크, 스웨덴 등 개신교 국가들에, 그리고 프랑스와 에스파냐에도 전파되었다. 30년전쟁이 막바지에 이른 1643년 벨기에 남단 로크루아의 광활한 지형에서 프랑스 육군은 에스파냐 테르시오 군단과 정면으로 맞붙어 승리했다. 로크루아 전투는 강국 에스파냐의 몰락과 함께 테르시오의 종언을 알리는 상징적인 전투였다. 20여 년간 이어진 프랑스-에스파냐 전쟁(1635~1659)은 프랑스의 우세로 막을 내렸다.

사례 연구 근대 초 유럽의 '군사혁명'

'군사혁명military revolution'이란 16~17세기 무렵 유럽에서 군사 전략과 전쟁 기술이 획기적인 변혁을 이룩했고, 이러한 군사상의 변화가 근대국가와 사회의 발전에 큰 영향을 끼쳤다는 이론이다. 영국 역사가 마이클 로버츠Machael Roberts는 1955년 벨파스트의 퀸즈유니버시티에서 '군사혁명 1560~1660'이라는 제목으로 교수 취임 강연을 했다. 여기서 그는 1560년에서 1660년까지 한 세기 동안 유럽에서 군사조직과 전쟁 양상에서 커다란 변화가 일어났다고 하면서 이를 '군사혁명'이라고 명명했다. 16세기 초 네덜란드군 총사령관 마우리츠가 이룩한 군제 개혁과 30년전쟁 당시 스웨덴 국왕 구스타브 아돌프의 군대와 전략에 대한 상세한 연구를 바탕으로 로버츠는 이 시기에 무기와 전쟁 기술이 발달하고 군대 규모가 엄청나게 증대했으며, 대규모 복합적인 전술이 사용되고 사회에 대한 군대의 영향력이 증가하는 등 엄청난 변화를 겪었다고 주장했다. 로버츠가 제시한 군사혁명론은 이후 20여 년간 별다른 반론 없이 근대 유럽을 연구하는 역사학자들에게 폭넓은 지지를 받았다. 적어도 근대 초기 전쟁사를 서술할 때 많은 연구자들이 로버츠의 논지를 그대로 인용하곤 했다.

1976년 조프리 파커Geoffrey Parker는 「군사혁명, 하나의 신화인가?」라는 논문을 발표해 로버츠의 군사혁명론에 과감한 도전장을 던졌다. 파커는 로버츠가 내세운 네덜란드 군대나 스웨덴 군대는 결코 이전의 군대와 질적으로 다른 새로운 군대가 아니라고 주장했다. 파커는 진정한 군사적 혁신의 모습을 16세기 초반 이탈리아전쟁 당시 에스파냐군의 테르시오 전법이나 화포의 발달과 이에 맞선 이탈리아식 성채의 축성 등에서 찾았다. 1988년 파커는 자신의 주장을 확대해 『군사혁명, 군사적 혁신과 서구의 흥기 1500~1800』을 내놓았다. 여기서 그는 군사혁명을 구성하는 주요 요소들에 대해 로버츠의 견해를 보완하고 새로운 해석을 덧붙이기도 했다. 이 책에서 주목할 대목은 그가 군사혁명의 공간적, 시간적 범위를 확대했다는 점일 것이다. 파커는 '지리적으로 협소하고 자원도 빈약한 서유럽이 어떻게 세계로 팽창했는가' 하는 이른바 '서구의 흥기'라는 고전적인 문제에 대한 해답을 군사혁명론에서 찾으려 했다. 유럽 국가들은 서로 전쟁을 거듭하는 가운데 군사 강국이 되었고, 유럽은 강력한 군사력 덕분에 이슬람권과 동양을 압도하게 되었다는 것이다. 파커는 유럽에서 군사적 혁신이 이루어진 기간을 무려 3세기로 확장했다. 16세기 르네상스기의 이탈리아에서 이미 여러 군사적 혁신 사례들이 나타나며, 이러한 변화와 혁신은 17세기 루이 14세의 전쟁들뿐 아니라 18세기 프로이센의 대두와 군제 개혁에서도 찾아볼 수 있다는 것이다.

파커의 도전과 문제 제기에 힘입어 이후 군사혁명의 시기를 앞뒤로 연장한 연구들이 나오기도 했다. 예컨대 클리포드 로저스Clifford Rogers는 군사혁명의 맹아는 이미 중세 말 백년전쟁에서 찾아볼 수 있다고 주장했다. 잉글랜드와 프랑스가 100년 동안 전쟁을 쉬지 않으면서 유럽에서 가장 혁명적인 군사상의 변화가 일어났다는 것이다. 제러미 블랙Jeremy Black은 로버츠가 군사적 혁신이 마무리되었다고 말한 1660년부터 프랑스혁명전쟁이 시작되는 1792년까지를 군사혁명의 관점에서 분석하고 있다. 혁명으로 타파한 구체제(앙시앵 레짐)는 정치적으로 파문당한 시기였지만, 이 시기에도 총검의 등장과 화포의 개량, 전열보병과 선형 전술, 상비 해군과 전함의 발달 등 무시하기 힘든 혁신이 이루어졌다는 것이다.

군사적 '혁명'이 무려 3세기에 걸쳐 진행되었다는 파커의 해석은 오늘날 연구자들의 공감을 얻기에는 역부족으로 보인다. 군사상의 변화란 장기간의 상대적인 안정기 이후 짧은 격변기 동안 혁신 동력이 급속하게 분출되는 것으로 보아야 한다는 견해가 지배적이기 때문이다. 그런데도 군사혁명론은 학술적 논쟁을 통한 수정 보완을 거치면서 비단 근대 초기 전쟁사만이 아니라 국제관계사나 문명교류사에서도 주요 테마로 등장하고 있다.

II

17세기 유럽, 절대주의와 왕조 전쟁

외적 침략에 맞선 방어 전쟁이든 영토 확장을 위한 정복 전쟁이든 대규모 전쟁의 수행은 국가 권력의 강화를 낳고, 국가 권력을 독점한 왕조는 국가의 이익과 영광을 명분으로 다시 전쟁을 도모한다. 유럽에서 16~18세기는 국왕 개인이 강력한 중앙집권적 권력을 행사하는 이른바 절대왕정 또는 '절대주의'의 시대이다.

국가에 따라 다소 차이는 있지만 절대왕정은 17세기에 전성기를 맞이했다. 유럽 전역을 오랜 소용돌이에 몰아넣은 30년전쟁을 치르면서 각국의 군주들은 인적, 물적 자원을 총동원하기 위해 전제 권력을 강화하고 전시체제를 갖추었다. 전쟁은 절대왕정을 정당화하는 탁월한 명분이었다. 각국의 절대왕정은 안으로 국가 행정과 군사조직을 국왕 중심으로 일원화하면서 전제 왕권을 강화해나갔다. 통일된 중앙집권적 국가를 통치하기 위해 관리가 필요했고, 외적으로부터 국가를 방위하기 위해 군대가 필요 했다. 따라서 절대왕정의 버팀목으로 관료제도와 상비군이 발전했다. 전국의 행정조직 망이 완료되고, 근대적인 조세제도와 사법제도가 마련되었다.

이처럼 절대왕정은 근대국가로서의 면모를 갖추기 시작했으나 진정한 의미의 근대 적인 국민국가는 아니었다. 절대왕정에서는 왕조적 이해관계와 국민적 이해관계가 여전히 미분화 상태거나 오히려 왕조적 이해관계가 앞서는 형편이었다. 군대와 전쟁도 본질적으로 국민을 위한 것이라기보다 절대군주를 위한 것이었다. 절대왕정 시대에는 시민계급(부르주아지) 내지 중간 계층 등 근대적인 세력이 발전하는 동시에 전통 귀족 등 봉건적인 세력이 남아 어떤 의미에서 이 양자가 대립하면서 균형을 이루었고, 이같은 불안한 균형 위에 절대왕권이 군림할 수 있었다. 17세기 전반 30년전쟁을 치르면서 강화된 절대왕정은 17세기 후반 태양왕 루이 14세에 이르러 절정을 맞게 된다.

1 30년전쟁

전쟁의 경과

30년전쟁(1618~1648)은 근대 유럽 전쟁사에서 가장 잔혹하고 가장 큰 충격을 몰고 온 전쟁으로 기록되어 있다. 가톨릭과 프로테스탄트의 종교적 대립으로 시작된 전쟁은 국가와 왕조의 이해관계와 영토에 대한 야욕이 교차하면서 대규모 국제전으로 확대되었다. 오랜 기간 계속된 전쟁으로 독일 지역은 황폐화되고 무려 800만 명에 이르는 사망자가 발생했다. 유럽에서는 대귀족, 교회 세력 등 봉건적 권력층이 몰락하고 확정된 인구와 영토에 대한 국왕의 지배권이 한층 강화되었다. 30년전쟁은 중앙집권적 국가 권력이 강화된 절대주의 국가로 넘어가는 문턱이었다.

당시 독일 지역은 무려 300개가 넘는 크고 작은 영토제후국territorial principalities, 領邦國家으로 분열되어 있었다. 각 제후국들을 아우르는 명목상의 상위 정치체가 신성로마제국이었다. 1555년 아우크스부르크 화의 이후 독일 지역에서는 가톨릭과 프로테스탄트가 큰 충돌 없이 공존할 수 있었다. 하지만 17세기 초부터 다시 종교적 갈등이 심화되었다. 1608년 팔츠, 뷔르템베르크, 브

역사 속 역사 신성로마제국 Holy Roman Empire

고대 로마 제국의 부활을 명분으로 세워진 중부 유럽의 영토 복합 제국이다. 신성로마제국이라는 호칭은 13세기 이후에야 나타나지만, 일반적으로 게르만 왕 오토 1세가 황제로 즉위한 962년을 신성로마제국의 출발점으로 잡는다. 신성로마제국은 왕국, 공국, 후국, 자유시 등 수많은 군소 제후국들의 집합체였으며, 황제는 원칙적으로 선출되었지만 주로 막강한 왕조 가문에서, 15세기 초부터는 합스부르크 가문에서 계승했다. 황제의 권력은 제한적이었고 제후국들은 독립적인 지위를 누렸다. 신성로마제국은 1806년 나폴레옹의 침략을 받아 해체되었다.

(가톨릭) 동맹		
 페르디난트 2세(신성로마제국 황제)	 틸리 백작(신성로마제국 군사령관)	 발렌슈타인 백작(신성로마제국 군사령관)
(프로테스탄트) 연합		
 크리스티안 4세(덴마크 국왕)	 구스타브 아돌프(스웨덴 국왕)	 리슐리외(프랑스 재상, 가톨릭 프랑스가 프로테스탄트 연합에 가담)

란덴부르크, 헤센카셀을 비롯한 제후국들이 프로테스탄트 연합Union을 구성하자, 1609년 바이에른, 뷔르츠부르크, 마인츠, 쾰른 등은 가톨릭 동맹Liga을 결성했다. 가톨릭과 프로테스탄트의 충돌로 시작된 전쟁은 거의 30년간 중단 없이 계속됐지만, 전쟁의 양상은 복잡하고 다층적이었다.

① 보헤미아 -팔츠 분쟁(1618~1623): 1617년 가톨릭의 맹주 합스부르크-오스트리아의 페르디난트 2세가 프로테스탄트 세력이 강한 보헤미아의 왕으로 선출되었다. 1618년 보헤미아 의회가 페르디난트를 폐위하고 프로테스탄트 제후국 팔츠의 프리드리히 5세Freidrich V를 옹립하며 반란을 주도했다. 이듬해 신성로마제국의 황제로 선출된 페르디난트는 바이에른의 제후 막시밀리안Maximilian과 제휴해 반공에 나섰고, 여기에 합스부르크-에스파냐가 가세했다. 1620년 11월 프라하 인근 빌라호라Bila Hora(백산白山)에서 벌어진 전투에서 보헤미아 반란군은 가톨릭 동맹군에게 대패했다. 보헤미아 반란과 빌라호라 전투 이후 신성로마제국 내에서 프로테스탄트 진영은 세력을 잃고 가톨릭 진영과 합스부르크 황제의 영향력은 크게 증대했다.

② 덴마크의 개입(1625~1629): 수세에 몰린 프로테스탄트 진영은 루터교 국가 덴마크의 크리스티안 4세Christian IV에게 도움을 요청했다. 1625년 발트해

와 북해의 패권을 노리던 크리스티안은 병력 3만 8,000명을 이끌고 국경을 넘었다. 잉글랜드, 프랑스, 네덜란드 연합이 약간의 병력을 보내 덴마크를 도왔지만, 덴마크군을 중심으로 하는 프로테스탄트 진영은 '전쟁기업가' 틸리Johann Tilly 백작이 이끄는 가톨릭 동맹군과 발렌슈타인이 이끄는 신성로마제국 황제군에 연거푸 패했다. 덴마크의 패배로 신성로마제국 내에서 가톨릭 동맹의 힘은 더욱 강해지고 프로테스탄트 제후국들은 위기에 처했다.

③ 스웨덴의 개입(1630~1635): 1630년 7월 스웨덴의 젊은 국왕 구스타브 아돌프가 약 2만 9,000명의 병력을 이끌고 독일 북부에 상륙했다. 인구 125만 명에 불과한 루터교 국가 스웨덴은 구스타브 치하에서 군사 강국으로 급성장했다. 독일 전역을 장악한 신성로마제국 황제와 가톨릭 동맹이 북쪽으로 발트해 연안까지 진출하려 하자 위협을 느낀 스웨덴이 군사 개입을 결정한 것이다. 구스타브의 독일 침공은 전세를 완전히 바꾸어놓았다. 스웨덴군은 1631년 9월 브라이텐펠트 전투와 이듬해 11월 뤼첸 전투에서 황제군을 연파함으로써 프로테스탄트 연합에 유리하게 전세를 역전시켰다.

④ 프랑스의 개입(1635~1648): 가톨릭 국가인 프랑스가 뒤늦게 프로테스탄트 연합 편에서 전쟁에 개입한 것은 영원한 숙적 합스부르크 왕가를 꺾기 위해서였다. 종교보다 정치와 국가 이익을 우선한 결정이었다. 루이 13세 치하의 재상 리슐리외Richelieu 추기경은 네덜란드 저지대 지방에서 합스부르크-에스파냐와 전쟁을 벌이는 한편 라인강 너머 서부 국경 요충지를 모두 장악했다. 1638년 프랑스와 스웨덴은 합스부르크 세력을 누른다는 공동 목표로 동맹을 맺었다. 1643년 5월 프랑스군이 플랑드르 지방 로크루아에서 에스파냐군을, 1645년 3월 스웨덴군이 프라하 근처 얀카우에서 황제군을 격파했다. 1648년 5월 바이에른 근처 주스마르하우젠Zusmarshausen에서 벌어진 전투에서 프랑스-스웨덴 연합군이 황제-가톨릭 동맹 연합군을 격파하고 대세를 굳혔다. 10월 24일 베스트팔렌 조약으로 장장 30년에 걸친 전쟁이 막을 내렸다.

전쟁기업가 시대, 발렌슈타인의 활약

전쟁사 관점에서 볼 때 30년전쟁에서 두드러진 점은 '전쟁기업가들war entrepreneurs'의 활약이다. 17세기 들어 유럽 각국에서 절대왕정이 확립되고 인력과 물자를 동원할 수 있는 국가 공권력이 강화됨에 따라 국왕이 거느린 상비군 수도 부쩍 늘어났다. 하지만 무려 30여 년에 걸친 전쟁은 이미 국가 재정이 감당할 수 있는 범위를 벗어났다. 징집병이든 지원병이든 아직은 영지 내 주민을 강제로 동원할 만큼 강한 공권력을 갖지 못한 국왕들은 병력 동원을 위해 현지 유력자나 대귀족 출신의 전쟁기업가들에게 의존해야 했다. 국가는 병력의 충원과 훈련, 병사들에 대한 급료 지불, 무기 제작과 군수품 조달, 나아가 지휘와 전술까지도 전문경영인에게 청부해 관리할 수밖에 없었다.

군사경영인 체제는 크고 작은 영토제후령으로 분열되어 단일한 국가 조직의 발전이 뒤늦은 독일 지역에서 융성했다. 30년전쟁 동안 무려 1,500여 명에 이르는 전쟁기업가들이 활약했다. 이들이 각국 왕실과 계약을 맺고 용병부대를 이끌고 전쟁에 참여한 것이다. 스웨덴군의 개입으로 전쟁이 절정에 이른 1630~1635년 사이에만 대략 400명의 전쟁기업가들이 활약했는데, 이들은 작게는 연대나 사단 규모의 병력을 통솔했고, 크게는 한 나라의 군사 기능 전부를 통할하기도 했다.

30년전쟁은 전공을 자랑하는 전쟁기업가들의 각축장이기도 했다. 전쟁이 발발한 1618년 중부 독일의 에른스트 만스펠트Ernst von Mansfeld 후작은 이탈리아와 스위스의 용병을 이끌고 프로테스탄트 제후국 팔츠의 선제후 프리드리히 5세를 위해 싸웠지만, 곧 에스파냐든 네덜란드든 더 유리한 조건을 제시하는 쪽에 자신의 병력을 제공했다. 1620년 프라하 인근에서 보헤미아 반란군과 가톨릭 동맹군 사이에 전투가 한창일 때, 제노바 출신 암브로지오 스피놀라Ambrosio Spinola 후작은 에스파냐령 네덜란드에 주둔 중인 에스파냐군 2만 5,000명을 이끌고 프로테스탄트 제후국 팔츠를 점령해 가톨릭 동맹의 승리를 이끌었다. 뒤늦게 전쟁에 뛰어들어 고전하던 프랑스는 스웨덴 국왕 구스타브의 휘하 장군이었던 군사전문가 작센바이마르 공작 베른하르트Bernhard von Sachsen-Weimar를 프랑스군 지휘관으로 임명했다. 프랑스로부터 400만 리브르를 받고 보병 1만 2,000명과 기병 6,000명을 조직한 베른하르트는 1638년 전략 요충지를 모두 탈환하면서 전쟁의 승기를 잡았다.

보헤미아 출신 알브레히트 발렌슈타인Albrecht von Wallenstein 백작은 30년전쟁이 낳은 전쟁기업가의 대명사가 되었다. 체코 귀족의 아들로 태어난 발렌슈타인은 모라비아 지방 자신의 영지에서 나오는 수입으로 군대를 양성하고 군수물자와 무기를 생산하는 공장을 지어 막대한 돈을 벌었다. 1625년 덴마크의 크리스티안 4세가 참전하자 궁지에 빠진 신성로마제국 황제 페르디난트 2세는 보헤미아의 용병대장 발렌슈타인을 등용해 군대의 모집과 지휘를 맡겼다. 황제군 총사령관이 된 발렌슈타인은 무려 15만 병력을 조직해 덴마크군을 무찌르는 데 일익을 담당했다. 그는 자신의 군사력을 강제 세금 징수, 공공연한 약탈, 대규모 시장 거래 등을 통해 유지했다. 발렌슈타인은 명목상 황제에게 복무하는 전쟁 청부업자에 지나지 않았지만 실제로는 거대한 군대를 지휘하고 거의 군주와 같은 권세를 과시했다. 1631년 브라이텐펠트 전투와 1632년 뤼첸 전투에서 잇달아 스웨덴군에게 패한 이후 발렌슈타인은 스웨덴과 비밀리에 평화협상을 진행하기도 했다. 프랑스의 계략에 말려들어 보헤미아 왕위를 넘보던 발렌슈타인은 1634 년 황제가 보낸 자객에 의해 생을 마감했다.

2 스웨덴의 흥기, '북방의 사자' 구스타브 아돌프

스웨덴은 30년전쟁을 계기로 일약 군사 강국으로 떠올랐다. 속령 핀란드까지 합쳐도 인구가 130만 명이 안 되는 가난하고 척박한 나라 스웨덴의 젊은 국왕 구스타브 아돌프Gustav Adolf는 행정조직, 교육기관, 조세제도 등을 혁신하고 특히 군사력 강화에 공을 들였다. 또한 경쟁국 덴마크를 견제하기 위해 강력한 함포를 갖춘 근대식 해군을 육성했으며, 유럽 최고 수준의 강한 육군을 양성했다. 구스타브는 유럽에서 최초로 성년 남자를 대상으로 국가징병제를 도입했다. 스웨덴 국민 10명당 1명은 20년 이상 장기 군복무를 마쳐야 했다. 징병제의 도입은 국민은 누구나 병역의 의무를 지는 근대적 군사제도의 시작을 의미했다. 물론 30년전쟁에 개입할 무렵 구스타브는 병력 충원을 위해 독일과 스코틀랜드 출신 용병을 대거 고용하지 않을 수 없었다. 하지만 이들 외국인 용병대는 스웨덴식 규율에 따라 조직되고 훈련을 받았다. 따라서 스웨덴군은 징집병과 용병부대로 구성하기는 했지만 어느 정도 국민군의 성격을 유지할 수 있었다.

스웨덴의 젊은 국왕은 신흥 강국으로 부상하던 네덜란드의 군제와 병법을 적극적으로 받아들였다. 네덜란드의 군사 문헌들이 널리 소개되었고, 국왕은 개인교사 요한 쉬테 등 네덜란드 교관들에게 배우고, 네덜란드 지휘관들에게 자문을 구하기도 했다. 또한 네덜란드 체제를 도입해 전투 대형을 유연화하고 화력을 극대화시키는 방향으로 개선해나갔다. 머스킷총은 짧고 가볍게 개량하고, 사격과 재장전의 속도를 단축시켰으며, 대포와 포탄의 규격과 성능을 표준화해 가볍고 기동력이 뛰어난 야포를 보병부대에 배치했다.

보병부대는 네덜란드 방식으로 대대 규모로 편제했으며, 전장에서 두세 개 대대는 여단으로 격자형 대형을 이루었다. 스웨덴 보병은 네덜란드 보병에 비해 창병이 줄고 머스킷병이 대폭 늘었다(1개 중대는 머스킷병 72명과 창병 54명으로 구성되었다). 네덜란드에서 도입한 마우리츠의 10열 횡대 대형은 적군 포탄 세례의 충격을 완화하기 위해 6열 횡대 대형으로 바뀌었으며, 적군이 가까이 오면 머스킷 총병 대오가 구호에 맞추어 3열 횡대로 바꿔 일제사격을 하는 식으로 화력을 크게 강화했다. 이리하여 에스파냐 테르시오의 두터운 방진은 네덜란드의 마우리츠 전법과 스웨덴의 구스타브 전법을 거치면서 점차 총병 중심의 날렵한 횡대 전열로 변모해갔다.

1630년 루터교 국가 덴마크의 크리스티안 4세가 가톨릭 동맹의 맹주 신성로마제국 황제군에게 패배하자, 구스타브는 전세를 역전시키고자 30년전쟁에 뛰어들었다. 1631 년 9월 17일, 독일 한복판 라이프치히 근처 브라이텐펠트에서 벌인 한판 승부로 '북방의 사자'는 전 유럽에 명성을 떨쳤다. 이듬해 11월 스웨덴군은 뤼첸에서 발렌슈타인이 이끄는 황제군과 다시 격돌했다. 이 전투에서 스웨덴군은 국왕이 전사하는 불운을 겪었지만 또다시 승리를 거두었다. 이로써 합스부르크 왕가의 패권 야망은 산산이 부서지고 스웨덴이 신흥 강국으로 유럽에 우뚝 섰다. 이후 16년 동안 독일 땅에 주둔하며 합스부르크 제국에 맞서 싸움을 계속한 스웨덴이야말로 전쟁 승리의 주역이었다. 군사 대국 스웨덴은 18세기 초 신흥 강국 러시아가 등장할 때까지 북유럽의 강자로 군림할 수 있었다.

사례 연구 브라이텐펠트 전투

위 〈브라이텐펠트 전투 당대 조감도〉. 위 왼편 황제군(군기 2~3열)과 아래 오른편 스웨덴군(군기 1열)을 보면, 황제군 테르시오가 스웨덴군보다 종열로 두세 배 더 두터운 진영을 치고 있다.
아래 〈브라이텐펠트 전장에 선 구스타브〉, 요한 월터 작, 1632년

1631년 9월 17일, 구스타브 아돌프는 브라이텐펠트Breitenfeld에서 황제군과 한판 승부를 벌였다. 병력 2만 4,000명을 이끈 구스타브는 틸리가 이끄는 3만 5,000명의 황제군을 이길 수 있으리라 자신했다. 황제군은 1만 명의 기병대를 좌익과 우익에 두고 가운데 보병 2만 5,000명을 17개 테르시오(횡대 50열, 종대 30열)로 일렬로 배치했다. 지난 100년 동안 합스부르크 왕가가 유럽의 전쟁을 승리로 이끌었던 에스파냐식 보병진을 그대로 사용한 것이다. 반면에 구스타브는 9개 여단 보병 1만 6,000명을 대대(종대 6열 500여 명) 규모로 신축성 있게 배치하고 대대 단위로 최소 2대의 화포를 배치했다. 기병부대 사이사이에는 200여 명의 머스킷 총병 분견대를 여럿 배치했다. 스웨덴군은 대포에서 3 대 1, 머스킷총에서 75 대 26의 우위를 점할 수 있었다. 온종일 전투를 치른 결과 유연한 대형과 강화된 화력을 발휘한 이른바 '스웨덴식 종합'의 승리였다. 스웨덴군의 사상자 수는 2,000명이었지만, 황제군은 7,600명이 전사하고 틸리 백작을 포함해 1만 명 넘게 부상을 입었으며, 9,000명이 포로로 잡혔다. 브라이텐펠트 전투는 30년전쟁 중 프로테스탄트 진영이 처음으로 승리를 거둔 값진 전투였다. 네덜란드에서 신식 병법을 도입해 군사제도를 혁신하고자 한 국왕 구스타브의 오랜 노력이 결실을 맺은 것이다.

3 바다의 패권: 잉글랜드-네덜란드 전쟁(1652~1674)

1588년 에스파냐의 무적함대가 잉글랜드에 패배한 데 뒤이어서 1639년 다운스Downs 해전에서 네덜란드가 에스파냐를 격파함으로써 에스파냐 해상 패권 시대에 종지부를 찍었다. 17세기 후반 절대왕정 시대에 바다의 패권을 놓고 네덜란드가 잉글랜드와 다투고 여기에 프랑스가 끼어들면서 대륙 못지않게 바다에서도 전쟁이 끊이지 않았다.

독립 후 네덜란드연합은 어업과 교역 및 식민지 개척을 통해 해상강국으로 발전했다. 네덜란드는 동인도회사를 주축으로 삼아 상선과 함선을 이끌고 대서양과 인도양을 넘나드는 식민 제국으로 성장했다. 네덜란드의 급성장은 해외 시장을 놓고 경쟁을 벌이던 전통의 강국 잉글랜드의 반발에 부딪힐 수밖에 없었다. 잉글랜드는 내전 동안 상실한 해운과 무역의 지위를 회복하기 위해 1651년 항해조례Navigations Acts를 발표했다. 잉글랜드의 어업과 무역을 보호하기 위해 사실상 네덜란드의 선원과 선박을 배제하는 조치였다. 잉글랜드 함대가 아시아 특산물을 잔뜩 싣고 돌아오는 네덜란드 함대를 잉글랜드 해협에서 공격하고 나포하면서 두 나라 사이에 전쟁이 시작되었다.

양측은 각각 대략 80여 척의 갤리온선船을 동원했다. 하지만 잉글랜드는 3층 갑판에 대포 70문을 장착한 큰 배를 내보낼 수 있었지만, 근해 수심이 낮은 네덜란드는 흘수가 낮은 작은 배를 띄웠으며 대포 50문 이상을 탑재한 큰 배가 드물었다. 마르틴 트롬프M. Tromp 제독이 이끄는 네덜란드 해군은 로버트 블레이크R. Blake가 이끄는 잉글랜드 해군에 맞서 작은 승리를 거두기는 했지만 병력의 열세를 뒤집지는 못했다. 1653년 8월 네덜란드는 스헤베닝헨Schveningen에서 잉글랜드에 패배해 함정 11척과 병사 4,000명, 그리고 사령관 마르틴 트롬프를 잃었다. 이듬해 네덜란드는 강화를 요청했다(제1차전쟁, 1652-1654).

해상전쟁의 중요성을 새삼 깨달은 두 나라는 전함 건조와 해군력 강화에 박차를 가했다. 1660년 무렵 잉글랜드 함대는 230척에 달했으며, 네덜란드는 70문 이상의 대포를 탑재한 대형 함정 4척을 새로 장만했다. 1665년 전쟁이 재개되었다. 1665년 5월 잉글랜드가 로웨스터프Lowestoft에서 네덜란드 함정 17척을 대파하는 전과를 올렸으나, 이후 프랑스가 네덜란드 편에 참전하면서 전세가 역전되었다. 흑사병에 이은 런던 대화재로 잉글랜드가 혼란에 빠진

네덜란드 제독 미힐 더 뢰이터, 1667

〈4일간 해전〉(1666년 6월 1~4일), Abraham Stoeck 작

가운데, 미힐 더 뢰이터Michiel de Ruyter 제독은 1666년 6월 '4일간 해전Four Days' Battle'을 승리로 이끈 데 이어서 1667년 6월 템스 강을 거슬러 올라가 런던 인근 메드웨이를 침탈하는 전승을 올리며 일약 네덜란드의 전쟁영웅으로 떠올랐다. 양국은 브레다 조약을 맺고 휴전했다(제2차 전쟁 1665-1667).

남부 네덜란드 지방에 눈독을 들인 프랑스의 루이 14세가 전쟁을 개시했다(프랑스-네덜란드 전쟁, 1672~1678). 그러자 프랑스와 비밀협약을 맺은 잉글랜드가 네덜란드 함대를 공격하면서 전쟁이 재개되었다. 뢰이터 제독은 1672년 6월, 솔레바이Solebay에서, 1673년 6월 수너펠트Schoonveld에서 잉글랜드-프랑스 연합함대를 연달아 격파했다. 흘수선이 낮고 작은 네덜란드 배가 크고 육중한 무장을 갖춘 잉글랜드나 프랑스의 배보다 더 뛰어난 기동성을 발휘한다는 것을 입증한 전투였다. 1674년 2월, 이번에는 잉글랜드가 강화를 요청했다(제3차 전쟁, 1672-1674).

이렇게 두 해상 강국의 세 차례 걸친 지루한 무역 전쟁은 어중간하게 끝났다. 양국의 경쟁 관계도 1688년 잉글랜드에서 '명예혁명Glorious Revolution'이 일어나 제임스 2세가 축출되고 네덜란드 통치자 오라녀 공작 빌렘과 그의 잉글랜드인 아내 메리가 잉글랜드의 공동왕으로 추대됨으로써 막을 내렸다. 네덜란드와의 연합 전선을 구축한 잉글랜드는 인접 강국 프랑스의 도발을 막아내면서 해군력 확보에 더욱 매진했다. 잉글랜드는 1707년 스코틀랜드와 합병한 이후 더 이상 방어해야 할 내륙 전선이 없었기 때문에 바다에 모든 자원을 집중할 수 있었다. 18세기에 들어 적어도 바다에서는 사실상 대영제국에 맞설 적수가 없었다. 영국 함대는 미국 함대가 등장하는 20세기 중반까지 세계 최강으로 군림할 것이었다.

4 프랑스의 부상과 상비군 시대

상비군 체제의 확립 30년전쟁이라는 폭풍우를 거치면서 유럽 국가들은 본격적으로 상비군 체제를 확립했다. 상비군常備軍이란 직업군이든 징집군이든 국가 기관이 모집해 오랜 기간에 걸쳐 복무하는 군대를 말한다. 16세기 르네상스 시대에 병력을 동원할 권력도 자금도 충분하지 않았던 국왕은 용병이든 시민병이든 전쟁을 앞두고 병사를 모집했다가 전쟁이 끝나면 곧 해산시키는 것이 일반적이었다. 장기적으로 복무하는 상비군 형태는 16세기에 프랑스, 에스파냐, 네덜란드 등지에서 간간이 나타났다. 15세기 중엽 백년전쟁이 막바지에 이르렀을 때, 프랑스 국왕 샤를 7세는 국왕이 급료를 지불하는 '칙령군Compagnies d'ordonnance'을 조직했다. 1445년 15개 연대(9,000명)로 출발한 이 국왕 직속 군대조직은 20여 년 후 루이 11세 때 25개 연대(1만 5,000명) 규모로 늘어났다. 프랑스 기병의 중핵을 이룬 칙령군은 16세기 초 프랑수아 1세에 이르러 상시적으로 유지되는 상비군으로 발전한다. 상비군은 전쟁에 병력을 공급해야 하는 필요에 따른 것이었으나, 전쟁이 끝난 이후에도 그대로 남아 국내외의 반란을 진압하는 데 널리 쓰임으로써 강력한 왕권의 상징처럼 되어버렸다.

16세기 초 신성로마제국 황제 카를 5세가 구성한 에스파냐의 테르시오 부대도 전문 보병으로 구성한 상비군 형태로 유지되었다. 네덜란드에서 군제 개혁을 완성한 마우리츠 총독도 다수의 외국인 병사들과 소수의 자국 병사들이 일정 기간 동일한 훈련과 급료를 받는 상비군 체제를 운영했다. 상비군은 전시에는 전투를 수행하고 평시에는 왕가를 호위하거나 국경을 지키고 점령지를 수비했다. 하지만 17세기 초까지도 전쟁 발발 시 가동 병력 중 상비군은 극히 일부에 지나지 않았다. 16세기 내내 프랑스는 전시에 최대 5만 명의 병력을 동원하곤 했지만, 평시에 국가에 의해 고용된 병사의 총수는 평균 1~2만 명에 그쳤다.

하지만 30년전쟁을 거치면서 강대국이든 약소국이든 상비군 체제를 갖추었다. 전쟁이 훨씬 장기화되고 빈번해지고 또 많은 비용이 들자, 군주의 입장에서는 자신이 통치하는 주민으로 군대를 양성하고 급료를 지불하는 것이 더 바람직해진 것이다. 1629년 평시에 프랑스의 상비군은 1만 2,000명 정도로 소규모였으나, 1665년 7만 2,000명, 1669년 13만 1,000명, 1680년대에는 평균 15만 명으로 증가했다. 1659년에 오스트리아 황제 페르디난트 3세는 보병 2만 5,000명과 기병 8,000명으로 정예 상비군을 형성했다. 상비군을 보기 힘들었던 잉글랜드에서도 내전이 한창인 1645년 올리버 크롬웰Oliver Cromwell은 신형군新型軍, New Model Army 2만 명을 조직했다. 1660~1668년 찰스 2세의 왕정복고 동안 잉글랜드의 상비군은 3,000명에서 2만 명으로 증가했다. 뒤늦게 군사력 강화에 나선 신흥 국가 브란덴부르크-프로이센은 1713년 상비군 병력이 4만 명을 넘어섰다.

상비군의 확보는 국가의 경제 성장과 발달한 조세제도를 통해 성장의 결실을 수취할 수 있는 강력한 왕권을 전제로 한다. 상비군의 증대는 절대주의 국가의 성장과 궤를 같이하고 있는 것이다. 상비군의 증가는 병력의 증대를 의미했다. 17세기에 접어들어 유럽 각국은 군대 규모가 증대했으며, 이에 따라 무기와 군수품, 보급과 병참 등의 문제로 군사비가 엄청나게 증가했다. 1700년대에 국가 공공 지출 중 군사비가 차지하는 비중을 보면, 루이 14세의 프랑스는 75%, 표트르 대제의 러시아는 85%에 이르렀다. 1650년대에 내전을 치른 잉글랜드는 매년 국가 세출의 90%를 육군과 해군에 쏟아부어야 했다.[6]

절대주의 시대에 국력은 곧 군사력을 의미했다. 정부는 전쟁 기계나 다름없었다. 중앙집권 체제를 이룩한 국가는 근대적인 관료행정 방식을 동원해 군사력 강화에 힘썼다. 충분한 조세 수입을 통해 상비군 건설에 성공한 군주는 용병대장이나 전쟁기업가의 영향에서 벗어나 직접 군사력을 운용할 수 있었다.

군대는 국가 관료제에 의해 움직이는 조직으로 제도화되었다. 스웨덴은 1634년 전쟁대학을 설립했고, 잉글랜드는 1683년 초보적인 형태의 전쟁청을 창설했으며, 1692년에는 약소국 피에몬테-사부아도 육군부를 조직했다. 프랑스는 1660년대에 군대의 충원, 보급, 급료, 기율을 다루는 전쟁부를 설립했다.

....

6 Geoffrey Parker, *The Military Revolution*, Cambridge University Press, 1996, p.62.

병력 규모의 증가 (1470~1710)

	에스파냐	네덜란드	프랑스	영국	스웨덴	러시아
1470년대	20,000	-	40,000	25,000	-	-
1550년대	150,000	-	50,000	20,000	-	-
1590년대	200,000	20,000	80,000	30,000	15,000	-
1630년대	300,000	50,000	150,000	-	45,000	35,000
1650년대	100,000	-	100,000	70,000	70,000	-
1670년대	70,000	110,000	120,000	-	63,000	130,000
1700년대	50,000	100,000	400,000	87,000	100,000	170,000

출전: G. Parker, "The Military revolution, a Myth?", *Journal of Modern History*, Vol.48, 1976.

루이 14세가 확립한 군제 개혁의 초점은 군대 편성권을 국왕 자신이 갖는다는 점이었다. 국왕에게 고용된 용병대장이나 전쟁기업가가 병력을 통솔하는 시대가 지나고 국왕이 직접 군대를 통솔하는 시대가 온 것이다.

루이 14세의 전쟁

절대주의 시대 유럽의 강자는 프랑스였다. 1648년 이후 프랑스는 유럽에서 경제적, 문화적으로 앞서나갔을 뿐만 아니라 군사 강국의 위용을 자랑했다. 절대주의 시대의 국력의 척도는 인구였다. 오스트리아를 중심으로 합스부르크 왕가의 세습령에는 약 800만 명, 에스파냐는 600만 명, 잉글랜드는 700만 명 정도였다. 신성로마제국은 30년전쟁 이후 완전히 분열되어 인구수가 별 의미가 없었다. 반면에 프랑스 인구는 무려 1,800만 명에 달했다. 인구 대국은 곧 군사 강국이었다. 1661년, 30년전쟁 이후 안정된 외교정책을 펼치던 재상 마자랭이 죽고 루이 14세의 친정이 시작되었다. 절대왕권의 상징 '태양왕' 루이 14세는 막강한 군사력을 바탕으로 적극적이고 호전적인 대외 정책을 밀고 나갔으며 정복 전쟁을 서슴지 않았다. 태양왕은 친정 54년 중 37년 동안 전쟁을 치렀다.

루이 14세가 선봉에 선 전쟁들은 왕조들의 계승권 대립과 영토 확상 욕구, 세력균형 원칙에 따른 국제관계, 군대와 군사기구의 국가 관료제화, 군비 확장과 병력 증강 등 절대주의 시대 왕조 전쟁의 면모를 고스란히 보여준다. 상속전쟁War of Devolution(1667~1668) 동안 프랑스는 연간 14만 명을 군에 복무시켰으며, 프랑스-네덜란드 전쟁(1672~1678) 동안에는 연간 28만 명이 복무했다.

9년전쟁(1688~1697)과 에스파냐계승전쟁(1701~1714)을 거치면서 프랑스의 병력은 연간 40만 명을 훌쩍 넘어섰다. 물론 태양왕의 상비군 병력 중 절반은 자국민 징집병 또는 모집병이었고, 나머지 절반가량은 스위스 용병을 포함한 외국인 용병들로 채워졌다(루이 14세 때 용병의 나라 스위스인구 약 90만 명 중 12만 명이 프랑스군에 고용되었다). 40만 병력은 절대주의 시대의 프랑스 인구와 경제력이 감당할 수 있는 최대치라고 할 수 있을 것이다. 1609년 프랑스의 군사비는 국가 세출의 1/3 정도였으나, 1661년에는 1/2을 넘어섰다. 1688년 동맹전쟁이 시작되면서 걷잡을 수 없이 늘어난 군사비는 1692년 1억 890만 리브르로 세출의 80%에 이르렀다. 전쟁은 어김없이 더 많은 영토를 획득하려는 태양왕의 야욕이 발단이 되어 발발했다. 프랑스의 팽창과 패권에 놀란 잉글랜드, 네덜란드, 에스파냐, 오스트리아 및 독일의 여러 제후국들은 반反프랑스 공동전선을 펴는 한편 군비 확장과 병력 증강을 서둘러야 했다.

① 상속전쟁War of Devolution(1667~1668): 1665년 에스파냐에서 병약한 소년(카를로스 2세)이 왕위에 오르자 루이 14세는 자신의 왕비 마리-테레즈Marie-Therese의 남부 네덜란드 지방에 대한 상속권을 주장하고 나섰다. 1667년 튀렌Turenne 장군이 이끄는 프랑스 군이 남부 네덜란드로 진격하면서 전쟁이 벌어졌다. 프랑스는 소규모 전투와 도시 포위공격을 되풀이하면서 프랑슈콩테 등 몇몇 도시를 장악했다. 위협을 느낀 네덜란드 연방은 프로테스탄트 국가인 잉글랜드, 스웨덴과 삼국동맹을 맺고 프랑스와 대치했다. 1668년 5월 엑스라샤펠에서 휴전조약을 맺고 프랑스는 프랑슈콩테Franche-Comte를 에스파냐에 반환하는 대신, 릴, 투르네 등 남부 네덜란드의 몇몇 주요 도시들을 할양 받았다.

② 프랑스-네덜란드 전쟁Franco-Dutch War(1672~1678): 루이 14세는 잉글랜드, 스웨덴과 비밀협상을 맺고 네덜란드를 침공할 계획을 세웠다. 1672년 4월 네덜란드연방을 침공한 프랑스군은 파죽지세로 밀어붙이며 두 달 만에 40여 개의 요새를 함락시키고 거점도시 위트레흐트에 입성했다. 기습공세에 놀란 네덜란드는 프랑스에 유리한 평화협상을 제안했지만 손쉬운 승리에 도취한 루이 14세가 제안을 거부함에 따라 전쟁은 불가피하게 길어졌다. 1673년 말, 에스파냐와 오스트리아가 네덜란드와 동맹을 체결하고 여기에 브란덴부르크-프로이센이 가담하자, 전선은 네덜란드 이외의 지역으로 확대되었다. 1674년 초, 잉글랜드가 프랑스와의 동맹을 포기하고 네덜란드연방과의 유대를 강화

루이 14세, 1670

〈라인강을 건너는 루이 14세〉, 1672년 6월 12일

했다. 이제 프랑스는 홀로 유럽 여러 나라들에 맞서 밀고 밀리는 지루한 공방전을 벌여야 했다. 예상보다 장기화된 전쟁은 1678년 네이메헨 평화조약의 체결로 막을 내렸다. 승자와 패자를 가리기 어려운 지루하고 소모적인 전쟁 끝에 프랑스는 유럽의 패권자로서의 지위를 확립했고 루이 14세는 '루이 대왕Louis le Grand'이라 불리는 영예를 얻었다.

③ 9년전쟁Nine Years' War(1688~1697): 루이 14세는 변경 지역의 영토들을 프랑스에 편입시키는 이른바 '재결합Reunions'을 추진하면서 에스파냐와 신성로마제국에 대한 도발을 감행했다. 프랑스의 가차 없는 재결합정책은 유럽 국가들에 큰 충격과 두려움을 안겨주었다. 1686년 아우크스부르크에서 스웨덴, 네덜란드, 신성로마제국 산하 독일 제후국들, 오스트리아, 에스파냐, 포르투갈 등이 루이 14세의 침략에 맞서 동맹을 맺자, 여기에 1688년 명예혁명을 치른 잉글랜드가 가담하고 1689년 에스파냐와 사부아 공국이 참여해 반프랑스 대동맹이 결성되었다.[7] 프랑스가 홀로 유럽 동맹군에 맞서 싸운 전쟁이 시작되었다. 프랑스는 동맹군에 맞서 남부 네덜란드, 독일 서부, 피레네, 아일랜드 그리고 이탈리아 북부의 다섯 개 전선에서 싸워야 했다. 하지만 9년 동안의 전쟁은

7 9년전쟁은 '대동맹전쟁(war of the Great Alliance)' 또는 '아우크스부르크동맹전쟁(War of the League of Augsburg)'이라고도 불린다. 유럽 본토뿐만 아니라 멀리 아일랜드, 북아메리카, 인도 등지에서도 전쟁이 벌어졌기에, 최초의 세계대전이라고도 할 수 있을 것이다. 9년전쟁의 소용돌이 속에서 아일랜드에서는 윌리엄 국왕파의 전쟁(Williamite War, 1689-1691)이, 북아메리카 식민지에서는 윌리엄왕의 전쟁(King William's War, 1688-1697)이 벌어졌다.

군사적으로 주목할 만한 전투도 탁월한 전략도 결정적인 승패도 없는 전형적인 소모전war of attrition이었다. 막대한 군사비 지출은 특히 프랑스에서 재정 파탄과 경제 위기를 불렀으며, 기근과 흉작에 지친 참전국들은 종전을 서둘렀다.

9년전쟁은 30년전쟁에 버금가는 국제전이었으며 그만큼 많은 사상자가 발생했다. 참전국의 병력 규모는 130만 명을 웃돌았는데, 그중 프랑스군이 최고 40만 명 수준이었다. 9년 동안의 전쟁으로 프랑스군 약 24만 명을 포함해 총 68만 명의 군인이 사망했다. 프랑스는 스트라스부르를 제외하고 재결합으로 얻은 영토의 대부분을 상실했으며, 동맹군 측도 이전의 국경선을 회복하지 못했다.

④ 에스파냐계승전쟁War of the Spanish Succession(1701~1714): 1700년 에스파냐의 카를로스 2세가 후계자 없이 임종을 앞두자, 왕위 계승권을 주장하는 프랑스 부르봉 왕가와 오스트리아 합스부르크 왕가 사이에 긴장이 고조되었다. 카를로스 2세는 에스파냐 왕국과 프랑스 왕국이 통합하지 않는다는 조건으로 루이 14세의 손자 앙주 공 필리프Philip, duc d'Anjou에게 에스파냐 왕위를 넘긴다는 유서를 남겼다. 하지만 손자를 에스파냐 왕위에 앉힌 태양왕이 프랑스와 에스파냐를 통합하려는 움직임을 보이자, 오스트리아는 물론 영국, 네덜란드, 프로이센, 덴마크, 포르투갈 등이 일제히 반기를 들고 반프랑스 대동맹을 결성했다. 1701년 프랑스-에스파냐 측은 최고 40만 병력을, 반프랑스 동맹 측은 42만 병력을 동원하면서 에스파냐계승전쟁이 시작되었다.

전쟁에 가담한 각국 왕조의 이해관계와 팽창 욕구에 따라 네덜란드 저지대 지방, 라인란트 지방, 알프스 지방, 피레네산맥 등 프랑스 영토 변경의 거의 모든 지역이 전쟁터가 되었다. 전쟁에서 명성을 떨친 총사령관이나 장군들의 경력은 국경을 초월했다. 프랑스인 출신으로 오스트리아군에 복무한 프란츠 외젠Franz Eugene 원수는 루이 14세가 만류하는데도 합스부르크 왕가에 충성을 맹세하고 반프랑스 동맹군을 이끌었다. 30년전쟁 당시 프랑스군에 복무한 경력의 소유자였던 영국의 말버러 공작Duke of Marlborough은 이번에는 영국-네덜란드-포르투갈 총사령관을 맡아 프랑스의 패권을 꺾는 데 한몫했다. 장교나 사병들의 군적 이동도 다반사였다. 독일 군소 국가 출신 용병 부대나 아일랜드 용병부대는 자기들을 고용한 외국 왕조에 충성하며 양측에 나뉘어 서로 총부리를 겨누기도 했다. 요컨대 조국애나 국민의식보다 아직은 왕실과 국왕 개인

말버러 공작, 1702

<오우데나르 전장에 선 말버러 공작>, 1708

의 이해관계가 앞서는 왕조 전쟁의 전형적인 모습이었다.

영국의 말버러 공작은 전쟁 초기 주도권을 잃지 않았던 프랑스군에게 연거푸 패배를 안기고 전세를 역전시킨 승리의 주역이었다. 말버러는 창병 대신 착검 총병으로 군대를 편성하여 프랑스군보다 전술적으로 우위를 차지했으며, 동맹국 병력과의 연합작전을 통해 전장에서 수적 열세를 극복할 수 있었다. 1704년 6월 독일 바이에른 지방 블린트하임Blindheim에서, 1706년 5월 벨기에의 라미예Ramillies에서, 1708년 7월 벨기에의 오우데나르데Oudenarde에서, 1709년 9월 네덜란드의 말플라케Malplaquet에서 말버러 장군이 이끄는 다국적 연합군은 프랑스군에 맞서 연전연승을 거두었다. 남부 네덜란드 전선과 라인강 전선을 내준 데 이어서 북부 이탈리아 전선에서도 밀린 프랑스군은 심각한 재정 파탄 속에 강화를 모색했다.

14년 동안 무려 120만 병사의 목숨을 앗아간 전쟁은 뚜렷한 승자도 패자도 없이 막을 내렸다. 태양왕의 손자 앙주 공은 에스파냐 국왕 펠리페 5세로 즉위했지만 프랑스와 에스파냐 두 왕국을 합병하려는 태양왕의 야욕은 물거품이 되었다. 에스파냐계승전쟁 이후 프랑스는 더 이상 패권 국가의 위세를 유지할 수 없었다. 태양왕의 무모한 정복 전쟁은 유럽 열강의 반발에 부딪혔을 뿐만 아니라, 엄청난 국고 손실을 초래했는데, 전쟁으로 인한 재정 파탄은 훗날 프랑스에서 혁명이 발발하게 되는 한 원인을 제공할 것이었다.

참고문헌

김준석, 『국제정치의 탄생, 근세 초 유럽 국제정치사의 탐색 1494~1763』, 북코리아, 2018.
니콜로 마키아벨리, 『전술론』, 스카이출판사, 2011.
마이클 하워드(안두환 역), 『유럽사 속의 전쟁』, 글항아리, 2015.
맥스 부트(송대범·한태영 역), 『전쟁이 만든 신세계』, 플래닛미디어, 2007.
박상섭, 『근대국가와 전쟁, 근대국가의 군사적 기초 1500~1900』, 나남출판 1996.
버나드 몽고메리(승영조 역), 『전쟁의 역사』, 책세상, 2004.
윌리엄 맥닐(신미원 역), 『전쟁의 세계사』, 이산, 2005.
크리스터 외르겐전 외(최파일 역), 『근대 전쟁의 탄생, 1500~1763년』, 미지북스, 2011.

Arnold, Thomas, *The Renaissance at War*, Cassell, 2002.
Levy, Jack, *War in the Great Power System 1495-1975*, University Press of Kentucky, 2014.
Morillo, Stephen et al, *War in World History: Society, Technology and War from Ancient Times to the Present*, New York: McGraw-Hill, 2009.
Parker, Geoffrey (ed.), *The Cambridge Illustrated History of Warfare*, London: Cambridge University Press, 1995.
Rogers, Clifford (ed.), *The Military Revolution Debate, Readings on the Military Transformation of Early Modern Europe*, Routledge, 1995.

05

전쟁과 혁명의 시대

1720년~1815년

이용재 전북대학교 사학과 교수

I

18세기 유럽의 격동

유럽의 18세기는 이전 16~17세기에 비해 상대적으로 평온한 시기였다. 전쟁은 다소 줄고, 인구가 증가하고 경제가 번영했다. 일찍부터 상공업에 종사하는 시민계급이 성장한 영국과 네덜란드는 국왕의 전제정치에 맞서 의회제도가 발전하고 입헌체제를 강화하는 방향으로 나아갔다. 그렇지만 대다수 국가들은 국왕주권론을 기반으로 굳건한 절대왕정을 유지했다. 전제 왕권의 버팀목인 귀족계급이 여전히 토지와 무력을 독점하고 지배층을 이루고 있었기 때문이다. 그런 속에서도 상업과 무역으로 부를 축적하고 지식과 교양을 쌓은 중간계층이 사회의 중추로 등장하면서 새로운 사상과 문화가 싹트기 시작했다.

18세기 후반 들어 영국, 네덜란드, 프랑스 등 서유럽에서는 전제 왕정의 강압 통치를 비판하고 종교적 관용과 시민적 평등을 주장하는 계몽사상이 발전했다. 합리주의 정신과 비판적 사고를 중시하는 새로운 사상은 유럽 지식인 사회에 널리 퍼졌다. 그 영향으로 근대화에 뒤처져 있던 동유럽 국가들에서 이른바 계몽 절대주의 또는 계몽 전제정치라고 불리는 특이한 정치체제가 나타났다. 러시아, 오스트리아, 프로이센 등 18세기 들어 강국의 대열에 합류한 후발 국가들은 한편으로 전제 왕권을 강화하고, 다른 한편으로 국력 신장과 국민 복지를 꾀한다는 얼핏 보아 모순된 근대화의 길을 택했다. 러시아의 예카테리나 여제, 오스트리아의 마리아 테레지아와 요제프 2세, 프로이센의 프리드리히 2세가 바로 그런 계몽 전제군주의 전형이었다. 이들은 전제 왕정체제에 도전하는 소요와 폭동은 가차 없이 진압하고 신분제 사회를 혁신하는 어떤 근본적인 개혁도 내놓지 못했다. 하지만 학문을 장려하고 교육을 보급했으며, 종교적 관용을 베풀고 고문제도를 폐지하는 등 일련의 개선책을 내놓기도 했다. 이와 동시에 이들은 태양왕 루이 14세를 본받아 영토 확장과 정복 전쟁을 추구하며 유럽을 전란의 수렁으로 몰아넣었다.

풍부한 물적, 인적 자원과 체계적인 군사조직을 갖춘 유럽 각국은 세력균형의 국제관계에 따라 충돌과 전쟁을 거듭하는 동시에 경제적 이윤을 목적으로 해외 팽창에 박차를 가했다. 1740년 오스트리아계승전쟁과 1754년 7년전쟁은 유럽 전쟁인 동시에 아메리카와 아시아까지 영향을 미친 세계 전쟁이기도 했다. 중국과 인도 등 아시아의 문명 지역과 북아메리카 대륙에서 줄기차게 계속된 유럽 열강 사이의 경쟁과 충돌은 결국 각국이 아메리카와 아프리카, 인도양 연안의 특정 항구를 점거하고 무역을 독점하는 형태로 조정되었다. 무역 독점은 강력한 군사력에 의해 유지되었으며, 영국과 프랑스는 해외 거점을 차지하고 궁극적으로 식민지 경영으로 나아가기 위한 마지막 경합을 벌였다.

1 유럽의 세력균형과 프로이센의 대두

18세기에 유럽 국가들은 세력균형의 국제관계에 따라 다양하고 복잡한 외교적, 군사적 동맹관계를 거듭했다. 루이 14세의 절대 패권에 맞서 벌어진 에스파냐계승전쟁(1701~1714) 이후 프랑스의 위세가 상대적으로 수그러들고, 향후 40여 년간 유럽에 평화가 도래했다. 18세기 유럽의 세력균형에서 중요하게 떠오른 곳은 지금껏 유럽의 변경지대에 지나지 않았던 동유럽 지역이었다.

동유럽의 전통적인 강국은 합스부르크 왕조의 오스트리아였다. 1687년 레오폴트 2세Leopold II는 모하치Mohác 전투에서 오스만 튀르키예군을 격파하고 마침내 이슬람의 침공을 막아내는 데 성공했으며, 오스트리아는 보헤미아에서 헝가리에 이르는 방대한 지역을 영유했다. 18세기에 오스트리아는 남진하는 러시아의 세력을 막는 방대한 방파제 구실을 할 것이었다. 반면에 중세 이래 동유럽에서 가장 넓은 영토를 차지한 거대 왕국 폴란드-리투아니아는 근대화의 각축장에서 점점 밀려났다. 강력한 절대왕권을 수립하는 데 실패한 '중세' 왕국 폴란드는 새로 대두하는 인접 강국들에 둘러싸여 줄곧 변경의 영토를 빼앗기는 신세가 되었다. 18세기 말 폴란드는 러시아, 오스트리아, 프로이센의 침입을 받아 국토가 완전히 분할되고 나라가 지도에서 사라지는 운명을 맞게 된다.

대북방전쟁과 러시아의 흥기

18세기 초 러시아가 돌연 유럽의 각축장에 등장했다. 17세기 말 러시아의 표트르 대제Piotr I는 서구화 정책을 실시해 서유럽의 발전된 기술과 문물을 도입하고, 국가 행정과 군대를 서구식으로 개편하는 데 성공했다. 18세기 초 북유럽의 강자 스웨덴은 덴마크, 노르웨이, 러시아로부터 영토를 빼앗아 발트 해 연안 작은 국가들을 지배하고 있었다. 1700년 러시아의 표트르 1세, 덴마크와 노르웨이의 국왕 프레데리크 4세, 폴란드 국왕이자 작센의 선제후인 아우구스트 2세가 비밀동맹을 맺고 스웨덴을 침공하면서 대북방전쟁Great Northern War(1700~1721)이 시작되었다.

전쟁 초기에 8만여 정예 스웨덴군은 연전연승을 기록했다. 젊은 국왕 카를 12세Karl XII는 남쪽으로 덴마크를 침공하고 코펜하겐을 위협했으며 동쪽 나르바 요새를 포위한 러시아군을 기습해 퇴치했고, 남동쪽으로 밀고 내려가 작센군을 물리친 후 폴란드까지 진격해서 바르샤바와 크라쿠프를 점령했다. 카를 12세는 폴란드 왕 아우구스투스를 폐위하고, 스웨덴 측에 가담한 스타니슬라스 레친스키를 왕위에 앉혔다. 승기를 잡은 카를 12세는 표트르 1세의 협상 제

표트르 1세, 1717

〈플타바 전장에 선 표트르 1세〉, 1709

안을 거부하고 1708년 러시아 본토를 침공했다. 스웨덴군은 스몰렌스크까지 진격했으나 러시아의 초토화 작전과 겨울추위에 밀려 기아와 질병에 시달리면서 병력의 5분의 1을 잃었다. 그럼에도 카를 12세는 추격해오는 러시아군을 맞아 일전을 벌이는 전략적 실책을 범했다. 1709년 6월 우크라이나의 폴타바 Poltava에서 1만 7,000 스웨덴군은 표트르 1세가 친히 나선 4만 9,000 러시아군에 맞서 처참한 패배를 당했다. 7,000명이 사망하고 3,000명이 포로로 잡혔으며, 카를 왕은 겨우 1,800명 병사만을 수습해서 멀리 오스만 제국으로 달아났다. 이후 몇 년 동안 러시아는 잃었던 핀란드 영토를 되찾았고, 아우구스투스 왕은 다시 폴란드 왕위를 되찾았다.

1714년 카를 12세는 스웨덴으로 복귀했으나, 이제 러시아, 덴마크, 작센, 폴란드뿐만 아니라 프로이센, 하노버, 잉글랜드가 포함된 적대동맹에 맞서야 했다. 하지만 탈영과 병력 감소로 군기가 저하되고, 1718년 카를 왕은 노르웨이를 침공하다 저격병의 총에 맞아 전사했다. 1721년 뉘스타드 조약으로 전쟁이 끝났다. 스웨덴군 측 20만 명, 러시아 동맹군 측 29만 명의 사상자가 발생한 오랜 전쟁의 승자는 러시아 그리고 표트르 1세였다.

한 번의 전투가 전세를 결정했다. 폴타바 전투의 승자 표트르 1세는 유럽 전역에 명성을 떨쳤다. 대북방전쟁을 전환점으로 '북방의 사자' 구스타브 아돌프 이후 북유럽의 강자로 자처했던 스웨덴이 약소국가로 전락하고, 신흥 강국 러시아가 유럽 무대의 전면에 등장했다. 이후 러시아는 본격적으로 우크라이나 스텝 지역으로 남하하기 시작할 것이다.

프로이센의 강성

러시아, 오스트리아, 프로이센 등 뒤늦게 근대화의 길에 들어선 이른바 계몽전제왕정 중 군사적인 측면에서 비약적인 발전을 이룩한 나라는 프로이센이었다. 폴란드 왕국의 봉신국으로 출발한 프로이센 '공국'은 1618년 브란덴부르크 변경백령과 결합해 영토와 세력을 확장해나갔다. 1701년 에스파냐계승전쟁으로 요동치는 국제관계 속에서 프로이센은 '왕국'의 지위를 얻었다. '국왕' 프리드리히 1세는 베를린에 '왕립' 군사학교를 세우고 '왕궁' 샤를로텐부르크를 건설해 왕국의 기틀을 닦았다.

프로이센이 군사강국의 기반을 다지기 시작한 것은 '군인왕Soldatenkönig'

프리드리히 빌헬름 1세Friedrich-Wilhelm I(1713~1740) 치세였다. 프리드리히 빌헬름 1세는 프랑스 바로크풍의 사치와 향락을 배격하고 근면과 훈련, 충성과 복종의 군대식 문화를 양성했다. 통치 기조는 군사력 강화에 있었다. 척박한 영토에 인구가 희박한 프로이센이 강대국 틈바구니에서 살아남으려면 강력한 군사력이 필요했다. 그는 1723년 군사 업무와 재정 업무 및 일반 행정을 총괄하는 관리총국을 설치해 국가의 모든 가용 자원을 군사력 강화에 집중시켰다. 관리총국은 연대 규모로 병력을 충원할 수 있는 단위로 전국에 징병관구들을 설정했다. 18~40세의 모든 장정이 소집 대상이었지만, 징집의 부담은 주로 농민에게 떨어졌다. 일정 기간 병사로 징집된 농민은 파종기나 수확기에만 영주의 토지에 노동력을 제공하기 위해 고향으로 돌아갈 수 있었다.

프리드리히 빌헬름 1세는 전제왕권 강화를 위해 전통 귀족층과 제휴하는 길을 택했다. '융커Junker'라 불린 토지귀족층은 의무적으로 군장교로 복무하는 대가로 장원의 농민을 관할하는 배타적인 특권을 누렸으며, 프로이센 왕가에 통치자금을 제공하며 국가의 든든한 버팀목이 되었다. 도시 상공업자들은 병역을 면제받은 대신 충실한 조세 부담자로 국가에 봉사하는 길을 택했다. 징집은 곧 농민의 몫이었다. 농민의 중노동과 희생을 전제로 한 징집제도는 스웨덴이나 러시아 등 주로 자원이 빈약한 나라가 강력한 군대를 유지하기 위한 수단이었다. 1713년 프리드리히 빌헬름 1세 즉위 당시 프로이센은 병력이 4만 명이었는데, 1740년 사망했을 때는 8만 명으로 늘었다. 당시 프로이센 인구 220만 명의 약 3.6%를 동원한 것이다. 이로써 대부분의 유럽 국가들이 전력의 상당 부분을 외국인 용병으로 충원하는 상황에서 프로이센은 병력의 3분의 2 이상을 자국민으로 채울 수 있었다.

프리드리히 2세Friedrich II(1740~1786)는 선왕으로부터 강력한 군대를 물려받았다. 위대한 전략가 프리드리히 대왕은 왕위에 오르자마자 오스트리아계승전쟁에 개입하고 7년전쟁에 개입해 군사강국의 명성을 쌓았으며, 폴란드 분할에 참가해 영토를 확장했다. 7년전쟁이 한창인 1760년대에 프로이센의 병력 규모는 15만 명(인구 대비 6.8%)을 넘어섰다. 프로이센에는 '국가 안에 군대'가 존재한다기보다 '군대 안에 국가'가 존재한다는 말이 나돌 정도였다. 프리드리히의 치세 말년에 프로이센은 인구 400만, 상비군 20만의 강국이 되었다.

오스트리아계승전쟁(1740~1748)

1740년 독일의 미래를 좌우할 두 강국, 오스트리아와 프로이센에서 새 군주가 왕좌에 올랐다. 프로이센 국왕 프리드리히 빌헬름 1세가 사망하고 그의 아들 프리드리히 2세가 왕위에 올랐고, 오스트리아의 카를 6세가 사망하고 장녀 마리아 테레지아Maria Theresia가 왕위를 계승했다. 여성의 왕위 계승을 금지하는 해묵은 '살리카법Lex Salica에도 불구하고 장녀에게 왕위를 물려주고자 한 카를 6세는 이미 1713년 국사조칙國事詔勅, pragmatic sanction을 제정하고 신성로마제국 내 여러 제후국들과 인접 국가들의 외교적 승인을 구했다. 하지만 막상 카를 6세가 세상을 떠나자 유럽 각국은 마리아 테레지아의 계승을 인정하지 않고 영토 획득을 노리고 개입했다.

카를 6세의 사망 소식이 전해지자마자 프리드리히 2세는 프로이센군을 이끌고 선전포고도 없이 오스트리아의 슐레지엔을 침공했다. 이로써 유럽은 다시 전쟁의 소용돌이에 휘말리게 된다. 에스파냐는 오스트리아가 약화된 틈에 이탈리아에서 영토 획득을 노렸고, 바이에른, 작센, 팔츠 등 유력 제후국들은 신성로마제국 내에서 합스부르크 왕가의 독점을 깨고자 했다. 프랑스는 오랜 숙적 합스부르크-오스트리아를 결정적으로 약화시킬 기회를 노리고 전쟁에 개입했다. 반면에 오스트리아가 약화되면 유럽의 세력균형이 붕괴될 것을 우려한 영국과 네덜란드는 오스트리아 측에 가담했고, 여기에 뒤늦게 러시아와 사르데냐가 합류했다. 비밀 동맹과 조약 파기를 반복하며 이어진 전쟁은 어제의 우군이 오늘의 적군으로 바뀌는 냉혹한 국제정치의 각축장이었다. 전쟁은 교전국에 따라 저지대 네덜란드에서 라인강 연변, 이탈리아반도, 바다 건너 서인도 제도까지 이어졌지만 주요 무대는 오스트리아와 프로이센이 격돌한 슐레지엔 지방이었다.

주요 국가 병력 규모

	프랑스	영국	오스트리아	프로이센	에스파냐	스웨덴
1710년	255,000	75,000	120,000	43,800	50,000	38,800
1740년	201,000	40,800	108,000	77,000	67,000	15,000
1760/61년	347,000	99,000	201,000	130,000	59,000	53,000
1789/90년	136,000	38,600	314,800	195,000	85,000	47,000

출전: J. Black (ed.), *European Warfare 1453~1815*.

오스트리아계승전쟁 당시의 세력 분포

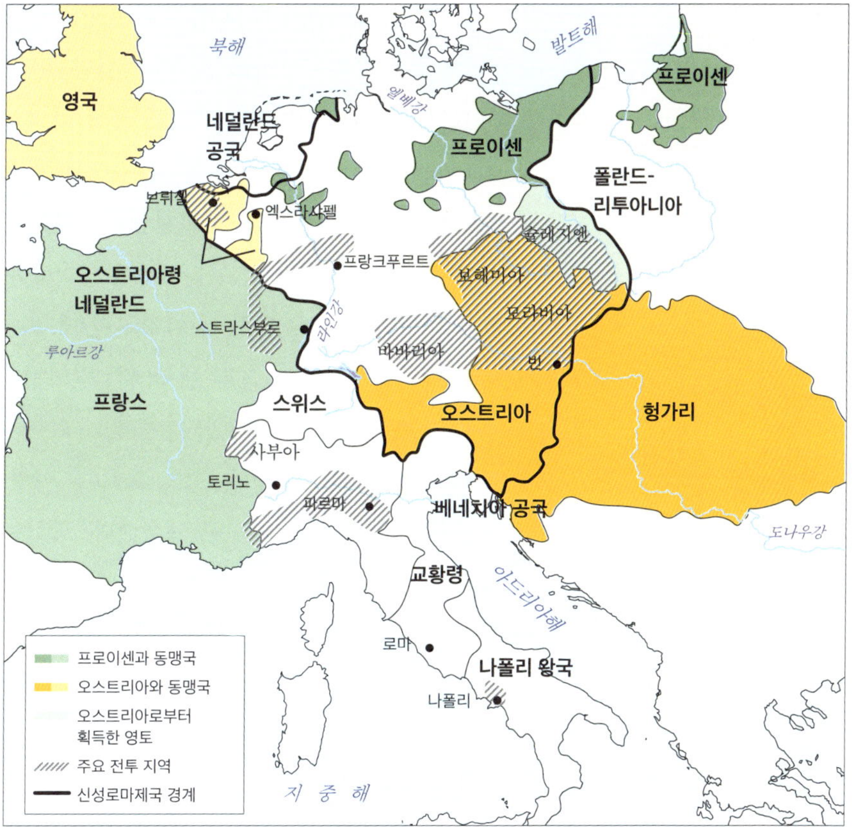

슐레지엔은 보헤미아와 프로이센, 폴란드와 작센 사이에 위치한 전략적 요충지이자 오스트리아에서 가장 부유한 산업 지역이었다. 프리드리히 2세가 방대한 슐레지엔 지역을 병합함으로써 프로이센 인구는 단번에 220만에서 320만 명으로 증가했다. 프리드리히는 1741년 4월 몰비츠 전투에서 오스트리아군을 상대로 첫 승을 거둔 데 이어 1745년 6월 호헨프리트베르크 전투에서도 대승을 거둬 슐레지엔을 굳게 지켰다. 두 전투 모두 오랜 훈련과 엄한 군기로 다져진 프로이센군의 신속한 기동력과 기습작전에 의한 승리였다. 1748년 참전국들이 엑스라샤펠 조약에 서명함으로써 8년 남짓 걸친 전쟁은 막을 내렸다. 오스트리아는 마리아 테레지아의 왕위 계승을 인정받는 대신 프로이센의 슐레지엔 영유를 인정해야 했다. 전쟁의 승자는 프리드리히 2세였다.

7년전쟁(1756~1763)

오스트리아계승전쟁이 막을 내린 지 불과 8년여 만에 유럽은 다시 전란에 휩싸였다. 아메리카의 식민지에서 영국과 프랑스가 일촉즉발의 충돌을 거듭하는 상황에서 오스트리아의 마리아 테레지아가 빼앗긴 슐레지엔을 되찾으려 기회를 노리면서 전운이 감돌았다. 1756년 5월 윌리엄 피트William Pitts가 이끄는 영국 정부가 프랑스에 공식 선전포고를 하고, 8월 프로이센의 프리드리히 2세가 선전포고도 없이 작센 지방을 선제공격하면서 이른바 '7년전쟁'의 막이 올랐다. 훗날 영국 총리 처칠Winston Churchill이 '최초의 세계 전쟁'이라고 불렀듯이, 전쟁은 유럽 대륙을 넘어 멀리 아메리카 대륙과 카리브해, 인도 아대륙까지 세계적 규모로 펼쳐졌다. 유럽 대륙에서 일어난 영토 분쟁이 아메리카와 인도에서 식민지 쟁탈 전쟁으로 번진 것이다.

7년전쟁은 흔히 '외교 혁명diplomatic revolution'이라 부를 만큼 유럽 열강의 동맹관계에 극적인 변화가 생기면서 발생했다. 오스트리아 대 프로이센, 영국 대 프랑스의 대립 관계에는 변화가 없었으나, 영국이 프랑스로부터 하노버 공국을 지키기 위해 프로이센과 동맹을 맺자, 프랑스는 전통적인 숙적 오스트리아와 손을 잡았다. 여기에 프로이센의 팽창을 저지하려는 러시아와 스웨덴이, 그리고 아메리카에서 영국과 경쟁하는 에스파냐가 뒤늦게 프랑스·오스트리아 진영에 가담했다.

1754년 영국이 프랑스의 식민지를 공격하고 상선 수백 척을 나포하면서 북아메리카 캐나다 지역에서도 전쟁이 시작되었다. 흔히 '프렌치 인디언전쟁French and Indian War'이라고도 불리는 이 식민지 쟁탈전에서 영국은 처음에 고전을 면치 못했으나 1759년 9월 제임스 울프 장군이 이끄는 영국군이 에이브러햄 평원 전투에서 프랑스군을 꺾은 데 이어서, 울프 장군이 전사하는 희생을 치르면서 난공불락의 요새 퀘벡을 점령하면서 승기를 잡았다. 다음 해 최후의

역사 속 역사 세력균형 balance of power

국제관계에서 하나의 패권 국가가 출현하는 것을 막기 위해서 다른 여러 국가들이 연합해 대항함으로써 힘의 균형을 이루는 것을 일컫는다. 프랑스의 태양왕 루이 14세의 침공에 맞서 유럽 대다수 국가가 동맹을 맺은 아우크스부르크동맹전쟁(1688~1697), 나폴레옹 제국에 맞서 유럽 국가들이 벌인 동맹전쟁(1804~1815) 등등 세력균형 원칙은 전쟁사에서 자주 찾아볼 수 있다.

요새인 몬트리올이 함락되고 식민지 쟁탈전은 영국의 승리로 끝났다.

프렌치 인디언전쟁은 그리 큰 규모의 전쟁은 아니었으나 중요한 결과를 가져왔다. 영국은 식민지 쟁탈전의 최종 승자가 되었으며 아카디아 지역에서 프랑스인은 대거 추방당하고, 캐나다의 지배권은 영국으로 넘어갔다. 막대한 전쟁 비용을 지출한 영국은 당연히 식민지에 보상을 요구하면서 간섭을 강화했다. 영국은 식민지에 과중한 세금을 부여했으며, 여기서 비롯된 갈등이 결국은 식민지의 독립선언과 전쟁으로 이어지게 될 것이었다.

인도에서도 영국과 프랑스 사이의 해묵은 이권 다툼에 다시 불이 붙었다. 인도 남부와 벵골 지방에서 산발적인 전투가 잇달았다. 1757년 6월 플라시Plassey 전투에서 로버트 클라이브Robert Clive가 이끄는 영국군이 프랑스군의 지원을 받는 벵골 토후국을 꺾고 콜카타를 장악했다. 프랑스 세력은 모두 축출당하고 인도가 영국의 식민지로 전락할 운명이었다. 북아메리카에 이어 인도에서 프랑스를 꺾고 승리한 영국은 마침내 '해가 지지 않는' 거대 식민제국이 될 터였다.

반면에 유럽 대륙에서 7년전쟁의 실질적인 주인공은 영국도 프랑스도 아닌 프로이센이었다. 대륙 내에 동맹국을 두지 못한 프로이센은 오스트리아, 프랑스, 러시아 등 거대 강국에 둘러싸인 형국이었다. 더구나 동맹국 영국은 프랑스와의 식민지 전쟁에 내몰려 프로이센에 직접 군사 원조를 할 여유가 없었다. 프리드리히 2세는 전선에서 전선으로 신속하게 이동하며 선제공격을 펼치는 승부수를 띄울 수밖에 없었다. 군 최고사령관을 겸한 프리드리히는 콜린Kolin 전투(1757. 7)에서 프라이베르크Freiberg 전투(1762. 10)까지 모두 일곱 차례 직접 전투를 이끌었다.

1757년 12월 슐레지엔 지방 로이텐Leuthen에서 벌어진 전투는 위대한 전략가 프리드리히의 명성을 전 유럽에 알린 결정적인 장면이었다. 3만 6,000명(대포 160문)의 프로이센군은 7만 명(대포 210문)의 오스트리아군에 맞섰다. 오스트리아군은 로이텐 부근 늪지대에서 무려 9km의 전선을 형성했다. 병력이 열세인 프리드리히는 대담하게 사선대형oblique formation을 펼쳐 적군을 교란했다. 프리드리히는 기병대를 오스트리아군의 우익으로 진격시켜 적군을 유인하는 한편 주력군으로 적의 좌익을 공격하는 양동작전을 썼다. 엄격한 기율과 고도의 훈련으로 단련된 프로이센 보병부대는 프리드리히의 작전을 성공시켰다.

〈프리드리히 대왕 초상〉, 빌헬름 캠프하우젠 작

〈프로이센 척탄병의 돌진〉(로이텐 전투, 1757. 12. 5), 카를 뢰흘링 작

신속한 기동으로 유리한 지형에서 적군과 대치한 프로이센군은 불굴의 투지로 위험을 무릅쓰고 3열 선형대형으로 전진하면서 일제사격을 가해 적의 대오를 무너뜨렸다. 로이텐 전투는 18세기 선형 전투의 대표적 사례인 동시에 신속 기동과 집중 타격을 핵심으로 하는 나폴레옹식 전법의 초벌 형태라고도 할 수 있다. 훗날 나폴레옹은 이 전투를 가리켜 '기동·작전·결단의 걸작'이라고 평하면서 "이것만으로도 (프리드리히는) 가장 위대한 장군의 반열에 오를 수 있다"고 말했다.

물론 프로이센군이 마냥 승승장구한 것은 아니었다. 1759년 7월 폴란드 국경 팔치크에서 벌어진 전투에서 섣불리 공격을 감행한 프로이센군이 러시아군의 밀집방어에 막혀 패배했다. 8월에는 오데르 지방 쿠네르스도르프Kunersdorf에서 프리드리히가 이끄는 5만 명의 프로이센군이 6만 명의 러시아-오스트리아 연합군에게 대패했다. 쿠네르스도르프 전투는 프리드리히가 겪은 최악의 패배였으며, 프로이센은 수도 베를린까지 위험에 처하기도 했다. 프리드리히는 1760년 8월 슐레지엔 지방 리그니츠에서, 11월 작센 지방 토르가우에서 오스트리아군을 물리치는 데 성공했다. 하지만 프로이센 병력은 어느새 10만 명도 남지 않아 전황이 매우 어두웠다.

그런데 1761년 1월 친親프로이센 노선의 표트르 3세가 러시아 황제로 즉위하면서 러시아는 동맹 전선에서 이탈했다. 지칠 대로 지친 교전국들은 이듬해 마침내 평화조약을 맺고 전쟁을 끝냈다. 당사국들은 전쟁 전의 상태로 돌아가기로 합의했으며, 프로이센은 작센에서 물러나는 대신 슐레지엔 영유를 보장받았다. 이렇게 7년 동안의 밀고 당기는 소모전은 무려 100만 사상자를 남긴 채 허무하게 끝을 맺었다.

2 전열보병(戰列步兵) 시대

총검의 개발과 선형 전술

18세기판 '세계 전쟁'이라 할 만한 7년전쟁은 유럽 열강의 세력 판도를 크게 바꾸어놓았다. 영국이 여전히 해상 강국의 위용을 유지하고 프로이센이 신흥 강국으로 부상한 반면, 전통 군사 강국인 오스트리아와 프랑스는 기세가 한풀 꺾였다. 이렇게 7년전쟁이 유럽 열강의 패권 경쟁에서 중요한 전환점을 제공하기는 했지만, 18세기의 전쟁에서는 기술적·군사적·전략적 측면에서 이전과 다른 획기적인 변화를 찾아보기는 힘들다. 사실 유럽 대륙 안에서는 무기나 전술의 차이가 크지 않았다. 유럽의 군대들은 대부분 적성국에서 이루어낸 성공적인 발명이나 개량을 발 빠르게 받아들였다. 따라서 전쟁에서 보여준 기술적 우위나 전술적 혁신은 어느 한 국가의 독점물이 아니었다.

18세기 보병의 전투에서 가장 눈에 띄는 것은 창병이 완전히 사라졌다는 점이다. 이것은 개인 화기인 머스킷의 개량이 가져온 대표적인 변화였다. 17세기까지 머스킷은 장전과 발사 과정이 더디고 번거로운 화승식火繩式, matchlock 격발장치를 사용했다. 하지만 18세기 들어 부싯돌 마찰로 일어나는 불티로 화약을 터뜨리는 수발식燧發式, flintlock이 발명되어 화승식 머스킷을 대체해나갔

총검과 수발총

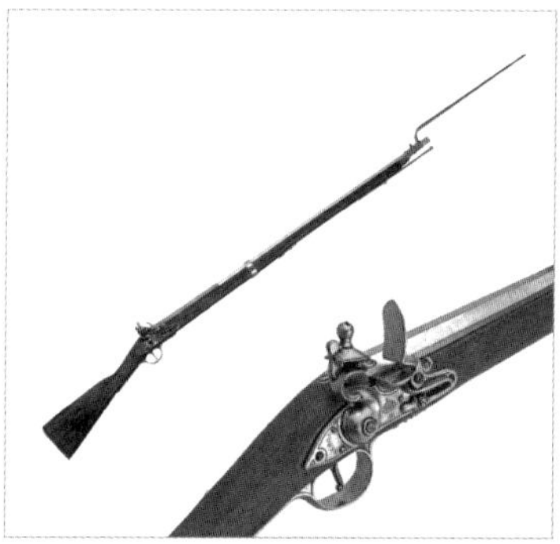

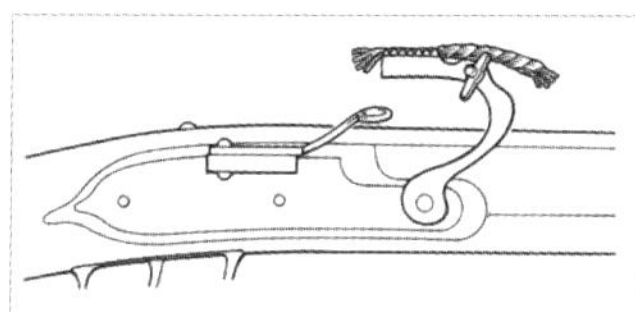

화승식 머스킷

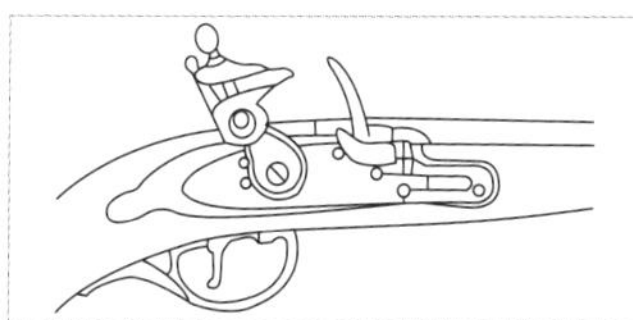

수발식 머스킷

장방형에서 선형으로 변화한 보병 대형
(참고: Matthew Bennett, Christer Jorgensen et al., *Fighting Techniques of the Early Modern World*, Thopmas Dunne Books, 2006.)

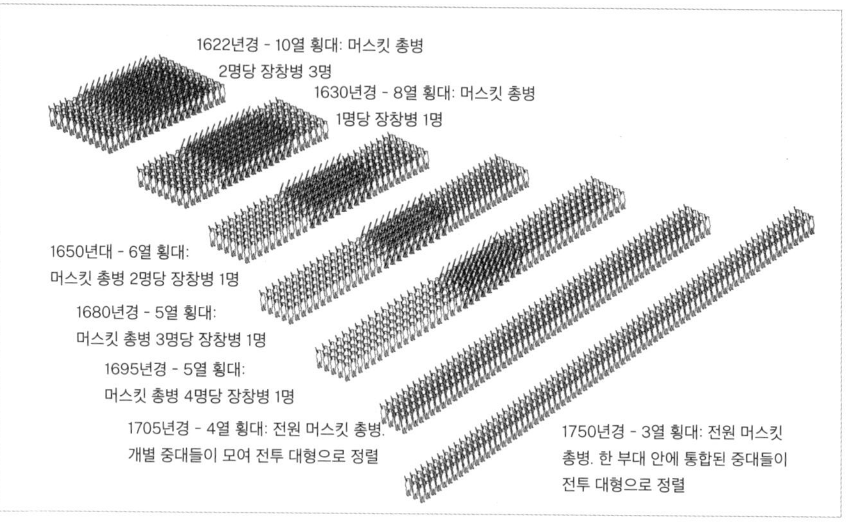

다. 수발식 머스킷은 여전히 전장식前裝式 장전 방식이었지만 간편한 발화 과정으로 일제사격이 가능했다. 게다가 총검의 고리를 총열에 고정하는 방식인 고리형 총검bayonet의 발명으로 총검을 부착한 상태에서도 사격이 가능했다. 고리형 총검 덕분에 모든 보병이 창병이 될 수 있었기 때문에 전장에서 창이 완전히 사라졌다. '장창과 머스킷'의 시대는 역사의 뒤안길로 사라지고 '총검 보병'의 시대가 온 것이다.

개인 화기의 발전은 전장에서 18세기 특유의 보병 전투 방식으로 불리는 선형 전술linear tactics을 만들어냈다. 창병과 머스킷 총병으로 구성된 16세기의 장방형 밀집대형이 총병의 비중이 커짐에 따라 점차 선형대형으로 바뀌었다. 보병 진영은 네덜란드의 마우리츠에 의해 10열 횡대로, 스웨덴의 구스타브 아돌프에 의해 6열 횡대로 점차 엷어졌다. 그러다 18세기 들어 소총수들이 3~4열 횡대로 엷게 늘어선 완전한 선형대형으로 바뀐 것이다.

오스트리아계승전쟁을 거쳐 7년전쟁에 이르기까지 18세기의 전투는 전형적인 장면들을 보여준다. 탁 트인 개활지에서 양측 군대가 일정한 거리를 두고 자로 잰 듯 정연하게 포진한다. 깔끔한 제복을 갖춘 보병들이 어깨와 어깨를 맞대고 대대와 대대가 연이은 형태로 3~4줄 횡대대형으로 길게 늘어선 것이다. 기병과 포병은 긴 직선대형의 양쪽 날개에 자리를 잡는다. 총검을 든 양측 보병은 군악대의 신호에 맞춰 질서정연하게 전진하면서 60~70m 거리를 두고 지휘관의 명령에 따라 적진을 향해 일제사격을 한다. 기사도 정신에 투철한 단

〈프로이센 전열보병의 공격〉(호헨프리트베르크 전투, 1745. 6. 4), 카를 뢰흘링 작

체 결투를 연상시키는, 얼핏 무모해 보이는 이러한 전투 방식은 18세기 전쟁터에서 흔히 볼 수 있었다.

선형 전술의 도입은 한편으로 보병 화기의 기술적 한계와, 다른 한편으로 명예와 군기를 중시하는 계몽주의 시대의 전투 문화와 무관하지 않다는 것이 일반적인 견해이다. 수발식 머스킷총은 분당 3발 정도만 발사가 가능한 데다 총알이 불규칙한 커브를 그리며 날아가는 까닭에 70m를 넘어가면 명중률이 급격히 떨어졌다. 따라서 나란히 늘어선 사수들은 적군의 총탄 세례를 무릅쓰고 적진으로 다가가 무차별 일제사격을 하는 것이 최선이었다. 접전을 앞둔 일반 사병들의 탈영과 도주는 흔한 일이었다. 따라서 산개대형은 병사들의 이탈을 낳을 우려가 있는 반면 개방 지형에서 만든 선형대형은 병사들에 대한 감시와 통제가 수월했다. 더구나 구체제의 귀족 출신 장교들은 국왕에 대한 충성의 덕목으로 군인의 명예와 자부심, 전사의 용맹과 희생정신 따위를 강조했다. 선형 전술은 엄폐 사격이나 배후 기습이 아니라 정면 대결을 전제로 한다. 따라서 지휘관들은 병사들에게 적군의 총포 공격에도 과감하게 육탄 공격을 명령했고, 희생을 감수하면서 공격 대오를 유지하는 불굴의 용기와 인내를 요구했다.

물론 선형 전술이 구체제 시대 보병 교전의 유일한 형태는 아니었다. 프로이센의 완승으로 끝난 7년전쟁이 막바지에 이른 1761년 3월, 프랑스군 브로이 원수는 독일 중부 그륀베르크에서 지형에 맞게 보병부대를 산개해 프로이센군을 격파, 프랑스에 값진 승리를 안겨주었다. 18세기 후반에는 전열보병대

의 외곽에서 독자적으로 작전할 수 있는 경보병 대대가 신설되고, 정찰과 탐색 임무를 맡은 척후병 중대가 창설되기도 했다. 하지만 18세기 전투의 주인공은 선형 대오를 이룬 전열보병이었으며, 기동성을 발휘할 수 있는 종대대형이나 적을 교란시키는 산개대형은 가능한 한 기피했다.

군제 개혁과 화포의 발달

18세기 후반, 프랑스는 군대조직과 편제, 전술과 무기 개발 등에서 앞서나갔다. 7년전쟁에서 영국에 패배하고 프로이센의 약진에 충격을 받은 프랑스는 18세기 말 줄곧 군제 개혁을 위한 논의를 진전시켰으며 야전 전술에서도 상당한 혁신을 이룩했다. 1789년 프랑스 혁명이 일어나기 전까지 프랑스는 유럽에서 가장 중요한 군사적 실험과 혁신이 이루어진 곳이었다. 프랑스 육군성은 군대의 혁신을 가로막는 군부 내의 파벌 다툼을 억제하고, 무기의 개량과 전법의 혁신에 박차를 가했다.

프랑스 군조직의 혁신은 먼저 '사단division'의 발명에 있었다. 사단은 보병·기병·포병의 세 병과와 공병·위생병·통신병 등 지원병으로 구성되며, 참모부에 의해 통합적으로 조정되고 단일 지휘관에게 복종하는 전투 단위이다. 프랑스 장군 피에르 부르세는 『산악전의 원칙*Principes de la guerre des montagnes*』(1775)에서 부대가 신속한 진군과 기동을 확보할 수 있도록 부대를 '사단'으로 재편성할 것을 주장했다. 프로이센군의 속도전에 충격을 받은 프랑스군은 야전에서 기동력을 확보하는 데 혈안이 되었다. 사단별 작전 단위는 군대의 신속한 기동을 확보해주고 보급 물자를 단축시켜주었을 뿐 아니라, 단독 작전과 연합작전을 결합할 수 있게 해줌으로써 전략적 선택의 폭을 넓혀주었다. 여러 차례 모의실험과 훈련을 거쳐 1787년 프랑스 육군은 사단(최대 병력 1만 2,000명) 단위로 완전히 재편했으며, 프랑스혁명전쟁을 거치면서 사단 편성이 야전 대형으로 표준화되었다.

선형 전술에도 약간의 개선이 이루어졌다. 횡대ligne대형은 화력의 극대화에 유리했지만 야전에서 종대colonne대형보다 기동력이 떨어진다는 단점이 있었다. 횡대(엷은 대형ordre mince)와 종대(깊은 대형ordre profond) 사이의 끝없는 논쟁은 마침내 군사전략가 기베르 백작이 제안한 혼성대형ordre mixte을 채택하는 쪽으로 기울었다. 기베르는 『전술 개론*Essai général de tactique*』(1770)에서 군

사례 연구 퐁트누아 전투 Battle of Fontenoy, 1745년 5월 11일

오스트리아계승전쟁이 한창인 1745년 5월 11일, 오늘날 벨기에 남쪽 퐁트누아 평원에서 모리스 삭스Maurice de Saxe 원수가 지휘하는 프랑스군 5만 명과 윌리엄 컴벌랜드William de Cumberland 공작이 이끄는 영국-네덜란드 연합군 5만 2,000명이 대치했다. 양측 보병 대대는 선형대형으로 전진해 적군 대대와 마주 섰다. 포병의 집중포화 속에서 양측 보병부대는 일제사격을 퍼부으며 돌격해 총검을 휘둘렀다. 정면 공격으로 양측은 각각 8,000여 명에 이르는 사상자를 냈다. 더 많은 피해를 입은 연합군은 퇴각했고, 전투는 프랑스군의 승리로 끝났다. 퐁트누아 전투는 오스트리아계승전쟁을 통틀어 가장 많은 병력이 투입되고 가장 많은 사상자를 낸 전투였다.

퐁트누아 전투는 18세기 전열보병의 전투 양식을 잘 보여준다. 계몽주의 사상가 볼테르는 『루이 15세 시대 개요*Précis du siècle de Louis XV*』(1768)에서 퐁트누아 전투의 일화를 자세히 소개하고 있다.

> 그러는 동안 영국군이 접근해왔다. … 양군 사이의 거리는 50보였다. … 영국군 장교들은 모자를 벗으며 프랑스군에게 인사를 건넸다. 프랑스군 장교들 또한 영국군 장교들의 인사에 답례했다. 영국 근위보병대 대위 찰스 헤이Charles Hay 경이 외쳤다. "프랑스 근위보병대 신사들이여, 먼저 쏘시오." 당시 척탄병 중위였고 나중에 중대장이 된 앙테로슈Alexandre d'Anterroches 백작이 큰 소리로 답했다. "신사들이여, 우리는 결코 먼저 쏘지 않을 거요. 당신들이 먼저 쏘시오." 그러자 영국군이 연속사격을 했다.

승리는 나중에 사격한 프랑스군에게 돌아갔다. 볼테르가 소개한 전투 장면은 진위 여부와 상관없이

〈퐁트누아 전투〉, 앙리 펠릭스 필리포토 작, 1873년. 프랑스군 사령관 앙테로슈 백작(그림 중앙)이 "영국 신사들이여, 당신들이 먼저 쏘시오"라고 외치고 있다.

〈퐁트누아 전투〉, 피에르 랑팡 작, 1747년. 루이 15세가 모리스 삭스 원수(그림 오른쪽)를 바라보며 승전을 축하하고 있다.

영원한 전설로 남았다. 영국군 지휘관 헤이 경이 프랑스군의 선제 사격을 유도한 것으로 짐작되는 전투 장면에서 프랑스군이 승리할 수 있었던 것은 성급하게 먼저 사격하지 않고 희생을 감수하면서 적군이 가까이 다가올 때까지 인내하며 기다란 덕분일 것이다. 당시 장교들은 귀족계급 출신이었으며 전투를 명예와 용기, 심지어 기사도의 미덕을 과시하는 무대로 생각한 듯하다. 선제 사격을 가하는 것보다 적의 선제 사격을 견디는 것을 더 자랑스럽게 여긴 것이다. 선형 전투에서 선제 사격을 양보하는 것은 더 가까이 다가가 정확한 사격을 하고자 한 전술적 필요성 때문이었지만 인내와 투지의 군인 정신을 발휘한 것으로 여겨지기도 했다.

대가 병사의 이탈이나 뒤엉킴 없이 신속하게 횡대에서 종대로 전환할 수 있도록 훈련해야 한다고 역설했다. 전장의 지형과 적군의 화력에 따라 횡대와 종대를 결합해 전개하는 혼성대형은 화력을 강화하면서도 기동력을 보강해주는 이점이 있었다. 프랑스혁명전쟁뿐 아니라 나폴레옹전쟁에서도 자주 선보인 혼성대형은 프랑스군의 전술적 우위를 확보해주는 발판이 되었다.

화력 무기의 발전에서 두드러진 것은 대포의 개량이다. 7년전쟁에 오스트리아군 장교로 참여해 풍부한 야전 경험을 쌓은 프랑스 공병사령관 장 바티스트 그리보발Jean-Baptiste de Gribeauval은 무엇보다 대포의 성능을 개선해 화력을 극대화하는 데 앞장섰다. 그가 개발한 12구경 대포Canon de 12 Gribeauval는 대량

제조와 생산이 가능하도록 표준화와 규격화가 이루어졌다. 포탄과 화약의 일괄 장착 방식으로 화력을 높이고 신속 발사가 가능해졌으며, 사격 조준기의 개선으로 포격의 정확도를 높였고, 포신이 날렵해져 신속한 기동을 가능하게 했다. 나아가 그리보발은 포병장교를 양성하고 포병을 보병·기병과 어깨를 나란히 하는 전문병과로 만들었다. 그리보발의 신형 대포와 포병 설계는 군제 개혁을 둘러싼 육군성 내부의 논쟁을 거친 끝에 1776년 비로소 승인을 받았다. 프랑스의 기동 포병은 1792년 발미 전투를 필두로 프랑스혁명전쟁과 뒤이은 나폴레옹전쟁에서 프랑스군 화력의 우세를 증명해준다. 18세기 후반 프랑스에서 이루어진 군제 개혁과 무기 개발의 혜택을 본 것은 구체제의 프랑스군이 아니라 혁명 이후의 프랑스군이었다.

II

혁명과 전쟁의 서사시

18세기 후반부터 19세기 초반에 유럽과 아메리카에서는 거대한 격동기, 즉 혁명과 전쟁의 시대를 맞이한다. 신대륙에서의 아메리카혁명과 유럽에서의 프랑스혁명은 자유와 민주의 기치를 내걸고 새로운 공화국을 탄생시켰으며 근대적 시민사회의 가반을 닦았다. 대서양을 사이에 둔 두 대륙에서 벌어진 혁명-전쟁은 민주주의 시대를 향한 세계사의 전환점이기도 했다.

18세기 초 아메리카 대륙에는 13개 영국 식민지가 건설되어 있었다. 프렌치 인디언 전쟁에서 막대한 군사비를 지출한 영국은 식민지에 각종 세금을 부과하고 간섭을 강화했다. 그러자 식민지들은 자신들의 동의 없이 만들어진 법안의 철폐를 요구하며 본국 정부에 맞섰다. 1773년 영국이 동인도회사에 차茶 무역 독점권을 부여하고 수출관세를 면제해주자 그 동안 차 밀무역으로 돈을 벌던 미국 상인들은 불만을 터트렸다. 그해 12월 보스턴 항구에 정박한 동인도회사의 선박에 시민들이 난입하여 차 상자를 바다에 던지며 '잔치'를 벌였다('보스턴 차 사건'). 영국이 항구를 봉쇄하자 식민지 대표들이 대륙회의를 개최하고 본국과 맞선 가운데, 1775년 4월 보스턴 근교의 렉싱턴Lexington에서 영국군과 식민지 민병대 사이에 산발적인 총격전이 벌어졌다. 한 달 후 식민지 대표들은 필라델피아에 모여 영국과의 전쟁을 결의하고 식민지 군대를 모집했으며 조지 워싱턴G. Washington을 연합군 총사령관으로 임명했다. 1776년 7월 14일, 식민지 대표들은 토머스 제퍼슨Th. Jefferson이 기초한 독립선언서에 만장일치로 서명하고 엄숙하게 미국의 독립을 선포했다.

독립선언서는 천부인권, 자유, 국민주권 등 근대 민주주의의 기본 사상을 천명했으며 영국의 폭정에 맞선 인민의 정당한 저항을 설파했다. 하지만 독립선언서에 서명하고 독립전쟁을 이끈 식민지 대표들 다수가 실은 많은 흑인노예를 거느린 남부의 농장주들과 노예무역으로 치부한 북부의 상인들이었다는 점에서 과연 독립선언이 압제와 착취에 맞선 인민의 정당한 저항이었는지 되묻게 한다. 더구나 '자유'의 깃발의 배후에 과중한 세금의 거부라는 '경제적' 동기가 진하게 깔려 있어서 독립혁명의 의미가 다소 퇴색되기도 한다. 하지만 의용군을 비롯해서 많은 사람들이 향토를 지키고 자유를 얻기 위해 전쟁에 참여함으로써 민주주의의 쟁취했다는 점에서 근대 세계를 향한 미국 독립혁명의 의의는 과소평가할 수 없을 것이다.

이리하여 신대륙에서는 유럽 구대륙이 짊어진 과거의 잔재와 사회적 갈등을 가지지 않은 자유로운 공화국이 탄생했다. 사실 미국 독립혁명은 기왕에 식민지들이 누리던 자유와 자치를 더욱 확고히 확립하려는 정치적이고 헌정적인 성격이 강한 혁명이었다. 귀족-평민 사이의 계급 갈등과 불평등 구조 등 타파해야 할 구질서가 미약했던 만큼, 10년 후 터져 나온 프랑스혁명에 비한다면 사회혁명으로서의 성격이 그리 강하지 않았다고 할 수 있을 것이다.

프랑스혁명(1789~1799)은 세계사의 전환점이었다. 구체제의 프랑스는 성직자(제1신분)와 귀족(제2신분) 등 극소수 특권 신분과, 부르주아지와 농민층 등 비특권 제3신분으로 구분된 신분제 사회였다. 루이 14세가 벌인 끝없는 대외 전쟁으로 누적된 재정 적자에 시달린 프랑스는 미국독립전쟁에 참여함으로써 불거진 심각한 경제 위기마저 겪고 있었다. 신분제 사회의 불평등이라는 장기적·구조적 원인과 국가의 재정파탄이라는 단기적·직접적 원인이 맞물려서 결국 평등사회를 열망하는 혁명을 불러왔다.

1789년 7월 바스티유의 함락으로 시작된 혁명은 자유·평등·우애의 기치를 내걸고 입헌 민주주의를 향해 힘차게 나아갔다. 하지만 반혁명 세력의 저항과 혁명 세력들 사이의 대립을 거치면서 혁명은 더욱 급격하게 진행되었다. 입헌왕정을 폐지하고 공화정을 수립하고 단두대에서 국왕을 처형한 '급진' 혁명에 놀란 인접 왕국의 군주들은 혁명의 파급을 막기 위해 개입할 태세를 갖추었다. 1792년부터 안으로는 혁명의 '공포정치'가 휘몰아치고, 밖으로는 혁명의 깃발을 내건 전쟁이 시작되었다. 반혁명과 전쟁의 소용돌이 속에서 혁명 공화국은 불안한 항해를 계속했다. 1799년 11월 이집트 원정에서 돌아온 나폴레옹이 쿠데타를 일으켜 정권을 장악함으로써 10여 년에 걸친 혁명은 막을 내렸다. 혁명으로 봉건귀족 세력이 몰락하고 신흥 부르주아지가 사회의 주역으로 등장하면서 프랑스에서는 민주주의 정치와 자본주의 경제의 순탄한 발전이 이루어지게 되었다.

1 미국독립전쟁

1776년 독립선언을 전후해서 대륙군과 영국군 사이에 산발적인 교전이 벌어졌다. 허드슨 강으로 연결된 요충지 뉴욕을 장악하는 것이 전략의 핵심이었다. 1776년 12월 윌리엄 하우W. Howe 장군이 이끄는 영국군이 대규모 공세를 펼쳐 워싱턴 장군이 이끄는 대륙군을 뉴욕에서 몰아내는 데 성공했다. 하지만 워싱턴 장군은 후퇴하던 발길을 되돌려 얼어붙은 델라웨어 강을 건너 트렌턴에 주둔한 영국군과 헤센군(독일 헤센 출신 군대)을 기습해 뜻밖의 작은 승리를 거둘 수 있었다. 대륙군은 여세를 몰아 1777년 10월 새러토가Saratoga 전투에서 대승을 거두면서 전쟁을 지구전으로 끌고 갈 수 있었다. 미국인의 사기는 엄청나게 높아졌고 망설이던 프랑스는 합중국 편에 참전을 결정했다. 세계 최강의 군대를 보유한 영국이지만 낯선 지형과 기후에 군대와 물자의 수송에 차질을 빚은 데 이어 지휘체계의 혼란과 전략적 실수가 겹치면서 여러 번 승기를 놓쳤다.

북부 전선이 소강상태에 빠지자 영국은 남부의 요충지를 장악한 후 북쪽으로 치고 올라오는 전략을 세웠다. 1780년 5월 콘월리스Ch. Cornwallis 경이 이끄는 영국군이 사우스캐롤라이나의 요충지 찰스턴을 함락시키고 이어 8월에는 캠던에서 합중국 원정대를 격파하면서 버지니아 전역을 휩쓸었다. 그나마 합중국 민병대의 기습공격에 막혀 진격이 지체되기는 했지만, 영국군은 1781년 8월에는 체사피크 만 입구의 요크타운을 점령하고 교두보를 마련했다.

하지만 합중국군은 공세를 멈추지 않았다. 워싱턴 장군은 뉴욕을 공격하는 척하면서 비밀리에 군대를 남진시켰으며, 체사피크 만에서는 프랑스 함대가 영국 함대의 방어선을 무너트리고 합중국-프랑스 연합 병력을 요크타운 근처로 실어 날랐다. 1만 5,000 연합군이 요크타운을 완전 포위했으며, 8천 영국

〈델라웨어 강을 건너는 워싱턴〉 (1776년 12월 24-25일)(좌)

〈콘월리스 장군, 요크타운 항복〉 (1781년 10월)(우)

군은 뉴욕 본부대의 지원군을 기다리며 고전을 면치 못했다. 결국 1781년 10월 17일, 콘월리스가 백기를 들고 항복하면서 독립 전쟁의 마지막 전투가 합중국군의 승리로 끝을 맺었다. 요크타운의 항복 이후에도 산발적인 교전이 계속되기는 했으나, 오랜 전쟁에 지친 영국에서나 합중국에서나 전쟁을 끝내자는 분위기가 고조되었다. 1783년 9월 파리 강화조약에서 영국은 마침내 미국의 독립을 인정했다.

8년에 걸친 지루한 소모전은 교전과 질병으로 인한 많은 사상자를 냈다. 정규군과 민병대를 포함해서 합중국의 병력은 한창 때 4만 5,000에 달했으며, 여기에 프랑스와 스페인이 각각 1만여 명씩 지원 병력을 보냈다. 아메리카에 포진한 영국군은 한때 4만 명을 넘어섰는데, 여기에 영국 측에 가담한 왕당파 군대 2만 5,000과 독일에서 파견한 3만 지원군이 연합작전을 펼쳤다. 합중국 병력에서 전사자는 6,800명으로 추산되고, 부상자는 6,100명, 수감자는 2만여 명으로 추산되는데 이들 중 무려 1만 7,000명이 질병으로 사망한 것으로 보인다. 8년에 걸친 전쟁 기간에 대략 13만 명에 달하는 주민이 천연두 등 질병으로 죽었다. 영국군은 대략 2만에 가까운 사상자를 냈으며, 왕당파 군대와 독일 지원군도 전사자 수가 각각 7,000여 명에 달했다.

미국독립전쟁에서 흔히 볼 수 있는 낯익은 이미지는 애국심에 불타는 민병대나 엄폐물과 늪지대에 몸을 숨긴 게릴라군이 질서정연한 영국군에게 기습공격을 퍼붓는 장면일 것이다. 남부에서는 이러한 형태의 소규모 비정규 전투가 자주 벌어지기는 했지만, 당시 전투의 양상은 사실 18세기 후반 유럽에서의 전쟁들과 그리 다르지 않았다. 확 트인 개활지에 종심 3열로 길게 늘어선

양측 부대가 일정한 거리를 두고 일제사격을 벌이는 '선형 전투'가 일반적인 형태였다. 전열의 양쪽 끝에 포진한 포병대가 지원 포격을 하고 기병대가 측면 돌격을 감행하기도 했지만, 수발식 머스킷총으로 무장한 보병대가 전투의 주역이었다. 한판 승부로 적군을 궤멸하는 야전보다는 찰스턴 전투나 요크타운 전투에서 볼 수 있듯이 적의 거점을 장악해 항복을 받아내는 포위전(또는 공성전)이 자주 펼쳐졌다. 요컨대 미국독립전쟁의 양상은 한 세대 후 나폴레옹전쟁보다는 한 세대 전 7년전쟁에 훨씬 가까웠다고 할 수 있을 것이다.

2 프랑스혁명전쟁

혁명은 전쟁을 불렀다. 유럽 주요국이 혁명의 진원지 프랑스에 맞서 연차적으로 일곱 번이나 동맹군을 결성했다는 점에서 전쟁은 모두 일곱 번 일어났다고 할 수 있다. 하지만 역사가들은 거의 한 세대에 걸친 이 유럽 전쟁을 겉잡아 '프랑스혁명전쟁(1792~1802)'과 '나폴레옹전쟁(1803~1815)'이라는 두 범주로 나누는 데 익숙하다. 프랑스혁명전쟁은 공화국 프랑스가 제1차(1792~1797) 및 제2차(1798~1802) 대프랑스 동맹군에 맞서 벌인 전쟁으로 적어도 프랑스 입장에서 혁명의 가치를 수호하고 나아가 유럽 전역에 전파하고자 한 '해방 전쟁'의 성격이 짙었다. 반면 나폴레옹전쟁은 제3차(1805~1806)에서 제7차(1815)까지 이어진 대프랑스 동맹군에 맞서 프랑스의 영광을 드높이고 제국의 패권을 추구하는 '정복 전쟁'의 면모를 거침없이 드러냈다.

혁명과 국민군의 탄생

1791년 8월 오스트리아 황제와 프로이센 왕은 필니츠Filnitz에서 선언을 발표해 프랑스 혁명을 분쇄하겠다는 의지를 표명했다. 그러자 1792년 4월 프랑스가 오스트리아에 선전포고를 함으로써 제1차 대프랑스 동맹전쟁이 시작되었다. 입법의회는 국내외의 반혁명 세력으로부터 혁명을 지키는 방편으로, 국왕 루이 16세는 혁명 세력을 퇴치하는 방편으로 전쟁을 택한 것이다. 7월 초 동맹군 총사령관 브라운슈바이크Braunschweig 공작이 파리를 파괴하겠다고 위협하는 성명을 발표하자, 입법의회는 '조국이 위기에 처해 있다'고 선언하고 자원병을 모집했다. 이때 마르세유에서 올라온 의용병들이 전선으로 나가며 출정가를 불렀는데, 그 노래가 훗날 프랑스 국가 '라마르세예즈La Marseillaise'가 되었다. 하지만 프랑스군의 주력은 혁명의 물결에 휩쓸려 귀족 출신 장교단과 평민 출신 병사들이 갈라서고 지휘 체계가 무너진 부대였다.

파죽지세로 국경을 넘어온 오스트리아-프로이센 동맹군은 8월 23일 롱위를, 9월 2일 베르됭을 함락시키고 수도 파리로 향할 기세였다. 9월 20일, 프랑스 동북부 샹파뉴 지방에 위치한 발미Valmy에서 프랑스 혁명군(3만 6,000명)이 프로이센군(3만 4,000명)의 공세에 맞섰다. 격렬한 포격전 도중 혁명군은 돌연 '국민 만세!Vive la nation!'를 외치며 과감한 돌격전을 감행해 승기를 잡았다. 프랑스군 300여 명, 프로이센군 200여 명이 전사한 발미 전투는 사실 승부를 가리지 못한 채 침략군이 물러선 어설픈 전투였다. 하지만 '국왕 만세!Vive le roi!'가 아닌 '국민 만세!'의 함성은 이때부터 프랑스의 전쟁이 왕조의 이익과 영예를 위한 전통적인 왕조 전쟁이 아니라 주권자 국민이 조국을 지키기 위해 나선 국민 전쟁이 되었다는 것을 뜻했다. 발미 전투에서 프로이센군 측에 참전했던 독일의 대문호 괴테는 "이곳에서 바로 지금부터 세계사의 새로운 시대가 열린다"라고 말했다. 프랑스는 발미의 승리를 혁명 조국을 수호하려 나선 병사들과 국민들의 애국 충정과 용맹에 힘입었다고 널리 선전했다. 이처럼 발미 전투는 국가의 안위와 국민의 이해가 일치하는 군대, 즉 국민군armée nationale 시대의 서막을 알리는 전투이기도 했다.

첫 승리에 고무된 프랑스군은 벨기에 방면으로, 독일의 프랑크푸르트로, 이탈리아 방면으로 계속 진격했다. 1792년 11월, 프랑스군은 제마프Jemappes 전투에서 오스트리아를 꺾고 벨기에 전체를 점령했다. 승전 소식에 고무된 혁명정부는 곧 왕정을 폐지하고 공화정을 수립했으며 급기야 루이 16세를 처형했다. 하지만 방데 지방에서 반혁명적 반란이 일어나 혁명정부는 국내외에서 위기를 맞았다. 군영에 들어온 자원병들은 1년 만기 후 귀향했고, 상비군들은 급료도 제대로 못 줘 전선의 병력이 줄곧 감소했다. 그러자 공화국 혁명정부는 1793년 8월 국민 총동원령을 내리고 비상시 국가 동원 체제를 가동했다.

> 지금부터 적군이 공화국의 영토에서 물러날 때까지 모든 프랑스인은 군복무를 위해 영구 징집한다. 젊은이는 전쟁터로 나갈 것이다. 기혼 남성은 무기를 제조

하고 식량을 운반하고, 부녀자들은 막사와 제복을 만들고 병원에서 간호를 맡을 것이며, 아이들은 낡은 옷감으로 붕대를 만들고, 노인들은 광장에 모여 장병들의 사기를 고무하고 국왕에 대한 증오심을 북돋우며 공화국의 단일성을 가르칠 것이다.[1]

'무장한 국민Nation en armée'의 탄생은 곧 국민개병제 원칙에 따른 성년 남성의 의무 징집을 의미했다. 18세에서 25세까지 모든 미혼 남성들을 징집한 결과 1793년 2월 대략 20만 명밖에 안 되던 병력이 이듬해 2월 서류상으로 100만 명을 넘어섰으며, 그중 적어도 80여만 명이 공화국 수호를 위해 실제로 군에 복무했다. 무장한 국민 80만, 이 숫자는 전쟁 발발 시 병력의 절반가량을 외국인 용병으로 채워야 했던 구체제의 왕정국가들로서는 상상할 수 없는 엄청난 병력이었다(군사 강국 프로이센도 1763년에 15만 명 중 3만 7,000명, 1786년에 19만 명 중 8만 명이 용병이었다). 근대 유럽사에 전례가 없는 80만 병력은 프랑스 혁명군이 승승장구하는 원동력이 되었다.[2]

사회의 전 계층에서 병사의 충원이 이루어지면서 군대의 구성은 혁명으로 달라진 프랑스 사회의 구조를 그대로 반영했다. 혁명 전에는 장교단의 90%가 귀족층으로 채워졌으나 1789년 이후에는 장교 9,578명 중 5,500명이 국왕에 대한 충성을 고수하며 사직하거나 망명길에 올랐다. 1794년에는 육군 영관급 장교 중 귀족 출신이 3%에 지나지 않은 반면, 부르주아 출신, 수공업자 출신, 농민 출신은 각각 44%, 25%, 22%에 이르렀다. 평민 출신 부사관들은 복무 서열이 아니라 능력과 충성도에 따라 장교직에 올랐으며, 농민 출신 병사들은 구체제의 봉건적 질서로 되돌아가기를 원치 않은 만큼 혁명 프랑스를 사수하는 데 적극적이었다.

공화국 전쟁부 장관 라자르 카르노는 적어도 80만 '무장한 국민'을 13개

....

1 'Décret du 23 août 1793', *Rapport et Décret, du 23 août, l'an II de la République, Convention nationale.*

2 프로이센의 전략사상가 클라우제비츠는 프랑스 국민군의 출현이 전쟁의 양상을 완전히 바꾸어놓았다는 데 놀라움을 표시했다. : "상상하지도 못했던 엄청난 군사력이 1793년에 나타났다. 전쟁이 느닷없이 다시 인민의 일이 되었다. 그것도 자신을 모두 시민이라고 생각하는 3,000만 인민의 일이 되었다. … 인민이 전쟁에 참여하게 되었기 때문에 이제 정부와 군대 대신 전체 인민이 자연스러운 힘으로 전쟁의 저울판에 오르게 되었다. … 전쟁이 그 자체로 엄청난 동력을 갖고 수행될 수 있었고, 그 힘을 막는 것은 더는 없었다. 그래서 적의 위험은 무한대로 높아졌다." -카를 폰 클라우제비츠, 『전쟁론』, 974쪽.

군단으로 재편해 군의 기동력을 높이고 국경 너머로 진격할 태세를 갖추었다. 1794년 6월 주르당 장군은 북부 국경 너머 플뢰뤼스에서 오스트리아군을 대파하고 남부 네덜란드와 라인란트 지방 대부분을 제압했다. 네덜란드에는 프랑스의 위성국 바타비아 공화국Batavian Republic이 세워졌으며, 프로이센은 라인란트 지방을 내준 채 휴전에 동의했다. 더 많은 병력을 투입해 승리를 거둔 플뢰리스 전투는 프랑스군이 처음으로 군사용 비행선, 랑트르프르낭*L'Entreprenant*을 띄워 적군 진영을 정찰한 전투로도 유명하다.

1796년 총재정부는 알프스 너머 이탈리아 북부에 포진한 오스트리아군을 무찌르기 위해 24만 병력을 투입할 수 있었다. 프랑스는 세 방향으로 공세를 펼쳤는데, 주르당 장군이 이끄는 7만 병력은 마인강 유역을 따라 남하하고, 모로 장군이 지휘하는 7만 병력은 도나우강 유역으로 진격했으며, 나폴레옹 보나파르트가 이끄는 4만 병력은 니스를 거쳐 북부 이탈리아로 진격했다. 이탈리아 북부 평원에서 27세의 신예 장군 보나파르트는 뜻밖에도 오스트리아군을 완전히 제압하고 전세를 역전시켰다. 몬테노테Montenotte 전투(1796년 4월)에서 카스틸리오네Castiglione 전투(1796년 8월)를 거쳐 아르콜레Arcole 전투(1796년 11월)에 이르기까지 특유의 전쟁술을 선보이며 연전연승(10전 10승)을 거듭한 보나파르트는 전쟁 영웅의 탄생을 알렸다. 1797년 10월, 오스트리아는 프랑스의 승리와 영토 획득을 인정하는 캄포포르미오 조약에 서명했다. 이로써 제1차 대프랑스 동맹은 종지부를 찍었다.

하지만 나폴레옹이 이탈리아에서 거둔 전승은 국내 정치가 극심한 혼란에 빠지고 러시아까지 가세한 제2차 대프랑스 동맹이 결성된 1798년 10월 무렵 물거품이 되었다. 1798년 7월 나폴레옹이 영국군을 봉쇄하기 위해 이집트로 원정길에 오른 후 북부 이탈리아는 다시 오스트리아군의 수중에 들어갔다. '피라미드 전투'(1798년 7월)에서 맘루크군을 무찌르고 이집트를 장악한 나폴레옹은 이어서 시리아와 팔레스타인 지역까지 원정길에 올랐으나 영국군과 튀르키예군의 공세에 밀려 다시 카이로로 회군했다. 이집트 원정에서 서둘러 귀국한 나폴레옹이 1799년 브뤼메르 18일(11월 9일) 쿠데타를 일으켜 권력을 장악할 무렵, 프랑스군은 라인강을 넘어 국경을 침략하는 오스트리아군에 밀려 수세를 면치 못했다.

권좌에 올라 군통수권을 장악한 나폴레옹은 전세를 기적같이 역전시켰다.

〈마렝고 전투〉(1800. 6. 14), 루이프랑수아 르죈 작

〈알프스 생베르나르 협곡을 넘는 나폴레옹〉, 자크루이 다비드 작, 1801년

1800년 5월, 제1통령 나폴레옹은 3만 7,000명의 병력을 이끌고 눈 덮인 알프스산맥을 넘어 이탈리아로 진격했다. 병력도 화력도 열세인 프랑스군이 이탈리아 북부 마렝고Marengo 평원에서 오스트리아군을 대파했다. 마렝고의 승리는 영광의 나폴레옹 제국으로 향한 이정표였다. 연이은 패배를 맛본 오스트리아는 1801년 2월 서둘러 강화조약을 맺었다. 홀로 버티던 영국이 결국 1802년 3월 프랑스와 아미앵 조약을 맺고 물러서면서 제2차 대프랑스 동맹은 붕괴되었다.

1792년부터 1801년까지 프랑스군과 유럽 동맹군(오스만 제국 포함)은 유럽 대륙뿐 아니라 멀리 이집트와 팔레스타인에서 70여 회의 크고 작은 전투를 벌였다. 그중 43회는 프랑스군이 승리한 것으로 기록되어 있다. 10여 년에 걸친 전쟁은 결국 프랑스의 승리로 마무리되었다. 전쟁에 동원된 프랑스 병사는 어림잡아 150만 명 중 44~49만 명이 희생된 것으로 추산되고 있다. 가장 많은 병력을 동원하고 가장 많은 희생을 치른 나라에 승리가 돌아간 것이다.

바다의 전쟁, 영국의 패권

19세기의 전환점이 된 프랑스 혁명에서 나폴레옹 제국으로 이어지는 격동의 시대에 유럽의 패권자는 단연 프랑스였다. 영국, 프로이센, 오스트리아, 러시아 등 4대 강국이 모두 또는 두셋씩 연합해 절대강자 프랑스에 맞선 것이 전쟁의 기본 구도였다. 하지만 특기할 점은 위대한 정복자 나폴레옹 덕에 프랑스가 대륙에서 패권을 장악하고 제국의 영광을 노래했지만, 지중해에서 대서양으로 이어지는 먼 바다에서는 영국이 항상 제해권을 장악했다는 사실이다. 육군보다 해군이 강한 영국은 언제든 바다에서 승부를 가리고자 했다. 건함 성능이나 해전 전술에서 이전 시대와 별로 달라진 것이 없었지만, 영국 해군은 18세기 후반 7년전쟁 때부터 해외 식민지에서 프랑스군과 전쟁을 벌인 경험을 바탕으로 최강의 전력을 자랑했다. 영국 해군은 즉시 전투에 투입 가능한 함선 55척에 실전 경험이 풍부한 제독들이 즐비한 반면에 혁명으로 인한 숙군 작업을 거친 프랑스 해군은 전투선이 42척뿐이었고, 유능한 지휘관을 찾아보기도 힘들었다. 영국 해군의 전략은 대서양에서 지중해로 이어지는 프랑스 해안을 차단하는 것이었다. 항구를 봉쇄해 해상 무역의 숨통을 조임으로써 프랑스 함대가 항구를 박차고 나와 일전을 벌이도록 유도하기 위해서였다.

1794년 6월 1일, 영국 제독 리처드 하우가 이끄는 영국 함대가 영불 해협 초입 웨상섬 인근 먼 바다에서 프랑스 함대와 마주쳤다. 대오를 유지하면서 교전을 벌이는 능란한 항해 전술을 발휘한 영국 해군은 프랑스 함선 6척을 나포하고 1척을 침몰시키는 대승을 거두었다. '영광의 6월 1일 전투'[3]는 이후 영국 해군이 연전연승을 거두며 바다를 완전히 장악하는 시발점이 되었다. 1797년 2월 세인트빈센트곶에서 존 저비스 제독이 이끄는 영국 함대는 프랑스와 동맹을 맺은 에스파냐 함대를 격파한 데 이어, 10월에는 캠퍼다운 해역에서 던컨 제독이 네덜란드 함대를 물리쳤다.

영국 해군의 전설로 꼽히는 허레이쇼 넬슨Horatio Nelson 제독의 활약상도 눈부시다. 이집트 원정에 오른 나폴레옹이 수도 카이로에 입성한 직후인 1798년 8월 넬슨 제독은 알렉산드리아 인근 아부키르에 정박 중인 프랑스 함대를 기습공격해 대승을 거두었다. 프랑스는 함대 13척 중 9척이 침몰하고 2척이 나포되었으며 병사 9천 명이 전사한 반면, 영국은 배 1척도 잃지 않았다. 아부키르만 전투Battle of Aboukir Bay 또는 Battle of the Nile의 패배로 나폴레옹군이 이집트에 갇혀 지중해는 영국의 바다가 되었다. 보급 물자도 본국과의 통신도 끊겨버린 나폴레옹은 결국 1년 후 시리아-팔레스타인 원정에도 실패한 후 병사들을 이집트 땅에 남겨두고 프랑스로 돌아와야 했다.

....

3 '영광의 6월 1일 전투'는 영국에서 '제4차 웨상 전투(Fourth Battle of Ushant)'라고도 불린다. 프랑스에서 혁명정부는 1793년부터 공화력(또는 혁명력)을 사용했다. 따라서 프랑스에서는 '공화력 2년 프레리알 13일 전투(Bataille du 13 Prairial an II)'라고 부른다.

이집트에서 돌아온 나폴레옹은 '브뤼메르 18일 쿠데타'(1799년 11월 9일)를 일으켜 권력을 장악했다. 제1통령 나폴레옹은 영국 해군 물자의 상당 부분이 스칸디나비아에서 나온다는 것을 알아차리고 덴마크에 압력을 넣어 통상을 가로막았다. 하지만 1801년 4월 넬슨이 이끄는 영국 해군은 코펜하겐 전투에서 덴마크 해군마저 무찔렀다. 영국과 다시 전쟁에 돌입한 1804년 무렵 나폴레옹은 영국 본토를 침공하려는 계획을 세우고 대서양 연안 불로뉴에 18만 병력을 집결시켰지만 영불 해협을 완전히 장악한 영국 해군의 기세에 밀려 계획을 포기할 수밖에 없었다. 그만큼 영국 해군은 세계 최강을 자랑했다.

1805년 10월 21일, 피에르 빌뇌브Pierre Villeneuve 제독이 이끄는 프랑스 함대가 지중해 봉쇄망을 뚫고 대서양으로 나아가자 넬슨 제독이 이를 추격했다. 에스파냐 남서쪽 해안 트라팔가르곶에서 프랑스-에스파냐 연합함대 33척과 영국 함대 27척이 맞붙었다. 넬슨 제독은 트라팔가르 해전Battle of Trafalgar에서 전사했지만, 영국은 함선을 단 한 척도 잃지 않은 채 프랑스 함선 21척을 나포하고 1척을 침몰시키는 대승을 거두었다. 바다에서 영국이 거둔 승리는 대륙에서 프랑스가 거둔 승리를 부분적으로 상쇄했고, 나폴레옹은 더는 영국의 제해권에 도전할 수 없었다. 대서양과 지중해 해역에서 제해권을 장악한 영국은 아메리카와 인도로 가는 해상 무역을 독점하고 세계적 규모로 벌어지는 식민지 쟁탈 전쟁에서 앞서나갈 수 있었다.

3 나폴레옹전쟁

전쟁의 제국: 군대와 사회

1804년 5월 나폴레옹은 '프랑스인의 황제'로 등극했다. 바야흐로 나폴레옹 제국이 막을 열었다. 프랑스혁명전쟁에서 서서히 드러나기 시작한 전쟁 양상의 변모는 나폴레옹전쟁에서 절정에 이른다. 나폴레옹전쟁은 물론 프랑스혁명전쟁의 속편이기도 했지만 혁명기에는 볼 수 없었던 새로운 양상을 드러냈다. 전쟁 승리가 통치의 정당성을 담보할 수 있는 유일한 자산임을 잘 알고 있는 황제는 먼저 군사력 강화에 박차를 가했다. 혁명기에 첫선을 보인 국민군과 더불어 프랑스의 군사력은 비약적인 발전을 이룩했다.

국민개병제를 법제화한 1798년 9월의 주르당-델브렐 법에 토대를 둔 제국 징집령에 따라 20세에서 25세에 이르는 모든 남성은 누구나 5년 동안 군에 복무할 의무를 지녔다. 한 해 평균 13만 명 정도를 유지하던 징집병 수는 에스파냐 원정이 수세에 몰리기 시작한 1811년 20만 명을 넘어섰다. 러시아 원정에서 대참패를 겪은 이듬해인 1813년 한 해에만 35만 명이 징집되었으며, 라이프치히 전투에서 대패한 후 프랑스 본토가 침략당하기 시작한 1814년에는 무려 45만 명의 젊은이가 조국의 부름을 받았다. 패전의 참화가 알려질 때마다 징집 기피자가 더욱 늘었지만 적어도 명부상으로 1804년에서 1815년 사이에 대략 240만 명이나 되는 신병이 징집되어 전선으로 향한 것으로 보인다.[4] 이것은 당시 징집 대상 연령대의 약 36%, 프랑스 전체 인구의 약 7%에 해당하는 수치이다.

효율적인 징병제에 따른 프랑스군의 병력 규모는 대프랑스 동맹군 전체 병력과 맞먹을 정도였다. 1806년 60만 명에 다다른 프랑스군은 거듭된 징집에 의해서, 다른 한편으로 제국 팽창에 따른 병합과 연합을 통해 외국인 병사들이 편입되면서 훌쩍 늘어났다. 1809년 80만 명에 이른 병력은 1812년 100만 명을 넘어섰다. 1812년 6월, 유럽 역사상 가장 큰 원정군이 니멘강을 건너 모스크바로 향할 준비를 했다. 25만 명의 프랑스군이 이베리아반도에 투입되고, 15만 명이 프랑스 국경에 주둔한 상황에서 나폴레옹은 65만 명의 병력을 이끌고 러시아 원정에 나섰다. 전반적으로 10여 년에 걸친 나폴레옹전쟁 동안 무려 300만 명에 이르는 프랑스와 연합국 병력이 황제를 위해 싸운 반면, 이에 맞선 대프랑스 동맹국은 200만 명의 병력을 동원한 것으로 추산된다. 500만 병력을 동원한 나폴레옹전쟁은 프랑스인들이 흔히 '거대 전쟁Grande Guerre'이라 부르는 제1차 세계대전에 한 세기 앞서서 겪은 역사상 첫 '거대 전쟁'이었던 셈이다.

물론 제국은 '군사독재military dictatorship' 체제가 아니었으며, 프랑스의 통치자는 국가의 영도자이자 군대의 통수권자인 나폴레옹 황제 개인이었다. 제

....

4 나폴레옹 제국의 연차별 징집병 수

1804	1805	1806	1807	1808	1809	1810	1811	1812	1813	1814	1815
25,000	70,000	166,500	136,500	136,500	176,725	200,000	201,289	273,610	351,666	451,666	166,666

(Cf. A. Pigeard, *La conscription au temps de Napoléon 1798~1814*, Bernard Giovanangeli Editions, 2003.)

국의 내정과 외교는 문민통치의 기반을 유지했으며, 군대는 독자적인 정치권력으로 부상하기 힘들었다. 하지만 전쟁의 포화가 멈추지 않는 한 군대는 국가경영과 국민 안위의 한복판을 차지했다. 정부는 전쟁노력에 온힘을 기울이고 국민의 관심은 군대로 향했다. 1805년에 7억 프랑을 넘어선 국가예산은 전쟁이 거듭되면서 급기야 1811년에는 10억 프랑을 돌파했다. 나폴레옹 제국에 접어들면서부터 국가총예산의 65% 이상이 오로지 군사비로 지출되었다.[5] 사회는 군대식 편제에 따라 재구성되고 군인들은 사회에서 상당한 지위와 존중을 받았다. 제국의 기반을 굳히기 위해 황제는 새로이 제국귀족층을 창안하고 충성도에 따라 작위를 부여했다. 제국 작위를 받은 신흥 귀족 3,300명의 약 60%가 군장성 출신이었다. 황제는 1804년 7월 14일 국경일을 맞이해서부터 조국의 영예를 드높인 군인이나 민간인에게 레종도네르légion d'honneur 훈장을 수여하는 거국적인 행사를 거행했다. 1815년까지 훈장을 받은 4만 8천 보훈자 중에서 97%가 군인이었다.[6]

나폴레옹 제국에는 옛 절대왕정들을 훨씬 능가할 정도로 권력에 의해 조율된 전쟁문화가 만개했으며, '군문militaire'의 가치가 '문민civil'의 가치를 압도했다. 국가공식 의전행사가 열릴 때면 사단장 이상 군장성들은 지사, 대법관, 대주교보다 상석을 차지하고 선두에서 행진했다. 제국의 영광을 드높이며 성황리에 열린 축제나 기념식들은 군사퍼레이드를 연상시켰으며 극장마다 상연된 각종 연극들은 전사들의 무훈시를 노래했다. 선술집에서는 원정군의 승패를 놓고 도박이 벌어지는가 하면, 거리에서 아이들은 장난감 총검을 들고 전쟁놀이를 즐겼다. 멋쟁이 명사들이 출입하는 클럽에서도 날품팔이꾼들이 들락거리는 선술집에서도, 승리의 낭보를 담은 「대육군 관보」를 낭독하는 소리가 들렸다. 젊은이들은 징집을 두려워하고 전쟁터에 나가기를 꺼렸으나 승전보에 열광했다.

이렇게 나폴레옹 시대는 전쟁풍물과 군인들의 무용담이 넘치고 일상생활

....

5 나폴레옹 제국의 국가예산 지출 (단위: 백만 프랑)

	혁명력8년 (1804-05)	1806	1807	1808	1809	1810	1811	1812	1813	1814 (1-3월)
민간지출	266	294	286	286	275	271	334	343	250	110
군비비출	438	582	459	492	506	480	663	722	723	546
합 계	704	876	745	776	781	751	997	1065	973	656

6 J.-P. Bertaud, *Guerre et société en France de Louis XIV à Napoléon 1er*, Armand Colin, 1998, p.59.

이 전쟁의 리듬에 맞추어 돌아가는 시대였으며, 사회의 모든 자원과 규범이 전쟁 노력에 아낌없이 동원되는 시대였다. 전방에서 진격의 나팔이 울리고 포탄이 불을 뿜는 동안, 후방에서는 국민의 일상과 열정이 승리의 여신의 제단에 바쳐졌다. 물론 전쟁의 참화가 계속되고 참패의 소식이 들릴 때마다 징집거부와 탈영이 줄을 잇고 '전쟁광' 황제에 대한 야유와 울분이 쏟아졌으며 황제 타도 음모가 고개를 들었다. 하지만 멀리 유럽 평원에서 승전고가 이어지는 한, 진군의 북소리를 들으며 자란 이른바 '황제의 세대'는 언제든 제국의 영광을 위해 전선으로 나설 채비가 되어 있는 듯했다.

절대 전쟁: '전쟁의 신' 나폴레옹

제3차 대불동맹에 맞서 대륙 원정을 준비하던 1805년 여름, 나폴레옹은 '대육군Grande Armée'을 창설했다. 혁명전쟁 시기에 급조된 탓에 복잡하고 때로 상충된 조직과 지휘체계를 지닌 국민군 체제를 대폭 개편해서 황제 일인에게 직속된 명실상부한 단일 군대가 만들어진 것이다. 창립 당시 7개 군단을 주축으로 기병예비대(6개 사단)와 제국근위대로 구성된 대육군은 조직과 기율을 혁신한 새로운 군대였다. 1805년 9월 오스트리아 전역을 앞두고 35만 병력을 자랑한 대육군은 더 이상 혁명의 열정과 애국심만으로 무장한 어제의 '시민-병사들'이 아니었다. 신병들은 엄격한 군율과 훈련으로 단련되고 실전 경험을 쌓으면서 군인으로서의 명예를 익혔으며, 고참병들은 전공을 쌓아 진급을 하고 명예를 얻는 직업군으로서의 자부심을 지녔다. 군대는 체계와 전문성을 갖춘 전문 조직으로 탈바꿈했으며, 군문은 신분상승과 입신출세를 향한 징검다리 구실을 했다.

군의 기동력과 전투력을 강화하기 위해 나폴레옹은 대육군에 군단corps d'arm 체제를 도입했다. 군단은 대개 보병 사단 2~4개, 경기병 여단 1개, 포병 사단 1개로 구성되었으며, 적게는 1만 5,000명에서 많게는 4만 명에 이르는 병력을 거느렸다. 황제가 직접 임명한 원수들maréchaux이 통솔하는 각 군단은 자체적으로 보급을 해결하고 독자적으로 기동-포진-전투-추격의 연속 작전을 구사할 수 있는 '현대화된' 군대였다. 나폴레옹은 군단 체제의 효율성을 자랑하며 "군대는 결합을 유지해야 하며 가능한 가장 많은 화력을 전장에 집중해야 한다"라고 말했다. 나폴레옹이 구사한 여러 전략들은 바로 이러한 '결합'과

'집중'의 원리에 토대를 둔 것이다.

나폴레옹은 1796년 이탈리아 몬테노테 전투에서 1815년 워털루 전투에 이르기까지 대프랑스 동맹에 속한 유럽 각국을 상대로 무려 60회에 이르는 크고 작은 전투를 직접 치렀으며, 이 중 7번밖에 패하지 않았다. 클라우제비츠나 앙투안앙리 조미니를 비롯한 19세기 전략사상가들에게 나폴레옹은 '전쟁의 신'이었다. 전투에서의 승패는 정해진 시간 안에 정해진 장소에 얼마나 많은 병력을 동원해낼 수 있느냐에 달려 있다. 신속한 기동에 의해 전장에서 전투력을 극대화시켜 적군을 일거에 섬멸하는 것이 나폴레옹식 전투의 교본이었다. 요컨대 나폴레옹 전술의 요체는 '기동전war of maneuver'과 '섬멸전war of annihilation'이라고 할 수 있을 것이다.

원정전의 승리는 부대의 신속한 행군에 달려 있었다. 예상보다 훨씬 빨리 전쟁터에 도달한 프랑스군은 유리한 지형을 선점하고 기습공격을 감행할 수 있었다. 이 점에서 나폴레옹식 전투는 20세기형 전투의 특징으로 알려진 소위 '전격전blitzkrieg'의 선구라고 할 만하다. 황제의 원정군은 단순한 영토 점령이나 요충지 장악을 넘어 적군의 완전 궤멸을 노렸다. 한판승부로 승패를 결정하는 것이 나폴레옹다운 전법이었다. 따라서 나폴레옹전쟁은 소모적인 지구전이나 공성전과 같은 18세기의 제한 전쟁과는 달리 대개 공격전이자 섬멸전의 양상을 취했으며, 그만큼 엄청난 충돌과 살상을 동반하는 고강도 전쟁이었다.

1805년 여름, 제3차 대프랑스 동맹을 맺은 오스트리아와 러시아가 티롤과

역사 속 역사 19세기 전략사상가

카를 폰 클라우제비츠 Karl von Clauzewitz (1780~1831)
프로이센의 군인, 군사사상가. 1806년 아우에르수테트 전투에서 프로이센 황태자 아우구스트와 함께 프랑스군의 포로가 되어 1년 동안 파리에서 감금 생활을 했다. 1812년 나폴레옹의 러시아 원정과 1813년 대프랑스 전쟁에서 프로이센 장교로 나폴레옹에 맞서 싸웠다. 『전쟁론(*Vom Kriege*)』(1832) 등 전쟁사와 관련한 많은 작품을 남겼다.

앙투안앙리 조미니 Antoine-Henry Jomini (1779~1869)
스위스 출신 군사사상가. 1804년 그의 '전술론'을 읽고 탄복한 나폴레옹이 그를 프랑스군 대령으로 발탁했다. 하지만 1808년 이후 프랑스 군부 파벌 다툼에 희생되어 러시아로 가서 차르 알렉산드로스의 군사고문관이 되었다. 나폴레옹의 러시아 원정 때 프랑스군에 맞서 싸웠다. 『전쟁술(*Précis de l'Art de la Guerre*)』(1838) 등을 남겼다.

보헤미아 지방으로 병력을 집결한다는 첩보를 받은 나폴레옹은 오스트리아로 출정 명령을 내렸다. 대육군 6개 군단은 도버 해협 인근 불로뉴 기지를 떠나 신속하게 라인강 연안에 집결했다. 9월 20일, 정면 대결을 예상한 오스트리아의 마크Mack 장군은 라인강에서 약 150km 떨어진 울름으로 7만 병력을 집결시켰다. 나폴레옹은 적군의 예상을 뒤엎고 20만 대군을 단 17일 만에 라인강에서 도나우강을 넘어 울름 지역 동부로 이동시켜 러시아군의 합류를 차단하는 동시에 오스트리아군의 후방을 공격할 수 있었다. 포위된 오스트리아군은 4,000여 명의 사상자를 낸 채 항복할 수밖에 없었다. 울름Ulm 전투는 신속한 기동으로 적의 배후를 포위 공격하는 나폴레옹 특유의 '배후 기동' 전술의 고전적 사례가 되었다.

울름에서 오스트리아군을 무찌른 나폴레옹군은 11월 13일 오스트리아 수도 빈에 입성했으며, 11월 20일 북쪽의 작은 도시 브륀에 도착해 오스트리아군과 러시아군에 맞섰다. 12월 2일, 아우스터리츠 평원에 떠오른 태양이 밤사이 짙게 깔린 안개를 걷어내기 시작한 오전 9시경, 나폴레옹은 총공격 명령을 내렸다. 한나절 결전에서 프랑스군(6만)은 사상자가 8,000명이었던 데 반해,

〈아우스터리츠 전투〉, 프랑수아 제라르 작, 1810년. 나폴레옹이 프랑스 장군 장 랍(Jean Rpap)이 끌고 온 러시아 장군 레프닌(Repnine)의 항복을 받아들이고 있다. 왼쪽에서 아우스터리츠의 태양이 백마를 탄 전쟁 영웅을 비추고 있다.

파리 방돔 광장에 있는 전승기념탑(Colonne Vendôme). 아우스터리츠 전투에서 승리한 나폴레옹은 동맹군에게 탈취한 대포 180문을 녹여 전승기념탑을 만들었다. 40m 높이의 기둥에는 아우스터리츠 전투 장면이 양각되어 있고, 꼭대기에 황제의 동상이 세워져 있다.

오스트리아-러시아 동맹군(8~9만)은 사상자가 1만 6,000명에 1만 2,000명이 포로로 잡혔다. 러시아 황제 알렉산드르는 황급히 군사들을 후퇴시켰고, 퇴로를 잃은 오스트리아 황제 프란츠 2세는 서둘러 휴전을 요청했다. '세 황제의 전투'는 프랑스 황제의 완벽한 승리로 끝났다. 아우스터리츠 전투는 나폴레옹이 거둔 최고의 승리이자 제국의 영광을 여는 서막과도 같았다.

나폴레옹 제국이 남서부 독일 지역으로 세력을 뻗자 불안감을 느낀 프로이센은 1806년 9월 영국, 러시아, 스웨덴 등과 함께 제4차 대프랑스 동맹을 맺고 프랑스에 맞섰다. 10월 14일, 신속한 기동을 통해 프로이센군의 배후를 차단한 프랑스군은 독일 남부 예나Jena와 아우어슈테트Auerstedt에서 프로이센군을 기습공격해 대승을 거두었다. 프로이센은 단 한 달간의 전쟁에서 군사력의 95%를 잃었다. 10월 27일 나폴레옹군은 베를린에 입성했다. 무조건 항복한 프로이센은 영토와 주민의 절반 이상을 잃고 막대한 배상금을 지불하는 굴욕을 당했다. 지난 천 년 동안 독일 지역에 군림해온 신성로마제국은 마침내 해체되었다.

폴란드 지역으로 진격한 나폴레옹군은 러시아와의 마지막 회전을 기다렸다. 1807년 2월 나폴레옹군은 아일라우Eylau 전투에서 6만 명의 러시아군을 상대로 겨우 승리했지만, 6월 프리틀란트Friedland 전투에서는 8만 명의 러시아군을 맞아 완승을 거두었다. 아일라우 전투와 프리틀란트 전투는 양측 모두 엄청난 사상자를 낸 대규모 섬멸전이었다(아일라우: 프랑스군 2만 5,000명, 러시아군 2만 5,000명/프리틀란트: 프랑스군 1만 명, 러시아군 4만 명). 러시아는 틸지트 조약을 맺고 프랑스의 패권을 추인했다.

이제 결정적인 '군사적' 행동으로 적국의 완전 제압이라는 '정치적' 목적을 달성하는 것이 나폴레옹 시대 전쟁의 지배적인 양상이 되어버렸다. 나폴레옹군의 가공할 파괴력을 직접 지켜본 클라우제비츠는 전쟁의 목표를 '적의 전투력을 파괴하고 저항의지를 꺾는 것'이며, 전쟁이란 '다른 수단에 의한 정치의 연속'이라고 말했다.

> 프랑스혁명전쟁이 수행한 짧은 전주곡 이후 무자비한 보나파르트가 곧바로 전쟁을 이 수준으로 올려놓았다. 보나파르트 아래에서는 적이 쓰러질 때까지 전쟁이 끊임없이 진행되었으며 반격도 거의 끊임없이 이루어졌다. … 1805년, 1806년,

1809년의 원정과 이후의 원정은 우리로 하여금 그 원정에서 파괴적인 힘을 갖는 최근의 절대 전쟁의 개념을 추상화하는 일을 크게 덜어주었다.[7]

기동전과 섬멸전의 양상, 적군의 항복을 받을 때까지 가차 없이 몰아치는 나폴레옹식 전쟁술, 클라우제비츠는 이를 '절대 전쟁absoluten Krieg'이라고 불렀다. '전쟁의 신'은 유럽의 제왕이 되었다.

4 나폴레옹 제국의 몰락

1810년 나폴레옹 제국은 영광의 절정을 맞이했다. 프랑스 황제 나폴레옹은 이탈리아 왕을 겸했으며, 에스파냐 왕국은 형 조제프Joseph Bonaparte가, 네덜란드 왕국은 동생 루이Louis Bonaparte가 다스렸다. 뷔르템베르크, 바덴, 바이에른 등 독일 서부 군소 국가들은 라인연합을 결성하고 나폴레옹의 위성국이 되었다. 나폴레옹에게 패한 오스트리아, 프로이센, 러시아는 서둘러 강화조약을 맺고 프랑스의 동맹국이 되었다. 영국만이 외로이 나폴레옹 제국의 위용에 맞섰다.

하지만 전승의 영광으로 장식된 제국은 내리막길로 향하고 있었다. 몰락의 서곡은 멀리 이베리아반도에서 울려 퍼졌다. 1808년 5월 나폴레옹은 영국에 해상을 개방한 포르투갈을 점령한다는 명목으로 12만 명의 프랑스군을 에스파냐 중부와 북부의 요충지에 주둔시킨 데 이어 쇠락한 부르봉 왕조를 강제로 폐위하고 형 조제프를 에스파냐 왕으로 즉위시켰다. 하지만 국왕 폐위 소문을 접한 마드리드 군중들이 프랑스 주둔군에 맞서 봉기하면서 6년여 동안 이어지는 '에스파냐전쟁'이 시작되었다.[8]

에스파냐전쟁은 나폴레옹과 프랑스군으로서는 전혀 예상치 못한 뜻밖의 장면들로 가득 차 있다. 1808년 10월, 전황이 불리해지자 나폴레옹은 20만 대

....

7 카를 폰 클라우제비츠, 『전쟁론』, 954쪽, 961~962쪽.

8 프랑스 점령군과 영국·에스파냐·포르투갈 연합군 사이에 벌어진 전쟁(1808~1814)을 프랑스 역사가들은 '에스파냐전쟁(Guerre d'espagne)'이라 부른다. 반면 에스파냐에서는 '독립전쟁(Guerra de la Independencia)', 영국에서는 '반도전쟁(Peninsular War)'이라 부른다.

나폴레옹 시대의 유럽(1810)

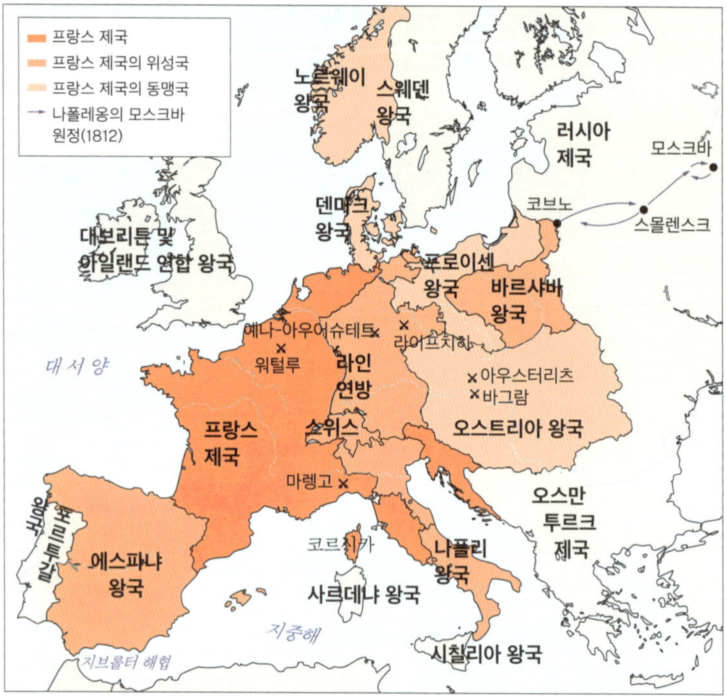

군을 이끌고 직접 원정길에 올랐다. 황제는 에스파냐군의 저항을 무찌르고 마드리드에 입성했으나, 그사이 반격을 노린 오스트리아군을 막기 위해 원정 3개월 만에 서둘러 파리로 돌아와야 했다. 전쟁은 전선의 정규전과 후방의 게릴라전이 뒤엉킨 '수렁'으로 빠져들었다.[9] 프랑스군은 7년 동안 이베리아반도에서 상당한 승리를 거두었다. 하지만 대개의 경우 전장의 전투는 게릴라 부대와의 접전으로 이어졌고, 게릴라들의 항전은 현지 주민들의 저항으로 이어졌다.

에스파냐에 주둔한 프랑스군은 최고 35만 명(1811)에서 최저 20만 명(1812년 이후) 정도를 유지했으나 4만 명의 영국군과 3만 명의 포르투갈군, 9만 명의 에스파냐군과 게릴라 세력을 제압하지 못했다. 1812년 7월 영국의 웰링턴Arthur Wellington 장군이 이끄는 연합군이 살라망카Salamanca 전투에서 마르몽 원수가 이끄는 프랑스군을 대파했다. 1813년 6월에는 주르당 원수가 이끄는 6만 명의 프랑스군이 피레네산맥 남단 비토리아Vitoria에서 웰링턴 장군이

....

9 '작은 전쟁(little war)'을 뜻하는 에스파냐어 '게리야(guerrilla)'는 에스파냐전쟁 당시 유행어가 되었다. 현지 주민의 거센 저항이 준군사적 형태로 나타난 것이 바로 게릴라군이었다. 이 점에서 에스파냐전쟁은 현대판 게릴라전의 원형이라 할 만하다.

이끄는 12만 명의 영국·에스파냐·포르투갈 연합군과 게릴라 부대에 맞서 마지막 대접전을 벌였으나 결국 패했다. 프랑스군은 이베리아반도에서 도망치듯 물러났다. 이때 돌아오지 못한 프랑스군은 적어도 25~30만 명에 이른 것으로 보인다.

에스파냐전쟁의 양상, 즉 군인과 민간인, 전방과 후방이 뒤섞인 채 살육과 파괴로 얼룩진 전쟁의 민낯은 러시아 전역戰役에서 더욱 뚜렷하게 드러난다. 대륙 봉쇄령을 어기고 영국과 밀무역을 이어가던 러시아를 응징함으로써 '대륙 체제'를 굳건히 한다는 것이 역사상 최대 규모의 원정을 떠나는 황제가 내세운 전쟁 명분이었다. 1812년 6월 24일, 나폴레옹은 선발군 38만 명을 이끌고 니멘강을 건넜다. 러시아 황제 알렉산드르는 서둘러 총동원령을 내려 70만 병력을 준비했으나 실제로 야전에 투입 가능한 병력은 22만 명에 지나지 않았다. 나폴레옹의 계획은 결전을 벌여 러시아 주력군을 완전히 분쇄하고 러시아 황제의 협상을 받아내는 것이었다. 최선의 경우 전쟁은 단 두 달 안에 끝낼 수 있다고 자신했다.

하지만 러시아군은 후퇴하며 방어하는 장기전을 펼치며 원정군의 보급을 끊고 전력을 소진시키는 전략을 썼다. 9월 7일, 모스크바 근처 보로디노Borodino에서 처음 격전이 벌어졌다. 13만 명의 프랑스군과 12만 명의 러시아군이 격돌한 보로디노 전투에서 나폴레옹은 무자비한 돌파로 승리를 거두기는 했지만 3만 명의 병력을 잃었을 뿐 아니라 러시아군을 궤멸하는 데도 실패했다. 9월 14일, 텅 빈 모스크바에 입성했을 때 황제를 따라온 프랑스군은 9만 5,000명에 불과했다. 멀찌감치 물러선 러시아군은 초토화 작전으로 맞서 전쟁은 언제 끝날 줄 모르는 소모전으로 변했다. 무려 5주간을 모스코바에서 허비한 나폴레옹은 10월 19일 마침내 퇴각 명령을 내렸다. 뒤늦은 퇴각에는 엄청난 재앙이 기다리고 있었다. 엄동설한 속에서 퇴각하는 프랑스군은 코사크 민병대와 민간 의용군마저 가세한 러시아군에게 처참하게 살육당했다. 프랑스군은 완전히 해체되어 탈영병과 낙오병 대다수가 굶주린 채 얼어죽었다. 10만 명의 패잔병을 뒤로한 채 서둘러 파리로 향한 황제의 뒤를 따라 살아 돌아온 병사는 채 3만 명을 넘지 못한 것으로 보인다.[10]

....

10 러시아 원정에서 프랑스군 사상자 수는 당시부터 40만~50만 정도로 평가되어왔다. 최근의 연구조사에 의하면, 니멘강을 건너 러시아 원정에 참여한 것으로 보이는 약 56만 병사 중 약 13만 명(주로 외국인 부대에 소속

<러시아에서 철수하는 나폴레옹>, 아돌프 노르텐 작, 1851년

나폴레옹군의 처참한 패주는 제국의 몰락을 알리는 서곡이었다. 패배의 여파로 정치권의 음모와 군부의 이반이 노골적으로 드러나는 가운데 유럽 열강은 다시 동맹(제6차 대프랑스 동맹)을 결성하고 45만 연합군 병력으로 각 전선에서 반격을 시작했다. 1813년 10월 16~19일, 독일 작센 지방의 라이프치히Leipzig에서 나폴레옹전쟁 최대의 전투가 벌어졌다. 프랑스군 19만 병력, 동맹군 33만 병력이 참전한 라이프치히 전투는 양측 합해서 10만 명 이상의 사상자를 내면서 동맹군의 승리로 막을 내렸다. '국민들의 전투battle of the Nations'라 불리는 라이프치히 전투의 승리는 프랑스의 침략을 받은 독일 지역에서 국민의식과 애국심이 싹튼 결과였다. 프로이센, 오스트리아 등 왕조 국가들은 징병제를 도입해 자국민 상비군을 늘리고 군대를 재건하기에 힘썼다. 여전히 군소 국가들로 분열되어 있기는 했지만, 독일 지역 주민들에게 '독일인'이라는 의식이 생겨나고 조국을 지키려는 애국심이 싹트기 시작한 것이다.

1814년 초 동맹군이 프랑스 본토를 침공하기 시작하자, 나폴레옹은 황위

....

된 병사)은 이미 행군 중에 군대를 이탈했고, 약 20만 명은 교전과 추위, 질병 등으로 사망했으며, 약 15만 명은 러시아군에 포로로 잡혔고, 약 6만 명은 탈영 후 러시아에서 잠적한 것으로 파악된다. 한편 러시아군 희생자는 약 30만 명으로, 그중 17만 5,000명은 교전 중에 사망한 것으로 보인다.

<워털루 전투>, 윌리엄 새들러 작, 1815년

를 포기하고 엘바섬으로 유배를 떠났다. 이듬해 나폴레옹은 엘바섬을 탈출해 권좌에 복귀했지만 황제의 귀환은 '백일천하'로 끝나고 말았다. 1815년 6월, 벨기에 브뤼셀 인근 워털루에서 나폴레옹이 이끄는 7만 2,000명의 프랑스군이 영국의 웰링턴 장군과 프로이센의 블뤼허von Blücher 장군이 이끄는 12만 연합군(영국·네덜란드·하노버 군 6만 8,000명, 프로이센군 5만 명)과 결전을 벌였다. 황제의 전쟁 신화는 워털루에서 종지부를 찍었다.

유럽 주요 전쟁 전사자 수 비교(17~19세기)

30년전쟁	1618~1648	2,071,000
프랑스-에스파냐 전쟁	1648~1659	108,000
신성로마제국-오스만 전쟁	1657~1664	109,000
프랑스-네덜란드 전쟁	1672~1678	342,000
폴란드-오스만 전쟁	1682~1699	384,000
아우크스부르크동맹전쟁	1688~1697	680,000
에스파냐계승전쟁	1701~1713	1,251,000
오스트리아계승전쟁	1740~1748	359,000
7년전쟁	1756~1763	992,000
프랑스혁명전쟁	1792~1802	663,000
나폴레옹전쟁	1803~1815	1,869,000
제1차 세계대전	1914~1818	7,734,000
제2차 세계대전	1939~1945	12,948,300
한국전쟁	1950~1953	954,960

참고: J. Levy, *War in the Modern Great Power System 1495~1975*

1805년 아우스터리츠 전투로 영광의 절정을 맞이한 나폴레옹전쟁은 1815년 워털루 전투를 끝으로 막을 내렸다. 나폴레옹전쟁은 방대한 병력을 동원한 만큼 교전에 따른 병력 손실과 피해가 엄청났다. 가장 보수적으로 평가해도 10여 년간 지속된 전쟁에서 겉잡아 프랑스 병력 약 90만 명이 희생된 것으로 보인다. 여기에 대프랑스 동맹국 병력을 합치면 희생자 수는 200만 명에 이를 것으로 추정된다. 나폴레옹 제국은 국가와 사회의 모든 인적, 물적 자원이 전쟁 목표를 향해 총동원된 시대였다. 이제 전쟁은 국민의 총력이 동원되고 국가의 존망을 좌우하는 거대한 '리바이어던'이 된 것이다.

사례 연구 조미니가 본 워털루 전투

1815년 6월 18일, 워털루 평원에서 나폴레옹 제국의 운명을 결정지은 역사적인 전투가 벌어졌다. 결전을 앞두고 황제는 '이길 수밖에 없는 싸움'이라고 호언장담했다. 하지만 훗날 나폴레옹은 세인트헬레나에서 분루를 삼키며 패배의 아픔을 토로해야 했다. 워털루 전투는 승패 여부와 공과를 놓고 당대 참전 장군들의 회고록에서 오늘날 역사가들의 전략 이론에 이르기까지 숱한 논쟁을 낳고 있다.

스위스 출신 군사사상가 앙투안앙리 조미니Antoine-Henry Jomini는 나폴레옹에게 발탁되어 유럽 전선을 누비며 클라우제비츠 못지않은 전략가로 명성을 날렸다. 훗날 조미니는 워털루 전역을 분석하면서 나폴레옹 패배의 원인으로 다음 4가지를 들었다.[11] 조미니의 분석에 맞춰 워털루 전황을 재구성해보자.

① 나쁜 날씨, 늦은 개전: 전날 밤 폭우로 도로 사정이 좋지 않았다. 땅이 젖어 포대가 이동하기 힘든 탓도 있었지만, 자신감에 차서 서두르지 않은 나폴레옹은 예상보다 2시간쯤 늦은 11시 30분에야 첫 공격 명령을 내렸다. 오후 6시 무렵 프로이센군이 개입하기 직전 프랑스군이 승기를 잡았다는 점을 고려한다면, 전투를 늦게 시작함으로써 프로이센군이 개입해 전세를 역전시킬 빌미를 준 셈이었다.

② 보병 사단 종대의 서툰 공격: 오후 1시30분, 프랑스군 제1군단 보병 4개 사단이 대규모 공격을 개시했다. 사단들은 서로 400보쯤 간격을 두고 좌우로 길게 늘어서서 전진했다. 웰링턴의 포병대는 다가오는 대오에 큰 피해를 입혔고, 능선에 닿은 프랑

<워털루 전투 후 만난 웰링턴과 블뤼허>, 대니얼 매클리스 작, 1879년

......

11 Antoine H. Jomini, *Précis politique et militaire de la campagne de 1815*, Bruxelles, Meline et Compagnie, 1846, pp.242~243.

스군은 픽튼 장군이 이끄는 총검 돌격대와 맞부딪쳤다. 사단 종대column by divisions 전술은 포탄과 총알의 세례에 무기력하게 부서졌다. 여기에 영국 경기병 2개 여단이 후퇴하는 프랑스 사단의 뒤를 덮쳤다. 프랑스의 첫 보병 공격은 무질서한 패주로 끝났다.

③ 불굴의 영국 보병과 유능한 사령관들: 오후 4시경, 프랑스군 네이 원수가 이끄는 5,000여 기병대가 두 번째 공격을 개시했다. 영국 포병은 달려드는 화려한 흉갑 기병에게 겁먹지 않고 침착하게 타격을 가했으며, 보병의 견고한 밀집방진은 미친 듯이 달려드는 프랑스 기병조차 쉽게 뚫지 못했다. 오후 5시 30분, 프랑스 기병은 큰 피해를 입고 공격을 멈췄다. 영국군은 프랑스 기병대의 공격마저 막아냈다. 하지만 오후 6시경, 프랑스군이 처절한 육탄전 끝에 한복판에 위치한 요충지 라에상트를 점령했다. 전선 중앙을 차지한 프랑스군은 기세를 올렸고, 연합군은 밀리기 시작했다.

④ 프로이센군의 가담: 오후 6시쯤부터 프로이센군이 나타났다. 조미니가 볼 때, 프로이센군의 합류는 나폴레옹군 패배의 가장 중요한 원인이었다. 웰링턴 장군에게 긴급 전언을 받은 블뤼허 장군은 프랑스 장군 그루시의 추격을 따돌리고 나폴레옹의 예측보다 일찍 전쟁터에 돌입하는 데 성공했다. 프로이센군은 웰링턴의 좌익을 구원하는 한편 남쪽에서 프랑스군의 우익을 타격했다. 위기에 빠진 나폴레옹은 제국 근위대 7개 대대에 출격 명령을 내렸다. 하지만 제국 근위대의 목숨을 건 공격도 영국군의 총탄 세례를 뚫지 못했다. 완전히 공황 상태에 빠진 프랑스군은 패주할 수밖에 없었다.

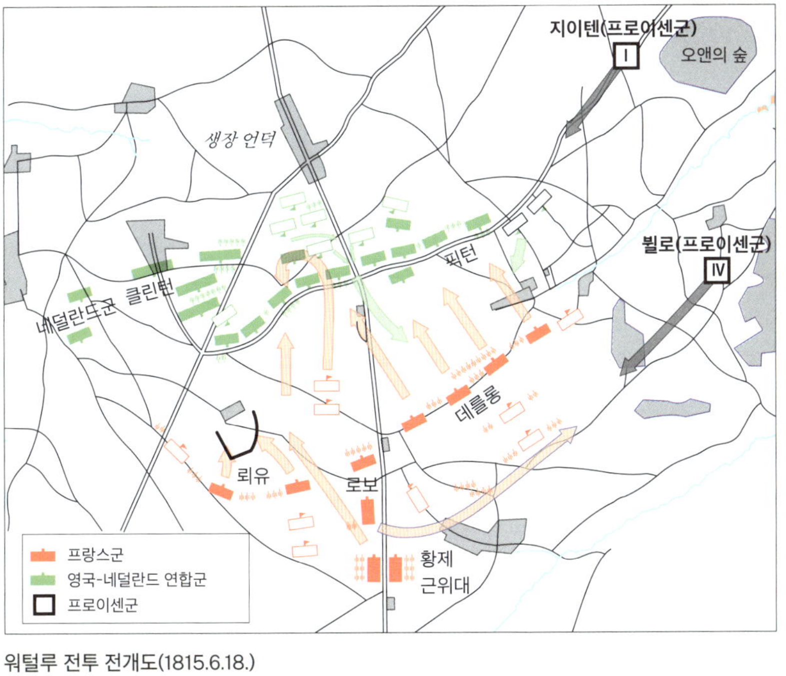

워털루 전투 전개도(1815.6.18.)

참고문헌

그레고르 프리몬-반즈·토드 피셔(박근형 역), 『나폴레옹전쟁, 근대 유럽의 탄생』, 플래닛미디어, 2009.

마이클 하워드(안두환 역), 『유럽사 속의 전쟁』, 글항아리, 2015.

박상섭, 『근대국가와 전쟁, 근대국가의 군사적 기초 1500~1900』, 나남출판, 2006.

버나드 몽고메리(승영조 역), 『전쟁의 역사』, 책세상, 2004.

알렉산더 미카베리즈(최파일 역), 『나폴레옹 세계사』, 책과함께, 2021.

윌리엄 맥닐(신미원 역), 『전쟁의 세계사』, 이산, 2005.

찰스 톤젠드 외(강창부 역), 『근현대 전쟁사』, 한울, 2016.

카를 폰 클라우제비츠(김만수 역), 『전쟁론』, 갈무리, 2016.

Black, Jeremy, *European Warfare 1450-1815*, St. Martin's Press, 1999.

Connelly, Owen, *The Wars of the French Revolution and Napoleon*, Routledge, 2005.

Fremont-Barnes, Gregory, *The French Revolutionary Wars*, Osprey Publishing, 2001.

Marston, Daniel, *The American Revolution 1774-1783*, Osprey Publishing, 2002.

Morillo, Stephen et al., *War in World History: Society, Technology and War from Ancient Times to the Present*, New York: McGraw-Hill, 2009.

Parker, Geoffrey (ed.), *The Cambridge Illustrated History of Warfare*, London: Cambridge University press, 1995.

06

산업화 시대의 전쟁

1815년~1914년

이내주 한국군사문제연구원 군사사연구실장 및
육군사관학교 군사사학과 명예교수

ABOLITION

I

19세기 유럽 개관

프랑스 대혁명을 통해 프랑스에서는 부르봉 왕조의 절대주의 체제가 무너지고 자유·평등·우애의 이념이 선포되었다. 혁명의 모토는 1800년 초반 이래 유럽을 뒤흔든 나폴레옹의 프랑스 군대에 의해 유럽 전역으로 전파되었다. 하지만 혁명의 이념이 뿌리를 내리는 데는 그에 합당한 대가를 지불해야 했다. 1815년 나폴레옹의 몰락과 더불어 '보수 반동'의 거센 물결이 다시금 유럽 대륙을 뒤덮었기 때문이다. 이후 유럽 각지에서 각양의 혁명적 사태가 벌어졌으나, 어두운 터널을 한참 지나온 1850년대에 이르러서야 차츰 열매를 맺기 시작했다. 정치적 측면에서 볼 때 유럽에서 19세기 전반기에는 자유주의Liberalism가, 후반기에는 민족주의Nationalism가 각광을 받았다. 전자의 경우에는 프랑스 대혁명 이후 공화제를 쟁취하려는 프랑스인들의 자유를 향한 투쟁에서, 후자의 경우에는 1860년대에 이룩한 이탈리아와 특히 독일의 국가 통일 과정에서 분명하게 표출되었다. 이런 우여곡절을 겪으면서 유럽에서 근대 시민사회가 형성되고, 이를 토대로 대두한 국민(민족)국가는 점차 결집된 힘을 외교와 무력을 통해 대외적으로 과시하기 시작했다.

나폴레옹 격파의 주역인 영국을 비롯한 전승국 대표들은 전후 처리를 위해 1814년 9월 합스부르크 제국의 수도 빈Wien에 모였다. 지난 15년 동안 나폴레옹이 자의적으로 설정해놓은 유럽의 국제질서를 재확립하기 위해서였다. 이때 체결한 평화조약에 입각해 이후 출범한 유럽의 국제질서는 흔히 '빈 체제'로 불렸다. 문제는 이 체제의 근본 작동 원리가 정통 복고주의라는 점이었다. 여기서 '정통 복고'란 프랑스 혁명 이전의 왕조와 영토를 정통으로 보고 당시 상태대로 역사의 시곗바늘을 되돌린다는 의미였다. 이에 따라 1848년 와해될 때까지 빈 체제는 혁명 이념의 확산 억제와 과거 질서의 회복 및 수호를 노골적으로 추구했다. 빈 회담 직후 전승국들은 동맹을 결성해 기존 체제의 변화 시도를 억압할 수 있는 무력 수단까지 갖추었다.[1] 프랑스 혁명으로 밀려났던 옛 기득권층은 다시금 역사의 전면에 등장했다. 정통주의에 입각해 프랑스와 에스파냐에서는 부르봉 왕조가 복위했다. 당연히 유럽 각지에서 일어난 자유주의 운동은 강압적으로 탄압을 받았다. 일단의 대학생 중심으로 독일 지역에서 일어난 학생 조합운동은 보수체제를 이끈 오스트리아 재상 메테르니히Klemens Metternich가 취한 '카를스바트 포고령Carlsbad Decrees'[2]으로 철퇴를 맞았다. 조국 이탈리아의 독립을 외친 카르보나리당의 봉기도 마찬가지로 오스트리아 군대가 자행한 말발굽 아래 허무하게 무너졌다.

그러나 한번 뿌려진 '자유'의 이념은 강인한 생명력을 발휘했다. 드디어 혁명의 나라 프랑스에서 재차 자유의 깃발을 들어올렸다. 빈 회담 이후 복위한 부르봉 왕조의 보수반동 정책에 대한 프랑스 국민들의 불만이 1830년 7월 혁명으로, 그리고 이때 등장한 '7월 왕정'의 유산계급 위주의 편협한 정치에 대한 불만이 1848년 2월 혁명으로 분출되었다. 특히 2월 혁명은 유럽 대륙 전체에 심대한 영향을 끼쳤다. 독일과 오스트리아에서는 각각 3월 혁명이 일어나 입헌군주정을 요구했고, 이탈리아에서는 주제페 마치니Giuseppe Mazzini의 청년이탈리아당을 주축으로 공화제 운동이 전개되었다. 이로써 빈 체제는 일대 타격을 받아 최종적으로 붕괴되었다.

다른 한편으로 프랑스에서 일어난 세 차례의 혁명을 통해 유럽 각지로 확산된 자유의 이념은 개인은 물론 공동체(민족)의 정치적 각성도 초래했다. 흔히 민족주의로 알려진 혈통과 언어, 종교 등 문화를 공유하는 '동질적 집단의식'이 19세기 후반기에 유럽에서 봇물처럼 터져 나왔다. 특히 긴 세월 동안 외세의 간섭과 지배로 분열되어 있던 지역민들의 민족의식이 고양되면서 통일국가를 수립하려는 열망이 거세게 일어났다. 1860년대에 이룩한 이탈리아와

……

1 대표적으로 신성동맹과 4국 동맹을 꼽을 수 있으나, 보수체제 유지를 위해 실제적으로 위력을 발휘한 것은 1815년 7월 영국·오스트리아·프로이센·러시아가 결성한 후자였다.

2 이는 1819년 9월 20일 러시아 출신 극작가 코체부의 암살 사건을 계기로 메테르니히 주도로 당시 오스트리아 제국의 도시 카를스바트에서 열린 독일 연방회의에서 채택한 결의안이다. 급진주의자의 취업 제한, 대학 학생회의 해산, 대학에 대한 감시, 출판물 검열 등을 주요 내용으로 하고 있었다.

1848년 2월 25일, 파리 시청 앞에서 혁명의 붉은 깃발을 거부하는 라마르틴. 앙리 펠릭스 엠마뉘엘 필리포토 작, 19세기

독일의 통일국가 수립은 이와 같은 흐름의 대표적인 사례였다. 양국은 교묘한 외교술과 강한 군사력을 근간으로 이른바 '현실 정치'를 펼친 카보우르Camillo Cavour, 비스마르크Otto von Bismarck 같은 정치가들의 활약으로 민족적 염원을 달성할 수 있었다.

서양 역사에서 19세기는 흔히 프랑스 혁명과 산업혁명Industrial Revolution이라는 '이중 혁명'을 통해 태동한 시기로 평가된다. 이는 전자가 몰고 온 정치적 변혁과 후자가 초래한 사회경제적 변화의 소용돌이 속에서 19세기 서양 사회가 형성됐음을 의미한다. 프랑스 혁명이 절대왕정을 타파함으로써 자유와 평등에 기초한 근대 시민사회 출현의 길을 열었다면, 산업혁명은 농업 기반이던 유럽 사회를 공업화함으로써 근대 시민사회가 뿌리내릴 수 있는 사회경제적 토대를 마련했다. 특히 18세기 중엽 영국에서 시작된 산업혁명의 물결은 곧 유럽 대륙으로 전파되어 19세기 중반 이래 그 영향이 각 분야에서 나타났다. 산업화라는 거대한 역사적 변화의 물결 앞에서 군사 분야와 이의 실질적 발현 무대인 전쟁도 예외일 수 없었다.

흔히 산업혁명은 기계 발명과 기술혁신을 통한 생산력의 비약적 발전, 그로 인한 각 분야의 심대한 변화로 정의된다. 이런 움직임은 1760년경 영국에서 촉발되어 이후 유럽과 다른 대륙으로 전파되었다. 영국에서 산업혁명은 면공업 분야의 기술혁신을 통한 기계화로 시작되었다. 신형 기계 제작은 제철공업을 자극했고, 철 수요의 증가는 철광석 제련에 필요한 석탄 생산의 요구로 이어졌다. 무엇보다도 1776년 제임스 와트James Watt가 증기기관을 발명함

으로써 증기력을 산업 생산의 동력원으로 활용할 수 있었다. 이로써 근대 산업사회의 전형적 특징인 공장제 기계 공업이 모습을 드러냈다. 대량생산한 물품은 1830년대 초반 이래 급성장한 철도를 타고 빠르게 전국 각지로 운송되었다. 이와 같은 산업화로 국가경제에서 공업 부문이 차지하는 비중이 크게 늘어났다.

선도적 산업화를 이룬 서유럽 세계는 19세기 말에 이르러 우월한 군사력을 앞세워 세계의 다른 대륙을 침탈했다. 1870년에서 1914년까지 약 반세기 동안 전개된 이 같은 역사적 현상을 제국주의Imperialism라고 한다. 선진 공업국들은 유럽 내에서 격화된 정치 군사 대립 및 산업 경쟁을 해소할 돌파구로 경쟁적으로 식민지 획득을 추구했다. 그 결과 20세기 초에 이르면 아프리카와 동남아시아 대부분 지역이 서양 열강의 식민지나 반식민지 상태로 떨어졌다. 식민지 수탈로 얻은 이득으로 서양 열강은 국력이 더욱 강력해졌다. 혹자는 19세기를 빈 체제 아래 장기간 평화를 누린 '행운'의 시기로 본다. 물론 1815년 나폴레옹전쟁이 끝난 후 약 1세기 동안 대규모 충돌이 없었던 것은 사실이다. 하지만 자세히 살펴보면 19세기 역시 전쟁의 세기였음을 부인하기 어렵다. 특히 1850년대에 벌어진 크림전쟁을 시작으로 다양한 충돌이 있었다.[3] 전쟁의 규모는 상대적으로 작았으나, 이때 사용한 전쟁 방식과 수단은 날로 치명성을 높여갔다.

설상가상으로 호전적 이데올로기의 확산과 빠른 과학기술의 발전 이면에서 거대 전쟁의 그림자가 어른거리고 있었음을 당대인들은 미처 알아차리지 못했다. 증기력을 모태로 추동한 산업혁명이 가져온 대량생산, 기술혁신, 철도의 발달 등이 군대와 연결될 경우 유럽 전체를 초토화시킬 수 있는 '총력전'이라는 재앙으로 치닫는 것은 시간문제였는데도 말이다. 아니나 다를까, 식민지를 놓고 서양 열강 사이에 반목과 대립이 심화되면서 급기야 1914년 8월 유럽 대륙은 제1차 세계대전으로 빠져들고 말았다. 프랑스 혁명에서 배태된 자유와 평등을 이념적 지표로 삼고 산업혁명이 선물한 자본과 과학기술을 현실적 수단으로 활용해 탄생한 근대 국민국가가 19세기 100년 동안 역동적으로 성장

....

3 이탈리아전쟁(1859), 미국 남북전쟁(1861~1865), 프로이센-덴마크 전쟁(1864), 프로이센-오스트리아 전쟁(1866), 프로이센-프랑스 전쟁(1870), 러시아-튀르크 전쟁(1877) 및 유럽 외부에서 벌어진 충돌로 보어전쟁(1899~1902) 등을 꼽을 수 있다.

해 종국에는 대파국의 나락으로 떨어졌다는 사실은 참으로 역사의 아이러니임에 분명하다.

II

전쟁 양상의 변화와 그 원동력

1 전쟁 방식: 전쟁의 소프트웨어 측면

19세기 전쟁을 자세히 살펴보기 전에 먼저 나폴레옹전쟁의 유산을 정리해 볼 필요가 있다. 나폴레옹은 자신이 이끈 수많은 전투를 통해 특히 전쟁 수행 방식, 즉 군 조직 및 병력 운용(전술) 측면에서 19세기 내내 지속적으로 영향을 미쳤기 때문이다. 1789년 터진 프랑스 혁명 와중에 발휘한 군사적 탁월성을 발판으로 1799년 정치적 실권마저 장악한 나폴레옹은 이후 혁명정신과 애국심으로 무장한 프랑스군을 이끌고 유럽 대륙을 종횡무진 휩쓸었다. 그는 1804년 국민투표를 통해 프랑스 황제로 등극해 1815년 세인트헬레나섬으로 유배될 때까지 약 10년간 여러 전투에서 클라우제비츠의 평가처럼 가히 '군사적 천재'에 걸맞은 승리를 거두었고, 군사전략가로서 그의 활약은 이후 서양 군사학 발전에 크게 기여했다. 현대의 전략전술 및 무기체계가 그로부터 배태되었다고 해도 과언이 아닐 정도로 말이다.

그렇다면 나폴레옹은 유럽 군대에 어떠한 유산을 남겼을까? 그는 무기 측면보다는 특히 군대의 조직과 운용 면에서 유용한 교훈을 전해주었다. 당시 나폴레옹 군대가 무장한 보병용 무기는 17, 18세기에 사용한 소화기와 비슷한 머스킷Musket 소총이었다. 총구를 통한 탄환 장전 방식에다 격발은 부싯돌을 내리쳐 발화하는 수발식燧發式이었다. 그런 까닭에 격발을 하기 위해 부싯돌을 수시로 교체해야 했고, 질 낮은 화약 탓에 간혹 총신 자체가 망가지기도 했다. 사격 속도 역시 숙달된 사수가 분당 겨우 두 발을 발사할 수 있을 정도로 느렸 나폴레옹 전쟁 시기인 1815년 워털루 결전 이틀 전에 벌어진 전투에서 프랑스 기병대에 용감하게 맞서고 있는 영국군을 묘사한 <콰트르 브라스의 28보병연대>, 엘리자베스 톰슨 작, 1875년

고, 유효사거리가 약 180m에 오차 범위는 무려 3m나 되었다.

이처럼 열악한 조건 아래에서 나폴레옹은 군 조직 및 운용상의 효율화를 통해 전투력을 극대화할 수 있었다. 특히 부대의 기동성을 높이고 전술 대형을 융통성 있게 만들었다. 기동성 향상을 위해 프랑스군의 행군 속도를 기존 분당 70보에서 120보로 늘렸고, 당시까지 군사 배치의 대세이던 긴 선형線型, linear formation의 횡대대형 일색에서 벗어나 필요할 때마다 종대대형을 취했다. 전장의 지형과 상황에 따라 적의 공격을 견제하는 부대는 횡대로, 적군의 취약한 부분을 집중 공격해 돌파하는 부대는 종대로 배치하는 '혼합형' 전술 대형으로 병력 운용의 융통성을 높인 것이다. 또한 효과적인 병력 운용을 위해 독립적으로 운용해온 보병 · 포병 · 기병을 단일 사단Division으로 혼합 편성하고, 2~3개 사단을 합해 군단Corps을 만들어 군단장에게 독자적인 작전권을 부여했다. 이러한 부대를 활용해 그가 구사한 작전술의 핵심은 기동과 집중이었다. 이를 효과적으로 수행할 수 있도록 지휘권을 단일화해 신속한 의사결정과 작전 실행을 도모했다.

큰 틀에서 볼 때, 19세기에 벌어진 지상전은 바로 나폴레옹이 행한 방식으로 전개되었다. 사령관들은 나폴레옹의 전략전술을 모방했고, 군대조직은 나폴레옹 군대의 편제를 기초로 구성했다. 더구나 이런 점들은 19세기 대표적 군사 저술가이자 사상가인 조미니와 클라우제비츠에 의해 체계적으로 분석 및 종합되어 빠르게 확산되었다. 특히 조미니가 쓴 『전쟁술』은 미국 남북전쟁에서, 클라우제비츠의 유작 『전쟁론』은 독일 통일 전쟁에서 군 간부들에게 큰 주목을 받았다.

나폴레옹의 군사작전을 통해 전쟁의 성격은 제한 전쟁에서 섬멸 전쟁으로 바뀌었다. 그는 프랑스 혁명 중 제정한 징병법 덕분에 탄생한 대규모 국민군을 앞세워 자신의 군사적 재능을 펼쳤다. 근본적으로 그의 전략전술은 적군을 격퇴시키는 선에서 머물지 않고 이를 추격해 섬멸하는 단계로까지 나아갔다. 이를 위해 향상된 부대 기동성을 바탕으로 적과 마주치기 직전에 적군의 퇴로를 차단하는 작전을 적극적으로 시도했다. 이런 맥락에서 평생 나폴레옹전쟁을 천착한 클라우제비츠는 나폴레옹 전략의 요체로 적군의 '무게중심'을 타격하고 와해시키는 '섬멸전' 개념을 제시했다. 20세기에 본격화되는 총력전 시대를 암시하는 새로운 전쟁 형태를 후세들에게 던져놓고 정작 나폴레옹 자신은 역사의 뒤안길로 사라진 셈이다.

1870년 프로이센-프랑스 전쟁 이후 유럽 열강들은 대외적으로 식민지 확보에, 내부적으로 군사력 증강에 매진했다. 유럽인들은 빠르게 전개된 이 전쟁을 통해 대규모 병력의 확보와 무장이 무엇보다 중요하다는 분명한 교훈을 얻었다. 유럽 사회 전반에 조직과 통제를 통해 효율성 제고를 추구하는 군사문화가 널리 퍼져나갔다. 군사력 증강을 위해 각국이 특히 심혈을 기울인 분야는 출산율 장려와 철도망 확충이었다. 대규모 병력을 모집하려면 무엇보다 많은 인구가 필요했고, 징집한 병력을 접적지대로 빠르게 이동하기 위해 철도가 필수불가결한 수단이었기 때문이다.

실제로 1870~1914년에 유럽 인구는 크게 늘어났고, 인적 동원 수단도 체계화되었다. 19세기 초 약 2억 명에 근접한 유럽 인구는 20세기 초 약 4억 6천만 명으로까지 빠르게 늘어났다. 인구 증가를 바탕으로 각국은 경쟁적으로 군대 규모를 늘렸다. 특히 유럽 대륙의 대표적인 두 육군 국가로 적대관계에 있던 독일과 프랑스의 병력 증강이 두드러졌다.[4] 병력의 급증을 가능하게 한 실질적 수단은 바로 각국이 경쟁적으로 채택한 징병제도에 있었다.

프랑스 혁명 중 첫선을 보인 국민개병제는 이후 프로이센의 도입을 시작으로 유럽 전역으로 확산되었다. 프랑스의 경우, 나폴레옹전쟁 이후 폐지한 징병제를 1870년 프로이센과의 전쟁에서 참패한 이후 재차 도입했다. 패전에 대한 실망과 분노로 격앙된 분위기에서 5년 의무 복무의 '보편적' 징병제 법률이

4 독일의 경우 1870년 통일 직후 130만 명이던 병력이 1914년 제1차 세계대전 직전 무려 500만 명 선까지 늘어났고, 이에 뒤질세라 프랑스 역시 같은 기간에 50만 명에서 400만 명으로 증가했다.

제정되었다. 제1차 세계대전 직전에 이르면 섬나라 영국을 제외한 대부분의 국가들이 기존 장기 복무병 중심의 소규모 전문직업군 제도를 축소 폐기하고 대규모 군대 편성에 필요한 국민개병제로 전환했다. 이제 유럽 열강들은 '조국 수호와 민족의 영광'이라는 미명 아래 20세 이상, 심지어 18세 이상의 자국 남성들을 징집해 다가오는 '아마겟돈 전쟁'에 대비했다.

설상가상으로 19세기 말 유럽의 사회 분위기 또한 호전적으로 변해갔다. '징고이즘Jingoism'처럼 사회다윈주의의 영향을 받은 인종주의가 고개를 들기 시작했고, 황색 언론yellow journalism은 경쟁적으로 이를 부추겼다. 각국마다 군비 증강을 외치는 다양한 국수적 성향의 사회단체들이 결성되어 저마다 전국 차원의 입지를 구축해가고 있었다. 예컨대 1890년대 중반 이래 영국과 독일이 벌인 이른바 '건함 경쟁'의 이면에는 전국적인 위세를 과시하며 대중여론 동원에 열을 올린 양국 해군 연맹의 활동이 놓여 있었다. 참정권의 대폭적인 확대에 힘입어 일반대중의 목소리가 정치적 힘을 얻기 시작하면서 국가와 군의 정책 수립과 결정은 더욱 복잡해졌다. 이제 군대와 사회, 좀 더 직접적으로 전쟁과 사회의 관계는 더욱 긴밀해져 민군民軍 관계는 불가분한 일이 되었다.

2 전쟁 수단: 전쟁의 하드웨어 측면

직접 살상 무기의 발전

나폴레옹이 구사한 기동과 집중, 주력군의 섬멸이라는 방식은 그의 사후 산업혁명이라는 또 다른 흐름에 힘입어 실현되었다. 산업혁명을 통한 과학기술의 발전 덕분에 전쟁을 대규모로 수행할 직간접적 수단이 마련됐기 때문이다. 전신(전보)의 발달로 정보의 빠른 흐름이 가능해져 원거리에서도 중앙정부가 군사적 결정을 통제할 수 있게 되었고, 철도는 인력 동원과 군수물자 운송에 혁명적 변화를 가져왔다. 대량생산 기술의 발달로 이전 세기의 군사령관은 상상할 수 없을 정도로 막대한 규모의 군수물자 생산과 보급이 가능해졌다. 19세기 후반에 암스트롱Armstrong, 레어드Laird, 크루프Krupp, 비커스Vickers 같은 군수산업체들이 군대의 다양한 수요에 부응하기 위해 설립되었다. 동원 인원과 물자의 효율적 운송을 위해 관리 기법 또한 개발되고 발전했다. 그렇지만 산업

스프링필드 1861년형
라이플머스킷

혁명의 가장 가시적인 영향은 화력과 사거리, 명중률이 대폭 향상된 화기 분야의 혁신에서 두드러졌다.

따라서 직접 살상 무기의 대명사인 소화기와 대형 화기의 발달을 먼저 살펴보는 것이 합당한 순서일 것이다. 19세기 중엽이 지나서야 개인 화기는 뚜렷한 진전을 이루었다. 19세기 초반 나폴레옹전쟁 시기에 주류 개인 화기는 총구 장전용 수발식 머스킷 소총Flintlock Musket이었다. 이는 길게는 17세기 중반 구스타브 아돌프 군대에서부터 사용하기 시작했다. 18세기 초반 소켓 모양 총검의 채택으로 소총수가 창병의 역할을 겸할 수 있게 되고, 중반에 이르면 뇌관 점화 방식 도입으로 불발 비율이 낮아지고 발사 속도가 향상되었다. 바로 이런 소총으로 무장한 군대를 이끌고 나폴레옹은 유럽 전역을 휩쓸고 다녔다. 하지만 근본적인 변화는 없었다. 기껏해야 발사 속도가 분당 1~2발로 늘어났을 뿐이다. 활강식 총열이었기에 실제로 적군을 살상할 수 있는 유효사거리는 최대 100여 미터로 짧았고, 무엇보다도 여전히 근접 집중 사격이 불가피할 정도로 명중률이 형편없었다.

물론 유효사거리와 명중률을 높일 수 있는 방도는 있었다. 18세기 군대에서 수발식 머스킷 소총과 혼용하던 라이플총Rifled Musket을 대량 보급하는 것이었다. 이는 강선鋼線 총열로 만들어 유효사거리도 매우 길고 명중률도 높았다. 라이플총의 우수한 성능을 알고는 있었지만 19세기 중반까지 군대의 주력을 이 화기로 무장하는 것은 불가능했다. 라이플총의 최대 단점인 비싼 제작비와 특히 장전 속도가 느렸기 때문이다. 당시까지만 해도 총열에 홈을 파는 일은 고도의 숙련도와 인내를 필요로 하는 결코 쉽지 않은 작업이었다. 더 큰 문제는 이렇게 홈이 파인 총열에 탄환을 총구 장전하는 일이 상당한 시간을 요구하는 동작이었기에 촌각을 다투는 전장에서 치명적인 약점이었다. 이런 까닭에 19세기 들어서까지 라이플총은 주로 저격병이나 유격대원 같은 특수 임무 수행 병사용으로만 매우 제한적으로 운용되었다.

그러다 마침내 19세기 중엽에 소화기 분야에서 혁신의 돌파구가 마련되었다. 바로 1847년 일명 '미니에 탄환Minie Bullet'으로 알려진 총구 장전식 라이플총에 사용할 수 있는 신형 탄환이 개발된 것이다.[5] 미니에 탄환은 납으로 만든 원추형 탄환이다. 애초에 탄환의 크기가 총열의 구경보다 작아 쉽게 총구 안으로 밀어넣을 수 있었다. 장전한 미니에 탄환은 방아쇠를 당겨 총열 내부의 화약이 폭발하면 탄미의 날개 부분이 팽창해 총열에 파인 홈에 딱 들어맞으면서 강선을 따라 발사되었다. 공기 저항을 뚫고 회전하며 날아갔기에 탄도가 안정되었다. 무엇보다도 유효사거리가 대폭 길어진 데다 발사 속도는 물론 명중률도 향상되었다.

미니에 탄환의 우수성을 알아본 유럽 열강들은 경쟁적으로 특허권을 사들였다. 1850년대에 이르면 라이플총(강선 소총)이 각국 군대의 개인용 표준화기로 자리 잡기 시작했다. 때마침 벌어진 크림전쟁(1853~1856)에서 미니에 탄환용 라이플총으로 무장한 서유럽 군대가 기존 전장식 소총에 의존한 러시아군에 승리하면서 미니에 탄환의 진가는 더욱 빛을 발했다.

미니에 탄환의 등장으로 소총의 성능이 크게 향상된 것은 사실이나 이것이 진정한 의미의 혁신은 아니었다. 여전히 총구를 통해 탄환을 장전해야 했기 때문이다. 유럽 각국이 미니에 탄환에 열광하는 동안 유럽 대륙 중북부에서 중요한 변화가 일어나고 있었다. 프로이센의 드라이제Johann Nikolaus von Dreyse가 1840년대 초반 후미 장전식 소총을 개발한 것이다. 총구 약협藥莢 내 화약을 점화시키는 뾰족한 공이치기 모양을 빗대어 일명 '바늘 총niddle gun'으로도 불린 드라이제 소총은 노리쇠 장전식 라이플총이었다. 더불어 종이 약협으로 탄환과 화약을 감싸 일체화함으로써 새로운 발명품의 원활한 사용을 가능하게 만들었다. 프로이센군은 군대의 주력 개인 화기를 단계별로 드라이제가 발명한 후장식 라이플총으로 교체하기 시작했다.

19세기 후반기에 드라이제 소총은 미니에 탄환보다 더 큰 변화를 전장에 몰고 왔다. 물론 이 소총이 초반부터 완벽했던 것은 아니다. 후미 장전식으로 발사하다보니 자칫하면 소총수가 얼굴에 화상을 입을 수도 있었고, 뾰족한 공이치기가 빈번하게 부러져 총탄이 불발되는 경우도 잦았다. 하지만 이런 단점

....

5 프랑스군 장교였던 미니에(Claude Etienne Minie)가 식민지 전쟁을 위해 파견된 북아프리카 알제리에서 현지 게릴라들과의 전투 중 아이디어를 얻어 발명하게 되었다는 일화가 있다. 어찌 됐든 그는 이 신형 탄환을 통해 자신의 이름을 전쟁사에 길이 남겼다.

으로 인한 불안감은 이 총이 지닌 장점으로 충분히 상쇄하고도 남았다. 이 신형 소총이 이후 전쟁터에 미친 영향은 엄청나게 컸다. 엎드린 자세로 장전과 사격이 가능해짐에 따라 탄환 장전을 위해 불가피하게 상체를 일으켜야 했던 총구 장전식 소총수에 비해 드라이제 소총수의 안전도가 크게 높아졌다. 특히 이미 늘어난 유효사거리에다 발사 속도까지 빨라지면서 전술상의 변화를 불가피하게 만들었다.

이제 치명적인 총격을 피하기 위해 야전 축성 방식을 채택하고, 형형색색의 군복도 점차 칙칙한 보호색으로 바꿔야만 했다. 무엇보다도 화약무기의 살상력 향상으로 나폴레옹전쟁 때 화려한 꽃을 피웠던 밀집대형은 역사의 뒤안길로 사라지고 산개散開대형이 빠르게 그 자리를 대신했다.

개인 화기의 발전은 여기서 멈추지 않았다. 제강 기술의 발달과 더불어 종이로 된 약협이 점차 금속제 탄피로 바뀌었다. 이에 따라 수백 년간 이어져온 단발총을 밀어내고 연발총이 선을 보였다. 대표적으로 기관총Machine Gun이 전장에 그 위용을 드러낸 것이다. 원래 기관총은 1860년대에 의사 출신의 엔지니어인 개틀링Richard Gatling이 발명했다. 이는 총열을 여러 개 묶어놓은 일종의 '총열 다발 묶음식 연발총'으로 사수가 이를 돌려서 발사하는 반자동식으로 미국 남북전쟁 중반 전장에 첫선을 보였다. 그러다가 1884년 현대 연발총의 아버지로 불리는 맥심Hiram Maxim이 완전한 자동식 기관총을 발명했다. 일명 '맥심 기관총'으로 불리면서 분당 최대 600발을 발사할 수 있는 공포의 무기가 19세기 후반에 출현했다. 당시 서구 열강의 제국주의 침탈 과정에서 토착민 군대를 상대로 공포의 위력을 과시한 이 신무기는 곧 다가올 제1차 세계대전에서 '살육전의 대명사'로 그 악명을 떨친다.

산업혁명으로 인한 과학기술 발전의 영향은 소화기에만 국한되지 않았다. 다가올 '화력전 시대'를 수놓을 진정한 주인공인 대형 화기의 개발도 촉진했다. 18세기 중반 장 마리츠Jean Maritz 부자父子에 의해 포구 천공법穿孔法이 개발되고, 이어서 그리보발Jean Baptiste de Gribeauval 장군 주도로 화포의 범주화 및 표준화가 시도되어 화력이 높아지고 포병 전술이 크게 발전한 것은 사실이다. 그리고 이렇게 발전한 야전포병의 화력을 최대한 활용한 인물이 바로 나폴레옹이었음도 부인할 수 없다. 하지만 나폴레옹 시대까지 화포는 기본적으로 포구 장전식 청동제青銅製 및 선철제銑鐵製 활강포였기에 특히 사거리와 살상력 측면에서 여전히 근본적인 한계를 안고 있었다.

크림전쟁을 기점으로 화포 분야에서도 진정한 도약의 시기가 도래했다. 여기에는 영국 뉴캐슬 지방 제철업자이자 엔지니어였던 암스트롱William Armstrong의 활약이 컸다. 우연히 저 멀리 크림반도 전쟁터에서 엄청난 대포 무게로 영국군이 고전하고 있다는 소식을 접한 그는 자신이 이 문제를 해결하리라 결심하고 연구를 거듭한 끝에, 마침내 1850년대 후반 포미 장전식 강철제 강선포를 제작하는 데 성공했다. 덕분에 경량의 대포 생산이 가능해졌고, 무엇보다도 발사 속도가 크게 빨라졌음은 물론 화력도 강력해졌다. 영국군에 독점 납품하는 기회를 잡은 암스트롱은 곧 회사 규모를 확장하고 점차 함포와 해안포 생산으로 군수품 목록을 넓혔다. 암스트롱의 성공 소식은 저 멀리 독일에 있는 크루프Alfred Krupp의 발명 의욕을 자극했다. 그는 곧 '크루프 강철대포'로 불리면서 특히 프로이센-프랑스 전쟁에서 과시한 엄청난 화력으로 유명세를 떨치게 되는 포미 장전식 대포를 선보였다.

암스트롱이나 크루프가 경량의 포미 장전식 강선대포를 개발하고 이를 대량생산할 수 있었던 근저에는 당대 제철 기술의 발달이 놓여 있었다. 새로운 철 제련법이 고안되면서 강하고 저렴한 철 생산이 가능해졌기 때문이다. 대포의 무게를 줄이고 포구에 강선을 새겨넣기 위해서는 근본적으로 포열이 단단해야만 했다. 따라서 당연히 강철이 필요했으나 19세기 중반 이전까지 용융점이 거의 1,500도에 달한 강철은 제련하기가 매우 힘들었다. 그러다보니 생산량도 충분하지 못했을 뿐 아니라 가격도 매우 비쌌다. 1855년 영국의 베세머Henry Bessemer가 쇳물에 연속적으로 공기를 주입하는 방식인 이른바 '베세머 강철 제련법'을 고안하고, 뒤이어 지멘스-마틴 제련 방식이 도입되면서 양질

역사 속 역사 군산복합체 Military Industrial Complex

1850~1860년대에 걸쳐 영국, 독일, 프랑스 등 서구 선진 산업국가에 군수산업체가 등장했다. 이들은 1870년대 이후 서구 열강의 경쟁적인 제국주의적 팽창과 이로 인한 대결 분위기의 격화에 힘입어 빠르게 성장했다. 다양한 유형의 화약무기는 물론 전함까지 건조해 전 세계를 대상으로 판매할 정도로 그 규모가 커지면서 이들은 국가경제의 근간으로 자리 잡았다. 20세기 들어 이런 대규모 군수회사들을 흔히 '군산복합체'라 불렀다.

1851년 런던 만국박람회가 열린 수정궁. 런던박람회는 세계 첫 박람회로 알려져 있다.

의 강철을 저렴한 가격에 공급할 수 있는 길이 열렸다. 바야흐로 대포의 대량생산은 시대적 대세가 되었다.

대포 대량생산의 주체로 앞서 언급한 것처럼 일부 개인 기업들이 등장했으나 그렇다고 당시 국가의 역할을 무시할 수는 없다. 특히 1851년 수정궁 만국박람회에서 미국 콜트 총기 회사의 권총 대량생산 방식 시연회에 자극받은 영국 정부는 무기 생산에서 미국식 대량생산 시스템을 채택하기로 결정했다. 그동안 영국을 비롯한 유럽에서는 소규모 제철 작업장에서 전통적인 장인들의 생산 방식으로 무기를 조달해오고 있었다. 하지만 이는 크림전쟁처럼 갑자기 다량의 무기가 필요한 상황에서 속수무책으로 드러났다. 계속해서 유럽식 수공업 전통과 소수 장인의 손기술을 고집할 수만은 없었다. 크림전쟁 후 영국 정부는 신속하게 런던 인근의 두 곳, 울리치Woolwich와 엔필드Enfield에 국영조병창National Arsenal을 설치했다. 얼마 후 울리치에서 대포가, 엔필드에서 소화기가 대량으로 쏟아져 나오기 시작했다. 이들 국영조병창은 사설 군수업체들과 경합을 벌이면서 점차 규모와 영향력을 넓혀갔다.

비살상용 간접 무기의 발전

앞서 살펴본 것처럼 유럽의 산업화가 전쟁에 미친 영향은 기본적으로 기술 발달을 통한 화약무기의 혁신적 개량과 대량생산이었다. 하지만 19세기 동안 전쟁 수행 방식과 전쟁 양상 변화에 좀 더 근본적인 영향을 끼친 것은 소총과 대포 같은 직접 살상용 무기보다는 증기선과 철도, 전신과 같은 일종의 비살상용 간접 무기였다. 무엇보다도 후자는 엄청난 규모의 인적, 물적 자원을 군대와 군수산업 분야로 흡수해 대규모 군대의 출현을 가능하게 만들었다. 모두 하나같이 18세기 중엽 영국인 제임스 와트가 발명해 이후 산업혁명을 추동한 증기기관을 모태로 하고 있었다.

증기 동력원이 맨 처음 적용된 곳은 바로 해군용 무기 분야였다. 인류 역사와 더불어 장구한 세월을 견뎌온 노선櫓船과 범선帆船을 밀어내고 바야흐로 인위적으로 창출한 힘으로 움직이는 증기선Steamship이 그 모습을 드러낸 것이다. 다른 무엇보다도 함정을 움직이는 가장 기본적인 동력이 근원적으로 바뀐 것이다. 긴 세월 동안 해군 함정은 주로 노예의 근력을 이용한 노선 시대, 풍력을 이용한 범선 시대를 거쳐 산업혁명의 기술 발달에 힘입어 바야흐로 증기의 추진력을 이용한 철선鐵船 시대로 접어들 수 있었다.

1807년 뉴욕 허드슨강에서 첫 실험에 성공한 미국인 풀턴Robert Fulton이 1837년 뉴욕-런던을 왕복하는 대양 항해용 증기선을 선보이면서 증기선 시대가 개막되었다. 하지만 증기선이 해군에 수용되는 데는 시간이 걸렸다. 초기 증기선의 경우 선박 좌우측에 장착한 대형 외륜外輪을 증기엔진으로 가동하는 방식이었다. 그런데 큰 외륜 탓에 적 함선의 공격에 취약했을 뿐 아니라 아군

최초의 대서양 횡단 증기선 서배너호(1819)

함선의 대포 무장력을 크게 떨어뜨렸다. 게다가 우월한 범선 체계로 당대 제해권을 장악하고 있던 영국 해군이 증기선 도입이라는 새로운 기술의 수용에 미온적 태도를 보이고 있었다. 영국이 망설이는 사이 그동안 영국 해군에 밀려 절치부심하던 프랑스 해군이 새로운 흐름을 적극적으로 수용했다. 기술적으로도 1840년대 초반 스크루 프로펠러가 발명되어 결정적 걸림돌이던 외륜 관련 문제를 해소할 수 있었다.

이와 더불어 증기선으로의 본격 전환을 부추기는 무기 기술 측면의 발전이 연이어 대두되었다. 무엇보다도 함포용 작열탄灼熱彈[6]이 본격적으로 사용되기 시작했다. 이제 목조 범선으로 해전에 임한다는 것은 어불성설이 되었다. 1837년 프랑스 해군이 공식적으로 모든 함정에 작열탄 발사용 대포를 설치하자, 곧바로 영국 해군도 뒤를 따랐다. 공격력이 높아지자 이에 대한 대책으로 등장한 것이 바로 목선의 갑판과 중요 부분을 얇은 철판으로 덮은 철갑선이었다. 이런 기술적 발전과 특히 1850년대 중반 크림전쟁에서 실전으로 증기선의 우수성이 입증되면서 마침내 프랑스 해군은 1859년 최초의 철갑 증기선 글루아르호Gloire를 선보였다. 이에 깜짝 놀란 영국 해군도 이듬해 워리어호Warrior로 명명된 철갑 증기선을 건조해 대응했다.

남은 문제는 철갑으로 덮은 목선을 완벽한 철선으로, 풍력과 증기력을 혼용하던 추진력을 완벽한 증기력으로 바꾸는 일이었다. 전자는 19세기 후반에 양질의 강철 제련이 가능해지면서 해결됐고, 돛대의 제거를 전제로 하는 후자는 회전포탑turret의 설치로 실마리를 풀었다. 드디어 1871년 영국에서 돛대 없이 증기력만으로 추진하는 최초의 철갑 전투함 데버스테이션호Devastation가 등장했다. 더불어 함포의 사정거리와 정확도 측면에서도 비약적인 발전이 이루어졌다. 함포의 발사 속도가 빨라지고 특히 사거리가 거의 10km에 달할 만큼 크게 늘어나면서 예전과 같은 근접전은 설 땅을 잃게 되었다. 한마디로 빠른 데다 단단한 철갑으로 방호되고, 특히 강력한 화력을 갖춘 함대가 승리하는 시대가 온 것이다. 역사적으로 제해권 장악의 중요성을 설파한 알프레드 머핸Alfred T. Mahan의 『해양력이 역사에 미친 영향』(1890)은 이런 경향을 더욱 고조시켰다.

....

6 폭약을 내장한 포탄으로 피탄 시 목선에 화재를 일으킬 수 있었다.

급기야 19세기 말부터 영국과 독일 간의 해군 군비 경쟁에 불이 붙었다. 치열한 건함 경쟁 중에 탄생한 결정판은 1906년 영국 해군이 진수한 신형 전함 드레드노트호Dreadnought였다. 당시 최신 해군 기술의 총아로 회자된 드레드노트호는 이런 평가를 받기에 충분한 위용을 갖추고 있었다. 드레드노트호는 배수량 1만 8,000톤으로, 1만 3,000마력의 터빈엔진으로 최대 21노트까지 운항할 수 있었다. 여기에 10문의 12인치 함포와 27문의 기뢰정 대응 공격용 3인치포를 중앙통제 시스템으로 운용할 수 있었다. 당시까지 존재한 모든 함정들을 일거에 무용지물로 만들 정도로 대단한 위력을 지닌 드레드노트호가 출현하면서, 건조 비용이 엄청났는데도 열강들은 앞다투어 신형 전함으로 무장했다.

증기선이 '바다의 왕자'로 자리매김하는 동안 육상 교통의 총아로 떠오른 것은 철도였다. 오늘날 철도(열차), 도로(자동차), 항로(비행기)는 3대 대규모 이동수단이다. 이들 중 인간과 물류 이동에 맨 먼저 심대한 파급력을 발휘한 것은 철도였다. 1825년 스티븐슨Stephenson 부자父子가 제작한 로켓호가 잉글랜드 북부 요크셔의 달링턴-스톡턴 구간 선로를 달린 이래 철도는 단기간에 영국 전역은 물론 유럽 및 아메리카 대륙으로 퍼져나가면서 대중교통과 물류 이동의 핵심 수단으로 올라섰다. 철도망을 통한 이동 요소에는 일반 민간 승객이나 소비용 물품만 있었던 것은 아니다. 전쟁의 선봉장인 군대가 필요로 하는 인적, 물적 자원도 빠르게 큰 비중을 차지했다. 철도망의 신속한 확장과 더불어 사람들의 이동거리는 물론이고 무엇보다도 군대의 이동 규모와 속도, 거리가 크게 신장되었다. 더구나 전신을 활용한 신호체계와 유기적으로 통합 운용되면서 철도의 안전도도 빠르게 향상되었다.

근대 철도의 발전사에서 영국은 선도적인 역할을 수행했다. 철도라는 새로운 형태의 교통수단은 영국 산업계의 집중적인 투자 대상이었다. 신설하는 철도 노선 덕분에 영국 철도망은 빠르게 늘어났다.[7] 곧 독일, 프랑스, 러시아 등 유럽 대륙 국가들도 영국을 선례 삼아 철도망 구축에 나섰다. 영국과 달리 이들 국가들은 처음부터 중앙정부의 주도 아래 국가 전략적 차원에서 철도 노선을 부설했다. 특히 적대관계에 있던 프랑스와 독일 간의 경쟁이 치열했다.

....

7 1851년 총 1만km에 달한 영국 내 철도망은 1870년에는 2만 1,500km, 1900년에는 무려 3만km를 기록했다.

프로이센-프랑스 전쟁 중 비상부르 전투(1870)에 참가한 바이에른 왕국 병력. 안톤 호프만 작, 1890년

프랑스가 동쪽으로 이어지는 철도 노선을 10개로 늘리자, 이에 뒤질세라 독일도 서쪽으로 향하는 철도 노선을 16개로 확대했다.[8] 이렇게 부설한 철도망 위에 1914년 전쟁 발발 직전 독일은 1만여 량, 프랑스는 7,000여 량의 객차를 올려놓은 채 명령만 하달되면 대규모 병력과 말 등을 전선으로 운송할 참이었다.

이들 중 군사 부문과 연계해 철도의 역할이 가장 두드러진 곳은 바로 프로이센(독일)이었다. 철도 시대 초반에는 상대적으로 뒤처져 있던 프로이센은 1858년 군 참모총장에 임명된 몰트케Helmuth von Moltke 장군의 선견지명에 힘입어 빠르게 발전했다. 그는 청년 장교 시절부터 철도의 수송 능력과 이의 군사적 활용 가능성을 예견하고 관련 연구에 심혈을 기울여왔다고 알려져 있다. 그는 틈날 때마다 "요새 구축은 이제 됐어. 대신 철도를 깔아야 해"라고 예하 참모장교나 관련 인사들에게 강조했다. 참모총장이 된 몰트케는 전시 철도 수송을 총괄적으로 지휘 감독할 특별 철도 부서를 참모본부 내에 신설했다.

병력을 신속히 동원해 전장에 집중시키는 것이 승패의 관건임은 1860년대에 벌어진 세 차례의 전쟁[9]에서 프로이센군이 연승을 거두면서 여실히 입증되었다. 특히 1870년 유럽 대륙의 전통 강국인 프랑스를 상대로 벌인 전쟁에

....

8 철도 부설 경쟁으로 1870년 총 10만 5,000km에 불과하던 유럽 내 철도는 1914년에 이르면 약 30만km로 크게 늘어났다.

9 대(對)덴마크 전쟁(1864), 대오스트리아 전쟁(1866), 대프랑스 전쟁(1870)을 말한다.

서 철도 운송의 중요성이 분명하게 드러났다. 몰트케 장군은 사전에 치밀하게 짜놓은 철도 운송 계획을 활용해 개전 초반에 무려 37만 명에 이르는 병력을 빠르게 프랑스 국경 너머로 보낼 수 있었다. 홈그라운드의 이점을 갖고 있었는데도 프랑스는 24만 명 정도를 동원하는 데 그쳤다. 프로이센과의 전쟁에서 완패한 충격으로 프랑스 정부도 철도의 중요성을 절감했다.

이처럼 그 자체로는 무해한 철도 운송은 19세기 후반에 점차 전쟁 수행에 중요한 영향을 미치게 되었다. 철도가 대규모 병력과 군수물자 등을 신속하게 전장으로 이동시키면서 시간·공간·힘이라는 전략의 3대 요소 중 특히 시간 요소를 크게 변화시켰기 때문이다. 이런 흐름에서 한발 앞서 있던 독일은 동원 방식을 지속적으로 개선하고 반복 숙달한 결과 20세기 초에 이르면 동원 개시 2주 안에 대규모 전투를 수행할 수 있는 수준까지 이르렀다. 바야흐로 속칭 '철도 시간표' 전쟁이 발발할 여건이 무르익고 있었다. 바로 그 중심에 독일군의 작전계획인 '슐리펜 계획'이 놓여 있었다. 모두들 누군가 화약고에 불을 붙이기만 내심 바라는 듯한 '불길한' 분위기가 20세기 초반 유럽 대륙에 감돌았다.

III

대표적인 결전

1 크림전쟁(세바스토폴 전투)

전쟁 원인

크림전쟁Crimean War은 1853년 10월부터 1856년 2월까지 크림반도에서 제정 러시아가 서방 연합군(오스만 제국, 영국, 프랑스, 사르데냐 왕국)에 대항해 싸운 전쟁으로 러시아의 패배로 종결되었다.

크림전쟁의 직접적인 원인은 오스만 제국의 지배 아래 있던 예루살렘 성지관할권 다툼이었다. 1850년 예루살렘 성지의 관할 문제를 둘러싸고 로마가톨릭과 동방정교회 사이에 분쟁이 발생했다. 이때 국내에서 가톨릭 세력의 지지를 얻으려는 정치적 속셈으로 당시 프랑스 대통령이던 나폴레옹 3세가 적극 나서기 시작했다. 그는 흑해로 함정을 파견하는 강경책으로 오스만 제국에 압력을 행사한 끝에 성지관할권을 가톨릭 진영(프랑스-바티칸 측)으로 돌려놓았다. 그러자 원래 성지에서 우위를 점하고 있던 정교회 측이 거세게 반발했다. 이는 곧 정교회 후견인을 자처하던 러시아 차르 니콜라이 1세의 개입을 불러왔다. 차르는 다뉴브강에 잇닿은 국경선에 2개 군단을 이동 배치하는 군사 행동으로 오스만 제국에게 결정을 취소하라는 압력을 가했다. 망설이는 오스만 제국을 직접 압박할 심산으로 1853년 2월에는 러시아 왕자가 특사로 콘스탄티노플(현재의 이스탄불)을 방문해 오스만 측에 최후통첩을 전달했다.

러시아의 강경한 태도에 당황한 오스만 제국은 러시아의 요구 사항을 모두 수용하기로 입장을 바꾸었다. 이때 전통적으로 지중해 및 중동 지역과 이해

크림전쟁 전체 개요

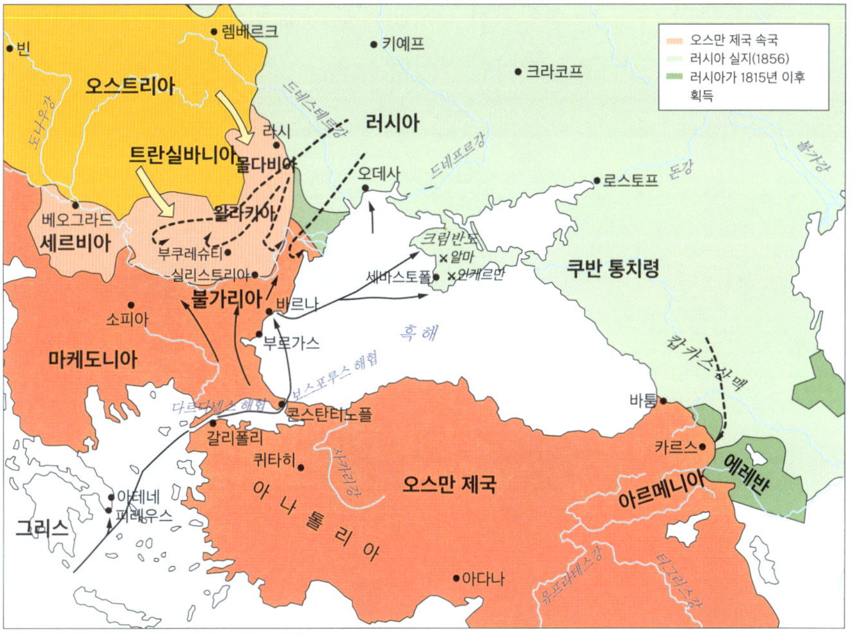

관계가 깊은 영국이 오스만 제국을 지지하며 개입함에 따라 사태가 빠르게 악화되었다. 영국의 후원에 힘을 얻은 오스만 제국이 합의 내용의 변경을 요구하자, 니콜라이 1세는 이를 즉각 거부하고 전쟁을 준비했다. 긴장된 상황에서 서방의 지원을 약속받은 오스만 제국이 1853년 10월 러시아를 상대로 먼저 선전포고를 했다.

사실상 성지관할권 문제는 크림전쟁 발발의 표면적인 이유에 불과했다. 근본 원인은 나폴레옹전쟁 이후 유럽의 강대국으로 부상한 러시아의 남하정책에 있었다. 더욱 심각한 문제는 러시아 남하정책의 궁극적인 목표가 바로 지중해 진출이라는 점이었다. 크림반도의 세바스토폴Sevastopol 항구에 주둔한 러시아 흑해 함대가 지중해로 나아가기 위해서는 오스만 제국 영토인 보스포루스 해협과 다르다넬스 해협을 통과해야 했다. 그런데 지중해는 대부분 식민지가 북아프리카에 있던 프랑스와 특히 최대 식민지 인도로 통하는 항로 확보에 매진하고 있던 영국의 이해관계가 복잡하게 얽혀 있는 곳이었다. 가까스로 힘의 균형을 이루고 있는 지중해에 나폴레옹을 무찌르며 유럽 무대의 주역으로 등장한 러시아가 진입할 경우 국제적 세력균형에 심각한 문제가 초래될 수 있었다. 그동안 영국이 오스만 제국을 적극 지원함으로써 러시아를 견제해왔으나 불안정한 상황은 상존하고 있었다. 이런 상황에서 성지관할권 문제가 성냥불을 그어댄 것이다.

전쟁 과정

초반에 전쟁은 오늘날 루마니아 영토인 몰다비아 공국과 왈라키아 공국이 있는 다뉴브강 유역에서 시작되었다. 원래 이곳은 오스만 제국의 통치 아래 있었으나 1853년 7월 러시아군이 동방정교회 신자를 보호한다는 빌미로 점령한 지역이었다. 전진 배치되어 있던 러시아 군대가 오스만 제국 영토인 몰다비아와 왈라키아를 침공하자 영국과 프랑스가 다르다넬스 해협으로 함대를 파견해 응수했다. 두 서구 열강의 적극 지원을 확인한 오스만 제국은 1853년 10월 말 러시아에 선전포고를 하면서 크림전쟁의 막이 올랐다.

전쟁은 먼저 다뉴브강에 잇닿은 전선에서 육상 전투로 개시되었다. 오마르 파샤 장군이 지휘하는 오스만 제국군이 다뉴브강을 건너 러시아군에 반격을 가했다. 러시아군이 주둔하고 있던 올테니차에서 첫 교전이 벌어졌다. 이어진 일련의 전투에서 초반에는 오스만 제국군이 우세를 점했으나, 시간이 흐르면서 전열을 재정비한 러시아군이 반격에 나섰다. 그 결과 1854년 봄쯤 다뉴브강 전역에서 러시아군이 확실한 우위를 점하면서 오스만 제국군이 패전의 궁지로 내몰렸다.

이때 전황을 예의주시하던 영국과 프랑스가 행동에 나섰다. 서로 연합한 양국은 1854년 3월 러시아 측에 다뉴브강 전선에서 원래 위치로 물러나라는 최후통첩을 보냈다. 러시아가 거부하자, 양국은 곧바로 선전포고를 하고 연합군을 편성해 오스만 제국 진영으로 참전했다. 그런데 다뉴브강 전역에서는 의외의 국제관계 전개로 실제 접전이 벌어지지 않았다. 이는 당대 유럽의 또 다른 강대국 오스트리아의 행보와 관련이 있었다. 개전 초기 오스만 제국군이 다뉴브강을 도하해 러시아군을 공격하자 오스트리아군은 신속하게 트란실바니아를 점령해 견제에 나섰다. 러시아는 내심 오스트리아가 자국 편에 서리라 기대하며 점령지에서 물러났다. 하지만 왈라키아와 몰다비아를 차지한 오스트리아는 중립을 선언했다. 러시아는 배신감에 휩싸여 분노했지만, 오스트리아의 교묘한 개입 이후 다뉴브강 전선에서는 더 이상 전투가 벌어지지 않았다.

이후 주전장이 흑해 지역으로 옮겨져 크림반도를 중심으로 육군과 해군의

러시아 전함들이 오스만 제국 함선에 포격을 가하고 있다. <시노페 전투>, 이반 아이바조프스키 작, 1853년

합동작전이 전개되었다. 직접적 전투는 1853년 11월 30일, 러시아와 오스만 제국 함정 간에 흑해 남단의 오스만 제국 군항 시노페Sinope에서 벌어졌다. 이때 오스만 해군이 참패하면서 그동안 다르다넬스 해협 인근의 지중해에서 상황을 관망하던 영국-프랑스 합동 함대가 본격적으로 개입하게 된다. 러시아의 야심찬 남진을 묵과할 수 없었던 양국 정부가 적극 공세로 전환한 것이다. 이어 흑해를 비롯한 각지(발트해, 베링해 등)에서 벌어진 해전에서 군사기술상 크게 낙후되어 있던 러시아 해군이 참패했다.

해전 승리의 여세를 몰아서 서방 연합군은 1854년 9월 중순 러시아군의 흑해 요충지인 크림반도에 약 6만 명에 달하는 병력을 상륙시켰다. 전쟁의 무대는 확실하게 다뉴브강 유역에서 크림반도로 옮겨졌다. 크림반도에 상륙한 연합군의 최종 목표는 러시아 흑해 함대 모항이자 요새이기도 한 세바스토폴 장악이었다. 이곳으로 통하는 중요 접근로인 알마강Alma에서 러시아군이 연합군의 진격을 저지하려고 시도했으나 실패하고 말았다. 러시아군은 세바스토폴 요새로 철수해 방어전을 치를 수밖에 없었다.

연합군이 세바스토폴 포위망을 구축하는 초반, 러시아군이 감행한 기습적인 반격 작전으로 발라클라바 전투Battle of Balaclava가 벌어져 영국군이 큰 피해를 입었다. 세바스토폴 포위전에서 우측면을 담당한 영국군은 세바스토폴 인근 발라클라바 항구를 군수품 보급 창구로 삼고자 했다. 초기에 영국군 수비

병력이 부족하다는 첩보를 입수한 러시아군은 본국 증원 부대와의 연결로를 확보하고 연합군의 측면을 위협할 요량으로 1854년 10월 25일 발라클라바 항구에 대한 공격을 개시했다. 공격군의 엄청난 수적 우세와 영국군 지휘관들의 무능에 힘입어 발라클라바 전투는 러시아군에 유리하게 전개되었다. 하지만 이후 전쟁사에서 '신 레드 라인Thin Red Line'으로 알려진 스코틀랜드 하이랜더 연대의 결사 항전과 얼마 후 도착한 영국군 증원 부대의 반격으로 러시아군은 미미한 전술적 승리를 거두었을 뿐 원래 목표였던 발라클라바 점령에는 실패했다.

이후 1854년 11월부터 1855년 9월 초까지 전쟁은 거의 전적으로 세바스토폴 포위 공방전으로 전개되었다. 러시아군은 함선을 자침自沈시켜 항만을 봉쇄하고 수병들까지 요새 방어에 투입할 정도로 도시 사수에 총력을 기울였다. 세바스토폴을 포위한 서방 연합군은 멀리 본국에서 증기선으로 운송한 대포를 외곽 포위 진지에 설치한 채 무려 11개월 동안 도시를 향해 엄청난 포격을 퍼부었다. 세바스토폴을 거의 난공불락의 요새로 구축한 러시아군의 저항도 만만치 않았다. 포격전에 이어 참호 방어선을 돌파하려는 영국과 프랑스 군의 정면 돌격 시도에 러시아 수비병들이 완강하게 맞서면서 밀고 밀리는 백병전이 이어졌다.

당연히 양측 모두 사상자가 넘쳐났다. 60년 뒤에 벌어질 제1차 세계대전의 참상을 예견이라도 하듯 축축하고 차가운 참호 속에서 어떤 간호나 치료도 받지 못한 채 숨을 거두는 부상병들이 부지기수로 늘어났다. 특히 영국군의 경우 융통성이 부족한 사령관 레글런 장군Lord Raglan의 무능한 리더십 탓에 보급품 확보에 실패하면서 굶주림과 질병에 시달린 채 죽어간 병사들이 급증했다. 전쟁 상황은 전쟁 역사상 최초로『런던 타임스』종군기자 자격으로 크림반도에서 활동한 러셀Howard Russell에 의해 전신을 통해 빠르게 런던으로 전해져 영국 국내 여론을 들끓게 만들었다. 장기간에 걸친 일진일퇴의 공방전 끝에 1855년 9월 초 세바스토폴이 함락됐을 때 러시아군 1만 3,000명과 영국-프랑스 연합군 1만 명은 이미 저세상 사람이 되어 있었다.

전쟁 결과

1855년 9월 9일 세바스토폴은 최종적으로 연합군에게 함락되었다. 전쟁

크림반도 전투 개요

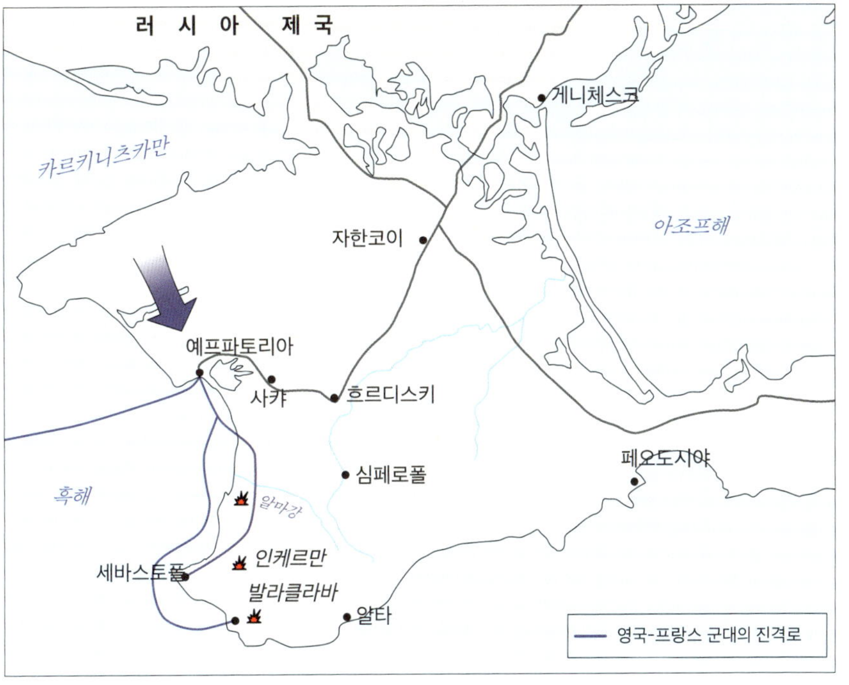

은 소강상태에 접어들었다. 참전국 외교관들의 접촉이 이어졌고, 1856년 3월 말 파리에서 강화조약이 체결되었다. 상대적으로 엄청난 인명 피해를 입었는데도,[10] 전쟁에서 패배한 탓에 러시아는 흑해 연안에 어떤 해군기지도 설치할 수 없게 되었다. 이외에 오스만 제국의 속국이던 왈라키아 공국과 몰다비아 공국은 확대된 자치권을 얻었다. 이 지역의 기독교도들은 공식적으로 평등권을 부여받았고, 동방정교회 측도 이들에 대한 종교적 관할권을 회복했다.

그렇다면 무엇이 전쟁의 승패를 갈라놓았을까? 물론 서유럽 강대국 영국과 프랑스가 손잡은 것이 가장 중요한 승인이겠지만, 실제 전투에서 연합군에게 승리를 안겨준 일등공신은 바로 이들의 우월한 무기체계와 과학기술의 발전이었다. 우선 직접적으로 개별 병사의 무장武裝에서 커다란 차이가 있었다. 러시아군이 여전히 17세기 이래의 총구 장전식 활강 머스킷 소총을 사용한 데 반해 연합군은 긴 사거리와 치명적인 살상력을 갖춘 미니에 탄환용 강선 소총으로 무장하고 있었다. 크림전쟁에 포병 대위로 참전했던 대문호大文豪 톨스토이의 회고처럼, 이제는 원거리에서조차 경계심을 낮춘 채 적정敵情을 살피기가

....

10 영국 2만 5,000여 명과 프랑스 10만여 명에 비해 러시아군 전상자는 무려 40만 명을 넘어선 것으로 추정된다.

어렵게 되었다.

무엇보다도 크림전쟁은 19세기의 군사기술을 대표하는 증기선과 철도, 전신이라는 '삼총사'가 최초로 전쟁의 전개 및 양상에 상당한 영향을 미친 전쟁이었다. 증기선 덕분에 영국과 프랑스 등 서유럽 국가들은 막대한 인원과 물자를 멀리 떨어진 크림반도까지 운송할 수 있었고, 길지는 않았으나 군수품 하역항에서 발라클라바까지 신설한 철도 덕분에 교착상태에 빠졌던 전쟁 국면을 서방 연합군에 유리하게 전환할 수 있었다. 또한 역사상 처음으로 전장에 파견된 특파원(일종의 종군기자)이 전신을 통해 생생한 전투 소식을 기사와 사진 형태로 단시일 안에 본국으로 전송할 수 있었다. 이로써 과거와 달리 전쟁터의 사령관은 국내의 여론 동향에도 관심을 기울여야 했다. 동시에 크림전쟁은 플로렌스 나이팅게일Florence Nightingale로 표상되는 의료의 중요성 말고도 영국군 경기병 여단의 무모한 돌격작전과 이로 인한 엄청난 인명 손실로 전술적 패착과 실패의 대표적 사례로 각인되었다.

역사 속 역사 '가장 어이없는 전투'

최종적으로 승리하기는 했지만 발라클라바 전투는 19세기 영국군 역사상 '가장 어이없는 전투'로 회자되었다. 1854년 10월 25일, 40여 문의 대포를 동반한 1만여 명의 러시아군이 영국군 보급기지인 발라클라바 항구를 공격해오자 영국군 총사령관 래글런 경이 전황조차 파악하지 않은 채 영국군 경기병 여단에게 러시아군의 화력으로 삼면이 포위된 공간으로 돌격 명령을 하달했다. 그 결과 불과 반 시간도 안 되어 부대 병력의 절반에 해당하는 340여 명이 전사했다. 이 사건은 매관매직으로 장교가 된 무능한 귀족 출신 기병 지휘관이 벌인 '죽음의 해프닝'으로 이후 영국군 내에서 교훈 사례로 반복해 언급되었다.

2 미국 남북전쟁(게티즈버그 전투)

전쟁 원인

미국 남북전쟁American Civil War(1861~1865)은 미국이 공업 위주의 북부 주들과 농업 위주의 남부 주들로 나뉘어 살육전을 벌인 '내전' 성격의 전쟁을 말

한다. 그렇다면 남북전쟁은 왜 일어났을까? 전쟁 원인을 둘러싼 다양한 해석에도 불구하고, 대부분의 역사가들은 1850년대에 이르면 남부와 북부 간의 갈등과 대립이 제반 분야의 구조적 차이로 합리적인 대화와 타협이 불가능할 정도로 첨예화되었다는 점에 동의한다. 흔히 말하는 농업적 남부와 공업적 북부라는 특징의 이면에 다양한 갈등 요인들이 암암리에 누적되어왔던 것이다.

가장 근원적이고 직접적인 골칫거리는 흑인 노예제 문제였다. 사실상 이는 단기간의 이슈가 아니라 건국 초기부터 태생적으로 안고 온 신생 국가 미국 사회의 고민거리였다. 1770년대 후반 독립전쟁 승리 이후 남부와 북부는 서로 이질적인 사회경제 체제를 형성해왔다. 북부가 자유노동자를 축으로 상공인 중심의 공업사회를 지향한 데 비해, 남부는 면화와 담배 같은 환금성 작물 재배를 기반으로 한 농업사회를 추구했다. 저렴한 노동력에 의존할 수밖에 없는 면화와 담배 농사의 속성상 남부 대농장주들은 일찍부터 흑인 노예 노동을 적극 옹호하고 활용했다. 하지만 세월의 흐름과 함께 두 지역 간의 구조적 대립이 심화하면서 노예 노동은 사회경제적 차원을 넘어 인간의 기본 인권이라는 정치적 양식良識의 문제로 부각되었다.

19세기 들어 빠르게 진행된 서부의 영토 확장으로 노예제 문제는 점차 수면 위로 떠올랐다. 이주민들이 늘어난 서부 지역에 주州가 신설되면서 노예 문제가 단순한 경제적 차원을 넘어 정치적 이슈로 발전한 것이다. 물론 팽창 과정 중 나타난 갈등을 1820년 미주리 타협이나 1854년 제정된 캔자스-네브래스카 법 등으로 해결하기도 했지만 이는 미봉책에 불과했다.[11] 캔자스를 비롯한 1850년대에 탄생한 신생 주들에서 흑인 노예제를 둘러싸고 찬반 진영 간에 크고 작은 유혈 충돌이 끊이지 않았다.

지역적 갈등은 곧바로 중앙정부 차원의 문제로 비화되었다. 1860년대에 접어들면서 마침내 남부와 북부는 인내의 한계점을 넘어서고 말았다. 1860년 11월 대선大選에서 노예제 반대를 선거 쟁점으로 내세우며 당선된 공화당의 링

....

11 미주리 타협(Missouri Compromise)은 1820년 미주리주의 연방 가입과 관련해 북부 자유주와 남부 노예주 간에 맺은 협정이다. 미주리주를 노예주로 하는 대신 동부에 메인주를 자유주로 신설하고 무엇보다도 향후 북위 36도 30분 이북에는 노예주를 설치하지 않는다는 내용을 담고 있었다. 캔자스-네브래스카 법(Kansas-Nebraska Act)은 1854년 캔자스와 네브래스카 준주(準州)를 창설할 때 노예제 인정 여부를 해당 주민들 스스로 결정하도록 한 조치로서 미주리 타협을 무효화했다. 그 결과 노예제 찬반 세력들이 캔자스로 밀려들어오면서 급기야 유혈 사태가 일어나기에 이르렀다.

컨Abraham Lincoln이 이듬해 3월 초 미합중국 대통령에 취임하면서 남부와 북부 주들은 서로 돌아올 수 없는 강을 건너고 말았다. 이미 1860년 말 남부 7개 주가 연방에서 탈퇴해 남부연합을 수립했고, 얼마 후 양측 경계 지역에 있던 4개 주가 추가로 가담하면서 남부연합은 총 11개 주로 늘어났다. 이제 어디에서 누가 먼저 방아쇠를 당길 것이냐는 문제만 남겨두고 있었다.

전쟁 과정

1861년 4월 남부연합 군대가 사우스캐롤라이나주에 고립되어 있던 북부 연방 소속의 섬터 요새Fort Sumter를 포격하면서 전쟁에 불이 붙었다. 전쟁이 발발하자 세계인들은 대부분 곧 북부의 승리로 끝나리라 예상했다. 개전 당시 객관적인 지표상 북부의 군사력이 월등하게 앞서 있었기 때문이다.[12] 하지만 전쟁이 지속되면서 초기 예상은 빗나갔다. 알려진 것처럼 이후 전쟁은 무려 4년이나 이어졌다.

전체적으로 남북전쟁은 3개의 전선으로 대별할 수 있다. 제1전선은 해군력에서 압도적인 우세를 점한 북부 해군이 일방적으로 실행한 남부 지역 해안 봉쇄였다. 유럽에서 전쟁물자 수입이 거의 불가능해지면서 남부연합군은 전쟁 수행에 타격을 입었다. 제2전선은 북부 수도 워싱턴과 남부 수도 리치먼드를 서로 먼저 점령하기 위해 치열한 공방전이 벌어진 동부전선이었다. 두 도시 사이를 가로지르는 포토맥강과 요크강이 자연스럽게 양측의 최전방 국경선이자 전쟁 중반까지 실질적인 주전장이 되었다.

개전 초반 포토맥강을 경계로 일진일퇴의 공방전이 펼쳐졌다. 초기에 승기를 잡은 것은 저명한 로버트 리Robert Lee 장군이 지휘한 남군이었다. 1862년 여름부터 빈번하게 교전을 이어온 두 진영은 마침내 1863년 7월 초 펜실베이니아주의 게티즈버그Gettysburg에서 결전을 벌였다. 남북전쟁 분수령으로 회자되는 이 전투에서 북부의 조지 미드 장군이 이끄는 포토맥군이 남부의 리 장군이 이끄는 북버지니아군의 필사적인 공격을 패퇴시켰다. 이로써 북부 수도 워싱턴 점령으로 남부의 독립을 승인받고 전쟁을 끝내려 했던 남부연합군의 전략도 무산되었다.

....

12 인구 측면에서 남부가 약 900만 명이었던 데 비해 북부는 무려 2,200만 명에 달했다. 특히 전쟁 수행과 직결된 공업 생산력 측면에서는 비교가 무색할 정도로 북부가 크게 앞서 있었다.

게티즈버그 전투는 양군 간 우연한 조우로 시작되어 7월 1일~3일까지 5km에 이르는 전선에서 파상적으로 전개되었다. 남군의 리 장군은 장기전을 벌이면 승산이 없다고 판단하고 모험적인 작전을 시도했다. 다름 아니라 북군의 수도인 워싱턴을 직접 공격하기로 작정하고 7만 6,000명의 대군을 이끌고 북군 방어선을 우회해 셰넌도어 계곡을 따라 워싱턴 북쪽 펜실베이니아 지역으로 진군해 들어간 것이다. 예기치 않은 남군의 대규모 공세에 맞서 링컨 대통령은 약 10만 명 규모의 포토맥군에게 대응 명령을 내렸다. 다행스럽게도 당시 포토맥군에는 신임 사령관으로 부임한 조지 미드George G. Meade가 부대의 전투력을 크게 향상시켜놓은 상태였다.

공세의 방아쇠를 먼저 당긴 것은 북군이었다. 7월 1일 첫날의 충돌에서는

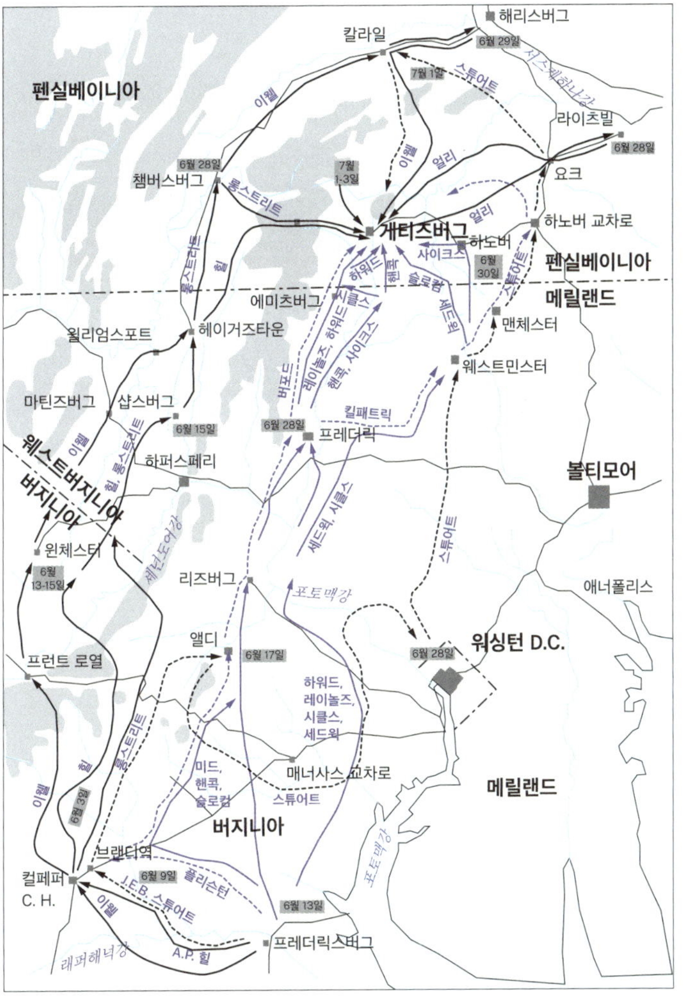

남북전쟁 중 게티즈버그 전투(1863. 7. 1~7. 3) 개요

가까스로 남군이 이겼으나, 2일과 3일에 벌어진 결전에서는 최종적으로 북군이 승리했다. 첫날 승리의 여세를 몰아 쉼 없이 북군을 압박하지 않은 것이 남군 총사령관 리 장군의 결정적 패착이었다. 이 전투 이전까지 북군은 인적, 물적 우세에도 불구하고 남군과의 대결에서 이렇다 할 승리를 거두지 못했다. 그러다보니 리 장군은 북군의 전력을 과소평가한 채 구체적인 공격 및 방어 전략 수립을 간과하는 실수를 범하고 말았다. 결국 전투 마지막 날 북군이 사전에 공격 예상 지점으로 판단하고 화력을 집중해놓은 곳으로 무모하게 정면 돌격을 감행해 치명적인 패배를 자초하고 말았다. 이 전투는 전쟁의 전환점을 이룬 결전답게 양측 합해 총 5만 명 이상의 사상자가 발생했다. 당시 전장을 촬영한 사진들이 무언의 시위를 하듯 게티즈버그 들판에는 수많은 시체가 처참하게 나뒹굴었다. 막대한 희생을 대가로 북군은 확실하게 전쟁 주도권을 장악할 수 있었다.

북군이 최종 승리하는 과정을 알기 위해서는 마지막 남은 제3전선에 대해 살펴볼 필요가 있다. 제3전선은 애팔래치아산맥 서쪽 지역으로 북군이 미시시피강을 장악해 남부를 동서로 분리시킨 뒤 남부 중심지대로 진입하는 작전이 펼쳐진 서부전선을 말한다. 여기에서 활약한 인물이 전쟁 말기 링컨 대통령에 의해 북군 총사령관으로 발탁된 그랜트Ulysses S. Grant 장군이었다. 그랜트 장군의 탁월한 지휘에 힘입어 1863년 말까지 북군은 미시시피강 전역을 확보하고 테네시주까지 진출, 계획대로 남부 중심지대로 쳐들어갈 채비를 마쳤다. 이때 전쟁 종결의 화룡점정畵龍點睛을 찍은 인물은 그랜트 후임으로 북부연방 서부군을 이끈 셔먼William T. Sherman 장군이었다. 그의 지휘 아래 북군은 1864년 말 조지아주 애틀랜타에서 남부의 전략 항구인 서배너까지 이른바 '바다로의 행진March to the Sea'을 전개해 폭 100km, 길이 340km에 이르는 전 지역을 초토화시켰다. 남부인의 전쟁 의지 자체를 꺾어버리려는 의도로 감행한 작전이었다.

이처럼 세 방향에서 남군을 거세게 몰아붙인 결과, 1865년 4월 9일 버지니아주 애퍼매톡스Appomattox에서 북군 총사령관 그랜트 장군은 남군 총사령관 리 장군으로부터 항복을 받아낼 수 있었다. 4년여 동안 치열하게 이어져온 전쟁이 북군의 승리로 종결되는 순간이었다.

1865년 4월 9일, 남군 총사령관 리 장군(오른쪽)이 북군 총사령관 그랜트 장군(왼쪽)에게 항복하는 장면. 토머스 내스트 작

전쟁 결과

남북전쟁은 미국 역사에서 가장 충격적인 사건이었기에 그로 인한 영향도 매우 컸다. 이 충돌로 민간인 피해는 차치하고라도 무려 100만 명 이상의 군인이 죽거나 부상당했다. 또한 건국 이래 남부 사회와 경제를 떠받쳐온 흑인 노예제도가 폐지되었다. 식민지 시기 이래 미국 사회와 정치계에서 주도적 역할을 담당해온 남부 지역의 위상이 하락하고 미국사의 주도권은 공업 지향의 북부로 넘어갔다. 유혈극을 통해 국가 통합을 이룬 미국인들은 이후 산업 발전에 매진해 세기말에 이르면 세계 제일의 공업국으로 올라선다.

남북전쟁은 무엇보다도 군사적 측면에서 향후 산업전쟁의 진면목을 드러냈다. 산업혁명으로 발전한 과학기술이 전면적으로 군사 측면에 적용되어 승패를 결정한 최초의 충돌이었기 때문이다. 실제로 남북전쟁은 신기술과 대량생산 체제 등을 본격적으로 전장에 도입하는 결과를 가져왔다. 전쟁 전개 과정 중 기관총, 철갑선, 잠수함 등과 같은 신무기들이 모습을 드러냈고, 특히 철도의 군사적 유용성이 분명하게 과시되었다. 전신과 결합한 철도의 활용으로 전장 폭은 크게 확대됐고, 인적 및 물적 자원 동원 능력은 급신장했다. 전쟁 발발 당시 총 4만 8,000km에 달한 국가 철도망의 70% 이상을 점하고 있던 북군이 전쟁 장기화와 병행해 전력의 우세를 유지한 것은 당연한 귀결이었다.

강력한 화력의 발휘로 기존의 선형 및 종대 대형이 빠르게 사라졌다는 전술 변화도 중요하지만, 남북전쟁은 승리를 위해 국가의 모든 역량을 총체적으로 투입해야만 하는 현대 총력전의 서곡序曲이었다. 이전까지 전투의 승패를 좌우해온 정신력과 군대의 사기는 분명히 그 중요도가 낮아졌다. 무기 성능과 화력이 크게 향상되면서 게티즈버그 전투에서 그랬던 것처럼 무모한 정면 돌격은 대량살상으로 이어지는 지름길이 될 수 있었다. 이것이 바로 미국 남북전쟁이 세계인에게 울린 경각심이었으나, 애석하게도 유럽 정치가와 군사 지도자들은 이를 간과하고 말았다. 이로부터 반세기가 흐른 후 유럽인들은 남북전쟁이 암시한 '군신軍神 마르스의 경고'에 귀 기울이지 않은 대가를 톡톡히 지불해야 했다.

3 프로이센-프랑스 전쟁(스당 전투)

전쟁 원인

프로이센-프랑스 전쟁(흔히 보불전쟁普佛戰爭으로 불림)은 1866년 프로이센-오스트리아 전쟁에서 오스트리아 제국을 제압한 비스마르크가 독일 통일의 최후 걸림돌인 프랑스를 제거, 통일 과업을 완성할 목적으로 1870년 7월 촉발시킨 전쟁이다.

중세 말 백년전쟁(1337~1453)과 같은 장기간 충돌을 겪으면서 단일국가를 형성해온 영국이나 프랑스와 달리 독일은 19세기 후반에 이르러서야 국가 통일을 이룩할 수 있었다. 자유주의와 더불어 프랑스 혁명이 낳은 또 다른 중요 사조인 민족주의가 통일을 향한 원동력을 제공했다. 19세기 후반에 외세의 지배나 간섭으로 분열되어 있던 주민들의 민족의식이 형성, 분출되면서 통일국가를 향한 열망이 유럽 곳곳에서 터져 나왔다. 주변 열강인 프랑스와 오스트리아의 견제 탓에 긴 세월 동안 통일의 꿈을 이루지 못했던 독일이 가장 대표적인 사례였다. 기존 열강들은 유럽 중앙부에 하나로 뭉친 민족공동체가 출현해 기존의 세력균형에 변화를 일으킬까봐 항상 독일의 움직임을 예의주시하고 있었다. 그 결과 독일 지역은 30년전쟁을 마무리한 베스트팔렌 조약(1648) 이래 300개가 훌쩍 넘는 군소 영방국가領邦國家로 분열된 채 반목과 대립을 거듭해오고 있었다.

그러나 19세기에 접어들어 독일 땅에도 변화의 조짐이 나타났다. 세기 초반 나폴레옹의 독일 지역 침공과 점령의 충격으로 민족적 각성을 이룬 후 통일을 향한 꿈을 달구어온 독일인들은 1848년 프랑스에서 일어난 2월 혁명을 계기로 구체적인 행동으로 나아갔다. 1848년 5월 프랑크푸르트에서 통일을 논의할 국민회의가 개최되었다. 회의 초반부터 통일 노선을 둘러싸고 갈등이 표출됐으나,[13] 우여곡절 끝에 프로이센 중심의 소독일주의가 통일 방안으로 채택되었다. 하지만 통일 주도국으로 결정된 당사국인 프로이센 국왕의 수용 거부로 민의民意를 통한 통일 시도는 실패하고 말았다. 혁명 열기가 빠르게 식어가고 있음을 직접 목격한 빌헬름 국왕이 통일에 적대적이던 융커Junker라 불린 보수적 지배계층의 손을 들어준 것이다.

독일의 통일 달성을 위한 선택지는 축소되었다. 점차 토론이나 표결이 아니라 군사력을 통한 통일을 외치는 목소리가 힘을 얻었다. 이때 주역으로 등장한 인물이 역사에 '철혈재상'이란 별칭을 남긴 비스마르크(재임 1862~1890)였다. 1862년 빌헬름 국왕이 프로이센 재상으로 발탁한 비스마르크는 군대의 확대와 정예화, 무기체계의 선진화를 기치로 내걸고 강력한 부국강병책을 추진했다. 그는 독일 통일은 낭만적 이상이 아니라 냉혹한 현실에 기초한 군사력 증강과 전쟁, 즉 '철鐵, Iron과 혈血, Blood'에 의해서만 가능하다고 역설했다.

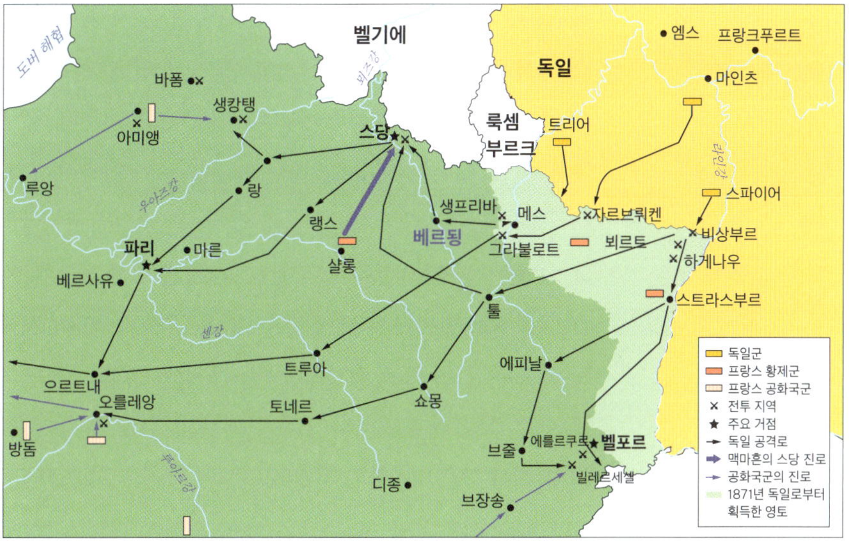

프로이센-프랑스 전쟁 (1870. 7. 19~1871. 1. 29) 전체 개요

13 다민족국가인 오스트리아 중심의 대(大)독일주의와 순수하게 게르만족의 통일국가를 수립하자는 프로이센 중심의 소(小)독일주의가 힘을 겨루었다.

연방의회와 힘겨루기를 한 끝에 군 개혁과 군비 증강 예산을 확보한 비스마르크는 국방상 론Roon, 참모총장 몰트케Moltke와 함께 구체적인 준비 작업에 돌입했다.

이들 삼총사가 추구한 통일 방식은 통일을 방해하는 주변 열강을 군사력으로 하나씩 굴복시키는 것이었다. 1864년 프로이센은 오스트리아와 연합해 덴마크를 상대로 전쟁을 벌여 슐레스비히-홀스타인 지방을 차지했다. 그리고 획득한 새 영토의 분할을 둘러싸고 벌어진 갈등을 교묘하게 이용해 오스트리아의 도발을 유도했다. 결과는 물론 만반의 준비를 마친 채 전쟁 발발만을 기다리던 프로이센군의 승리로 돌아갔다. 프로이센은 1866년 7월 초 보헤미아의 쾨니히그라츠Königgrätz에서 벌어진 결전에서 대승을 거두면서 불과 7주 만에 전쟁을 끝냈다. 이후 프로이센 중심의 북독일연방을 결성, 통일 과업에 성큼 다가선 비스마르크에게 남은 과업은 프랑스의 굴복뿐이었다.

프랑스와 일전一戰을 벌일 틈새를 엿보던 비스마르크에게 우연치 않게 기회가 찾아왔다. 이른바 '엠스Ems 전보 사건'이 터진 것이다. 사건은 혁명 발발로 공석이 된 에스파냐 왕위를 놓고 프랑스와 프로이센이 대립하면서 불거졌다. 1868년 에스파냐에서 일어난 혁명으로 부르봉 가문 여왕 엘리자베스 2세가 물러나고 빌헬름 1세의 인척인 레오폴트가 후계자로 지목되었다. 에스파냐 왕위를 프로이센 출신의 국왕이 계승할 경우 좌우로 포위될 것을 우려한 프랑스가 자국 대사를 당시 엠스에서 휴가 중이던 빌헬름 국왕에게 보내 계승 포기의 공식 문서화를 종용했다는 내용이 다소 왜곡된 채 언론에 보도되었다. 이로 인해 서로 모욕감을 느낀 프랑스와 프로이센에서 국민 감정이 들끓기 시작했다. 정치적으로 대외 전쟁의 승리에 목말랐던 프랑스의 나폴레옹 3세가 준비도 덜 된 상태에서 1870년 7월 19일 프로이센에 먼저 선전포고를 했다.

이처럼 프로이센-프랑스 전쟁은 공석이 된 에스파냐 왕위를 둘러싼 양국간 외교적 마찰에서 비롯되었다. 하지만 그것은 표면적인 이유였고, 근원적인 요인은 통일국가로 나아가려는 독일과 그런 움직임에 대한 프랑스의 깊은 우려와 적대감에 있었다. 나폴레옹 3세가 통일 독일의 주도 세력으로 부상하려는 프로이센의 발흥을 두려움 섞인 시선으로 주시한 데 반해, 프로이센의 통일 과업 조타수인 비스마르크는 프랑스와의 전쟁을 계기로 남부 가톨릭 지역을 포함한 전 독일인을 하나로 규합하려는 의도를 갖고 있었다.

오스트리아-프로이센 전쟁 중 쾨니히그라츠 전투에서 프로이센이 대승을 거두었다. 그림 중앙에 빌헬름 1세와 비스마르크, 몰트케의 모습이 보인다.

전쟁 과정

1870년 7월 19일 나폴레옹 3세가 선제적으로 선전포고를 했으나 프랑스군의 준비는 미흡한 상태였다. 당시 프랑스군은 메스Metz의 라인 군단과 알자스에 주둔한 제1군단, 약간 후방인 샬롱Chalons에 있던 제6군단 등 총 28만여 병력이 국경에 잇닿아 분산 배치되어 있었다. 넓게 보아 프랑스군은 이들 전방 배치 병력으로 일단 접경지대에서 프로이센군의 초반 공격을 막아낸 다음 동맹국으로 참전할 것으로 기대한 오스트리아군과 연합해 방어가 취약한 독일 남부로 진격해 들어간다는 계산이었다. 이에 맞서 프로이센군은 모젤강에 잇닿은 코블렌츠에 제1군, 좌측으로 마인츠와 만하임 사이에 제2군, 그리고 제2군의 좌측인 라인강 상류의 알자스 지역에 제3군 등 총 40만여 명을 배치했다. 무엇보다도 프로이센군은 몰트케와 예하 참모본부의 주도 아래 사전에 수립한 철도 운송 계획에 따라 인원과 물자를 빠르게 보충하고 있었다.

프랑스군은 객관적 전력이 열세인데도 오히려 먼저 움직였다. 국내의 격앙된 여론으로 마음이 조급해진 나폴레옹 3세는 선전포고 1주일 후 메스에 주둔하고 있는 마크 마옹 장군의 라인 군단에게 라인강을 도하해 자르브뤼켄의 프로이센군을 공격, 적군 병력을 양분兩分하라는 명령을 내렸다. 하지만 프랑스군의 공격은 초반부터 꼬이기 시작했다. 먼저 공격 작전에 필요한 병력이 정작 전장에는 턱없이 부족했다. 설상가상으로 프로이센군이 완강하게 저항한 데다 철도망을 통해 계속해서 병력이 보강되었다. 뒤늦게 불리한 전황을 파악한 프랑스군 수뇌부가 서둘러 공격 작전을 중단하고 방어 태세로 돌입하라는 결정을 내렸다. 초반 공격에 실패한 프랑스군은 뒷수습을 어찌해야 할지 갈피를 못 잡는 형국이었다.

그러자 프로이센군이 공세를 취했다. 8월 4일 프로이센군 맨 좌익의 제3군이 알자스의 비상부르를 공격하고, 다음 날 맨 우측의 제1군이 자르브뤼켄 임시 대기 주둔지를 떠나 국경 너머 스피체른Spicheren의 프랑스 제2군단을 향해 군사 행동을 개시했다. 초반 접전에서 프랑스군 일부 사단이 완강하게 저항했으나, 시간이 지나면서 전세는 프로이센군에게 유리하게 전개되었다. 급기야 프랑스 제2군단 잔여 병력은 메스 지역으로 후퇴할 수밖에 없었다. 8월 6일에는 비상부르 아래에 있는 뵈르트에서 프로이센 제3군과 프랑스 라인 군단이 접전을 벌였으나 여기에서도 밀린 프랑스 라인군 역시 메스 지역으로 물러났다. 이때 프랑스 제2군단은 메스 인근 생프리바 마을과 그라블로트 마을 사이의 긴 구릉지에 참호를 구축하고 방어 태세로 들어갔다. 하지만 8월 14일부터 수일간 호각세로 지속된 그라블로트 전투에서도 패한 프랑스군은 결국 모두 메스의 요새로 퇴각할 수밖에 없었다.

프랑스군의 상당수 병력이 메스 요새에 포위되는 상황에 처하자 이들을 구출할 요량으로 프랑스 황제 나폴레옹 3세가 직접 나섰다. 샬롱에서 잔여 병력을 규합해 일명 샬롱군Army of Chalons으로 재편한 프랑스군은 프로이센군의 포위망을 우회해 벨기에 방면으로 기동했다. 하지만 이는 곧 몰트케의 프로이센군에게 탄로가 났고, 8월 30일 프로이센 제3군의 기습공격을 받았다. 프랑스군은 5,000여 명이나 되는 사상자를 내면서 스당Sedan으로 후퇴했다. 드디어 이 전쟁을 마무리하는 유명한 스당 전투의 막이 오를 참이었다.

나폴레옹 3세와 함께 프랑스군이 스당으로 후퇴하자, 몰트케는 곧바로 예하 제3군 사령관에게 스당을 포위하라고 명령했다. 프랑스군은 배후에는 스당 요새를, 좌우로는 언덕과 숲을 의지해 방어 태세를 갖추었다. 하지만 스당 전장을 전체적으로 조망해볼 때 움푹 팬 항아리 모양 지형에 포진한 12만여 명의 프랑스군을 20여만 명의 프로이센군이 둘러싼 형국이었다. 전체 병력 수는 물론이고 화력 면에서도 야포 560여 문을 보유한 프랑스군에 비해 야포 770여 문으로 무장한 프로이센군이 월등한 우세를 점하고 있었다.

스당 포위전(1870. 9. 1)
에서 양측 군대의 배치도

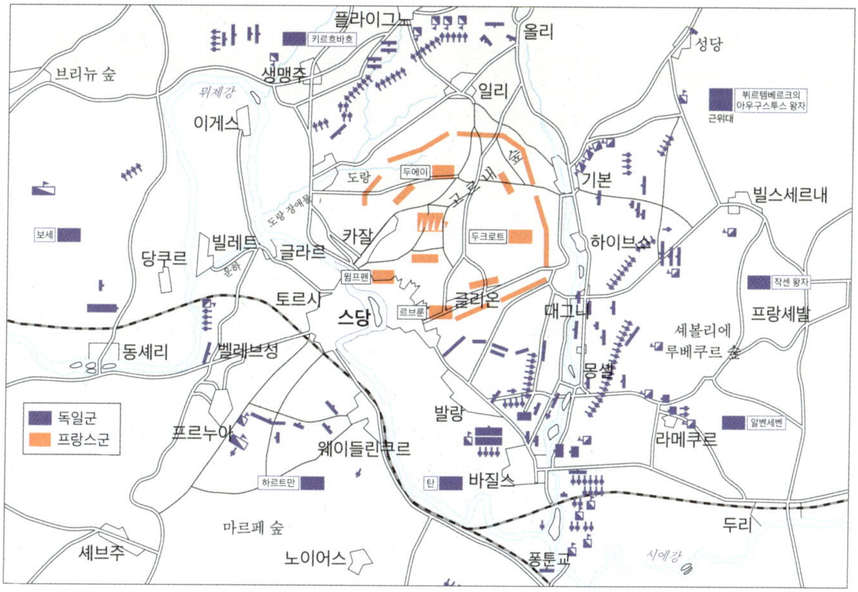

1870년 9월 1일 새벽 프로이센군의 공격이 시작되었다. 프랑스군도 단단히 각오한 채 대비하고 있던 터라 프로이센군의 선공을 굳건하게 막아냈다. 하지만 아침 9시경부터 프로이센군이 자랑하는 크루프 사社 대포가 불을 뿜기 시작하면서 프랑스군의 저항이 약해지기 시작했다. 줄기찬 포격과 함께 사방에서 프로이센 보병부대의 공세가 이어지면서 정오쯤에 이르면 프랑스군 방어진지는 거의 기동 공간이 없을 정도로 줄어들었다. 용감한 프랑스 기병대가 포위망을 뚫고 돌파구를 마련하고자 수차례 돌격을 감행했지만 교전 중 심각한 부상을 입은 총사령관 마크 마옹 원수를 비롯해 수많은 사상자만 남긴 채 실패로 끝나고 말았다. 인명 피해만 더 늘어날 뿐 탈출 가망성이 없어 보이자 나폴레옹 3세는 공격 중지 명령을 내렸다. 다음 날(9월 2일) 황제는 백기白旗를 내걸고 프로이센군에 항복을 알렸다.[14]

전쟁은 4개월 이상 더 지속되었다. 하지만 황제마저 항복한 마당에 프랑스군은 전황을 역전시킬 만한 전투력을 발휘할 수 없었다. 나폴레옹 3세의 항복과 함께 몰락한 제2제정을 이은 공화정부가 의용군을 동원해 게릴라전을 펼쳤으나 그마저 역부족이었다. 1871년 1월 프랑스는 패배를 인정하고 평화조

14 한나절 동안 전개된 교전으로 프랑스군은 사상자가 3만~4만여 명에 달하는 직접적 인명 피해를 입은 것은 물론 무엇보다도 황제를 비롯한 10만 명 이상의 병력이 프로이센군의 포로 신세가 되고 말았다.

베르사유 궁전 거울의 방에서 프로이센의 왕 빌헬름 1세가 독일 제국을 선포하는 장면. 흰 제복을 입은 비스마르크와 그 옆에 몰트케가 보인다. 안톤 폰 베르너 작, 1885년

약 체결을 제안했다. 불과 반년 만에 부동不動의 강대국 프랑스를 제압한 비스마르크는 1871년 1월 18일 파리 교외에 있는 베르사유 궁전 거울의 방La galerie des glaces에서 독일 제국 수립을 선포하고 프로이센 국왕 빌헬름 1세를 신생 제국의 초대 황제로 추대했다. 이후 1871년 5월 18일 프랑크푸르트에서 양국 간 강화조약이 체결되면서 공식적으로 종전이 선언되었다. 조약에 따라 프랑스는 프로이센에게 배상금 50억 프랑을 지불하고 알자스-로렌 지방을 할양해야 했다. 역사적으로 프랑스인들에게 이보다 더 심한 굴욕감을 안겨준 경우는 없었다. 그 여파로 양국은 제2차 세계대전 종전 직후까지 줄곧 적대적인 관계로 남았다.

전쟁 결과

예상을 뛰어넘은 프로이센군 승리의 비결은 어디에 있었을까? 19세기 초반 나폴레옹의 프랑스 군대에 참패당한 이래 프로이센은 절치부심하며 다각적으로 국방력을 강화해왔다. 산업혁명으로 빠르게 발전한 과학기술을 무기 개발에 적극 응용해 신형 소총과 양질의 대포를 개발했으며, 철도로 병력을 수송하고 전신을 활용해 장거리 통신망을 구축하는 등 군사작전 수행에 적절하게 활용했다. 철도망을 따라 길게 늘어선 전신선 덕분에 프로이센군은 좀 더

광활한 지역에서 효과적으로 부대를 지휘하고 통제할 수 있었다. 더구나 몰트케는 통신의 발달로 상급 지휘부에서 전장의 사소한 사항까지 간섭하는 것을 막기 위해 '임무형 지휘'라는 독일군 특유의 부대 지휘 방식을 병행 실시해 예상되는 문제점을 최소화했다.

프로이센군이 철도와 전신이라는 수단에만 의존했다면 프랑스와의 전쟁에서 그토록 눈부신 승리는 거두지 못했을 것이다. 실제로 전장에서 전투의 승패를 좌우한 요소는 직접 무기인 소총과 대포였다. 개인 화기는 양측 모두 후장식 강선 소총으로 무장했지만, 전쟁 발발 수년 전에 최신형 샤스포 소총으로 교체한 프랑스군이 드라이제 소총을 보유한 프로이센군에 우위를 점하고 있었다. 문제는 포병 화력이었다. 프로이센군은 크루프 사에서 생산한 다량의 강력한 6파운드 후장식 대포로 무장한 데 비해 프랑스군 포병은 여전히 구식 전장식 대포를 주 화력으로 운용했다.

무엇보다도 독일 통일은 유럽의 국제관계 지형도를 크게 변화시켰다. 1871년 1월 빌헬름 1세가 신생 독일 제국 황제로 즉위한 데 이어 통일 주역인 비스마르크는 신생 제국의 재무 및 외무 장관으로 임명되었다. 이후 거의 20년 동안 활동하면서 비스마르크는 독일을 유럽 외교의 중심국가로 만들어놓았다. 러시아-오스만 제국 분쟁의 조정을 위해 베를린 회의(1878. 7)를 주도한 사례에서 엿볼 수 있듯이 비스마르크와 독일 제국의 위세는 날로 높아졌다. 특히 프랑스의 복수를 우려한 비스마르크는 재임 기간 중 복잡한 외교 관계를 형성, 프랑스를 국제적으로 고립시키는 데 총력을 기울였다. 교묘하게 구축해놓은 외교망은 그의 재임 중에는 그런대로 유지되었다. 하지만 1890년 비스마르크의 사임 후 와해되면서 제1차 세계대전 발발의 중요한 요인으로 작용했다.

4 제국주의 전쟁 사례(옴두르만 전투)

전쟁 원인

19세기 중엽 이래 영국과 프랑스를 비롯한 유럽의 열강들은 경쟁적으로 아시아와 아프리카로 진출해 20세기 초까지 대부분의 지역을 강압적으로 분할 점령해 식민지로 만들었다. 그 결과 1914년 제1차 세계대전이 발발하기 직전 서양 열강은 당시 지구 면적의 85%를 식민지와 보호령, 신탁통치령 등으로 차지하고 있었다. 특히 영국의 경우, 1900년 전 세계에 3,100만km^2의 영토와 4억 명 이상의 인구를 거느린 대제국으로 군림했다. 침탈 과정에 유럽 열강의 군대와 해당 지역민 사이에 무력 충돌이 다반사로 일어났다. 서양 군대가 언제나 승리한 것은 아니었지만 대부분 이들이 압도적 우세를 보였다. 서양 군대는 체계적인 조직력과 월등한 화력을 갖추고 있었기에 낯선 지역에서 일어난 전투라는 단점에도 굴하지 않고 지역민 세력을 압도할 수 있었다. 1898년 9월 2일 동부 아프리카 수단의 하르툼Khartoum 인근 옴두르만Omdurman에서 키치너 장군의 영국-이집트 혼성군과 무슬림 지도자 칼리파 압둘라히Khalifa Abdullah의 이슬람 군대가 격돌한 옴두르만 전투에서도 이런 사실을 극명하게 엿볼 수 있다. 19세기 서양 제국주의 침탈 시기의 대표적 충돌이라고 할 수 있는 이 전투는 도대체 왜 벌어졌고, 어떻게 해서 영국군의 일방적인 승리로 끝났을까?

7년전쟁(1756~1763)을 통해 경쟁국 프랑스를 격파한 영국은 식민지 경쟁에서 선두주자로 올라섰다. 무엇보다도 그동안 인도 대륙에서 경합을 벌여온 프랑스 세력을 완전히 몰아내고 독점적인 위상을 차지한 것이 컸다. 영국은 정부가 처음부터 직접 인도 대륙의 식민지 개척에 나선 것은 아니었다. 1599년 항해 자본을 모은 일단의 런던 상인들이 영국 왕실에 인도양 및 동아시아에 대한 무역 독점권을 요청했다. 이에 대해 엘리자베스 1세가 1600년 특허장을 발부함으로써 설립한 회사가 영국 동인도회사East India Company였다. 동인도회사는 교역을 목적으로 1612년 인도의 수라트에 교역소를 설치했다. 하지만 인도를 통치하던 무굴 제국이 빠르게 쇠퇴하면서 서구 열강들(네덜란드, 프랑스)과의 갈등이 고조되었고, 점차 일부 영토를 차지하는 통치의 길로 빠져들었다. 그러다 7년전쟁 중 인도 내 프랑스 세력과 벌인 플라시Plassey 전투(1757)에서 대승하면서 인도를 명실공히 영국의 식민지로 전환시켰다.

영국 정부는 교역 독점권은 물론 군대까지 보유한 동인도회사라는 민간 기구를 통한 일종의 간접 통치의 틀을 유지했으나 점차 인도 지배에 개입하기 시작했다. 초기에는 인도 문화와 관습을 존중하는 정책을 취하다 19세기 초반 이래 영국 내에서 본격화된 자유주의적 개혁의 영향으로 인도에 대해서도 불합리한 관습을 금지하려는 정책을 강제했다. 인도의 전통 관습을 겨냥해 문명화라는 이름으로 강요된 영국정부의 간섭정책에 대한 누적된 불만은 점차 고조되어 1857년 5월 이른바 세포이Sepoy(동인도회사의 군대에 용병으로 복무한 인도인 병사) 항쟁으로 폭발했다. 1858년 7월까지 양측의 충돌이 이어지면서 무수한 인명이 살상되었다. 이 사건을 마무리한 후 영국 정부는 1858년 동인도회사로부터 인도에 대한 통치권을 넘겨받았다. 간접 통치에서 직접 통치로 전환한 것이다. 이때부터 외교와 군사적으로 영국의 최대 관심은 런던에서 인도에 이르는 최단 항로를 유지하는 것이었다. 특히 1869년 이집트의 수에즈 운하가 개통되면서 '인도로 가는 길'을 안전하게 장악하는 것이 영국 해군의 핵심 임무가 되었다.

그런데 1882년 서구 열강의 침탈에 저항하는 일단의 민족주의자들이 주도한 봉기가 이집트 수도 카이로에서 발생했다. 운하 개통 이래 이곳의 경제적, 전략적 가치를 십분 의식하고 확고한 방어 대책 마련에 골몰해온 영국 정부는 이 사건을 빌미로 군대를 파견해 이집트를 보호령으로 만들어버렸다. 전통적으로 이집트의 통치 영역으로 간주된 나일강 상류의 수단 지역 역시 자동적으로 영국의 지배권으로 편입되었다.

이런 정세 변화는 긴 세월 동안 이집트의 강압적이고 차별적인 대우로 억눌려온 수단인들의 불만을 자극했다. 1883년 '신성한 가르침을 받은 자'를 뜻하는 마흐디Mahdi를 자칭自稱한 이슬람 종교 지도자 무하마드 아미드Mohmmed Ahmed가 반란을 주도했다. 이집트의 통치에 대한 반감이 워낙 컸던 터라 한번 불이 붙자 소요 사태는 걷잡을 수 없이 확산되었다. 급기야 수단의 거의 전 지역이 반란 세력의 수중에 떨어졌다. 설상가상으로 치안 유지를 위해 군사적 요충지이자 주도主都인 하르툼에 주둔하고 있던 1만여 명의 이집트군 병력이 반란군에게 포위당하는 사태마저 벌어졌다. 상황이 악화일로로 치닫자 영국 정부는 이집트에 주둔 중인 영국군을 일종의 구출 부대로 하르툼에 파병했다.

하지만 하르툼에 도착한 영국군은 곧 반란군에게 포위되고 말았다. 1885년 1월에는 부대장 고든Charles George Gordon 장군이 이슬람 병사가 던진 창에 맞아 사망하는 사건이 일어났다. 영국군의 구출작전은 총체적 실패로 돌아갔다. 당시 일반대중에게 폭넓은 인기를 얻고 있던 고든 장군의 죽음은 영국의 국내 여론을 크게 자극했다. 하루빨리 대규모 병력을 파병해 복수해야 한다는 대중의 압력이 강하게 일었으나 복잡한 제반 문제에 골몰하고 있던 자유당 정부는 파병에 엄청난 비용이 소요된다는 이유로 별다른 조치를 취하지 않았다.

더 긴급한 당면 사안에 집중하느라 반란군 토벌을 차일피일 미룬 것이다. 그러다 1896년 영국 정부가 군 병력 파병을 결정했다. 사하라 사막을 가로질러 아프리카 동부 해안지대로 진출을 꾀하는 프랑스의 위협에 대응하려는 것이 정책 변화의 결정적 요인이었다.

전쟁 과정

식민지 이집트 주둔군 총사령관이던 키치너 장군Major General Sir Horatio Kitchener이 고든의 원한을 갚고 반란을 진압하는 임무를 맡았다. 이때 이슬람 반란군 지도자는 아미드 사후 그를 계승한 칼리파 압둘라히였다. 가장 큰 문제는 반란군의 세력 거점이자 전략적 요충지였던 나일강 상류 옴두르만 지역까지 대규모 병력과 군수물자를 이동하는 일이었다. 거의 1년(1897. 1. 1~1898. 1. 14)에 걸쳐 총연장 600km가 넘는 누비아 사막 횡단 군사용 철도를 신설해 이동한 후 행군으로 나일강을 거슬러 올라가는 악전고투 끝에 키치너는 1898년 9월 초 약 2만 5,000명의 영국군을 옴두르만 북쪽 나일 강둑 언저리에 배치할 수 있었다.[15]

영국군과 대치한 수단의 이슬람 군대는 총 5만여 명으로 주로 보병이었고 일부 기병이 섞여 있었다. 이들은 주로 창과 칼, 방패 등 근력 무기로 무장하고 있었다. 물론 이들 역시 서양 무기 상인을 통해 입수한 1만여 정의 소총과 50여 문의 대포 등 상당량의 화약무기를 갖추고 있었다. 하지만 대부분의 화약무기는 구식인 데다 필요한 부품의 지속적인 보급이 불가능한 탓에 정비 불량으로 작동이 원활하지 못했다.

대치 상황에서 영국군이 먼저 공격을 퍼부었다. 9월 1일 영국군은 나일강에 정박하고 있던 포함砲艦에서 옴두르만 시내의 예언자 마흐디의 무덤을 향해 포격을 가했다. 신성한 장소에 대한 공격으로 이슬람 반란군을 심리적으로 자극하려는 의도였다. 그러나 기대와 달리 적군으로부터 별다른 반응 없이 하루가 지나갔다.

....

15 엄밀히 말해, 당시 영국 원정군은 영국인 병사 8,000명에 이집트인 병사 1만 7,000명으로 구성되었다. 이 병력으로 키치너는 사막 지역의 가시덤불을 이용해 약 1,500m에 이르는 반원(半圓) 형태의 방어벽을 구축했다. 이어서 방어벽 안쪽에 앉고 서는 자세로 2열 횡대로 병력을 배치하고 적당한 간격으로 대포와 맥심 기관총을 설치했다. 특히 영국군은 부대 방어 진지 뒤편으로 흐르는 나일강에 대포와 맥심 기관총으로 무장한 소형 포함(砲艦) 5척을 대기시켜놓고 있었다.

수단 옴두르만의 지도상 위치

포격에 무반응이던 이슬람군이 이튿날 오전 6시 무렵부터 저돌적으로 공격해왔다. 먼저 약 4,000명에 이르는 흰옷 차림의 이슬람 근본주의자로 편성된 결사대를 필두로 엄청난 수의 무슬림 전사들이 칼과 창을 휘두르며 영국군 진지 정면으로 돌진해왔다. 하지만 이들은 영국군 진지 정면 300m 지점에 이르기도 전에 미모사 덤불로 구축한 방어벽 뒤에서 연속으로 쏘아대는 최신형 리메트포드Lee-Metford 라이플 소총과, 특히 분당 500발을 토해내는 맥심 기관총 40여 문의 총탄 세례를 받고 거의 전멸했다. 영국군 제21 창기병대 소속 중위이자 『모닝 포스트*The Morning Post*』 특파원 자격으로 참전한 젊은 시절의 처칠Winston Churchill이 1년 후 발간한 저술에서 상세히 묘사한 것처럼 불과 2시간여 동안 돌격전과 이에 맞선 총격전 형태로 전개된 싸움은 통상적인 전투라기보다 차라리 '무자비한 살육'에 가까울 정도로 영국군의 완승으로 끝났다.[16]

전쟁 결과

승자와 패자 간에 이토록 엄청난 결과가 초래된 이유는 무엇일까? 근본적으로 화력 측면에서 드러난 양측의 현저한 격차에서 그 답을 찾을 수 있다. 물론 화력 말고도 군의 훈련 수준과 보급 상태, 병력 및 화력 운용 측면에서 양측

16 수단에서 귀국한 처칠은 이듬해 자신의 경험을 책으로 발간했다(Winston Churchill, *The River War: An Historical Account of the Reconquest of Sudan*, 1899). 실제로 전투 개시 반나절도 안 되어 이슬람군은 2만 5,000여 명의 사상자에다 5,000여 명이 포로로 잡힌 반면, 영국군 인명 손실은 전사자 48명을 포함해 겨우 400여 명에 불과했다. 이 짧은 전투로 당시 아프리카에서 가장 강력하고 나름대로 무장이 잘되어 있다고 알려진 칼리파 압둘라히의 이슬람 군대가 괴멸되면서 수단의 반란도 종식되었다.

총사령관 격인 키치너와 압둘라히가 발휘한 지휘관으로서의 능력 차이 등을 승패 요인으로 꼽을 수 있다. 이런 점들을 모두 인정하더라도 병력이 적군의 절반에 불과한 데다 현지 지형에도 낯선 영국군이 대승을 거둔 것은 결코 우연이 아니었다. 옛날 방식대로 창칼을 주무기로 무장한 칼리파의 이슬람군에게 후장식 라이플 연발총, 맥심 기관총, 대포 등 서구 산업혁명의 산물로 맞선 것이 결정적인 승인勝因이었다. 특히 분당 500~600발을 토해내는 기관총은 악마의 입을 가진 무시무시한 '살육 기계' 그 자체였다. 물론 수단 이슬람군도 화약무기를 갖고 있었으나 당시 유럽에서는 거의 폐기되다시피 한 구식 무기였기에 결코 최신형 화약무기로 무장한 서구 군대의 적수가 될 수 없었다.

옴두르만 전투에서 엿볼 수 있듯이, 19세기 말 제국주의 시대에 서양인과 다른 대륙 토착민 간에 벌어진 충돌은 역사상 가장 비대칭적인 대결이었음이 분명하다. 우수한 무장과 장비 덕분에 상대적으로 소수의 유럽인 군대는 다수의 토착민 군대를 어렵지 않게 물리칠 수 있었다. 하지만 인간사에는 언제나 명과 암이 존재함을 부인하기 어렵다. 최신형 라이플 소총이나 자동기관총은 아프리카 식민지에서 벌어진 충돌에서 유럽 군대에게 손쉬운 승리를 안겨줬으나, 제1차 세계대전처럼 산업국가들 간 싸움에서는 어느 한쪽의 일방적인 우세를 불가능하게 만들면서 유럽인 자신에게 치명상을 입혔기 때문이다. 저 멀리 아프리카 대륙 오지에서 토착민을 상대로 유럽 군대가 자행한 '사신死神의 향연'은 어느새 부메랑이 되어 유럽인들 자신에게 불현듯 날아들고 말았다.

IV

19세기의 전쟁사적 의미

19세기 초반 유럽의 기존 지도층은 나폴레옹을 제압하기만 하면 정치적, 군사적으로 안정되었던 18세기 상황으로 복귀할 수 있으리라 기대했다. 실제로 1815년 나폴레옹 제국이 몰락한 후 약 30년 동안 그들의 소망이 실현되는 듯했다. 하지만 세월이 흘러가면서 유럽은 과거에 나폴레옹 군대가 행했던 것처럼 빈번한 크고 작은 무력 충돌로 곳곳에서 소용돌이가 이어졌다. 특히 산업화와 민족주의라는 이중二重 추동력은 유럽 세계는 물론 각국의 군사적 기반을 근본적으로 바꾸어놓았다.

산업화와 이의 공간적 확대는 통신과 무기 측면에서 지속적으로 기술 발전을 초래해 전쟁 수행 방식conduct of war을 혁명적으로 변화시켰다. 넓은 차원에서 산업화는 예전의 다른 어느 시대보다도 더욱 조직화되고 생산적이며 부유한 산업사회를 탄생시켰다. 또한 산업화는 국제관계 변화나 특히 군사 이슈에 민감하게 반응하는 도시화되고 문자 해독력이 향상된 역동적인 대중사회 Mass Society를 탄생시켰다. 그것이 길몽일지 악몽일지는 누구도 장담할 수 없었으나 어쨌든 각국이 바란 대로 평상시 대규모 군대 유지에 필요한 인구 폭발을 가져다주었다. 다른 한편으로 산업화 덕분에 국력이 높아진 것은 분명하지만 우후죽순으로 생겨난 대중매체와 이를 이기적으로 활용하려는 대중 영합적인 정치가들의 선동에 휘둘릴 소지도 다분했다.

이때 차용된 대중 동원의 사상적 기제가 바로 민족주의였다. 산업화가 국가의 물적 자원을 대규모로 조직화하는 데 기여한 것처럼 대중매체의 발달은 민족과 전쟁에 대해 해당 사회 구성원들이 좀 더 동질적인 신념을 공유할 수 있도록 유도했다. 불길하게도 1914년까지 이어지는 시기에 유럽 열강의 대중 여론은 점점 더 민족주의적이며 군국주의적인militaristic '카키색'으로 물들었다. 심지어 은연중 대규모 군사 충돌을 바라기라도 하듯 호전적 분위기마저 감돌았다.

산업화와 민족주의라는 19세기 서양 세계를 추동한 두 축의 결합으로 초래된 가장 섬뜩한 결과는 대규모 전쟁의 가능성이었다. 각국은 징병제로 동원한 수백만 명의 젊은이들을 전국의 공업지대에서 대량생산한 신형 무기들로 무장시켰다. 역사상 이처럼 대규모 인원이 단시일 안에 동일한 무기를 갖춘 적은 없었다. 또한 과학기술의 발전에 힘입은 화기의 자동화 진전과 대포의 화력 증강은 향후 대규모 인명 살상을 불가피하게 만들었다.

아이러니하게도 평화로운 여행 수단이자 인적 소통의 이기利器인 철도와 그 도우미격인 전신이 최신 무기로 무장한 대병력을 싸움터로 빠르게 운송할 수 있는 길을 열어주었다. 전통적으로 전략의 삼위일체로 간주되어 온 시간·공간·힘의 관계가 전혀 새롭게 정립되어야만 했다. 미국 남북전쟁이나 특히 프로이센-프랑스 전쟁에서 엿볼 수 있듯이, 이제 전쟁은 두 교전국 간 산업 역량과 자원 동원력, 관리력의 총체적 경합 시험장으로 변했다. 그러다보니 각국은 더 효율적인 전쟁 수행을 위해 평상시부터 국가적 차원에서 체계화된 전쟁계획War Planning을 수립해놓아야만 했다.

이처럼 19세기를 거치면서 유럽 열강과 유럽인들은 국가와 민족의 영광을 위해 총동원Total Mobilization되어 기꺼이 '총력전Total War'이라는 열차에 올라탈 만반의 준비를 경쟁적으로 해오고 있었다. 언제 누가 먼저 화약고에 불을 붙일지 노심초사하며 그 순간만을 기다리는 막다른 상황으로 달려가고 있었다.

참고문헌

그레고리 프리몬-반즈(박근형 역), 『나폴레옹전쟁』, 플래닛미디어, 2009.
김명자, 『산업혁명으로 세계사를 읽다』, 까치, 2019.
마이클 하워드(안두환 역), 『유럽사 속의 전쟁』, 글항아리, 2015.
마틴 반 크레펠트(이동욱 역), 『과학기술과 전쟁: BC 2000~현재』, 황금알, 2006.

박상섭, 『근대국가와 전쟁: 근대국가의 군사적 기초, 1500~1900』, 나남출판, 1996.
박상섭, 『테크놀로지와 전쟁의 역사』, 아카넷, 2018.
윌리엄 맥닐(신미원 역), 『전쟁의 세계사』, 이산, 2005.
임윤갑, 『미완에서 통합으로: 미국 남북전쟁사, 1861~1865』, 북코리아, 2015.
찰스 톤젠드 외(강창부 역), 『근현대 전쟁사』, 한울아카데미, 2016.
크리스티안 월마(배현 역), 『철도의 세계사: 철도는 어떻게 세상을 바꿔놓았나』, 다시봄, 2019.

Best, Geoffrey, *War and Society in Revolutionary Europe, 1770-1870*, London: Fontana, 1982.
Black, Jeremy (ed.), *European Warfare, 1815-2000*, Macmillan: Basingstoke, 2002.
Bond, Brian, *War and Society in Europe, 1870-1970*, London: Fontana, 1984.
Evans, Richard J., *The Pursuit of Power: Europe 1815-1914*, New York: Viking, 2016.
Figes, Orlando, *The Crimean War: A History*, New York: Metropolitan Books, 2010.
Headrick, Daniel, *The Tools of Empire: Technology and European Imperialism in the Nineteenth Century*, Oxford: Oxford Univ. Press, 1981.
Kassimeris, G. & J. Buckley (eds.), *The Ashgate Research Companion to Modern Warfare*, Farnham: Ashgate, 2010.
Mitchell, Allen, *The Great Train Race: Railways and the Franco-German Rivalry, 1815-1914*, New York: Berghahn Books, 2000.
Ross, Steven T., *From Flintlock to Rifle: Infantry Tactics, 1740-1866*, 2nd ed., London: Frank Cass, 1996.
Showalter, Dennis, *Railroads and Rifles: Soldiers, Technology and the Unification of Germany*, Hamden: Archon Books, 1975.
Wawro, Geoffrey, *Warfare and Society in Europe, 1792-1914*, London: Routledge, 2000.
Wawro, Geoffrey, *The Franco-Prussian War: The German Conquest of France in 1870-1871*, Cambridge: Cambridge Univ. Press, 2005.
Wolmar, Christian, *Engines of War: How Wars were Won & Lost on the Railways*, London: Atlantic Books, 2012.

07

동아시아의 전쟁

16세기 이후

박영준 국방대학교 안보대학원 교수

篠
篠

I

동아시아 각국의 군사체제와 국제질서 변화

1392년 이성계李成桂가 조선 왕조를 건국하고 난 뒤 200여 년간 중국과 일본을 포함한 동아시아 정세는 비교적 안정된 질서를 유지했다. 1368년 주원장朱元璋이 세운 중국의 명나라는 1402년 영락제永樂帝가 즉위한 이후 내륙과 해양 방면으로 판도를 확장하는 정책을 야심차게 전개했다. 특히 1405년부터 1433년까지 정화鄭和가 지휘하는 대함대가 인도양, 페르시아만, 아프리카 동해안에 이르기까지 항행 범위를 확대하면서 위세를 떨쳤다. 하지만 그 이후 원양 항행을 금지하고 두 개 이상의 돛을 가진 선박도 모두 폐기하는 등 쇄국정책으로 전환했다.

건국 이후 조선은 대내적으로는 유교 경전 지식을 묻는 과거제도 등이 상징적으로 보여주듯 유학적 이념을 중시하는 정치체제를 구축했다. 군사제도로는 중앙에 오위도총부와 비변사를 설치하고, 지방에는 육군을 관할하는 병영兵營과 수군을 통솔하는 수영水營을 설치해 각기 병마절도사와 수군절도사를 임명했다. 비상시에는 중앙에서 지방으로 장수들을 파견해 현지 병력을 지휘하는 제승방략制勝方略의 중앙집중적 제도도 운영했다. 대외적으로는 명과 조공 및 책봉 관계를 유지했고, 일본의 집권 세력인 무로마치室町 막부와도 선린우호 관계를 유지했다.[1]

이와 같은 동아시아 국제질서에 균열과 변화가 생기기 시작했다. 15세기

1 일본에 사신으로 갔던 신숙주는 일본 관련 개설서인 『해동제국기(海東諸國記)』를 저술했을 뿐 아니라, 1475년 임종할 때 성종 임금에게 일본과 화친 관계를 유지해야 한다고 건의하기도 했다. 신숙주, 「해동제국기(海東諸國紀)」(1471), 『국역 해행총재 1』, 민족문화추진회, 1977 수록.

일본 전국시대의 나가시노 전투를 그린 병풍도

중엽 이후 일본에서 무로마치 막부의 지배력이 약화하면서 지방영주 다이묘大名들 간에 세력을 다투는 항쟁 발발이 근본적인 계기였다. 이른바 전국시대戰國時代가 시작된 것이다. 오다 노부나가織田信長, 도쿠가와 이에야스德川家康, 다케다 신겐武田信玄 등 유력 지방영주들이 서로 자웅을 겨루는 가운데 사회 전체적으로 새로운 무기의 개량과 전술의 개발이 이루어졌다. 다케다 신겐 부대가 전통적인 기마전술을 고수했다면, 오다 노부나가는 1543년 포르투갈인이 전해준 조총을 개량하고, 이를 장전, 거총 등의 단계를 거쳐 집중적으로 발사하게 하는 3단 발사전술을 개발했다. 덕분에 오다 노부나가는 1575년 조총부대를 앞세워 나가시노長篠 전투를 승리로 이끌며 전국시대의 실력자로 부상했다. 1582년 오다의 갑작스런 사망 이후에는 그의 후계자 도요토미 히데요시豊臣秀吉가 전국시대 통일의 과제를 이어가게 된다.

한편 1500년대는 전 세계적으로 포르투갈과 에스파냐를 필두로 대항해시대가 전개되었다. 그 여파는 동아시아 해양에도 밀려왔다. 1498년 포르투갈의 바스쿠 다가마Vasco da Gama가 희망봉을 돌아 인도양까지 항행했고, 그 성과를 바탕으로 포르투갈은 인도 연안과 믈라카, 1552년에는 마카오까지 진출해 거점을 마련했다. 에스파냐는 마젤란Ferdinand Magellan의 태평양 항행을 지원했으며, 마젤란 함대는 남아메리카 남단을 돌아 태평양을 가로질러 1521년 필리핀에 이르렀다. 이후 에스파냐는 필리핀을 식민지로 삼아 총독뿐 아니라 제주이트 교단의 선교사들을 파견해 활동하게 했다. 그런데 1580년대에 접어들어 마카오와 필리핀 등지에 거점을 확보한 포르투갈과 에스파냐의 식민지 관리 및 선교사들이 본국 정부에 일본에 대한 포교 확대, 나아가 명나라에 대한 포교 확대와 군대 파견을 통한 식민지 건설 방안을 거듭 제기하기에 이르렀다.[2]

2　平川新, 『戰國日本と大航海時代: 秀吉, 家康, 政宗の外交戰略』, 中公新書, 2018, pp.33~39.

II

임진왜란

1 도요토미 히데요시의 대륙 침략 계획

오다 노부나가의 뒤를 이어 전국시대의 실력자로 떠오른 도요토미 히데요시는 오다의 과업을 계승해 실질적인 일본 통일을 이룩해야 하는 데다 에스파냐와 포르투갈의 아시아 식민지 확대 정책에도 대응해야 했다. 도요토미는 권력 승계 이후 간토關東 지방의 또 다른 강력한 영주였던 도쿠가와 이에야스의 복종을 받아내고, 이어 1587년 6월 일본 서남부 규슈 지역에 대한 원정에 착수해 사쓰마 지역의 시마즈島津 영주를 굴복시켰다. 또한 1590년 3월에는 지금의 도쿄 근교 오다와라小田原와 그 동북쪽의 아이즈 지역 정벌에 착수해 그해 8월까지 도호쿠東北 지방을 평정했다. 이로써 그는 전국시대의 분열상을 수습하고 일본 전역을 통일했다. 도요토미는 국내적으로 도검회수령刀劍回收令과 해적정지령을 발포해 백성들의 무기 소유를 금하고 해상 세력의 활동 가능성을 차단하려 했다. 나아가 대외적으로 조선과 명나라, 동남아시아와 인도 등지에 대한 정벌 야욕을 드러내기 시작했다.

도요토미는 1586년 제주이트 교단의 일본 교구장인 코엘류Coellho를 접견하는 자리에서 자신이 국내를 평정한 뒤 조선과 명나라를 정복할 것이며, 이를 위해 병력 20~30만 명을 동원하고, 병력 파견에 필요한 함선 2,000척을 건설할 것이라고 호언했다.[3] 도요토미는 사쓰마 지역을 굴복시킨 이후 1589년 시

3 코엘류는 이에 대해 포르투갈 함선 및 인도의 원군 제공 의사를 밝히고, 다음 해에 도요토미에게 후스타형 함선을 보여주기도 했다. 平川新, 앞의 책, pp.71, 74.

마즈 영주를 통해 류큐琉球를 복속시켰고, 동시에 쓰시마對馬 영주를 통해 조선 국왕에게 일본에 사절을 보내 조공하도록 요구했다. 그에 따라 1590년 3월 조선 정부는 황윤길과 김성일 등 사절을 일본에 파견했다. 도요토미는 조선 사절들을 접견하면서 '정명향도征明嚮導', 즉 명나라를 정복하는 전략에 조선이 길 안내를 담당할 것을 요구하는 국서를 조선 국왕 선조에게 전달하도록 했다.[4]

조선과 명나라에 대한 침략 야욕을 드러낸 도요토미는 이어 인도 고아 지역의 식민통치를 책임진 포르투갈 출신의 부왕副王과 필리핀에 주재하는 에스파냐 총독에게 1591년 7월과 9월에 각각 서한을 보내 신의 나라[神國]인 일본이 곧 출정해 명나라를 정복할 것임을 밝혔다. 특히 필리핀 총독에 대해서는 복속 사절을 보내지 않으면 군대를 파견해 정복할 것이라고 위협했다.[5] 일본 전역을 평정한 도요토미 히데요시가 여세를 몰아 한반도와 중국 대륙은 물론 필리핀과 그 밖의 동아시아 지역에 대한 영토 팽창을 강행하려는 야심을 노골적으로 드러낸 것이다.

도요토미는 1591년 8월 측근인 고니시 유키나가小西行長와 모리 가쓰노부毛利勝信 등에게 대륙 침공의 구체적인 준비에 착수할 것을 지시했다. 그에 따라 1592년 1월부터 한반도에 면한 일본 규슈 히젠肥前의 나고야名護屋 지역에 전진기지가 설치되었고, 여러 다이묘들의 병력이 집결했다. 1592년 3월에 병력 규모는 고니시 유키나가가 지휘하는 제1번대의 1만 8,700명을 필두로 총 9번대 15만 8,000명에 달했다. 그 밖에 와키자카 야스하루脇坂安治 등이 지휘하는 600척 남짓의 함선도 준비되었다.

2 개전 초기 전황

제1번대 지휘관 고니시 유키나가는 먼저 쓰시마에 도착해 승려 겐소를 조선에 파견했다. 정명가도征明假道, 즉 명나라를 칠 테니 길을 비켜달라는 요구를 전달토록 한 것이다. 그러나 부산진 첨사 정발은 이를 무시했다. 정황을 보고

....

4 中野等,『文祿·慶長の役』, 吉川弘文館, 2008, p.17.

5 배기찬,『코리아, 다시 생존의 기로에 서다』, 위즈덤하우스, 2005, p.145. 中野等, 앞의 책, pp.20~21. 平川新, 앞의 책, pp.101~102.

부산에 상륙한
일본군과의 싸움을 그린
<부산진순절도>

받은 고니시는 4월 12일 자신이 지휘하는 제1번대 병력을 인솔해 다음 날 부산에 상륙을 감행했다. 불의의 급습을 당한 조선 관군은 부산성과 동래성에서 항전했으나 조총부대를 앞세운 일본군에 패퇴했다. 첫 전투에서 승리를 거둔 일본은 가토 기요마사加藤清正가 지휘하는 제2번대, 구로다 나가마사黑田長政가 지휘하는 제3번대가 속속 부산에 상륙해 고니시의 제1번대와 함께 한성을 향해 북상했다.

조선 관군은 일본의 위력적인 조총부대 앞에 속수무책으로 패퇴를 거듭했다. 중앙에서 파견한 순변사 이일 장군은 상주 일대에서 제승방략 방책에 따라 집결한 800~900여 명의 농민부대를 지휘해 왜군과 교전했으나 패했고, 도순변사 신립 장군은 8,000명의 병력을 이끌고 충주 탄금대에서 배수진을 치고 왜군과 교전했으나 역시 패하고 말았다.[6] 당시 일본 조총부대는 전국시대에 오다 노부나가가 개발한 3단 발사전술을 구사했던 것으로 보인다. 3단 발사전술은 사실 유럽에서도 30년전쟁 기간이었던 1630년대에 이르러서야 스웨덴의 구스타브 아돌프 국왕이 살보Salvo 사격전술로 처음 개발한 것이었다. 임진왜란 당시의 일본군은 사실상 최초로 국가 간 교전에서 최신형 소총 사격전술을 구사했고, 전통적인 기마전술에 의존했던 조선 관군은 이에 대응할 수 없었다.

관군의 거듭된 패배에 조선 조정은 어쩔 수 없이 4월 30일 국왕 선조와 중신들이 수도 한성漢城을 버리고 평양으로 피난하는 결정을 내렸다. 일본의 고니시와 가토 부대는 5월 3일 조선 정부가 철수한 한성에 입성했고, 점령지에 대한 관할 부대를 재편하면서 동시에 한반도 북부지방에 대한 공략을 준비했다. 한성에 집결한 고니시, 가토, 구로다의 병력들은 5월 말 북상을 개시해 임진강을 도하했다. 이후 고니시 부대는 평양 방면으로, 가토 부대는 함경도 방면으로 진출해 점령 지역을 확대해갔다.

부산 상륙 이후 한 달여 만에 수도 한성을 장악한 도요토미는 5월 18일 간바쿠關白 히데츠구에게 보내는 서한을 통해 향후 전쟁 전략의 개요를 제시했다. 이에 따르면 여세를 몰아 명나라 수도 베이징까지 점령한 후 그곳으로 일본 수도를 옮기고, 간바쿠 히데츠구를 명나라의 새로운 지배자(간바쿠)로 삼아 천황을 명나라 베이징으로 옮겨 통치하게 하며, 도요토미 자신은 중국 남부 닝보寧波 지역을 근거지로 삼아 인도 정복을 준비하고, 일본은 천황의 태자나 동생들에게 관할케 한다는 것이었다. 여기에 더해 조선 국왕을 사로잡아 일본에 데려와야 한다는 계획도 제시했다.[7] 도요토미는 초기 전투의 승전에 고무되어 조선은 물론 명나라와 인도를 포함한 전 아시아 대륙 정복의 야욕을 한층 더 키워갔다.

3 조선의 반격과 명나라 원군 파견

초기 전투에서 일본군에게 잇달아 패한 조선은 이순신李舜臣의 수군을 중심으로 반격을 개시했다. 임진왜란이 발발하기 1년 전인 1591년 2월 전라좌

....

6 류성룡, 『징비록(懲毖錄)』, 안동문화원, 2001, pp.57~58.

7 배기찬, 앞의 책, p.139. 中野等, 앞의 책, pp.52~54. 平川新, 앞의 책, p.96 등을 종합.

도 수군절도사에 임명된 이순신은 관할 부대와 병력들을 연마시키고, 거북선을 개발해 천자총통 등의 무기체계를 탑재하고, 류성룡柳成龍 등과 서적 교환을 하면서 최신 군사정보를 학습하는 노력을 게을리하지 않았다.[8] 왜군이 부산에 상륙한 소식을 경상우수사 원균, 경상좌수사 박홍, 영남관찰사 김수 등의 공문을 통해 파악한 이순신은 1592년 5월 4일, 그동안 준비해온 전라좌수영 예하 수군 전력을 출동시켜 일본과의 해전에 나섰다. 판옥선 24척, 협선 15척 등으로 구성된 이순신의 수군은 5월 7일 거제도 옥포 해상에서 도도 다카토라藤堂高虎가 지휘하는 일본 수군 함대와 전투를 벌여 적선 40여 척을 섬멸하는 첫 승리를 거두었고, 이어 5월 29일, 6월 2일, 6월 5일 잇달아 사천, 당포, 당항포에서 해전을 벌여 일본 함대를 격파했다. 이 시기부터 거북선이 처음 전장에 투입되어 일본 함선들을 격파하는 선봉 역할을 톡톡히 했다. 일본 해군을 잇달아 격파하며 승기를 잡은 이순신 함대는 전라우수영 및 경상좌수영 함대와 합류해 7월 8일 한산도에서 학익진을 펼치면서 와키자카 야스하루가 지휘하는 일본 수군에 대승을 거두었다.

남해 해상에서 전개된 이순신 함대의 분전은 한성에서 평양까지 북상한 일본 육군의 해상 보급로를 차단하고, 애초 설계했던 도요토미의 한반도 도해渡海 계획도 무산시키는 효과를 낳았다. 또한 전라도와 충청도 등의 연해 지역에 대한 방어에도 기여해 전라도의 김천일과 고경명, 경상도의 곽재우 등 각지에서 의병을 거병하게끔 하는 원동력이 되었다.[9]

바다와 달리 육상에서는 고니시가 지휘하는 일본군의 공격으로 6월 15일 평양성이 함락되었다. 국왕 선조와 중신들은 의주 방면으로 피난하지 않으면 안 되었다. 평양성 함락의 난국에 직면한 선조는 랴오둥 지방으로 피신해야 한다는 일부 신하들의 의견을 뿌리치고 이덕형을 명나라에 파견해 원병을 요청하게 했다. "중국이 장수에게 명해 왜를 정벌함은 태산의 무거움으로 알 하나를 누르는 것과 같을 것"이라면서 명나라 군대의 파견을 요청한 선조의 국서는 7월 말 이후 명나라 황제 만력제萬曆帝에게 전달되었다.[10]

....

8 이순신(박혜일, 최희동, 배영덕, 김명섭 편), 『이순신의 일기』, 서울대학교출판부, 1998. 또는 이순신(구인환 엮음), 『난중일기』, 신원문화사, 2004 등을 종합.

9 이순신 함대의 승전이 임진왜란 전반에 가져다준 효과에 대해서는 류성룡, 『징비록』; 中野等, 앞의 책, p.78 등 참조.

10 "조선 국왕 이연의 상주(朝鮮國王李一本)-만력제(만력 20년 7월 27일 이후 9월 25일 이전)", 송응창, 『명나라

한편 왜군의 조선 침공 정보를 접한 명나라는 이미 5월경부터 병부상서 석성石星을 중심으로 왜군이 궁극적으로 중국 방면으로 공격해올 가능성이 크다고 인식하고 연해의 방어 태세를 강화했다. 그리고 6월 27일, 병부兵部는 황제에게 장수 한 명을 조선에 파견해 왜군을 정벌하는 위엄을 보여야 할 것이라고 건의하는 상서를 올렸다.[11] 병부의 건의와 조선의 요청에 따라 명나라는 7월 중순 랴오둥부총병 조승훈祖承訓에게 5,000여 명의 병력을 주어 조선에 파견했다. 조승훈은 곧 평양 탈환작전에 돌입했으나 왜군에게 패퇴하고 말았다.

그러자 명나라 조정은 좀 더 본격적인 조선 지원 방책을 강구했다. 8월 말, 명나라는 명장으로 손꼽히던 이여송李如松을 군무총독에 임명해 조선 파병을 지시했다. 또 병부우시랑 송응창을 경략經略에 임명해 산둥에서 랴오둥 지방에 이르는 연안 방어 및 전선 지원 임무를 부여하고, 병부상서 석성은 별도로 심유경沈惟敬에게 유격遊擊 관직을 주어 왜군과 협상을 하도록 지시했다. 명나라가 조선에 대규모 파병을 결정한 것은 조선의 지정학적 위치가 중국 대륙의 안전과 밀접하게 연결되어 있기 때문이다. 평양 이북 지역을 왜군이 장악한다면 명나라의 안전도 보장할 수 없다는 인식에 따른 것이었다.[12]

조명 연합군의 평양성 탈환을 그린 전투도

....

의 임진전쟁 1: 출정전야』(經略復國要編: 구범진, 김슬기, 김창수, 박민수, 서은혜, 이재경, 정동훈, 薛戈 역주), 국립진주박물관, 2020, p.80.

11 "명나라 병부-만력제, 「병부의 상주(兵部一本)」"(만력 20년 5월 10일) 및 "명나라 병부-만력제, 「병부의 상주(兵部一本)」"(만력 20년 6월 27일, 1592. 8. 4.) 등을 참조. 송응창, 『명나라의 임진전쟁 1: 출정전야』(經略復國要編 역주), pp.84, 103.

임진왜란 당시 일본군 침입로와 조명 연합군의 진격로, 그리고 주요 격전지

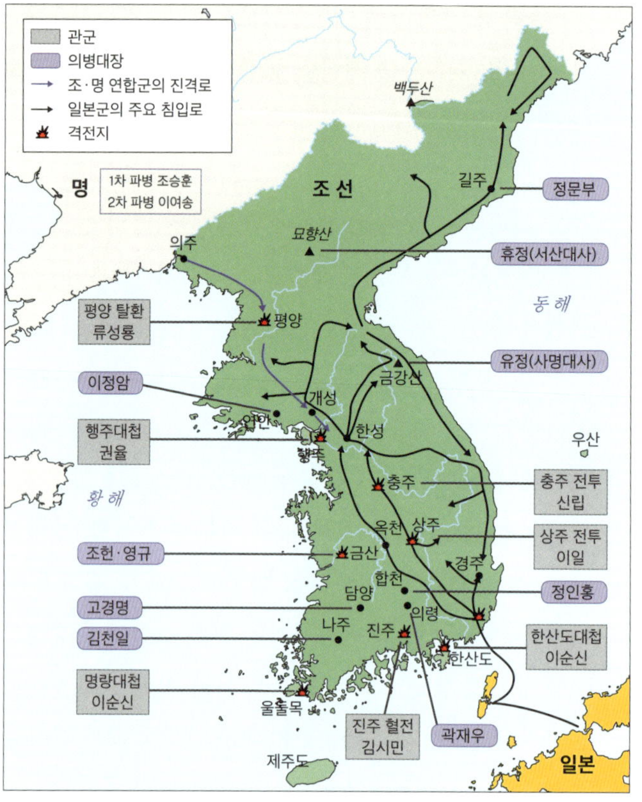

명나라의 본격적인 개입에 따라 조선 정세는 변화하기 시작했다. 8월 29일 심유경은 평양성 인근에서 고니시 유키나가와 협상을 갖고 50일간의 정전에 합의했다.[13] 그사이 군무총독 이여송은 4만 3,000명의 병력을 규합해 12월 23일 압록강을 도하했고, 류성룡 등의 지원을 받아 1월 5일부터 왜군 1만 5,000명이 방어하는 평양성 공략에 착수해 탈환에 성공했다.[14] 이여송 부대는 계속 남하해 한성을 탈환하고자 했다. 평양성 패전을 겪은 고니시의 지휘 아래 왜군은 함경도 방면에서 철수한 가토 기요마사의 군대와 합류해 5만 병력이 한성

....

12 1592년 9월, 중국의 칙사 설번(薛藩)이 명나라의 대규모 파병을 건의한 문서에 그와 같은 인식이 잘 나타나 있다. "무릇 랴오둥은 수도 베이징의 팔과 같고 조선은 랴오둥의 울타리와 같다. 200년 이래 푸젠, 저장 지방이 항상 왜구의 침입을 받으면서도 랴오양과 톈진이 안전했던 것은 바로 조선이 울타리가 되어 막아주었기 때문이다. … 정벌을 할 경우에는 평양의 동쪽에서 일본을 견제할 수 있으므로 그들의 침략을 더디게 하여 화를 줄일 수 있다. 그러나 정벌하지 않을 경우 평양의 외곽으로부터 그들의 뜻대로 행동할 수 있으므로 빨리 쳐들어오게 될 것이며, 화도 그만큼 커질 것이다." 배기찬, 앞의 책, p.152.

13 中野等, 앞의 책, p.88.

14 조선 정부를 대표해 이여송을 맞이한 류성룡은 평양성 지도를 보이면서 형세를 설명해 그의 평양성 탈환작전을 지원했다. 『징비록』, 안동문화원, 2001, p.118.

에 집결했다. 이들 가운데 4만 2,000명의 왜군이 남하하는 이여송 부대와 1월 27일 벽제관碧蹄館에서 격전을 벌였다. 왜군은 가까스로 이여송 부대의 진격을 저지했다.

벽제관 전투에서 패퇴하기는 했지만, 명나라의 원군 파견은 조선 관군의 전투 의지를 되살리는 데 도움이 되었다. 1593년 2월 12일, 전라순찰사 권율權慄이 지휘하는 2,300명의 조선군은 일반 백성들의 지원을 받아 우키다의 지휘 아래 행주산성을 포위해온 왜군 3만 명과 교전을 벌여 승리를 거두었다.[15] 같은 시기에 이순신의 수군은 웅천 웅포 해상에서 일본 수군과 교전을 벌였다. 이처럼 명나라의 원군 파견과 그로 인해 촉발된 조선 관군과 의병들의 전투 의지 회복은 도요토미가 애초 목표로 했던 중국 대륙 정벌을 곤란하게 만드는 요인이 되었다.

4 강화 추진과 장기전 태세

평양으로 철수한 이여송 장군은 심유경을 한성으로 보내 고니시 유키나가와 강화협상을 진행하도록 했다. 협상 결과 왜군이 한성에서 철수하는 대신 명나라가 일본에 강화사절을 보내고, 왜군에게 억류된 조선 왕자 두 명을 돌려보낸다는 조건으로 일시적인 강화가 성립되었다. 협상에 따라 왜군이 한성에서 물러나 한반도 남부 지역으로 철수했고, 4월 19일 이여송이 지휘하는 명나라 군대가 한성에 입성했다. 그해 10월에는 조선 국왕 선조가 전란으로 피폐해진 한성에 귀환했다.

5월 15일, 명나라 사절 사용재謝用梓와 서일관徐一貫 등이 일본에 건너가 도요토미 히데요시와 본격적인 강화협상을 벌였다. 도요토미는 파격적인 강화 조건을 제시했다. 즉 명나라 황제의 딸을 일본 천황의 황후로 보내고, 조선 8도 가운데 한성과 북부 4개 도를 조선 국왕에게 반환하지만 남부 4개 도는 일본이 장수들을 보내 지배한다는 것이었다.[16] 그리고 명나라에 강화 조건을 전

15 일본 역사가들은 행주대첩이 조선 단독으로 왜군과 싸워 거둔 승리라고 평가하고 있다. 中野等, 앞의 책, p.104.

16 中野等, 앞의 책, pp.130~131. 平川新, 앞의 책, p.104.

달하는 시점에 한반도 남부에 철수해 있던 왜군은 도요토미가 강화 조건으로 명시한 것처럼 충청, 경상, 전라도 등지에 대한 실효 지배를 강화하는 군사적 조치들을 강행했다. 1593년 6월 21일부터 조선 관군이 장악하고 있던 진주성을 공략해 8일간의 치열한 전투 끝에 결국 함락시켰다.[17] 진주성 함락은 한반도 남부로 철수한 왜군에게 위협을 가할 수 있는 요인을 제거하는 효과를 가져다주었다. 일본은 당시 한반도 전선에 파견했던 15만여 병력 가운데 5만여 병력을 일본 본토로 귀환시킬 준비를 하면서, 부산을 중심으로 동래성, 구포성, 웅천성, 거제도, 안골포성 등지에 성채를 수축하는 등 잔여 병력들의 한반도 장기 주둔 태세를 갖추었다.[18]

한편 도요토미가 명나라 사절에게 제시한 일방적 강화 조건을 명과 조선은 받아들이지 않았다. 이로써 강화 교섭은 결렬되었지만, 이후 왜군과 조명 연합군 간에 대규모 교전은 벌어지지 않고 전선은 일종의 교착상태에 들어갔다. 조선 정부는 한반도 남부에 장기 주둔 태세를 취하던 왜군에 대응하는 형태를 취했다. 1593년 7월을 기해 전라좌수영을 여수에서 한산도로 옮겼고, 8월 15일에는 이순신을 삼도수군통제사로 임명해 남해안 전체의 조선 수군을 지휘하게 한 것이다. 1593년 하반기 이후 왜군은 남해안의 육상을 지배하고, 해상은 이순신의 3도 수군이 제해권을 갖는 대립 구도가 형성되었다.

한반도에서 양측의 교착상태가 이어지자 도요토미는 고산국高山國(타이완)과 필리핀 방면으로 눈을 돌렸다. 1593년 12월, 도요토미는 필리핀 총독에게 서한을 보내 자신이 일본뿐 아니라 한반도를 장악했다고 과시하면서 자신의 측근들이 필리핀 점령을 요구하고 있다고 협박했다. 또한 같은 시기에 고산국에도 서한을 보내 명나라가 사신을 파견해 항복을 구걸하고 있고 류큐도 일본에 사절을 파견하고 있다고 주장하면서, 일본에 복속하지 않으면 장수들을 보내 정복할 것이라고 위협했다.[19]

1594년 접어들어 도요토미는 한반도를 둘러싸고 명나라와 협상을 재개했다. 그가 보낸 사절 나이토內藤如安 일행이 그해 12월 베이징에 입성했다. 이에

17 왜군은 승전 이후 진주성 목사의 사체를 일본 교토에 전시하면서 한반도에서 거둔 승전을 과시하고자 했다. 中野等, 앞의 책, p.136.

18 中野等, 앞의 책, pp.146~149.

19 平川新, 앞의 책, pp.104~108.

조선 수군의 주력함인
판옥선

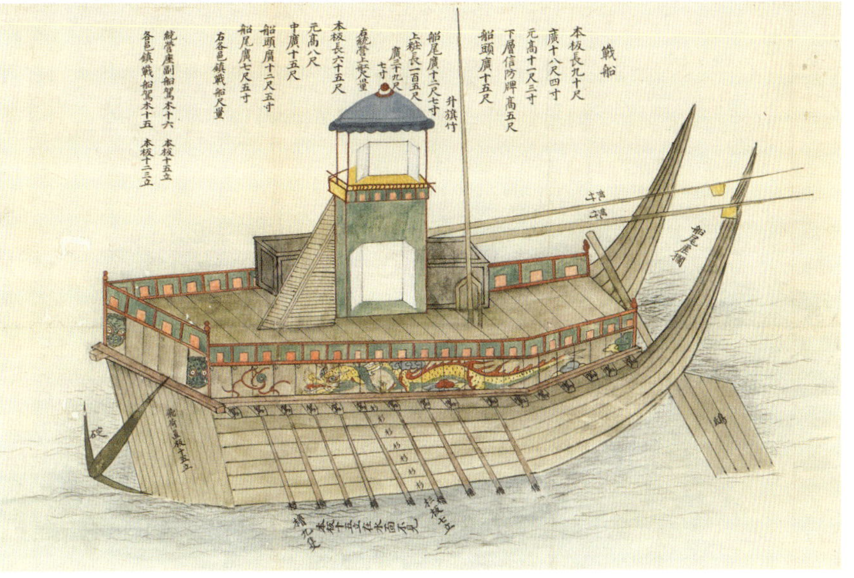

대해 명나라는 역으로 일본의 항복을 강화의 조건으로 내걸면서 명나라 사절의 일본 파견 방침을 결정했다. 도요토미는 1595년 5월 새로운 화평 조건을 제시했다. 그 내용은, 명나라 황제의 뜻을 받아들여 조선 영토를 반환하는 대신 조선의 왕자가 일본에 들어와 복속할 것, 그 왕자에게 한반도 남쪽 4개 도를 영지로 지배하게 하고, 그 지역 내 일본 성채는 파괴하며, 조일 양국 간 무역을 재개한다는 것이었다.[20] 1593년에 제시한 강화 조건에 비해 강도는 낮아졌지만 조선이 받아들일 수는 없는 내용이었다.

명나라가 파견한 사절 양방형楊邦亨과 심유경 일행은 1595년 9월 한성을 출발해 11월 부산에 도착했다. 강화에 반대하던 조선은 명의 요구에 따라 정사 황신黃愼, 부사 박홍장朴弘長을 사절과 동행하게 했다.[21] 일본에 건너간 명나라 사절은 당시 일본에 발생했던 지진 피해로 인해 예상보다 뒤늦은 1596년 9월 오사카에서 도요토미를 접견할 수 있었다. 명의 사절은 일본에 대해 조선 파견 군대의 철수, 조선 지역에 설치한 일본형 성채의 철거 등을 요구했다. 이에 대해 도요토미는 명과는 우호를 유지하면서 오히려 조선 측이 왕자를 보내지 않는 등 강화에 비협력적이라고 조선을 비난하는 태도를 보였다. 그는 명의

....

20 中野等, 앞의 책, pp.173~174.

21 이순신의 『난중일기』 1596년 7월 10일 기록을 보면, 명나라 사신을 따라가는 정사와 부사 일행을 위해 배 세 척을 준비해 부산에 대기시키라는 지시가 내려왔다.

사절과는 접견했지만 조선 사절과의 면담은 끝내 거부했다. 결국 명과 일본의 강화 교섭은 실패로 끝났다. 1596년 9월, 도요토미는 일단 일본에 귀환했던 고니시와 가토 등 규슈 지역 다이묘들을 중심으로 한반도에 병력의 재파병을 지시했다.

5 정유재란과 강화

황신과 박홍장 등의 보고로 일본의 재침략 정보를 접한 조선 정부는 도원수 권율을 중심으로 방어 태세를 강화하고, 명나라에 재차 지원 병력 파견을 요청했다. 이에 따라 명나라는 마귀麻貴를 총병관으로 임명해 전체 파견군의 통솔 임무를 맡겼고, 양호楊鎬를 경리조선군무로, 진린陳璘을 수군총독으로 임명해 수군 지휘를 담당하게 했다. 이전과 달리 수군 병력도 포함한 것이 특징이었다.

도요토미는 재파병하는 병력의 목표를 한반도 남부, 특히 전라도 방면을 우선 제압한 뒤 충청도 등에 영토를 확대하는 것으로 제시했다. 이에 대응해 도원수 권율은 삼도수군통제사 이순신에게 출동 대기 명령을 내렸으나, 이순신이 적극 응하지 않는다고 보고 그의 직위를 박탈해 한성으로 압송하라는 지시를 내렸다. 수군 통솔의 임무는 원균에게 맡겨졌다.

일본군은 도요토미의 방침에 따라 전라도 방면에 대한 공세에 집중해 7월 14일부터 이틀간 도도 다카토라, 와키자카 야스하루, 가토 시게카츠加藤茂勝가 지휘하는 함대가 조선 원균의 함대를 거제도 칠천량에서 격파했다. 해전의 승세를 바탕으로 일본군은 고니시 유키나가의 부대가 해로를 따라 서진해 남원南原 방면으로, 가토 기요마사의 부대가 이보다 북쪽 진로를 택해 같은 남원 방면으로 진출했다. 당시 남원은 명나라 부총병 양원楊元, 조선군 병사 이복남李福男 등이 방어를 담당했으나, 8월 12일부터 3일간 격전을 치른 끝에 이복남이 전사하는 등 큰 피해를 입고 패전했다. 이후 일본군은 공주 방면으로 북상했고, 칠천량 해전에서 승전한 일본 수군이 해상에서 이를 엄호했다.

원균이 전사한 후 삼도수군통제사에 재임명된 이순신은 잔여 13척의 함선을 모아 '일부당경 족구천부一夫當逕 足懼千夫', 즉 '한 사람이 길목을 지키면 적 천

명도 두렵게 할 수 있다'는 정신으로 9월 16일 일본 수군과 명량해전을 벌였다. 일본은 열 배가 넘는 함선으로 이순신 함대와 맞섰으나 결국 구루시마 미치후사來島通總 등이 전사하는 패배를 당했다.[22] 이로써 전라도와 충청도 해상에서 육상으로 진군하는 일본군을 지원하려는 일본 수군의 계획은 좌절되고 웅천 방면으로 퇴각했다.

명량해전에서 패했는데도 지상의 일본군은 가토와 구로다 등의 지휘 아래 청주, 충주, 천안 방면으로 공략해 들어갔다. 금강에 잇닿아 방어를 펼치던 조명 연합군은 북방으로 철수해야 했다. 일본군은 안성 방면까지 진출한 뒤 다시 한반도 남부로 내려와 부산, 양산, 울산 등지에 포진했다. 일본군이 남부지방에 재집결한 사실을 파악한 조명 연합군은 1597년 12월 총병관 마귀, 경리군무 양호, 도원수 권율 등이 지휘하는 가운데 남하해 가토가 방어하던 울산성을 집중적으로 공격했다. 울산성이 함락될 위기를 맞자 부산 지역에 근거하던 일본군이 원군을 파견해 조명 연합군에 반격을 가했다. 결국 울산성 공략에 성공하지 못한 채 양호 등은 한성으로 귀환할 수밖에 없었다.

이후 일본군은 순천에 고니시, 울산성에 가토, 서생포에 구로다, 부산에 모리 등이 포진하면서 도요토미의 지시대로 한반도 남부를 장악하는 태세를 굳

정유재란 당시 조명 연합군이 울산에 포진한 일본군을 공격한 울산성 전투 장면

22 『난중일기』에서 말하는 적장 마다시는 일본 장수 구루시마 미치후사로 추정된다.

히려 했다. 이에 대해 명나라는 1598년 2월 좌도독 동일원董一元이 지휘하는 증원군을 압록강을 도하해 파견했고, 수군총독 진린이 광둥廣東, 저장浙江, 즈리直隶 방면의 수군 병력과 함선을 규합해 충청도 남양만에 도착했다. 병력 증원에 힘입어 조명 연합군은 3개의 부대로 나누어 울산, 사천, 순천, 3개소를 집중 공략하기로 했다. 마귀가 지휘하는 동로군東路軍은 병력 3만으로 울산 방면으로 남하했고, 동일원이 지휘하는 중로군中路軍은 조명 연합군 1만 6,000여 병력으로 사천 방면으로, 유정이 지휘하는 서로군西路軍은 병력 2만 3,000으로 남원을 거쳐 순천 방면으로 진격했다. 또한 진린이 지휘하는 명의 수군 병력 1만 3,000은 7월 중순 이순신 지휘 하의 조선 수군 7,000여 병력과 전라도 고금도에서 합류했다.[23]

이때 일본 내에서 큰 변화가 발생했다. 1598년 8월 도요토미 히데요시가 사망한 것이다. 일본 국내의 정정政情이 발생하자, 일본은 사신을 파견해 조선의 복속을 조건으로 화의를 청하려 했다. 그러나 조선은 결단코 응하지 않았다. 조선과 명은 예정된 전략에 따라 한반도 남부 지역에 포진한 일본군에 대한 공격에 착수했다.

하지만 9월 말부터 개시한 동로군의 울산성 공략, 중로군의 사천성 공격, 서로군 및 진린과 이순신의 수군에 의한 순천성 공격은 큰 성과를 거두지 못했다.[24] 조명 연합군의 일제 공격을 방어해낸 각지의 일본군에게 일본 본국으로부터 부산 집결, 일본 철수 지시가 떨어졌다. 이에 따라 울산의 가토, 사천의 구로다 부대는 11월 중순에 각기 부산에 집결했다. 이순신과 진린 도독의 조명 연합 수군은 순천성의 고니시 부대가 철수하는 것을 저지하기 위해 11월 18일 노량에서 최후의 격전을 벌였다. 이 해전에서 이순신 제독이 장렬하게 전사한 것은 잘 알려져 있다. 고니시 부대는 그 틈을 타서 다음 날 순천을 탈출해 거제도를 거쳐 부산에 합류했다. 이들 일본의 3개 부대는 11월 말 각기 부산을 출발해 12월 초 일본 규슈 지방으로 귀환했다. 이로써 7년에 걸친 임진왜란은 군사적으로 종결되었다.

....

23 中野等, 앞의 책, p.241. 1598년 7월 16일, 이순신은 진린 제독이 수군 5,000명을 인솔하고 도착했다고 기록하고 있다.

24 『징비록』에서는 울산성에 대한 공격을 유정 부대가 담당했다고 기록하고 있으나, 일본 측 역사서에는 마귀(麻貴)가 지휘하는 동로군이었다고 서술하고 있다.

임진왜란이 군사적으로 종료된 이후 일본 내에서는 정치적 변화가 이어졌다. 도쿠가와 이에야스가 세력을 강화하면서 도요토미 추종 세력에 도전한 것이다. 세키가하라 전투의 승전을 통해 일본의 패자로 부상한 도쿠가와는 새로운 권력의 정통성을 대외적으로 인정받기 위해서라도 조선과의 외교 관계 수립이 필요했다. 그는 조선에서 포로 송환을 위해 사절로 파견한 승려 유정에게 자신은 임진란 당시 군사적 관여가 없었음을 강조하고, 조선과 화친 관계 회복을 요청했다. 조선 정부도 일본의 재침 가능성에 대비하기 위한 차원에서 도쿠가와 일본과의 관계 개선이 필요하다고 판단해 1609년 양측 간 기유己酉약조를 통해 국교를 재개했다. 신뢰를 서로 통하자는 통신通信 관계가 조선과 도쿠가와 일본 간에 새롭게 맺어진 것이다.

III

정묘호란과 병자호란

1 여진족(만주족)의 흥기와 광해군의 외교

임진왜란이 끝나갈 무렵이던 1598년 한반도 북쪽에서 중요한 정세 변화가 있었다. 압록강 북쪽 지역을 생활 토대로 삼던 건주여진 출신의 한 족장이었던 누르하치努爾哈赤가 건주여진뿐 아니라 몽골 동쪽 지역의 해서여진도 평정하면서 만주 지역 여진족의 실력자로 부상한 것이다. 여진족女眞族은 고대부터 읍루, 숙신, 물길 또는 말갈 등으로 불리던 족속이었다. 한때 이 부족 출신인 아골타阿骨打가 1114년 금나라를 건국해 여진 문자를 창안하는 등 번성을 구가했다. 그러나 1234년 몽골에 의해 금이 멸망하면서 여진족은 나라 없는 족속으로 전락해 대체로 압록강 북쪽의 건주여진과 두만강 북쪽의 야인여진, 몽골 동쪽의 해서여진으로 분산되어 살아왔다.[25]

그런데 건주여진 출신의 누르하치가 일대 부족을 통합하면서 1606년에는 야인여진까지 지배하는 실력자로 부상했다. 누르하치가 분할된 부족을 통합하고 세력을 확장하게 된 배경에는 군사적, 정치적 요인들이 있었다. 그는 자신이 거느린 일족을 화살을 뜻하는 '니루'로 조직하고, 몇 개의 니루를 묶어 깃발을 의미하는 '구사' 단위를 조직했다. 구사가 군사조직으로서 '1기'를 이루는데, 누르하치는 1608년 무렵 철제무기와 마필로 무장한 총 4기, 3만의 병력을 보유하고 있었다. 누르하치는 군사력에 더해 "모든 사람은 칸(국왕)의 신민이

25 이삼성, 『동아시아의 전쟁과 평화 1』, 한길사, 2009, p.100. 장한식, 『오랑캐 홍타이지 천하를 얻다』, 산수야, 2015, pp.10, 65.

며, 모두 평등하게 살고, 일하고 경작할 권리를 누린다"는 메시지를 일관되게 통합된 부족민들에게 전했다. 또한 점령 지역의 피지배 종족에 대한 약탈 행위를 엄격하게 금지하는 등 엄정한 군기를 유지해 정복 지역 주민들의 지지도 확보했다. 게다가 1599년 몽골 문자를 모델로 만주 문자를 창안하고, 이전부터 자신의 부족을 가리키던 여진족이란 명칭이 경멸적인 의미를 담고 있다고 비판하면서 만주족滿洲族이란 명칭을 사용하도록 장려하는 등 민족의 문화적 자부심을 고양하는 면모도 보여주었다.[26]

군사력도 커지고 지배의 판도가 넓어지자 누르하치는 당시 중원을 지배하던 명에 대항하는 의도를 내보이기 시작했다. 1608년 이후 명에 바치던 조공도 중단했고, 1616년에는 국호를 후금後金으로, 연호를 천명天命으로 정하고 국가를 수립하기에 이르렀다. 이 시점에 후금은 만주군 8기 체제, 총 6만여 병력을 보유했는데, 후금 수립 이후 군사력을 앞세워 명의 랴오둥 방면을 집중적으로 공략하기 시작했다. 1618년에는 무순성을 공격했고, 1619년에는 사르후에서 대전투를 치렀다.

후금에게 공격을 당한 명나라는 조선에게 출병을 통해 공동으로 후금군과 맞서자고 요구했다. 선조의 뒤를 이어 1608년 즉위한 광해군은 전통적인 조공국 명과 신흥 군사 강국 후금 사이에 끼어 곤란한 형세에 직면했다. 당시 광해군은 "중원의 형세가 위태로우니 이런 때 안으로 자강自强을 꾀하고 밖으로 기미羈縻하여 고려가 행한 것처럼 해야만 나라를 보호할 수 있다"는 인식을 보였다.[27] 즉 고려 인종 때 중원의 송宋과도 조공 관계를 유지하고, 동시에 신흥 강국 거란과 형식적 조공 관계를 맺어 북방을 안정시키고자 한 일종의 중립적 균형 외교를 명과 후금 사이에서 수행해야 한다고 본 것이다.[28]

이와 같은 중립 외교 입장에 따라 1619년 후금의 6만 병력과 명의 8만 8,000 병력이 대규모 회전을 벌인 사르후 전투에 광해군은 명나라의 요구에 따라 조총부대 5,000명을 포함해 강홍립이 지휘하는 1만의 병력을 파견했다.

....

26 누르하치의 군사력과 통치술에 대해서는 마크 C. 앨리엇(양휘웅 옮김), 『건륭제』, 천지인, 2011, p.129. 이삼성, 앞의 책, p.523. 장한식, 앞의 책, pp.79, 154, 157.

27 1621년 6월 6일 광해군 일기. 배기찬, 앞의 책, p.163에서 재인용.

28 일본 학자들도 당시 광해군이 후금을 문화적으로 열등한 오랑캐라고 보았지만, 군사적으로 위협적이기 때문에 자국 보전을 위해 불가피하게 중립 외교를 취했다고 분석한다. 鈴木信昭, 「李朝仁祖期をとりまく外係」, 田中健夫 編, 『前近代の日本と東アジア』, 吉川弘文館, 1994, p.421.

그러나 본격적으로 교전을 벌이지 않고 전투 형세의 추이에 따라 후금에 항복하게끔 했다.[29] 결국 사르후 전투에서 명군은 4만 6,000명이 전사하는 대패를 겪었지만, 광해군은 교묘한 중립 외교를 통해 조선에 미칠 군사적 피해를 방지할 수 있었다.

2 인조의 반후금 정책 전환과 정묘호란

부상하는 후금과 전통적인 조공국인 명 사이에서 아슬아슬한 중립 외교를 추진하던 조선 정부의 대외 정책은 1623년 3월 발생한 인조반정仁祖反正에 의해 전환점을 맞게 된다. 서인 세력이 주도한 정변으로 광해군은 폐위되고 인조가 즉위했다. 조선의 새로운 정치 세력은 광해군이 추진하던 대외 정책과 달리 친명 반후금反後金 외교로 전환했다. 설상가상으로 정변 이듬해에 인조반정의 논공행상에 불만을 품은 평안병사 이괄李适이 반란을 일으켰다. 반란군은 일시적으로 한성을 점령했으나 곧 관군에 의해 진압되었고, 이괄을 포함해 반란에 가담했던 병력 1만여 명이 처형된 이후 서북지방을 방어하던 조선의 군사 태세가 취약성을 보였다.

누르하치는 줄기차게 명나라의 동북 변경을 공략했다. 1625년 선양瀋陽으로 후금의 수도를 옮긴 누르하치는 1626년 2월 8기군 총 6만의 대규모 병력을 동원해 랴오둥 지방의 요새 영원성을 공격했다. 영원성을 방어하던 명나라 장

역사 속 역사 광해군의 중립 외교

광해군은 조선 왕조의 국왕들 가운데 연산군과 더불어 폭군으로 평가받고 있으나 그의 재임 기간(1608~1623) 중 외교 정책은 중국 대륙 및 일본의 정세 변화에 기민하게 대응한 것으로 평가된다. 임진왜란을 치른 일본과는 1609년 기유(己酉)약조를 맺어 통신사 파견을 통한 양국 간 국교 정상화를 도모했다. 1616년 누르하치가 후금을 건국하면서 명과 대치하는 국면이 전개되자, 국내적으로 화기도감을 개편하는 등 자강정책을 추진하고 대외적으로 전통적인 명에 대한 사대(事大)의 이념에서 벗어나 명과 후금과의 관계를 균형적으로 유지하려는 정책을 취하고자 했다.

29 사르후 전투에 대해서는 배기찬, 앞의 책, p.165. 장한식, 앞의 책, p.92 참조.

수 원숭환은 네덜란드와 교류하며 입수한 서양식 화포인 홍이포紅夷砲 11문을 효율적으로 활용해 후금의 공세를 물리쳤다.[30] 영원성 전투에서 격퇴당한 누르하치는 그해 9월 사망했다.

경기도 남양주 실학박물관 옥외에 전시된 홍이포(복원품)

누르하치의 뒤를 이어 후금의 왕에 즉위한 홍타이지皇太極는 누르하치의 정책을 전반적으로 계승했다. 대내적으로 다민족 협화주의 방침에 따라 만주족뿐 아니라 한족 출신도 능력에 따라 관리로 선발했고, 공식문서에도 만주어와 한자를 병기하도록 했다. 자신도 중요한 정책 결정을 할 때는 한족 출신 책사 범문정의 정책 조언에 많이 의지했다. 홍타이지는 대외적으로 명나라에 공세적 정책을 지속하면서, 그 일환으로 친명 및 반후금 정책으로 전환한 조선에 대한 공격을 추진했다. 명나라에 대한 공세를 위해 가장 쉽게 보급 자원을 얻을 수 있는 곳이 랴오둥 지방이나 조선이었기 때문이다.[31] 이런 판단에 따라 1627년 1월 홍타이지는 자신의 사촌형 아민에게 8기군 예하 3만의 병력을 주어 사르후 전투 당시 투항한 강홍립을 향도로 삼아 조선을 정벌하도록 지시했다.

압록강을 넘어 평안도 지방으로 남하하는 후금 기마군의 공격에 조선 관군은 별다른 저항을 하지 못했다. 국왕 인조는 중신들과 더불어 훈련도감 병력을 호위 삼아 급히 강화도로 대피했고, 삼남지방의 병력 1만 명과 수군 예하의 함선들을 동원해 강화도를 방어하도록 지시했다. 조정 내에서는 윤황, 평안감사 김기종처럼 후금군에 맞서 싸워야 하고 특히 그들이 취약한 수전으로 일전을 겨뤄야 한다는 주전론자들과, 우찬성 이귀, 형조판서 최명길처럼 생민生民 보호와 사직 안전을 위해 후금과의 강화가 필요하다는 주화론자들이 팽팽하게 맞섰다.[32] 그러나 결국 3월에 이르러 조선 조정은 후금과 형제의 맹약을 맺고 강화를 체결하기에 이르렀고, 후금 총사령관 아민은 4월 15일 선양으로 귀환했다.

....

30 한명기, 『정묘·병자호란과 동아시아』, 푸른역사, 2009, p.55 및 장한식, 앞의 책, p.103.

31 피터 C. 퍼듀, 『중국의 서진: 청의 중앙유라시아 정복사』, 도서출판길, 2012, p.163. 한명기는 홍타이지가 정묘호란을 일으킨 이유에 대해 당시 평안도 해상 가도에 은거하던 명나라 출신 모문룡을 조선으로부터 분리, 제거해야 했기 때문이라고도 지적하고 있다. 한명기, 앞의 책, pp.53, 82.

32 領木信昭, 앞의 글, p.431. 한명기, 앞의 책, pp.65~66.

형제의 맹약으로 조선을 명으로부터 일단 분리하는 데 성공한 후금은 이후 홍타이지의 지휘 아래 명에 대한 본격적인 공략에 재착수했다. 정묘호란丁卯胡亂이 종료된 직후인 1627년 5월, 홍타이지는 명의 진저우錦州와 영원성에 대한 공략을 재개했다. 이 지역을 방어하던 명의 원숭환이 다시 홍이포 전력을 동원해 후금의 공격을 막아내자, 이듬해인 1628년 홍타이지는 전략을 변경했다. 랴오둥 지방을 우회해 몽골 차하르 지방으로 전진하다가 다시 만리장성 방면으로 남하해 베이징을 공략하는 공세를 취한 것이다. 그리고 명나라 군대의 기술자들을 포획해 명의 방어 무기로 활용한 홍이포를 자체 제작하는 데 성공했다. 또한 1631년 7월, 명의 대릉하성大凌河城을 공략할 때에는 형제의 맹약을 맺은 조선에 대해 함선 제공을 요구하고, 자체 제작한 홍이포를 공성 작전에 활용하기도 했다.[33] 홍타이지는 정묘호란으로 형성된 조선과의 형제 관계를 명나라 기술자들을 동원해 제작한 홍이포 못지않게 대명 공격 전략에 효과적으로 활용한 것이다.

3 병자호란

정묘호란을 통해 후금에 군사적으로 굴복하면서 형제의 맹약을 맺은 조선 조정에서는 군사체제 강화론과 그 일환으로 일본과의 협력 강화론이 제기되었다. 1627년 시점에서 이경제와 이정구 등 조정 중신들은 상서를 통해 일본 조총의 구입과 일본에 포로로 잡혀갔다가 귀국한 병졸들로 포술에 능한 자들을 모아 별도의 조총부대를 편성할 것을 건의했다. 이런 논의들은 정묘호란에서 무력함을 노출한 조선의 군사체제를 강화해야 한다는 문제의식이 반영된 것이었다. 나아가 영의정 오윤겸, 호조판서 이귀, 병조판서 최명길 등은 일본과 사절을 교환하는 등 대일 관계를 개선하고 일본과 화친 관계를 유지해야 한다는 주장을 전개했다. 후금을 견제하는 방책의 일환으로 일본과의 협력 증진을 제기한 것이다.[34]

군비강화론과 대일화친론에서 한발 더 나아가 아예 후금과 맺은 형제의

....

33 한명기, 앞의 책, p.128 및 장한식, 앞의 책, p.259.

34 한명기, 앞의 책, pp.267~281, 285. 領木信昭, 앞의 글, p.436.

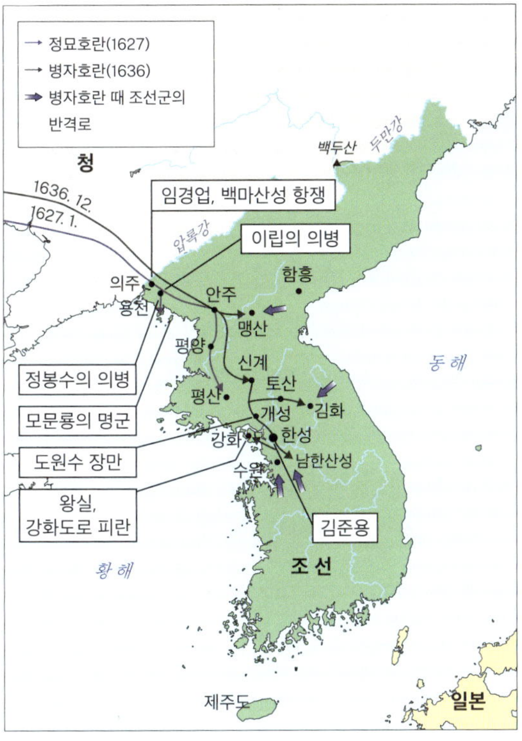

정묘호란과 병자호란 당시 후금의 주요 기동로와 조선군의 대응

맹약을 파기하고 친명 반후금 정책으로 전환해야 한다는 강경론도 제기되었다. 1633년 1월 국왕 인조가 후금과 절교한다는 교지를 하달하면서 후금에 대한 강경론이 노골적으로 표면화되었다. 1635년 후금이 몽골의 차하르를 복속시키면서 원나라의 국새를 확보해 대내외적으로 정통성을 강조하고, 이듬해인 1636년 5월 드디어 국호를 청淸, 연호를 숭덕崇德으로 바꾸고 홍타이지가 황제를 자칭하기에 이르렀다. 급격한 변화가 전개되었는데도 청에 대한 조선 내 강경론은 누그러들지 않았다. 자국의 변화를 통지하러 온 청나라 사절은 답서를 못 받고 조선 조야로부터 냉대를 받으며 귀국했다. 홍타이지 황제의 즉위식에 참석한 나덕환과 이확 등 조선 사절들은 다른 나라의 사절단과 달리 황제에게 머리를 숙이는 예를 표하지도 않았다. 여기에 더해 1636년 3월 인조는 후금의 재침입에 대비해 속오군을 강화하고 산성을 수축할 것을 지시하는 교지를 내렸다.[35]

황위에 오른 홍타이지는 조선 정부의 변화된 태도에 "조선이 맹약을 깨버렸다"고 분개하며 군사력 동원으로 응답했다. 1636년 12월, 청의 장수 용골대龍骨大가 선봉으로 압록강을 건너 평안도에 대한 침공을 개시했고, 이어 홍타이지가 직접 만주 8기군 7만 8,000명, 몽골 8기군 3만 명, 한족 2만 명 등 총 12만 8,000명의 병력을 지휘해 조선을 침입했다. 그중에는 대릉하성 전투에서 후금에 투항한 명나라 수군 병력 1만 6,000명과 함선 100여 척도 포함되었다.[36]

청군의 신속한 기동으로 국왕 인조는 강화도로 대피할 시간을 확보하지 못하고 급히 남한산성으로 피신했다. 남한산성을 방어하는 조선의 병력은 1만 2,000에서 1만 8,000명에 불과해 수적으로 홍타이지가 이끄는 병력 규모에 비해 지극히 열세했다. 게다가 청군은 유효사거리 700~800m를 자랑하는 홍이

……

35 鈴木信昭, 앞의 글, pp.437~438.

36 「清史稿: 朝鮮列傳」(국사편찬위원회 역주), 『중국 정사 조선전 4』, 국사편찬위원회, 1990, pp.349, 355. 장한식, 앞의 책, pp.151, 184, 357.

『조선고적도보(朝鮮古蹟圖譜)』에 실린 '대청황제 공덕비'인 삼전도비 (출처: 국립문화재 연구원 문화유산 연구지식 포털)

포를 연이어 발사해 남한산성에 고립된 조선 관군을 심리적으로 위축시켰다. 결국 국왕 인조는 남한산성 문을 열고 나와 청 황제의 본진인 삼전도三田渡에서 세 번 무릎을 꿇고 아홉 번 머리를 조아리는 예를 표하면서 청국과의 조공 관계를 받아들여야 했다.[37]

청은 삼전도에서 성하지맹城下之盟을 맺으며 조선에 대해 12가지 사항을 약조하도록 강요했다. 즉 명의 연호를 버리고, 명과의 조공 및 책봉 관계를 중지하고 청으로부터 책봉을 받을 것, 청이 타국을 정벌할 경우 군대를 파견해 지원하고 협력할 것, 함부로 성곽을 수축하지 말 것, 매년 조공하되 황금 100냥, 백금 1,000냥을 포함할 것 등 조선으로서는 굴욕적인 내용이었다.[38]

청에 굴복한 조선의 수모는 이것만이 아니었다. 청은 소현세자와 봉림대군을 인질로 끌고 갔고, 그 외 고위직 관료들의 자제들을 인질로 보낼 것을 요구했다. 더욱이 청과의 강화에 반대한 홍익한, 윤집, 오달제 등을 처형했고, 반청적 언동을 했던 김상헌 등 신하들을 선양 등지로 소환했다. 또한 홍이포 제조 등 조선의 군사력 강화로 이어지는 정책의 추진을 금했다. 여기에 더해 대명 전쟁에 조선의 병력 동원을 집요하게 요구했다. 1638년 청이 명나라 공략에 나섰을 때 조선에 군대 파견을 요구했으나 조선 병력이 기일에 맞춰 도착하지 않았다. 이에 대해 청 황제는 조서를 내려 책망했다. 1641년 청이 명나라 진저우성에 대한 공략에 착수했을 때에도 조선에 함선 5,000척과 군량 1만 석을 동원하도록 요구했다. 조선 인조는 그만한 함선이 없다고 답변했으나 청의 거듭된 강압으로 결국 함선 115척에 군량 1만 석을 실어 지원했다. 그마저도 함선 상당수가 풍랑을 만나거나 명 수군의 공격을 받아 크나큰 피해를 입었다.[39]

....

37 이 광경을 묘사한 나만갑의 『병자록』 1월 30일자 기록은 '태양이 빛을 잃었다(日色無光)'고 표현하고 있다. 한명기, 앞의 책, p.185.

38 「清史稿: 朝鮮列傳」(국사편찬위원회 역주), 『중국 정사 조선전 4』, 국사편찬위원회, p.357. 한명기, 앞의 책, p.161.

39 「清史稿: 朝鮮列傳」(국사편찬위원회 역주), 『중국 정사 조선전 4』, 국사편찬위원회, pp.259, 359.

병자호란丙子胡亂의 패전과 그로 인해 명에서 청으로 조공 및 책봉 관계가 변화되는 과정에 조선은 막대한 경제적, 군사적 출혈을 겪었다. 그런 까닭에 패전을 당하기는 했지만 조선 내에는 은연중 대청복수론, 대명의리론이 뿌리 깊게 남았다. 이와 같은 경향은 1644년 명이 망하고 청이 베이징으로 진입하면서 새로운 중원의 패자로 등장한 이후에도 잔존했다. 더욱이 청국에서 인질 생활을 겪었던 봉림대군이 귀국 후 효종으로 즉위하면서 반청정책 경향은 강화되었다. 효종은 대청복수론을 견지했던 송시열 등을 중용했으며, 수어청과 어영청 등 군사력을 정비하면서 군사 태세도 갖추고자 했다. 식자들 간에는 소중화의식이 강화되면서 청국에 대한 조선의 문화적 우월감을 과시하려는 경향도 나타났다.[40]

그러나 청국이 강건성세康乾盛世, 즉 강희제, 옹정제, 건륭제로 이어지는 기간에 경제적으로나 군사적으로 명실상부한 강국의 면모를 보이고, 조선에서도 청에 대한 조공 관계가 정착되면서 조선 내의 반청의식, 숭명사상은 약화되었다. 조선 숙종 30년(1704), 청국 황제 강희제가 대학사에게 행한 유시를 통해 "조선 국왕은 우리 조정을 받들어 섬김에 성심성의를 다해 공경하며 정중하다. … 명나라 말년에 이르기까지 그들은 한결같이 잘 섬겨 배반했던 일이 일찍이 없었으니 실로 예의를 중시하는 나라"[41]라고 말하면서 조선을 동방예의지국東方禮儀之國으로 표현했다. 이것은 사실 청국에 대한 조공 및 책봉 관계가 정착되어 조선이 청국 중심의 중화적 세계 질서에 완전히 편입되었음을 인정한 외교적 표현에 다름 아닐 것이다.

....

40 이삼성, 앞의 책, p.603. 배기찬, 앞의 책, p.170.

41 「清史稿: 朝鮮列傳」(국사편찬위원회 역주), 『중국 정사 조선전 4』, 국사편찬위원회, p.365.

IV

청일전쟁

1 배경과 원인

1894년 6월 9일, 일본 규슈 지역 후쿠시마에 주둔 중이던 일본 육군 제5사단 선발대가 인천에 상륙했다. 이 부대는 한성에 입성해 용산 지역에 체재하다 7월 23일 조선의 궁궐을 장악하고 국왕 고종을 유폐시켰다. 그런 다음 남하해 7월 28일 아산 성환에 포진하고 있던 청나라 북양육군 소속 병력 3,000명과 교전을 벌여 승리를 거두었다. 같은 시기에 일본의 연합함대는 서해상으로 북상하다 7월 25일 풍도豊島 해상에서 청국 북양해군 소속 군함들과 교전을 벌여 영국 선적의 고승호高陞號를 격침시키는 전과를 거두었다. 그러자 8월 1일 청국이 일본에 대한 선전포고를 내렸고, 이에 맞서 일본도 이튿날 청국에 선전포고를 발령했다. 한반도에서 청일 양국 간에 전개된 성환 육전과 풍도 해전을 기해 청일전쟁이 발발한 것이다.

그렇다면 과연 청일전쟁은 왜 발발한 것일까? 특히 전쟁을 선제적으로 도발한 일본은 어떤 경과를 거쳐 청국과의 전쟁을 결정한 것일까?[42] 1868년 메이지 유신을 단행한 이후 일본의 새로운 정치 세력 가운데에는 향후 국가적 과제로 한반도에 대한 정벌, 즉 정한론征韓論을 부르짖는 세력이 대두했다. 메이지 유신의 주역들이기도 한 사이고 다카모리西鄕隆成, 기도 다카요시木戶孝允 등은 메이지 정부가 추구해야 할 대외 정책 목표의 하나로 정한론을 제기했다.

....

42 이하 박영준, 『제국 일본의 전쟁, 1868~1945』 제3장, 사회평론아카데미, 2020 참조.

정한론은 이와쿠라 도모미岩倉具視, 기도 다카요시 등 메이지 정부의 실력자들이 1871년부터 1873년까지 서구 국가들에 대한 시찰에 나서고, 사이고 다카모리가 일본에 남아 정권을 담당하던 시기에 불안한 국내 정세를 통합하기 위한 정치적 목적으로 특히 고조되었다. 그러나 이와쿠라 사절단이 귀국한 이후 메이지 정부 주도 세력이 우선적으로 문명개화와 부국강병에 힘써야 한다는 방향으로 국가전략을 정하자, 불만을 가진 사이고와 그 추종 세력이 정부에서 물러나 1877년 세이난 전쟁西南戰爭을 일으키면서 역사의 무대에서 사라진 이후 정한론 같은 대외정벌론은 수면 아래로 가라앉았다.

이와 같은 배경 아래 메이지 정부는 1770년대와 1780년대를 거쳐 부국강병富國强兵, 문명개화文明開化, 식산흥업殖産興業 등의 슬로건에서 알 수 있듯이 서구 국가들을 모델로 주요 산업을 일으켜 경제발전을 도모하고, 교육 및 언론제도를 발달시키고, 헌법 및 정당제도를 근대화하는 변혁을 추구해갔다. 그 과정에서 프로이센과 영국을 모델로 근대적인 육군과 해군 제도와 전력을 증강해갔다. 육군의 경우 1873년 야마가타 아리토모山縣有朋의 주도 아래 징병제를 채택해 국민개병제를 실시했고, 1888년에는 전통적 군사제도 대신 서구식 사단 제도를 채택해 7개 사단 5만 6,000명 규모의 육군 병력을 보유하기에 이르렀다. 이들 병력은 1880년 이후 일본에서 독자적으로 개발한 사정거리 2,400미터의 무라타 소총과 무라타 연발총 등으로 무장했다. 1885년에는 프로이센 육군 멕켈 소령을 육군대학의 교관으로 초빙해 독일식 군사학 교육을 학습했다. 당시 프로이센-프랑스 전쟁(1870)에서 승리한 프로이센 육군은 세계 최강으로 평가되었기 때문에 메이지 시대 일본 육군 지휘관들은 처음에 그들이 채택했던 프랑스식을 폐기하고 좀 더 선진적이라고 생각한 프로이센 육군의 군사학을 주요 학습내용으로 선택한 것이다.

이에 비해 청나라 육군은 35만 병력으로 총병력 규모에서 일본에 비해 양적으로 앞서고 있었다. 그러나 체계적인 조직이나 무기체계를 갖추고 있지 않았다. 예컨대 청국 육군의 기본 화기는 모젤, 슈나이더, 레밍턴 등 다양하여 탄약 공급 등의 문제를 갖고 있었다.

한편 1880년대 이후 일본 해군은 1883년, 1886년, 1888년에 걸쳐 건함 계획을 추진해 1890년대에 이르면 3,000~4,000톤급의 전함 30척 내외, 총 배수량 6만 톤의 전력을 보유하게 되었다. 해군 함정 건설에는 막대한 비용이 소요

나포된 후 일본 군함에 편입된 청 군함 진원호(7,220톤급)

되기 마련이다. 메이지 천황은 1893년 궁정 경비를 절약하여 해군 건설에 필요한 비용을 보태기도 했다. 일본 해군은 이 함정들을 2,000톤 이상 함정으로 구성한 상비함대와 그 미만의 소형 함정들로 구성한 서해함대 등 2개 함대로 나누어 일본 연안에 배치했다.

이에 반해 청국 해군은 북양, 남양, 복건, 광동의 4수군 체제 하에 총 22척의 군함을 보유하고 있었다. 이 가운데 정원定遠, 진원鎭遠은 배수량 7천 톤 이상에 달하는 거함이었고, 전체 배수량 면에서도 일본 해군을 앞서고 있었다. 다만 청국 해군은 해상에서의 제해권을 장악하거나 함대결전을 통해 적함대를 격멸하려는 전략보다, 항만 방어를 중시하는 소극적 전술에 머물러 있었다.

경제·군사적으로 근대국가의 면모를 갖추고, 군사력 면에서도 청국의 그것에 떨어지지 않는 전력을 보유하게 된 일본에서는 더욱 적극적인 대외 정책, 즉 아시아 대륙을 향한 팽창 정책을 추구하는 정치 세력들이 대두했다. 대표적인 인물이 1889년 12월 총리대신에 임명된 야마가타 아리토모이다.[43] 이토 히로부미와 같은 조슈長州번의 사무라이 출신으로 메이지 시대 육군을 설계한 주역이기도 한 야마가타는 총리 취임 이후 발표한 정책보고서와 의회에서 행한 연설을 통해 국가 독립과 자위를 확고하게 다지려면 주권선主權線과 이익선利益線 양자를 굳건히 방어하지 않으면 안 된다고 주장했다. 그에 따르면 주권선은

43 야마가타 아리토모에 대해서는 岡義武, 『山縣有朋』, 岩波書店, 1958. Roger F. Hackett, *Yamagata Aritomo in the Rise of Modern Japan 1838-1922*, Cambridge: Harvard University Press, 1971 등 참조.

일본 영토를 의미하고, 이익선은 주권선 보호를 위해 필요한 외곽 영역인 조선을 의미한다고 했다. 야마가타 입장에서는 조선에 대한 일본의 세력 확대가 일본의 국가 이익을 확보하기 위한 대외 전략의 불가결한 요소였다. 다만 당시의 조선은 청국의 종주권 행사로 그 영향력 아래 놓여 있었다. 따라서 조선에 대한 일본의 이익선을 확보하려면 조선에서 청국의 영향력을 배제해야 할 필요가 있었다. 일본에게 그런 절호의 기회가 된 것이 1894년 조선에서 발발한 동학농민혁명이었다.

2 초기 경과

1894년 4월 조선 남부 지역에서 동학농민혁명이 발발했다. 조선 정부는 초토사 홍계훈 등을 파견해 진압에 힘썼으나 동학농민군은 삼남지방으로 기세를 확대해나갔다. 조선 정부는 6월 초 청나라에 동학군 진압을 위한 원병 파견을 요청했고, 청나라는 곧 육군 병력을 파견해 충청도 성환에 포진하게 했다.

한반도 형세를 주시하던 일본 정부는 이 같은 상황 전개가 조선에서 청국의 영향력을 배제하는 절호의 기회가 될 수 있다고 판단했다. 6월 5일 대본영大本營이 설치되었고, 히로시마 소재 제5사단에 대한 동원이 행해졌다. 그리고 10여 년 전 체결한 한성조약에서 조선에서 현안이 발생했을 때 청일 양측이 동시에 군대를 파병할 수 있다는 조항을 근거로 6월 9일 제5사단 선발대를 인천에 상륙시켰다. 그리고 6월 21일 육군 참모본부 주도로 한반도에서 수행할 육해군 공동작전계획을 입안했다. 작전계획은 3단계로 나누어 구성되었다. 제1단계에서는 1개 사단을 조선에 파견하여 청국 군대를 견제하고, 서해와 보하이만에서 제해권 장악에 힘쓴다. 제2단계에서 제해권을 장악할 경우 육군 주력부대를 보하이만에 파견해 베이징 근교 즈리평야에서 청국과 대결전을 감행하고, 제해권을 장악하지 못할 경우 조선에만 육군을 진출시켜 조선의 독립을 확보한다. 그리고 제3단계에서 제해권을 청에게 내줄 경우 일본 본토 방어에 주력한다는 군사전략이었다.

다만 조선 내의 형세가 예상과 다른 방향으로 전개되었다. 6월 11일 동학농민군이 전주에서 조선 정부와 화약和約을 맺고 철수하기로 한 것이다. 그러

청일전쟁 당시 청군과 일본군의 공격로와 주요 전투

자 일본은 동학농민군으로부터 공사관을 보호하는 대신 조선 정부의 내정개혁이 필요하다는 주장, 즉 조선 내정개혁안을 내세워 조선 정부를 압박하는 방향으로 정책을 변경했다. 이에 따라 7월 23일 조선 궁궐에 대한 공격을 가하고, 이어 육군 병력이 남하하면서 7월 29일에는 성환에 주둔 중이던 청국 육군을 공격했다. 또한 서해상으로 북상하던 일본 연합함대가 7월 25일, 풍도 해상에서 청국 해군에 선제공격을 가해 양국 간의 전쟁을 도발했다.

8월 1일, 메이지 천황이 본격적으로 선전포고의 조칙을 발표한 이후 일본은 제5사단 본대를 부산에 상륙시켜 서울로 진출시키고, 한반도에 진출한 제3사단과 제5사단을 통할하는 제1군 사령부를 편성해 사령관에 야마가타 아리토모를 임명했다. 조선의 전쟁을 직접 지휘하고 싶다는 의욕을 보였던 야마가타 아리토모는 인천에 도착해 관할 부대를 이끌고 평양으로 북상했다. 일본 정부의 무츠 무네미츠陸奥宗光 외상은 야마가타가 수행하게 될 군사작전을 외교나 국제법적 측면에서 보좌하기 위해 하버드대학에서 국제법을 전공한 외교관 고무라 주타로小村壽太郎를 동행시켰다.

일본 정부는 8월 말에 이르러 야마가타가 지휘하는 제1군이 조선 국내를 평정한 이후 압록강을 도하하게 하고, 새롭게 제2군을 편성해 랴오둥반도에 상륙해 전세를 유리하게 끌고 간다는 방침을 세웠다. 제2군 사령관에는 육군상 오야마 이와오大山巖 대장이 임명되었다. 이같은 전략에 따라 제1군은 야마가타의 지휘로 서울에서 북상한 병력과 원산 방면에 상륙한 병력 총 3만 명을 규합해 9월 15일 평양에서 무라타 소총을 앞세우며 청나라 육군을 격파했다. 그런 다음 10월 14일을 기해 압록강을 도하해 만주 방면으로 진출했다.

같은 시기인 9월 17일, 서해상에서 총 11척의 함선으로 구성된 일본 연합함대가 12척의 함선을 주축으로 하는 청국 북양함대와 해전을 벌여 청국 함정 5척을 격침하는 전과를 거두었다. 해전에서 패전한 청국의 북양대신 이홍장李鴻章은 북양함대에 대해 압록강과 웨이하이를 잇는 해상선의 동쪽으로 진출하지 말라는 지시를 내렸다. 청국 함대의 소극적 전술에 힘입어 일본이 서해상의 제해권을 완전히 확보하게 되자, 오야마 이와오 육군대장이 지휘하는 제2군이 별다른 저항 없이 10월 24일부터 랴오둥반도에 상륙할 수 있게 되었다. 제2군은 이후 랴오둥반도를 남하해 11월 21일에는 뤼순을 점령하기에 이르렀다.[44]

3 전쟁의 제한과 시모노세키 강화조약

청일전쟁 초반에 일본이 연거푸 승리를 거두자, 일본 국내에서는 개전 이전에 나타난 전쟁불가론이 어느새 자취를 감추고 호전적이고 팽창적인 여론이 더욱 고조되었다. 강경 정치 세력들은 청국 수도 베이징까지 점령해 황제를 굴복시켜야 한다는 강경론을 펼치기도 했다. 강경론을 대변하는 인물 중 하나가 제1군을 지휘하는 야마가타 아리토모였다. 그는 11월 3일 본국에 보낸 정책의견서를 통해 제1군이 만주 펑톈奉天 방면으로 진격하는 동안 제2군이 베이징 동쪽 산해관山海關 방면으로 상륙해야 한다며 베이징 근교에서 확전을 주장했다. 며칠 뒤인 11월 7일 작성해 제출한 정책의견서에서는 일본의 영향력 아

44 뤼순 점령 이후 일본군은 6만으로 추정되는 현지의 양민을 학살하는 만행을 저질러 국제적인 공분을 사기도 했다.

래 들어간 조선 북부, 즉 평양 이북 지역에 일본인을 이주시켜 문명화된 문화를 전파함으로써 우매하고 어두운 조선인을 개량시켜야 한다고 주장했고, 나아가 부산에서 의주에 이르는 철도를 부설해 장차 중국과 인도로 팽창하는 기반을 닦아야 한다고 호언豪言했다.

일본 정부의 책임자인 이토 히로부미 총리와 무츠 무네미츠 외상 등은 강경론자들이 주장하는 중국 베이징 공략을 허용하면 서구 열강의 간섭을 초래해 일본의 외교에 큰 지장을 줄 것으로 판단했다. 무츠 외상은 후일 회고록『건건록蹇蹇錄』에서 일본 국민들이 자신에게 도취되어 객관적인 형세를 돌보지 않고, 주관적인 판단에 따라 앞으로만 나아가려 한다고 우려하기도 했다. 이 같은 신중론에 따라 이토 히로부미 총리는 천황에게 야마가타 아리토모의 제1군 사령관직을 면직하고 칭병을 이유로 본국에 소환할 것, 그리고 베이징이 아닌 산둥반도와 타이완 방면으로 제2군과 해군의 공격 방향을 변화시킬 것을 건의했다.

이토 총리의 건의를 메이지 천황이 수용하면서 12월 7일 야마가타 제1군 사령관의 본국 송환이 이루어졌다. 그리고 이듬해 1월 20일 제2군 주력부대가 보하이만이 아닌 산둥반도에 상륙해 북양함대의 근거지인 웨이하이웨이威海衛를 공략했다. 또한 타이완 서해상의 펑후澎湖 제도에 대한 공격도 추가로 이루어졌다. 베이징 방면의 진격은 보류됐으나 웨이하이웨이의 공략으로 청국의 주력 해군인 북양함대가 궤멸당하는 결과가 나타났다.

일본과의 전쟁에서 연전연패한 청국은 일본과의 강화를 모색하면서 1월 말, 외교사절단을 히로시마에 파견했다. 일본 정부는 대본영 어전회의를 개최하여 조선의 독립과 배상금 지불 외에 육군이 요구한 랴오둥 반도의 할양, 그리고 해군이 희망한 타이완 할양 등을 강화 조건으로 결정했다. 그리고 청국에서 파견한 사절단이 국제법상 인정된 전원위임장을 휴대하지 않았다는 이유로 강화협상에 응하지 않는 고압적인 자세를 보였다. 결국 청국은 전쟁을 지휘했던 북양대신 이홍장이 3월 19일, 직접 일본 시모노세키를 방문해 일본 총리 이토 히로부미와 강화협상에 임해야 했다. 협상 도중 이홍장이 일본인들에게 급습당해 부상을 입는 사고가 발생하긴 했지만, 1895년 4월 17일 일본과 청국은 시모노세키 강화조약을 체결했다. 조약문에는 청국은 조선에 대한 종주권을 부정하고 조선의 독립을 확인하며, 청국이 일본에게 랴오둥반도, 타이완,

웨이하이웨이 전투(1895)에서 일본군에 패한 청국 제독 정여창의 항복 장면을 묘사한 미기타 도시히데 작품. 사실 정여창은 항복을 한 적이 없고 전투에 패한 뒤 자결했다.

평후 제도 등의 영토를 할양하고, 청국이 전쟁 배상금으로 일본에 3억 엔을 지불한다는 내용이 담겼다. 당시 1년 예산이 1억 5,000만 엔에 지나지 않았던 일본으로서는 크나큰 성과임에 틀림없었다.

하지만 시모노세키 강화조약의 결과가 알려지면서 이에 대한 국제적 반대 여론이 러시아, 독일, 프랑스 등을 중심으로 제기되었다. 4월 23일, 세 나라는 강화조약의 내용 가운데 특히 랴오둥반도 할양에 반대한다는 점을 분명히 밝혔다. 소위 삼국간섭이 시작된 것이다. 중국에 대한 경제적, 영토적 침탈을 염두에 둔 서구 열강들이 전리품으로 랴오둥반도를 독점하려는 일본을 용납할 수는 없었다. 서구 열강들의 반발에 직면한 일본 내에서는 격렬한 반발이 이어졌다. 제1군과 제2군이 청국과 치열한 전투를 벌여 어렵게 확보한 랴오둥반도를 서구 열강의 압력에 굴복해 돌려준다는 것은 국가적 굴욕으로 여겼기 때문이다. 그러나 결국 이토 총리 등 일본 지도자들은 '와신상담臥薪嘗膽'을 되뇌며 5월 5일 랴오둥반도를 다시 청국에 환부한다는 방침을 세 나라에 통보했다. 청일전쟁에서 승리를 거둔 일본이었지만, 서구 열강들과의 전후 외교에서는 굴복하지 않을 수 없었다.

삼국간섭 이후 일본 내에서는 군사적으로나 외교적으로 국력을 더 키워야 한다는 국가전략론이 설득력을 얻었다. 야마가타는 향후에도 일본이 주권선의 유지와 이익선의 확대를 통해 동양의 맹주가 되어야 한다는 목표를 가져야 하고, 그를 위해 육군 병력을 7개 사단 규모에서 13개 사단 체제로 강화해야 한다는 입장을 제시했다. 해군 내에서도 전함 6척, 순양함 6척을 갖춘 6.6 함대 구상이 제기되었다. 대외적으로는 조선에 미우라 고로 공사를 파견해 청국을 대체한 일본의 영향력을 강화하려 했다. 시모노세키 조약에 의해 확보한 타이완에는 해군의 카바야마 스케노리 군령부총장(참모총장)이 총독에 임명되어 근대 일본 최초의 식민지 지배에 들어갔다. 그러나 조선의 미우라 공사는 그해 10월 명성황후를 시해하는 을미사변을 일으키면서 양국 관계를 파탄 상태로 몰고 갔다. 타이완에서는 일본의 식민 지배에 저항하는 토착민의 저항이 상당 기간 지속되었다.

청일전쟁 결과 일본이 군사적으로 승리하면서 조선에 대한 영향력을 강화하고 타이완을 식민 통치하게 되었다. 당시 전 세계적으로는 영국과 프랑스 등이 아프리카와 인도를 포함한 여타 식민지들을 통치하고 있었고, 독일과 벨기에 등 여타 유럽 국가들도 아프리카 식민지를 개척하던 시기였다. 일본도 그러한 유럽 열강을 모델로 식민지 통치의 대열에 참가한 것이었으나 역사적으로나 문화적으로 깊은 전통을 가진 아시아 국가들을 자신의 통치체제에 포함한다는 것은 쉽지 않은 일이었다. 비록 일본이 청일전쟁에 군사적으로 승리를 거두긴 했지만, 보다 고차원의 현지 이해와 정치외교 전략을 수반해야 하는 해외 이민족 통치에는 미숙한 양태를 보였던 것이다.

V

러일전쟁

1 배경과 원인

청일전쟁이 종료된 지 10년도 지나지 않은 1904년 2월 8일, 일본 육군 제12사단 선발대가 함대 호송을 받아 인천에 상륙하면서 정박 중이던 러시아 포함 바리아크Variag와 코리에츠Korietz를 격침시켰다. 같은 날, 서해상을 북상해온 일본 연합함대가 랴오둥반도 남단의 뤼순 항구를 공격해 그곳을 기지로 사용하던 러시아 태평양함대의 전함 2척을 대파시켰다. 이틀 뒤인 2월 10일, 일본 메이지 천황은 러시아에 개전을 선언했고, 러일전쟁이 시작되었다. 일본이 선제공격을 가한 러시아는 어떤 나라였던가?

당시 러시아는 나폴레옹전쟁을 종료시킨 1815년 빈 회의 이후 영국, 프랑스, 독일, 오스트리아와 더불어 세계 5대 강국으로 손꼽혀온 대국이었다. 광대한 영토는 물론이고 육군 규모도 세계 최강의 군사력을 보유했다고 평가받는 러시아였다. 당시 러시아의 전체 인구는 1억 4천만으로 일본의 4400만에 비해 압도적 우위를 점하고 있었다. 병력 규모도 러시아가 예비역을 포함하여 350만 규모를 자랑하고 있었지만, 일본은 후술하듯이 13개 사단 규모에 지나지 않았다. 일본이 10년 전 아시아의 전통적인 대국 청국과의 전쟁을 승리로 이끈 적이 있다고 하지만, 국제적 위상이나 군사력 수준에서 러시아와는 커다란 국력 격차가 있었다. 그런 러시아에 대해 왜 일본이 선제 기습공격으로 전쟁을 도발한 것일까?[45]

메이지 유신의 지도자들이 1890년 야마가타 아리토모 총리의 주권선론,

이익선론 연설에서 나타난 것처럼 일본의 주권을 확보하려면 한반도를 자국의 영향력 아래 두어야 한다는 지정학적 인식을 가졌다는 점은 앞서 설명했다. 그런 인식의 연장선상에서 메이지 시대 일본의 위정자들은 한반도에서 세력을 확대하려는 다른 열강들의 움직임에 민감하게 반응했다. 예컨대 1880년대 후반 러시아가 시베리아 철도를 착공한다는 소식을 접한 야마가타 아리토모는 1888년 작성한 보고서에서, 시베리아 횡단철도가 완성된다면 우랄산맥 서쪽에 배치한 러시아 육군 병력의 극동 파견이 단기간에 가능해져 일본의 국익과 안보에 심각한 위협이 될 수 있다고 경계했다.[46]

러시아에 대한 잠재적 위협 인식은 청일전쟁 승전 이후인 1895년 4월 러시아가 독일, 프랑스와 더불어 랴오둥반도 할양에 대한 반감을 공공연하게 드러내면서 삼국간섭을 행했을 때 다시 고조되었다. 일본 육해군 병력이 혈전을 치러가며 획득한 랴오둥반도를 러시아 등의 외교적 압력에 의해 청국에 환부해야 하는 현실을 보면서 일본 위정자와 일반 국민들은 '와신상담'을 되새기며 러시아에 대한 반감을 키웠던 것이다. 이후 일본 정부는 외교 협상을 통해 시모노세키 조약에서 인정받은 조선의 독립에 대한 러시아의 승인을 확보하고자 했다. 1896년 6월, 러시아 황제 니콜라이 2세의 대관식에 참석하기 위해 러시아를 방문한 야마가타 아리토모는 러시아 외무장관 로바노프와 협정을 맺었다. 조선의 재정이나 전신선 부설 등에 대해서는 상호의 권리를 인정하고, 서로 조선에 출병하지 않을 것을 합의한 것이다. 이어 1898년 4월, 일본 외무장관 니시 도쿠지로는 주일 러시아 공사 로젠과 맺은 니시-로젠 협정을 통해 양국 정부가 조선의 독립을 인정하고, 내정에 간섭하지 않을 것을 합의했다.

하지만 이런 합의를 했는데도 러시아는 점차 만주와 한반도에 대한 진출 조짐을 보였다. 1898년 3월 러시아는 청국과 외교적 합의를 맺어 남만주와 뤼순, 다롄 지역을 25년간 조차租借하고, 남만주 철도 부설권을 넘겨받기로 했다. 청일전쟁 승전 직후 일본이 삼국간섭에 의해 청국에 환부했던 뤼순과 다롄 등 남만주 지역에서 오히려 러시아가 군사적으로 기지를 건설하고 경제적으로 철도를 부설할 수 있는 권리를 갖게 된 것이다. 더욱이 1900년 6월 의화단義和

....

45 이하 서술은 박영준, 『제국 일본의 전쟁, 1868~1945』 제4장, 사회평론아카데미, 2020 참조.

46 中村尙美, 『明治國家の形成とアジア』, 東京: 龍溪書舍, 1991, pp.144~146. 이후에도 야마가타는 러시아의 시베리아 철도 건설의 전략적 영향에 대해 몇 차례나 위기의식을 나타냈다.

團 운동 이후 러시아는 만주에 약 18만 명의 병력을 주둔시키게 되었고, 이와 시기를 같이하여 한반도 남부 마산 지역의 해안 측량을 시도하는 등 조선에 대해서도 영토 팽창의 야욕을 드러냈다. 1901년 1월, 주일 러시아 공사 이즈볼스키는 일본에게 한반도 중립화론을 타진했다.

러시아의 움직임에 일본 정부와 국민들은 비상한 경계심을 갖고 대응했다. 일본 국내에서는 1900년 고노에 아츠마로近衛篤麿가 조직한 국민동맹회, 1901년 우치다 료헤이內田良平 등이 결성한 흑룡회 같은 민간 조직들이 러시아에 대한 결전론을 주장했다. 즉 전쟁을 일으켜서라도 러시아의 만주 및 한반도에 대한 팽창 야욕을 저지해야 한다는 것이었다. 1899년 10월, 일본 정부의 원로 야마가타 아리토모는 대한반도 정책의견서를 작성하면서, 조선에 대한 러시아의 토지 차용 움직임에 대처하여 일본으로서는 육해군의 병력과 재정상의 실력을 양성하여 대처해야 한다고 주장했다. 민간과 정부 원로들의 대러 강경론을 의식한 일본 군부, 특히 육군은 1900년 무렵 러시아를 상대로 한 전쟁에 대비한 작전계획 시안을 작성했다. 이 시기 육군의 작전계획은 2개 사단으로 뤼순 방면을 공략하고, 다른 10개 사단으로 만주 방면에서 하얼빈 방면으로 진격하고, 이와 동시에 한반도 북쪽이나 연해주 방면에 일본군을 상륙시켜 러시아 내륙으로 공격해 들어간다는 내용을 담고 있었다. 당시 일본은 국가 예산 가운데 40-50%를 군사비에 할당하여 육군의 경우 13개 사단 규모, 해군은 철갑전투함 6척, 순양함 6척으로 구성되는 소위 6·6 함대의 건설을 추진하고 있었는데, 이 같은 전력을 앞세워 러시아와의 전쟁을 치른다는 구상을 하고 있었던 것이다.

일본과 러시아의 갈등이 심화되자 일본 국내에서는 이토 히로부미를 중심으로 외교적 협상으로 분쟁을 회피하려는 움직임이 나타났다. 이토는 1901년 9월부터 11월 말에 걸쳐 직접 러시아를 방문해 비테Sergei Vitte 재무장관과 회담을 갖고, 자신의 지론인 만한滿韓교환론에 기반하여 양국 간 협상을 통해 영토 갈등을 해결하려 했다. 그런데 같은 메이지 유신의 원로이면서 이토와 라이벌 관계에 있던 야마가타는 외교적 협상론에 부정적이었다. 그는 1901년 4월 「동양동맹론」을 저술해 러시아와의 영토 갈등 및 그로 인해 빚어질 수 있는 무력 충돌에 대비하려면 영국 또는 독일과 먼저 동맹을 체결해야 한다고 주장했다.[47]

이토 히로부미의 대러 협상론과 야마가타의 영일 동맹론에 대해 1901년 6월 새롭게 출범한 가츠라 타로桂太郞 내각은 후자의 정책론을 추진했다. 특히 고무라 주타로 외무장관이 이토 히로부미의 외교 협상 우선론을 부정적으로 인식하면서 영일 동맹을 적극적으로 추진했다. 당시 영국은 명실상부한 세계 최강의 국가였다. 캐나다, 오스트레일리아, 인도 등 세계 각지에 식민지를 보유하고, 중요 지역에 해군 및 육군 기지를 배치해 '해가 지지 않는 제국'의 면모를 갖추고 있었다.[48] 다만 이 시기에 영국은 전 세계 또는 유럽 지역 차원에서 1899년부터 남아프리카 지역에서 시작된 보어전쟁과, 빌헬름 2세 집권 이후 티르피츠Alfred von Tirpitz 제독이 주도하는 독일과의 건함 경쟁에 대응하지 않으면 안 되었다. 따라서 극동 지역까지 영향력을 확대하기에 제약이 있는 상황이었다. 그 같은 상황에서 일본이 제안해온 영일 동맹 구상은 충분히 고려할 만한 가치가 있었다. 영일 양국의 판단에 따라 1902년 1월 영일 동맹이 체결되었다. 그에 따라 영국은 만주와 한반도에서 일본이 가진 특수 권익을 인정하고, 제3국이 이에 군사적으로 개입할 경우 일본을 지원한다는 약속을 하기에 이르렀다.[49]

영일 동맹이 체결된 이후 양측은 해군 당국자들을 중심으로 여러 차례 모임을 갖고 동아시아 지역에서 분쟁이 일어났을 때를 대비해 양국의 군사적 협력 방안을 논의했다. 이와 같은 상황에서 일본 육군은 다나카 기이치田中義一 소좌 등의 실무진이 중심이 되어 1902년 8월 러시아와 교전이 발생했을 때 제해권을 장악할 경우와 그러지 못할 경우를 상정해 구체적인 작전계획을 입안했다. 그에 따르면 제해권을 장악할 경우 육군이 5개 사단을 한반도에 상륙시켜 만주에서 주 작전을 전개하고, 2개 사단을 나진에 상륙시켜 우수리강 방면에서 보조 작전을 실시하도록 했다. 제해권 장악에 실패할 경우에는 한반도 남해안 지역에 육군 병력을 상륙시켜 한반도의 이권을 확보하도록 했다.

일본이 영일 동맹에 기반해 러시아에 대한 공세적 전략을 입안하는 가운데 러시아는 한반도에 대한 영토 팽창 야욕을 숨기지 않았다. 1903년 5월 러

....

47 山縣有朋,「東洋同盟論」(1901. 4. 24) 大山梓 編,『山縣有朋意見書』, 原書房, 1966, pp.265~267.

48 Niall Ferguson, *Empire: The Rise and Demise of the British World Order and the Lessons for Global Powers*, New York: Basic Books, 2002, pp.202~203.

49 猪木正道,『軍國日本の興亡』, 中央公論新社, 1996, p.23.

시아는 압록강 하구 용암포 일대를 점거했다. 1903년 8월, 러시아는 뤼순에 극동총독부를 설치했고, 극동총독으로 임명된 알렉세예프가 이 지역에 대한 외교권과 태평양함대에 대한 군사지휘권을 행사하도록 했다. 알렉세예프 총독은 뤼순항에 정박 중이던 배수량 1만 2,000톤의 전함 포베다와 7,700톤의 순양함 바얀과 6,600톤의 순양함 디아나, 그리고 블라디보스톡에 배치된 장갑순양함 3척과 순양함 1척 등을 지휘하면서, 극동 지역과 한반도에 대한 이권 확대를 도모했다. 이외에 러시아는 극동지역에 육군상 쿠로파트킨이 지휘하는 9만 8,000명 규모의 육군병력을 배치해 두면서 이권 확보 정책을 뒷받침하고 있었다.

이 같은 러시아의 동향에 대해 그해 7월 일본은 메이지 천황이 참석한 가운데 총리, 외무장관, 육군장관, 해군장관 등 중요 정책 결정자들이 한반도와 대러 정책에 대한 논의를 벌였다. 이 회의에서 외무장관 고무라 주타로는 한반도가 일본의 심장부를 겨냥하고 있는 비수와 같은 지정학적 위치를 갖고 있다고 주장했다. 육군참모총장 오야마 이와오도 조선은 일본의 겨드랑이 같은 중요성을 갖고 있으며, 이 지역을 독립국으로 유지하는 것은 메이지 유신 이후 일본의 국시였다고 주장했다.[50] 요컨대 한반도를 러시아의 영향권에 들도록 내버려두는 것은 일본 정부가 전체적으로 용납할 수 없다는 점이 확인된 것이다.

이 회의 이후 8월부터 11월에 걸쳐 러시아와 일본 사이에 협상이 개최되어 한반도 문제를 논의했다. 이때 러시아는 북위 39도선 이북을 중립지대화하고, 그 이남은 일본이, 그 이북 만주 지역은 러시아가 관할한다는 구상을 제시했다. 러시아의 구상에 대해 일본은 가츠라 타로 수상이 중심이 되어 한반도에 대한 러시아의 영향력 확장을 허용하지 않는다는 전제 하에 한만韓滿 국경 지역 중립지대론을 제시해 맞대응했다. 결국 양국 간 교섭은 결렬되었다. 외교적 협상이 결렬되자, 일본은 육군 참모본부의 주도 하에 군사적 선제공격을 통해 러시아의 영토 팽창 야욕을 좌절시킨다는 강경책을 선택했다. 1904년 2월, 인천과 뤼순에 정박한 러시아 함정들에 대한 일본 육해군의 동시 공격은 이 같은 정책적 선택의 결과였다.

50　横手慎二, 『日露戰爭史』, 中公新書, 2005, pp.83~84.

2 초기 전쟁 상황

1904년 2월에 감행한 인천과 뤼순에 대한 선제공격으로 러시아의 태평양 함대 주력 함정들이 뤼순 항구에서 봉쇄되고 한반도 해상의 제해권을 장악하게 되자, 일본 육군은 이미 수립한 작전계획에 따라 주력부대를 속속 한반도와 랴오둥반도 일대에 상륙시켰다. 1904년 2월 초 인천에 상륙한 선발대에 이어 2월 말과 3월 초에 걸쳐 제1군 병력 4만 2,000여 명을 진남포에 상륙시켰다. 이 병력은 조선 정부를 영향권 아래 둔 뒤 4월 30일 압록강을 도하해 만주 방면으로 진출했다. 5월 5일에는 제2군 주력이 랴오둥반도에 상륙했다. 이 주력부대는 반도를 북상해 올라가 압록강을 도하한 제1군과 협력하면서 만주 지역에 배치된 러시아군의 방어선을 압박했다. 한편 랴오둥반도 남단의 뤼순 요새는 노기 마레스케乃木希典 장군이 지휘하는 제3군을 새로 편성해 공략 임무를 부여했다. 이로써 6월 말 시점에 일본 육군의 총 13개 사단 가운데 11개 사단이 한반도와 만주에 투입되었고, 이 병력들은 신설된 만주군 총사령부 오야마 이와오 사령관과 고다마 겐타로 총참모장의 지휘를 받게 되었다.

러시아는 육군상 쿠로파트킨을 신설된 만주군사령관에 임명하여 극동지역 총독이자 총사령관 알렉세예프와 협력하여 일본군의 북상을 방어하려 했다. 그러나 양자 간에는 전술상의 차이가 노정되었다. 쿠로파트킨이 대규모 병력을 일개 지점에 집중시켜 결전을 도모해야 한다는 입장인 데 반해, 알렉세예

랴오둥반도에 자리한 뤼순항 전경(1904년경)

서울로 진주하는 일본 보병들

프는 압록강 모든 전선에 병력을 분산배치하여 방어해야 한다는 전술을 주장했던 것이다. 지휘부의 전략방침에 대한 불일치가 만주 방면에 대한 러시아군의 방어를 더욱 곤란하게 만들었다.

뤼순 항구에 봉쇄된 러시아 함대는 4월 13일 항구를 탈출해 서해상으로 진출하려는 시도를 했고, 8월에도 같은 시도를 했다. 하지만 일본 해군의 봉쇄망을 돌파할 수 없었다. 8월에는 블라디보스토크에 주둔하던 러시아 해군 함정들이 쓰시마 해협 방면으로 진출해 일본의 해상 수송로를 차단하려 했으나 울산 근해에서 역시 일본 해군에게 저지당했다.

한반도 주변 해상에서 일본 해군이 제해권을 장악한 가운데 만주 지역에서 작전 중인 일본 육군은 8월부터 랴오양遼陽 방면과 뤼순 요새에 대한 본격적인 공세를 펼쳤다. 압록강을 도하한 제1군과 랴오둥반도에서 북상한 제2군, 새롭게 편성해 투입한 제4군 병력들은 만주군 총사령관에 임명된 오야마 이와오의 지휘로 8월부터 랴오양 방면에 포진한 러시아군과 일대 격전에 돌입했다. 일본군은 보병 11만 5,000명, 기마병 4,000명으로 구성된 데 비해 러시아군은 총 22만 4,000명으로 구성되어 병력 규모 면에서 러시아군이 크게 우세했다. 그러나 일본군은 병력 집중과 기마병에 의한 우회 포위를 병행해가면서 9월 초까지 랴오양 일대의 러시아군을 격퇴했다. 이어 일본군은 북상하면서 10월 중순에는 사허沙河 지역에서 다시 러시아군에 승리를 거두었다.

반면 랴오둥반도 남단의 뤼순 요새를 공략하는 일본 제3군은 고전에 고전을 거듭했다. 8월부터 노기 마레스케 장군이 지휘하는 일본군은 뤼순의 러시아 요새에 대한 공성전에 착수했다. 하지만 기관총을 적절히 사용한 러시아군의 반격에 차단당했다. 일본군은 기관총 사격에 대응하기 위해 참호를 축성하면서 10월 말부터 재차 공격에 나섰으나, 역시 마지막 단계에서 러시아군 화력을 당하지 못했다. 한편 러시아 발트함대의 출항 소식을 접한 일본 본국에서는 뤼순 요새를 근거로 한 러시아 태평양함대의 제압이 전술적으로 중요한 과제였기에 제3군 사령관 노기에게 지속적인 요새 공략을 요구했다. 결국 11월 말 착수한 제3차 뤼순 요새 공격에서 일본군은 공략 방향을 전환하고 야포로 러시아군의 능선상 요새를 집중 타격하는 전술로 뤼순 요새를 점령하고 항구에 정박 중이던 러시아 함대를 굴복시키는 데 성공했다.

3 펑톈 전투와 쓰시마 해전

뤼순 요새를 점령한 일본은 제3군을 북상시켜 이미 랴오양 전투와 사허 전투에서 승리하고 펑톈奉天 방면으로 집결하던 제1군과 제2군, 제4군 병력과 합류하게 했다. 총 25만 병력의 일본 육군은 1905년 2월 펑톈 방면에서 증원한 러시아 29만 병력과 펑톈에서 대규모 전투를 벌였다. 양측이 야포와 기관총을 응사하면서 치열한 격전을 벌인 끝에 펑톈 전투의 승리는 일본군에게 돌아갔다.

한편 일본을 상대로 고전하던 러시아는 제해권을 탈환하기 위해 전년도인 1904년 10월 발트함대를 제2 태평양함대로 개칭하고 발트해의 크론슈타트에서 출항시켰다. 로제스트벤스키Zinoviy Rozhestvenskiy 제독이 지휘하는 제2 태평

펑톈 전투 중 야포를 쏘는 러시아군

러일전쟁 당시 러시아군과 일본군의 기동로와 주요 전투

양함대는 1만 4,000톤급의 기함 크냐스 수보로프Knyaz Suvorov를 앞세우고 북해와 지중해를 거쳐 수에즈 운하를 통과해 인도양으로 진출할 예정이었다. 하지만 일본과 동맹을 맺은 상태에서 수에즈 운하를 관리하고 있던 영국은 러시아 함대의 항행에 촉각을 곤두세우고 중요 정보를 일본과 공유했다. 그러면서 러시아 함대의 수에즈 운하 통과를 허락하지 않았다. 러시아 함대는 어쩔 수 없이 아프리카 서해안 항로를 따라 희망봉을 경유하는 원거리 항행을 감수해야 했다. 게다가 마다가스카르에 도착했을 때 러시아 국내에 혁명이 일어났다는 소식을 접했다. 함대는 혁명에 휩싸인 본국으로부터 항행 관련 추가 지시를 받기 위해 시일을 지체해야 했다. 이런 우여곡절 끝에 1905년 5월 말 러시아 함대는 펑톈 전투 결과 일본의 승리가 굳어지던 동아시아 해상에 모습을 드러냈다. 이때 일본 연합함대는 도고 헤이하치로東鄕平八郞 제독의 지휘로 한반도 남부 진해만에서 러시아 함대와의 결전에 대비해 새로운 전법을 반복해 훈련하고 있었다. '정丁 자 전법' 또는 'L자 전법'으로 알려진 이 전술은 횡대로 전진해오는 적의 함대 전방의 일정한 지점에서 '정 자'나 'L자' 형태로 선회하면서

적 함대의 선두함에 화력을 집중시키는 전법이었다.

마침내 5월 27일 쓰시마 해협에서 일본 함대와 러시아 함대가 마주쳤다. 하지만 러시아 함대는 도고 제독이 구사한 'L자 전법'에 의해 집중적인 타격을 받아 함정 26척이 침몰되거나 포획되었다. 블라디보스토크에 귀환한 러시아 함정이 3척에 불과할 정도로 대패였다.

일본은 랴오양과 펑톈의 육전, 쓰시마 해전을 모두 승리로 장식했다. 러일전쟁의 군사적 결과는 아시아 국가들은 물론 유럽 국가들에게 충격적이었다. 러시아는 명실상부한 세계 5대 강대국이었지만, 일본은 아직까지 동아시아의 작은 섬나라로 간주되었기 때문이다. 분명히 러시아는 국제적 위상이나 군사력 규모에서 전통적인 강대국이 분명했고, 일본은 상대적 약소국에 불과했다. 그러나 일본은 약점을 보완하기 위해 전쟁을 하기에 앞서 영국과 동맹을 체결했고, 육군과 해군이 합동으로 작전계획을 수립했으며, 대본영을 중심으로 국가 전체가 정책 결정 체계를 갖추고 총력전을 수행하는 자세로 임했다. 반면 러시아는 일본을 얕보고 거국적인 전쟁 수행 체제를 갖추지 않은 것이 사실이었다. 러일전쟁은 상대적 약소국이라 하더라도 동맹체제를 정비하고, 군은 물론 국가적으로 전쟁 수행을 위해 총력을 결집하는 태세를 갖춘다면 강대국과의 전쟁에서 승리를 거둘 수 있다는 사례를 보여주었다.

4 포츠머스 강화조약

육전과 해전에서 승리를 거두었다고 하지만 강대국 러시아와 전쟁을 치르면서 일본은 국가 총력을 쏟아붓다시피 하면서 국력이 소진되었다. 따라서 고무라 주타로 일본 외무장관은 쓰시마 해전 승리 직후인 5월 31일 미국 루스벨트Theodore Roosevelt 대통령에게 러시아와의 강화협상 중재를 요청했다. 외교적인 강화협상을 준비하던 7월 초, 일본 육군과 해군은 사할린에 대한 상륙작전을 감행해 거의 사할린 전역을 확보했다. 사할린 점령은 강화회의에서 유리한 협상 카드를 확보하기 위한 목적도 갖고 있었다.

이런 상황에서 1905년 8월 일본의 고무라 주타로 외무장관과 러시아의 비테 전 재무장관이 미국 동북부의 항구도시 포츠머스에서 강화회의를 가졌다.

미국 루스벨트 대통령의 적극적인 중재 속에 일본과 러시아 양측은 한국에 대한 일본의 보호와 지도 권리 인정, 만주 지역 러시아군의 철수, 랴오둥반도 및 북위 50도 이남의 사할린을 일본에 할양한다는 강화 조건에 합의했다. 이와 같은 강화 조건은 한반도에 대한 러시아의 야욕을 꺾고 일본이 '이익선'으로 간주해온 핵심 영역에 대한 입장을 관철시켰다는 점, 청일전쟁 이후 러시아 등의 간섭으로 환부할 수밖에 없었던 랴오둥 지역을 확고하게 일본의 판도로 확보한 점, 그리고 교전 과정 중 실효 지배하게 된 사할린의 절반을 확보한 점 등은 일본이 거둔 큰 성과라고 볼 수 있다.[51]

일본은 포츠머스 조약을 통해 새롭게 확보한 지역에 통치기구들을 설치해 자신들의 판도를 공고히 했다. 랴오둥반도에는 관동총독부와 남만주 철도주식회사를 창설해 행정 및 철도 부설 등의 업무를 담당하게 했다. 사할린 지역에는 1905년 사할린 민정서를 설치했다. 이 기구는 2년 뒤 사할린청으로 개청해 그 지역에 대한 행정 관할 업무를 맡았다. 그리고 1905년 11월 한성에 조선통감부를 설치했고, 초대 통감 이토 히로부미의 지휘 아래 조선을 보호국화하려는 정책을 추진했다.

청일전쟁 당시 시모노세키 조약에서 합의했던 랴오둥반도 할양이 삼국간섭에 의해 무산되었던 역사를 기억하는 일본 위정자들은 포츠머스 강화조약 체결 이후 러시아는 물론 미국과 영국 등 강대국들과의 치밀한 외교로 조선의 보호국화 등 승전의 결실들을 확보하려는 노력을 기울였다. 1905년 7월, 일본 총리 가쓰라는 미국 전쟁부장관 태프트와 가쓰라-태프트 협정을 체결해 미국이 지배하는 필리핀과 일본이 보호권을 갖게 된 한국을 상호 인정하는 합의를 이끌었다. 1906년 8월에는 영일 동맹을 개정해 영국이 식민 지배하는 인도에 대한 권리를 일본이 인정하고, 영국은 한반도에 대한 일본의 보호권을 인정하게끔 했다. 요컨대 일본은 러일전쟁 결과 획득한 한반도에 대한 보호권을 열강으로부터 인정받으려 치밀한 외교 전략을 추진한 것이다. 일본은 러일전쟁을 통해 군사적 승리만이 아니라 외교적 승리도 거두려 했다.

강대국 러시아를 상대로 한 전쟁에서 승리한 일본은 향후 국가전략 방향

51 다만 일본 국민들은 청일전쟁 당시의 시모노세키 조약과 달리 포츠머스 회의에서 전쟁 배상금을 확보하지 못했다는 이유로 강화회의 대표였던 고무라 주타로를 성토하는 분위기 일색이었다. 그 정도로 러일전쟁 시점에서 일본 국민들 다수가 더 팽창적이고 호전적인 대외 정책을 선호하는 여론에 쏠려 있었다.

을 두고 새로운 모색을 시작했다. 일부 지식인들과 전략가들은 일본이 대외적으로 방어적인 정책을 취하는 국가가 되어야 한다는 전략을 제시했다. 언론인 이시바시 탄잔, 해군의 사토 테츠타로 등은 영국이 유럽 대륙에서 행하는 것처럼, 일본이 아시아 대륙에 식민지를 갖기보다는 국가 간의 관계를 조정하여 세력균형을 도모하고, 오히려 해외 무역을 통해 발전하는 국가가 되어야 한다고 주장했다. 그러나 청일전쟁과 러일전쟁을 잇달아 승리한 일본 내의 대다수 위정자들은 야마가타 아리토모 등을 필두로 승전 성과를 바탕으로 더욱 팽창적인 정책을 취해야 한다는 전략론을 제시했다. 결국 야마가타의 의견을 반영하여 1907년 4월, 일본 육군과 해군이 공동으로 책정한 국방전략 '제국 국방 방침'은 향후 일본의 가상 적국으로 육상의 러시아와 해상의 미국을 지칭하면서, 그에 대응하는 육해군의 전력 증강 방침을 결정했다. 러시아와의 미래 육상전투를 수행하기 위해 육군은 25개 사단 병력 규모, 미국과의 해양전투를 수행하기 위해 해군은 전함 8척, 장갑순양함 8척으로 구성되는 8·8 함대 건설이 전력증강의 목표로 각각 제시되었다. 동시에 '제국 국방 방침'은 러일전쟁의 승전 결과 획득한 만주 및 한반도, 그리고 아시아 남방에 대한 이권을 확보하면서, 향후 국방을 온전하게 달성하기 위해서는 반드시 해외로 나가 공세를 취해야 한다는 공세전략을 공공연하게 표명하였다. 청국 및 러시아와 같은 대국과의 대규모 전쟁에서 연속하여 승리한 일본은 국가적 자신감을 바탕으로 더욱 팽창적이고 호전적인 국가전략을 추구하게 된 것이다.

참고문헌

■임진왜란

국사편찬위원회 역주, 『중국 정사 조선전 4』, 국사편찬위원회, 1990.

노영구, 「16~17세기 근세 일본의 전술과 조선과의 비교」, 『군사』 제84호, 국방부 군사편찬연구소, 2012. 9.

류성룡, 『징비록(懲毖錄)』, 안동문화원, 2001.

배기찬, 『코리아, 다시 생존의 기로에 서다』, 위즈덤하우스, 2005.

신숙주, 「해동제국기(海東諸國紀)」(1471), 『국역 해행총재 1』, 민족문화추진회, 1977.

이순신(구인환 엮음), 『난중일기』, 신원문화사, 2004.

이순신(박혜일, 최희동, 배영덕, 김명섭 편), 『이순신의 일기』 서울대학교출판부, 1998.

高橋典幸, 山田邦明, 保谷澈, 一ノ瀬俊也,『日本軍事史』, 吉川弘文館, 2006.
中野等,『文禄, 慶長の役』, 吉川弘文館, 2008.
平川新,『戰國日本と大航海時代: 秀吉, 家康, 政宗の外交戰略』, 中公新書, 2018.

■정묘호란, 병자호란
구범진,『병자호란, 홍타이지의 전쟁』, 까치, 2019.
국사편찬위원회 역주,『중국 정사 조선전 4』, 국사편찬위원회, 1990.
마크 C. 엘리엇 지음(양휘웅 옮김),『건륭제』, 천지인, 2011. (Mark C. Elliott, *Emperor Qianlong: Son of Heaven, Man of the World*, Longman, 2009.)
이삼성,『동아시아의 전쟁과 평화 1』, 한길사, 2009.
장한식,『오랑캐 홍타이지 천하를 얻다』, 산수야, 2015.
피터 C. 퍼듀,『중국의 서진: 청의 중앙유라시아 정복사』, 도서출판길, 2012. (Peter C. Purdue, *China Marches West: The Qing Conquest of Central Eurasia*, Cambridge: Belknap Press of Harvard University Press, 2005.)
한명기,『정묘·병자호란과 동아시아』, 푸른역사, 2009.
鈴木信昭,「李朝仁祖期をとりまく対外関係」, 田中健夫 編,『前近代の日本と東アジア』, 吉川弘文館, 1994.
中西輝正,『帝國としての中國』, 東洋經濟新報社, 2004.

■청일전쟁
강성학,「용과 사무라이의 결투: 중(청)일 전쟁(1894~95)의 군사전략적 평가」,『국제정치논총』 제45집 4호, 2005 겨울.
무쓰 무네미쓰(陸奧宗光, 김승일 옮김),『건건록(蹇蹇錄)』(1896), 범우사, 1993.
문정인, 김명섭 편,『동아시아의 전쟁과 평화: 한국평화학회 총서』, 연세대학교출판부, 2006.
박영준,「청일전쟁 전후 일본의 대외전략과 군사정책: '근대화 우선론'과 '대륙 팽창론'의 상호 대립과 전개를 중심으로」,『한국정치외교사논총』 제36집 제1호, 한국정치외교사학회, 2014. 8.
박영준,『제국 일본의 전쟁, 1868~1945』, 사회평론아카데미, 2020.
森山茂德,『近代日韓關係史研究: 朝鮮植民地化と國際關係』, 東京大學出版會, 1987.
齊藤聖二,『日清戰争の軍事戰略』, 芙蓉書房, 2003.
黑川雄三,『近代日本の軍事戰略概史』, 芙蓉書房, 2003.
Hackett, Roger F., *Yamagata Aritomo in the Rise of Modern Japan 1838-1922*, Cambridge: Harvard University Press, 1971.
Lone, Stewart, *Japan's First Modern War: Army and Society in the Conflict with China 1894-95*, London: MacMillan Press, 1994.

■러일전쟁
강성학,『시베리아 횡단 열차와 사무라이: 러일전쟁의 외교와 군사전략』, 고려대학교출판부, 1999.
박영준,「러일전쟁 직후 일본 해군의 국가 구상과 군사전략론: 사토 테츠타로『帝國國防史論』(1908)을 중심으로」,『한국정치외교사논총』 제26집 1호, 2004. 8.
박영준,『제국 일본의 전쟁, 1868~1945』, 사회평론아카데미, 2020.
조명철,「일본의 군사전략과 '국방 방침'의 성립」,『일본역사연구』, 일본역사연구회, 1997. 4.
加藤陽子,『戰争の論理』, 勁草書房, 2005.
藤原彰,『昭和天皇の十五年戰争』, 青木書店, 1991.
藤原彰,『日本軍事史』(1987), 엄수현역, 시사일본어사, 1994.

北岡伸一,『日本陸軍と大陸政策, 1906~1928年』, 東京大學出版會, 1978.
山室信一,『日露戰爭の世紀』, 岩波書店, 2005.
横手愼二,『日露戰爭史』, 中公新書, 2005.
Dudden, Alexis, *Japan's Colonization of Korea: Discourse and Power*, Honolulu: University of Hawaii Press, 2005.
Nish, Ian H., *The Anglo-Japanese Alliance: The Diplomacy of Two Island Empires 1894-1907*, London: The Athlone Press, 1966. 1985.

08

제1차 세계대전

1914년~1918년

나종남 육군사관학교 군사사학과 교수

19세기 말부터 유럽 내에서 시작된 국가들 사이의 갈등, 적대적 군비 경쟁, 민족주의에 근간한 동맹의 출현과 대립은 급기야 1914년 인류 역사상 전대미문의 대규모 전쟁을 촉발했다. 기존의 전쟁과는 규모와 양상 면에서 큰 차이가 있던 20세기 초의 전쟁은 참전국이 자국과 동맹의 이익을 확대하기 위해 대규모 병력을 동원해 전장에 투입했고, 국가의 모든 산업 생산 능력을 조직적으로 쏟아붓는 체계화된 총력전total war 양상으로 전개되었다. 산업화 시기 이후 범위와 강도가 확대, 강화되던 시기에 발발한 전쟁에는 무제한의 폭력이 투입되었고, 전투 과정에서 인명 피해 또한 극심했다. 특히 전장에 나선 군인은 물론이고 전쟁에 직간접으로 노출된 민간인에게도 전쟁의 피해가 부가되었다.

전쟁의 양상 측면에서 볼 때 제1차 세계대전에서는 그동안 전쟁의 고유 영역domain으로 여겨지던 육지와 바다 외에 하늘이 승패에 영향을 미치는 새로운 영역으로 등장했다. 게다가 전쟁이 계속될수록 어느 한 영역의 승패가 다른 영역의 승패에 큰 영향을 주었기 때문에 점차 전쟁 양상이 복잡하게 전개되었다. 그 밖에도 제1차 세계대전에서는 전차, 항공기, 거대 전함 등 전장의 주도권을 장악하기 위한 공자功者와 방자防者의 대결, 기동과 화력의 대결이 강도가 더욱 강해지고 범위가 확장되었다. 이 과정에는 각국의 산업화에 따른 기술 수준과 산업 생산 능력이 크게 작용했고, 상대를 압도하기 위한 끝없는 경쟁이 뒤따랐다. 이처럼 1914년 8월에 시작되어 4년 넘게 유럽은 물론 전 세계를 휩쓸었던 제1차 세계대전에서는 20세기 전쟁을 특징짓는 무제한 폭력의 여러 가지 원형原形이 제시되었다.

I

배경과 전쟁 발발

18세기와 19세기 동안 유럽의 강대국은 경제 발전과 산업 성장, 제국주의를 통해 세계의 패권을 차지했다. 그리고 20세기 초에는 산업 생산에 바탕을 둔 유럽의 경제력과 군사력이 최고조에 이르렀다. 그 과정에서 교통과 통신망을 이용해 세계 경제를 집중시킨 유럽의 패권이 더욱 강화되었다. 그런데 1870년대 독일의 통일과 신속한 산업화로 인해 경제와 산업 생산에 근간을 둔 유럽 중심 체제에 변화가 생겨났다. 독일 인구는 1880년부터 1910년 사이에 43%나 증가했으나, 전 세계에 넓은 제국을 유지하던 프랑스는 인구가 정체되고 뒤처진 산업 생산으로 고전했다. 인구는 많으나 산업이 뒤처진 러시아와, 국제 금융과 해상 무역, 방대한 해외 제국으로 국력을 과시하던 영국에게 독일의 신속한 성장은 껄끄러운 요소였다.

19세기 말부터 유럽 강대국들은 인접 국가와 동맹을 맺으며 다양한 현안을 해결하려 했다. 20세기 초 독일을 중심으로 오스트리아-헝가리, 이탈리아가 동맹으로 연결되자, 이에 대항해 프랑스와 러시아, 전통적 고립주의를 버린 영국이 협정을 맺었다. 이러한 대립적 동맹체제는 문화적 유사성과 경제적 상호 의존, 다양한 왕조를 연결하는 국가들 사이에 형성되었다. 20세기 접어들어 독일 중심의 동맹과 영국-프랑스-러시아 연합은 아프리카와 발칸반도를 중심으로 첨예하게 대치했다. 영국과 프랑스에 이어 아프리카에 뛰어든 독일의 도전은 제국주의 세력 간의 대결이었는데, 특히 프랑스가 통치하던 모로코에 대한 독일의 공격적 행보(1905, 1911)가 두 동맹 사이의 불안감을 부추겼다. 모로코 사건을 계기로 독일 내부에서는 러시아가 참전하기 전에 영국과 프랑

20세기 초 유럽의 판도

스를 신속하게 군사적으로 제압해야 한다는 당위성과, 이를 이행하기 위한 구체적 전쟁계획이 논의되기 시작했다.

한편 1880년대 중반 이후 유럽 강대국은 군비 경쟁에 치중했다. 군사와 경제 부문에서 강국으로 성장한 독일은 영국에 비해 해군력이 열세였다. 이에 따라 독일 황제 빌헬름 2세는 1897년 알프레트 폰 티르피츠Alfred von Tirpitz 제독이 제안한 강력한 함대 계획을 채택했는데, 이것이 영국을 자극했다. 사실 영국은 1889년 해군방위법Naval Defence Act을 명문화했는데, 독일이 채택한 해군력 증강 정책은 영국의 국가 안보의 근간인 해군력에 대한 직접적인 도전이었다. 영국은 1906년 드레드노트 전함에 대한 새로운 기준을 제시하며 독자적으로 대형 군함 건조로 맞섰다. 이처럼 두 국가 사이에 진행된 해군력 증강 경쟁으로 장차 대립 관계의 두 동맹체제가 충돌할 경우 위험한 전쟁으로 발전할 가능성을 배제할 수 없었다.

20세기 초 전쟁 발발의 위험이 가장 고조된 곳은 발칸반도였다. 역사적으로 발칸반도는 오스트리아-헝가리 제국과 러시아 제국이 경쟁하던 지역으로 러시아는 세르비아와 불가리아를 포함한 슬라브 국가의 보호자였다. 또한 러시아는 오스만 튀르크 제국의 쇠퇴를 틈타 지중해 방면으로 팽창하려 했다. 반면 오스트리아-헝가리 제국은 발칸 지역에 대한 통제를 강화하려 했으나, 세르비아가 주축이 된 슬라브 세력의 반발에 직면했다. 1908년 오스트리아-헝가리 제국이 보스니아-헤르체고비나를 병합하자, 세르비아인들이 곧장 오스트리아-헝가리에 대한 적개심을 드러냈다. 발칸반도에서 세르비아의 지위 향상에는 오스만 제국을 상대로 치른 두 차례의 발칸전쟁(1908, 1912)에서 승리한 것이 결정적이었는데, 세르비아는 불가리아를 물리치고 세력을 확장했다. 이처럼 세르비아의 세력 강화는 오스트리아-헝가리 제국에 심각한 위협이었다.

1914년 6월 28일, 보스니아의 사라예보에서 오스트리아-헝가리 제국의 프란츠 페르디난트Franz Ferdinand 황태자가 암살되었다. 세르비아 세력이 주도한 이 암살 사건은 향후 유럽과 전 세계가 휘말린 거대한 전쟁을 촉발했다. 오스트리아-헝가리 제국은 세르비아 정부를 비난하며 이 사건을 계기로 세르비아 문제를 해결하려 했다. 러시아의 개입과 프랑스 및 영국의 태도를 걱정하던 오스트리아-헝가리 제국 지도자들은 독일의 지지를 확인한 후 7월 28일 세르비아에 전쟁을 선포했다. 3일 전에 군대동원령을 발령해 전쟁에 대비하던 세르비아는 즉시 러시아에 도움을 요청했고, 러시아는 7월 30일 총동원령을 내렸다. 그러자 8월 1일 독일과 프랑스도 동원령을 내렸다. 그리고 8월에 접어들어 독일, 러시아, 프랑스, 영국이 차례로 선전포고를 했다. 불과 1주일 안에 러시아, 벨기에, 프랑스, 영국, 세르비아가 독일 및 오스트리아-헝가리 제국과 맞서 싸우기로 했다. 나폴레옹전쟁이 유럽을 휩쓴 지 약 100년이 지난 시점에 또 다른 '거대한 전쟁the Great War'이 시작된 것이다.

유럽의 주요 국가는 19세기 후반부터 전쟁에 대비해왔다. 각국의 전쟁계획에는 공통적으로 대규모 군대를 신속하게 동원해 투입한다는 내용이 포함되었다. 하지만 1914년 8월 초 갑작스럽게 전쟁이 시작되자, 이들 국가가 오랫동안 준비한 군사작전은 예상과 달리 전개되었다. 특히 개전 초부터 예상치 못할 정도로 확전되는 양상이었다. 독일이 수립한 전쟁계획에는 1894년 프랑스가 러시아와 군사동맹을 체결함에 따라 장차 전쟁이 일어나면 양면 전쟁을 수행해야 한다는 부담이 있었다. 1891년부터 1906년까지 독일군 참모총장을 역임한 알프레트 폰 슐리펜Alfred von Schlieffen 장군은 두 국가를 상대해 승리하기 위해서는 대담한 선제공격이 필요하다고 생각했다. 따라서 그는 개전 초기에 독일 주력군을 프랑스 공격에 투입해 기선을 제압한 후 기차를 이용해 동부전선으로 이동시켜 러시아와 대적할 예정이었다. 또한 독일군이 벨기에를 관통해 프랑스를 공격하면 6주 안에 프랑스군을 격파할 수 있다고 판단했다.

1905년 완성한 이 계획은 독일군의 신속한 진격 속도, 느리게 진행될 러시아군의 병력 동원과 전선 투입 등을 포함한 낙관적 가정에 근거한 것이었다. 이후 슐리펜 장군 후임으로 총참모장에 임명된 헬무트 폰 몰트케Helmuth von Moltke 장군은 1905년 전쟁계획의 일부를 수정해 중립국 네덜란드 침공, 프랑스군 포위작전에 투입할 부대 등을 구체화했다. 또한 러시아가 빠른 속도로 병력 동원을 마친 후 전선에 투입할 경우에 따른 분석과 대응책도 마련했다. 이와 같은 내용이 반영된 1914년 전쟁계획에는 서부전선에 투입할 병력이 줄어들었다. 특히 슐리펜 장군이 추구했던 광정면廣正面 우회기동을 통한 프랑스군 후방 차단 및 포위 범위가 축소되었다.[1]

독일이 프랑스에 대한 전쟁계획을 고민하던 시기에 프랑스는 기본적으로 방어에 역점을 둔 전쟁계획을 검토하다가 1911년 조제프 조프르Joseph Joffre 장군이 총사령관에 임명된 직후부터 공격 위주의 계획으로 수정했다. 제17계획으로 알려진 프랑스 전쟁계획의 핵심은 전쟁이 시작될 경우 프랑스 주력군이 알자스-로렌 방면으로 공격하는 것이었다. 또한 프랑스는 러시아로부터 병력 동원 후 15일 안에 동부전선에서 독일에 대한 공격을 시작하겠다는 약속도 받아냈다. 1904년에는 프랑스와 조약을 맺은 직후 영국이 대륙에서 전쟁이 발발하면 독일의 공격을 격퇴하기 위한 전쟁계획을 수립하기 시작했다. 더 나아가 1911년에는 영국과 프랑스가 비공개 회의를 통해 독일이 프랑스를 공격하면 영국이 곧바로 원정군을 파견해 프랑스군 좌측에 배치할 것을 골자로 하는 합의안을 채택했다.

London and Paris On the Day That War Was Declared

ON THE NIGHT OF AUG. 4, 1914, WHEN GREAT BRITAIN DECLARED WAR AGAINST GERMANY, IMMENSE CROWDS SURGED ABOUT BUCKINGHAM PALACE IN LONDON AND CHEERED THE ROYAL FAMILY ON THE BALCONY.
(© Underwood & Underwood.)

THE YOUNGEST CLASS OF FRENCH LADS, ONLY 17 YEARS OF AGE, CALLED TO THE COLORS AND GATHERED AT THE MONTPARNASSE STATION IN PARIS AT THE OUTBREAK OF WAR.
(© Press Illustrating Company.)

353

선전포고를 한 직후 런던과 파리 시민들의 반응을 보도한 신문 사진

러시아는 독일이 주력군을 서부전선에 투입할 경우와 동부전선에 투입할

....

1 독일의 1914년 전쟁계획, 즉 소위 슐리펜 계획(The Schlieffen Plan)의 내용과 역할에 대해서는 Ian Senior, *Invasion 1914: The Schlieffen Plan to the Battle of the Marne*, New York: Osprey Publishing, 2014. 참고

독일과 프랑스의 작전계획

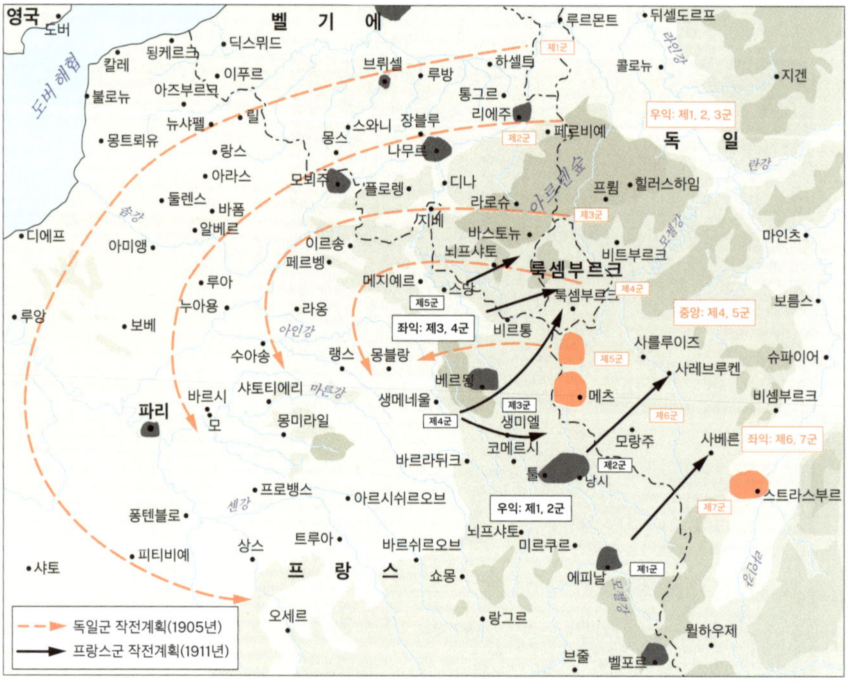

경우로 구분해 전쟁계획을 수립했다. 그중 오스트리아-헝가리 제국과 단독으로 충돌하는 상황에 대한 계획을 발전시켜 대비했다. 반면 오스트리아-헝가리 제국은 러시아와의 정면 대결을 염두에 두고 전쟁계획을 수립했다. 즉 세르비아에 대해서는 곧장 공격을 하되, 러시아가 참전하면 방어에 주력하며 독일의 지원을 기다릴 예정이었다.

II

개전과 초기 전투

1 국경선 전투

1914년 8월 초, 프랑스에 대한 독일의 전면공격이 개시되었다. 독일 주력군은 국경이 맞닿은 벨기에를 관통해 프랑스로 침투할 예정이었다. 하지만 8월 4일 침공을 시작한 독일군은 강과 운하, 요새 등을 이용해 효과적으로 저지하는 벨기에군에 막혀 전진 속도에 차질을 빚었다. 특히 우회기동을 시작한 독일 제1군이 철도 교통 요충지인 리에주Liège를 점령하지 못하도록 벨기에군이 뫼즈강의 교량을 폭파해 진격 속도가 늦어졌고, 리에주 요새에 대한 공격도 10일 넘게 지속해야 했다. 독일 제2군이 공격한 나무르 요새에서도 벨기에군이 3일 이상 버팀으로써 전체적으로 프랑스를 향한 독일군의 진격이 지연되었다. 이처럼 개전 초기에 병력과 무기가 열세였던 벨기에군이 선전함에 따라 프랑스군과 영국군은 귀중한 시간을 벌 수 있었다.

전쟁이 시작되자 프랑스는 즉시 제17계획에 따라 독일과 국경을 맞닿은 알자스-로렌Alsace-Lorraine 방면으로 진격했다. 조프르 장군은 8월 14일을 기해 프랑스 제1군과 제2군은 프랑스-독일 국경 방면으로 진격시키고, 제3군은 아르덴 숲과 벨기에 남부를 압박할 예정이었다. 1914년 수립한 독일군의 전쟁계획에 따르면 알자스-로렌 방면의 독일군은 프랑스군이 공격해오면 후방으로 유인하며 철수할 예정이었다. 알자스 방면으로 진격하던 프랑스군은 1871년 상실한 알자스 지역을 곧바로 탈환했다. 하지만 8월 20일부터 이 지역에 배치된 독일 제6군과 제7군이 강력한 포병을 동원해 압박하자, 프랑스 제1군과 제

2군은 다급하게 본국으로 철수했다.

북쪽 아르덴 방면에서 공격하던 프랑스 제3군과 제4군은 공격 초기에는 기습에 성공해 신속하게 진격했으나, 8월 22일에는 독일 제4군과 제5군이 출동함에 따라 두 군대가 정면충돌했다. 이 교전으로 양측 모두 많은 사상자를 냈는데, 독일군의 대포와 기관총 공격에 대한 대비책이 부족했던 프랑스군의 피해가 더 컸다. 전투에 참가한 프랑스 제3식민지 사단은 불과 하루 만에 전체 병력 15만여 명 중 11만여 명을 잃었다. 결국 아르덴강까지 진격하려던 프랑스군은 독일군에 밀려 뫼즈강까지 후퇴하고 말았다. 8월 14일부터 24일까지 벌어진 국경선 전투에서 125만여 명의 프랑스군을 투입했으나, 그중 14만여 명의 사상자가 발생했다. 또한 독일군의 공격 방향이 점차 명확해짐에 따라 제17계획에 의한 프랑스군의 공격은 모두 실패했음이 드러났다.

1914년 8월 초, 프랑스에 도착하자마자 독일군을 저지하기 위해 프랑스 국경에 투입된 영국 원정군은 몽스Mons(네덜란드어 지명 베르헨Bergen)에서 첫 전투를 치렀다. 원래 영국군은 프랑스군 방어선 맨 좌측에서 독일군의 공격을 기다릴 예정이었으나, 영국 원정군 사령관 존 프렌치John French 원수는 영국군을 벨기에 방면으로 진격시켜 8월 22일 콩데몽 운하까지 도달했다. 이곳에서 치러진 몽스 전투는 격렬했다. 기관총이 부족한 영국군은 빠른 소총 사격으로 독일의 밀집 보병을 격파했으나, 독일군의 진격을 저지하지 못하고 곧 철수했다. 같은 시각, 영국군 우익의 프랑스 제5군이 심각한 위험에 빠졌다. 삼브레강과 뫼즈강을 가로지르는 교두보 구축에 성공한 독일 제2군의 대대적인 공세에 직면했기 때문이다. 위기를 직감한 프랑스 제5군이 인명 손실을 예방하기 위해 철수하자, 이어 영국군도 후방으로 이동하기 시작했다. 8월 24일부터 영국군과 프랑스 제5군은 독일군의 추격에서 벗어나기 위한 철수작전을 감행했다. 이때 일부 부대가 독일군에게 따라잡혀 큰 손실을 입었다. 특히 8월 25일 야간에 영국군 제2군단이 르카토Le Cateau에서 독일군에게 따라잡혔다. 철수하라는 명령에 따르지 않던 영국군 일부 부대가 독일군에 맞서 싸우다 고든 하이랜더스 대대를 포함해 약 8,000명의 사상자가 발생했다. 영국군은 최초 10만여 병력을 서부전선에 투입했다가 개전 초기 5개월 동안 전사, 부상, 실종 등으로 90%의 병력을 잃고 말았다.

8월 중순 이후 프랑스군의 참패를 직감한 조프르 장군이 침착하게 반격을 구상했다. 그는 8월 25일 프랑스와 영국군에게 독일군의 공격을 저지할 수 있는 방어선(최초에는 솜강, 이후 마른강으로 변경)으로 철수하라는 명령을 전했다. 또한 벨기에 방면에서 프랑스로 진격하는 독일군을 격퇴하기 위해 제6군을 창설한 뒤 철도를 이용해 파리 북쪽으로 이동시켰다. 9월 초가 되자 조프르 장군의 반격계획이 점차 구체화되었다. 먼저 프랑스군이 낭시Nancy와 베르됭Verdun 정면에서 독일군의 공격을 저지하기 시작했다. 9월 5일에는 제3군과 제4군이 랭스Reims 일부를 상실했으나, 페르디낭 포슈Ferdinand Foch 장군이 지휘하는 제9군이 배치되어 방어선이 형성되었다.

개전 이후 줄곧 공격을 퍼붓던 독일군은 8월 중순 이후 심각한 문제점을 드러냈다. 독일군 우측 전선에 투입된 전투원들은 벨기에 국경을 넘은 뒤 한 달째 쉬지 않고 전투를 치렀다. 게다가 말이 끄는 수송에 의존하던 독일군 보급부대의 진격이 지연됨에 따라 병사들은 굶주리고 목이 말랐다. 특히 가장 멀리 우회해 공격하던 제1군과 제2군은 룩셈부르크에 설치한 총참모본부와 연락이 두절되어 정보 제공 및 작전 수행에 어려움을 겪었다. 이에 따라 몰트케 장군은 개전 직후 일부 계획을 수정해 원래 파리 서쪽으로 우회할 예정이던 제1군을 마른강 방면, 즉 파리 동쪽으로 진격하도록 지시했다. 그런데 독일 제1군이 변경된 공격 방향으로 진출할 경우 조프르 장군이 새롭게 창설한 프랑스 제6군과 파리 수비대에 측방이 노출될 터였다. 조프르 장군의 지시에 의해 퇴각하던 영국 원정군과 프랑스 제5군은 9월 2일이 되자 독일군의 추격을 하루 차이로 따돌리고 마른강까지 철수했다. 이때부터 연합군은 반격의 순간을 기다렸는데, 일부에서는 곧바로 독일 제1군을 공격해야 한다는 주장이 나오기도 했다.

마른Marne 전투는 제1차 세계대전 초기의 전황에 가장 큰 영향을 미친 전환점이었다. 9월 6일 조프르 장군의 명령으로 연합군의 총반격이 개시되었다. 프랑스 제6군이 측방이 노출된 독일 제1군을 향해 돌진하자, 독일 제1군은 소수의 방어 병력만 남긴 채 주력군을 마른강 너머로 철수시켰다. 이후 프랑스 제6군에 더 많은 병력이 증강되자, 비로소 위기에 처했던 파리에 대한 압박이 해소되었다. 포슈 장군이 지휘하는 프랑스 제9군이 곤드 습지에서 필사적인 방어작전을 수행하는 동안 프랑스 제5군은 독일 제2군을 상대로 격전을 치러 격퇴했다. 그사이 영국 원정군에게 독일군의 진격 속도 차이와 프랑스 제6군

프랑스 보병부대의 돌격 장면

의 반격으로 발생한 간격, 즉 독일 제1군과 제2군 사이에 벌어진 틈으로 진격하라는 중요한 임무가 부여되었다. 영국 원정군이 신속하게 그 틈으로 진출하면 독일 제1군과 제2군이 분리될 것이며, 이를 통해 독일 제1군이 완전히 고립되어 연합군에게 포위될 가능성도 있었다. 그런데 독일군 사이로 진격한 영국군은 전황을 제대로 이해하지 못했고, 지나치게 신중하게 작전을 수행하는 바람에 독일군을 타격할 기회를 놓치고 말았다.

룩셈부르크에 설치한 전시 총참모본부에서 지휘하던 몰트케 장군은 정확한 전선 상황을 파악하기 위해 참모장교 리하르트 헨치Richard Hentsch 중령을 전선에 파견했다. 전선에 도착한 헨치 중령은 제2군 사령관과 상황을 논의한 뒤 곧바로 독일군이 우측 전선에서 철수해야 한다고 판단했다. 이에 따라 9월 9일부터 제2군이 철수를 시작했고, 헨치 중령은 직접 제1군에게 철수 명령을 전달했다. 파리 인근까지 진출했던 독일 제1군은 재앙을 피하기 위해 마른강 북쪽으로 병력을 철수할 수밖에 없었다. 이후 전선 상황을 제대로 파악한 몰트케 장군은 독일군 철수 지점을 북쪽의 아인강으로 설정했다. 마른 전투를 계기로 프랑스의 수도에 밀어닥친 위기가 완전히 해소되었고, 서부전선에서 빠른 승리를 계획했던 독일의 희망은 물거품이 되었다. 이후 독일군 총참모장 마케 장군은 해임되었으며, '마른강의 기적'을 이룬 프랑스군 참모총장 조프르 장군은 구세주로 떠올랐다.

1914년 9월 중순, 마른강에서 시작한 연합군의 추격은 아인강까지 철수한 독일군 참호 앞에서 멈췄다. 9월 12일 연합군이 아인강에 도착하자, 독일군은 자연 지형을 이용해 방어선을 설치했다. 연합군은 공격 속도와 리듬을 유지하기 위해 곧장 공격에 나섰으나 화력을 앞세운 독일군에 의해 저지되었다. 이후 독일군이 반격에 나섰으나 곧바로 연합군에게 격퇴당했다. 이처럼 서로 정면 공격이 좌절되자, 양측은 그 자리에서 잠시 정지한 뒤 참호를 파기 시작했다. 때때로 서로의 측방을 공격하기 위해 기동하기도 했다. 하지만 그때마다 양측은 병력을 보충했고, 양측의 참호가 서로 마주 보는 형태로 만들어졌다. 머지않아 스위스에서 대서양 해안까지 이어지는 약 740km에 이르는 기나긴 참호선이 등장했다. 이후 3년 동안 양측은 참호를 잘 정비된 방어체계로 발전시켰다. 이처럼 갑자기 전선이 교착되자 양측 지휘관들은 적의 점령 지역 중 요충지를 점령하거나, 적의 방어선에서 가장 취약한 부분을 대규모 공세를 통해 돌파구를 형성한 뒤 종심縱深 깊게 진출해 적 방어 병력을 양분하거나 신속한 기동으로 포위해 섬멸하려는 생각을 갖게 되었다.

독일군과 연합군이 참호를 중심으로 방어선을 구축한 1914년 9월 중순 이후, 양측 모두 가장 중요한 지역으로 선정한 곳은 프랑스 북부의 이프르Ypres 지역이었다. 필사의 항전을 하던 벨기에군이 9월 말 독일에 항복하자, 조프르 장군은 이프르 지역을 북프랑스와 벨기에를 해방하기 위한 요지로 선정했다. 영국군은 이 지역을 방어하기 위해 보병 7개 사단, 기병 3개 사단을 투입했다.

1914년 9월, 이프르 참호에서 휴식 중인 독일군(좌)

스위스에서 벨기에 해안까지 구축된 참호(우)

반면 독일군 신임 총참모장 에리히 폰 팔켄하인Erich von Falkenhayn 장군은 됭케르크, 칼레, 불로뉴의 항구를 반드시 점령할 지역으로 선정한 뒤 작전계획을 수립했다.

1914년 10월 독일군의 대규모 공세로 제1차 이프르 전투가 시작되자, 병력이 열세였던 연합군은 도시 정면과 측면에 병력을 집중 배치해 이프르 돌출부를 방어하려 했다. 그리고 시간이 지날수록 얕은 참호를 만든 뒤 돌담, 배수로, 마을 주택 등을 이용해 방어진지를 강화했다. 10월 중순까지 계속된 공방전에서 연합군은 일부 영토를 빼앗겼으나 독일군의 공격을 성공적으로 저지했다. 그런데 10월 말 독일군이 새로운 방면에서 이프르를 공격하자, 심각한 인명 손실을 입은 채 방어하던 영국군이 절체절명의 위기를 맞았다. 다행히 인접한 프랑스군의 시기적절한 병력 증원으로 방어를 계속할 수 있었다. 하지만 이프르 지역의 병력 부족 문제는 인도군 병력이 증원된 11월 중순에야 비로소 완전히 해소되었다.

이프르 전투는 독일군에게 큰 충격을 주었다. 팔켄하인 장군은 이프르 전투 직후 황제 빌헬름 2세에게 독일군이 더 이상 서부전선에서 승리할 수 없다고 보고했다. 이후 독일군 최고사령부는 동부전선에서 러시아에 대한 공세에 집중하는 동안 서부전선에서는 강력한 참호체계를 구축한 후 전세를 관망하는 것이 최선이라고 판단했다. 프랑스군은 12월에 독자적으로 샹파뉴와 아르투아 등에서 공격을 시도했으나 별다른 성과를 거두지 못하고 공세를 멈췄다. 그사이 전투가 없는 곳에서는 병사들이 참호를 파고 지하로 들어갔는데, 시간이 지날수록 양측의 참호는 강화되고 연결되고 확장되었다.

2 동부전선의 전황

동부전선의 전쟁은 1914년 8월 중순 러시아의 동프로이센 침공으로 시작되었다. 프랑스와의 합의를 존중한 러시아는 병력 동원이 완전히 이루어지지 않은 8월 15일 독일을 향해 진격했다. 러시아군은 독일과 오스트리아-헝가리를 동시에 공격했는데, 특히 독일을 공격하기 위해 동프로이센 방면에 제1군과 제2군을 투입했다. 독일은 1914년 전쟁계획에 따라 8개 군 중 7개 군을 서

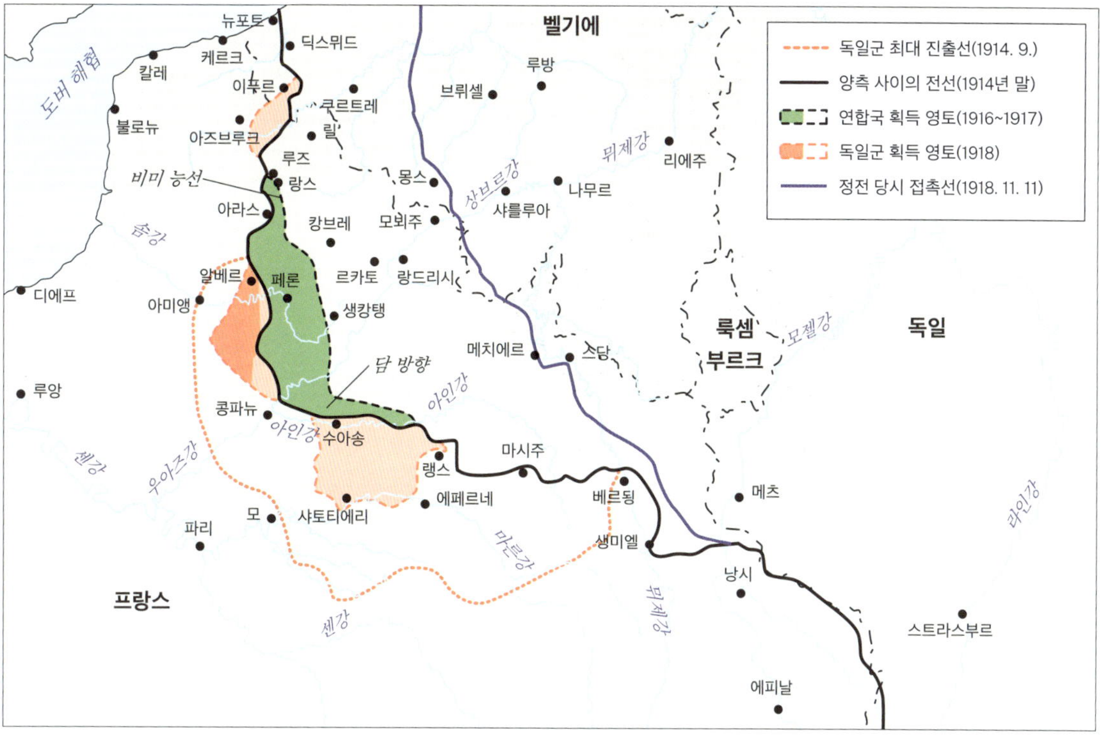

제1차 세계대전 중 프랑스 국경지대의 전황

부전선에 투입하고, 동부전선에는 막시밀리안 폰 프리트비츠Maximilian von Prittwitz 장군이 지휘하는 제8군을 배치했다. 제8군의 임무는 독일 주력군이 서부전선에서 승리한 이후 동부전선으로 이동할 때까지 러시아군의 공격을 저지, 격퇴하는 것이었다.

러시아군이 독일 영토로 진입했을 때 독일 제8군은 준비한 방어진지를 포기하고 적의 제1군을 기습했다. 하지만 오히려 제1군에게 당해 굼비넨Gumbinnen에서 패퇴하고 말았다. 이어서 러시아 제2군이 마수리아 호수 남쪽으로 진격하자, 당황한 제8군 사령관은 주력군을 비스와강으로 철수시켰다. 동부전선 상황이 악화되자 독일군 최고사령부는 프리트비츠 장군을 해임하고 후임 사령관에 파울 폰 힌덴부르크Paul von Hindenburg 장군을 임명하고, 에리히 폰 루덴도르프Erich von Ludendorff 장군을 참모장에 임명했다. 두 사람은 동부전선으로 이동하면서 제8군 참모들이 고심하는 반격작전을 성사시키기 위해 구체적인 작전계획 수립에 착수했다. 초기 굼비넨 전투 이후 러시아 제1군이 더 이상 전진하지 않을 것으로 판단한 힌덴부르크 장군은 제8군 주력군을 러시아 제2군

독일의 군인이자 정치가인 파울 폰 힌덴부르크(좌)

탄넨베르크 전투 중에 행군하고 있는 독일군 (출처: Bundesarchiv, Bild 183-R36715 / CC-BY-SA 3.0 DE)

에 투입하기로 결정했다. 그가 이렇게 결정한 과정에는 공중 정찰을 통해 수집한 러시아군 배치와 주둔 현황, 암호화하지 않고 평문으로 전송한 러시아군의 무전 내용 등이 중요한 영향을 미쳤다.

독일 제8군은 8월 23일 오후부터 러시아 제1군 정면에 소수의 기병대와 예비 병력만 남겨둔 채 1개 군단을 기차를 이용해 러시아 제2군 남쪽 방면으로 이동했고, 다른 부대들은 굼비넨 방면에서 제2군을 압박했다. 독일군의 이 같은 기동을 예상치 못한 러시아 제2군은 계속 진격해 독일군의 포위망 안으로 들어왔는데, 이 과정에서 북쪽의 제1군과 접촉하거나 정보를 공유하지 않았다. 마침내 8월 26일부터 러시아 제2군에 대한 독일군의 측면 공격이 시작되었다. 이틀 후에는 독일 주력부대가 러시아 제2군의 퇴로를 완전 봉쇄한 뒤 포위망에 갇힌 러시아군을 섬멸했다. 1914년 8월 말, 탄넨베르크Tannenberg에서 러시아 주력군을 섬멸한 독일은 동부전선의 위기를 일시적으로 해소했다.

개전 직후 러시아-세비르아 연합군의 공격에 맞선 오스트리아-헝가리군은 심각한 패배를 겪었다. 개전 이전에 방어 병력의 주력군을 남쪽 세르비아군의 공격에 대비해 배치했던 오스트리아-헝가리 군대는 정작 러시아군이 동쪽에서 침공하자 세르비아 방면에 배치한 주력군을 동부 갈리치아 지방으로 전환하는 과정에서 혼란을 겪었다. 러시아군이 갈리치아 지역으로 이동하던 오스트리아-헝가리 제2군을 포위하려 하자, 오스트리아-헝가리군은 곧장 서쪽으로 후퇴해 겨우 포위는 면했다. 하지만 그 과정에서 약 15만 명에 이르는 병력이 투항했다. 오스트리아-헝가리군은 9월 말이 되어서야 비로소 전선을 안정시켰지만, 불과 한 달 사이에 병력의 절반 이상이 감소했다. 전쟁이 발발하기 이전에 독일군은 오스트리아-헝가리군이 폴란드 방면에서 러시아를 압박하거나 독일에 대한 러시아의 공격을 저지해줄 것을 기대했다. 하지만 불과 개전 한 달 만에 오스트리아-헝가리는 독일군의 도움이 필요한 군대로 전락했다. 결국 12월에 접어들어 독일의 지원으로 오스트리아-헝가리 제국의 전선은 안정되었으나 막대한 인명 손실이 발생해 차후 작전에 큰 차질이 생겼다.

한편 1914년 8월, 제1차 세계대전이 발발하자 오스만 제국은 독일과 비밀조약을 체결했다. 전통적으로 오스만 제국을 압박하던 러시아에 대항하기 위해서였다. 독일은 수시로 오스만 제국을 동맹국으로 끌어들이기 위해 전함을 지원하는 등 노력했다. 특히 지중해와 흑해에서 오스만 제국 해군과 연합작전을 계획하기도 했다. 10월 29일에는 독일-오스만 연합해군이 세바스토폴을 포함한 러시아 흑해 항구를 공격했다. 이를 통해 오스만 제국이 제1차 세계대전에 공식 참전했다. 흑해에서 시작된 오스만 제국의 참전은 차후 전쟁의 진행과 경과에 영향을 미쳤을 뿐 아니라 이라크, 시리아, 팔레스타인, 이집트를 포함한 중동 지역에 큰 파장을 몰고 왔다.

1914년 8월 유럽 대륙에서 전쟁이 시작되자, 이 전쟁은 곧바로 전 세계에 흩어져 있는 유럽 제국의 식민지와 전초기지에도 영향을 미쳤다. 독일 해군력을 우려한 영국은 동아시아를 전쟁에 끌어들였다. 독일 해군의 동아시아 함대가 인근 지역을 항해하는 자국 상선을 위협할까 우려해 일본에 지원을 요청한 것이다. 영국의 요청을 받은 일본은 8월 23일 독일에 선전포고한 뒤, 칭다오青島에 위치한 독일군 요새를 점령하기 위한 작전계획을 수립했다. 영국은 톈진天津에 주둔하고 있던 병력을 일본군에 합류시켜 칭다오 점령 작전을 지원했다. 그러나 독일이 동아시아 함대를 칭다오 방어작전에 투입하지 않기로 결정함에 따라 해상 전투는 신속하게 종료되었다. 이후 일본은 독일군 요새를 점령하기 위해 칭다오 북쪽 130km 떨어진 룽커우만에 상륙해 보급기지를 세우더니, 9월 18일에는 칭다오 항구 동쪽 25km 지점에 도착해 공격할 준비를 했다. 240mm 야포를 동원해 공격한 일본군은 불과 5시간 만에 독일군 요새를 함락시켰다.

III

1915~1916년 전황

1 장기화되는 전쟁

1914년 8월에 시작된 전쟁은 서부전선에서 전선 교착과 참호의 등장으로 양측 모두 '빠른 승리'에 대한 환상을 포기해야 했다. 1915년 초 재개된 군사 작전은 대규모 병력과 막대한 자원이 소요되는 소모전 양상으로 전개되었다. 참전국은 전장에서 대규모 군대를 유지하고 군수물자를 원활히 공급하기 위해 민간 사업자에 의존했고, 각국 정부는 각종 원자재 통제, 노동력 동원 등을 통해 군수물자 동원에 만전을 기했다. 영국은 해상 봉쇄를 통해 독일을 포함한 동맹국의 주요 원자재의 수입을 막았는데, 이를 통해 동맹국의 산업과 생산에 큰 타격을 주었다. 연합국의 해상 봉쇄 이후 비상사태에 돌입한 독일은 전시물자국Kriegsrohstoffabteilung을 신설해 군사 명령을 이행하는 산업체들이 필요한 물자를 공급받을 수 있도록 조처했고, 탄광과 공장 등에서는 벨기에와 프랑스 북부 점령지의 자원을 최대한 이용했다. 산업화가 저조했던 러시아는 전장에 투입한 군대에 대한 보급과 병참 지원에 많은 차질이 생겼다. 1915년 설립한 전쟁산업위원회를 통해 일부 보급 상황을 개선했는데, 그제야 비로소 모든 병사에게 소총을 지급했다. 항구와 항로가 개방된 영국과 프랑스는 전 세계로부터 원자재와 생산재를 수입할 수 있었다. 특히 개전 직후부터 미국에서 유입되는 막대한 물자와 장비, 무기 등이 전쟁 수행에 중요한 역할을 했다.

전쟁이 장기화되자 모든 참전국은 병력 동원과 산업 생산 체계 개편에 주력했다. 이 과정에서 전통적으로 남성이 담당하던 군수품 관련 산업에 많은 여성이 투입되었다. 군수공장에 수많은 여성이 근무했고, 버스와 택시 운전에도 여성이 투입되었다. 영국에서 상업과 산업에 종사하는 여성은 전쟁 기간 동안 300만 명에서 500만 명으로 증가했으며, 1918년 독일에서는 여성이 산업 노동력의 절반 이상을 담당했다. 프랑스는 산업 생산을 늘리기 위해 숙련된 노동자들을 전선에서 다시 공장으로 이동시켰으며, 영국은 지원병제를 포기하고 국가등록부를 도입해 업종별 인력 배치를 원활하도록 했다. 한편으로는 전쟁 자금을 조달하기 위해 세금 인상과 대규모 국가 채권을 발행했다. 각국 정부는 충원한 자금을 전시 생산에 쏟아붓는 동시에 인플레이션을 억제하려 했다. 하지만 효과는 크지 않았다.

1914년 말부터 서부전선과 동부전선 가릴 것 없이 전투와 생활이 주로 참호에서 이루어졌다. 1915년 말에는 벨기에 해안에서 스위스까지 약 740km의 기나긴 참호선이 형성되었고, 동부의 발트해에서 카르파티아산맥까지 약 1,300km에 이르는 곳에도 참호가 만들어졌다. 그 밖에도 이탈리아 북부, 튀르키예 갈리폴리반도, 팔레스타인, 캅카스 등에도 각 지역의 특성에 맞는 참호가 등장했다. 개전 이전에 참호를 구축하기 위한 준비가 전혀 없었던 것은 아니지만, 전선에 등장한 참호는 기관총과 포화에 맞서는 전투원의 실질적인 필요에서 생겨난 산물이었다. 전선이 교착된 이후 각 군대는 표준 교범을 마련해 참호를 구축하는 지침과 장비를 제공했다.

처음에 일시적인 조치로 등장한 참호는 시간이 지날수록 전투원의 생활공간으로 자리 잡았다. 대체로 참호는 전투원이 설 수 있을 만큼 깊어 적에게 저격당할 염려가 없었다. 적의 포탄이나 박격포의 표적이 되지 않을 만큼 폭이 좁았고, 적을 향해 사격할 수 있도록 전면에 사격호가 구축되었다. 그런데 시간이 지남에 따라 복잡한 참호 시스템이 등장했다. 양측 모두 전선 전방을 향해 땅속으로 파고 들어가 전초선을 구축하고, 후방에 전선과 평행한 지원선과 예비 참호를 만들었다. 전선과 후방은 통신 참호로 연결했다. 일부 중요 지역에서는 콘크리트로 구축한 참호, 위장 기관총 포대 등 종심 깊고 복잡한 방어체계가 등장했다.

참호 생활은 지역과 시기, 기후 조건에 따라 달랐으나, 대체로 고통스러워 즐겁고 기쁜 것과는 거리가 멀었다. 쥐를 포함한 다양한 해충과 함께 생활하기 일쑤였고, 우기와 습한 날씨로 곧잘 범람하기도 했다. 겨울에는 추운 날씨로 동상에 걸리는 병사도 많았다. 전방 참호에 투입된 병사들은 저격수나 포탄의 위협 속에 전투와 경계 임무에 나섰다. 감시 초소에서는 주야에 걸쳐 적을 감시하고 정찰했으며, 교전이 발생할 경우 즉시 전투 태세를 갖추었다. 전투원들은 전선 참호에서 일주일 정도 근무한 후 곧바로 예비선이나 후방에 배치해 전선의 탄약 운반 같은 임무를 맡겼다. 교대 근무를 통해 참호 근무의 지루함을 달래거나 전투에 대비해 시의적절한 병력 보충훈련을 반복했다.

1915년 개시된 연합군의 제1차 샹파뉴Champagne 공세와 뇌브샤펠Neuve Chapelle 전투에서는 참호전 초기의 양상이 드러났다. 양측이 공격을 통해 얻은 것은 거의 없는데 심각한 인명 손실이 발생한 것이다. 프랑스군 참모총장 조프르 장군은 1915년 초에도 공세를 통해 독일군을 격퇴할 수 있다고 생각했다. 그는 남쪽의 샹파뉴와 북쪽의 아르투아 방면에서 연합군이 대대적으로 공격하면 베르됭과 릴 사이의 넓은 전선에서 수세에 몰려 있던 독일군이 철수할 것으로 예상했다. 그에 따라 프랑스군은 1914년 12월 말 샹파뉴 전선에서 독일군을 압박했다. 이렇게 시작된 제1차 샹파뉴 공세는 이듬해 3월까지 계속되었다. 하지만 프랑스군 공격부대는 참호에 의지해 방어선을 고수하던 독일군을 돌파할 수 없었다. 이 전투에서 프랑스군은 9만 명의 인명 손실을 입었으나, 독일군은 고작 3km쯤 후방으로 이동한 후 더욱 견고한 참호선을 구축했다.

제2차 이프르 전투에서는 독일군이 연합군의 방어선을 돌파하기에 앞서 염소가스를 사용해 모두를 놀라게 했다. 4월 22일 오후 이프르 전선에 배치된 독일군 가스부대가 바람을 이용해 염소가스를 연합군 쪽으로 날려 보냈다. 황록색 가스가 연합군 참호선으로 날아오자, 가스에 노출된 전투원 중 탈출한 사람은 거의 없었다. 참호에 있으면 염소를 마신 폐가 손상되어 사망하거나, 가스를 피해 참호를 탈출하면 독일군의 포격과 기관총에 노출되었다. 염소가스가 연합군 전선 후방으로 이동하자 공포에 빠진 병사들이 전선을 이탈했다. 그 결과 연합군 방어선에 약 6km의 틈이 생겼다. 그 틈을 이용해 가스 마스크를 착용한 독일군 부대가 진격했다. 연합군이 예비대를 투입해 전방의 간격을 메우고 반격을 개시하면서 독일군의 공세는 멈추었다. 반격에 성공한 연합군 병력이 가스가 남아 있는 지역에 들어선 이후에도 가스 때문에 죽거나 고통을 호소하는 병사들이 많았다. 이프르 전투에서 독일군이 사용한 염소가스 공격은 연합군 지휘부를 당혹스럽게 만들었다. 독일군은 1915년 5월 말까지 여러 차

1917년 9월 이프르 지역의 참호에서 방독면을 쓰고 있는 호주군 보병들

례 염소가스 공격을 재개해 영국 제2군을 압박했다. 덕분에 최대 3km까지 전진해 수많은 인명 피해를 입혔다. 하지만 독일군은 가스 공격이 성공했는데도 서부전선 전체의 전황에 영향을 미칠 만큼 결정적인 전과는 달성하지 못했다.

1915년 5월에는 개전 이후 줄곧 중립을 유지하던 이탈리아가 영국 및 프랑스와 연대 강화 등을 이유로 삼국동맹에서 탈퇴하더니, 오스트리아가 점령해온 남티롤 지역 점령 등을 명목으로 오스트리아-헝가리 제국에 전쟁을 선포했다. 이탈리아의 선전으로 오스트리아-헝가리 제국은 러시아, 세르비아, 이탈리아를 상대로 세 개의 전선에서 전쟁을 지속해야 하는 부담을 안게 되었다. 선전포고 직후 이탈리아 군대는 이손초 전선에서 오스트리아-헝가리 군대와 충돌했는데, 이곳에서만 이탈리아군 약 50만 명의 사상자가 발생했다.

호주와 뉴질랜드는 1914년 유럽 대륙에서 전쟁이 발발하자 독일에 대항해 참전하기로 결정했고, 그해 10월 두 국가 병력을 수송하는 선박이 중간 기착지인 이집트를 향해 출발했다. 호주-뉴질랜드 군단ANZAC으로 명명된 이 부대는 1915년 4월 튀르키예 남쪽의 갈리폴리반도에 투입되었다. 서부전선이 교착상태에 빠지자 연합군은 지중해 방면의 오스만 제국을 압박했는데, 여기에 영국군이 지휘하는 호주-뉴질랜드 군단이 투입되었다. 참전 직후 호주와 뉴질랜드 군인들은 특유의 적극성과 용맹스러운 태도로 전투에 임했다. 하지만 점차 전황이 교착상태에 빠지자 영국군 지휘부에 대한 실망감과 불만이 치솟았다. 특히 1915년 8월 영국군 지휘관이 무리하게 시도한 공격에서 수많은 사상자가 발생하자, 원정군 내부는 물론 본국에서도 비판이 제기되었다. 호주-뉴질랜드 연합군은 1916년 1월까지 지속된 갈리폴리 전투에서 25만 명의 사상자를 내고 완전히 철수했고, 봄부터 서부전선으로 이동해 새로운 전선에 투입되었다.

1915년 초 러시아와 독일은 상호 대칭적인 공세를 구상했다. 러시아는 북쪽의 동프로이센과 남쪽의 카르파티아산맥을 통해 헝가리로 진격하려 했고,

독일군과 오스트리아-헝가리 군대는 동프로이센의 마수리아 호수 방면으로 진출하려 했다. 독일과 오스트리아-헝가리 연합군은 2월 초 마수리아에서 러시아 제10군을 함정에 빠뜨려 포위하려 했다. 하지만 계획과 달리 1개 군단을 포위하는 데 그치고, 러시아 제10군은 무사히 탈출해 전선이 복구되었다. 러시아군은 카르파티아 방면에서 133일 동안 지속된 포위공격으로 프셰미실Przemyśl 요새를 점령하고 오스트리아-헝가리군 병력 12만 명을 포로로 잡았으나 결정적인 승리는 거두지 못했다.

1915년 5월 들어 독일과 오스트리아-헝가리 연합군이 카르파티아산맥과 비스와강 사이의 간격을 이용해 고를리체-타르누프Gorlice-Tarnów 방면으로 공세를 폈다. 그런데 이 지역을 담당한 러시아 제3군의 전투 준비가 미흡해 공격이 시작되자 군사들이 흩어져 철수하기 시작했다. 6월까지 계속된 철수와 반격으로 막대한 인명 피해를 입은 러시아군이 남쪽으로 완전히 물러서자, 7월 초에는 독일과 오스트리아-헝가리군이 갈리치아를 완전히 장악했다. 이후 독일은 동부전선에서 깊숙이 진출한 러시아군을 포위, 격멸하려 했다. 독일군의 작전 의도를 파악한 러시아군은 점령 지역을 포기하고 병력을 안전하게 유지하기 위해 신속하게 철수했다. 9월에 접어들어 러시아군은 안정된 방어선을 구축할 수 있었으나 그 과정에서 심각한 인명 손실을 입었다.

1916년에 접어들자 신속하고 결정적인 몇 차례 전투에서 적을 격멸해 전쟁에서 승리하리라는 기대감이 사라졌다. 그 대신 전쟁은 적에게 더 많은 손실과 피해를 입혀 항복하도록 압박하는 '인내의 경쟁'으로 변했다. 연합군은 1916년에도 모든 전선에서 동시에 우세한 전투력을 동원해 독일과 동맹국을 최대한 압박했다. 하지만 영국이 주도한 독일과 동맹국에 대한 해상 봉쇄와 전선 압박은 큰 효과가 없었다. 연합국의 해상 봉쇄로 식량과 원자재가 부족한 동맹국 국민은 고통을 겪었으나, 그 고통이 동맹국 군대의 전투력에 결정적인 영향을 주지는 않았다. 독일은 영국의 해상 봉쇄에 맞서 무제한 잠수함 작전을 구상했다. 이것은 전쟁의 교착상태를 타개하기 위해 고민 끝에 채택한 전략이었다. 특히 1916년 후반에 전쟁의 주도권을 장악한 힌덴부르크와 루덴도르프는 전쟁 활동을 극대화하기 위한 산업, 노동, 자원의 국가 통제와 무제한 잠수함 작전을 통해 군사적 승리를 거둘 수 있을 것으로 생각했다. 따라서 이들은 교착된 서부전선 대신 동부전선에서 러시아를 먼저 격파한 다음 미국이 참전

전선으로 향하는 러시아군

하기 전에 서부전선에서 결정적인 공세를 펼 작정이었다.

1915년 말 막대한 인명 피해를 입고 자국으로 철수했던 러시아는 1916년 들어 대규모 공세를 재개했다. 가장 성공적인 작전은 알렉세이 브루실로프 Aleksey Brusilov 장군이 주도한 공세였다. 러시아군 지휘부는 서부전선에서 영국군이 주도하는 솜 전투와 동시에 동부전선에서 전선을 압박하려 했다. 이 같은 상황을 고려한 브루실로프 장군은 러시아군의 공격전술이 지나치게 좁은 정면에 국한했기 때문에 실패하는 경우가 많았다고 분석하고, 새로운 공세에서는 예하부대를 4개로 나눠 공격하되 각 부대의 간격을 충분히 벌려 넓은 정면에서 적을 압박하려 했다. 또한 그는 보병과 포병의 수적 우위를 포기하는 대신 빠른 속도로 적의 방어선을 돌파해야 한다고 판단했다. 이를 위해 예하부대의 철저한 훈련이 필수적이었는데, 병사들은 신속한 기동작전에 대비한 훈련을 했다. 이와 더불어 러시아군의 보급 상황이 호전됨에 따라 예전과 달리 모든 전투원에게 소총이 지급되어 전투력이 향상되었다.

6월 4일 러시아군은 오스트리아-헝가리군을 기습했다. 러시아군의 공격 준비 포격은 짧고 정확했으며, 러시아군 보병부대는 신속하게 오스트리아-헝가리군의 참호선을 돌파했다. 강력한 러시아군의 공세에 내몰린 오스트리아-헝가리군은 제대로 저항도 못하고 혼란에 빠져 후퇴했다. 러시아군은 공격 개시 일주일 만에 약 65km를 진격했다. 이 기간에 오스트리아-헝가리군은 약 20만 명의 포로가 발생했다. 강력한 러시아군의 공세에 직면한 오스트리아-

헝가리군 참모총장 콘라트 폰 회첸도르프Conrad von Hötzendorf 장군은 이탈리아 전선에 투입한 군대를 회군시키고 독일에 병력 지원을 요청했다. 브루실로프 장군이 주도한 공세가 성공을 거두었는데도 본국의 지원을 받지 못한 러시아군은 더 큰 승리를 거둘 수 없었다. 또한 서부에서 증원된 독일군이 동부전선에 도착하자 러시아군의 공격 성공 빈도가 줄어들었고, 그 과정에서 수많은 사상자가 발생했다. 1916년 전투에서 큰 타격을 입은 오스트리아-헝가리 군대는 1916년 9월부터 독일군의 통합 지휘를 받는 처지로 전락했다.

2 베르됭 전투

1916년 초 독일군 지도부는 전선의 중요 지점에서 프랑스군을 공격해 막대한 손실을 입힌 뒤 프랑스군 전체가 항복하도록 유도하고, 이를 계기로 영국이 전쟁에서 이탈하도록 압박해야 승리할 수 있다고 판단했다. 이러한 작전 구상에서 독일이 선정한 지점이 베르됭Verdun 전선이다. 1916년 2월부터 약 7개월간 지속된 베르됭 전투는 제1차 세계대전 기간 중 단일 전투에서 가장 많은 인명 손실이 발생했다.

독일군 참모총장 팔켄하인 장군은 베르됭 전선에서 영토 점령이 아닌 프랑스군을 공격해 전투 의지를 분쇄하려 했다. 프랑스군이 베르됭에서 막대한 인명 피해를 입으면 연합군 전체에 치명적인 타격이 전해질 것으로 예상한 것이다. 이 같은 목표를 달성하기 위해 독일군은 1916년 초부터 베르됭 전선에 420mm 곡사포를 포함한 다양한 구경의 포병화기와 각종 포탄 약 250만 발을 집결했다. 프랑스군은 항공정찰을 통해 독일군이 조만간 베르됭을 향해 정면 공격할 것을 예측하고 2개 사단 병력을 증원하는 등 철저히 대비했다.

2월 21일 시작된 베르됭 요새에 대한 독일군의 공격 준비 사격은 7시간 동안 지속되었다. 강력한 포격으로 프랑스군 참호가 파괴되고, 통신선과 보급로가 끊어졌다. 포격이 끝난 후 공격을 시작한 독일군 보병부대는 수류탄과 화염병을 사용해 프랑스 병사들을 참호와 벙커에서 몰아냈다. 그 결과 이틀 후 베르됭 인근 프랑스군 병력이 절반으로 줄어들었고, 탄약과 식량을 포함한 보급품도 바닥났다. 독일군은 2월 25일 베르됭 전선에서 가장 규모가 큰 두오몽 요

베르됭 전투 중에 차량에 장착한 프랑스의 대공포

새를 점령했다.

두오몽 요새를 상실한 프랑스군은 필리페 페탱Philippe Pétain 장군을 베르됭 방면 사령관에 임명한 뒤 독일군의 추가 진격을 저지하기 위한 작전에 나섰다. 우선 문제가 많았던 보급체계를 개선하고, 차후 전투를 지속하기 위해 후방 보급로를 정비했다. 이와 더불어 병력 50만 명과 말 20만 마리를 증원했으며, 전투부대의 사기를 고려해 전투원이 8일 이상 전선에서 지내면 반드시 교대하도록 규정했다. 이와 같은 노력으로 3월 초가 되자 프랑스군의 사기가 회복되었고, 증강된 포병 화력으로 독일군의 진격을 저지했다. 독일군은 5월 초까지 뫼즈강 서안의 코트 304 고지와 인근 능선 방면을 일시적으로 점령했으나 독일군 역시 막대한 인명 피해를 입었다. 이후에도 5월 말에 두오몽 요새를 탈환하기 위한 프랑스군의 반격, 6월 초에 보 요새를 점령하기 위한 독일군 공격 등이 이어졌다. 하지만 양측의 공격은 모두 상대의 방어를 압도하지 못했다.

팽팽하게 전개되던 베르됭 전투는 7월 들어 전환점을 맞았다. 6월에 동부전선에서 시작된 러시아군의 공세와 7월 초 시작된 영국군의 솜 공세로 독일군이 일시적으로 수세로 전환했기 때문이다. 팔켄하인 장군이 주도한 독일군의 베르됭 대공세는 더 이상 유지하기 힘들었으며, 8월 말에는 팔케하인 장군이 총참모장에서 해임되었다. 프랑스군은 베르됭 지역 사령관으로 임명한 로베르 니벨Robert G. Nivelle 장군의 지휘 아래 성공적인 반격작전을 개시했다. 10

베르됭 전투(1916. 2. 21~1916. 12. 16) 진행 경과

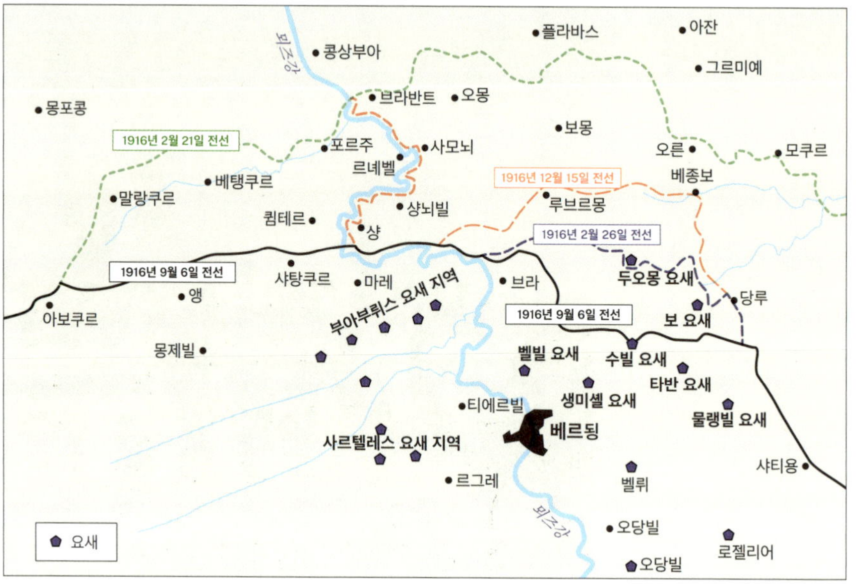

월 24일 포병과 보병이 연합해 두오몽 요새를 탈환하고, 9일 후에는 보 요새를 탈환했다. 1916년 12월에는 프랑스군이 베르됭 전투가 시작되기 전의 위치로 복귀했다. 약 7개월간 계속된 전투에서 발생한 프랑스군과 독일군의 전사자 수는 약 30만 명으로 추산되었다.

3 솜 전투

독일군이 베르됭 지역에서 프랑스군을 압박하던 시기에 영국군은 대규모 공세를 계획했다. 프랑스군에 대한 압박을 해소하고, 서부전선에서 가장 강력하게 구축한 것으로 알려진 솜Somme 지역의 독일군 방어선을 돌파해 전 독일군에게 충격을 주기 위해서였다. 영국군은 1916년 7월 초 솜 지역에 대한 공격에 대비해 1,000문 이상의 포를 동원했다. 이 포들은 전 전선에 넓게 분산해 사용할 계획이었다. 하지만 포탄 제조를 서두르는 과정에서 불량포탄이 발생해 실제로 발사한 포탄 150만 발 중 약 1/3이 불발되었다. 당시 솜 지역을 방어하는 독일군은 연합군의 포격으로부터 병력을 보호하기 위해 깊게 파놓은 요새화된 거점 등 강력한 방어시설을 준비했다. 그 결과 8일간 계속된 솜 정면에

솜 전투(1916. 7. 1~1916. 11. 15) 진행 경과

대한 영국군의 공격 준비 포격은 안전하게 구축한 벙커에서 대기하는 독일군 방어 병력에 별다른 충격을 주지 못했다.

7월 1일 오전 7시 30분, 영국군 보병부대의 대대적인 공세가 시작되었다. 이 공격에는 영국에서 막 도착한 수많은 병력이 투입되었는데, 영국군 중에는 엄폐와 엄호가 불가능한 개활지에서 공격대형을 갖추고 적을 향해 진격하는 부대도 있었다. 일부 포병부대가 전진하는 보병부대 전면에 포탄을 쏘아 지원했다. 하지만 결정적으로 적과 맞부딪치는 순간에 아군에게 필요한 화력이 지원되는 경우는 드물었다. 영국군 포병부대의 지원사격이 종료된 바로 그 순간, 오랫동안 참호에서 기다리던 독일군이 기관총과 박격포, 소총으로 공격하는 영국군을 격퇴했다. 독일군 참호 전면에 설치한 철조망에 가로막히고, 각종 화기와 기관총 공격에 직면한 영국 보병들은 은폐와 엄폐가 어려운 개활지에서 무참히 희생되고 말았다. 세르 거점 정면에서 공격하던 이스트 랭커셔 연대는 불과 1시간 만에 720명 중 584명이 죽거나 다치거나 실종되었고, 보몬트하멜 정면을 공격한 뉴펀들랜드 연대는 780명 중 68명만 무사했다. 1916년 7월 1일, 솜 공세 첫날에 영국군은 하루 사상자로는 가장 큰 5만 8,000여 명의 인명

1917년 9월, 기요몽 전투 후 부상으로 고통스러워하는 독일 포로를 지켜보는 영국 포병들

손실을 기록했다.

영국군이 전쟁의 획기적인 돌파구를 마련하기 위해 솜 정면에서 시도한 공세가 제대로 성과를 거두지 못하자, 전투 양상은 대규모 소모전으로 전개되었다. 솜 지역에서 초기 공세 이후 양측은 수개월 동안 언덕과 숲, 작은 마을들을 점령하거나 전술적으로 이용하기 위해 숱한 공격과 반격 작전을 실시했다. 그 과정에서 양측 모두 막대한 피해가 발생했다.

솜 정면의 독일군 방어진지를 돌파하려는 시도가 막히자, 영국군 지휘관들은 문제를 해결하기 위해 고심했다. 우선 항공기를 운용해 독일군 방어 위치를 정찰하고, 그 결과를 바탕으로 영국군 포병부대가 화력을 운용하자 포격의 효과가 향상되었다. 또한 전투 초기에는 원활하지 않았던 보병과 포병 사이의 협력이 점차 원활해져 영국군 포병부대가 독일군 방어부대를 강타하는 사이에 보병부대가 적진에 더 가깝게 접근해 공격하는 경우도 늘어났다. 그러던 중 9월 15일 공격에서 영국군이 32대의 전차를 투입해 적의 참호선 돌파를 시도했다. 전혀 예상치 못한 형상을 한 무기체계가 등장하자 독일 병사들은 일시적으로 충격을 받았다. 하지만 영국군이 투입한 초기 형태의 전차들은 대부분 고장으로 멈추거나 구덩이에 빠져 움직이지 못했다. 소수의 전차만 보병 전면에서 돌진해 목표에 도달하는 데 성공했다. 가을로 접어들면서 솜 지역에 시작된 강수로 전장이 진흙탕으로 변했다. 약 5개월에 걸친 솜 공세에서 영국군은 고작 12km를 전진했을 뿐 목표 달성에는 실패했다.

IV

1917~1918년 전황과 종전

1 미국의 참전과 니벨 공세의 실패

1917년에 접어들자 전쟁은 새로운 양상으로 전개되었다. 동부전선이 소강상태에 들어갔고, 서부전선도 베르됭과 솜 등 대규모 공세 후 발생한 인명 피해와 물자 손실로 또 다른 대규모 공세를 계획할 엄두를 못 내고 있었다. 다만 양측은 참호를 중심으로 구축한 적의 방어선을 돌파하기 위한 방법들을 구상했다. 여기에는 전차와 항공기를 비롯한 새로운 무기체계를 이용한 해법, 보병과 포병, 공병부대가 함께 협력하는 합동 공격으로 적의 방어선을 돌파하는 전술적 해법 등이 포함되었다. 교착된 전선을 타개하기 위한 새로운 방법들을 모색하던 중 발생한 가장 큰 사건은 러시아의 전선 이탈과 미국의 참전이었다.

1917년 2월 러시아에서 혁명이 발생한 직후 들어선 임시정부는 내부의 급진적 변화에 대한 요구를 뿌리치고 지속적으로 전쟁 활동에 활력을 불어넣으려 했다. 하지만 알렉산드르 케렌스키Alexander Kerensky가 주도하는 공세가 실패로 끝난 후 일부 전선에 투입된 러시아군 부대가 붕괴함에 따라 전선을 유지하기가 불가능했다. 또한 국내 정치가 격변할수록 점차 전선의 군인들에게 혁명의 기조가 전달되어 잦은 명령 불복종, 탈영률 급증 등으로 나타났다. 1917년 가을이 되자 러시아는 더 이상 전쟁에 집중할 수 없었다. 그해 11월에 발생한 혁명을 통해 정권을 장악한 볼셰비키Bolshevik는 동맹국과 휴전을 추진했다. 이로써 러시아의 제1차 세계대전 참전은 공식적으로 종료되었다.

그동안 유럽 문제에 중립을 고수하던 미국의 참전 역시 전황의 전개에 큰

<루시타니아호>, 노먼 윌킨슨 작

영향을 주었다. 1917년 4월 6일 이뤄진 미국의 대독일 선전포고는 독일의 무제한 잠수함 작전 재개와 멕시코의 미국 침공 계획을 포함한 도발에 대한 대응이었다. 유럽에서 전쟁이 시작되자 미국의 우드로 윌슨Woodrow Wilson 대통령은 평화 중재자 역할을 자처하고 나섰으나, 시간이 지날수록 영국을 포함한 연합국에 군수물자와 자원을 지원했다. 이에 불만을 품은 독일은 미국의 연합국 지원을 저지하기 위해 영국의 해상 봉쇄에 대항해 실시하던 무제한 잠수함 작전의 목표에 미국 상선과 선박을 포함시켰다. 그 결과 1915년 영국 여객선 루시타니아호RMS Lusitania가 격침되어 많은 미국인이 사망하는 사건이 발생했다.

이때 독일은 즉시 미국에 사과하고 다시는 미국 선박을 공격하지 않겠다며 화해를 요청했다. 1916년에도 독일 잠수함의 공격으로 미국 선박이 여러 척 파괴되었으나, 미국 정부는 참전에 따른 부담 등을 고려해 망설이고 있었다. 재선을 앞둔 윌슨 대통령은 유럽에서 진행되는 전쟁에 참전하지 않겠다고 공언했다. 다만 독일 잠수함이 미국 선박을 대상으로 무제한 잠수함 작전을 재개하면 엄중하게 대응하겠다며 참전 여지를 남겨두었다. 그런데 1917년 1월에 접어들어 독일이 미국 상선에 대한 무제한 잠수함 작전을 재개하자 2월 초 독일과의 외교 관계를 단절했다.

여기에 기름을 붓는 사건이 더해졌다. 1917년 1월 16일 독일 외무장관 아르투르 치머만Arthur Zimmermann이 멕시코 주재 독일 대사관에 보낸 전보를 영국 해군이 가로챈 뒤 해독한 결과 놀라운 내용이 들어 있었다. 멕시코 주재 독일 대사관이 멕시코 정부에게 독일과 미국 사이에 전쟁이 일어날 경우에 대비해 군사동맹을 제안하라는 내용이었다. 영국 정부는 2월 초 전보 내용을 미국에 통보했다. 미국 정부는 처음에는 전보 내용이 과장된 것이라고 판단했다. 하지만 독일의 치머만 외무장관이 직접 이러한 사실을 인정하자 곧바로 태도가 바뀌었다. 미국 언론은 전보 내용과 의미를 대서특필했고, 미국 국민들은 분노했다. 게다가 1917년 2월과 3월 사이에 독일 잠수함에 침몰된 미국 상선 수가 증가했다. 윌슨 대통령은 4월 6일 의회의 승인을 거쳐 독일에 선전포고를 했다.

정치 지도자들이 참전을 결정한 순간에도 미국 군대는 유럽 대륙의 전쟁에 참전할 준비가 안 된 상태였다. 따라서 미국은 신속하게 대규모 군대를 조직하고, 참전과 군사작전 수행에 필요한 자원을 마련하기 위한 기구 확장 등의 조치가 필요했다. 참전할 부대를 편성하려면 기존 상비군을 바탕으로 추가 병력 모집이 필요했는데, 논란이 많은 징병제 대신 자원병을 중심으로 원정군을 편성했다. 또한 미국 정부는 전쟁산업위원회를 편성한 다음 대기업들과 협력해 군수품 생산에 나섰다. 전쟁 산업이 순조롭게 발전한 것은 아니었지만, 1916년과 1918년 사이에 건조한 선박의 톤수가 5배로 증가하는 등 미국의 전시 산업 생산량은 빠르게 증가했다.

한편 조프르 장군 후임으로 프랑스군 참모총장에 임명된 로베르 니벨Robert Nivelle 장군은 독일군에 대한 대규모 공세가 필요하다고 주장하며, 자신이 구상하는 공세가 성공할 경우 전쟁에서 승리할 수 있다고 장담했다. 그가 계획한 공세의 핵심은 프랑스군이 단독으로 수아송과 랭스 사이의 능선 인근에서 독일군 방어선을 돌파한 뒤 독일군을 양분하는 것이었다. 그는 잘 준비된 프랑스군 공격부대가 48시간 안에 독일군 방어선을 돌파할 것으로 확신했다. 일단 돌파구가 형성되면 후속 투입한 보병과 기병대가 적의 후방으로 진격할 예정이었다. 그런데 프랑스군 총사령부는 이 공세에 대한 대내외의 지지를 확보하는 과정에서 공세의 구체적인 목표, 내용과 방법 등을 여러 차례 공개하는 실수를 범하고 말았다. 독일군은 1917년 3월부터 일부 전선에서 기존 방어선 직후방에 설치한 강력한 요새인 힌덴부르크 방어선Hindenburg Line으로 철수했다. 이처럼 독일군의 방어 태세에 변화가 생기자, 프랑스는 이들에 대한 정보를 입수하고 다시 검토할 시간이 필요했다. 특히 대규모 공세를 퍼붓기에 앞서 반드시 적에 대한 평가가 우선돼야 했다. 하지만 프랑스군 참모총장 니벨 장군은 자신이 구상한 공격이 성공하려면 지체 없이 시행해야 한다고 강조했다.

1917년 4월 초, 대규모 니벨 공세가 시작되었다. 약 10일간 지속된 프랑스군의 공격 준비 포격이 끝나고, 4월 16일부터 프랑스군 보병부대가 독일군 방어진지를 향해 돌격했다. 그런데 공격부대의 진격 속도는 빠르지 않았고, 보병부대의 공격을 지원하는 포병부대의 지원사격도 효율적이지 않았다. 결국 포병의 지원이 부족한 상태에서 적 방어진지 정면에 노출된 프랑스군 공격부대는 독일군의 기관총과 포격에 큰 손실을 입었다. 이번 공세에 처음으로 투입한 프랑스군 슈나이더 CA1 전차는 대부분 독일군의 포병사격에 파괴되었다. 또한 보병부대의 진격이 정체되면서 돌파구를 뚫기 위해 준비하던 부대들은 밀집된 상태에서 적의 포병에 노출되어 큰 손실을 입었다. 공세 및 작전계획에 관한 프랑스군의 보안이 취약한 틈을 이용해 독일군은 프랑스군 공세의 내용과 방법을 상세하게 간파했고, 이를 근거로 방어작전의 종심을 계산한 뒤 작전에 임한 것이다.

결국 실패로 끝난 니벨 공세는 프랑스군에게 재앙에 가까운 결과를 가져왔다. 약 25일간 지속된 공세에서 프랑스군은 12만 명의 사상자가 발생했다. 겨우 500m를 전진하는 데 그친 프랑스군 공격은 독일군의 방어선을 돌파할 수 없었다. 실패에 대한 책임을 물어 니벨 장군은 해임되었다. 하지만 정작 심각한 문제는 공세가 끝난 직후 프랑스군의 사기가 현저하게 꺾였으며, 연합군 전선의 주축을 담당하던 프랑스군 주력부대가 전선에서 이탈할 수 있다는 우려였다. 1917년 5월 말, 프랑스군 내부에서 대규모 반란과 탈영이 발생했다. 군인들은 무의미한 공세는 거부한 데다가 복무 여건 개선을 요구했다. 프랑스군의 전투력 손실은 보병사단 9개가 전투 불능 상태였고, 심각한 피해를 입은 45개 사단은 재편이 시급한 상태였다.

문제를 해결하기 위해 필리페 페탱Philippe Pétain 장군이 후임 참모총장에 임명되었다. 페탱 장군은 직접 전선을 방문해 각 사단급 부대와 병사들을 설득해 다시 전선으로 복귀하도록 조치했다. 반란 주동자들은 군법회의에 회부하되 일선 부대의 보급품과 배급량을 개선했고, 방어부대의 화력 증강과 같은 조치들이 취해졌다. 신임 참모총장은 특히 패배와 인명 피해로 전투 의지를 상실한 각 부대를 직접 방문해 병사들을 격려하는 등 군의 사기를 끌어올리기 위해 노력했다. 그런 노력이 빛을 발해 프랑스군은 7월 말 다시 전선에 복귀해 임무를 수행할 수 있었다.

2 종전으로 가는 길

전쟁이 4년째 접어들자 전선과 국내에서 전쟁으로 누적된 피로감이 확산되었다. 특히 독일과 동맹국의 상황이 악화되어 겨울 내내 식량 부족에 시달렸고, 난방이 안 되는 건물에 사는 사람들은 질병과 배고픔과 영양실조 등으로 사망률이 급증했다. 군수물자의 생산을 늘리기 위한 공장의 가동시간이 증가함에 따라 영양실조에 시달리던 독일 노동자들은 안전 기준이 열악한 공장 노동에 내몰렸다.

독일에 비해 연합국의 상황은 그보다 나았다. 영국과 프랑스 국민들이 식량 배급이나 식료품 구입을 위해 오랜 시간 줄을 서야 할 정도는 아니었다. 런던과 파리 시민들이 정전과 적 항공기의 공습으로 피해와 불편을 겪는 정도였다. 다만 전쟁이 지속될수록 많은 국가에서 전시 생산을 늘리려는 국가기관과 이에 반발하는 노동자 사이의 갈등이 고조되었다. 전시경제 파탄으로 근로자들이 생활수준 유지를 위해 임금 인상을 요구하는 등 물가와 임대료 상승에 불만이 고조되었다. 각국 정부는 노동조합이 전쟁 활동을 지지하도록 설득하려고 노력했으나 파업이 만연했다.

1918년 3월 체결된 브레스트-리토프스크 조약Treaty of Brest-Litovsk으로 동부전선에서 공식적으로 휴전이 이뤄져 러시아의 전선 이탈이 확정되었다. 전쟁의 피해로 고통받던 오스트리아-헝가리 제국은 신속한 협의를 통해 전쟁을 종결하고 싶었으나, 독일 지도부는 러시아에게 막대한 전쟁 배상금을 부과하려 했다. 이후 개최된 일련의 회의를 통해 러시아는 동유럽에 보유했던 거의 모든 영토를 상실했다. 우크라이나, 폴란드, 핀란드, 에스토니아, 라트비아, 리투아니아는 명목상 독일의 지배를 받는 독립국가가 되었다. 제1차 대전의 패배로 러시아는 전쟁 전 인구의 1/3, 산업의 절반 이상을 잃는 등 막대한 피해를 입었다. 하지만 동부전선에서 독일이 러시아에 거둔 승리의 대가는 기대만

1917년 9월 3일, 라트비아의 리가로 진군하는 독일군

큼 크지 않았다. 독일은 1917년 말부터 동부전선의 병력을 서부전선으로 이동할 수 있었으나, 동부 지역 점령과 치안 유지에 여전히 100만 명의 병력이 필요했다.

1918년 들어 서부전선에서 참호를 중심으로 전개되던 교착상태를 깨기 위해 새로운 전투가 재개되었다. 여기에는 혁신적인 전술과 새로운 기술이 채택되었다. 전쟁이 시작된 직후부터 각국 군대는 전투력 향상을 위해 끊임없이 노력했다. 그 결과 전쟁 중에 수많은 기술혁신이 이루어져 새로운 무기체계와 전술이 등장했다. 대표적으로 1915년까지 성과가 크지 않았던 공격전술이 획기적으로 진화했다. 공격부대는 소총과 총검, 경기관총, 수류탄, 박격포 등으로 무장한 40명 내외의 소대급 부대를 기초로 편성되었다. 이들은 파괴력과 50m 단위까지 정교한 사격이 가능한 포병화기의 지원을 받으며 적진으로 돌격했다.

가장 먼저 돌파전술을 도입한 나라는 독일이었다. 독일군은 1915년부터 적의 참호선을 돌파하기 위해 보병을 중심으로 한 돌격부대storm troop를 양성했다. 돌격부대는 다양한 기관총, 박격포, 화염방사기, 박격포 등으로 무장했다. 공격이 개시되면 이들은 선두에서 진격하다 적 방어선의 취약한 부분을 돌파한 후 적의 포병부대를 향해 종심 깊게 침투했다. 후속 보병부대는 선두의 돌파부대가 우회한 거점을 공격해 점령했다. 독일군은 이와 같은 돌파전술을

기관총을 장착한 중전차인
프랑스의 생 샤몽 전차

1917년 9월 오스카 폰 후티어Oskar von Hutier 장군이 지휘한 리가Riga 전투에서 최초로 선보였다.

1916년 솜 전투에서 영국군이 최초로 도입한 전차는 이듬해 거의 모든 전투의 선두에서 공격부대를 이끌었다. 솜 전투 당시 전차의 잠재력을 제대로 이해하지 못했던 지휘관들은 전차를 보병과 함께 분산해 운용했다. 초기 전차는 성능이 좋지 않아 적의 참호선까지 접근하기도 어려웠고, 장애물을 통과한 이후 적진 후방으로 진출하기에 한계가 많았다. 하지만 1917년 들어 영국과 프랑스는 적극적으로 전차를 개발, 생산했다. 영국은 전차의 신속한 기동을 강조해 초기 모델에 비해 속도와 장갑이 향상된 마크 전차Mark IV, Mark V를 개발했다. 프랑스가 개발한 슈나이더Schneider CA1 전차와 생 샤몽Saint Chamond 전차는 75mm 기관총을 장착한 중전차였고, 1918년에는 회전식 포탑을 장착한 르노 전차Renault FT를 출시했다. 독일군은 연합군에 비해 전차 개발에 적극적이지 않았다. 1918년 생산한 크루프Krupp, the A7V 전차는 승무원 18명이 탑승할 수 있는 대형 전차로 화력은 좋았으나 속도가 현저하게 떨어졌다. 각국이 개발한 전차는 참호전의 교착상태를 끝내는 데 결정적인 역할을 했다. 1917년 11월 시작된 캉브레Cambrai 전투에서는 독일군 참호선을 단독으로 돌파한 영국군 전차부대가 보병 및 포병과 함께 작전을 펴면 적의 방어선을 돌파하는 데 매우 효과적이라는 것을 입증했다.

이처럼 참호전의 교착상태를 해결할 수 있는 신기술과 신무기, 새로운 전술이 등장해 전장의 모습을 바꿔놓았으나 1918년에도 서부전선에서는 여전히 방자가 공자를 압도했다. 방자가 보유한 화력이 공자의 기동력을 압도했으며, 방자가 전방과 후방, 예비대 등으로 구축한 종심방어 개념을 극복할 수 있는 공격전술이 아직 등장하지 않았기 때문이다. 돌파작전이 성공하려면 항공기와 전차, 포병의 적극적인 지원을 받는 보병 돌파부대가 사전에 충분한 훈련과 연습을 통해 지형을 숙지한 상태에서 수행해야 했으나 전장의 급박한 상황이 이 같은 여건을 허락하지 않았다. 연합군은 1918년 8월부터 독일군 방어선에 대한 돌파구 마련을 포기하고 아군의 포병 지원 범위 내에서 적을 압박해 밀어붙이는 제한된 공격으로 변경했다. 하지만 연합군이 새롭게 도입한 작전 개념으로 독일군을 압도해 전쟁을 완전히 끝낼 수 있을지는 여전히 의문이었다.

1918년 봄, 서부전선에서 재개된 전투는 기존 전투와 규모와 범위 면에서 큰 차이가 있었다. 1918년 3월 말 개시한 독일군의 미카엘Michael 공세는 연합군에게 결정적인 패배를 안기지 못했지만 영국군을 압박해 큰 타격을 입혔다. 그후 독일군은 영국군이 단독으로 배치된 플랑드르 지역에 대한 새로운 공세를 계획했다. 독일군은 영국군을 격파한 뒤 플랑드르 지역을 확보하면 영국 원정군과 본국 사이의 수송로를 끊을 수 있을 것으로 기대했다. 4월 9일 시작한 플랑드르 대공세에서 독일군은 방어가 가장 취약한 제2 포르투갈 사단 정면을 집중 타격했다. 신속하고 완벽하게 수행한 독일군의 폭격에 놀란 포르투갈군은 혼란 속에 철수하려다 약 7,000명이 포로로 잡힌 뒤 붕괴되었다. 영국 제55사단이 신속하게 기동해 포르투갈군 방어 지역 남쪽에서 전선을 유지했다. 하지만 이튿날 영국군마저 아르망티에르를 포기하고 철수했다. 독일 제4군이 이프르 돌출부를 향해 공세를 개시하자, 영국 제2군은 주요 능선을 버리고 이프르 외곽의 방어선까지 철수했다.

영국군이 담당하는 플랑드르 전선에 심각한 문제가 발생하자, 곧바로 좌측의 벨기에군과 우측의 프랑스군이 대응했다. 특히 프랑스군의 포슈 장군은 프랑스군 담당지역에 대한 독일군의 공격이 임박한 상황에서도 영국군을 구원하기 위해 예비부대를 플랑드르 방면으로 파견했다. 그 결과 4월 중순에 접어들자 플랑드르 방면의 연합군이 막강한 방어선을 구축해 독일군의 플랑드르 공세가 일단락되었다. 따라서 프랑스 해협의 됭케르크 항구와 연결된 인접 도시의 철도 분기점 등이 안전하게 유지되었다. 결정적인 군사작전의 성공으로 여전히 승리를 거둘 수 있으리라 믿었던 독일군은 5월과 6월에도 프랑스 북부 아인강 방면과 마른강 정면에서 다시 대규모 돌파를 시도했다. 하지만 매번 연합군의 반격에 좌절되었다.

연합군 최고사령관 페르디낭 포슈 장군은 지속적으로 독일군을 압박하기 위해 수차례 반복 공세가 필요하다고 판단했다. 여기에는 영국 원정군 총사령관 더글러스 헤이그Douglas Haig 장군도 동의했다. 그에 따라 영국 제4군은 프랑스군의 지원을 받아 아미앵Amiens 정면의 독일군을 공격했다. 이 공격의 주공은 호주군과 캐나다 군단이 담당했다. 또한 아미앵 정면에 대포 2,000여 문, 항공기 1,800여 대, 전차 500여 대를 집결시켰다. 8월 8일 새벽에 개시한 영국군 포병부대의 공격 준비 사격은 사전에 항공정찰을 바탕으로 진행되어 독일군 전방 참호에서부터 후방 포대까지 큰 타격을 주었다. 공격 준비 사격이 끝나자 즉시 주공부대가 안개와 연기 속에서 은밀하게 독일군 방어진지까지 접근했다. 이어 보병부대가 수류탄과 소총을 들고 독일군 전방 방어선을 돌파했다. 이 과정에서 성능이 개량된 전차가 적의 방어거점을 파괴해 보병의 돌파 및 전진을 근접 지원했다. 연합군의 대규모 기습부대가 밀어닥친 정면의 독일군은 방어선을 고수할 수 없다고 판단해 철수했는데, 이 과정에서 수많은 포로가 발생했다. 이후 계속된 공격에서 호주군과 캐나다군은 아미앵 정면에서 깊이 12km가량의 돌파구를 형성하는 데 성공했다.

다음 날에도 계속된 연합군의 공격은 더디게 진행되었다. 보급과 통신의 어려움으로 공격부대의 진격 속도가 느려지고, 독일군이 예비 병력을 아미앵 방면에 투입해 급속으로 방어진지를 구축했기 때문이다. 결국 연합군 지휘관들은 8월 15일 추가적인 공격을 중단키로 합의해 1차 공격이 마무리되었다. 연합군의 공격 성공으로 끝난 아미앵 전투 결과는 독일군에게 큰 충격을 주었다. 독일군 지휘부는 연합군의 공세를 더 이상 저지할 수 없는 전선의 부대들 사정을 파악한 후 충격을 받았다. 이 같은 상황에서 승리가 불가능하다고 판단한 루덴도르프 장군은 사임했다. 하지만 그의 사임이 거부되자, 루덴도르프 장군은 마지막 해법을 찾기 위해 고심했다.

1918년 9월 말, 연합군은 서부전선의 전 전선에서 독일군이 구축한 힌덴부르크선상의 거대한 요새를 돌파하기 위한 작전을 수행했다. 벨기에 해안에서 프랑스 북동부 베르됭까지 이어지는 일련의 독일군 방어거점을 연결한 이 새로운 전선은 1916년 후반부터 참호, 거점, 철조망, 기관총 방어구, 포병 포대 등으로 구축한, 종심이 16km에 이르는 방어선이었다. 힌덴부르크 방어선에 대한 공격은 연합군에게도 힘든 임무였다. 그렇지만 방어하는 독일군의 상황을 고려할 때 전혀 불가능한 일은 아니었다. 병력 규모는 양측이 비슷했으나 이들에 대한 보급 및 병참 지원에는 큰 차이가 있었다. 또한 연합군이 전장에 투입한 전차와 항공기 등이 독일군의 무기체계를 압도했다. 특히 연합군 공격부대가 사용한 돌파전술은 어느 곳에서나 독일군 방어선에 돌파구를 마련할 수 있을 것으로 평가되었다. 이와 같은 상황에서 포슈 장군은 9월 하순 전 전선에서 동시에 공격을 감행하기로 결정했다. 북쪽에서 벨기에군이 플랑드르 방면을 맡았고, 영국군은 캉브레 정면을 공격했다. 미군은 뫼즈-아르곤 정면에서 공격할 예정이었다.

참전 직후 오랫동안 준비를 마친 미군은 1918년 9월부터 전투에 투입되었다. 전투 경험이 부족했던 미군은 참전 초기에 영국과 프랑스 군대의 지도를 받아 훈련했으나, 미국 원정군 사령관 존 퍼싱John J. Pershing 장군은 미군이 독자적으로 전투를 계획하고 지휘하려 했다. 이에 따라 1918년 8월 10일 미국 제1군이 창설되어 독일이 점령한 베르됭 남쪽의 생미헬 돌출부에 투입되었다. 9월 26일 뫼즈-아르곤 방면에서 시작된 미군의 힌덴부르크 방어선 공격은 별다른 성과가 없었다. 하지만 영국군이 캉부레 정면에서 공격을 개시하자 독일군의 거점이 돌파되었다. 플랑드르 방면에서도 벨기에, 프랑스, 영국 연합군이 이프르 돌출부를 돌파해 하루 만에 파스샹달을 탈환했다. 이처럼 전황이 악화되자, 독일 최고사령부는 즉시 휴전할 것을 건의했다. 하지만 10월 들어 독일군의 저항이 다시 거세지더니 여러 곳에서 연합군을 밀어붙였다. 연합군은 독일군 방어선에 형성된 돌파구를 제대로 이용하지 못하고, 진출한 부대들에 대한 보급 지원이 제한되자 더는 진출하기 어렵다고 판단해 일시적으로 철수하기도 했다.

9월 말 시작된 뫼즈-아르곤 정면에 대한 미군의 공격은 강력한 독일군의 공세에 막혀 진전이 없었다. 하지만 다른 지역에서는 연합군 부대들이 힌덴부르크 방어선을 돌파해 점차 독일군의 방어선이 붕괴되었다. 미국 제1군은 1918년 11월 초 다시 뫼즈-아르곤 정면에 투입되었다. 당시 뫼즈-아르곤 정

힌덴부르크선을 넘는
영국의 마크 V 전차

면을 방어하는 독일 제5군은 전투 경험이 많은 병사들로 구성된 전투력이 강한 부대였기 때문에 전투 경험이 부족한 미국군이 단독으로 작전을 수행하기에는 많은 어려움이 예상되었다. 하지만 11월 1일부터 시작된 미군의 공격은 순조로웠다. 미군은 프랑스 제4군과 연합해 뫼즈-아르곤 정면을 고착하되 뫼즈강 서안으로 주공 방향을 정하고 전면적인 공세를 개시했다. 미군은 훈련과 경험을 살려 뫼즈강을 건너 반대편 둑을 따라 측방으로 진격해 독일군을 몰아냈다. 이후 약 일주일 동안 미군은 스당까지 약 40km를 전진했는데, 이틀 후 휴전이 체결되었다.

9월 29일 독일군 참모총장 루덴도르프 장군은 독일 정부에 이미 휴전할 것을 건의했다. 당시 독일군은 동쪽에서 러시아 제국의 넓은 지역을 점령했으나, 서부전선에서는 프랑스와 벨기에 영토에서 여전히 치열한 전투를 벌이고 있었다. 하지만 1918년 9월 말부터 시작된 연합군의 공세로 힌덴부르크선이 돌파되자, 독일군 지휘부는 서부전선의 방어가 불가능하다고 판단했다. 이처럼 전황이 절망적으로 전개되자 독일군 지휘관들은 연합군과 휴전협정을 체결함으로써 완전한 군사적 패배를 피하고자 했다. 독일 정부는 10월 초 휴전을 모색한다는 발표를 했다. 독일 정치인들은 전쟁이 끝난 후 황제의 폐위를 포함한 정치체제의 개편을 염두에 두고 있었다. 하지만 10월 28일 킬Kiel 군항에서 출동을 거부한 해군부대에서 폭동이 시작되고, 곧이어 러시아의 소비에트 연방을 모델로 한 혁명이 확산되었다. 결국 사회주의 혁명의 광범위한 확산을 염려한 황제의 하야와 망명, 연합군에 대한 항복 발표 등을 거쳐 독일의 전쟁이 막을 내렸다.

1918년 11월 11일 체결된 휴전협정으로 4년 이상 지속된 제1차 세계대전이 막을 내렸다. 파리 인근 콩파뉴 숲에서 휴전협정이 체결되자 엄청난 피해에도 불구하고 승전국은 기뻐했으나 패전국은 심각한 후유증에 직면했다. 휴전 직후 연합군은 독일에게 가혹한 휴전 조건을 제시했다. 독일은 프랑스, 벨기에, 알자스-로렌에서 모든 병력을 철수하고, 연합군이 라인강 서안의 독일 영토를 차지하기로 했다. 게다가 독일의 해상 봉쇄는 계속 유지되었다. 당장 적대 행위 중지를 수용하는 조건이 아닌 사실상 무조건 항복을 요구하는 조건이었다. 하지만 당시에는 연합군이 제시하는 조건을 독일이 수용할 능력을 보유했는지, 또는 수용할 의사가 있었는지 파악하기조차 어려웠다.

사례 연구 제1차 세계대전 중 해전

전통적으로 영국 해군은 해상을 통한 적의 침략으로부터 국가를 방어하고 해외무역을 유지하는 중요한 임무를 수행했다. 20세기 초 세계 무역을 주도하던 영국은 자국의 산업 발전에 필요한 원자재 수입을 상선에 의존했기 때문에 대규모 전쟁이 일어나면 이런 것들이 약점으로 부각될 것으로 예측했다. 한편 19세기 말부터 다른 강대국들이 막대한 투자를 해가며 해군을 증강했는데, 1914년 영국이 29척을 보유한 현대식 전함을 독일도 17척이나 보유했다. 이에 따라 장차 전쟁이 발발하면 해상을 이용한 영국의 통상에 심각한 문제가 일어날 것으로 예측했다. 그런데 제1차 세계대전이 시작된 직후 영국과 독일의 해군은 상대국과의 결전을 통해 군사적 승리를 쟁취하는 대신 신중하게 행동했다. 영국 해군은 해군력 보존이 독일의 본토 침공을 막을 수 있는 유일한 방어책이라, 어떤 상황에서도 해군 전투력을 보존해야 한다고 생각했다. 독일 해군도 영국 해군과의 결전을 피하되, 적이 충분히 약화될 때까지 소규모로 파괴하려 했다.

개전 초기부터 연합국 해군은 유럽 전장, 특히 서부전선으로 병력을 수송하기 위해 영국 해협과 지중해 등에서 신속한 수송 업무를 담당했다. 하지만 연합국 해군이 점차 독일과 오스트리아-헝가리 제국 상선을 몰아내고 해상을 봉쇄하자, 영국 함대와 독일 함대는 북해를 마주 보고 대치했다. 1914년에는 영국 해군과 독일 해군 사이에 간헐적 충돌은 있

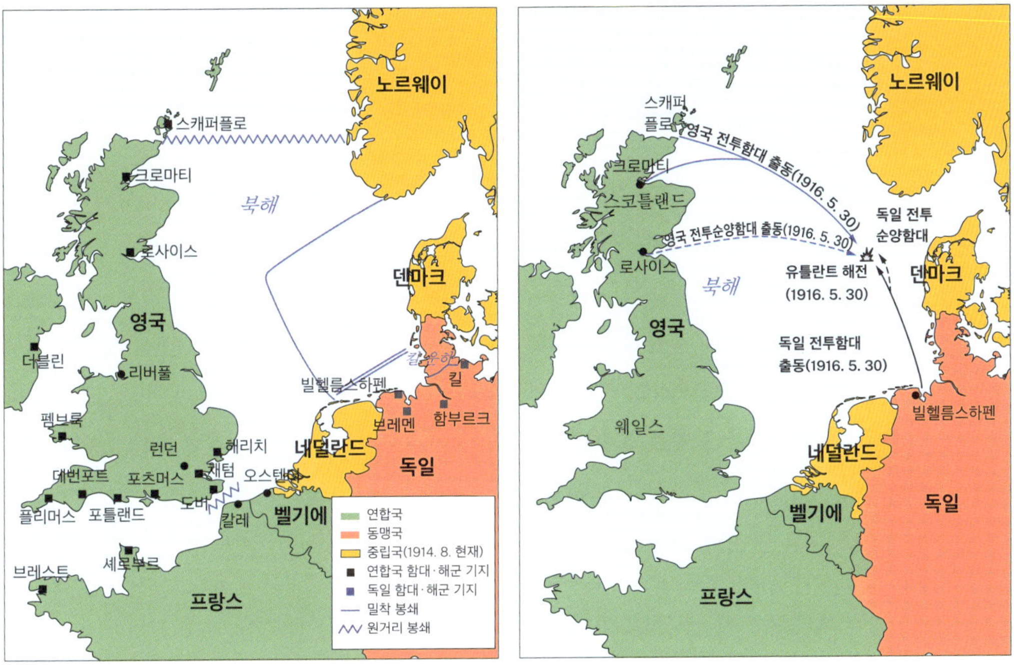

연합국 해군의 독일 봉쇄와 유틀란트 해전(1916)

었으나 본격적인 결전은 이뤄지지 않았다. 9월 22일 독일 잠수함(U-9)이 네덜란드 해안에서 순찰 중이던 영국 순양함 3척을 침몰시켜 약 1,500명의 수병이 사망하고, 10월에는 영국의 가장 강력한 전함 HMS Audacious이 독일군의 기뢰에 의해 침몰했다. 이처럼 자국 전함에 위협이 가해지자 영국 해군은 독일에 대한 봉쇄 범위를 축소했다. 영국 해협 입구와 스코틀랜드와 노르웨이 사이의 통로만 통제한 것이다. 독일 함대의 북해 출격이 가능해지자 12월 16일 독일 순양함 전대가 영국의 동부 해안도시를 포격하기도 했다.

그런데 영국 해군이 1914년 12월의 포클랜드 해전과 1915년 1월에 벌어진 도버 뱅크 해전에서 독일 해군을 압도함에 따라 향후 독일 해군의 전략에 큰 영향을 미쳤다. 두 차례의 정면 대결에서 해상 결전이 어렵다고 판단한 독일은 1915년 초부터 무제한 잠수함 작전을 개시했다. 즉 영국을 포함한 연합국의 상선을 공격함으로써 동맹국에 대한 연합국의 해상 봉쇄에 맞서려 했다. 그리고 1915년 5월 독일 잠수함에 의해 영국 여객 순항선 루시타니아호RMS Lusitania가 침몰하자 미국과의 관계가 악화되었다. 1916년 3월 영국 해협에서는 또 다른 상선이 침몰했다. 이처럼 독일의 잠수함 작전은 1916년 초까지 계속되었으나, 이에 대한 미국의 반감이 고조되자 1917년 초 일시적으로 중단하기도 했다.

1916년 5월 말 북해에서 제1차 세계대전 중 가장 규모가 큰 해전인 유틀란트 해전Battle of Jutland이 발생했다. 이 전투에서 독일 함대와 영국 함대가 보유한 세계 최대 전함을 비롯해 250여 척의 전함이 극한의 대결을 벌였다. 하지만 어느 한쪽의 일방적인 승리로 끝나지는 않았다. 5월 31일 아침, 전투에 나선 독일 함대는 현대식 전함 16척과 순양함 5척을 포함한 99척의 전함으로 구성한 반면, 영국 함대는 28척의 전함과 9척의 순양함을 포함해 151척의 전함을 동원했다. 양측 모두 상대에 대한 정보가 부족한 상황에서 오후에 시작된 전투는 다음 날 새벽까지 이어졌다. 양측 함대의 포격전에서 독일 해군의 신속하고 정확한 사격으로 장갑에 문제를 드러낸 영국 함정에 큰 손실을 입혔다. 그 결과 독일군의 인명 피해는 2,551명에 불과했으나 영국군 인명 피해는 6,904명이나 되었다. 특히 야간 전투에서는 상대 전함에 대한 어뢰 공격이 주효했는데, 영국 구축함이 발사한 어뢰가 독일 전함 포메른호SMS Pommern를 침몰시켰다. 영국 해군은 이 해전에서 독일 해군보다 5척 많은 14척을 잃었지만, 이 전투의 결과는 영국에 유리하게 작용했다.[2]

1915년 2월 처음 시작한 독일의 잠수함 작전은 영국의 해상 봉쇄에 대한 대응책이었다. 잠수함 작전은 전쟁 초기부터 독일의 정치 및 군사 지도자들 사이에 격렬한 논쟁의 대상이었다. 미국을 포함한 중립국과의 관계가 악화된 것도 이 작전 때문이다. 하지만 독일은 개전 직후부터 잠수함 수를 늘렸고, 1917년 2월에는 최대 148대의 잠수함을 보유했다. 독일군 지도부가 무제한 잠수함 작전을 공식 채택한 시기는 1917년 1월이었는데, 독일 해군은 이 작전이 효과적이라고 평가했다. 전선과 상선을 가리지 않고 모든 선박을 공격할 수 있었기 때문인데, 무제한 잠수함 작전을 개시한 직후부터 하루에 여러 척의 배를 침몰시킨 잠수함의 숫자가 늘어났다.

이처럼 독일군 잠수함에 의한 피해가 급증하자 영국 해군은 이들을 추적해 파괴하려 했으나, 당시 영국 해군의 기술 수준으로는 깊은 바다에서 기동하는 독일군 잠수함을 정확하게 식별해 추적, 파괴하기가 어려웠다. 1917년 2월부터 4월까지 영국 해군이 침몰시킨 독일군 잠수함은 고작 9척에 불과했다. 이처럼 독일군 잠수함의 위협을 극복하기가 어렵게 되자, 영국 해군은 호송 시스템을 도입해 연합국 선박의 손실을 줄이기로 결정했다. 1918년에도 연합군은 제해권을 장악했으나 독일군의 잠수함 공격은 계속되었고, 독일 수상함선들은 영국 해군의 봉쇄를 뚫지 못했다. 영국 해군은 일부 독일 군항을 습격해 잠수함 기지로 사용하지 못하도록 압박했으나 그 효과는 크지 않았다. 1918년 9월에만 18만 8,000톤에 이르는 연합군 선박이 독일군 잠수함에 의해 침몰했다. 연합군은 독일군 잠수함의 위협을 저지할 방법을 찾지 못했다.

....

2 유틀란트 해전의 자세한 경과는 R. G. Grant, *The World War I : From Sarajevo to Versailles*, London: DK, 2018, pp.170~175. 참고

사례 연구 제1차 세계대전 중 공중전

제1차 세계대전에서는 19세기 전쟁에서 사용하지 않았던 공중이 전쟁의 새로운 공간과 차원으로 등장했다. 1900년 독일의 페르디난트 폰 제플린Ferdinand von Zeppelin이 최초로 비행선airship을 개발하더니, 1903년에는 미국에서 비행체의 통제된 비행controlled in air이 최초로 성공했다. 이후 1909년 프랑스 조종사가 단발비행기를 타고 영국 해협을 횡단하는 등 20세기 초에 유럽에서는 항공 열풍이 불었다. 이때부터 인구가 밀집한 도시에 대한 대규모 폭격으로 미래의 공중전을 예견하는 이들이 생겨났는데, 각국 군대는 정찰 목적의 비행선과 항공기의 잠재력을 검토했다. 그리고 1911년 지상군의 기동훈련에 비행선이 최초로 활용되었다.

제1차 세계대전 초기부터 독일 육군과 해군이 운용한 비행선은 정찰에 효과적이었고, 영국군의 폭격에도 비행선의 정찰 결과가 활용되었다. 하지만 비행선에서 직접 상대를 폭격하는 것은 쉬운 일이 아니었다. 약 200m나 되는 비행선의 규모와 시속 80~95km 정도의 느린 속도 때문에 쉽게 격추되었기 때문이다. 이런 이유로 비행선을 이용한 폭격은 주로 야간에 이뤄졌지만, 악천후와 엔진 고장 등으로 임무가 중단되는 경우도 많았다.

영국에 대한 독일의 항공 폭격은 1915년 1월 동부 해안도시에 대한 공격으로 시작되었다. 5월 31일에는 최초로 런던을 공격했다. 독일군 비행선이 시도한 51회의 런던 공습으로 556명이 사망한 것으로 추정되었으나, 건물 등 기반시설의 피해는 크지 않았다. 영국 국민들이 적의 항공 폭격에 두려움과 분노를 표출하자, 영국 정부는 곧바로 런던 주변에 비행선을 격퇴하기 위한 탐조등과 대공포를 설치했다. 또한 영국은 소형 전투기 개발에 박차를 가해 독일의 비행선 공격에 대응했다. 이에 따라 1916년 후반에 접어들어 비행선을 이용한 독일군의 공격은 점차 항공기로 대체되었다.

제1차 세계대전 초기에 항공기의 주요 임무 중 하나는 전장 및 상대 방어 상황에 대한 정찰이었다. 발칸전쟁 등에서 효과가 입증된 항공정찰은 개전 초부터 양측 모두 적극적으로 활용했다. 특히 서부전선에서 전선이 교착된 이후에는 밀집된 참호선에 대한 정확한 정보 수집을 위해 양측 항공기가 서로 교차해 정밀한 정찰 임무를 수행하기도 했다. 이 과정에서 지상군이 정찰 중인 항공기를 격추하기도 했으며, 항공기 탑승자들이 마주치는 적기를 향해 서로 사격하는 경우도 빈번해졌다.

1915년 들어 참호전을 타개하기 위한 수단으로 항공기가 투입되었는데, 공중전은 초기부터 높은 사망률을 보였다. 양측 모두 성능이 좋은 전투기를 투입해 상대방을 제압하려 했다. 초기에는 전면 프로펠러를 장착한 1인승 항공기가 좋은 성능을 발휘했다. 이후 1916년 초 독일이 회전하는 프로펠러 날 사이에서 총알을 사격할 수 있는 기어를 도입한 포커 아인데커Fokker Eindecker 단엽기를 선보이자, 프랑스는 곧바로 날개에 기관총을 장착한 뉴포르 11Nieuport 11 복엽기로 대응했다. 이처럼 전투기가 정교하게 발전하자 양측 모두 공중 우위를 장악하기 위해 항공기 편대를 조직해 맞섰다. 그 결과 1916년부터 공중 패권을 둘러싼 치열한 대결이 펼쳐져 양측 조종사의 인명 손실이 급증했다. 1917년 봄 아라

제1차 세계대전에서 사용한 비행선(Airship)과 항공기(Aircraft)

스Arras 전투에 투입된 영국군 조종사의 평균 수명은 2주에 불과했다. 초기 공중전의 승패를 결정하는 것은 양측의 기술 및 산업 생산 수준과 능력이었다. 1917년 영국과 프랑스는 독일에 비해 약 3배에 이르는 항공기를 생산하면서 생산 경쟁에서 승리했다. 전쟁 마지막 해에는 약 8,000대의 항공기가 전장에 동원되었다. 이처럼 전쟁에서 공군의 역할이 중요하게 부각되자, 영국은 1918년 4월 최초로 독립 공군을 창설했다.

한편 1917년 봄부터 독일은 폭격기를 이용해 전략폭격을 시작했다. 주요 공격 목표는 영국의 도시였다. 독일군 지휘부는 런던에 대한 효과적인 폭격으로 영국 국민의 사기를 떨어뜨리면 대중의 압력을 받은 영국 정부가 평화를 위한 정책을 취할 것으로 예상했다. 전략폭격에 대한 준비가 부족했던 영국 도시와 주요 공격 목표는 초기에 큰 타격을 입었다. 하지만 영국 정부는 곧 서부전선의 전투기를 본토 방어로 전환해 독일군의 공격에 대비했다. 이에 따라 1917년 여름부터 독일군의 영국 도시 폭격은 야간에만 이뤄져 효과가 줄어들었다. 1918년에는 연합군도 독일의 도시들을 폭격했다. 영국 공군의 폭격기 편대는 주로 독일의 산업도시를 전략적으로 폭격했다. 이들은 전선 부대의 지원 요청과 더불어 비행장, 군수품 공장 등을 타격했다. 또한 1918년 중반부터 영국과 프랑스 폭격기들이 야간을 이용해 쾰른, 프랑크푸르트 등 독일의 대도시를 공습했다.[3]

시간이 지날수록 공군의 지상 작전 지원과 제공권 장악은 전쟁에서 승리하기 위한 필수요소가 되었다. 1918년 7월 마른 전투에는 700여 대의 항공기가 동원되어 프랑스군의 반격을 지원했다. 항공기를 신속하게 생산하기 위한 경쟁도 치열했는데, 1918년 영국이 3만 대, 프랑스가 2만 5,000대의 항공기를 생산하는 동안 노동력과 원자재가 부족했던 독일은 항공기 생산량이 1만 4,000여 대에 불과했다. 일부 독일제 항공기의 성능이 연합국 항공기에 비해 우수한 측면이 없지 않았으나, 항공기 생산 규모에서 뒤처진 독일이 제공권을 장악해 전쟁을 유리하게 전개할 가능성은 크지 않았다.

3 제1차 세계대전 중 공군이 중요한 역할을 했던 1918년의 상황에 대해서는 R. G. Grant, *The World War I : From Sarajevo to Versailles*, pp.294~299. 참고

V

전쟁의 영향

유럽에서 시작되어 전 세계에 걸쳐 진행된 제1차 세계대전이 남긴 피해는 상상하기 어려운 규모였다. 전쟁으로 900만 명 이상의 군인이 목숨을 잃고, 2,100만 명 이상이 부상을 당했다. 독일과 프랑스는 가장 큰 피해를 입었다. 각각 15세에서 49세 사이 남성 인구의 80%가 참전했는데, 이들 중 약 1/3이 죽거나 부상을 당했다. 생존자들도 전쟁으로 인한 육체적 장애와 더불어 다양한 심리적 상처로 고통을 겪었다. 게다가 전쟁 중 사망한 민간인 희생자 수는 파악조차 어려웠다. 전쟁 기간 내내 지속된 영양실조와 어려운 생활고는 전쟁이 끝난 뒤에도 계속되었다. 특히 독일을 포함한 동맹국은 전쟁 초기부터 연합군의 해상 봉쇄로 전쟁 기간 내내 가난과 추위, 굶주림 속에서 생활해야 했다.

1919년 1월, 제1차 세계대전에 참전한 32개국 대표가 파리강화회의Paris Peace Conference에 참석했다. 하지만 회의 기간 내내 참석자의 이해관계가 충돌해 아무 소득 없이 막을 내리자, 미국과 영국, 프랑스는 독일과 평화협정을 맺어 전쟁의 대가를 받아내려 했다. 미국의 윌슨 대통령은 유럽 국가의 지나친 욕심을 비판했지만, 프랑스의 조르주 클레망소Georges Clemenceau 총리는 미국이 독일을 옹호한다고 의심했다. 윌슨 대통령은 향후 독일이 또 다른 전쟁을 시작하지 못하도록 국제사회가 적절한 통제기구를 조직해 해결할 수 있다고 믿었으나, 클레망소 총리는 독일이 영구적으로 무력화되어야 한다고 맞섰다. 프랑스가 추구하는 목표를 지지하는 데 적극적이지 않았던 영국은 독일 함대와 식민지를 자신들이 점령하는 것에 만족했다.

세 국가의 논의 과정에서 가장 먼저 해결된 의제는 미국이 주창한 국제연맹의 설립이었다. 독일의 군사력을 제한하는 의제도 합의를 이루어냈다. 독일은 군대를 보유하되 전차나 항공기를 보유할 수 없으며, 규모는 육군 10만 명, 해군은 소규모 군함으로 제한했다. 한편 연합국은 향후 15년 동안 독일의 라인란트 지역을 점령하고, 석탄 등 지하자원이 풍부한 자를란트는 국제연맹이 통제하기로 했다. 그 밖에도 덴마크의 슐레스비히, 폴란드의 단치히, 폴란드와 체코 등에 대한 해법이 제시되었으나 이에 대해서는 독일이 반발했다. 독일에게 패전의 금전적 대가, 즉 배상금 부과 역시 난제였다. 연합국은 전쟁을 시작한 독일이 대가를 치러야 한다고 생각했으나, 실제 배상금의 규모와 상환 시기에 대한 합의가 쉽지 않았다.[4]

독일의 전쟁 책임과 그에 대한 보상안 합의 내용이 전달되자, 독일 전체가 심각한 충격에 휩싸였다. 당시까지도 독일 국민은 전쟁 책임이 자신들에게 있다는 것을 인정하지 않았으며, 특히 자신들이 패배했다는 사실을 받아들이려 하지 않았다. 따라서 전쟁 발발 책임과 그에 따르는 배상 책임 모두를 거부했다. 독일인들은 공정한 대우를 약속받은 상태에서 휴전을 수락했으나, 그 약속이 지켜지지 않았다고 불만을 토로했다. 또한 자신들의 영토 상실에 분개했고, 군사적 제한을 굴욕으로 받아들였다. 하지만 이 같은 불만에도 연합국이 제시한 내용을 수용하고 조약에 서명하는 것만이 연합군의 경제 봉쇄를 끝내는 유일한 방법이었다. 1919년 6월 28일, 프랑스 베르사유 궁전의 거울의 방에서 독일의 불만이 가득 담긴 조약이 조인되었다.

베르사유 조약은 애초에 의도했던 평화 정착이라는 목표를 달성하는 데 실패했다. 전쟁에 대한 죄책감, 무거운 배상금과 영토 상실, 국제연맹 가입 거부 등의 문제를 안고 있던 독일은 '승리 없는 평화'에 불만을 나타냈으며, 조약에 서명한 것을 후회했다. 시간이 흐르면서 베르사유 조약에 대한 증오는 20년 후 독일이 또 다른 세계대전을 일으키는 중요한 원인의 하나가 되었다.

4 Michael Howard, *The First World War : A Very Short Introduction*, London: Oxford University Press, 2002, pp.113~116.

참고문헌

Becke, Annette, "The Great War: World War, Total War," *International Review of the Red Cross*, 2015, 97 (900), pp.1029~1045.

Grant, R. G., *The World War I : From Sarajevo to Versailles* (The Definitive Visual History), London: DK, 2018.

Howard, Michael, *The First World War : A Very Short Introduction*, London: Oxford University Press, 2002

McNeill, J. & K. Pomeranz (eds.), *The Cambridge World History*, Cambridge: Cambridge University Press, 2015.

Pollard, Albert. F., *A Short History of the Great War*, New York: International Business Publishers, 2009.

Townshend, Charles (eds.), *The Oxford History of Modern War*, London: Oxford University Press, 2000.

09

제2차 세계대전

1939년~1945년

심호섭 육군사관학교 군사사학과 교수

I

추축국의 대두와 전쟁으로의 길

제1차 세계대전(이하 1차 대전)이라는 미증유의 전쟁을 겪은 지 겨우 20년 뒤 인류는 그보다 훨씬 더 크고 참혹한 전쟁의 소용돌이에 빠져들었다. 전 세계적으로 약 5,500만 명의 사망자를 초래한 제2차 세계대전(이하 2차 대전)이 그것이다. 2차 대전은 독일, 이탈리아, 일본의 추축국Axis Powers이 미국, 소련, 영국, 중국, 프랑스 등의 연합국Allied Powers과 1939년부터 1945년까지 전 세계를 무대로 벌인 전쟁이다.

2차 대전의 배경과 원인에는 다양한 해석이 존재하지만,[1] 1차 대전 이후 새롭게 부상한 추축국이 기존의 세계질서를 뒤엎으려는 과정에서 전쟁이 일어났다고 보는 견해가 지배적이다. 독일, 이탈리아, 일본에서 각각 아돌프 히틀러Adolf Hitler의 나치, 베니토 무솔리니Benito Mussolini의 공화 파시스트당, 일본의 군국주의가 대두해 권력을 장악하게 되는 데에는 파시즘이라는 공통된 이념이 자리하고 있었다. 파시즘은 반공주의, 국가주의, 전체주의, 국수주의적 성격을 지닌 급진적이고 극우적인 정치이념이다. 파시즘은 국가가 처한 대내외적인 위기를 오히려 기회 삼아 성장했다. 이를 바탕으로 정권을 잡고 위기를 대외 팽창으로 돌파하면서, 파시즘의 대두는 자연스럽게 타국과의 충돌로 이어졌다. 이를 2차 대전의 발발 과정을 통해 좀 더 구체적으로 살펴보자.

독일의 경우 1차 대전의 패전으로 종전의 유럽 내 중심부 국가의 위치를

1 P. M. H. Bell, *The Origins of the Second World War in Europe*, London: Longman Group, 1986; A. J. P. Taylor, *The Origins of the Second World War*, Simon & Schuster, 1996; Richard Overy, *The Origins of the Second World War*, New York: Routledge, 2006.

1928년 뉘른베르크 나치 집회에서 거수경례를 하는 히틀러. 그 앞에 나치의 2인자였던 헤르만 괴링이 서 있다.

상실하고 경제 위기 속에서 국민적 분노와 공산주의에 대한 두려움이 파시즘이 대두하는 공간을 제공했다. 1차 대전의 패전국이었던 독일에서는 바이마르 공화국이 출범해 민주주의를 도입했지만, 정치, 경제, 사회적 혼란에 직면해 민주주의가 제대로 정착하지 못했다. 먼저 베르사유 조약에 따른 독일의 영토 축소와 천문학적인 배상금 지불로 이어진 연합군의 가혹한 전후 처리에 대한 국민적 불만이 매우 높았다. 1차 대전이 독일 본토에서 벌어지지 않았기에 국민들은 휴전으로 끝난 이 전쟁에서 독일에게 지워진 가혹한 책임을 이해할 수 없었고, 이는 독일이 배후의 유대인과 공산주의자들에게 당했기에 전쟁에서 패배하고 말았다는 배후중상설stab in the back myth이 널리 퍼진 요인이 되었다. 여기에 1920년대 말 시작된 세계 대공황이 독일을 강타했다. 정부가 경제 위기에 제대로 대처하지 못하면서 독일은 심각한 실업난과 인플레이션을 겪었고, 이는 바이마르 공화국이 국민들의 지지를 잃는 큰 이유가 되었다.

이러한 상황에서 히틀러가 이끄는 국가사회주의 독일노동자당(나치 Nazi)이 권력을 장악하게 된다. 히틀러는 권력 장악의 주요 무기로 당시 만연하고 있던 배후중상설을 이용하면서 특정 민족에 대한 증오심에 기반을 둔 극단적인 민족주의를 활용했다. 그는 유대인과 공산주의자를 분쇄하고 러시아에 아리아인의 제국인 '레벤스라움Labensraum' 건설을 이상으로 제시했다. 동시에 1933년 2월 27일 베를린의 국회의사당 화재를 공산주의자들의 소행으로 몰아간 사례와 같이 조작과 음모를 통해 정적을 제거하면서 권력을 장악해나갔다. 이에 더해 강력한 공권력을 동원해 대규모 경제부흥 정책을 펼치면서 독일인에게 일거리를 제공했고, 대외 팽창을 통해 민족적 자존심을 회복하는 모습을 보여주면서 범국민적 지지를 얻을 수 있었다.

히틀러는 1930년대 중반부터 본격적으로 독일군의 재무장과 대외 팽창을 추진했다. 베르사유 조약의 개정을 추진함과 동시에 징병제를 도입하고 재무장을 시작한 것이다. 1936년 비무장지대인 라인란트에 군대를 진주시키면서 서방의 반응을 시험했고, 외교적 항의에 그친 영국과 프랑스(이하 영·프)를 보면서 영·프가 독일의 팽창을 저지할 수 없을 것이라는 자신감을 갖게 되었다. 1938년 3월 히틀러는 독일계 오스트리아인이 인구의 절대다수를 차지하는 오스트리아를 병합했고, 이어 독일인 인구가 많은 체코슬로바키아 주데텐란트 지역을 노렸다. 체코슬로바키아의 지원 요청을 받은 프랑스는 독일이 체코슬로바키아를 침공할 경우 독일과 전쟁을 하겠다고 선포했다. 일촉즉발의 상황에서 전쟁을 막고자 독일 뮌헨에서 열린 영·프와 독일의 회담에서 양측은 이탈리아의 주선으로 '평화'에 합의했다. 체코슬로바키아는 주데텐란트 지역을 독일에게 양도하고, 독일은 더 이상 다른 지역을 침공하지 않겠다는 뮌헨 협정Munich Agreement을 체결한 것이다. 하지만 이듬해 3월, 체코의 모든 영토는 독일의 보호령이 되었고, 슬로바키아는 독일 영향력 내의 실질적인 속국으로 전락했다. 1938년 9월 30일, 협정을 체결한 이후 귀국길에서 영국 총리 체임벌린Arthur Neville Chamberlain이 평화를 약속하는 히틀러의 친필 서명 서약서를 흔들면서 "여기 우리 시대를 위한 평화가 있습니다" 하고 외쳤던 '평화'가 오래가지 못했음이 곧 드러나고 말았다. 히틀러의 위장평화에 농락당한 채 전쟁을 막지 못한 영·프의 외교 정책은 유화정책의 대표적인 사례가 되었다. 결국 1939

1938년 독일 뮌헨에서 뮌헨 협정 서명 직전 모습. 독일 총리 아돌프 히틀러-왼쪽, 영국 총리 네빌 체임벌린-왼쪽에서 세 번째

년 9월 1일, 독일이 폴란드를 공격하면서 2차 대전이 발발했다.

2차 대전 발발 과정을 놓고 봤을 때, 전쟁의 책임을 단순히 히틀러에게만 돌릴 것이 아니라 전쟁을 막지 못한 영·프를 비롯한 서방에도 책임이 있다고 보는 견해도 있다.[2] 1차 대전 이후 서방에 의해 형성된 국제질서는 독일과 일본의 팽창을 불러왔고, 서방세계가 이를 저지하지 못했다는 것이다. 1차 대전의 참화를 겪은 후 국제사회는 1920년 국제연맹을 설립하고 군축을 통해 평화를 유지하려 했다. 하지만 승전국이 독일에 가한 군비 제한이나 국제사회가 일본에 적용한 군축안은 오히려 두 나라의 강력한 반발을 불러왔다. 반면에 이를 제안하고 추진했던 미국이 중간에 발을 빼면서 국제연맹은 평화를 강제할 실질적인 힘을 갖지 못했다. 1차 대전을 겪으면서 신흥 강대국으로 부상한 미국은 끝내 국제연맹에 가입하지 않으며 고립주의로 회귀해버렸다. 1차 대전에서 초유의 인명 피해를 입었던 영·프 역시 전쟁을 혐오하는 염전厭戰사상에 젖어 독일의 팽창에 유화정책으로 일관했을 뿐이다. 이런 까닭에 국제사회는 전쟁을 억제하지 못했다. 이에 더해 서방 국가가 근본적인 위협으로 간주했던 공산주의 소련을 히틀러의 독일을 통해 견제하려는 의도도 있었다.

독일과 달리 1차 대전의 승전국이었지만, 일본 역시 독일과 비슷한 양상으로 전쟁을 향한 길을 걷게 된다. 일본은 청일전쟁(1894~1895)과 러일전쟁(1904~1905)의 승리를 통해 타이완과 조선을 식민 지배하면서 아시아 국가 중 유일하게 제국주의 팽창을 통한 열강의 반열에 올랐다. 그 후 연합국의 일원으로 참전한 1차 대전을 통해 독일령 산둥반도를 점령했고, 독일령 마셜 제도를 점령해 영토로 편입했다. 또한 1차 대전은 일본 경제에 활황을 안겨주었다. 일본의 국제사회적 지위는 채무국에서 채권국으로 변화했다. 동시에 민주주의의 발전도 가져와 이른바 '다이쇼 데모크라시大正 Democracy' 체제가 형성되었다.

하지만 일본은 곧 대내외적 위기에 직면했다. 1918년 시베리아 동부를 세력권으로 만들기 위해 러시아의 적백 내전에 개입한 시베리아 출병은 5년이 넘는 기간 동안 막대한 인적, 물적 자원을 투입했는데도 성과 없이 끝났다. 또한 일본의 침략에 대한 중국 민족주의의 반발과 서구 열강의 압력으로 산둥반도의 주권을 중국에 반환해야 했다. 특히 1923년 관동대지진과 1927년 쇼와

2 Liddell Hart, *History of the Second World War*, London: Pan Books, 2014; A. J. P. Taylor, *Ibid*.

금융공황, 1929년 세계 대공황으로 이어지는 일련의 사건들은 근본적 구조가 취약했던 일본 경제에 큰 타격을 안겨주었다. 1920년대의 다이쇼 데모크라시와 군축으로 위축된 일본 육군은 총력전에 대응하기 위해 기술 관료와의 연결을 도모하면서 고도의 국방 국가를 만들고자 하는 통제파와 천황 친정체제로 국가 개조를 원했던 황도파의 파벌 다툼 속에서 군국주의의 길을 모색했다. 한편 일본 해군은 주력함의 보유를 제한한 워싱턴 해군군축조약(1922)과 보조함의 보유를 제한한 런던 해군군축조약(1930)을 통해 위축되었다. 극우 인사들은 이를 천황이 군대를 지휘하는 고유 권한인 통수권 침해로 여기며 반발했고, 마침내 1932년 5월 15일 해군의 일부 위관급 장교들이 이누카이 쓰요시犬養毅 총리를 암살하는 사건까지 벌이게 된다.

1931년 9월 18일, 중국 뤼순에 주둔하던 일본 육군의 관동군은 만철滿鐵 선로를 폭파하고 이를 중국 동북군이었던 장쉐량張學良의 소행이라고 발표하는 음모를 꾸밈으로써 만주 침략을 개시했다. 관동군의 자작극과 '독단전행獨斷專行'으로 시작된 만주사변滿洲事變은 조선에 주둔하던 일본군(조선군)이 본국 정부의 허가 없이 독단으로 월경하면서 만주 전역에 대한 침략 행위로 확대되었다. 일본은 1932년 3월에는 괴뢰국가인 만주국을 수립해 만주 전체를 지배했다. 사실 만주사변 이전부터 만주 침략을 통해 대내외적 위기를 타파하려는 '만몽생명선滿蒙生命線'의 구호가 있었고, 이를 실제 행동으로 옮긴 관동군과 조선군의 행동은 일본 국내 여론의 지지를 얻었다. 한편 국제연맹은 중국의 항의를 받아들여 리튼Lytton 조사단을 파견했지만, 일본의 팽창을 제지하지는 못했다. 사실상 만주국이 용인되고 만 것이다.

만주사변을 기점으로 일본의 정치와 사회는 군국주의로 치닫게 된다. 거기에 1936년 발생한 2.26 쿠데타는 기존의 정당정치를 무력화시켰다. 극우 인사들의 영향을 받은 청년 장교들은 천황이 직접 통치하는 세상을 주창하며 군대를 이끌고 중신들을 제거했다. 하지만 이를 반역으로 여긴 쇼와 천황이 직접 제지함으로써 실패로 돌아갔고, 이를 직간접적으로 지지했던 황도파 역시 몰락했다. 쿠데타를 계기로 군부는 정부 내각의 군부대신인 육군대신과 해군대신은 현역 장교를 임명해야 하는 군부대신 현역무관제軍部大臣現役武官制를 부활시킴으로써 군이 내각의 조각과 해산에 직접적인 영향력을 행사할 수 있도록 만들었다. 결국 일본은 만주사변과 2.26 쿠데타를 계기로 군이 정치에 개입,

다이쇼 데모크라시 체제가 몰락하면서 파시즘과 유사한 군국주의의 길을 걷게 된다.

군국주의의 길은 곧 대외 팽창과 전쟁으로 가는 길이었다. 일본은 만주 지배를 공고히 해나갔다. 기술 관료의 계획 아래 일본인을 이주시키면서 만주 지역을 개발했고, 관동군을 강화했으며, 동북 지역의 군벌 장쭤린張作霖을 폭사시키기도 했다. 일본의 중국 침략 야욕에 중국인은 반일 민족주의로 뭉쳤고, 이에 중국이라는 거대 시장 확보가 어려워진 상황 속에서 일본은 군부 주도하에 중국을 침공했다. 1937년 7월 7일, 베이징 북쪽에 주둔하고 있던 일본군이 루거우차오盧溝橋 사건을 조작해 중국군과 교전을 벌였다. 이는 제한된 국지전이었지만 중국과 전쟁을 벌일 빌미를 찾던 일본군 상부는 이 충돌을 전쟁의 구실로 삼았다. 7월 말 일본은 중국과의 전면 전쟁을 결정했다. 전쟁이 발발하고 베이징, 톈진, 상하이 등 중국의 주요 도시를 점령하며 승승장구한 일본은 그들의 최초 목표인 속전속결의 단기전을 달성하는 듯했다. 하지만 그들의 목표는 곧 지나치게 낙관적인 기대였던 것으로 드러났다. 중국군은 대륙의 넓은 영토를 활용한 지연, 지구전 전략과, 국민당군과 공산당군의 국공합작으로 상징되는 중국인의 결사 항전에 일본군은 전쟁의 목표를 상실한 채 고전을 면치 못했다. 결국 일본은 중일전쟁의 늪에 빠져들고 만다.[3]

....

3 중일전쟁은 그동안 2차 대전의 전역에서 비중 있게 다루지 못했지만, 무려 9년의 기간 동안 중국의 사상자가 2,000만 명이 넘을 만큼 피해가 막심했던 전쟁으로 그 참혹함은 독소전쟁에 비견할 만하다. 1937년부터 1941년까지는 중국이 단독으로 일본에 항전했고, 일본의 진주만 공격 이후에는 중국이 연합군의 일원으로 연합군과 함께 일본에 대항했다. 2차 대전이 연합군의 승리로 끝나면서 중국은 미·영·소와 함께 주요 승전국이 된다.

II

추축국의 공세와 연합국의 위기(1940~1941)

1 독일의 공세와 프랑스의 몰락

2차 대전은 1939년 9월 1일 폴란드를 침공한 독일에 영·프가 선전포고를 하면서 시작되었다. 폴란드 주력군 섬멸을 목표로 총 200여만 명의 병력을 동원한 독일군은 세 방면에서 바르샤바를 포위하기 위해 기동했다. 폴란드군은 영·프 연합국의 지원을 받기 전까지 지연전을 전개하려 했지만, 병력과 무기, 장비에서 절대적인 우위를 점하고 기동전 교리를 체득한 독일군에 고전했다. 여기에 소련의 침공은 폴란드군이 무너지는 결정적 계기가 되었다. 독일의 폴란드 침공 직전인 1939년 8월 23일 독일과 소련은 당면한 위협 세력인 영국과 프랑스에 대항하고 서로의 이익 추구를 위해 독소불가침조약을 체결하며 야합했었다. 이에 소련은 독일과 폴란드를 양분할 의도로 9월 17일 폴란드 동부를 침공한 것이다. 두 개 전선에서 적을 맞은 폴란드군은 항복할 수밖에 없었다. 전쟁 준비가 되어 있지 않았던 영·프는 폴란드에 실질적인 군사적 지원을 해줄 수 없었다. 독일과 소련의 공격을 피하지 못한 채 두 국가에 점령당한 폴란드는 비참한 운명을 맞았다. 폴란드를 점령한 소련은 1940년 4월 집단학살한 폴란드군 장교와 지식인 등 2만 2,000여 명을 카틴Katyn 숲에 암매장하는 카틴 학살을 저질렀다. 2차 대전 기간 중 독일의 통치를 받았던 폴란드는 유대인 절멸정책인 홀로코스트Holocaust로 폴란드계 유대인이 대거 학살당하는 등 독일의 강압적이고 잔인한 통치로 많은 국민이 희생되었다.

폴란드를 굴복시킨 독일의 다음 목표는 1차 대전에서 패배를 안겨줬던 프

1940년 2월 겨울전쟁 중에 핀란드군이 기관총으로 소련군을 조준하고 있다.

랑스였다. 독일은 당시 최고의 지상군 전력을 자랑했던 프랑스를 당장 침공해 승리를 거둘 능력과 자신감이 없었고, 영·프 연합국 또한 전쟁 준비에 시간이 필요했기에 선전포고는 했지만 서로 전면전은 꺼리는 '가짜 전쟁Proxy War'을 치렀다. 하지만 실제로는 이 기간에도 전쟁은 계속되었다.

1939년 11월 30일, 소련은 폴란드에 이어 핀란드에 대한 전면 침공을 개시했다. 소련군은 전력이 압도적으로 강한데도 3개월 동안 막대한 사상자만 초래한 채 핀란드군의 전선을 돌파하지 못했다. 핀란드군은 총사령관 만네르하임Carl G. Mannerheim 원수의 이름을 딴 방어선인 만네르하임선에서 삼림과 방어시설을 잘 활용해 완강한 방어작전을 수행했다. 핀란드군은 치고 빠지면서 각개격파하는 '모티(조각내기)' 전술을 구사해 소련군을 괴롭혔다. 여기에 1930년대 중반 스탈린의 대숙청으로 전문적 군사 지식을 보유한 장교가 대거 사라져 군의 작전 수행 능력이 형편없었다. 핀란드의 추위와 폭설 또한 보급난과 함께 소련군에게 큰 고통을 안겨주었다.

1940년 봄, 90만 명이나 되는 추가 병력을 동원한 소련군이 공세를 폈고, 핀란드군은 타국의 군사 지원을 받지 못한 채 외로운 싸움을 계속했다. 결국 전력의 한계에 다다른 핀란드가 3월 중순 소련과 강화협약을 맺으면서 전쟁은 끝났다. 이때 소련군의 형편없는 전쟁 수행 능력을 목격한 독일군은 소련군을 과소평가하게 되고, 이는 훗날 소련 침공을 낙관하는 하나의 계기가 되었다.

소련군은 핀란드 전쟁의 실패를 교훈 삼아 동계전투에 대한 대비를 하는 등 나름의 군사개혁을 시도한다.

1940년 4월 독일은 덴마크와 노르웨이를 침공했다. 독일군의 노르웨이 침공은 안정적인 철광석, 석탄과 같은 전략자원의 수급과 함께 1차 대전 때 영국에게 당한 해상 봉쇄의 재현을 막고 해군기지를 확보하고자 하는 이유가 있었다. 이를 위해 독일은 육해공 합동작전인 베저위붕Weser+Übung(베저강 훈련) 작전을 실시한다. 노르웨이 침공의 교두보가 될 덴마크는 독일군의 침공 당일인 4월 7일 항복했다. 독일의 노르웨이 침공은 노르웨이 전 지역에서 동시다발로 진행되었다. 노르웨이를 지원하기 위해 참전한 영·프 연합군은 독일군에게 적절한 대응을 하지 못했다. 비록 독일 해군이 영국 해군에게 실질적인 패배를 당했지만, 노르웨이의 비행장을 점령해 제공권을 장악한 독일 공군의 공습에 영·프 지상군은 많은 피해를 입었다. 보급 문제와 더불어 독일의 프랑스 침공으로 영·프 연합군은 주요 항구인 나르빅을 포기하고 노르웨이에서 철수하게 된다.

독일의 덴마크와 노르웨이 공격은 프랑스 침공을 위한 준비 과정으로 볼 수 있다. 폴란드를 점령한 이후부터 프랑스를 공격하기 위한 준비를 시작했던 독일군은 1940년 중반 3개 집단군Army Group 체제에 141개 사단으로 최대 330만여 명의 병력을 보유했다. 2,500여 대의 전차를 보유했던 독일군은 10개 기갑사단과 9개 기계화사단의 편성을 통해 알 수 있듯이 전차를 집중적으로 운용하려 했다. 영·프 연합군은 330만여 명의 병력에 135개 사단, 독일군에게 없는 중전차 등 4,000여 대의 전차를 보유했다. 특이한 부분은 양과 질에서 독일군보다 우월한 전차 전력을 가졌던 연합군이 전차를 분산시켜 운용했던 점에 있다. 연합군은 단 3개의 기갑사단을 보유했고, 전차는 각 사단에 배속되어 보병의 전투를 지원하는 임무를 맡았다. 항공기 수에서는 독일군이 앞섰다. 독일 공군은 연합군의 3,000여 기보다 훨씬 많은 5,600여 기의 항공기를 보유했다. 다만 독일의 항공기 운용의 특징은 지상군과 원활한 합동작전을 위해 항공기에 주로 지상군 작전을 지원하는 전술적 임무를 부여했다는 점에 있었다. 이에 비해 연합군은 상대국의 핵심 산업 및 군사 시설을 폭격하는 전략폭격에 상대적으로 초점을 맞추었다. 실제 전투에서도 지상군에 대한 즉각적인 지원보다 결정적인 시점에 적의 주력을 공격하고자 항공력을 아껴두는 경우가 있었다.

프랑스는 1차 대전과 마찬가지로 독일군이 벨기에 방면의 평탄한 지역으로 공격해올 것으로 예상했다. 따라서 전쟁 발발과 함께 그 지역에 프랑스군의 주공主攻과 영국 원정군을 투입할 계획이었다. 독일군이 프랑스 영토에 도달하기 전에 방어하려는 공세적 방어계획을 통해 프랑스 영토 내에서의 전쟁을 회피하면서 전쟁을 1차 대전처럼 교착된 전선에서 장기전으로 이끌어 승리하고자 했다. 이를 위해 프랑스는 독일과의 국경에는 '난공불락'의 대규모 요새 지대인 마지노선Maginot Line을 구축해 독일군이 공격할 엄두를 못 내도록 하려 했다. 지형 특성상 전차의 기동이 불가능한 곳으로 여겨지던 벨기에 알베르 운하Albert Canal와 마지노선 사이의 아르덴 숲 일대에 대한 방어 준비는 상대적으로

역사 속 역사 독일의 프랑스 침공 경과(1940. 5. 10~6. 25)와 전격전

1940년 5월 10일 독일군의 공격이 시작되었다. 작전의 성패는 주공 A집단군 기갑부대의 아르덴 돌파에 달려 있었다. 독일군의 아르덴 방면 공격은 이 지역을 방어하는 프랑스군이 예상치 못한 기습이었다. 비록 기동 노정의 정체로 속도가 늦어지긴 했지만, 전차와 포병, 기계화된 보병의 제병 협동과 스투카(Stuka) 급강하 폭격기의 근접 항공 지원 덕분에 독일군은 빠르게 기동할 수 있었다. 여기에 독일 A집단군 현장 지휘관의 신속하고 유연한 판단이 더해져 프랑스군 지휘관이 적절한 판단과 대응을 하지 못하는 사이 프랑스군은 공황과 마비 상태에 빠졌다. 기존의 수세적인 방어교리에 입각해 대규모 역습 기회를 노렸던 프랑스군은 그 기회를 계속 놓치고 말았고, 전선은 빠르게 붕괴되어갔다.

당시 서방의 한 기자는 독일군의 작전을 전광석화 같다며 '전격전'이라는 용어로 표현했다. 하지만 독일군의 성공을 전차와 전술 공군을 앞세운 속도전을 통해 상대방을 마비 상태에 빠뜨리는 교리의 우수성만으로 설명하기에는 무리가 있다. 독일군의 승리는 전장의 우연과 마찰적 요소가 독일군 편을 들어주었기에 가능했다. 독일군의 과감한 계획은 A집단군이 아르덴에서 교통체증으로 기동 둔화를 겪고, 스당 돌파 이후 각 기갑부대의 개별적 기동에 따라 측면 노출을 하는 등 작전 간에 심각한 허점을 드러냈다. 그런데 프랑스군은 이러한 독일군의 허점을 파고들지 못했다. 프랑스군의 교리와 행동은 독일군을 막기에 너무 정형화되어 있었고 느렸다. 반면 임무형 지휘로 대표되는 독일군의 행동은 전장의 마찰과 우연성에 대처하는 데 훨씬 유연했다. '전격전'은 만능의 검이 아니었다. 오히려 이는 처음부터 한계를 내포하고 있었고 실제로 전투에서 드러났다. 하지만 독일군의 실시간 대처가 프랑스군에 비해 빠르고 적절했기에 독일군이 성공을 거둘 수 있었다.

독일군 선도부대는 5월 21일 도버 해협에 도달해 벨기에 북방에 위치한 연합군 주력을 차단했다. 비록 히틀러의 진격 정지 명령에 힘입어 영국 원정군과 일부 프랑스 부대가 케르크에서 영국으로 철수할 수 있었지만, 남은 프랑스군은 지리멸렬 상태에 빠졌다. 6월 22일에는 파리가 함락되고, 프랑스는 독일에 항복했다. 독일은 1차 대전 때 4년 넘도록 굴복시키지 못해 교착상태로 있다가 패배를 안겨줬던 프랑스를 단 6주 만에 무너뜨렸다.

독일은 계획을 수정해 최종적으로 낫질계획을 채택했다.

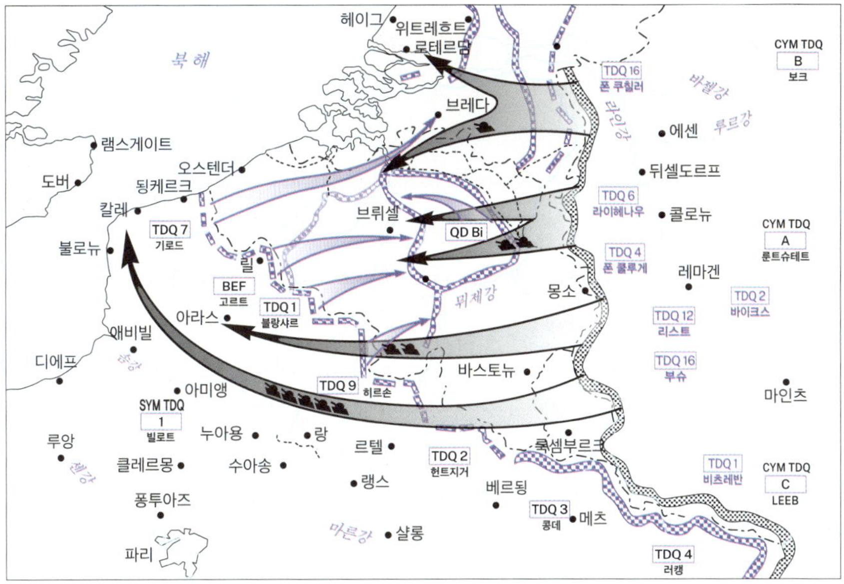

소홀했다. 결국 프랑스는 이러한 배치를 통해 독일군의 대규모 공격이 벨기에 방면의 평탄한 지역으로 올 수밖에 없게 만들었던 것이다.

프랑스 침공을 위한 독일군의 작전계획인 '황색계획Fall Gelb'은 주공을 벨기에 북부 지방으로 향하는 1차 대전의 슐리펜식 기동작전의 재판이었다. 독일군은 장기화된 1차 대전과 달리 전차와 항공기를 활용한 기동전을 전개해 속전속결로 전쟁을 매듭지으려 했다. 하지만 프랑스군의 방어에 맞서 성공을 거둘지 확신할 수 없었다. 이때 황색계획의 조공助攻 역할을 담당하는 A집단군 참모장 에리히 폰 만슈타인Erich von Manstein이 기존 계획에 반대하며 '낫질Sichelschnitt계획'을 입안했다. 이는 주공을 벨기에 북부가 아닌 아르덴 산림지대로 기동시켜 연합군을 단절하고 연합군 주력의 후방을 차단하려는 것이었다. 총참모장 프란츠 할더를 중심으로 한 육군 참모본부는 이에 반대했다. 물론 성공한다면 연합군에게 작전을 통한 기습이라는 큰 타격을 줄 수 있겠지만, 낫질계획은 독일군 주공이 오히려 연합군에게 역으로 포위될 위험성도 있었다. 결국 황색계획이 프랑스군에 유출된 이유도 있었지만, 변화를 원했던 히틀러는 프랑스 침공의 최종 계획으로 낫질계획을 채택했다.

낫질계획의 궁극적인 목표는 프랑스군 주력을 포위 섬멸하는 것이었다. 독일군 전체에서 중앙에 위치한 기갑 및 기계화 부대로 구성된 A집단군은 주공으로서 신속하게 아르덴 숲과 스당 방면의 프랑스군을 돌파해 벨기에 방면의 연합군 주력의 퇴로를 차단해 조공인 B집단군과 함께 이를 섬멸해야 했다. 조공인 B집단군은 네덜란드와 북벨기에 방면으로 진격함과 동시에 공수 및 강습 작전을 통해 연합군의 핵심시설을 장악하면서, 연합군이 이 지역을 독일군의 주공 방향임을 믿게 만드는 것이 중요했다. C집단군 역시 주공인 A집단군의 기동을 돕기 위해 마지노선의 프랑스군을 고착시키는 임무를 부여받았다.

2 영국의 위기와 독일의 소련 침공

프랑스를 굴복시킨 독일의 다음 목표는 영국이었다. 물론 히틀러의 궁극적인 목표는 소련이었다. 소련과 불가침조약을 맺은 상태였지만, 러시아의 광활한 영토는 독일인이 거주해야 할 장소로서 소련은 나치 독일의 이념적인 적이었다. 문제는 본격적인 소련 침공 전에 후환을 제거하기 위해 영국을 굴복시키는 것에 있었다. 히틀러는 영국에 화의를 제안했지만, 체임벌린이 사퇴하고 새롭게 영국 총리가 된 윈스턴 처칠Winston Churchill을 중심으로 한 영국의 항전 의지는 완강했다.

1940년 8월 13일, 영국 본토 상륙을 위한 '바다사자Sea Lion 작전'이 개시되었다. 침공 부대의 상륙을 위한 작전의 성패는 제공권 장악에 달려 있었다. 작전 개시 전인 8월 1일, 히틀러는 이미 공군 총사령관 헤르만 괴링Hermann Göring에게 영국 공군의 무력화를 지시했다. 문제는 독일은 상륙을 위한 해군력을 조직할 시간이 필요했고, 영국과의 전쟁은 공군만으로 끝낼 수 있다는 괴링의 주장대로 바다사자 작전이 공군만의 작전이 되어갔다는 점이다. 8월 10일부터 18일까지 독일군 항공기 500여 대가 영국 남동부 항구 지역에 대한 폭격을 가했다. 하지만 목표가 지나치게 분산되고 영국 항공기의 저항으로 실패했다. 8월 24일부터는 공격 목표를 영국 남동부 지역의 항공기지로 전환하고 엄호기의 고도를 낮춰 영국 전투기의 요격에 대비했다. 이 단계의 작전은 영국 전투기 사령부에 큰 타격을 가해 제공권을 거의 장악할 수 있게 되었다. 하지만 독일군은 9월 5일 작전을 중지했다. 영국 공군의 베를린 공습에 대한 보복 지시로 히틀러가 폭격 목표를 런던을 중심으로 한 민간 거주 도시 지역으로 전환했

1940년 9월, 영국 항공전 당시 독일 공군 폭격기 '하인켈 He 111'이 공습을 위해 런던 상공을 날고 있다.

기 때문이다. 이를 계기로 독일 공군의 공격 목표는 기존의 제공권 장악에서 분산되고 말았고, 항공 기지들의 파괴로 위기에 직면했던 영국 공군은 기사회생할 수 있었다. 10월 말까지 계속된 영국 항공전은 이 기간 동안 독일은 1,400여 대, 영국은 800여 대의 항공기를 잃는 소모전이 되었다. 히틀러는 9월 중순 영국 상륙작전을 무기한 연기했다. 레이더 기술을 활용한 효과적인 대공 방공망과 함께 영국 공군 전투기 성능의 우수성과 조종사의 분투는 영국이 본토 항공전의 승리를 이끈 중요한 요인이었다. 무엇보다도 독일의 무차별 폭격에도 영국 국민의 항전 의지는 꺾이지 않았고, 오히려 독일에 대한 복수심이 고양되었다. 이로써 영국은 기사회생해 연합군의 주축으로서 2차 대전을 수행하게 된다.

한편 추축국의 한 축인 이탈리아는 1940년 8월부터 북아프리카와 발칸반도로 진출했다. 하지만 그리스를 침공한 부대는 알바니아에서 그리스군에게 참패했고, 리비아에서 이집트로 향하던 부대는 영국군에게 대패했다. 이탈리아군은 만천하에 무능력을 드러내 국가의 국제적 위신이 크게 하락했다. 무솔리니는 어쩔 수 없이 히틀러에게 구원을 요청해 독일군이 이 전역戰役에 참전하게 된다. 2차 대전의 전장이 본격적으로 발칸반도와 북아프리카로 확장되는 순간이었다. 1940년 말 발칸반도에 진입한 독일군은 한곳에서 유고군을, 다른 곳에서 영국과 그리스 연합군을 격파했다. 또한 동지중해의 전략적 요충지인 크레타섬을 공수부대를 투입하는 예상치 못한 습격으로 점령함으로써 일시적으로나마 이 지역의 제해·제공권을 확보하는 데 성공했다.

북아프리카에는 1941년 2월 중순부터 기동전의 대가 에르빈 롬멜Erwin Rommel을 총사령관으로 하는 독일의 아프리카 군단이 투입되었다. 북아프리카 전장은 '전술가의 낙원이자 병참장교의 지옥'이었다. 사막으로 이루어진 평지인 이 전장은 전차를 활용한 기동전을 전개하기에 좋은 지형이었다. 다만 전장이 넓고 길어서 항구에서 해안에 가깝게 형성된 제한된 기동로를 통해 전방에 보급 지원을 해야 했다. 기갑부대가 진격해 항구에서 멀어지면 멀어질수록 보급이 어려웠다. 독일군과 영국군은 진격하다 보급 부족으로 되돌아가는 허술한 일진일퇴를 계속했다. 롬멜은 수적 열세에도 기습과 속도전으로 적을 마비시켜 패퇴시키는 기동전의 진수를 발휘하며 이집트 턱밑까지 진출했다. 하지만 이 전역에서 독일군이 거둔 전술적 승리는 전략적 승리로 귀결되지 못했다. 독일은 이탈리아의 요청으로 어쩔 수 없이 이 전역에 군대를 투입했을 뿐, 처음부터 북아프리카 및 중동지역에 대한 전략적 가치를 높게 보지 않았다. 여기에 더해 1941년 6월 소련을 침공하여 러시아 전역이 주전장이 되면서 북아프리카 전역은 독일군의 전력을 분산시키는 골칫덩이로 전락하고 만다. 지중해의 제해·제공권이 연합군에게 넘어가면서 북아프리카 군단에 대한 보급품 수송이 더욱 어려워졌다. 주요 항구 역시 폭격으로 제 기능을 하지 못해 롬멜의 과감한 작전은 보급을 경시한 무리한 작전이 되고 말았다.

1941년 6월 독일은 소련을 침공했다. 영국을 굴복시키지 못하고 북아프리카까지 전역을 확대한 상황에서 독일은 왜 불가침조약을 파기하면서까지 소련을 침공했을까? 독일은 그들이 지닌 전통적인 전략적 약점인 양면 전쟁을 피하려 했다. 따라서 영국이 힘을 회복하고 미국이 본격적으로 참전하기 전에 소련을 굴복시켜야 했다. 역설적으로 예상보다 강한 영국의 저항과 예견되는 미국의 참전이 소련과의 전쟁을 앞당긴 촉진제가 된 것이다. 또한 독일이 장기 총력전을 수행하려면 소련이 차지한 지역의 자원이 필요했다. 히틀러의 저서 『나의 투쟁*Mein Kampf*』에서도 언급했듯이 우크라이나의 식량, 우랄의 지하자원, 캅카스 일대의 유전, 시베리아의 삼림자원은 독일의 전쟁 수행에 필수적인 요소였다.

이러한 이유로 침공 시기가 앞당겨졌지만, 독일은 소련을 궁극적으로 타도해야 할 목표로 여겼다. 소련 침공에는 이 지역에 독일의 아리아인이 거주할 생활권, 즉 '레벤스라움'을 건설한다는 정치적, 이념적 구상이 애초부터 깊이 개입되어 있었다. 소련과의 전쟁은 슬라브인에 대한 가혹한 처우와 학살이 동반되는 인종 전쟁이자 절멸 전쟁이었다. 따라서 처음부터 민간인에 대한 집단학살과 강제수용의 제노사이드genocide가 동반되었다. 문제는 이러한 행위가 일부 지휘관이나 병사의 일탈이 아닌 대소對蘇 전쟁의 목표, 전략과 같은 독일의 전쟁 수행 속에서 이루어졌다는 데 있다.[4] 독소전쟁이 '사상 최악의 전쟁'이 된 주된 이유가 바로 이것이다.

독소전쟁이 사상 최악의 전쟁이 된 또 다른 이유는 러시아가 열악한 전장이었다는 데 있다. 러시아의 정면은 북극해에서 흑해까지 3,200km에 달했으며, 주전장이 되는 엘베강에서 볼가강까지의 길이도 3,000km에 이르렀다. 여기에 도로망과 철도망이 미흡했고, 주요 강이 종으로 흘러 서쪽의 침입에 대한 연속적인 방벽을 형성했다. 늪지와 호수, 삼림은 기계화부대의 기동을 제한하는 요소였다. 기후 역시 공격하는 측에 불리했다. 러시아의 동계冬季는 반년 가까이 지속되는 데다 겨울이 매우 춥다. 또한 봄에는 땅이 진흙으로 변하는 '라스푸티차Rasputitsa'로 기동로가 진흙 구덩이가 되고, 여름에는 먼지, 가을에는 비와 진흙이 반복된다. 따라서 기계화부대의 정상적인 기동이 가능한 계절은 여름과 지면이 얼어붙는 겨울뿐이었다. 러시아에서 프랑스를 굴복시켰을 때처럼 '전격전'을 통한 속전속결을 재현하는 것은 처음부터 불가능한 과업이었을지 모른다.

바르바로사 작전 중에 소련 국경 표지를 통과하는 독일군

1941년 6월 22일, 독일군은 300만 명이 넘는 병력과 3,600여 대의 전차, 2,700여 대의 항공기를 동원하여 소련 침공을 개시했다. 침공 계획인 '바르바로사Barbarossa 작전'에서 독일군은 세 개 방면에서 소련을 공격했다. 빌헬름 폰 레프의 북부집단군은 발트해 연안을 거쳐 레닌그라드 점령을 목표로 진격했고, 상대적으로 주력인 페도어 폰 보크의 중부집단군은 민스크, 스몰렌스크 등 주요 도시를 거쳐 모스크바로 가는 직통로를 개방하는 것이었으며, 게르트 폰 룬트슈테트Gerd von Rundstedt의 남부집단군은 우크라이나 지역을 경유해 캅카스 지역

....

4 Christopher R. Browning, *Ordinary Men*, New York: Harper Perennial, 1992.

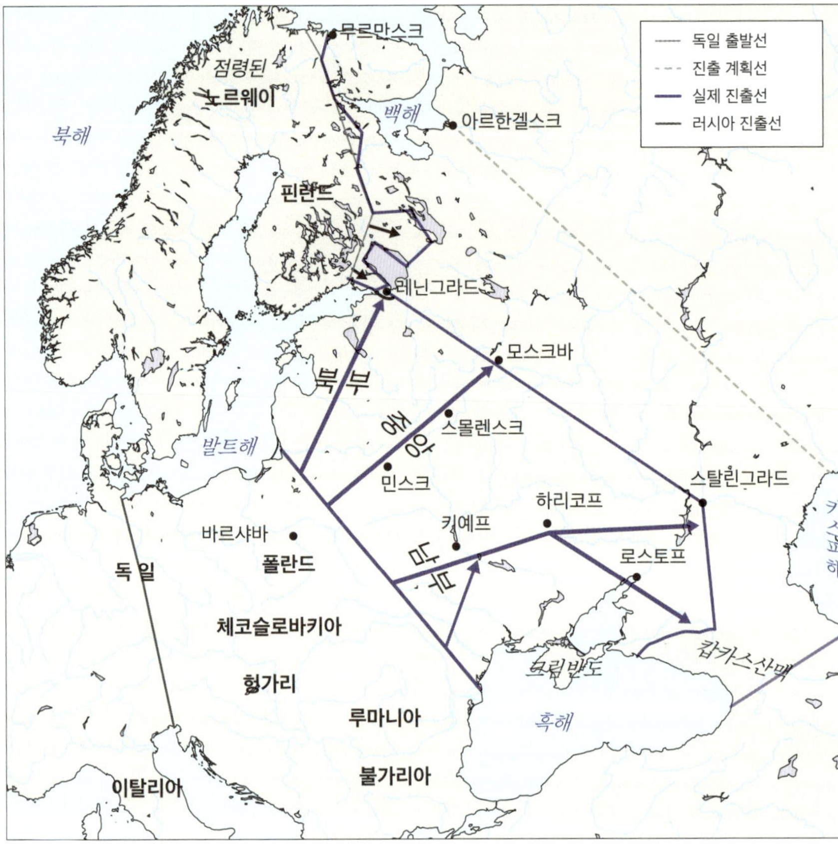

독일의 소련 진격 전환

으로 진격하는 것이었다. 속전속결을 목표로 한 이 작전은 군사 원칙 중 '목표의 원칙' 측면에서 처음부터 문제를 내포한 작전이었다. 군사작전의 목표에 있어서 히틀러는 소련군의 섬멸을 우선했지만 군부는 모스크바 점령을 중시했다. 결국 독일군은 어느 하나에 집중하지 못했다. 게다가 레닌그라드, 모스크바, 우크라이나 방면 중 주공을 확실하게 정하지 못한 채 작전을 개시했다. 여기에는 소련의 전쟁수행능력에 대한 과소평가와 독일군의 군사적 능력에 대한 과신이 함께 작용했다.

독일의 예상대로 독일군의 기습적인 침공에 소련군은 전반적으로 고전을 면치 못했다. 당시 소련군은 여러 가지 문제를 안고 있었다. 먼저 장교 집단은 이오시프 스탈린Iosif Stalin의 대숙청大肅清 여파로 자질과 능력이 부족했다. 소련군은 독일군의 공격에 지연전을 수행하며 방어 이후 조기에 전략적인 반격으로 전환할 수 있을 것으로 낙관했다. 하지만 방어계획은 구체적이지 않았고, 현지 지휘관들은 유동적인 방어보다 현지 고수의 정치적 압력을 받았다. 기동전과 제파식 공격과 같은 전통적인 공세 중심의 소련군의 작전술 교리에 익숙했던 지휘관들의 공세 선호 경향 또한 방어에 적합하지 않았다. 게다가 소련의 공군력이 독일군에 비해 현저하게 열세였기 때문에 초반에 제공권을 내준 영향 또한 지대했다.

독일군은 초반에 눈부신 군사적 성과를 이루어냈다. 특히 주공인 중부집단군은 민스크 전투에서 42만 명이나 되는 소련군을 포위 섬멸하고, 18일간 무려 500km를 진격하며 7월 초 스몰렌스크에 도달했다. 반면 다른 집단군의 진격은 예상보다 느렸다. 남부집단군은 7월 중순이 되어서야 키예프(키이우) 외곽에 도달했고, 북부집단군은 8월 말에야 레닌그라드를 포위했다. 중부집단군의 스몰렌스크 공략은 두 달이나 걸렸다. 물론 중부집단군 병력의 일부가 남쪽의 키예프 포위전에 투입되면서 한 달간 작전을 중지한 영향도 컸지만, 빈약한 보급 지원과 소련군의 완강한 저항으로 공격을 멈출 수밖에 없었다. 군부는 신속하게 스몰렌스크를 점령한 후 모스크바로 진격하자고 주장했지만, 히틀러는 키예프 돌출부의 소련군을 격멸해 우크라이나를 확보하는 데 집중할 것을 명령했다. 8월 21일부터 전개된 키예프 포위전은 70만 명에 가까운 소련군 포로를 포획한 독일군의 승리로 끝났지만, 소련을 굴복시키는 전략적 승리로 연결되지는 못했다.

소련군은 9월 중순까지 무려 100개 사단 이상을 상실했다. 독일군의 '전격전'을 변형시킨 '쐐기와 함정'의 양익 포위전술은 부대끼리 서로 협조가 안 된 채 현지를 사수하거나 공세적으로 나온 소련군에 효과적이었다. 다만 병력 부족으로 포위망을 빈틈없이 구축하기가 어려워 소련군 상당수가 탈출했고, 기갑부대가 너무 진격하는 것을 우려한 나머지 완벽한 포위 섬멸을 할 수 없었다. 따라서 일부 지휘관은 완벽함의 추구가 독일군의 전과 확대를 늦춘다며 반발하기도 했다. 독일군에게 더욱 큰 문제는, 완벽하지 않았지만 어느 정도 달성한 개별 전투에서의 전술적 차원의 성공이 소련을 항복으로 이끌어내는 전략적 성공으로 연결되지 않았다는 데 있었다. 소련군은 후방의 충원으로 여전히 건재한 채 저항을 이어갔다. 반면 독일군은 열악한 병참 능력에 따라 보급난이 가중되어 진격 속도가 점점 둔화되었다.

전쟁 초기에 소련군은 지휘와 훈련, 무기체계, 작전술 등 모든 면에서 총체적인 문제점을 드러냈다. 독일군의 진격과 자국군의 무능함에 소련군 수뇌부 독일군 기갑부대가 모스크바 전선으로 진군하고 있다.

는 불안 상태에 빠졌다. 그런데도 소련은 스탈린을 중심으로 한 정부의 리더십이 굳건해 1940년 프랑스가 경험한 것처럼 정치, 군사적 붕괴는 일어나지 않았다. 소련군은 군대의 조직을 최대한 단순하게 개편하고 격파된 부대를 재편성해 새로운 부대를 창설해나갔다. 12월까지 소련의 현역 사단은 600개에 달했으며, 이는 소련이 100개 이상의 사단을 잃었는데도 전쟁을 계속할 수 있었던 원동력이 되었다. 특히 키예프 포위전이 진행되던 한 달 동안 전력을 재정비할 귀중한 시간을 벌었다. 이때 소련은 모스크바 일대의 온갖 공업 및 산업 시설을 우랄산맥 동쪽으로 이동시키고, 예상되는 독일 점령 지역에 대해서는 초토화 전략을 구사했다.

결국 일련의 초기 전투에서 독일군은 소련군 주력을 섬멸하지 못한 채 전략목표를 지역 점령으로 수정하게 된다. 남부집단군이 계획대로 캅카스 지방으로 진격할 것이라고 믿었던 히틀러는 눈길을 모스크바로 돌렸다. 하지만 시기가 너무 늦었다. 혹한이 찾아오기 전 모스크바를 점령하겠다는 타이푼 Typhoon 작전은 중부집단군의 제4군이 모스크바 정면, 제4기갑군과 제3기갑군이 북쪽, 제2기갑군이 남쪽에서 공격해 모스크바를 양익 포위하려는 것이었다. 하지만 이미 찾아온 보급난에 가을비까지 내려 기동로를 쓸 수 없었다. 추위가 닥쳐 도로가 얼면서 전차부대는 다시 기동하기 시작했지만, 혹한 속에서 월동 준비가 미흡했던 독일군은 더욱 고통받고, 부동액이 얼면서 전차와 차량은 움직일 수 없게 되었다. 독일군은 모스크바를 눈앞에 두고 진격을 멈춰야 했다.

1941년 12월 5일, 소련군은 단순히 모스크바를 방어하는 데 그치지 않고 독일군에게 공세를 가했다. 소련군의 공세는 미숙했지만, 이미 수세에 몰렸다고 생각한 소련군의 반격에 독일군이 받은 충격은 컸다. 독일군에는 소련군의 반격에 대응할 예비부대가 없었다. 1942년 1월 독일군은 모스크바 공략을 포기하고 현 전선에서 퇴각하기로 결정했다. 이로써 바르바로사 작전은 실패로 끝났다. 속전속결을 위한 독일군의 '전격전'은 소련과의 전쟁에서 파산선고를 받게 된 것이다. 룬트슈테트, 하인츠 구데리안 같은 독일군의 유능한 지휘관들이 히틀러의 사수 명령을 어겼다는 이유로 해임되었다. 더 큰 문제는 독일군의 사기 저하였다. 독일군은 처음부터 소련군을 과소평가해 이 전쟁에서 쉽게 이길 수 있다고 생각했다. 하지만 더 이상 저항할 힘이 없으리라 판단했던 소련군에게 예상치 못한 반격을 당하면서 독일군은 소련이 쉽게 굴복하지 않으리라는 사실을 깨닫게 된다.

3 일본의 공세와 미국의 참전

중일전쟁(1937)의 장기화는 일본의 국내외에 큰 문제가 되었다. 전쟁을 끝내기 위한 출구 전략을 찾지 못한 일본은 미국의 제재 속에서도 팽창정책을 지속했다. 1940년 9월, 미국과 영국의 중국 지원을 차단하기 위해 일본은 프랑스가 몰락하면서 무주공산이 된 인도차이나에 진출했다. 9월 27일에는 독일, 이탈리아와 삼국동맹을 체결해 추축국의 한 축이 되었다.[5]

일본의 노골적인 팽창정책에 아시아 태평양 지역에서 얻은 기득권이 위협받게 된 미국은 일본을 저지하기 위한 경제 제재를 가했다. 석유 금수 조치 및 철강 수출 제한 조치와 함께 미국, 영국, 중국, 네덜란드의 영어명 첫 글자를 딴

....

5 일본은 1936년에서 1937년에 독일, 이탈리아와 소련의 위협을 막는다는 취지의 방공협정을 맺었다. 하지만 1939년 독일이 통보 없이 소련과 독소 불가침조약을 맺으면서 방공협정이 무의미해졌다. 반면 일본은 1940년 4월 13일 일소 중립조약을 체결했다. 이전에 독일은 일본에게 소련 침공계획을 함구했다. 삼국동맹으로 추축국이 결성되긴 했지만 전쟁을 수행하는 데에는 처음부터 상호 협조가 잘 이루어지지 않았던 것이다.

ABCD 포위망으로 일본에 대한 무역 봉쇄를 실시했다. 당시 석유의 80% 이상을 미국에서 수입하는 등 미국에 경제 의존도가 높았던 일본은 큰 위기를 느끼고 미국, 영국과 교섭을 진행하는 동시에 전쟁 준비도 함께 했다. 그 과정에서 부담을 못 이기고 사퇴한 고노에 내각의 뒤를 이어 1941년 10월 18일 육군장관 도조 히데키東條英機가 총리를 겸임하는 도조 내각이 결성되었다. 미국과 교섭을 하던 11월 26일 미 국무장관 코델 헐Cordell Hull이 '헐 노트'를 일본에 전달했다. 만주사변(1931) 이전으로 아시아를 되돌려놓으라는 요구가 담긴 문서였다. 일본은 미국의 요구를 거부하고 전쟁을 선택했다.

미국과의 전쟁은 처음부터 승리에 대한 보장이 불투명했다. 미국을 비롯한 연합국과의 전쟁에서 일본의 전략적 목표는 남방 자원지대를 포함한 대동아공영권大東亞共榮圈의 확보였다. 이를 통해 자존 지위를 확립하고 전쟁을 장기전으로 이끌어 고립된 미군을 상대로 교섭으로 전쟁을 마무리하겠다는 계획이었다. 따라서 일본의 전쟁계획은 장기 소모전이 되어야 했다. 그런데 전쟁의 종결은 자력이 아닌 독일의 선전에 상당 부분 의존하고 있었다는 것이다. 당시 독일의 소련 침공과 성공적인 진격 소식에 "달리는 기차에 올라타라"는 말이 유행할 정도로 호전적인 사회 분위기가 형성되었다. 소련과 영국의 패망 이후 고립된 미국이 일본과의 전쟁을 종결하기 위해 협상을 시도할 것이라는 기대는 이처럼 유럽 정세에 대한 낙관에서 비롯된 산물이었다.

미국의 전쟁 수행 의지를 박탈하고 나서 협상으로 일본의 지위를 인정받겠다는 목표 아래 실시할 군사작전은 다음과 같았다. 먼저 남방 자원지대를 점령하기 위해 미군의 해군력을 무력화시키는 동시에 미국, 영국, 네덜란드의 근거지를 소탕해 남방 자원지대를 확보한다. 다음으로 남방 자원지대 방어를 위한 외곽 지역을 점령하고 방어선을 강화한다. 마지막으로 일련의 방어선에서 미군의 공격을 격퇴한다는 것이었다.

1941년 12월 4일, 일본이 하와이 진주만과 필리핀, 말레이 등을 동시에 공격하면서 태평양전쟁의 막이 올랐다. 야마모토 이소로쿠山本五十六가 계획한 진주만 공습은 미 태평양함대를 무력화하기 위한 작전이었다. 일본의 작전은 난공불락의 요새였던 하와이 진주만의 미 태평양함대 기지를 해군 함정이 직접 공격하는 것이 아닌 항모에서 발진한 항공기의 공격이라는 기발한 방법으로 성공을 거두었다. 반면 이에 대한 미국의 준비와 대응은 미흡했다. 미국은 외

1941년 12월 7일, 일본의 기습적인 진주만 공습으로 완전히 폭파된 미국 태평양함대 전함 애리조나호

교 암호 분석을 통해 일본이 전쟁을 일으킬 것으로 예상했지만, 정확한 공격 목표를 알지 못했다. 태평양함대 사령부는 철저한 일본군의 기습에 제대로 대응하지 못한 채 초토화되고 말았다.

일본은 진주만 공격을 통해 작전적으로는 태평양 함대를 무력화시키는 것에 더해 전략적으로는 미국인에게 충격을 안겨줌으로써 조기에 그들의 전쟁 수행 의지를 박탈할 수 있을 것으로 희망했다. 하지만 그것은 오판이었다. 기대와는 정반대로 진주만 기습은 미국인의 분노를 자극해 미국이 전쟁으로 단합하는 결정적인 계기가 되었다. 미국 대통령 프랭클린 루스벨트Franklin D. Roosevelt는 공식적으로 대일 선전포고를 했다. 그동안 추진해온 고립주의를 탈피하고 2차 대전에 본격적으로 뛰어든 것이다. 이로써 2차 대전은 미국, 영국, 소련, 중국을 중심으로 한 연합국과 독일, 일본, 이탈리아를 주축으로 한 추축국 간의 대결이 되었다.

진주만 공격과 동시에 이루어진 1단계 작전으로 일본군은 홍콩을 1941년

1941년 동남아시아의 전황도(일본의 공격로)

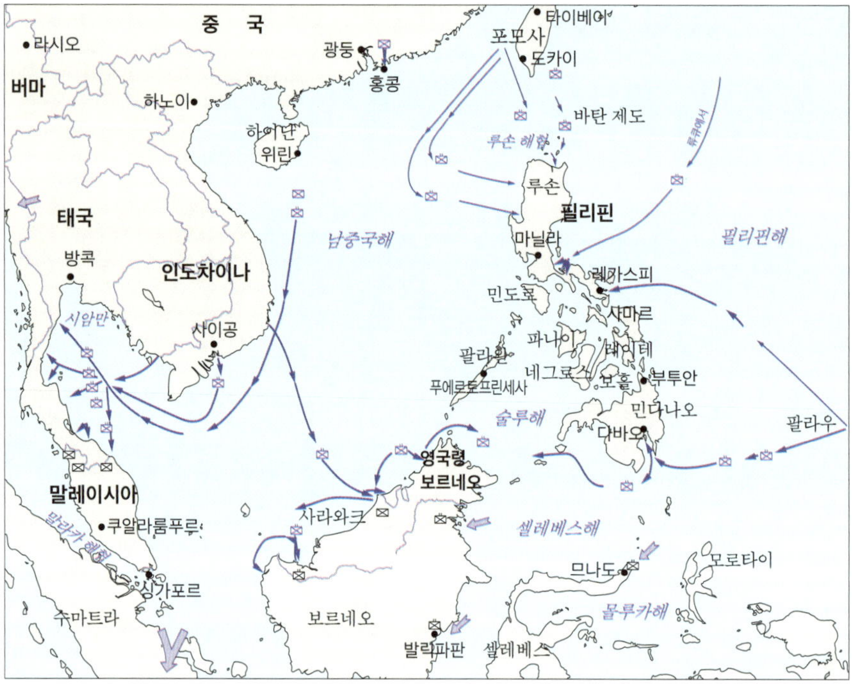

12월 25일, 미국령 괌섬을 12월 10일, 웨이크섬을 12월 25일 점령했다. 말레이 전역에서는 야마시타 도모유키山下奉文가 이끈 일본 25군이 난공불락의 요새였던 영국령 싱가포르를 함락시켰다. 일본군은 해안을 통해 싱가포르를 공략하는 대신 말레이 북부에 2개 사단을 상륙시켜 신속하게 남하함으로써 목적을 달성했다. 이 과정에서 일본군은 자전거 활용, 해안 우회기동 등 창의적인 전법의 기동전을 선보였는데, 이는 '또 다른 전격전'이라 불리기도 했다.[6] 최초 영국의 동양함대가 일본군 항공기의 공격에 침몰함으로써 제해·제공권을 장악할 수 있었던 것도 일본군이 신속하게 진격한 주된 요인이었다. 일본군의 공격에 속수무책이었던 영국군 지휘관 퍼시벌Arthur Percival은 일본군이 조프르섬에 도달하고 싱가포르가 고립되자 2월 15일 항복하고 만다.

태평양 지역에서 하와이 진주만이 미 해군의 근거지였다면, 미 극동 육군 사령부가 위치해 있던 필리핀은 육군의 근거지였다. 혼마 마사하루本間雅晴가 이끄는 일본 14군의 공격에 더글러스 맥아더Douglas MacArthur가 이끄는 미군과 필리핀군은 마닐라를 포기하고 바탄반도로 철수해 지구전을 전개했다. 하지

6 Max Hastings, *The Korean War*, New York: Simon and Schuster, 1987, 170.

만 제해·제공권을 빼앗긴 상황에서 본국의 보급을 지원받지 못해 고립된 전투를 펼칠 수밖에 없었다. 3월 11일 맥아더 사령관은 호주로 탈출하고, 고립된 미군은 보급난에 허덕이다 4월 초 일본군에게 항복했다. 미국은 치욕적인 패배를 당했지만, 그 과정에서 보여준 미군의 끈질긴 저항은 전 미국인의 일본에 대한 상징적인 저항으로 여겨졌다. 한편 미군과 필리핀군 포로 7만여 명이 수용소로 행진하다 구타와 굶주림 등으로 1만 명이 죽는 사건이 일어났다. 이른바 '바탄 죽음의 행진'으로 알려진 이 사건은 일본군의 수많은 전쟁 범죄 중에서도 널리 알려진 사례이다.

그 밖에도 일본군은 미얀마 방면의 공세에서 영 연방군을 격파하며 3월 7일 미얀마의 수도 랑군(양곤)을 함락시켰다. 4월 말에는 대중국 보급로인 버마 통로를 완전히 차단시켰고, 미 육군 중장 스틸웰Joseph Stilwell이 이끄는 중국군은 인도 방면의 임팔로 패주했다. 네덜란드가 장악하던 동인도 제도(인도네시아)에서는 해전의 승리로 제해권을 장악한 일본군이 팔렘방에 공수작전을 강행하는 지상전을 전개해 3월 9일 남방 자원지대를 수중에 넣었다.

이처럼 1단계 작전에서 일본은 예상을 뛰어넘는 대성공을 거두었다. 초기 작전에 동원한 일본 육군의 사단 수는 10개로 비교적 적었지만, 이들은 중국 전선에서 실전을 경험한 사기가 오른 정예부대였다. 일본군은 현지 정보를 미리 획득해 상대의 강점과 약점을 파악하고 있을 정도로 작전 준비에 철저했다. 근본적으로 작전 지역의 제해·제공권을 장악함으로써 지상작전이 일본군에 유리하게 전개될 수 있었다. 반면 필리핀, 말레이 등에 주둔한 연합군은 일본군을 경시한 데다 기본적인 전쟁 준비가 덜 되어 있었다. 일본군에 비해 무기와 장비의 양질에서 열세였고, 병력의 다수가 현지 식민지 군대여서 훈련과 사기 등 전투력의 질적 측면에서 문제를 안고 있었다.

III

전세의 역전(1942~1943)

1 북아프리카 전역과 독소전쟁의 전환

일본이 진주만을 공격하면서 미국은 본격적으로 2차 대전에 참전했다. 일본의 공격을 받은 미국이 선先 독일 원칙을 깨고 일본과의 전쟁에 집중하게 되는 것을 우려했던 처칠 총리는 직접 미국을 방문하여, 1941년 12월 말 미국 워싱턴에서 루스벨트 대통령과 전쟁 수행을 위한 공동 노력에 합의했다. 이때 열린 아르카디아Arcadia 회담에서 양측은 '선독일 후일본'으로 연합군의 대전략을 결정했다. 동시에 이 합의는 미국과 영국이 전쟁을 일으킨 파시즘 세력에 대항해 세계 평화를 수호하겠다는 1941년 8월의 대서양헌장을 구체화한 것으로 볼 수 있다. 2차 대전에서 연합국은 추축국의 패망이라는 공동의 목표를 위해 협조했다. 이 부분에서 비록 동맹국이지만 전쟁 수행을 위한 협조가 거의 없었던 추축국과 상당한 대조를 보였다. 전쟁 기간 동안 연합국 수뇌부는 카이로, 테헤란, 얄타, 포츠담 등에서 회담을 열었으며, 회담에 따라 다르긴 했지만 소련의 스탈린과 중국의 장제스蔣介石도 참석했다. 미국, 영국, 소련, 중국의 수뇌부 회담과 별개로 미국과 영국은 연합 참모회의를 구성해 양군의 실무진이 연합 전략과 작전을 논의하고 결정했다.

한편 '연합국의 병기창'으로 불리던 미국의 물자 생산력은 연합군 승리의 원동력이었다. 1941년 3월부터 미국은 연합국에 무기대여법Lend-Lease을 발효해 영국에 314억 달러, 소련에 109억 달러어치의 물자를 공급하는 등 엄청난 양의 무기와 탄약, 연료, 식량을 제공했다. 독일과 일본을 상대로 양면 전쟁을 펼치면서도 미국의 전력과 물자는 추축국을 압도했다. 1942년을 기점으로 미국이 본격적인 전시경제 체제로 접어드는 1943년부터 연합군은 단 한 번도 승기를 놓치지 않았다. 미국의 압도적인 경제력은 2차 대전에서 미국이 연합군을 주도했다는 인식의 큰 요인이 되었다.

1942년에도 전쟁의 주도권을 쥐고 있던 추축국의 공세는 계속되었다. 북아프리카 전선에서는 롬멜의 북아프리카 군단과 버나드 로 몽고메리Bernard L. Montgomery의 영국군 사이에 일진일퇴의 공방전이 이어졌다. 이 전역의 전환점은 1942년 10월 말 영국군이 거둔 엘 알라메인El Alamein 전투의 승리였다. 이후 영국군은 리비아를 점령, 북아프리카 전역에서 승리를 거두는 결정적 계기를 마련했다. 미국이 유럽 전선에 참전하자 영국은 북아프리카에 상륙해 함께 싸우기를 원했다. 하지만 미국은 최대한 빨리 서부 유럽에 상륙해 제2전선을 형성하기를 원했다. 프랑스령 모로코와 알제리에 대한 상륙작전을 실시하자는 처칠의 강력한 요구에 미 육군참모총장 조지 마셜George C. Marshall은 루스벨트에게 '선독일 후일본 전략을 파기하고 태평양 전역에 집중하자'고까지 건의했다. 그렇지만 루스벨트는 처칠의 요구를 따르기로 결정했다. 1942년 11월 8일, 북아프리카 전역의 연합군 최고사령관으로 임명된 드와이트 아이젠하워Dwight D. Eisenhower가 이끄는 미·영 연합군이 모로코와 알제리 해안 지역에 상륙하는 '횃불작전'을 실시했다. 이로써 미군은 북아프리카 전역에서 전투를 시작해 영국군과 연합작전을 하며 실전 경험을 쌓아갔다.

동부전선에서는 소련군의 반격이 실패로 돌아간 이후 한동안 소강상태가 이어졌다. 1942년 봄, 독일군은 소련에 대한 새로운 공세 계획을 수립했다. '청색작전'으로 명명한 공세의 주목표는 소련의 생명줄인 캅카스 유전지대 장악이었다. 소련군의 생명줄을 끊음과 동시에 미국이 참전한 상황에서 장기전을 대비해 유전지대를 확보하자는 의도였다. 이를 위해 남부집단군으로 개칭될 B집단군이 돈강 만곡부로 진격해 측면부를 방어하는 동안 A집단군이 캅카스의 유전지대를 공략하기로 했다.

하지만 1942년 소련군은 전력을 회복해 독일군의 공세에 어느 정도 대응할 준비가 되어 있었다는 데 문제가 있었다. 독일군의 공세보다 먼저 소련군의 춘계 공세가 시작되었다. 소련의 75만 남서전선군은 초반에 하리코프Khar'kov(하르키우)를 탈환하는 등 선전했다. 독일군은 기동방어를 실시하며 소

폐허가 된 스탈린그라드의 참호를 통과하는 소련군

련군에 맞섰다. 결국 패퇴한 소련군은 볼가강 서안으로 도주했다. 소련군의 공세로 그 시작 시기가 늦춰지긴 했지만, 1942년 6월 말 독일군은 여세를 몰아 하계 공세를 시작했다. 소련군의 방어선을 돌파한 B집단군은 7월 23일 로스토프Rostov를 함락했고, 8월에는 스탈린그라드(현 볼고그라드) 포위를 눈앞에 두고 있었다. 남쪽으로 내려간 A집단군은 8월 마이코프의 소규모 유전지대를 점령했으나, 소련군은 이미 그곳을 파괴하고 철수한 뒤였다. 소련군은 1년 전처럼 현 전선을 고수하기보다 전략적 후퇴를 하고 있었다. 따라서 독일군의 전술적 성공은 결정적 승리로 이어지지 않았다. 오히려 멀리 갈수록 전력은 소모되고 심각한 보급난에 직면했다. A집단군의 진격은 8월 말 캅카스 산악지대에서 저지되었다. 강력한 방어진지와 제공권을 확보한 소련군이 그로즈니Grozny 유전지대를 장악하려는 독일군을 격퇴함으로써 캅카스를 향한 A집단군의 공격은 실패로 돌아갔다.

작전 과정에서 독일군은 스탈린그라드에 주목했다. 공업과 교통의 요지이기도 했지만 무엇보다도 소련 총리 스탈린의 이름을 딴 상징적인 도시였기 때문이다. 9월에 독일 6군과 4기갑군이 스탈린그라드 시가지를 점령하기 위해 투입되었다. 스탈린그라드에 대한 공격은 히틀러의 정치적 자존심이 걸린 작전이 되었다. 10월 중순 독일군이 도시의 90%를 점령했는데도 소련군은 저항을 계속했다. 바실리 추이코프가 이끄는 소련 제62군은 막대한 사상자와 손실을 입고도 스탈린그라드에서 버텼다. 시가전은 독일군의 공군과 화력의 우세를 무력화시켰다. 전투는 근접전으로 도로 하나 또는 건물 벽을 사이에 두고 진행되었다. 소련군은 볼가강을 통해 줄기차게 보충 병력을 투입했다. 스탈린그라드는 독일군의 전투력을 무한대로 빨아들이는 블랙홀이 되고 말았다.

시가전이 진행되는 동안 소련군은 병력을 계속 투입해 이 지역의 독일군을 고착시키는 동시에 대병력을 동원해 도시 양 측면에서 포위 섬멸하려는 천왕성Uranus 계획을 수립했다. 1942년 11월 초, 90만의 대병력을 집결시킨 소련은 스탈린그라드의 독일군을 포위했다. 만슈타인의 돈Don 집단군이 포위망을 뚫고 연결작전을 시도했지만, 히틀러의 현지 사수 명령과 동시에 허울뿐인 원수로 승진한 프리드리히 파울루스Friedrich Paulus의 6군은 탈출하지 못했다. 1943년 2월 2일 독일군은 9만여 명의 포로를 남기고 전멸했다.

양측 모두 포함해 200만 명의 사상자를 낸 스탈린그라드 전투는 독소전쟁을 넘어 2차 대전의 흐름을 바꿔놓았다. 이 전투의 승리를 기점으로 소련군은 본격적으로 수세에서 공세로 전환했다. 천왕성 작전의 성공에 힘입은 소련군은 로스토프를 점령해 A집단군을 포위 섬멸하려는 작전을 실시했다. 작전 과정 중 규모를 확대해 돈 집단군(남부집단군으로 개칭)과 A집단군 말고도 중부집단군까지 목표 대상에 포함시켰다. 하지만 만슈타인이 이끄는 남부집단군이 기동방어와 반격을 통해 돈바스 지역과 하리코프 공방전에서 승리를 거둠으로써 소련의 야심찬 계획은 무산되었다. 1943년 3월 하순, 비가 내리고 라스푸티차가 찾아오면서 전선은 잠시 총성이 뜸해졌다.

2 태평양전쟁의 역전된 전세

선독일 후일본의 대전략 원칙 속에서도 태평양함대의 재건과 일본에 대한 반격이 시급했던 미국은 1942년 초반 4개월 동안 실제로는 유럽 전선보다 더 많은 자원을 태평양 전선에 투입했다. 1942년 3월 말에는 태평양함대 및 태평양해역군 사령관으로 체스터 니미츠Chester W. Nimitz를, 남서태평양지역군 사령관으로 맥아더를 임명해 태평양 전역에 대한 지휘 계통을 설정했다. 본격적인 반격에는 준비 시간이 필요했지만, 루스벨트 대통령은 미국 국민의 사기앙양을 위한 즉각적인 한방을 원했다. 이에 미군 수뇌부는 특별 개조한 B-25 16대를 항모 호넷에 실어 출격시키는 방법으로 일본 본토를 폭격할 계획을 수립했다. 1942년 4월 제임스 둘리틀James H. Doolittle이 이끄는 특공대가 일본 본토를 폭격했다. 군사적 성과는 미비했지만, 둘리틀 공습은 미국 국민에게 진주만 기습의 상실감을 보상하고 일본과의 전쟁에 자신감을 심어주는 계기가 되었다.

둘리틀 폭격은 뜻하지 않게 일본 해군의 미드웨이Midway 공략에 대한 결정적인 계기로 작용해 이 전쟁을 다른 방향으로 전환시켰다. 초기 작전에서 대성공을 거둔 일본군이었지만, 다음 작전을 두고 육군과 해군의 의견이 달랐다. 육군은 이전부터 주장했던 소련 공격을 위해 태평양 방면의 병력을 만주로 전환하고자 했고, 해군은 방어선을 더 확장하려 했다. 이때 해군은 육군의 의사와 관계없이 방어선을 솔로몬 제도로 확장했다. 그런데 해군 내부에서도 차기 작전에 대한 이견이 존재했다. 방어선을 넓혀 전통적인 점감요격[7]으로 미군을 격퇴하려는 군령부와 달리 야마모토 이소로쿠의 연합함대는 밖으로 나가 결전을 시도해 잔존한 미국 태평양함대의 전력을 격멸하려 했다. 이런 상황에서 미군의 도쿄 공습은 일본 군부에 미 함대의 여전한 위협을 일깨워주었고, 해군은 천황의 안위를 위해서라도 미 함대를 공격해야 했다. 따라서 함대 결전을 원했던 야마모토 제독의 제안이 힘을 얻게 되었다.

일본 연합함대는 미 함대를 유인해 결전을 시도하고자 미국의 전략적 요충지인 미드웨이를 공략하기로 했다. 미드웨이를 공격해 이를 방어하러 나오는 미 함대를 격멸하려는 계획이었다. 하지만 미국은 암호 해독을 통해 일본 해군이 미드웨이를 공략하리라는 것을 알고 있었다. 미 태평양함대는 만반의 준비를 갖추고 일본 연합함대를 맞아 일전을 치렀다. 4척의 항공모함을 동원한 일본군에 비해 미군은 항공모함 3척에 100여 대의 항공기를 미드웨이에 배치했다. 6월 4일부터 7일까지 나흘간 벌어진 이 해전은 미 태평양함대의 승리로 막을 내렸다. 미군의 철저한 대비와 미 조종사들의 용기, 미군에게 작용한 행운에 더해 일본군의 자만심과 방심, 미 항모 격침과 미드웨이섬 자체에 대한 공격이라는 일본군의 목표 분산, 일본 항모의 형편없는 대미지 컨트롤 능력 등 여러 요인이 복합적으로 작용해 만들어낸 결과였다. 일본은 연합함대에서도 최정예 부대였던 제1기동부대의 정규 항모 4척을 잃었고, 최정예 항공기 조종사 다수가 전사하는 막심한 피해를 입었다. 이 전투에서 항모부대의 주력을 상실한 일본 해군은 이후 외곽 방어선을 지키기 위한 기동방어를 수행할 수 없었다. 반면 미드웨이 해전의 승리는 미국에게 일본의 기습공격으로 인한 치욕적인 패배를 씻고 자신감을 얻는 결정적인 계기가 되었다.

한편 일본은 뉴기니를 비롯해 뉴칼레도니아, 사모아, 피지 등으로 세력을

7 '점감요격'이란 일본으로 접근하는 적 함대를 원거리에서부터 요격작전을 진행해 전력을 감소시킨 다음 일본 본토 근처에서 약해진 적과 함대 결전을 통해 승리를 거둔다는 일본 해군의 전통적인 작전 구상이다.

확장해 미국과 호주를 잇는 보급선을 차단하려 했다. 호주는 미군에게 일본군의 침공으로부터 방어해야 할 대상이자 태평양 전역을 수행하기 위한 최대의 최전선 기지였다. 일본 해군은 그 일환으로 6월 초 솔로몬 제도 동남쪽의 과달카날Guadalcanal섬에 비행장을 건설했다. 미국은 과달카날에 일본 항공기 기지가 건설된다면 해상 보급선을 위협할 수 있겠다고 판단했다. 그에 따라 급히 이 전역의 작전을 담당할 남태평양지역군을 편성해 1942년 8월 7일 제1해병사단을 과달카날에 상륙시켰다. 미 해병대의 상륙은 성공적으로 이루어져 과달카날의 비행장을 장악했다. 핸더슨 비행장으로 이름 지은 이 비행장은 앞으로 미군이 이 지역의 제공권을 장악하는 데 결정적인 역할을 하게 된다. 하지만 사보섬 해전에서 미 함대가 패퇴하면서 과달카날에 상륙한 미 해병대는 고립됐고, 일본군은 과달카날을 탈환하기 위해 병력을 투입했다. 그런데 문제는 애초부터 이 지역에 별 관심이 없었던 일본 육군이 미군의 전투력을 경시해 약 2,300명의 병력만 투입했다는 데 있었다. 사실 처음부터 미국과의 전쟁을 둘러싼 일본 육군과 해군의 입장은 달랐다. 일본 육군은 소련과의 불가침조약 체결에도 불구하고 소련과의 전쟁을 주장하며 이를 대비해 만주에 정예부대인 관동군을 주둔시켰다. 다만, 일본군이 소련을 공격하지 않음으로써 소련은 극동에 있던 부대를 독일과의 전쟁에 투입할 수 있었다. 육군은 주력을 여전히 중국과의 전쟁에 투입했고, 태평양에서의 미국과의 전쟁은 해군의 역할로 생

과달카날섬 앨리게이터만의 어귀 모래톱에 널브러져 있는 일본군의 시체

각했다. 따라서 남방자원지대의 확보 이후에도 서로 합의하지 못한 채 육군은 투입한 11개 사단 중 일부를 다시 중국 전선으로 복귀시키거나 소련과의 전쟁을 원했던 반면, 해군은 해군 작전을 통해 방어선을 동쪽으로 확장시켰던 것이다. 이처럼 일본 육해군의 서로 다른 관심은 태평양 전역에서 가장 중요한 합동작전에 대한 경시로도 이어졌고, 과달카날에서의 전투에 대해서도 육군의 관심은 적었다. 미 해병대의 막강한 화력 앞에 총검 돌격을 감행한 이치키 지대는 일방적으로 학살당하며 전멸에 가까운 피해를 입었다. 그 뒤로도 계속 병력을 차례대로 투입하던 일본군은 10월 중순에야 2만여 명의 병력을 보유한 2사단을 투입했다. 하지만 과달카날 방어에 군사적 노력을 집중해온 미군을 상대로 한 일본군의 총공격은 실패로 끝났다. 한편 해상과 공중 싸움에서도 밀리기 시작하면서 과달카날 보급에 어려움을 겪은 일본군은 결정적으로 11월 중순 과달카날 해전에서 미국에 패배하면서 제해·제공권을 미군이 장악하게 된다. 이로써 과달카날의 일본군은 외부로부터 보급을 받지 못한 채 고립되었다.

1943년 2월 초, 섬에 남은 일본군이 철수하며 전투는 미국의 승리로 막을 내렸다. 일본 대본영은 일본군의 패배를 새로운 방향을 향한 전진으로 발표하며 감췄지만, 7개월간 2만 1,000명의 전사자가 발생하고 그중 1만 6,000명이 아사자일 정도로 과달카날 전투는 일본군에게 처참한 경험이었다. 이는 앞으로 태평양 전선의 섬과 정글에서 고립된 채 제대로 된 보급 없이 싸워야 하는 일본군의 비극적 운명의 서막이었다.

과달카날 전투는 미드웨이 전투와 함께 태평양전쟁의 전환점이자 분수령이었다.[8] 미드웨이 전투에 운이라는 요소가 개입되어 있었다면 과달카날 전투는 미국과 일본의 장기간 의지와 의지의 대결이었다. 여기서 일본군은 소모전을 강요당하면서 병력은 물론 막대한 함선과 7,000여 대의 비행기를 잃었다. 반면 미군은 전쟁 초반 일본군의 엄청난 군사적 성과로 형성된 일본군에 대한 환상을 버리고 그들을 격퇴할 수 있다는 자신감을 갖게 되었다.

8 한편 맥아더의 미군이 호주군과 함께 일본군과 전투를 벌인 파푸아 전역에서도 일본군은 이 시기에 고전 끝에 미국에게 승기를 내준다.

IV

연합국의 공세와 추축국의 항복(1943~1945)

1942년 중후반 미드웨이, 엘 알라메인, 스탈린그라드, 과달카날과 같은 일련의 결정적 전투에서 승리를 거둬 전세 역전의 계기를 마련한 연합군은 1943년 본격적인 반격에 나선다. 1943년 1월 모로코 카사블랑카에서 만난 미국의 루스벨트 대통령과 영국의 처칠 총리는 이 전쟁을 추축국의 무조건 항복으로 종결시킨다는 방침에 합의했다. 다만 연합국의 반격 전략에 대해서는 양측 의견이 달랐는데, 미국은 소련이 요구하는 대로 상륙작전을 통해 유럽 대륙(프랑스)에 제2전선의 형성을 요구했지만, 영국은 이에 반대하며 이탈리아 공격을 주장했다. 결국 양측은 영국의 안대로 프랑스 상륙 대신 이탈리아를 공격하고, 독일에 대해 전략폭격을 함께 실시하기로 합의했다.

북아프리카 전역을 승리로 이끈 연합군이 1943년 7월에 이탈리아 본토 공략의 교두보인 시칠리아섬 상륙, 9월에는 이탈리아 본토를 공격하자, 무솔리니가 실각했고 9월 8일 이탈리아가 항복했다. 이에 이어진 이탈리아 전역에서는 이탈리아군 대신 독일군이 연합군에 맞서 싸웠다. 이 시점에서 추축국의 한 축인 이탈리아가 전선에서 이탈한 것이다. 이처럼 전세가 연합국에 유리하게 전개되면서 1943년 11월 카이로 회담에서는 루스벨트, 처칠, 장제스가 모여 미·영·중·소 4개 연합국이 주도하는 전후 세계에 대한 구상을 했다. 이어진 12월 테헤란 회담에서는 루스벨트, 처칠, 스탈린이 모여 3국의 협력과 전쟁수행 선언, 동부전선에서 소련의 반격에 호응한 제2전선 결성 등을 약속했다. 특히 1943년 중반 이후 연합국의 승리가 확실해지자 전쟁 처리와 전후 문제가 연합국의 과제로 떠올랐다. 그에 따라 10월 모스크바에서 열린 미·영·소 회의를 포함해 9회에 이르는 연합국 회의가 개최되었고, 카이로 회담과 테헤란 회담에서 전후 처리 문제를 논의한 것이다.

1 유럽 전선의 연합군의 반격

북아프리카 전역이 종료된 이후 이탈리아에 대한 침공으로 연기되었던 유럽에 독일과의 제2전선을 구축하려는 유럽 대륙 상륙작전은 1943년 5월 워싱턴에서 열린 트라이던트Trident 회담에서 코드명 '오버로드Overlord'가 결정되면서 구체화된다. 병력을 서부 유럽에 상륙시켜 프랑스를 해방하고 독일 본토로 진격한다는 구상이었다. 이때부터 상륙작전을 위한 막대한 양의 물자와 함께 미군 병력이 영국에 집결했고, 1944년 중반까지 총 130여만 명이 영국에 배치되었다.

1차 대전 때도 그랬지만 2차 대전에서도 해군의 역할은 매우 중요했다. 바다가 주전장이었던 태평양전쟁은 말할 것도 없고, 유럽 전선에서도 해군의 제해권 장악은 전쟁 수행의 필수 요소였다. 2차 대전에서의 승리를 위한 영국의 기본적인 전략은 우세한 해군력을 이용한 독일 봉쇄였다. 이에 더해 미국을 비롯한 해외에서 들여오는 물자에 의존했던 영국은 물론 본격적으로 참전하면서 유럽으로 병력과 물자를 안전하게 이동하는 것이 중요했던 미국도 마찬가지였다. 이에 독일은 잠수함인 유보트U-boat로 이를 막으려 혈안이 되었다. 따라서 대서양에서 상선단을 호송하는 미국과 영국 해군과 이를 침몰시키려는 독일 해군 사이에 전투가 끊이지 않았다. 이를 '대서양 전투'라고 부른다. 1942년 말부터 연합군은 대서양 전투에서 승기를 잡기 시작했고, 1943년 들어 유보트 편대를 격퇴할 수 있게 되었다. 여기에는 암호 해독, 호송선단 전술의 발전, 레이더 등 기술력의 발달에 더해 미국의 엄청난 물량 생산이 크게 기여했다. 대서양의 제해권을 연합군이 확실히 장악하면서 연합군의 본격적인 반격 역시 가능했다.

유럽 대륙 상륙작전 전까지 연합군이 유럽의 독일 점령 지역을 공격할 수 있는 유일한 전략 수단은 폭격이었다. 영국군과 미국군은 1942년부터 독일 본토에 대한 전략폭격을 실시했고, 1943년 카사블랑카 회담에서 전략폭격을 위

연합군에게 폭격당한 독일 드레스덴 시가지 광경

한 연합작전을 합의했다. 전략폭격은 초창기 항공 이론가들의 주장처럼 독일의 전쟁 수행 능력을 저하시키고 나아가 전쟁 수행 의지를 꺾기 위해 추진했다. 2차 대전 기간 동안 영국은 폭격 작전에 12만 5,000명의 승무원을 투입해 폭격기가 약 36만 5,000번 출격했을 정도로 많은 힘을 쏟았다. 미국 역시 1942년 중반부터 영국에 8폭격기 사령부를 배치한 뒤 B-17 폭격기를 이용해 폭격 임무를 수행했다.

영국과 미국의 폭격 교리는 상이했다. 1942년 초부터 영국 공군은 영국 폭격기 사령부의 사령관 아서 해리스Arthur Harris를 중심으로 소이탄을 채용한 야간 지역 폭격으로 독일의 도시들을 폭격했다. 민간인을 대상으로 한 폭격은 윤리적 차원에서 문제가 되지만, 당시 나치 독일에 대한 복수를 원했던 영국 대중은 이에 지지를 보냈다. 이에 반해 미 육군 항공대는 주간 고고도 정밀 폭격을 고집해 영국의 지역 폭격과는 거리를 두었다. 그런데도 미 육군 항공대는 영국 공군과 연합작전을 구사했으며, 1943년 후반부터 절반 이상을 정밀 폭격이 아닌 맹목 폭격을 가했다. 인구 거주 지역과 산업 시설이 크게 구분되지 않던 당시에 폭격으로 수많은 민간인이 사망했다. 그중 1943년 7월의 함부르크, 1945년 2월의 드레스덴 폭격은 한 번의 폭격에 민간인이 5만 명 이상 사망하는 비극을 낳았다. 이러한 전략폭격은 독일의 전쟁 수행에 의심의 여지 없이 큰 타격을 주었다. 다만 엄청난 폭격에도 독일이 끝까지 저항했기 때문에 전략폭격이 독일인의 전쟁 수행 의지를 꺾어 승리에 결정적으로 기여했다고 보기는 어렵다는 견해가 일반적이다.

1944년 2월 말 연합군은 '빅 위크Big Week'로 알려진 일주일에 걸친 독일 본토에 대한 항공전을 감행하여 독일 공군 격멸과 유럽에서 제공권 장악의 계기를 마련했다. 프랑스 상륙작전 준비 기간 동안 연합군 공군은 상륙작전을 위한 군사적 우선순위를 고려해 조직적인 폭격을 가했다. 제공권 장악을 통해 상륙작전 시 전술 항공 지원으로 상륙군을 지원했을 뿐 아니라 지상군의 작전에도 큰 기여를 했다. 또한 상륙 지점으로 전장 이동하는 독일군을 막는 전장 차단 역할까지 수행했다.

프랑스 지역의 독일군은 58개 사단이 있었지만 미·영 연합군에 비해 전투력이 열세였다. 특히 제공권은 이미 연합군이 장악하고 있었다. 연합군의 상륙 의도를 알고 있었던 독일군은 방어 준비를 했지만, 방어 개념에 대해서는 서부 지역 총사령관 룬트슈테트와 프랑스 해안 지역을 방어한 B집단군 사령관 롬멜이 서로 달랐다. 룬트슈테트는 기갑부대를 활용해 전략적 기동방어를 할 생각이었고, 롬멜은 제공권이 없으니 전술적 지역방어를 해야 한다고 생각했다. 두 안 중에 히틀러가 롬멜의 안을 지지해 대서양 방벽을 구축했으나 독일군의 주력과 자원의 대부분이 소련과의 전쟁에 투입된 상황에서 모든 해안을 요새화시킬 정도로 완벽할 수는 없었다. 현지 부대에서는 두 개념 중 어느 하나로 고정하기보다는 두 개념을 적절히 타협하는 선에서 방어하고자 했다.

연합군은 여러 상륙 후보지 중에서 노르망디Normandy 해안을 선택했다. 거리를 놓고 봤을 때 칼레 해안이 최적이었지만, 이 지역은 독일군의 방어가 강화되어 있었다. 이에 비해 노르망디는 상대적으로 독일군의 방어 태세가 취약했고 내륙으로 가는 통로가 양호했다. '사상 최대 작전'이었던 만큼 계획부터 쉽지 않은 구상이었다. 게다가 상륙작전에 대한 교리가 달랐던 미군과 영국군의 연합작전이었다.[9] 6월 6일 새벽, 미 제82공수사단, 제101공수사단, 영 제6공수사단의 후방 낙하로 시작된 상륙작전에서 연합군은 유타Utah와 오마하Omaha, 골드Gold, 주노Juno, 스워드Sword로 해변을 나누어 각각 미 제7군단, 제5

....

9 영국군은 주로 상륙전 준비 사격을 최소화해 상륙이 주는 기습적 효과를 강조했고, 미국은 상륙에 있어서 화력과 전투력 집중을 강조했다. Adrian R. Lewis, *Omaha Beach*, Chapel Hill, NC: The University of North Carolina Press, 2001.

노르망디 상륙작전 중 오마하 해변에 방공기구를 띄운 채 전차 양륙함정들이 보급품을 내리고 있다.

군단, 영 제30군단, 제1군단이 상륙했는데, 그중 오마하 해변에서 미군의 피해가 막심했다. 그럼에도 상륙작전은 연합군이 노르망디 해안에 교두보를 확보함으로써 성공리에 마무리되었다. 이후 연합군은 교두보 확장을 위해 프랑스 내륙으로 돌파를 시도해 팔레즈-아르장탕에서 독일군을 포위하는 데 성공했다. 하지만 독일군이 포위망을 빠져나감으로써 독일군에 대한 완벽한 포위섬멸을 가하는 데는 실패했다. 상륙작전 이후 신속하게 할 수 있을 거라고 기대했던 프랑스 내륙으로의 돌파는 전반적으로 지연되었고, 빠른 시일 안에 독일을 무너뜨릴 수 있으리라는 미영 연합군의 예상은 수포로 돌아갔다.

파리를 점령한 연합군은 독일 방면으로 계속 진격했다. 독일군의 전선은 네덜란드까지 물러난 상태였다. 그 시점에서 연합군도 보급 문제로 진격을 멈추었다. 연합군의 유일한 항구는 노르망디뿐이었고 내륙 수송망 상황도 형편없었다. 이를 타개하고자 영국군 총사령관 몽고메리가 연합군 총사령관 아이젠하워를 설득해 마켓 가든Market Garden 작전을 실시했다. 네덜란드에서 독일로 향하는 도로를 공수부대가 장악한 뒤 영국 제30군단을 주력으로 진격시켜 베네룩스 3국 연안의 항구들을 확보하고 독일 본토로 진격한다는 것이다. 하지만 9월 17일 시작된 이 작전은 공수부대들이 도로의 모든 다리를 장악하는 데 실패했고, 영국 제1공수사단 역시 독일의 기갑사단에 포위되어 격멸되거나 철수해야 했다. 또한 영국군 제30군단의 진격도 독일군의 공격으로 지지부진했다. 이 작전은 9월 25일 실패로 끝나고 말았다.

이후 서부전선은 교착상태에 들어갔다. 1944년 12월 히틀러는 당시 소강상태에 있었던 소련과의 동부전선의 병력까지 전용해 서부전선의 연합군에 대한 반격작전을 구상했다. 병력을 집중시켜 아르덴 숲을 전격적으로 돌파해 벨기에 지역의 연합군을 포위 섬멸하려 한 것이다. 이른바 아르덴 대공세(벌지 전투)는 1940년 독일군이 주공을 아르덴 숲으로 투입해 영·프 연합군을 포위 섬멸했던 프랑스 공격작전과 유사한 계획이었다.

1944년 12월 16일 시작된 독일군의 공세는 초반에 성공적이었다. 예상치 못한 독일군의 공격에 연합군은 대체로 제대로 된 대응을 하지 못하고 악천후로 근접 항공 지원도 못 받았다. 하지만 연합군 총사령관 아이젠하워가 82공수사단과 101공수사단을 급파한 대응에서 볼 수 있듯이, 미군은 초반의 공황상태를 이겨내고 신속하게 지휘 관계를 조정, 부대를 재배치해 독일군의 진격을 저지했다. 결국 일주일이 채 안 되어 심각한 보급난과 함께 미군의 저항에 부딪친 독일군은 전진이 늦어지고 때마침 맑아진 날씨 덕에 공중 공격까지 받았다. 12월 26일에는 카리스마 넘치는 기동전의 대가 조지 패튼George S. Patton Jr.이 이끄는 미 3군이 바스토뉴Bastogne에 돌입해 고립된 101공수사단과 연결하고 독일군의 보급을 차단했다. 이듬해 1월 12일, 소련군이 총공세를 펴면서 베를린을 향해 진격해 들어가자 독일군은 6개 기갑군을 동부전선으로 차출해야 했다. 상황이 급변함에 따라 이 지역에 대한 독일군의 전력이 더욱 약해졌다. 때맞춰 연합군은 반격을 개시했고 전투는 2월 초 종결되었다. 이로써 히틀러의 최후의 도박이었던 아르덴 공세는 실패로 돌아갔다. 독일은 핵심 병력을 소모함으로써 오히려 전쟁 종결을 앞당기는 결과를 낳았다.

독일의 패망이 명백해진 1945년 2월 초, 크림반도 얄타Yalta에서 루스벨트와 처칠, 스탈린이 만나 전후 처리 문제를 논의했다. 이때 연합국은 미국, 소련, 영국, 프랑스 4개국이 독일을 분할 점령한다는 원칙을 정했다. 또한 소련은 유럽에서 전쟁이 끝난 3개월 후 일본과의 전쟁에 참전하겠다는 약속을 확인했다. 1945년 2월 초, 연합군은 라인란트 작전과 루르 포위전에 성공해 4월 15일에는 엘베강 선까지 진격했다. 25일에는 미군과 소련군이 엘베강 중류의 토르

가우Torgau에서 만나면서 독일은 패망을 눈앞에 두게 되었다.

2 소련의 진격과 베를린 함락

1943년 봄, 소련군의 하리코프 탈환으로 전선이 잠시 소강상태가 되자 독일군은 반격을 계획했다. 독일 장군 만슈타인은 5월 공세 개시를 목표로 준비했으나, 티거Tiger 전차의 투입 등 확고한 전력의 우위를 바탕으로 공세를 취하고자 했던 히틀러의 지시로 결국 7월에야 시작하게 되었다. 쿠르스크 전투는 스탈린그라드 전투에 이어 또 하나의 전환점이 되었다. 시가전이 아닌 독일군의 장점을 십분 발휘할 수 있는 야전 기동전에서 독일군이 소련군에게 맛본 첫 패배였다. 패전의 여파는 컸다. 쿠르스크 전투 이후 독일군은 단 한 번의 공세조차 취하지 못한 채 전선에서 밀려나기만 했다. 이 전투에서의 승리를 계기로 소련군이 전쟁의 주도권을 확실히 장악했던 것이다.

쿠르스크 전투 이후 소련군은 본격적인 공세에 나섰다. 1943년 말 동부전선의 독일군은 300만 명을 겨우 유지했지만, 소련군은 570만 대군에 무기 측면에서도 독일군을 앞섰다. 1944년 소련군의 동계 공세는 크게 세 방면에서 이루어졌다. 첫째는 레닌그라드 해방 작전이다. 레닌그라드는 1941년 9월부터 독일군에 의해 봉쇄되어 있었다. 때때로 포위망을 뚫으려는 시도를 했지만 실패했고, 도시 주민은 무려 900일 동안 추위와 굶주림의 처절한 고통 속에서 많게는 100만 명이 사망했다. 소련군의 맹공격에 1944년 3월 레닌그라드 포위망

역사 속 역사 쿠르스크 전투, 시타델(Citadel) 작전

하리코프 함락으로 쿠르스크(Kursk)를 중심으로 형성된 폭 190km, 길이 100km의 돌출부에서 독일의 중부집단군과 남부집단군이 소련군을 포위 섬멸해 다시금 주도권을 확보하려 한 작전이다. 독일군은 총 90여만 병력에 3,000여 대의 전차를 확보했으나, 방어하는 소련군의 병력은 독일군을 뛰어넘고 전차 역시 우세였다. 특히 전 전선에서 병력의 우위를 달성한 소련군은 이 일대에 일련의 대전차 방어선을 구축했으며, 45만 명의 전략적 예비대인 스텝 전선군을 확보하고 있었다. 따라서 독일군의 공격은 격퇴당하고 쿠르스크 돌출부는 독일군 전차의 무덤이 되고 말았다.

이 붕괴되었다. 좌익이 붕괴되면서 독일의 북부집단군도 전선에서 철수했다.

우크라이나 돌출부에서는 소련군 주력이 독일군 8개 사단을 돌출부 내에 차단하고 포위했다. 독일 장군 만슈타인의 남부집단군과 에발트 폰 클라이스트의 A집단군은 기동방어를 통해 영토를 내주면서 소련군을 타격하려 했지만, 현지 고수를 고집한 히틀러에 의해 해임되었다. 이는 독일군의 작전에 더 이상 기동전의 대가는 필요 없다는 의미였다. 전쟁 후기에 들어 히틀러의 잦은 간섭과 현지 고수 명령으로 독일군은 전쟁 수행에서 이전과 같은 유연성을 찾아볼 수 없게 되었다. 4월 초까지 이어진 이 작전으로 독일군 사상자가 무려 10여만 명에 이르렀다. 소련군은 크림(크름)반도로 진출해 전략적 요충지인 항구도시 세바스토폴을 탈환하고 크림반도를 회복했다. 퇴로가 차단된 독일군은 루마니아를 통해 해로로 철수할 수밖에 없었다.

소련군은 공세를 멈추지 않고 곧이어 하계 공세로 나아갔다. 1944년 6월 핀란드군의 만네르하임선을 돌파한 뒤 비푸리Viipuri를 탈취해 레닌그라드 북쪽의 위협을 완전히 제거했다. 벨라루스 방면에서는 히틀러가 병력의 상당수를 우크라이나 방면으로 이동시켜 이미 약화된 독일군에 대한 기습공격을 감행했다. 독일군은 히틀러의 지역 고수 명령에 따라 퇴로를 차단당한 부대조차 철수가 불가한 나머지 막대한 피해를 입었다. 공세가 성공을 거두어 소련군은 폴란드 국경까지 진출해 독일군과 대치했다. 8월 1일, 폴란드 수도 바르샤바에서 소련의 진공에 고무된 폴란드 국민군이 봉기해 바르샤바 중심가 대부분을 점령하고 도시를 해방하는 데 성공했다. 하지만 곧바로 독일군의 무차별 보복이 이어졌다. 독일군은 전투기와 탱크를 동원해 제압에 나섰다. 63일 동안 계속된 전투에서 폴란드 저항군 1만 6,000명이 죽고, 6,000명이 중상을 입었다. 민간인은 15만에서 20만 명이 학살당했다. 이른바 바르샤바 대학살이다. 바르샤바를 향한 진격을 멈춘 소련군은 이들에게 구원의 손길을 뻗지 않았다. 런던에 있는 폴란드 망명정부를 제국주의의 하수인으로 보았던 스탈린은 우익 세력이 봉기를 주도했다는 이념적 이유로 폴란드 저항군에 대한 군사적 지원을 거부했다. 스탈린은 독일군과 폴란드 저항군 사이에서 어부지리를 노렸던 것이다.

1944년 중반, 발칸반도와 도나우 계곡을 공격한 소련군은 독일군과 루마니아군 혼성부대를 정면돌파함으로써 독일군을 격퇴했다. 1944년 후반에는 루마니아와 불가리아, 유고, 헝가리가 소련과 휴전하고 독일에 선전포고를 했다. 이때 소련은 향후 이 지역에 공산주의 정권을 수립하려는 점령 정책을 펼쳤다. 이것이 2차 대전 직후 시작된 냉전의 배경과 원인을 공산주의 소련의 책임으로 보며 공산주의의 공격성과 소련의 팽창을 지적하는 전통주의 시각의 주된 논거가 된다. 또한 벨라루스 전역 직후 발트 해안으로 진격한 소련군은 에스토니아, 라트비아, 리투아니아의 발트 3국을 탈취해 독일 북부집단군에 타격을 가했다. 이로써 1944년의 전역은 마무리되었다.

소련군의 공세를 보면 몇 가지 군사적 특징을 찾을 수 있다. 소련군은 치열한 전투 속에서 시행착오를 겪어가며 전투 교리와 그 적용인 작전술을 발전시켰다. 1943년 쿠르스크 전투에서 독일군의 기동전을 무력화시켰고, 1944년 공세에서는 환골탈태한 모습으로 다시 태어났다. 소련군은 지상군의 제 병과인 보병, 포병, 기갑과 함께 근접 항공 지원을 받아 넓은 전면에 대한 제파식 연속공격을 실시하면서 독일군의 방어라인을 뚫고 진격했다. 병력과 물량의 우위에 더해 전투가 거듭될수록 싸우는 방식이 더욱 정교해진 것이다.

이에 비해 독일군은 전투력에서 열세였다. 1944년 6월 미국과 영국을 중심으로 한 연합군이 노르망디에 상륙함에 따라 동부전선의 독일군이 분산, 병력 부족 문제가 가속화되었다. 독일군은 단순한 전투력 부족뿐 아니라 리더십, 싸우는 방식에서도 파탄에 직면하게 된다. 기동전을 장점으로 삼았던 독일군 지휘관들의 기동방어는 히틀러의 현지 사수 명령으로 실시하지 못했고, 유능한 지휘관은 해임되었다. 더욱이 소련의 빨치산 활동으로 독일군의 후방이 어지러웠을 뿐 아니라 전방부대의 보급난이 가중되었다. 스탈린의 가혹한 통치에 반감을 가진 우크라이나인 같은 소수민족도 스탈린의 정책보다 더했던 독일의 가혹한 통치에 반기를 들고 독일군에 저항했다.

독일의 가혹한 통치와 제노사이드genocide를 겪은 소련의 다양한 민족들은 독일을 적으로 삼았다. 독일은 스탈린의 소련이 이 전쟁을 '대조국大祖國 전쟁'으로 만들 수 있었던 이념적 명분을 스스로 제공한 셈이다. 소련의 다양한 구성원들은 단결해 독일에 대항했다. 최대 3,000만 명이라는 죽음의 대가는 크고도 깊었지만 이런 희생을 통해 소련은 전쟁 기간 동안 전투력의 약 70%를 이 전장에 투입한 독일군을 물리침으로써 2차 대전 승리의 주역이 될 수 있었다.[10]

폐허가 된 독일 브란덴부르크문

1945년 1월 12일, 폴란드의 비스와강 선에 있던 소련군은 공세를 재개했다. 이른바 최종 공세가 시작되었다. 폴란드 바르샤바는 쉽게 함락되었다. 소련군은 동프로이센, 중부 폴란드, 오스트리아 방면으로 쾌속 진격했다. 4월 16일, 독일에 대한 최종 공세에 돌입한 소련군은 4월 24일 베를린을 포위했다. 4월 30일 히틀러가 자살하고 베를린 수비대가 투항했다. 1945년 5월 7일, 독일은 연합군에 무조건 항복을 했다.

3 미국의 공세와 일본의 패망

1943년 초중반, 태평양 전선은 잠시 소강상태에 접어들었다. 힘을 비축하고 있던 미국은 전시경제 체제에 돌입해 1943년 중반부터 본격적으로 쏟아지는 물량을 바탕으로 일본에 대한 반격을 가하게 된다. 미국의 힘을 깨달은 일본은 전략적 방어로 전환한다. 1943년 9월 30일, 인도네시아 남부 도서 지역 일대-뉴기니 서부 지역-캐롤라인 제도-마리아나 제도-오가사와라 제도를 잇는 절대 국방권을 설정하고 이 지역을 사수한다는 전쟁 수행 계획을 수립한 것

10 Williamson Murray and Allan R. Milett, *A War to be Won: Fighting the Second World War*, New York: Belknap Press, 2001.

이다.

미국은 양 축에서 반격하는 전략을 채택했다. 육군을 대표하는 남서태평양지역군의 맥아더와 해군을 대표하는 태평양지역군의 니미츠로 이원화해 공격하기로 한 것이다. 이는 맥아더의 남서태평양지역군이 뉴기니를 거쳐 필리핀으로 나가는 동안 니미츠의 태평양지역군은 중부태평양에서 필리핀, 타이완 방면으로 향해 일본의 병참선을 차단하는 전략이었다. 1944년에 와서도 맥아더는 "나는 반드시 돌아오겠다(I shall return)" 전역을 전개하면서 핵심은 필리핀 쪽으로 북상해 필리핀을 발판 삼아 일본 본토를 공격하려 했다. 반면 니미츠는 해군 총사령관 겸 해군참모총장 어니스트 킹Ernest J. King의 주장대로 중부태평양 섬들을 점령해 일본 함대의 활동을 제한하고, 타이완, 중국을 거쳐 일본으로 향하려 했다. 육군과 해군 중 누가 태평양전쟁의 주역이 되는지에 대한 갈등에 대해 루스벨트와 합동참모본부가 양쪽의 주장을 받아들여 미국이 양 축의 공격을 계속하게 된 것이다. 이원화된 공세는 집중의 원칙에서 비효율적이었다. 하지만 미국의 전력은 분산해도 큰 문제가 없을 정도로 충분했다. 오히려 일본이 어느 한 루트를 집중방어하지 못하는 효과를 가져왔다.

1943년 후반 육군을 중심으로 한 맥아더의 남서태평양지역군은 솔로몬 제도와 뉴기니에서 소모전을 치르는 동안 강한 곳을 우회하고 약하면서 기지

미국의 태평양 전선 공세 전략

건설에 적합한 주변 지역을 점령하는 바이패스Bypass 방식으로 진격했다. 한편 해군을 중심으로 구성한 니미츠의 태평양지역군은 11월 말 일본의 절대 방어선의 전초기지인 길버트 제도의 타라와Tarawa를 공략했다. 미 해병 2사단은 타라와의 섬 중 길이 3km, 폭 1km의 아주 작은 베티오섬Betio에 상륙했다. 미 해군은 사전에 엄청난 함포 사격으로 개미 한 마리 없을 것이라고 공언했지만, 4일간의 전투에서 해병대 사상자만 3,000명이 넘을 정도로 큰 피해를 입었다. 이때 미 해군은 대내외적으로 언론의 많은 비판을 받아 해병대의 상륙작전 전술을 재검토해야 했다.

1944년에 와서는 태평양 연합군의 공세에서 기존 육·해군의 진격에 두 가지 전략이 더해졌다. 잠수함을 이용한 일본 보급선 차단 및 봉쇄와 B-29기를 이용한 일본 본토의 전략폭격이 그것이다. 미 해군은 일본 본토로 이어지는 해상 보급선을 차단해 일본을 고립시키기 위한 전략의 일환으로 1944년부터 본격적으로 잠수함전을 전개했다. 새로 잠수함부대 사령관이 된 찰스 포털Charles Portal은 어뢰 스캔들 등 기존의 문제점 등을 개선하면서 잠수함을 공세적으로 운용했다. 1944년 후반부터 사이판을 전진기지로 활용하면서 성과가 증대되었고, 1944년 372만 톤의 일본 상선을 격침함으로써 전년에 비해 두 배 넘는 성과를 올렸다. 그 결과 일본은 경제난에 허덕여 국민들이 큰 고통을 받았다. 또한 1945년에는 9,000km의 항속거리를 자랑하는 B-29기를 활용해 일본 근해에 기뢰를 뿌려 일본 선박의 입출입을 차단하는 '기아작전'으로 일본을 더욱 옥죄였다.

한편 일본에 대한 전략폭격은 1944년 중반부터 시작되었다. 미국이 필리핀해 해전을 통해 마리아나 제도를 확보하면서 기존의 충칭重慶 기지에 더해 일본 본토를 직접 공습할 수 있는 기지를 갖게 되었다. 첫 폭격을 시작한 1944년 11월에는 고고도 정밀 폭격을 실시해 성과를 거두지 못했지만, 1945년 1월 제21폭격기 사령부 사령관으로 새로 부임한 커티스 르메이Curtis E. LeMay가 그 해 3월 네이팜이 섞인 소이탄으로 야간 저고도 지역 폭격을 하면서 도쿄를 불바다로 만들었다. 3월 9일 실시한 이른바 도쿄 대공습에서는 하룻밤 사이에 10만이 넘는 민간인이 사망했다. 이어진 미 육군 항공대의 전략폭격으로 66개 도시가 쑥대밭이 되었고 30만 명이 넘는 사상자와 함께 수많은 이재민이 발생했다. 이 같은 인명 피해에 대해서는 독일에 대한 공격과 달리 윤리적인 비난이 적었다. 일본에 대한 무차별 폭격은 황인종에 대한 인종차별의식이 바탕이 되었다는 주장도 존재하지만, 주로 일본에 대한 복수심과 함께 전쟁을 미군의 피해를 줄이면서 빠르게 끝낼 수 있다는 이유로 정당화되었다. 이는 미국의 원자폭탄 투하로 이어진다.

미국의 계속된 공세에 일본은 한 번의 결전으로 미군의 의지를 꺾은 뒤 협상으로 전쟁을 끝낸다는 전략을 취했다. 1944년 초반 절대 국방권이 무너지는 상황에서 일본 대본영은 전쟁이 불리하게 진행되고 있음을 알고 있었다. 이에 결전을 통해 미 함대를 격멸시킨다는 해군의 신 Z작전(아호작전)에 많은 기대를 걸었다. 1944년 6월 일본은 필리핀해 해전에서 항모 9척과 항공기 750기를 동원해 항모 결전을 치르려 했다. 미 제5함대 사령관 레이먼드 스프루언스Raymond Spruance는 마리아나 제도를 탈환하는 주목표에 집중하면서 일본 항모의 공격에 대해서는 방어적인 작전을 선택했다. 오자와 지사부로小澤治三郎가 이끄는 일본 연합함대는 미 해군의 주력 항공기보다 항속거리가 긴 제로기를 활용해 미군 항공기의 공격이 닿지 않는 거리에서 미 함대를 공격한다는 아웃레인지 전법을 썼다. 일본 항공기는 미 함대 근처까지 비행하는 데 성공했지만, 미 헬켓Hellcat 전투기의 요격으로 '칠면조 사냥'을 당하게 된다. 미국은 발달한 레이더 기술로 일본 항공기가 다가오는 것을 미리 알고 대비했던 것이다. 또한 미 전함의 포에서 발사하는 근접신관 포탄은 대공포의 요격 능력을 크게 향상시켰다. 결국 일본의 네 차례의 항공기 공격은 모두 실패로 끝났다. 이 전투에서 항모 3척과 항공기를 거의 대부분 잃은 일본의 연합함대는 제 기능을 수행할 수 없게 되었다. 또한 해전과 함께 벌어진 미군의 마리아나 제도 공략 결과 일본은 사이판과 괌, 티니안 같은 요충지를 상실하고, 미군은 이곳을 B-29 비행기지로 활용하게 된다. 이 전투로 절대 국방권이 무너지자, 이를 주창해온 도조 내각이 총사퇴하고 고이소 구니아키小磯國昭 내각이 뒤를 이었다.

미군의 다음 목표는 필리핀이었다. 어니스트 킹Ernest King 제독은 필리핀을 건너뛰고 타이완 공격을 원했지만, 필리핀을 탈환해야 한다는 맥아더의 주장을 루스벨트가 손을 들어주면서 합참은 필리핀 공략을 결정했다. 그리고 필리핀 루손섬Luzon 공략의 교두보로 레이테섬Leyte을 공격하게 된다. 상륙부대로는 월터 크루거가 지휘하는 제6군이 선정되고, 이를 토머스 킨케이드의 제7함대가 직접 지원하고, 윌리엄 홀시William Halsey Jr.가 이끄는 제3함대가 필리핀의 남서태평양지원군 사령관 맥아더가 1944년 10월 필리핀 레이테만 상륙을 위해 해안으로 걸어가고 있다.

일본 항공력을 무력화하기로 했다. 그런데 일본은 여기서 또 하나의 결전을 시도한다. 대본영은 해군의 잔존 함대를 투입해 레이테만 돌입을 결정하고 미국 상륙 함대에 대한 격멸을 시도했다. 동시에 루손섬의 야마시타 도모유키山下奉文는 증원부대를 레이테섬에 투입, 육·해군이 함께 레이테에서 결전을 시도했다.

10월 24일부터 벌어진 레이테 해전은 동원된 양측 함대의 총배수량이 250만 톤에 이르는 역사상 가장 큰 규모의 해전이었다. 레이테만 진입을 위해 일본은 기동부대를 이용해 미 해군 기동부대를 유인하면서 레이테만으로 진입, 육상 항공부대의 지원을 받아 수상함대로 결전을 치르려 했다. 계획대로 오자와가 이끄는 제1기동함대가 홀시의 제3함대 기동부대를 유인했다. 홀시는 오자와 부대를 주력부대라 생각하고 뒤따라 북상했고, 틈이 비어 있는 해협을 구리타 다케오栗田健男의 제1유격부대와 시마 기요히데의 제2유격부대가 돌파해 레이테로 진입했다.

하지만 제1유격부대가 샌버너디노San Bernardino 해협을 통해 레이테까지 가는 길은 험난했다. 또한 제1유격부대의 분견대로 수리가오Surigao 해협으로 이동했던 니시무라 쇼지의 함대는 수리가오 해협에서 전멸하고, 이를 뒤따라 가던 시마 함대는 철수해버렸다. 결국 레이테만까지 가는 동안 계속되는 전투, 특히 사마르 해전에서 제1유격부대가 레이테만을 목전에 두고 돌아나오는 선택을 하면서 레이테만 진입이라는 목표 달성에는 실패했다. 또한 홀시를 유인했던 오자와의 기동부대도 홀시의 38기동부대의 공격에 피해를 입고 퇴각했다.

레이테 해전은 처음부터 성공이 불확실한 모험이었다. 일본 해군은 적 주력의 격멸과 레이테만 진입이라는 두 가지 목표에서 혼선을 빚었으며, 이전의 타이완 항공전에서 미 해군 기동부대가 큰 손실을 봤다고 믿었다. 게다가 무엇보다도 부대끼리 통신과 협조가 안 되었다. 레이테 해전에서 일본군이 입은 피해는 막대했다. 남아 있던 전력을 모두 투입한 해전에서 항모 4척, 전함 3척, 순양함 9척, 구축함 10척, 총 26척이 침몰함으로써 일본 해군은 사실상 빈껍데기만 남았다.

레이테 해전 후 미 6군은 레이테섬에 상륙했고, 곧 지상에서 치열한 전투가 벌어졌다. 일본군의 결사적인 저항과 궂은 날씨 속의 보급난으로 미군은 고전했다. 10월 중순에 시작한 전투는 12월 25일이 돼서야 끝났다. 일본군 사상자는 5만 6,000명, 미군은 1만 3,000명이었다. 이어서 미 6군은 루손섬을 공략했다. 일본군의 루손 방어는 야마시타 도모유키가 지휘하는 14방면군이 담당했다. 야마시타는 제해·제공권이 없는 고립된 상황에서 결전은 불가능하다고 판단하고, 필리핀 북동부 산악지대로 들어가 최대한 지구전을 전개하기로 했다. 지구전 수행을 위해 14방면군을 크게 세 집단으로 나누어 루손 지역에 배치했다. 야마시타가 지휘하는 주력인 쇼부尙武 집단(14만 명)은 필리핀 북부의 카라발로 산악지대를 중심으로 지구전을 전개할 계획이었고, 중부의 겐부建武 집단(3만 명)은 클라크 비행장을 포함한 마닐라 북쪽, 신부振武 집단(8만)은 마닐라 동쪽 산지를 근거로 남부 루손을 방어하기로 계획했다.

태평양 전선의 레이테 해전도

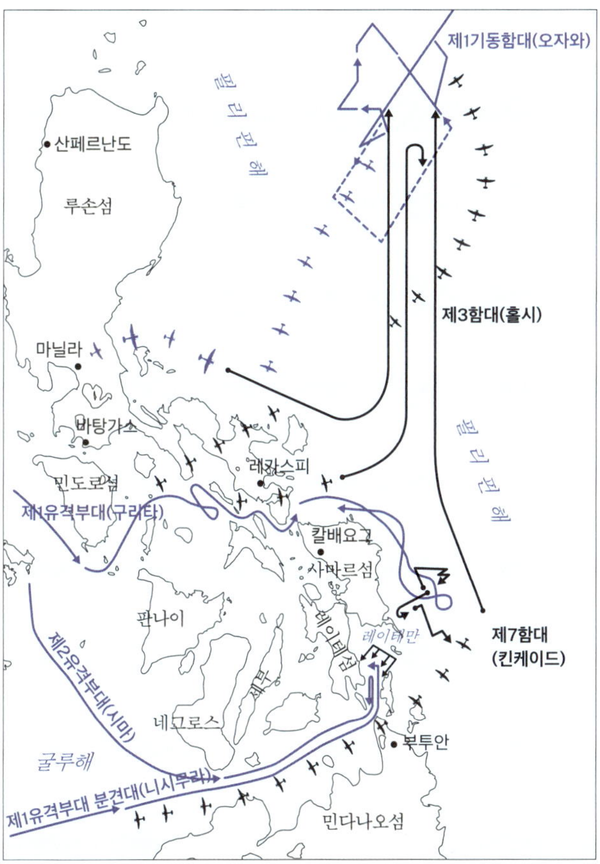

1945년 1월 9일, 20만 명에 가까운 미 6군이 링가옌Lingayen만에 상륙함으로써 루손 공략이 시작되었다. 미군의 공격은 매우 순탄했다. 14군단을 우에서 1군단을 좌로 한 상륙작전이 일본군의 무저항에 따라 성공적으로 이루어졌고, 1월 말까지 핵심 요충지인 클라크 비행장을 장악했다. 1월 29일에는 11군단이 수빅Subic만 서북쪽의 샌안토니오 근처에 상륙해 바탄반도로 철수하려는 일본군을 차단했고, 1월 31일 11공수사단이 바탕가스 부근에 상륙해 마닐라를 목표로 북진을 시작했다. 하지만 마닐라는 어렵게 함락되었다. 마닐라를 포기하고 산악지대에서 지구전을 전개하라는 야마시타의 명령을 거부한 해군 육전대가 한 달간 시가전을 벌였기 때문이다. 이때 일본군이 다수의 시민을 살해하면서 마닐라 시가전에서 무려 10만 명의 민간인이 희생되었다. 이후 겐부 집단은 소탕되었지만 신부와 쇼부 집단은 끈질기게 버텼다. 일본군은 산악 동굴 진지로 철수했다가 밤에 마을에서 군량을 조달하거나 약탈하고, 동굴과 험난한 지형을 이용해 결사적으로 저항했다. 루손섬 전투는 일본이 항복한 8월 15일이 넘어서야 공식 종료되었다.

1945년 2월 니미츠의 해군은 이오지마硫黃島 를 공략했다. 이오지마는 마리아나 제도의 B-29기가 일본 본토를 폭격하는 데 중요한 거점이 될 수 있었다. 장거리 호위기의 기지로 활용해 B-29기의 공습을 호위할 수 있었고, 폭격기들의 비상 착륙 장소로 사용할 수도 있었다. 그럼에도 이오지마 공략 결정은 군사적 필요성보다 오키나와 공략을 위한 합참의 결정에 해군이 합참의 4인 멤버 중 하나인 육군 항공대 사령관 헨리 '햅' 아놀드Henry Harley Arnold의 지지를 얻기 위한 정치적 고려가 컸다. 해군에서는 이오지마 공격을 간단하게 생각했다. 하지만 이오지마는 태평양전쟁에서도 가장 피비린내 나는 격전지가 되고 말았다. 길이가 겨우 8km에 불과한 이 작은 섬을 일본군은 지하 벙커와 땅굴을 거미줄처럼 연결해 요새로 만들었다. 사령관 구리바야시 다다미치栗林忠道 중장은 자살 공격으로 병력을 낭비하는 대신 요새화한 섬에서 1인 10살殺의 각오로 끝까지 싸울 것을 명령했다. 2월 19일 미 해병 2개 사단이 상륙해 시작된 전투에서 미군은 일본군의 수많은 방어거점을 하나하나 제거해야 했다. 그 과정에서 무려 2만 6,000명이 넘는 사상자를 냈다. 일본군은 방어 병력 2만 1,000여 명이 거의 다 전사했다. 한편 전투 초반 미 해병대가 이오지마의 수리바치산 정상에 성조기를 세우는 모습은 해병대의 용맹성과 조국애와 함께 미국의 태평양전쟁을 상징하는 대표적인 사진이 되었다.

미국의 다음 타깃은 오키나와였다. 일본 본토에서 불과 500km 떨어진 오키나와는 1945년 11월로 예정된 본토(규슈) 공격 작전인 올림픽작전을 위한 교두보가 될 곳이었다. 오키나와 공격에서 미군은 무려 1,600여 척의 함선을 동원했다. 오키나와 상륙군인 제10군은 사이먼 버크너Simon B. Buckner Jr. 중장의 지휘로 해병 3개 사단과 육군 4개 사단, 총 20만 명이 넘는 대병력이었다. 상륙작전은 아무런 저항 없이 성공적으로 이루어졌다. 하지만 오키나와를 점령하기 위한 미군의 여정은 험난했다. 오키나와 남부에 강력한 진지와 동굴을 활용해 요새를 구축한 일본군의 저항으로 미군은 엄청난 피를 흘려야 했다. 게다가 일본군은 민간인을 직간접으로 전투원으로 참여시켜 진흙탕 싸움을 전개했다. 바다에서도 일본의 희망 없는 비이성적인 저항을 의미했던 자살공격대인 가미카제神風 특공대가 1,900회에 이르는 공격을 가해 치열한 전투가 벌어졌다. 일본이 자랑하던 세계 최대의 전함 야마토도 특공을 위해 오키나와로 출항했다가 수장될 정도였다. 오키나와 전투는 미군의 승리로 마무리되었다. 하지만 무려 80일간 계속된 전투에서 미군 사상자가 6만 5,000명이 넘었다. 오키나와 전투가 한창이던 5월 25일 미 합동참모본부는 일본 본토 침공 준비를 명령했지만, 오키나와에서 미군이 입은 피해로 작전을 재고할 수밖에 없었다.

1945년 7월 26일, 연합국은 일본이 무조건 항복을 하지 않으면 일본 본토

1945년 9월 2일, 도쿄만에 정박 중인 전함 미주리호의 갑판에서 미 육군 중장 리처드 서덜랜드가 지켜보는 가운데 일본 외무장관 시게미츠 마모루가 항복 문서에 서명하고 있다.

를 철저히 파괴하겠다는 내용의 포츠담 선언을 발표했다. 그러나 쇼와 천황(히로히토 일왕)의 권력 유지를 종전의 최소 조건으로 내걸었던 일본은 연합국의 요구를 일축했다. 8월 6일, B-29 폭격기 한 대가 '리틀 보이Little Boy'라는 이름이 붙은 원자폭탄을 히로시마에 투하했다. 미국의 원자폭탄 투하는 일본 본토 공격에 미군의 막대한 피해를 예상한 미군 수뇌부의 군사적 비관과 전후 소련의 아시아 지역에서의 영향력 확대를 우려해 소련의 대일 참전 전에 항복시켜야 한다는 정치적 논리 등 다양한 요인이 복합적으로 작용해 트루먼 미국 대통령이 내린 결정이었다. 일본은 소련을 통해 미국과의 종전 협상을 원했지만, 소련은 8월 8일 대일 선전포고를 하고 만주를 공략했다. 일본이 자랑하던 관동군은 소련군의 대공세에 속절없이 무너졌다. 그리고 '팻 맨Fat Man'이라는 이름의 원자폭탄이 나가사키에 떨어졌다. 두 차례의 원자폭탄 투하와 소련의 침공으로 자력으로 종전을 이끌어낼 수 있다는 희망을 잃은 일본은 8월 9일 밤 천황이 주관한 어전회의를 통해 항복을 결정했다. 1945년 8월 15일, 일본은 무조건 항복을 했다.

V

연합국의 승리 요인과 제2차 세계대전의 의의

2차 대전은 독일과 일본의 무조건 항복에 따른 연합국의 '완전한' 승리로 끝났다. 무엇이 연합국을 승리로 이끌었는가? 국가의 능력을 총동원해 싸운 전쟁이었던 만큼 국력이 우세했던 연합국의 승리를 필연적인 귀결로 볼 수 있다. 다만 이는 결과론적인 해석이다. 추축국도 전쟁에서 승리할 기회가 있었다. 전황은 한때 추축국에게 매우 유리했고, 연합국은 패배의 위기에 내몰리기도 했다. 따라서 연합국의 승리를 당연하게 여기는 해석은 전쟁 과정이 지니는 중요성과 함께 연합국이 전쟁 수행에 들인 노력을 과소평가하는 결과에 빠질 수 있다. 실제로 연합국의 승리 요인은 복잡하고 여전히 연구가 계속되는 주제이다.[11]

여기서는 이에 대해 몇 가지 차원에서 분석해보고자 한다. 첫째, 가장 널리 알려진 총력전 수행 능력, 즉 국력의 차이이다. 인구 면에서 연합국은 추축국을 압도했다. 전쟁 첫해인 1939년 인구를 보면 주요 연합국(미국, 영국, 소련, 중국, 프랑스)이 약 10억, 주요 추축국(독일, 일본, 이탈리아)이 약 2억의 인구를 보유, 5:1 비율로 연합국이 우세했다. 전쟁 중에는 추축국의 팽창으로 한때 추축국의 인구가 늘어나기도 했지만, 추축국은 전쟁 기간 내내 단 한 번도 연합국의 인구를 능가할 수 없었다. 경제력에서도 연합국이 추축국을 압도했다. GDP를 보면 1939년 2:1의 비율이 1944년에는 3.1:1, 1945년에는 5:1까지 격차가 벌어졌다. 또한 1939년에서 1945년까지 석유, 석탄, 철광석 등 주요자원의 생

11 Richard Overy, *Why the Allies Won*, New York: W. W. Norton & Company, 1995; John Arquilla, *Why the Axis Lost*, New York: McFarland, 2020.

산량도 연합국이 추축국을 압도했다. 특히 1943년부터 연합군이 본격적으로 제해권을 장악해나가면서 추축국(특히 일본)에 수송된 해외 자원은 감소할 수밖에 없었기에 자원 사용의 격차는 생산량보다 더 컸다고 볼 수 있다. 물자 생산력 면에서도 연합국이 추축국을 능가했다. 더욱이 추축국의 주요 산업 및 공업 도시가 연합국 공군의 전략폭격에 의해 파괴되면서 추축국의 전쟁물자 생산은 차질을 빚었다. 특히 '연합국의 병기창' 미국은 압도적인 전쟁물자를 생산해 다른 연합국에 공급함으로써 연합국의 우위를 달성하는 데 크게 기여할 수 있었다. 사실 기술력이나 무기체계의 질적인 측면에서 연합국이 추축국보다 반드시 우위에 있었던 것은 아니다. 오히려 추축국이 기술력에서 뛰어난 부문이 많았다. 하지만 연합국은 무기체계의 압도적인 생산력 차이로 질적 차이를 상쇄했고, 전쟁 중후반부로 갈수록 연합군의 무기가 질적인 차원에서도 향상되면서 무기체계의 양과 질에서 전반적으로 연합국이 추축국보다 우위에 설 수 있었다.

둘째, 정치와 전략, 즉 국가 지도자의 리더십 차이이다. 용병술generalship 측면에서 양 진영 야전 지휘관들의 우열을 가리기는 쉽지 않지만, 루스벨트, 처칠, 스탈린으로 대표되는 연합국의 지도자가 히틀러, 무솔리니, 쇼와 천황(또는 도조 히데키)으로 대변되는 추축국의 지도자에 비해 전쟁에 국가와 국민의 노력을 지속해서 결집했다고 평가할 수 있겠다. 무엇보다도 연합국은 상호 협조하며 전쟁 수행을 위한 노력을 통합했다. 1941년부터 1945년까지 연합국 주요 국가의 수반이 모인 전중 회담에서 전쟁의 목표와 방향, 주요 연합작전 수행을 함께 논의하고 결정했다. 연합국은 연합군을 결성해 싸웠으며, 미국과 영국의 경우에는 연합참모부를 통해 함께 작전을 수립했다. 또한 서로 전선戰線을 연결했고, 그렇지 못한 경우에도 서로 직간접으로 지원했다. 이에 비해 독일과 일본은 협조하지 못한 채 서로 다른 전쟁을 했고, 북아프리카 전역에서 독일과 함께 싸운 이탈리아는 오히려 독일에게 짐이 되었을 뿐이다.

여기에 연합국은 추축국의 전쟁 자원을 고갈시키고 꾸준히 공업 생산 능력을 파괴하는 소모 전략을 전개했다. 지정학적인 위치를 놓고 볼 때도 본토가 제해·제공권을 장악하는 한 공격받을 위험이 적었던 미국이나 영국이 포함된 연합국이 자국의 자원은 보존하면서 상대에게 소모를 강요하기에 유리했다. 한편 추축국은 개전 초 짧은 시간 내에 승부를 결정지으려는 단기 결전이 실패하면서 전략의 부재 또는 혼란 상태에 빠졌다. 특히 독일은 히틀러의 독선과 군의 작전에 대한 지나친 간섭으로 부대의 혼란을 초래했고, 총참모본부는 전략 수립에는 관여하지 못한 채 작전과 전술만 담당했다. 일본 역시 군부가 다른 분야는 배제한 채 근시안적이고 낙관적 판단에 따른 전략을 수립했으며, 이것이 파탄에 빠지자 전략의 부재 상태에서 임기응변과 정신력만을 강조했다.

셋째, 각 전역의 결정적 전투에서 연합군이 승리를 거뒀다는 사실 또한 중요하다. 북아프리카 전역의 엘 알라메인 전투, 독소전쟁의 스탈린그라드 전투, 쿠르스크 전투, 태평양전쟁의 미드웨이 해전, 과달카날 전투가 그것이다. 한 치도 물러설 수 없다는 서로의 의지가 충돌한 대규모 전투에서 연합군이 승리를 거둠으로써 전쟁의 전환점을 가져온 사실은 대단히 중요하다. 또한 연합군의 정보 능력도 무시할 수 없다. 연합국은 정보의 우위를 점하려는 최대의 노력을 기울임으로써 독일과 일본의 암호를 해독할 수 있었고, 전략과 작전, 전술의 모든 차원에서 연합군이 전쟁의 주도권을 쥐며 추축국의 우위에 설 수 있었다.

마지막으로 지적하고 싶은 부분은 이 전쟁이 지닌 선과 악의 대결로서의 이념이다. 독일과 일본은 전쟁을 시작한 책임이 있었고, 제노사이드, 포로 학대 등과 같은 각종 전쟁범죄를 저질렀다. 이에 비해 연합국은 그들의 전쟁을 정당화하기 위해 노력했고, 인류의 보편적 가치 측면에서 정당성을 인정받을 수 있었다. 연합국에게 추축국과의 전쟁은 민주주의와 전체주의의 대결, 개방적 사회와 폐쇄적 사회의 대결로 인식되었고, 이는 연합국의 전쟁 수행 의지에 커다란 영향을 주었다. 비록 추축국, 특히 일본의 경우 극단적 정신력을 강조했지만, 전반적으로 일반 개개인의 도덕적 동기, 사기, 전투 의지 측면에서 연합군이 우세했다고 볼 수 있다. 특히 전세가 역전된 1943년 이후 이와 같은 무형적 요소의 우열은 더욱더 두드러졌다.

2차 대전은 인류에게 많은 것을 남겼다. 일단 그 피해는 사상 초유의 것이었다. 전쟁에서 발생한 사망자만 5,600만에서 8,500만 명으로 추정되며, 그중 소련에서만 2,500만에서 4,000만 명까지 소련인 사망자가 발생했다고 한다. 이는 전투원만이 아니라 비전투원인 일반 국민까지 전쟁으로 사망했기 때문이다. 2차 대전은 국가의 모든 국력을 총동원한 국가 총력전이었고, 독소전쟁의 경우 제노사이드가 동반된 절멸전쟁이었으며, 전략폭격으로 상대 국가의

1944년 5월경 아우슈비츠 비르케나우 강제수용소로 향하는 헝가리 유대인들. 이들은 나치 독일에 의해 강제 노역을 해야 했거나 가스실로 보내져 죽음을 맞이했다.

도시를 폭격했으며, 원자폭탄도 사용되었다. 또한 2차 대전은 전쟁의 어두운 면이 잘 드러났던 전쟁이다. 독일의 유대인에 대한 홀로코스트나 일본의 중국인을 대상으로 한 난징 대학살 등 포괄적 의미의 인종(민족)에 대한 계획적 집단학살인 제노사이드가 일어났다. 또한 우리의 고려인도 피해를 입었던 소련의 소수민족 강제 이주와 같은 디아스포라diaspora[12]와 강제수용도 있었다. 그리고 포로에 대한 학대나 사살이 만연한 전쟁이었다. 이에 전후에 승전국에 의해 나치 독일과 일본의 전쟁범죄를 처벌하기 위한 뉘렌베르크 재판, 도쿄 재판과 같은 국제 군사재판이 실시되기도 했다. 이는 타협이나 협상이 아니라 승자가 패자를 심판하는 형식으로 전쟁을 매듭지었다는 역사적 의미를 갖는다. 이러한 전쟁을 거치면서 인류는 다시금 세계대전을 막아야겠다는 생각을 하게 되었고, 이는 1945년 10월 24일 총 51개국으로 시작한 유엔(국제연합)의 설립으로 결실을 맺었다.

2차 대전을 거치면서 기존의 세계 질서는 새롭게 재편되었다. 1941년 8월 발표된 대서양헌장에서 제시한 "모든 사람은 자신이 사는 국가의 정부체제를 선택할 권리를 가진다"처럼, 전후 탈식민지화가 이루어지며, 기존의 영국, 프랑스 등이 헤게모니를 지녔던 제국empire 체제는 종말을 맞았고, 기존의 식민

12 특정 민족이 자의나 타의에 의해 기존에 살던 땅을 떠나 다른 지역으로 이동해 집단을 형성하는 것, 또는 그러한 집단을 일컫는 말이다.

지에서는 새로운 독립국가들이 등장하기 시작했다. 무엇보다도 연합국의 전쟁승리에 가장 크게 기여했던 미국과 소련이 강대국으로 부상하면서 두 국가를 중심으로 세계 질서가 수립되었다. 이념이 달랐던 두 국가는 곧 두 진영으로 나뉘며 서로 대립하게 된다. 이른바 냉전Cold War이 시작된 것이다.

참고문헌

데이비드 글랜츠, 조너선 하우스(권도승 외 역), 『독소전쟁사』, 열린책들, 2007.
존 키건(류한수 역), 『제2차 세계대전사』, 청어람미디어, 2004.
폴 콜리어 등(강민수 역), 『제2차 세계대전』, 플래닛미디어, 2008.
칼 하인츠 프리저(진중근 역), 『전격전의 전설』, 일조각, 2007.

Arquilla, John, *Why the Axis Lost*, New York: McFarland, 2020.
Bartov, Omer, *Hitler's Army*, New York: Oxford University Press, 1991.
Bell, P. M. H., *The Origins of the Second World War in Europe*, London: Longman Group, 1986.
Browning, Christopher R., *Ordinary Men*, New York: Harper Perennial, 1992.
Hart, Liddell, *History of the Second World War*, London: Pan Books, 2014.
Hastings, Max, *The Korean War*, New York: Simon and Schuster, 1987.
Lewis, Adrian R., *Omaha Beach*, Chapel Hill: The University of North Carolina Press, 2001.
Linderman, Gerald F., *The World Within War*, New York: The Free Press, 1997.
Murray, Williamson and Allan R. Milett, *A War to be Won: Fighting the Second World War*, New York: Belknap Press, 2001.
Overy, Richard, *The Origins of the Second World War*, New York: Routledge, 2006.
Overy, Richard, *Why the Allies Won*, New York: W. W. Norton & Company, 1995.
Taylor, A. J. P., *The Origins of the Second World War*, Simon & Schuster, 1996.
Toland, John, *The Rising Sun*, New York: The Modern Library, 2003.
吉田裕, 森茂樹, 『アジア·太平洋戦争』, 吉川弘文館, 2007.

10

냉전 시기의 전쟁

1946년~1989년

나종남 육군사관학교 군사사학과 교수

12
12

I

적대적 양극체제의 형성

1 냉전의 태동

독일과 일본의 패망으로 제2차 세계대전이 끝났지만 18세기를 거쳐 19세기까지 국제사회를 지배했던 '정상normal'은 돌아오지 않았다. 인류 역사상 가장 심각한 인적, 물적, 정신적 파괴와 희생이 따른 전쟁 직후의 국제질서는 말 그대로 혼돈 상태였다. 두 차례의 세계대전을 치르는 과정에서 기존 유럽 강대국이 구축한 공장 생산과 소비 시스템의 연결고리는 파괴되었다. 이들이 지배하거나 영향을 미치던 식민지와 약소국은 전쟁 직후 모습을 드러낼 새로운 국제질서에서 유리한 조건을 차지하려는 치열한 준비를 하고 있었다.

1930년대까지 국제사회를 주도했던 유럽 강대국들이 전쟁으로 지위를 상실하는 사이 새로운 글로벌 초강대국이 등장했다. 기존 강대국과 달리 소련과 미국은 유럽을 분할할 정도로 강력했는데, 이들 사이에 적대 관계가 형성되자 유럽 국가들은 어느 진영을 선택할지 고민했다. 독일의 침공에 맞서 싸운 뒤 전세를 역전시켜 중부 유럽과 독일을 점령한 소련은 공산주의 사상과 경제 및 사회 모델을 점령지에 확장시켰다. 소련의 팽창은 대규모 군사력에 기초한 것이며, 붉은 군대Red Army는 각 점령지에서 소련의 위세를 상징하는 존재였다. 반면 제2차 세계대전의 승리를 주도한 미국은 실질적으로 세계 최강대국이 되었다. 병력 규모는 줄었으나 여전히 세계 최고의 군사력을 보유했고, 자국 화폐인 달러($)가 기축통화였으며, 무역, 산업, 농업 생산 등에서 세계를 주도했다.

그런데 시간이 지날수록 전면에 나선 두 강대국의 대결과 충돌이 확대되었고, 그 과정에서 서로에 대한 적대감이 증폭되었다. 서방에 포위되어 위협을 느낀 소련은 제국주의 확장에 앞장섰다고 미국을 비난했다. 미국은 공산주의 세력의 팽창을 우려하며 스탈린이 점령 지역 주민들의 자결권을 침해했다고 주장하며 맞섰다. 1946년 3월, 윈스턴 처칠은 미국과 소련 사이의 의심과 두려움이 가져온 유럽의 분열을 '철의 장막iron curtain'으로 묘사하며, 시간이 지날수록 긴장과 갈등이 더욱 고조될 것으로 예측했다. 이후 미국과 소련의 대결이 전면전으로 발전하지는 않았지만, 세계 전역에서 다양한 형태의 충돌로 이어져 위기와 긴장이 오랫동안 지속되었다.

제2차 세계대전이 종료되기 직전 미국, 영국, 소련 지도자가 회동해 전쟁 후 국제사회의 개편과 운영을 논의했다. 1943년 11월 28일부터 12월 2일까지 열린 테헤란 회담에서 만난 윈스턴 처칠, 이오시프 스탈린, 프랭클린 루스벨트는 전후 국제정치의 주요 가이드라인을 제시했다. 이들은 1945년에도 얄타(1945. 2)와 포츠담(1945. 7)에서 두 차례 더 만나 전후 처리 문제를 논의했다. 하지만 함께 독일에 대항하던 시기에 맺었던 전시의 동맹은 차가운 불신으로 변했다. 전쟁 중에 묻어두었던 근본적인 적대감이 다시 강하게 드러남에 따라 연합국은 평화조약에 대한 합의 도출에 실패했다.

1945년 1월, 흑해 크림반도에서 만난 세 지도자는 독일 패배 후 제기될 문제를 해결하려 했다. 세 강대국은 독일 영토를 나누어 점령하되 소련이 점령할 예정인 베를린도 분할 예정지에 포함했다. 하지만 소련군이 점령한 동부와 중부 유럽에 대한 처리 문제를 둘러싼 미묘한 갈등이 표출되었다. 처칠은 광활한 점령지에서 영향력을 행사하는 소련군을 근심스럽게 바라보았다. 당시 소련군은 중부 유럽까지 진격했지만, 영국군과 미군은 아직 라인강 선에도 미치지 못한 상태였다. 처칠의 요구가 수용되어 스탈린은 소련군이 해방한 모든 지역에서 자유선거 실시와 민주정부 출범을 염원하는 내용 등이 포함된 '해방지역 정책 선언문'에 서명했다. 하지만 소련군이 점령한 중부 및 동부 유럽이 스탈린의 배타적 통제 아래 있다는 점은 변하지 않았다. 이 회담에 참석한 루스벨트는 스탈린의 협조가 필요했는데, 미국이 주도하는 태평양전쟁이 여전히 치열하게 지속되고 있었기 때문이다. 그는 자신이 요구한 소련의 대對일본 전쟁 참전과 국제기구 창설 문제가 합의되자 만족스럽게 생각했다.

1945년 7월 포츠담 회담에서는 미국·영국과 소련 사이의 심각한 입장 차

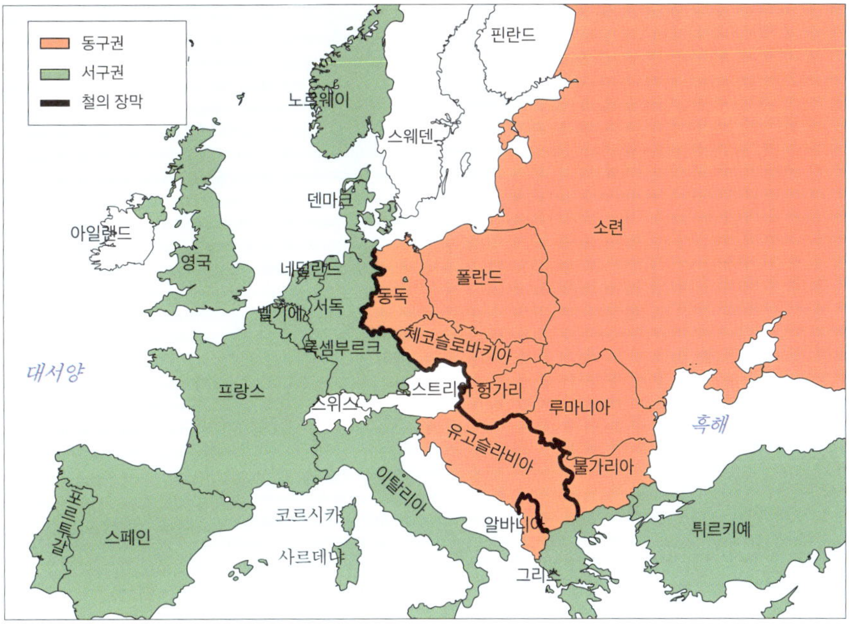

냉전 초기 유럽의 분단과 철의 장막

이가 확인되고 분열이 더욱 심해졌다. 이 회담에는 루스벨트를 승계한 해리 트루먼Harry Truman 미국 대통령, 처칠에 이어 영국 총리에 취임한 클레멘트 애틀리Clement R. Attlee가 참석했다. 예상대로 포츠담의 분위기는 얄타와 달랐다. 참석자들은 더 이상 연합하지 않았으며, 전후 국제 정세 논의 과정에서 자국의 이익을 전면에 내세웠다. 포츠담에서는 얄타에서 합의한 내용이 효력이 없었는데, 독일이 항복하기 직전 소련군이 독일 동부, 오스트리아 일부, 중부 유럽을 점령했기 때문이다. 영토 점령의 이점을 알고 있던 스탈린은 붉은 군대가 점령한 지역에 공산주의 정부를 세우려 했다. 1946년은 실제로 냉전이 가시화된 원년元年이었다. 미국과 서유럽의 정치가들은 스탈린을 영토와 자원을 확보하기 위해 탐욕스러운 행보를 멈추지 않을 악한으로 대하기 시작했다. 가장 먼저 스탈린의 팽창주의를 신중하게 대처하라고 주문한 사람은 모스크바 주재 미국 외교관 조지 케넌George Kennan이었다. 그는 1946년 2월 '긴 전보Long Telegram'에서 통제 및 예측 불가능한 스탈린의 행동을 분석한 뒤, 향후 미국은 스탈린과 협상이나 타협은 피하는 대신 소련의 힘과 영향력 확산을 저지해야 한다고 주장했다. 총리로 재직할 당시에도 스탈린의 팽창 야욕에 경계를 늦추지 않았던 윈스턴 처칠은 퇴직 후인 1946년 3월 초의 연설에서 기독교 문명 전체가 공산주의 팽창으로 위험에 처했다고 경고했다. 특히 그는 발트해에서 아드리아해에 이르기까지 "철의 장막이 유럽 대륙을 가로질러 내려왔다"고 주장하며 소련에 대한 비난에 앞장섰다.[1]

2 고착되는 양극체제

1947년에는 유럽에서 냉전의 구조적 형태가 결정되었다. 그 이전까지 양측이 감정 대립에 주목했다면, 이때부터 냉전의 구체적 형태가 등장해 훗날까지 영향을 미쳤다. 1947년 들어 미국과 서유럽 국가들은 소련이 주도하는 공산주의 세력의 팽창에 대한 경계를 더욱 강화했다. 여러 국가에서 공산당이 정권을 장악하고, 또 다른 곳에서 공산주의 세력이 팽창했다. 그리스에서는 1946년 가을부터 공산주의 세력이 정부군을 격멸하기 위한 내전이 진행 중이었고, 인접한 튀르키예 역시 소련의 팽창으로 위협에 처한 상태였다.

이와 같은 긴장 상황에서 미국의 트루먼 대통령이 소련의 팽창을 저지하기 위한 첫 번째 조치를 단행했다. 트루먼은 1947년 초 봉쇄containment를 표방하는 정책을 발표했는데, 유럽에서 소련의 팽창으로 위협받는 국가에게 재정과 군사 원조를 제공하는 것이 핵심이었다. 훗날 트루먼 독트린Truman Doctrine으로 알려진 이 정책은 미국이 공산주의 세력의 팽창에 맞서 자유주의 세계의 리더로 나설 것임을 의미했다. 그리고 이 정책은 냉전 기간 동안 미국이 소련과 공산주의 세력에 맞서는 행동의 근거가 되었다. 미국은 튀르키예가 지중해에서 소련의 활동에 저항하도록 독려하고, 이란에서 소련군이 철수하도록 압박했다. 1947년 3월에는 소련의 첩보 활동을 단속하기 위해 중앙정보국CIA을 출범시켰다. 이런 변화는 미국이 과거의 고립주의에서 탈피해 유럽 대륙의 분쟁에 적극 관여하겠다는 외교 정책의 일대 전환이었다. 트루먼 독트린에 따라 미국이 대규모 군사 원조를 제공한 그리스에서는 공산주의 세력의 반란이 실패로 끝났고, 튀르키예 역시 소련의 위협을 극복했다. 이로써 미국은 공산주의 침략 위협에서 우방국을 구원하는 자유주의 세계의 리더로 자리매김했다.

미국 국무장관 조지 마셜George C. Marshall은 공산주의 세력의 팽창을 저지

....

1 McMahon, Robert, *Cold War : A Very Short Introduction*, London: Oxford University Press, 2003, p.26.

하기 위해 유럽의 경제부흥이 필요하다고 역설했다. 유럽에서 공산주의 확장에 대한 두려움은 새로운 시장을 정복하는 것만큼 중요한 요인이었다. 미국인들은 유럽에서 공산주의의 확산을 부추기는 가난과 굶주림이 해결되어야 한다고 판단했다. 여기에 미국의 수출을 장려하는 등 국제무역 촉진에 대한 관심도 반영되어 유럽에 대규모 경제 원조를 제공하기로 했다. 영국과 프랑스 등 16개 국가는 곧바로 미국의 경제 원조 제안을 환영하고, 미국에 협력할 의사를 내비쳤다. 반면 소련은 마셜 계획을 비판하며 폴란드, 체코슬로바키아 등 위성국가와 핀란드 등에게 미국의 원조를 거부하라고 압박했다. 1948년 4월부터 1951년 6월까지 약 3년에 걸쳐 총 130억 달러가 유럽 국가의 경제부흥에 투입되었다. 경제 원조를 통해 미국은 유럽 국가들이 자국의 경제 문제를 해결하기를 희망했고, 이를 통해 위협적인 공산주의 세력의 팽창을 저지하고자 했다. 마셜 계획의 효과는 즉각 반영되어 공산주의가 득세하던 이탈리아와 프랑스에서 자유주의 정당이 정권을 차지했다.

미국의 행보에 맞서 소련은 점령지에 대한 통제를 강화했다. 소련은 전쟁이 끝나기 전부터 자국의 안보에 필요한 완충지대를 확보할 목적으로 중부와 동부 유럽으로 급속히 팽창했다. 그 결과 소련군이 점령한 폴란드, 헝가리, 루마니아, 체코슬로바키아 등에 공산당이 통치하는 인민민주주의 정권이 수립되었다. 1947년 9월에는 지속적인 평화와 인민민주주의의 발전을 위해, 공산주의 이데올로기 확산을 위해 코민포름Cominform을 조직했다. 이 조직은 소련이 서유럽 공산당에 대한 긴밀한 통제를 강화해 유럽 공산주의자들이 소련의 정책과 일치하는 정책을 펴도록 감독하는 역할을 했다. 이듬해 유고슬라비아 공산당이 코민포름의 노선을 따르지 않겠다고 반발해 논란이 되기도 했지만, 소련은 위성국가를 강력하게 통제했다. 이처럼 1947년에는 유럽 대륙이 미국과 소련의 두 적대적 진영으로 나뉘어 점차 양극화되었다.

그런데 이런 대립을 더욱 위험하게 만든 사건이 4개국이 나누어 점령한 베를린에서 발생했다. 1948년 6월 미국, 영국, 프랑스가 합의해 독일 점령지에 도이치 마르크를 도입하는 화폐개혁을 단행했다. 이에 격앙한 소련은 베를린과 외부의 모든 접근로를 완전히 차단했다. 도로, 철도, 수로를 통한 베를린 접근이 불가능했고, 식량 공급과 전기가 끊겼다. 미국과 영국이 자신들과 협의하지 않고 행동한 것을 문제 삼은 조치였다. 일촉즉발의 상황에서 미국은 다수의

소련의 베를린 봉쇄로 시민들에게 생필품을 비롯한 물품을 날라준 미 공군 수송기

서독은 1955년 북대서양 조약기구(NATO)에 가입해 냉전 시대 동안 바르샤바 조약기구에 맞서 조직을 이끌어왔다.
(출처: Bundesarchiv, B 145 Bild-P098967 / Unknown author / CC BY-SA 3.0 DE)

항공기를 투입해 식량과 연료를 비롯한 기타 생필품을 도시에 실어 날랐다. 총 1만 3,000톤 이상의 상품을 매일 배달했는데, 이러한 노력이 10개월 이상 지속되었다. 1949년 5월 12일 봉쇄가 풀렸지만, 이 사건을 계기로 베를린의 분열과 이에 따른 동서東西 분열이 더욱 확고해졌다. 베를린은 자유진영과 공산진영이 대립하는 상징으로 부각되었다. 1961년에는 베를린을 가로지르는 방벽을 설치함에 따라 분단된 베를린은 서유럽의 자유주의 세력과 소련이 지휘하는 공산주의 세력이 충돌하는 쇼케이스로 자리 잡았다.

이처럼 냉전 초기의 대결이 강화되는 과정에서 미국과 소련은 각자 진영의 결속을 다지기 위해 노력했다. 1948년 2월, 체코슬로바키아에서 공산주의 세력이 프라하를 무력으로 장악한 쿠데타로 인한 국제적 긴장이 계기가 되었다. 이 사건으로 영국과 프랑스 등 서유럽 5개 국가는 소련의 공격에 공동 대응하기 위한 군사동맹의 필요성을 제기했다. 이후 미국이 이들 국가의 요청을 받아들여 1949년 4월 북대서양 조약을 맺음에 따라 북대서양 조약기구NATO가 탄생했다.

이처럼 유럽과 미국의 동맹기구가 조직되자 전 세계의 공산주의 세력이 반발했다. 미국은 더 나아가 1953년 공산주의 확장을 봉쇄할 뿐 아니라 적극적으로 후퇴시키는 것을 의미하는 '롤백Rollback' 정책을 도입했는데, 이를 위해 공산당의 팽창으로 위협받는 국가들과 다양한 군사동맹을 맺었다. 이처럼 미국과 자유진영이 소련과 공산진영의 팽창을 저지 및 압박하자, 소련은 1955년 5월 바르샤바 조약기구Warsaw Pact의 창설로 대응했다. 여기에는 알바니아, 불가리아, 체코슬로바키아, 동독, 헝가리, 폴란드, 루마니아 등이 가입했다. 이처럼 1950년대에 완성된 적대적 성향을 가진 두 진영의 대결은 1990년대 초까지 지속되었다.

II

핵무기의 등장과 군비 경쟁

1 미국과 소련의 냉전 대결

1949년 8월 소련이 핵실험에 성공함에 따라 미국과 소련의 대결은 양상과 강도 면에서 격상되었다. 미국의 핵무기 개발은 제2차 세계대전 중 추진한 맨해튼 프로젝트Manhattan Project(1942~1946)에서 기원한다. 독일과 일본을 공격하기 위해 다수의 과학자와 군인 등 전문 인력이 투입되어 인류 최초의 핵무기를 만들기 위한 시도는 일본의 히로시마와 나가사키에 각각 우라늄과 플루토늄 폭탄을 투하함으로써 일단락되었다. 히로시마에 투하한 최초의 원자폭탄은 TNT 1만 5,000톤 정도의 위력을 보여주었는데, 이를 통해 대량 살상 무기의 위력을 실감할 수 있었다. 제2차 세계대전 도중에 미국이 극비리에 원자폭탄을 제조하고 있다는 정보를 입수한 소련 역시 독자적인 핵 개발에 나서 1949년 핵무기 보유에 성공했다. 이후 원자무기 개발에 박차를 가한 두 국가는 1950년대에 핵융합 원리를 이용한 수소폭탄 개발에 성공했다. 이로써 1950년대 중반부터 본격화된 냉전 경쟁의 일환으로 대량 살상 무기를 보유한 두 국가 사이의 위험한 군비 경쟁 여건이 조성되었다.

미국과 소련은 한반도에서 한국전쟁이 발발한 직후부터 본격적으로 재래식 병력과 핵무기 증강에 나섰다. 제2차 세계대전 직후 대대적으로 병력을 감축한 미국은 1950년에서 1953년 사이에 100만 명 이상의 병력을 증원한 동시에 항공기와 해군 함정, 장갑차, 기타 재래전 장비 생산을 크게 늘렸다. 또한 1952년 10월에는 수소폭탄 개발에 성공하고, 이후에는 투발 수단 개발 및 성

미국 최초의 ICBM인 SM-65 아틀라스 발사 장면(1957)

능 개량에 대대적으로 투자했다. 그 결과 장거리 폭격이 가능한 B-36기의 개발을 시작으로 전략폭격기의 비행거리가 1만 킬로미터를 넘었으며, 적재량과 비행 속도 측면에서도 급속한 발전이 이루어졌다. 미국의 핵전력은 1950년대 중반까지 유럽의 전진기지에서 소련 영토를 타격할 수 있는 중거리 폭격기에 의존하더니, 1950년대 말에 접어들자 대륙간 폭격기를 이용한 대對소련 핵 공격 능력이 강화되었다. 1955년에는 아이젠하워 대통령의 지시로 미국 본토에서 소련을 직접 타격할 수 있는 대륙간 탄도미사일(ICBM)의 개발을 시작했고, 1960년대 초에는 잠수함 발사 탄도미사일(SLBM) 개발도 병행했다.[2]

1960년대 초에 이르면 미국이 보유한 핵탄두는 1만 8,000여 개로 증가했는데, 공군 폭격기, 육상 및 잠수함을 이용해 소련의 주요 군사 목표를 타격할 수 있었다. 이처럼 아이젠하워 행정부는 핵무기 경쟁에서 소련을 압도하기 위해 막대한 투자를 했다. 이러한 노력은 1950년대 냉전 경쟁에서 미국이 소련을 압도할 수 있는 군사적 기반이 되었다.

소련은 미국의 군비 증강에 대응하기 위해 안간힘을 써야 했다. 1950년부터 1955년까지 소련군은 병력 증강을 통해 약 550만 명 규모로 확대했다. 그러나 병력 규모를 제외한 거의 모든 실질적인 군사력에서는 미국과 NATO의 우세가 명확했다. 소련은 1955년 말 수소폭탄 개발에 성공했지만 핵무기의 성능과 투발 수단 등에서 미국에 크게 뒤처졌다. 예를 들면 1950년대 말까지도 소련 전략폭격기가 타격할 수 있는 미국 영토는 북극기지 등 일부뿐이었고, 이 시기에 소련이 공격 가능한 목표는 대부분 서유럽에 한정되었다. 1960년대 초가 되어서야 비로소 소련은 대륙간 탄도미사일을 생산, 배치했다.

그런데 1950년대 후반에 접어들자 미국 정가에서 미국과 소련 사이의 미사일 격차missile gap에 대한 비판이 제기되었다. 1957년 8월 소련이 대륙간 탄도미사일 시험에 성공하고 뒤이어 스푸트니크Sputnik 위성 발사에 성공하자, 미국의 기술 우위에 대한 심각한 우려를 나타낸 것이다. 특히 스푸트니크 1호

....

2 Sargent, Daniel, "The Cold War," in J. McNeill & K. Pomeranz (eds.), *The Cambridge World History*, Cambridge: Cambridge University Press, 2015, p.329.

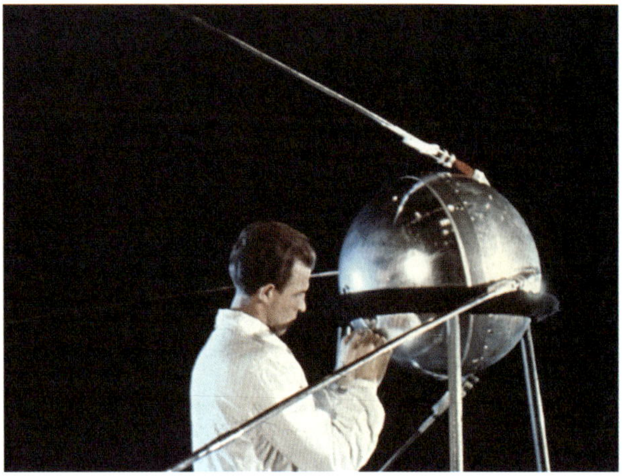

소련의 인공위성
스푸트니크 1호(1957)

위성 발사를 통해 소련이 미국을 앞선 것처럼 보였고, 소련 지도자 니키타 흐루쇼프Nikita Khrushchyov가 자국의 장거리 미사일 개발을 과도하게 선전해 미국을 자극한 것도 한몫했다. 그 결과 냉전 초기부터 팽팽하게 유지해온 미국과 소련 사이의 힘의 균형이 소련 쪽으로 기울었다는 우려의 목소리가 커졌고, 그 원인을 미국 사회의 부드러움과 미국 학생들의 수학과 과학에 대한 소질 저하에서 비롯된 결과로 분석하는 목소리도 나왔다. 하지만 정작 아이젠하워 대통령을 비롯한 미국의 정책 결정자들은 소련 영토의 비밀 정찰 사진을 포함한 다각적인 정보를 통해 소련 우위의 실체를 알고 있었지만, 사실을 적극적으로 공개하지 않았다. 그러다보니 1960년 미국 대통령 선거에서 소련의 군사적 위협을 상징하는 양국의 미사일 격차 문제가 핵심 이슈로 부각되기도 했다.

2 핵 억제를 위한 국제사회의 대응

1950년대에는 미국의 핵무기 사용을 다룬 핵전략이 군사 분야의 핵심 이슈로 떠올랐다. 미국 정부는 소련과 또 다른 전쟁을 시작할 경우 다른 무기들처럼 핵무기를 사용할 것이라는 내용을 골자로 하는 공식교리를 수용했다. 아이젠하워 행정부는 1953년 11월 첫 전장 핵무기 도입을 승인하고, 핵탄두 소형화와 운반 및 투발 체계 성능 개량에 대규모 예산을 투입했으며, 대량 보복Massive Retaliation을 핵심 원칙으로 내세웠다. 하지만 소련의 대응으로 대량 보복은 상호확증파괴MAD; Mutual Assured Destruction 개념을 파생했다. 간단히 말해 미국인들은 핵무기에 대해 다소 모순된 태도를 보였는데, 어느 쪽도 온전하게 승리하는 것이 불가능한 핵무기 경쟁의 문제점을 비난하면서도 핵무기 경쟁에서 확실한 우위를 차지하기 위해 사활을 걸었다. 하지만 미국 정부가 대규모 투자를 통해 주도한 핵무기 경쟁을 확대하면 할수록 타이완, 베를린, 쿠바 등에서 미국이 감수해야 할 위험은 더욱 커졌고, 미국의 위험은 곧 전 세계로 퍼져 냉전 대결이 더욱 격화되었다.

이처럼 1950년대 중반 이후 핵 혁명의 위험성에 대한 국제사회의 관심이 높아졌다. 특히 일본의 두 도시에 투하해 단 한 번에 수만 명의 희생을 목격한 경험은 핵무기 사용에 대한 '핵 금기'를 자극했다. 냉전 초기의 긴장과 대결이 팽팽했던 1950년대 초반까지 두 강대국은 자신의 군사전략에 핵무기 사용을 포함시켜 고려했으나, 점차 핵무기의 성능이 향상되고 투발 수단도 동시에 발전함에 따라 핵무기의 실질적 효용에 대한 의구심도 커졌다. 이런 상황에서 1952년 영국이 공식적으로 핵을 보유하자, 이제 핵무기가 미국과 소련의 전유물이 아니며 핵무기의 가공할 파괴력이 핵 보유국만의 문제가 아닌 국제사회 전체의 문제로 부각되었다. 게다가 영국의 핵 보유 직후 다수의 국가들이 핵 보유 의사와 욕구를 드러냈다. 영국은 자국에 대한 핵 위협에 즉각적으로 대응하기 위해서가 아니라 국가의 힘이 지향해야 할 목표라는 관점에서 거의 본능적으로 핵 개발을 추진한 경우였다. 1955년 국제연합UN: United Nations 산하에 원자력 에너지의 평화적 사용을 다루기 위한 목적으로 국제원자력기구IAEA: International Atomic Energy Agency가 신설되었다. 처음에는 별로 주목받지 못하던 이 조직은 점차 시간이 지날수록 원자력 에너지를 군사 목적으로 전용하는 것을 경계하는 글로벌 감시기구로 성장했다.

국제연합 본부 앞에서 휘날리는 회원국 국기들 (© Aotearoa / Wikimedia Commons CC BY-SA 3.0)

하지만 1950년대 후반과 1960년대 내내 강대국 사이의 군비 경쟁은 계속되었고, 핵무기 확대는 외교 협상을 통해 해결 가능한 사안이 아니라는 점이 명확해졌다. 따라서 양측 모두 막대한 인명 피해를 감수하는 '핵전쟁 시나리오'를 준비하거나, 핵전쟁이 발발하더라도 적에게 승리하기 위한 구체적인 대비가 필요하다고 믿고 이에 대한 대비를 하기 시작했다. 미국과 소련을 핵전쟁의 영역으로 한 발짝 들여놓았던 1962년의 쿠바 미사일 사태는 양측 정치가와 전략가뿐 아니라 국민에게 핵전쟁의 공포를 각인시켰다. 하지만 미국은 여전히 2,000개가 넘는 핵탄두의 유럽 배치를 취소하지 않았고, 이에 대해 바르샤바 조약기구는 유럽 전장에서 수백 개의 탄두를 사용하더라도 공산주의 군대의 승리를 추구하는 군사작전 계획으로 맞섰다.

1960년대에 접어들어 프랑스와 중국이 네 번째와 다섯 번째 핵 보유국이 되자, 국제사회는 IAEA만으로는 무차별한 핵무기 확산에 대처할 수 없다고 판단하고 핵확산금지조약NPT; Nuclear non-Proliferation Treaty을 출범시켰다.[3] 프랑스와 중국의 핵 보유가 상당 기간의 협상을 통해 추진되는 동안 10여 개국이 추가로 핵 보유를 희망했기 때문이다. 다행스럽게도 NPT의 노력과 자국의 사정 등으로 일본, 브라질, 아르헨티나, 남아프리카공화국 등은 핵무기 개발을 포기했으나, 인도와 파키스탄은 비밀 핵무장에 성공해 남아시아의 핵 긴장을 한층 고조시켰다. 다만 1968년 이후에는 국제사회가 NPT에서 제시하고 IAEA가 시행을 담당한 일련의 원칙들을 앞세워 추가 핵확산 억제를 강제했다. 국제사회가 제시하는 기준과 원칙을 어기거나 무시하고 독자적으로 핵 개발을 추진하는 국가에 대해서는 불량국가rouge states 등으로 분류해 국제사회가 고립과 경제 제재 등을 통해 저지하고 있다.

....

3 Mastny, Vojtech, "The Early Cold War and Its Legacies," in Artemy M. Kalinovsky & Craig Daigle (eds.), *The Routledge Handbook of the Cold War*, London: Routledge, 2014, pp.40~41.

III

아시아의 냉전과 한국전쟁

1 중국 대륙의 공산화

미국과 소련의 대결로 격화된 냉전은 유럽 대륙을 넘어 점차 세계 전역에 영향을 미쳤다. 흥미롭게도 냉전 시대 내내 미국과 소련이 극한적 대결을 벌인 유럽 대륙에서는 대규모 군사 충돌이 발생하지 않았으나, 아시아에서 적어도 세 차례(1950년대 한반도, 1960년대와 1970년대 인도차이나, 1980년대 아프가니스탄)에 걸쳐 전쟁이 발발해 막대한 인명 및 재산 피해가 발생했다. 아시아에서 발발한 전쟁에는 유럽을 포함한 전 세계 국가들이 두 진영에 가담해 싸웠는데, 이러한 양상은 이전 시기에 흔치 않은 일이었다.

아시아에서도 태평양전쟁이 끝난 직후부터 전후 세계를 재편하기 위한 강대국의 발 빠른 움직임이 있었다. 냉전 시기에 아시아에 대한 미국의 정책이 가장 잘 들어맞은 국가는 단연 일본이었다. 미국은 태평양전쟁에서 패한 일본을 군사적으로 점령한 이후 10년간 통치했다. 이 기간에 미국은 일본을 명목상 천황제를 유지하되 민주적으로 선출한 의회가 국가를 운영하는 정치체제로 개편했다. 그리고 무력을 행사하는 일체의 교전 권한을 제한하는 대신 미일 상호방위조약과 미군 주둔을 통해 일본의 안보를 보장했다. 한편으로 미국은 일본 경제를 재건하기 위해 미국 시장에 대한 재정 지원과 특혜를 제공했는데, 이것은 부분적으로 아시아에서 실현된 공산주의 세력의 팽창과 위협에 대항하기 위한 시도였다. 미국의 지원에 힘입은 일본은 성공적인 경제 모델을 개발해 경제 대국으로 성장할 수 있는 기틀을 마련했다. 일본은 이러한 과정을 거쳐 냉전 시기에 필리핀과 더불어 아시아와 태평양 지역에서 공산주의의 팽창을 저지하는 튼튼한 보루堡壘 역할을 했다. 일본의 성공적인 경제 성장은 미국이 주도하는 자유주의 시장경제 체제와 번영의 상징이 되었다.

하지만 일본을 제외한 다른 지역의 냉전은 미국의 의도와 전혀 다른 방향으로 전개되었다. 우선 아시아의 냉전은 탈식민지화와 밀접하게 연결되어 진행되었다. 하지만 유럽 대륙에서 대결했던 미국과 소련은 각 지역의 상황을 제대로 파악하지 않은 채 영향력을 행사하다 아시아 국가의 자주와 독립에 차질을 빚기도 했다. 냉전 대결이 아니었더라도 각 지역의 아시아인들은 자국의 자유와 독립을 쟁취하기 위해 싸웠을 것이다. 그런데 일부 지역에서 미국과 소련이 각 지역의 토착 세력과 결탁하는 과정에서 불필요한 긴장이 형성되었고, 그 결과 다른 지역에서 찾아볼 수 없는 대규모 무력 충돌로 이어졌다.

1949년 10월 완성된 마오쩌둥毛澤東 주도의 중국 공산화는 아시아의 냉전 전개에서 가장 중요한 사건이었다. 중국 공산화의 파장은 국제사회, 특히 미국과 영국을 포함한 자유진영 국가에 심각한 충격을 주었다. 제2차 세계대전 중 장제스蔣介石가 지휘하는 중화민국을 적극적으로 지원했던 미국은 장차 전후 국제사회에서 중화민국이 자유진영과 협력하는 행위자로 성장하기를 기대했다. 그런데 1940년대 후반에 완성된 중국의 공산화로 미국은 이른바 '중국의 상실Loss of China'을 겪으면서 당혹스러워했다. 소련 역시 마오쩌둥이 이끄는 공산당이 국민당을 제압하자 당혹하기는 마찬가지였다. 국공 내전 시기에 소련의 지지가 마오쩌둥에 집중되지 않았을 뿐 아니라, 일본 패망 직전인 1945년 8월 14일 소련은 국공 내전에 개입하지 않을 것과 국민당과 협력할 것을 골자로 하는 비밀협약을 중국과 체결했기 때문이다. 하나로 통일된 강한 중국보다 분열된 중국을 선호했던 스탈린은 이 조약을 통해 중국 공산주의 세력에 대한 통제를 강화하려 했다.

1945년 가을부터 중국 전역에서 국민당과 공산당의 대결이 격화되었다. 중국 대륙의 패권을 차지하기 위한 대결에서 미국이 지원한 무기와 장비를 대대적으로 동원한 국민당 군대가 초기에 공산당을 압도했다. 그때까지만 해도 미국은 자국에 우호적인 세력이 중국 대륙에 등장하리라는 기대가 실현될 것으로 알았다. 하지만 1946년 트루먼 대통령의 지시로 중국의 상황을 직접 파악하기 위해 파견된 조지 마셜을 비롯한 전문가들은 장제스가 지휘하는 국민

중화인민공화국 수립을 선포하는 마오쩌둥(1949. 10. 1)

당 군대가 공산당과의 대결에서 패배할 것으로 예측했다. 그 예측은 정확히 들어맞았다. 1948년 가을, 병력 면에서는 대규모였지만 훈련이 부족하고 부정부패가 만연했던 국민당 군대는 마오쩌둥이 주도하는 공산당 군대에 점차 밀리더니 결국 중국 대륙을 내주고 말았다. 그리고 1949년 10월 초 중화인민공화국People's Republic of China이 수립되었다. 미국이 막대한 군사 및 재정 지원을 했는데도 국공 내전에서 패배한 장제스와 국민당은 그해 12월 타이완으로 탈출해 가까스로 중화민국의 명맥만 유지했다. 마오쩌둥은 타이완을 점령해 완전한 통일을 이루겠다는 의지를 천명했으나, 여러 차례 상륙 시도와 포격전에도 타이완에 대한 본격적인 공격은 시도하지 않았다.

중국 대륙의 공산화를 완성한 마오쩌둥은 1949년 12월 소련과의 관계 설정을 위해 모스크바를 방문해 스탈린과 회담을 했다. 마오쩌둥에 대한 경계를 늦추지 않았던 스탈린의 태도가 냉담했는데도 두 지도자는 중소우호동맹 상호원조조약Sino-Soviet Treaty of Friendship, Alliance and Mutual Assistance을 체결하고 관계를 정상화했다. 이 조약을 통해 중국과 소련은 적어도 명문상으로 서로에 대한 상호 지원을 의무화했는데, 이 조항은 향후 베트남과 한반도 등 아시아의 냉전에 큰 영향을 미쳤다.

2 6·25전쟁(한국전쟁the Korean War)

전 세계적으로 전개되던 냉전의 대결을 가장 잘 보여주는 사건이 1950년 6월 25일 한반도에서 발생했다. 한반도는 태평양전쟁의 전후 처리를 위해 38도선을 기준으로 소련이 북쪽을, 미국이 남쪽을 점령하면서 일시적으로 분단되었다. 제2차 세계대전 종전 직전 소련군은 일본군 무장 해제를 명분으로 황급히 한반도로 진주했다. 북한 지역에 들어온 직후부터 소련은 동유럽 위성국가에서 실시했던 인민민주주의 정권 수립을 위한 일련의 소비에트화 과정을 시작했다. 이때 소련에서 훈련받은 김일성金日成을 전면에 내세웠고, 1946년 초부터 소련이 영향력을 행사할 수 있는 정권 수립에 나섰다. 반면 남한 지역에 진주한 미군은 장차 한반도에 자유주의 정신에 입각한 국가가 수립되어야 한다고 생각하고 군정을 실시했다. 당시 남한에는 좌익과 우익 세력이 심각하게 대립해 내부 혼란이 가중되고 있었다. 그후 38도선 남쪽과 북쪽에 상호 대립적인 이데올로기를 앞세운 세력이 자리를 잡음에 따라 한반도를 자국에 유리한 세력 하에 두려 했던 미국과 소련의 노력은 실패로 끝났다. 결국 한반도 문제가 UN으로 이관되었으나 UN 역시 한반도 문제에 대한 조율에 실패하고, 남북으로 분단된 한반도에 두 개의 국가가 수립되었다.

1950년 6월 25일, 북한군의 기습 남침으로 한국전쟁the Korean War이 시작되었다. 한반도가 38도선을 중심으로 분단된 직후부터 남북 사이에 여러 차례 소규모 군사적 충돌이 발생하기는 했지만, 1950년 6월 25일 시작된 북한군의 공격은 치밀하게 계획된 체계적인 대규모 공격이었다. 소련 군사 고문관들의 지원을 받아 북한군이 수립한 공격 계획, 즉 선제타격 계획先制打擊計劃의 핵심은 북한군이 '빠르면 2주, 늦어도 한 달' 안에 남한 전역을 점령하는 것이었다. 1949년 3월과 1950년 4월 모스크바를 방문해 스탈린을 만난 김일성은 소련에게 적극적인 지원을 요청했다. 그는 한반도에서 전쟁이 시작되면 남한 내부에서 공산주의 혁명이 시작될 것이고, 미국이 개입하기 전에 전쟁을 끝낼 수 있다고 확언했다. 유럽에서 미국의 봉쇄망을 뚫기 위해 고심하던 스탈린에게 김일성의 요청은 솔깃한 제안이었다. 김일성의 확신을 신뢰한 스탈린은 북한에 대규모 군사 원조를 제공했다. 한편 스탈린을 만난 후 베이징에 들른 김일성은 마오쩌둥과 구체적인 전쟁 수행 방안을 상의했다. 이때 마오쩌둥은 한인韓人으로 구성한 5만여 명의 병력을 북한군에 보내기로 약속했다.

전차와 장갑차를 앞세운 북한군의 기습공격은 성공이었다. 전쟁 발발 직후부터 북한군이 전세를 주도했다. 약 20만여 명에 이르는 북한군은 개전을 앞두고 소련과 중국으로부터 T-34 전차, 장갑차, 항공기, 병력 등을 지원받았으며, 대부대 훈련을 마친 상태였다. 반면 10만여 명에도 못 미쳤던 국군은 1949년 미군이 한반도에서 철수하면서 남기고 간 재래식 무기를 중심으로 방어작전에 임했다. 하지만 병력과 장비가 부족해 북한군의 기습공격을 막아내기에 역부족이었다. 개전 3일 만에 서울이 함락되고, 국군 주력이 일시적으로 붕괴된 이후 가까스로 한강을 연하는 선에서 급편 방어선을 구축했다.

한반도에서 북한의 예상치 못한 기습공격이 개시되자 UN 안전보장이사회는 즉시 휴전과 북한군의 철수를 요구했다. 1950년 6월 27일에는 UN 회원국에게 위기에 처한 대한민국에 대한 지원을 요청했다. 미국 정부 역시 북한의 기습공격으로 충격에 휩싸였다. 트루먼 대통령은 유럽의 급박한 냉전 상황, 중국 공산화, 소련 핵무장 등을 고려할 때 한반도의 공산화가 세계 다른 지역의 공산화로 이어질 수 있다고 판단했다. 이에 따라 극동사령부 예하 공군과 해군을 즉시 한반도로 출동시켰으며, 극동사령관 맥아더 장군의 권고를 받아들여 7월 1일 미국 지상군의 한반도 투입을 결정했다. 이로써 한국전쟁은 미국이 참전하기 전에 남한 전체를 점령할 수 있다는 김일성의 장담과 전혀 다른 방향

한강 다리 폭파 당시 촬영한 항공사진. 인도교(우)는 이미 파괴되었고, 철교 3개(좌)가 폭파되고 있다.

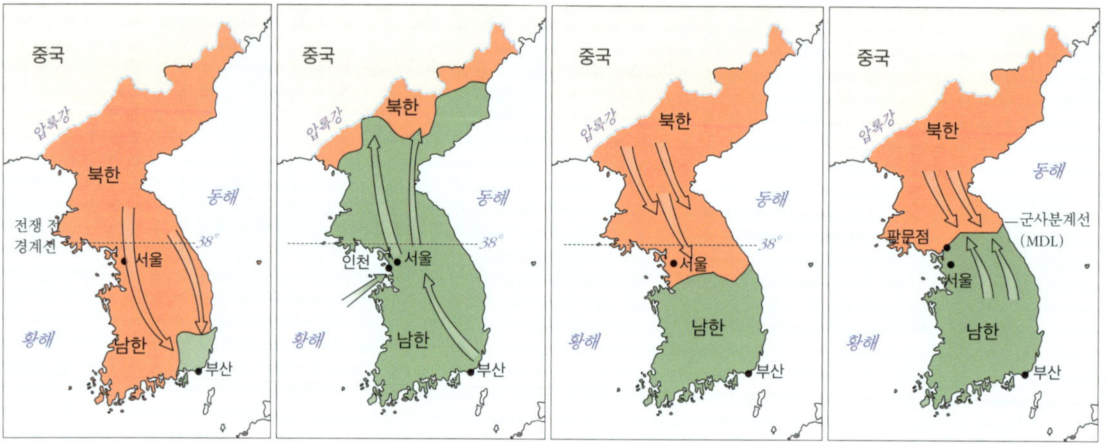

한국전쟁의 군사작전 전개 과정

으로 전개되었다. 1950년 7월 7일에는 역사상 최초로 UN군이 창설되고, 맥아더 장군이 초대 UN군 사령관에 임명되었다.

미국이 즉각 대응해 UN군을 창설했지만 한반도의 전황은 더욱 악화되었다. 7월 20일에는 북한군의 진격을 저지하기 위해 투입한 미 제24사단이 대전에서 북한군에게 포위되어 심각한 피해를 입었다. 급기야 8월 초에는 한국군과 UN군이 낙동강 방어선을 편성했으나, 막강한 북한군의 공격을 저지하려면 추가 병력과 장비, 물자 지원을 기다려야 했다. 그런데 8월 중순에 접어들자 낙동강 방어선을 중심으로 국군과 UN군의 방어태세가 점차 강화되었고, 이를 바탕으로 UN군은 전세를 일거에 역전시키기 위한 반격작전을 구상하기에 이르렀다. 이후 수차례 논의와 치밀한 준비를 거쳐 1950년 9월 15일 실시한 인천상륙작전의 성공과 뒤이은 낙동강 방어선 병력의 총반격으로 세 달 만에 서울을 수복했다. 남한의 남부 지역까지 무리하게 진출해 공격하던 북한군은 일시에 붕괴되었고, 소수만 38도선 북쪽으로 철수했다.

반격에 성공한 국군과 UN군이 38도선에 도달하자, 북한군을 추격하기 위해 38도선을 넘어 계속 북진할 것인가를 두고 의견이 분분했다. 미국 정부는 반격작전이 개시되기 이전인 9월 11일 이미 UN군을 38도선 북쪽으로 진격시켜 한반도 전체를 통일한다는 것을 골자로 하는 NSC-81을 승인한 상태였다. 국군은 UN군에 앞선 10월 1일 38도선을 넘어 북진을 시작했다. 북한의 선제공격으로 시작된 이번 전쟁을 계기로 한반도의 통일을 달성하려던 이승만李承晩 대통령의 명령에 따른 것이었다. 그런데 미국 정부는 UN군이 북한으로 진격하되, 자칫 전쟁이 확대되어 소련이나 중국과 대결하는 것에 우려를 나타냈다. 특히 중·소 국경에서는 한국군만 작전을 하도록 지침을 하달했다. 이후 10월 7일 UN 총회에서 UN군의 38도선 북쪽 지역에 대한 공격이 '한반도 전체의 안정 상태를 보장할 것'이라는 점을 승인하는 결의안이 통과되자, UN군이 38도선을 넘어 북한 지역으로 진격하기 시작했다.

그런데 중국은 이미 10월 2일 외교부장 저우언라이周恩來가 중국 주재 인도 대사에게 보낸 서한을 통해 미군이 38도선을 넘으면 중국이 한국전쟁에 개입할 것이라고 경고했다. 그렇지만 미국 관료들은 크게 신경 쓰지 않았다. 10월 15일에는 미국령 웨이크섬에서 맥아더 장군과 트루먼 대통령이 회동해 향후 전황을 논의했다. 이때 맥아더 장군은 중국이 전쟁에 참여하지 않을 것이라고 장담했다. 하지만 맥아더의 예상과 달리 10월 19일 중국의 펑더화이彭德懷 장군이 이끄는 대규모 중국인민지원군CPVA 부대가 압록강을 건너 공식 참전했다. 미군이 압록강과 두만강까지 진출하는 것은 중국에 대한 도전이라고 판단한 마오쩌둥이 이를 용인하지 않겠다는 의미에서 직접 중국군의 참전을 지시했다. 한반도에 잠입한 중국군은 10월 26일부터 시작된 최초 공세(1차 공세)에서 압록강과 두만강을 향해 진격하는 국군과 UN군을 저지했다.

예상치 못한 중국군의 참전으로 당황한 UN군 사령부는 전열을 정비하고 난 1950년 11월 24일, 크리스마스 이전에 한반도의 군사작전을 끝내겠다는 의미에서 크리스마스 공세X-Mas Offensive를 개시했다. 하지만 중국군은 바로 다음 날부터 대규모 반격(2차 공세)을 개시해 국군과 UN군을 남쪽으로 밀어냈다. 그 결과 12월 중순에는 전선이 다시 38도선을 연하는 선에서 형성되었다. 한반도 북부와 동해안에서 진격하던 국군과 UN군 예하부대들은 퇴로가 막혀 철수로가 차단되자 흥남 등 동해안의 항구를 통해 해상 철수했다. 이처럼 대규모 중국군이 참전한 후 전세가 역전되자, 미국 정가에서는 한반도에서 미군의 전면 철수를 검토해야 한다는 주장이 나오기도 했다. 1951년 1월 초에는 다시 수도 서울이 공산군에게 점령당했고, 전선의 일부 부대가 산악 등 험난한 지형을 이용한 중국군의 공세(3차 공세)에 퇴로가 차단되어 큰 피해를 입었다.

중국군 참전 후 자칫 한반도 전체가 공산화될 수 있는 상황에서 극적으로 전황을 역전시킨 사람은 1950년 12월 말 신임 미 제8군 사령관으로 취임한 매튜 리지웨이Matthew B. Ridgway 중장이었다. 그는 중국군의 대규모 공세에 밀려 패배 위기에 처한 국군과 UN군을 효율적으로 통제했고, 특히 UN군의 전투 의지 고양, 중국군의 전투 수행 방식 분석을 통한 효율적인 반격으로 1951년 6월 초에는 다시 전선을 38도선까지 밀어 올렸다. 특히 리지웨이 중장은 대규모 중국군의 춘계 공세(4차, 5차 공세)를 모두 저지한 뒤 UN군의 장점인 화력과 기동력을 최대한 이용해 중국군을 압박, 3월 15일 다시 서울을 되찾았다. 이후에도 국군과 UN군은 다양한 통제선을 설정한 뒤 차분하게 전진해 38도를 연하는 캔자스선Line Kansas에 도착했다. 1951년 6월 중순, 전선이 다시 38도선 인근에서 형성되자 양측은 강력한 방어선을 구축한 상태에서 상대의 태세를 관망하기 시작했다.

1951년 7월 10일, 개성에서 UN군과 공산군 대표가 휴전회담을 시작함으로써 한국전쟁은 또 다른 전환점을 맞았다. 양측은 회담 초기부터 회담 장소의 중립성 보장, 군사분계선 설정, 포로 송환 등의 사안을 둘러싸고 팽팽하게 대립하느라 정작 정전 협상에는 별다른 진전이 없었다. 그때마다 전선에서는 양측 군대가 견고하게 구축한 상대방 참호선에 대량 포격전을 개시한 뒤 곧바로 고지 쟁탈전을 시도했는데, 전선에서 상대방을 압박한 뒤 이를 회담장에서 유리하게 이용하려는 심산이었다. 하지만 양측은 포로 송환 등 일부 안건에서 한 치도 양보하지 않았다. 교착된 전황은 1년 반 이상 지속되었다.

그러던 중 정전회담의 미궁에 빠진 전황에 결정적인 영향을 주는 사건이 미국과 소련에서 발생했다. 1952년 11월 차기 대통령에 선출된 드와이트 아이젠하워가 인기 없는 '트루먼의 전쟁Truman's War'을 끝내겠다고 공언하더니, 12월 초에는 직접 한국을 방문해 전선을 시찰한 뒤 공산 측에게 협상에 의한 정전에 임할 것을 촉구했다. 1953년 3월에는 스탈린이 사망했다. 실질적으로 한국전쟁 발발의 책임이 있는 사람이 사라짐에 따라 더 이상 전쟁을 계속할 명분이 없었다. 소련은 전쟁을 지속하도록 중국과 북한을 압박하지 않았다. 이에 따라 약 1년 반 동안 지지부진하던 정전회담이 진전을 보여 1953년 4월 20일 양측 환자와 부상자를 송환하고, 7월 27일 정전협정을 체결했다. 물론 정전체제의 부담을 고스란히 떠안는 것에 불만을 제기한 이승만 대통령이 대한민국에 대한 미국의 포괄적 지원을 요구하며 반공 포로를 석방하고, 정전협정 체결 10여 일 전에 중국군이 대규모 최종 공세를 퍼부었는데도 양측은 정전협정을 통해 전쟁을 중지하기로 합의했다.

한반도에서 3년 넘게 지속된 한국전쟁은 냉전의 전 기간 중 가장 치열하고 격동적으로 전개된 전쟁이었다. 소련의 지원을 받은 김일성이 시작한 전쟁으로 자칫 대한민국이 공산화될 위기에 처했으나, 미군을 포함한 16개국 군대로 구성된 UN군이 적시에 투입되어 공산주의 세력의 팽창을 저지했다. 전쟁 1년 차에는 전선이 남쪽의 낙동강 방어선과 북쪽의 압록강까지 요동치듯 이동했으나, 2년 차에 접어들면서 다시 38도선 인근으로 복귀하더니 정전 때까지 큰 변화 없이 유지되었다.

한국전쟁이 가져온 국제 정세의 변화는 극적이었다. 미국 정부는 제2차 세계대전 종전 이후 급감한 국방비를 대폭 늘렸고, NATO의 군사력을 강화했으며, 서독 재건에 박차를 가했다. 아시아에서는 한국전쟁으로 타이완에 대한 중국의 공격이 연기되었으나, 이 전쟁으로 중국 내에서 마오쩌둥의 위상이 더욱 강화되었다. 마지막으로 한반도에서 3년 동안 치열하게 전개된 이 전쟁은 냉전과 탈냉전을 지나 새로운 냉전 시대에 접어든 오늘에 이르기까지 중요한 영향을 미치고 있다. 남한과 북한으로 갈라진 두 국가는 냉전 시대 내내 상대방을 적대적으로 생각했으며, 탈냉전 시대에는 몇 차례 정상회담을 통해 신뢰를 구축하려 했으나 주목할 만한 성과는 이루지 못했다. 또한 1990년대 초부터 시작된 북한의 핵무기 개발과 위협으로 인해 한반도와 주변 국가의 군사적 긴장이 고조되고 있다.

IV

아시아의 탈식민지화와 베트남전쟁

1 동남아시아에 대한 미국의 정책 변화

냉전과 중국 공산화는 동남아시아 각 국가의 독립에 큰 영향을 미쳤다. 1945년 8월 일본이 패망하자 각 지역의 민족주의 세력과 유럽의 식민지 강대국들은 국제적 합법성을 얻으려고 노력했다. 여기에는 미국과 소련의 외교적 지지와 물질적 지원이 필요했다. 1945년 이전에는 동남아시아에 별 관심을 보이지 않던 미국과 소련이 중국 공산화를 계기로 동남아시아를 새로운 시각으로 바라보았다. 역사적으로 동남아시아와 유대가 부족했던 소련과 달리 미국은 1946년 7월에 최초의 식민지 필리핀의 독립을 허용했다. 다만 그곳에 미국 군대를 주둔시켜 태평양 전역에 걸쳐 강력한 해군 및 공군력을 확보하고 있었다.

그런데 영국, 프랑스, 네덜란드가 지배했던 식민지에서는 심각한 갈등이 제기되었다. 미국 정부는 유럽 강대국들이 각 식민지에 대한 상업과 안보, 정치적 영향력은 유지하되 각국의 독립을 허용하는 것이 장기적으로 동남아시아에서 미국이 추구하는 평화와 번영에 적합할 것으로 생각했다. 이에 따라 영국은 대부분의 아시아 영토에서 평화적인 권력 이양을 선언해 1947년 인도와 파키스탄, 1948년 버마와 실론이 독립했다. 다만 말레이반도에서는 점차 강화되는 공산주의 세력을 제압하기 위해 군사력을 강화하는 조치로 대응했다. 프랑스와 네덜란드는 기존의 제국주의적 입장을 고수하며 과거의 식민지였던 인도차이나와 동인도 제도를 다시 장악하기로 했다. 이 결정으로 냉전과 탈식민지화가 교묘하게 결합했고, 급기야 심각한 유혈사태로 이어졌다.

1948년과 1949년에 접어들면서 미국 정부는 냉전 대결에서 소련을 제압하기 위해서는 동남아시아 지역이 중요하다고 생각하고 이 지역에 대한 정책 변화를 시도했다. 이 시기에 동남아시아에서 발생한 인도-중국 분쟁, 동인도 제도의 식민지 분쟁, 영국령 말라야의 공산주의 주도 반란 등 일련의 혼란스러운 사건들은 서유럽 국가의 부흥에 걸림돌이 되었다. 대체로 동남아시아의 생산물과 지하자원은 전통적으로 영국, 프랑스, 네덜란드의 산업 및 경제부흥에 기여했다. 그런데 동남아시아의 불안한 상황이 이러한 기능을 막았을 뿐만 아니라 유럽에서 진행 중인 마셜 계획의 확대에 필요한 자금과 자원, 인력을 흡수해 지장을 초래했다. 또한 미국 정부는 동남아시아의 정치 불안과 경제 침체로 일본의 경제 회복도 방해받고 있다고 분석했다. 마지막으로 미국 정부는 중국의 팽창주의를 우려했는데, 중국이 군사력을 동원해 동남아시아 일부 지역을 직접 장악하거나 각 지역의 혁명과 반란을 지원할 가능성을 고려했다.

이처럼 미국 정부는 동남아시아 지역의 정치 안정과 중국의 위협을 억제하기 위해 동남아시아에 새로운 정책을 추진했다. 우선 베트남에서는 1950년 1월 친親프랑스 세력의 권력 장악을 공식 인정하고 이들에 대한 직접적인 군사 지원을 약속했다. 말라야에서는 공산주의 폭동에 맞서 싸우는 영국군을 지원했다. 이어서 미국은 버마, 태국, 필리핀, 인도네시아 정부에 대한 경제와 기술 지원을 약속했다. 인도네시아는 1949년 12월 힘든 투쟁 끝에 독립을 달성했는데, 이 과정에는 네덜란드에 대한 미국의 지원 중단과 더불어 공산주의와 연관이 없는 순수 민족주의 운동을 인정한 것도 중요하게 작용했다.

2 베트남전쟁

베트남의 냉전은 미국의 기대와 전혀 다르게 전개되었다. 공산주의 유대감을 근간으로 스탈린, 마오쩌둥, 호찌민Ho Chi Minh 사이에 공동전선을 구축한 것이 결정적이었다. 프랑스가 다시 베트남에 대한 관심을 표명하는 순간부터 호찌민은 반제국주의 항전을 주도했다. 그는 국제공산주의 조직에서 오랫동안 활동한 공산주의자이자 베트남인에게 존경받는 민족주의자였다. 1940년대 말에 시작되어 1970년대까지 지속된 베트남전쟁은 냉전의 다양한 양상이 중첩되어 나타났다. 베트남에서 미국과 소련이 직접 대립하지 않았으나, 이 전쟁에는 냉전 시대의 전반적 대립 분위기와 공산주의 확산에 맞서는 자유주의 세계의 강한 태세가 잘 드러났다. 미국은 한 나라가 공산주의 영향권에 들어가면 주변국도 따라갈 수밖에 없다는 도미노 이론을 내세워 베트남에 대한 군사 개입을 정당화했으며, 동남아시아에 대한 공산주의 세력의 팽창과 지배를 막겠다는 주장을 앞세웠다. 결국 베트남전쟁은 공산주의 팽창 저지에 대한 미국의 의도가 명확하게 전달되어 인도차이나에서 추가적인 공산주의 세력 확장은 이뤄지지 않았다. 하지만 미국은 이 전쟁에 포함된 민족주의와 민족자결 등의 요소를 제대로 이해하지 못해 끝내 패배했다.

제2차 세계대전 초기 독일이 프랑스를 점령하자, 베트남은 프랑스의 지배에서 일시적으로 벗어났으나 곧바로 일본에게 점령당했다. 베트남인들은 베트민Viet Min을 결성해 일본의 압제에 저항하고, 점차 베트남 전역으로 세력 기반을 확장했다. 얼마 뒤 일본이 태평양전쟁에서 패배해 철수하자, 베트남 민족주의 지도자 호찌민은 하노이를 점령하고 독립을 선언했다. 하지만 프랑스는 호찌민의 선언을 받아들이지 않고 다시 베트남 식민지에 대한 영유권을 주장하면서 호찌민과 공산당 세력을 북부로 몰아붙였다. 이때 호찌민은 미국에 원조를 호소해 독립을 유지하려 했으나, 소련과의 냉전에 열중하던 미국은 호찌민의 공산주의를 불신하고 대신 프랑스를 지지했다. 미국이 지원을 거절하자 호찌민은 중국에 도움을 청했고, 중국의 대대적인 군사 지원을 받아 전열을 정비한 뒤 프랑스군과 정면 대결을 펼쳤다. 몇 년 동안 지속되던 양측의 대결은 디엔비엔푸Dien Bien Phu 전투에서 프랑스 군대를 대파함으로써 일단락되었다.

1954년 국제사회는 제네바 회의를 통해 베트남을 남과 북으로 분단했다. 17도선을 기준으로 북쪽에는 호찌민이 주도하는 베트남민주공화국Democratic Republic of Vietnam, 남쪽에는 자유주의 성향의 베트남공화국Republic of Vietnam이 설립되었다. 하지만 통일된 국가를 수립하려는 호찌민의 시도는 끝나지 않아 프랑스에 이어 베트남에 개입한 미국과 정면 대결할 태세를 갖추었다. 미국은 프랑스군의 패배를 그대로 수용하려 하지 않았다. 아이젠하워 행정부와 뒤를 이은 케네디 행정부는 남베트남에 대한 지지를 통해 북베트남 공산 세력의 팽창을 저지하려 했다. 1961년 남베트남에서 폭동이 급속히 증가하자 케네디 행베트남을 남과 북으로 분단할 것을 결정한 제네바 회의. 1954년 7월 21일, 국제연합 유럽 사무소인 팔레 데 나시옹(국가들의 궁전)에서 열렸다.

정부는 남베트남공화국과 군사 및 경제 원조 조약을 체결해 지엠 정권에 대한 지지를 강화했다. 구체적으로 군사 고문단이 3,200여 명으로 늘어났고, 6,500만 달러 규모의 군사 장비, 1억 3,600만 달러의 경제 원조를 전달했다. 기존에는 훈련과 고급 참모진 업무에만 관여했던 이들 군사 고문관이 점차 대대와 연대급 부대에서 남베트남 전투부대를 지도 및 지휘했다. 1962년에는 남베트남에 대한 미군의 군사 지원 활동을 조정하기 위해 남베트남 군사지원사령부MACV를 창설했다.

그런데 시간이 지날수록 남베트남 정치 지도자 응오딘지엠Ngo Dinh Diem이 이끄는 정부의 부정부패가 심각해졌고, 급기야 그를 지지하는 미국의 권위가 손상될 정도로 악화되었다. 1956년에는 지엠 정부가 예정된 선거를 무기 연기한다고 발표하자, 남베트남 전역에서 대대적이고 조직적인 반대와 저항이 일었다. 물론 여기에는 남베트남 내부의 정치적 압력을 이용해 지엠 정권을 무너뜨리려는 호찌민의 의도가 반영되었다. 미국의 지원을 등에 업은 지엠 정권은 곧바로 공산주의 세력 숙청에 나서 공산주의자로 의심되는 많은 사람을 죽이거나 포로로 잡아들였다.

남베트남 내부에 혼란을 조장한 뒤 지엠 정권을 타도하려던 초기 시도가 실패하자, 호찌민은 1960년대 들어 본격적인 무력투쟁으로 방향을 전환했다. 남베트남 전역에서 공산 세력이 주도하는 테러가 발생했고, 이를 진압하기 위해 출동한 남베트남 군대와 공산 세력 사이에 강도 높은 교전이 이어졌다. 그 과정에 1960년 12월 창설된 남베트남해방 국민전선NLF이 주도적인 역할을 맡았는데, 남베트남에 잠입한 북베트남 세력이 조직의 운영을 맡았다. 1961년에는 호찌민 통로를 따라 침투한 1만 5,000여 명의 베트콩Viet Cong이 합류해 남베트남해방 국민전선은 30여만 명 규모의 조직으로 성장했다.

남베트남 점령을 위한 북베트남의 노력이 강화되고 이를 저지하기 위한 미국의 지원이 확대되는 와중에 지엠 정권의 실정은 극에 달했다. 1960년대 초, 천주교 신자인 지엠이 불교계를 탄압하는 사건이 발생해 남베트남 전역에서 대규모 시위가 발생했다. 이를 진압하던 남베트남 특수부대가 시위대에게 무차별 발포하는 사건이 발생하자, 지엠 정권에 대한 국민의 불만이 최고조에 이르렀다. 이때 미국 정보기구의 묵인 아래 지엠 대통령을 제거하기 위한 군사 쿠데타가 발생했고, 뒤이어 또 다른 쿠데타와 쿠데타 시도가 반복됨에 따라 남베트남 정국은 극도의 혼란에 빠져들었다.

남베트남의 내부 혼란이 가중될수록 미국 정부는 남베트남 상황을 호전시키기 위해 더 많은 지원을 제공했다. 중국이 북베트남을 지원하고 있다고 확신한 케네디John F. Kennedy 대통령은 1961년 공산주의의 세력을 진압하는 남베트남 군대에 대한 미국의 지원을 승인했다. 케네디를 승계한 존슨Lyndon B. Johnson 대통령은 베트남의 공산화를 용인할 수 없으나, 그렇다고 한반도처럼 미국이 중국을 직접 상대할 생각은 없었다. 그러던 중 1964년 8월 2일 통킹만에서 북베트남 경비정이 미국 구축함 매독스USS Maddox(DD-731)에 발포하는 사건이 일어났다. 이 사건을 계기로 존슨 행정부는 미국의 북베트남에 대한 공격을 공식화했다. 미 의회에서 통킹만 결의안이 통과된 직후 존슨 행정부는 하노이를 포함한 북베트남에 대한 대대적인 공군 폭격을 단행했다.

북베트남은 남베트남에 대한 군사 지원을 더욱 강화하고, 점차 북베트남 정규군을 비밀리에 남베트남으로 침투시켰다. 호찌민 통로를 통해 베트콩을 남하시켰던 것과 달리 북베트남 주력부대가 남베트남으로 이동한 것은 베트남전쟁 전체에서 큰 전환점이 되었다. 1964년 후반부터는 베트남 공산 세력이 적극 공세로 나서 남베트남 소재 미군 공군기지를 공격하고 사이공의 미군 숙소를 폭격했으며, 남베트남 군사기지를 공격했다. 이처럼 북베트남의 공세가 강화되자, 미국은 1965년 초부터 3년 동안 공군력을 동원해 대규모 폭격작전

미국 구축함 매독스호

Operation Rolling Thunder을 실시했다. 미군의 군사작전에 대한 백악관의 지속적인 관여와 통제로 유명한 이 작전에 막대한 공군 자산과 포탄이 동원되었지만 그 효과는 크지 않았다.

존슨 행정부는 베트남에서 공산 세력이 군사적으로 남베트남 군대를 압도하던 1965년 3월 미국 지상군 전투부대를 공식 파병해 점차 개입을 확대했다. 파병 명목은 베트남 내 미국의 군사기지와 비행장 보호였다. 하지만 시간이 지날수록 더 많은 미군 부대가 파병되었고, 급기야 방어작전이 공격작전으로 전환되었다. 이후 7개 육군 사단, 2개 해병 사단, 4개 독립 여단이 파병되었고, 1966년 중반에는 35만 명, 1967년 말에는 최대 50만여 명으로 확대되었다. 베트남 주둔 미군 사령관 웨스트모얼랜드William C. Westmoreland 대장은 대규모 수색 및 파괴 작전으로 공산군을 찾아내 사살하는 전술을 구사했다. 하지만 북베트남이 지휘하는 공산군은 미국의 전쟁 수행 의지를 고갈시키는 전술로 맞섰다. 그 결과 양측에 많은 사상자가 발생하는 치열한 소모전으로 전개되었다.

남베트남에서 치열한 전투가 전개되는 동안, 미국 내부에서 또 다른 전쟁이 진행되고 있었다. 이 시기 미국의 국내 여론은 심각하게 분열되었다. 특히 베트남전쟁의 지지부진한 전과, 반체제 및 반기성문화의 확산, 언론에 의한 생생한 전쟁 보도, 대통령과 정부에 대한 국민의 불신 등으로 전쟁에 대한 지지율이 크게 낮아졌다. 특히 1967년 남베트남 전역으로 전쟁이 확대되자 수세에

베트남전쟁 중 구정 공세(1968. 2) 기간에 체포된 공산군

몰린 존슨 행정부는 미국의 전쟁 처리에 대한 대중의 지지를 강화하기 위해 진전이 이루어지고 있음을 강조하는 홍보 캠페인을 시작했다. 하지만 1968년 초 공산군이 주도한 구정 공세Tet Offensive가 이러한 존슨 행정부의 노력에 찬물을 끼얹었다. 구정 공세를 시작한 공산군은 미군의 반격으로 많은 인명 피해를 입고 큰 성과를 거두지 못했으나, 공세를 자세하게 다룬 언론 보도가 미국 국민에게 전달되자 그 파장이 치명타를 가했다. 그동안 존슨 행정부가 미국 국민에게 전쟁의 실상을 제대로 알리지 않았을 뿐 아니라 수많은 거짓이 포함되었음이 드러났기 때문이다. 구정 공세를 계기로 존슨 행정부에 대한 지지율이 급락해 급기야 존슨 대통령은 재선에 출마하지 않겠다고 선언했다.

1968년 말 대통령에 당선된 리처드 닉슨Richard Nixon은 '명예로운 평화'를 이루겠다고 약속한 뒤 곧바로 베트남전쟁의 '베트남화Vietnamization'를 추진했다. 즉 미국은 더 이상 이 전쟁에서 군사적 승리를 추구하지 않을 것이며, 향후 남베트남이 북베트남과의 전쟁을 주도할 것이었다. 또한 미군은 베트남에서 철수하지만, 남베트남에 대한 지원은 지속할 것이라는 점이 내포된 정책이었다. 베트남전쟁에 대한 미국의 정책이 바뀌자, 남베트남에 대한 공산군의 공세가 더욱 강화되었다. 1972년 봄에는 북베트남 정규군이 17도선을 넘어 남침했다. 이 공세는 처음에는 성공을 거두었지만, 미 공군의 대규모 폭격으로 북베트남군은 후퇴했다. 닉슨 행정부는 북베트남군의 일시적인 철수를 '전쟁의 베트남화'가 성공적이라고 평가했지만, 남베트남이 스스로 자기를 지킬 수 없다

미국 켄트 주립대의 반전 시위(1970. 5)

는 것은 기정사실이었다.

1972년 초부터 미국과 북베트남 사이에 평화협상이 진행되어 1973년 초에는 파리평화협정이 체결되었다. 이 협정을 근거로 미군이 베트남에서 모두 철수하고 공식적으로 베트남전쟁에서 손을 떼었다. 1974년 12월 북베트남 군대가 대대적으로 남베트남을 몰아붙였고, 결국 1975년 4월 말 남베트남이 무조건 항복함으로써 전쟁이 막을 내렸다. 공산주의 치하에서 살기를 거부하고 베트남을 떠난 일부 자유주의 인사들은 선박을 이용해 가까스로 탈출에 성공했다. 하지만 정작 이들을 반기거나 받아주는 곳이 없어 보트 피플boat people로 전락했다.

3 중동에서의 냉전

1950년대와 1960년대 냉전 초기의 대립적 국제 정세 속에서 진행된 식민지 해방 전쟁은 극심한 유혈 분쟁을 낳았다. 제국 열강과 식민지 독립 세력 사이의 대결은 단기 결전으로 끝나는 경우는 많지 않았고 오랜 기간에 걸쳐 이어졌다. 또한 식민지 내부에서 자유주의와 공산주의 세력으로 분리된 경우가 많았는데, 적대적 학살로 수많은 인명 피해가 발생하기도 했다.

식민지를 유지하려던 유럽 강대국의 전술은 많은 허점이 노출되었다. 영국은 말레이반도와 케냐 등에서 군사력을 동원한 유혈 진압으로 지역 세력을 제압했으나, 자주와 독립을 요구하며 저항을 지속하는 세력을 언제까지 제압할 수 없다는 것을 깨달았다. 영국은 1960년대 중반까지 주요 식민지에서 대반란작전Counterinsurgency을 포기하고 철수했다. 베트남에서 철수한 프랑스는 북아프리카 알제리에서 또 한 차례 식민지 전쟁을 치렀다. 프랑스 군대는 알제리 독립 과정의 군사작전에서 크게 패하지 않았으나, 민족해방전선의 만행으로부터 토착 이슬람 세력과 프랑스 우호 세력을 보호하는 막대한 비용을 감당하기 어려웠다. 프랑스는 철군을 단행했고 1962년 알제리가 독립했다.

중동 지역에서 전개된 냉전의 핵심 요소는 신생 국가 이스라엘의 독립과 원유 생산을 둘러싼 갈등이었다. 제1차 세계대전 중 영국은 독일, 오스트리아와 동맹을 맺은 오스만 제국을 압박하기 위해 아랍 지도자들과 협력했다. 이때 영국은 전쟁이 끝난 후 아랍 지역에 아랍인에 의한 독립국가의 수립을 약속했다. 그런데 이와 별도로 국제사회에서 유대인의 지지를 얻기 위해 팔레스타인 지역이 유대인의 고향이라는 내용이 포함된 밸푸어 선언Balfour Declaration도 지지했다. 제1차 세계대전 후 영국이 팔레스타인 지역을 위임통치하게 되자, 아랍인과 유대인 모두 영국이 약속을 어겼다고 느꼈다. 그 결과 팔레스타인인과 유대인의 관계가 급속히 악화되었다. 특히 1917년의 밸푸어 선언은 팔레스타인을 긴장시켰는데, 이 선언이 유대인에 대한 영국의 편애로 비춰졌기 때문이다.

제2차 세계대전을 겪으면서 나치의 박해를 피해 유럽에서 피신한 유대인 중 상당수가 팔레스타인 지역에 정착했는데, 이들로 인해 팔레스타인 지역의 인구 균형에 변화를 겪었다. 이 지역에 독립국가를 세우려던 팔레스타인인과 새롭게 정착한 유대인 사이에 갈등이 시작되었다. 영국은 팔레스타인에 대한 위임통치가 불가능하다고 판단하고 이 지역의 통제권을 UN에 넘겼다. UN은 1947년 11월 결의안 181호를 통해 팔레스타인 지역을 구분해 유대인과 팔레스타인인이 공존하도록 결정했다.

UN의 결정에 따라 1948년 5월 유대인이 이스라엘 건국을 선포했다. 그러자 UN의 결정에 반대한 이집트, 이라크, 시리아, 레바논 연합군이 신생 이스라엘을 침공했다. 이스라엘 군대는 반격을 개시해 아랍 국가의 연합공격을 격퇴했고, 1949년 초에는 가자 지구를 제외한 팔레스타인 전 지역을 장악한 뒤 휴전협정을 체결했다. 이스라엘은 독립전쟁의 승리였으나 아랍 세계는 수많은 난민이 발생한 대재앙Nakba이었다.

1956년 이집트에 강력한 아랍 민족주의자이자 이스라엘에 적대적 태도를 보이던 가말 나세르Gamal A. Nasser 정권이 등장했다. 집권 직후 나세르는 수에즈 운하를 국유화했다. 이에 대해 프랑스와 영국은 이스라엘과 연합해 이집트를 침공한 뒤 수에즈 운하를 장악하려 했다. 이 같은 구상에 따라 1956년 10월 이스라엘 군대가 시나이반도로 진격해 불과 5일 만에 가자, 라파스, 알-아레쉬를 점령하고, 수에즈 운하 동쪽 지역을 대부분 점령했다. 그리고 얼마 지나지 않아 약속대로 영국과 프랑스가 개입했다. 하지만 곧 UN이 수에즈 운하를 직접 관할하기로 함에 따라 이스라엘 군대는 모든 점령지에서 철수했다. 이 전쟁에서 이집트군은 크게 패했는데도 정작 아랍 세계에는 이스라엘의 침략을 격퇴한 이집트의 승리로 왜곡해 전달했다.

1960년대 초부터 중동 지역은 미국과 소련 간의 냉전 경쟁의 주요 결전장으로 부각되었다. 특히 소련이 적극적으로 시리아와 이집트에 접근하자 기존의 이스라엘과 범 아랍 세계의 대결에 냉전의 기운이 스며들었다. 1967년 봄, 소련은 시리아 정부에 이스라엘군이 시리아를 공격하기 위해 북부 병력이 집결하고 있다는 잘못된 정보를 알렸다. 사실과 달랐지만, 이스라엘 군대의 기습 공격을 걱정하던 시리아는 5월, 이집트에 시나이반도로 군대를 진격해달라고 요청했다. 이집트의 사다트Muhammad Sadat 대통령은 곧바로 시나이반도의 남쪽 도시 샤름엘셰이크Sharm el-Sheikh를 점령하고 아카바만의 이스라엘 항구 에일라트를 봉쇄했다. 이집트와 시리아의 이 같은 선제 조치들은 이스라엘 국민과 사회를 공포에 몰아넣기에 충분했다.

자국을 둘러싼 군사와 외교 위기가 계속되자, 1967년 6월 5일 이스라엘 군대는 이집트와 시리아에 대한 공격을 시작했다. 이스라엘 공군이 완벽한 기습을 통해 이집트를 타격해 군사력을 크게 손상시켰고, 시리아 군대는 골란고원에서 밀려났다. 뒤늦게 참전한 요르단 역시 요르단강 서안 지구에서 크게 패배하고 철수했다. 이처럼 세 개 정면에서 아랍 국가를 모두 격퇴하고 예루살렘을 단독으로 통제한 이스라엘은 군사 강국으로 떠오른 반면 이집트를 위시한 아랍 국가의 신뢰는 크게 손상되었다. 팔레스타인인들은 1967년 팔레스타인 해방기구PLO; Palestine Liberation Organization를 구성해 지속적으로 국제기구를 통한 팔레스타인 문제 해결을 촉구했다.

1971년, 이집트의 사다트 대통령은 1967년 전쟁에서 상실한 시나이반도를 돌려받는 대가로 이스라엘과 평화협정을 체결할 용의가 있음을 공개적으로 밝혔다. 하지만 미국과 이스라엘이 무시하자, 이집트는 시리아와 연합해 이스라엘을 기습공격하기로 결정했다. 유대교의 성일聖日인 1973년 10월 6일 시작된 이 전쟁에서 이집트 군대는 시나이반도에서, 시리아 군대는 골란고원에서 각각 이스라엘을 침공했다. 이집트와 시리아의 초기 공격은 1967년 전쟁에서 승리한 이후 안보 분야에서 안일한 정책을 취하던 이스라엘에 큰 충격을 주었다. 가까스로 전열을 가다듬은 이스라엘 군대가 역습에 성공해 개전 이전 상태로 돌려놓았으나, 26일간 지속된 전쟁으로 이스라엘은 막대한 인명 피해와 재산 손실을 입었다. 유엔은 즉시 안전보장이사회 결의안 제338호를 통해 즉각적인 전투 중지와 평화협상을 촉구했고, 미국과 소련의 중재로 스위스 제네바에서 평화협상이 개최되었다. 하지만 PLO의 대표 자격을 둘러싸고 이스라엘과 이집트, 요르단이 이견을 좁히지 못함에 따라 평화협상은 끝내 결렬되었다.

1973년 전쟁으로 이스라엘과 팔레스타인, 아랍 세계의 갈등에 깊숙이 관여하기 시작한 미국은 시나이반도와 골란고원에서 이스라엘 군대의 부분적 철수를 확보하는 동시에 요르단강 서안과 가자 지구의 운명을 포함한 문제에 대한 협상은 피하는 제한된 양자 합의를 추구했다. 1978년에는 미국의 중재로 캠프 데이비드Camp David 협정이 체결되었다. 이 협정에 의해 이스라엘은 시나이반도 전체를 이집트에 반환했고, 그 대가로 이집트는 이스라엘을 정식 국가로 인정했다. 이후 두 나라는 정상적인 외교 관계를 수립했다. 그리고 1979년 3월 26일, 두 나라 사이에 30년간 이어져온 전쟁 상태를 공식적으로 끝내는 평화조약에 서명했다.

이스라엘과 팔레스타인의 직접 대화는 1982년 레바논전쟁을 겪은 후에야 비로소 시작되었다. 레바논 남부에 거점을 두고 이스라엘을 공격하던 PLO를 제압하기 위한 목적에서 이스라엘 군대가 시작한 1982년 전쟁은 막대한 인명 피해만 발생한 채 별다른 성과 없이 끝났다. 하지만 미국 등 강대국의 지속적인 압력으로 이스라엘 정부와 개별 아랍 국가, PLO 사이의 연쇄 회담이 1991년 스페인에서 개최되었다. 그리고 마침내 2년 후 이스라엘과 팔레스타인 해방기구는 오슬로 협정에 서명했다. 이 협정에 따라 이스라엘은 가자 지구와 요

오늘날의 중동 지도

르단강 서안에서 군대를 철수하고 팔레스타인인에게 자치권을 부여하는 대신, PLO는 이스라엘을 정상 국가로 인정했다. 하지만 이스라엘에 대한 아랍과 팔레스타인의 공격은 이후에도 계속되었고, 2007년 또 다른 대규모 충돌을 빚기도 했다.

한편, 냉전 초기부터 걸프만을 중심으로 미국과 영국의 석유회사들이 해당 지역의 국가와 관계를 맺고 다양한 형태의 석유 사업을 추진했다. 이란에서는 영국과 미국이 1953년 쿠데타를 사전 도모하고 모하메드 리자 샤 팔레비 Mohammad Rizā Shāh Pahlevi 정권을 지원했다. 이란의 원유 생산량은 1950년대에 비해 1970년대 중반에 1일 600만 배럴로 약 6배 증가했다. 그러나 1970년대의 석유 붐이 최고조에 이르렀을 때 이란의 빈부 격차는 커졌고, 이에 대한 사회문제가 심각하게 대두되었다. 서양 문화 수용에 앞장섰던 샤 팔레비 국왕은 이란 사회에 서구화 정책을 도입했으나, 이는 보수 이슬람 세력의 반대에 부딪혔다. 이때 국왕은 비밀경찰을 동원해 반대자와 비판자를 암살하는 등 공포정치를 단행했다. 1979년 4월 호메이니Ayatollah Khomeini가 주도한 정치 및 종교 혁명에 따라 샤 팔레비 정권은 종식되고 새로운 이슬람 공화국이 출범했다. 그리고 1979년 11월, 샤 팔레비에 대한 미국 정부의 지원에 성난 이란 민중이 테헤란 주재 미국 대사관을 습격해 다수의 직원을 인질로 잡는 사건이 일어났다. 인질 중 52명은 444일 후에나 풀려났다. 이처럼 이란의 급격한 정세 변화는 중동 지역 전체에 대한 불안을 증폭시켰고, 시아파와 수니파 사이의 갈등도 자극했다. 그 틈을 타고 미국과 연계한 이라크의 사담 후세인Saddam Hussein이 민족주의를 내세워 이란에 군사적으로 도전하는 과정에서 약 8년에 걸친 이란-이라크 전쟁(1980~1988)이 일어나기도 했다.

V

평화공존과 데탕트, 그리고 위기 고조

1953년 3월 스탈린 사망 후 등장한 소련 지도자들은 적어도 겉으로는 미국과 자유진영에 유화적 태도를 취했다. 1955년 소련 공산당 제1서기 흐루쇼프는 '평화공존Peaceful Coexistence'을 주창했는데, 그는 새로운 세계 평화의 풍토를 이용해 소련과 미국 사이의 경쟁 관계를 이념과 경제 분야에 한정할 수 있다는 입장이었다. 미국은 소련 지도자들이 제시하는 평화 제스처를 수용했으며, 이를 이용해 좀 더 평화적인 국제 정세를 만들려고 노력했다. 평화공존을 앞세운 새로운 대소련 정책의 첫 번째 결과는 1955년 5월 체결된 오스트리아의 영구 중립안의 수용이었다. 이와 더불어 콘라트 아데나워Konrad H. Adenauer 서독 총리의 모스크바 방문(1955), 흐루쇼프의 미국 방문(1959), 흐루쇼프와 케네디의 빈 회동(1961) 등에서도 평화공존에 대한 열망이 잘 드러났다.

그러나 평화공존을 위한 양측의 일시적 노력과 행보에도 서로에 대한 불신과 이념 대립은 계속되었다. 미국이 무조건 평화를 앞세운 소련 지도자의 발언과 행동을 순수하게 받아들이지 않았던 것처럼 소련이 무조건적으로 제시한 평화가 과연 진정한 평화를 의미하는 것인지에 대한 의견이 분분했다. 특히 미국과 소련이 보유한 핵무기의 파괴력은 냉전 기간 내내 평화를 앞세운 상대의 주장을 있는 그대로 받아들이지 못하는 불신의 근거가 되었다.

냉전체제가 정착된 이후로도 중부와 동부 유럽에서는 소련 위성국가들이 소련의 억압과 통제에서 벗어나려 했고, 이에 대한 소련의 강압적인 조치가 이어졌다. 1953년과 1956년 헝가리에서 공산주의 정권에 분개한 지식인과 학생들이 소련군의 철수와 자유 다당제 선거를 요구했고, 생활수준 저하와 민족

독립의 포기에 따른 국민의 항의가 강력하게 제기되었다. 하지만 흐루쇼프는 1956년 11월 헝가리 국민의 봉기를 무력으로 진압했고, 소련군은 헝가리의 독립국 정부를 폐지하는 등 강압적 조치로 맞섰다. 헝가리 국민에 대한 무자비한 탄압이 자행되었고, 그사이 수십만 명의 헝가리인이 서유럽으로 망명했다. 모스크바의 지원을 받은 새 헝가리 정부는 독재정권을 복원한 뒤 다시 모든 국경을 폐쇄했다.

냉전 초기부터 동서로 분단된 베를린의 실상은 평화공존을 앞세운 냉전의 강대국에게 큰 걸림돌이었다. 이에 따라 베를린 문제를 논의하기 위해 1955년 7월 18일부터 23일까지 미국, 영국, 프랑스, 소련의 지도자가 제네바에서 회동했다. 10년 만에 성사된 조심스러운 만남의 자리였다. 제네바에 모인 지도자들은 유럽의 안보, 군비 축소, 동서 관계 등을 중점적으로 논의했으나 아쉽게도 독일과 베를린의 냉전에 영향을 줄만한 성과를 거두지는 못했다. 그저 제네바 회담이 대체로 화기애애한 데탕트Détente 분위기에서 마무리된 것으로 만족해야 했다.

그런데 불과 5년 후인 1961년 여름, 베를린을 동서로 가로막는 거대한 장벽이 설치되어 이 도시의 마지막 교차점마저 폐쇄되고 말았다. 1950년대에 최악의 상황으로 치닫던 동독의 경제 상황이 더욱 악화되어 다수의 동독 주민들이 서방으로 탈출했다. 그러자 동독의 공산주의 정부가 1961년 8월 중순 동베를린과 서베를린 사이에 장벽을 쌓아 통행을 가로막은 것이다. 장벽이 들어선 뒤에도 수많은 동독인이 탈출을 시도했으나 대부분 희생되었다. 서유럽 국가들이 강하게 항의하는데도 이 벽은 철거되지 않았고, 냉전의 도시 베를린을 가로지르는 폐쇄된 국경은 냉전과 유럽 분단의 가장 악명 높은 상징이 되었다.

미국의 존 케네디 대통령과 소련의 니키타 흐루쇼프 제1서기의 만남(1961. 6)

냉전 기간 중 미국과 소련이 가장 위험하게 충돌했던 사건이 1962년 10월 약 2주 동안 쿠바와 인근 해상에서 발생했다. 1959

쿠바 위기 동안 소련 화물선 상공을 날고 있는 미 해군 해상 초계기 P-2H 넵튠

년 1월 쿠바 혁명을 주도한 피델 카스트로Fidel Castro는 정권을 장악한 뒤 소련과 협력하기 시작했다. 아메리카 대륙에서 새로운 동맹 세력을 갖게 된 소련은 쿠바와 무역 및 군사 협력에 적극 나섰다. 이와 같은 쿠바의 공산화 움직임을 견제하기 위해 미국은 1961년 4월 피그만Bay of Pig 상륙작전을 통해 카스트로 정권을 전복하려 했으나, 작전이 실패한 뒤 쿠바 내에서 카스트로의 입지가 더욱 강화되었다. 카스트로는 라틴아메리카의 수많은 공산혁명가를 쿠바로 유인했고, 흐루쇼프는 비밀리에 미국 영토를 직접 위협할 수 있는 중거리 공격 미사일을 쿠바에 제공하기로 결정했다.

1962년 10월 14일, 미국 정보기관은 소련이 보낸 미사일을 실은 화물선이 쿠바로 이동하는 것을 확인했고, 미국 정찰기는 소련이 쿠바에 설치한 중거리 로켓 발사대를 직접 촬영해 확인했다. 케네디 행정부는 곧바로 해군을 동원해 쿠바로 접근하는 소련 화물선을 차단하는 봉쇄로 맞섰다. 핵탄두를 장착해 워싱턴과 뉴욕 등 미국 본토의 상당 부분을 타격할 수 있는 소련제 미사일을 근거리인 쿠바에 설치하는 것은 용납할 수 없는 일이었다. 이때 소련 화물선이 미국의 봉쇄선을 강제로 뚫고 통과하려 했다면 자칫 더 큰 충돌로 발전할 수 있었고, 이를 계기로 미국과 소련이 충돌할 가능성도 없지 않았다. 해상에서 위기가 고조되는 동안 양측 실무자들이 여러 차례 접촉해 극한 대결을 피하기로 합의하고, 머지않아 UN의 중재를 통해 타협안이 제시된 것은 천만다행

이 아닐 수 없었다. 결국 소련 화물선은 회항하고, 미국은 쿠바를 침공하지 않는 대신 튀르키예에 배치한 중거리 로켓을 철수하기로 합의했다. 보름 남짓 지속된 위기에서 세계는 가까스로 핵전쟁을 피했지만 이 사건의 여파는 컸다.

쿠바 미사일 위기 이후 미국과 소련은 직접 충돌을 피하려는 휴전 상태에 접어들었다. 1963년 두 국가의 수도에 직통전화가 설치되었고, 양국은 군비경쟁 제한에 합의했다. 1960년대에 미국과 소련이 무력을 동원해 직접 대결하지 않고 온건한 접근을 선택한 데에는 몇 가지 사정이 작용했다. 당시 미국은 전 세계로 확대되는 군사 주둔과 자유진영 국가에 대한 군사 지원에 어려움을 겪고 있었다. 또한 1960년대 중반 이후 본격화된 존슨 행정부의 베트남전쟁 개입은 국내의 격렬한 비판에 직면했다. 소련 역시 폴란드, 헝가리, 체코 등에서 소련의 지배와 간섭에 대한 저항에 대응하느라 막대한 에너지를 소비했다. 특히 유럽의 냉전 대결이 격화된 상태였기 때문에 두 국가 모두 데탕트를 이용했던 것이다.

1970년대에 접어들자 미국과 소련에서 데탕트에 대한 열망이 두드러졌다. 1972년 5월 26일, 전략무기 제한에 관한 제1차 전략무기 제한 협상SALT; Strategic Arms Limitation Talks에서 향후 5년 동안 양국 모두 전략무기를 생산하지 않고, 지상 발사대를 건설하지 않으며, 미사일 요격미사일의 수를 제한하지 않기로 합의했다. 데탕트의 또 다른 징후는 1949년 미국이 소련에 부과한 무역 금수 조치를 부분적으로 해제하고, 1972년 10월에 양국 사이의 무역협정을 체결한 것이다. 1973년 6월 레오니트 브레즈네프Leonid Brezhnev 서기장의 미국 방문은 '핵전쟁 방지 선언'의 계기가 되었다. 그리고 1975년 8월 개최한 헬싱키 정상회의에서는 평화를 정착하기 위해 함께 노력하기로 했다.

그런데 1970년대 중반에 접어들자 미국과 소련이 전략무기를 제한하기 위해 체결한 제1차 SALT가 도리어 양측의 군비 경쟁을 부채질했다. 이 협정에서 구체화된 다탄두, 전술 핵무기, 폭격기, 중성자 폭탄을 갖춘 미사일 개발 등을 둘러싸고 두 국가가 상대를 압도하기 위해 경쟁적으로 무기 개발에 박차를 가한 결과였다. 결국 제2차 SALT가 진행되는 과정에서 소련과 미국 모두 군사비를 늘린 사실이 드러났으나, 1979년 6월 양측은 미사일 발사대와 폭격기의 수를 제한하는 제2차 SALT에는 합의했다. 하지만 1979년 12월 말 시작된 소련의 아프가니스탄 침공으로 두 번째 협정은 발효되지 않았고, 그사이 소련은 새로운 중거리 미사일을 추가로 배치했다.

한편, 예상대로 데탕트 기간에도 미국과 소련은 자신들이 주도하는 체제와 진영을 강화하기 위한 노력을 멈추지 않았다. 1968년 8월 체코슬로바키아의 공산주의 체제를 자유화하려는 시도가 바르샤바 조약기구에 의해 좌절되었고, 1970년대 들어 소련이 기니, 앙골라, 모잠비크 등 아프리카 대륙 진출에 속도를 냈다. 반면 미국은 앙골라 등지에서 반군을 지원하며 소련의 통제를 받는 공산주의 정권에 반기를 들었다. 또 1978년 9월 이스라엘이 시나이반도에서 철수하도록 조율하는 과정에서 이집트에 대한 통제를 강화했다. 1979년 12월 말에는 소련이 아프가니스탄을 침공하자 서방세계가 격렬하게 반대 의사를 나타냈다. 소련은 아프가니스탄의 공산당 정권을 강화해 반혁명 세력을 진압하려 했으나, 정작 아프가니스탄의 지형과 전장 환경, 민족 구성 등 내부 사정을 면밀하게 살피지 않은 채 파병하느라 초기부터 군사작전의 효과는 크지 않았다. 소련의 아프가니스탄 침공을 공개적으로 비난한 미국을 비롯한 자유세계 국가들은 1980년 모스크바 올림픽 참가 거부, 소련에 대한 곡물 수출 금지 등으로 맞섰다. 또한 미국은 약 10년 동안 아프가니스탄 내 반소련 저항 세력을 지원하며 소련을 압박했다.

1980년 취임한 로널드 레이건Ronald Reagan 대통령은 소련을 '악의 제국Evil Empire'으로 묘사하며 새로운 형태의 군비 경쟁을 재개했다. 이러한 결정의 발단은 1979년 소련이 유럽에 SS-20 중거리 탄도미사일을 배치해 바르샤바 조약기구의 핵 보유량을 늘린 데 있다. NATO는 이에 대응해 다량의 미사일을 설치하기로 합의했다. 레이건 대통령은 군사비 지출 증가와 추가 국방 예산 확충을 통해 대소련 강경책을 도입했는데, 1980년 초 진행된 미국과 소련 사이의 군비 경쟁은 '공포의 균형Balance of Terror'이라는 용어가 만들어질 정도로 위험천만한 것이었다. 이 과정에서 전쟁은 발발하지 않았으나 유럽 대륙이 또다시 냉전 갈등의 중심으로 떠올랐다. 1983년 이후 영국, 네덜란드, 서독 등 서유럽의 일부 국가에 추가 배치한 미국 미사일에 대해 소련은 1982년 6월부터 진행 중이던 제네바 군비 축소 협상에서 거부권을 행사했다. 이 같은 군비 경쟁 상황에서 미국의 레이건 대통령은 1983년 3월 전략적 방어 구상SDI; Strategic Defense Initiative으로 알려진 방대한 기술 프로그램을 시작한다고 발표했다. 우주 진출을 염두에 둔 미국의 전략적 방어 구상은 결실을 맺지 못했지만, 이에 대응하는 소련을 재정 붕괴 직전으로 이끈 군비 경쟁에 끌어들였다.

결국 1985년 미하일 고르바초프Mikhail Gorbachev가 소련의 권력을 장악한 이후 소련을 민주화하기 위한 개혁과 개방을 추진하면서부터 소련 정부는 국가 경제와 재정에 치명적 부담을 미치는 무모한 군비 경쟁을 끝내기로 결정했다. 고르바초프는 서방과 우호 관계를 발전시키고 미국과 대화를 재개하고 싶다는 바람을 공개적으로 드러냈다. 1987년 12월 8일, 미국과 소련은 중거리 핵전력 조약INF; Intermediate-Range Nuclear Forces Treaty을 체결해 사거리 500~5,500km의 모든 핵미사일을 3년 이내에 제거하기로 합의했다. 이 협정은 최초의 실질적인 핵군축 협정으로 간주되며 두 강대국 간의 군비 경쟁이 종말을 맞았음을 의미한다.[4]

냉전 시기의 군비 통제 관련 논쟁의 핵심은 군비 통제가 경쟁의 도구인지 아니면 그것을 줄이기 위해 사용할 수 있는지에 대한 질문이었다. 소련은 군비 통제를 자신들이 가진 비대칭적 이점을 얻거나 강화하기 위한 경쟁의 도구로 인식했다. 반면 미국의 자세는 복합적이었는데, 때로는 군사적 위협을 제거하기 위한 수단으로 접근했으나 다른 시기에는 소련과의 군비 경쟁에서 일시적으로 휴식하기 위한 도구로도 활용했다. 냉전 초기에는 군비 통제의 전략적 논리가 우세했다. 즉 군비 통제가 기습공격이나 전략적 불안과 같은 핵 시대의 가장 골치 아픈 일부 문제를 예방하거나 피하기 위한 방법으로 여겨졌다. 그러나 시간이 지날수록 군비 통제 과정은 제도화되고, 구체적인 사안이 제시되는 경우 원래의 의도와 무관하게 진행되는 경우도 많았다.

....

4 Sargent, Daniel, "The Cold War," pp.340~341.

VI

냉전의 붕괴

1989년 11월 9일, 동독 주민들이 베를린 장벽을 허물면서 제2차 세계대전에서 시작된 전 세계적 분단과 냉전이 막을 내렸다. 혹독한 냉전을 상징하던 베를린 장벽의 붕괴와 함께 시작된 공산주의 진영의 몰락은 미국과 소련 중심으로 전개되었던 양극화된 냉전의 종말을 의미했다. 1980년대 말 동유럽의 정치적 사건과 경제적 변화는 유럽의 지정학적 상황을 근본적으로 변화시켰고, 기존의 제도와 구조를 바꿔놓았다. 그리고 1980년대 후반부터 누적된 일련의 사건들은 오랫동안 동서로 분단되어온 유럽 국가들의 관계 개선이 시작되고 있음을 의미했다. 특히 고르바초프가 소련에 도입한 개혁과 서방세계에 대한 개방정책 덕분에 오랫동안 소련의 권위주의 정권에 의해 억압되어 왔던 자유, 민주주의, 인권 옹호에 대한 열망이 점점 더 공공연하게 표현되었다.

1985년 3월 소련 공산당 총서기에 임명된 미하일 고르바초프의 등장은 냉전 해체의 서막이었다. 그는 취임 직후부터 소련의 경제 재건을 가로막는 관료적 관성을 가진 공산주의 체제에 대한 근본적 개혁Perestroika과 정권의 자유화와 투명성 도입을 통한 표현과 정보의 자유화 등을 포함한 개방Glasnost을 목표로 제시했다. 고르바초프는 자신이 제시한 야심찬 정책을 성공으로 이끌기 위해 과거에 소련이 집중했던 다른 국가와의 약속을 제한했고, 경제 쇠퇴를 억제하기 위해 군사비 지출을 줄였다. 따라서 미국과 핵무기 관련 협상을 재개했고, 유럽 국가들과도 긴밀한 협조가 필요했다. 동시에 고르바초프는 에티오피아와 앙골라 등에서 무력 개입을 중단하고, 특히 아프가니스탄에서 고전 중이던 군대를 철수시켰다. 또한 쿠바에 대한 경제 지원을 중단하고, 이스라엘과의

미국의 로널드 레이건 대통령과 소련의 미하일 고르바초프 서기장(1986. 10)

외교 관계를 회복했으며, 쿠웨이트에 대한 사담 후세인의 침공을 비난했다.

그런데 고르바초프가 도입하려던 개혁과 개방 정책으로 소련 경제의 중앙 집권적 계획 시스템이 붕괴하기 시작했다. 오래된 계획경제 시스템에 갑작스럽게 도입한 변화와 개혁으로 인해 일시적으로 생산량이 감소했는데, 이에 대한 사회적 불만이 팽배해 급기야 전례 없는 대규모 파업으로 이어졌다. 공산주의 체제의 통제가 강했던 시기에는 별다른 파장이 없었을 일련의 사태들이 고르바초프가 도입한 투명성을 강조하는 시스템에서는 기존과 전혀 다른 방향으로 전개되었다. 이후 국가 및 행정기관의 활동에 관한 모든 정보가 공개되었고, 이를 통해 소련 내부의 지식인과 소위 반체제 인사들이 그동안 공산정권이 유지하던 여러 가지 금기에 대한 해제를 요구했다. 이런 과정을 거치면서 소련의 역사와 정치, 경제, 사회구조에 대한 비판적 판단과 통렬한 비판이 봇물 터지듯 쏟아졌고, 이들은 다시 커다란 사회적 파장으로 이어졌다.

소련의 개혁·개방 과정에서 시작된 혼란은 동부와 중부 유럽 위성국가들의 공산주의 정권에 대한 반대 운동을 부추겼다. 폴란드에서는 1988년부터 노동조합이 주도하는 대규모 파업이 민주화운동을 촉발했다. 이듬해에는 비공산주의 정권이 선출되더니, 마침내 1990년 12월에는 폴란드 노동운동을 상징하는 레흐 바웬사Lech Wałęsa가 대통령에 취임했다. 폴란드의 자유화, 민주화 물결은 인접 소련 위성국가들에게 영향을 미쳐 헝가리와 루마니아 등에서 공산주의에 대한 비판과 반대 움직임이 일었다. 헝가리에서는 1987년과 1988년에

반정부 시위가 증가하더니, 1989년 10월에는 스탈린주의 헌법이 폐지되고 정치적 다원주의가 채택되었다. 체코슬로바키아에서는 1987년 말 고르바초프의 개혁·개방에서 영감을 얻은 개혁을 시도했다. 공산주의 정권의 반대로 당장 큰 효과는 없었지만, 지속적인 자유화, 민주화 운동으로 1989년 12월 말 자유주의 성향의 바츨라프 하벨Václav Havel이 공화국의 임시 대통령으로 선출되었고, 1990년 6월에는 의회 선거에서 자유주의가 승리했다. 불가리아에서는 1990년 말에 연립정부가 구성된 뒤 1991년 7월 민주 헌법이 채택되었다. 다른 국가와 달리 루마니아에서는 1989년 연말에 공산주의 독재자를 제거하기 위한 폭력 시위를 통해 정치 개혁이 이루어졌고, 2년 후 다원주의를 확립하는 새 헌법을 채택했다. 이처럼 냉전 시기에 소련의 위성국가였던 나라들의 민주화는 유혈사태를 빚은 루마니아와 사후 분열로 인해 길고 쓰라린 내전이 벌어졌던 유고슬라비아를 제외하면 대부분 평화롭게 진행되었다.

냉전 시대에 동서 분단의 상징이었던 독일, 특히 동독에서도 소련의 개혁·개방에서 파생된 자유화와 민주화의 충격은 컸다. 일부 지도자들이 동독 공산주의 체제를 유지하기를 희망했으나, 1989년 6월 서독을 방문한 고르바초프는 향후 소련은 독일 문제에 어떠한 형태로도 개입하지 않을 것이라고 천명하며 동독의 개혁·개방을 권유했다. 동독 지도자들이 개혁을 망설이던 중 1989년 11월 9일 서유럽으로 자유롭게 통행할 수 있는 권리를 요구하는 수천 명의 동독인들이 '수치의 벽Wall of Shame'을 허무는 사건이 발생했다. 그리고 불과 며칠 사이에 수백만 명의 동독인이 서베를린을 방문하고 돌아왔다. 베를린 장벽의 붕괴와 함께 시작된 동독의 자유화와 민주화는 이듬해 초 자유선거 실시로 이어졌고, 1990년 4월에는 NATO와 유럽공동체의 지지를 받는 '통일 독일'을 이루기 위한 조치로 연결되었다.

이처럼 소련을 지탱하던 공산주의 이념의 붕괴는 정치와 경제 위기로 연결되어 결국 소비에트연방과 위성국가 시스템 전체의 해체로 연결되었다. 다시 말해, 공산주의 이론에서 제기된 문제가 결국 공산주의 제국의 분열을 초래한 셈이다. 1991년 12월 소비에트연방에서 독립한 공화국 중 일부는 독립국가연합CIS; Commonwealth of Independent States을 창설해 각자의 관계 재정립에 나섰다.

냉전은 소련과 동유럽 공산주의 국가의 붕괴로 막을 내렸다. 1990년대 초

베를린 장벽 위에 올라선 동독 주민들(1989. 11. 9)

반에는 동유럽 각국이 서유럽 국가들에게 새로운 정책을 추진하기 위해 필요한 경제 원조와 지원을 요청할 뜻을 밝혔다. 이러한 과정을 통해 유럽연합EU; European Union에 의해 구체화된 소유권을 포함한 자유주의 경제 체제는 중앙 및 동유럽 국가들을 변화시킨 원동력으로 자리 잡았다. 그러나 동유럽 국가들이 변화와 발전을 추진하는 과정에서 서유럽 국가들은 새로운 동료들을 평화와 번영의 영역으로 인도할 수 있도록 노력해야 했다. 서유럽 중심으로 구축된 각종 인프라는 동유럽의 새로운 정치 질서를 수용할 수 있도록 확대하고 변형해야 했다. 예를 들어 냉전을 상징하던 핵무기와 재래식 군사력은 점차 축소해야 했는데, 이를 위해 미국과 러시아가 양국의 전략적 무기 감축에 합의했고, 영국도 여기에 가담했다. 1991년 7월 초에는 냉전을 상징하던 바르샤바 조약기구가 체코 프라하에서 정식 해체되었다.

공산주의 정권이 붕괴한 중부와 동부 유럽에서 점차 정치적 다원주의, 시장경제, 법에 의한 통제 등을 포함한 서구적 가치관이 정착함에 따라 유럽안보협력회의CSCE; Conference on Security and Co-operation in Europe의 역할이 확대되었다. 1990년 11월 중순 프랑스 파리에서 열린 정상회의에서는 '대립과 분열 시대의 종료를 환영하고, 정치의 유일한 시스템으로서 민주주의를 건설, 통합, 강화하려는 열망'을 골자로 하는 파리헌장을 채택했다. 또한 이 회의에서는 유럽안보협력회의를 상설기관으로 두되, 이를 근간으로 2년 뒤에는 유럽안보협력기구

OSCE; Organization for Security and Co-operation in Europe가 출범했다. 하지만 점차 동유럽 국가와 서유럽 국가의 교류가 확대되고 이를 통해 동유럽 국가의 경제가 성장함에 따라 각 국가들은 민족주의의 부활과 러시아 제국주의의 부활 가능성으로 인해 신뢰할 수 있는 보증이 필요했고, 유럽안보협력기구나 유럽연합이 아닌 NATO 가입을 희망했다. 이러한 의사가 전달되어 1991년에는 미국과 독일이 주도한 북대서양협력회의가 창설되어 국방 및 안보 문제를 다루기 시작했다. 그리고 1997년 5월 27일 파리에서 향후 NATO와 러시아연방이 상호협력과 안보 문제를 공동 협력하기로 함으로써 냉전 시대에 유럽을 지배했던 대립과 대결이 끝나고, 새로운 평화와 협력의 시대가 도래했음을 알렸다. 하지만 약 50여 년 동안 인류를 불안하고 힘들게 만들었던 냉전의 유산이나 냉전 시대를 상징하는 권위주의 체제가 다시 부활하지 않는다고 장담하기는 힘들 것이다.

참고문헌

Gaddis, John L., *The Cold War : A New History*, London: The Penguin Press, 2005.

Kalinovsky, Artemy M., & D. Craig (eds.), *The Routledge Handbook of the Cold War*, London: Routledge, 2014.

McMahon, Robert, *Cold War : A Very Short Introduction*, London: Oxford University Press, 2003.

McNeill, J., & K. Pomeranz (eds.), *The Cambridge World History*, Cambridge: Cambridge University Press, 2015.

Townshend, Charles (eds.), *The Oxford History of Modern War*, London: Oxford University Press, 2000.

Williamson, David G., *The Cold War, 1941-1995*, New York: Hodder Education Publishers, 2015.

11

탈냉전기의 전쟁

아프가니스탄과 이라크, 돈바스와 크림반도 전쟁

이근욱 서강대학교 정치외교학과 교수

I

냉전 종식과 일극체제의 부침

1989년 11월 냉전의 상징이었던 베를린 장벽이 무너지면서 냉전 또한 빠른 속도로 종식되었다. 1991년 8월, 소련 공산당 보수파는 최후 수단으로 쿠데타를 감행했으나 실패하면서 12월 25~26일에는 냉전의 당사자였던 소비에트 연방이 해체되고 냉전이 종식되었다. 미국은 냉전에서 승리했다. 유일 강대국으로서 미국은 어떤 국가도 압도할 만한 정치, 군사, 경제력을 확보했다. 이른바 미국 일극체제unipolarity가 냉전 시기의 양극체제를 대체하면서 국제 체제의 구조를 변화시켰다. 1945년 이전 6~7개의 강대국이 존재했던 다극체제는 특유의 불안정성으로 1914년과 1939년, 두 차례의 세계대전을 유발하고 결국 붕괴했다. 1945년 이후의 양극체제는 1991년까지의 45년 동안 국지전은 존재하지만 체제 전체를 파괴할 정도의 대규모 강대국 전쟁이 없는 안정적인 세계를 만들어 내었다.

미국 일극체제는 더욱 안정되었다. 어떤 국가도 미국에 도전할 수 없었고, 대규모 강대국 전쟁도 없었으며, 강대국의 경쟁은 원천적으로 차단되었다. 중국과 러시아 등은 미국의 강력한 힘에 압도당해 패권에 도전하지 못했다. 러시아의 몰락과 중국의 조용한 부상이 진행되는 정도였다. 1990년대 내내 미국은 대규모 대외 전쟁을 수행하지 않았다. 1995~1996년 타이완 해협 작전 등 소규모 군사 행동은 존재했다. 소말리아와 발칸반도의 평화 유지 작전도 진행되었다. 하지만 미국과 그 밖의 강대국은 대규모 군사 행동을 감행하지 않았다.

그렇다고 강대국에 대한 도전 자체가 사라진 것은 아니었다. 미국의 패권에 저항하는 테러 조직은 특히 중동 지역에서 등장했다. 이들은 걸프전쟁 이후 이슬람 테러 조직인 알카에다는 2001년 9월 11일 미국 뉴욕의 세계무역센터 쌍둥이 빌딩과 워싱턴 국방부 건물에 대한 항공 테러를 일으켰다.

사우디아라비아에 주둔한 미군 기지에 대한 소규모 공격을 빈번하게 감행했다. 1996년 6월 코바르타워Khobar Towers 공격 때 20명의 사망자를 비롯해 370여 명의 사상자가 발생했다. 2000년 10월 예멘 인근 해상에서는 미국 구축함 USS Cole에 대한 자살 공격으로 54명의 사상자가 발생했다. 군사적 정면 대결이 불가능한, 미국이 압도적 군사력으로 대결 가능성을 원초적으로 봉쇄한 상황에서 테러 공격은 산발적으로 지속되었다. 9·11 테러는 그 연장선상으로 19명의 테러리스트를 포함해 2,996명이 사망하고 2만 5,000명이 부상당했다.[1] 이후 미국은 아프가니스탄과 이라크를 침공했다.

냉전 종식 후 몰락했던 러시아는 본격적인 강대국 경쟁에 뛰어들지 못했지만, 자국 인근 지역에서 상당한 영향력을 행사했다. 동부 유럽에서 다른 국가들을 제압할 정도의 군사력을 지닌 러시아는 우크라이나와 벨라루스를 통제하려 했다. 2014년 초 우크라이나가 NATO 가입 추진을 통해 러시아의 압박에 저항하자 러시아는 군사력을 사용했다. 하지만 이 경우에도 미국의 개입을 초래할 정도의 전면적인 군사력이 아니라 미국이 직접 개입하기에 '애매한 수준'의 군사력을 '애매한 방식'으로 사용했다. 미국의 군사적 우위가, 미국 중심의 일극체제가 만들어낸 기이한 형태의 전쟁이었다. 이러한 현상은 미국이 상대적으로 많이 약화되어 미국·중국 중심의 양극체제가 나타난 2022년 2월 러시아의 우크라이나 침공까지 유지되었다.

....

1 1941년 12월 일본의 진주만 공습으로 미군 2,335명과 민간인 68명이 사망했다. 일본군 전사자 64명까지 포함해도 진주만 공습의 사망자는 2,467명이다.

II

전쟁의 변화와 탈냉전기 군사시설의 변화

1 초기 단계의 ICT 혁명

역사를 돌이켜보면 거의 동일한 양의 자원으로, 즉 동일한 정도의 인력과 예산으로 5~10배의 군사력을 만들어내는 경우가 존재한다. 이 경우에 역사의 흐름은 결정적으로 변화하며 기존 세력균형은 불가피하게 깨진다. 군사혁명Military Revolution이라 불리는 군사 혁신은 16세기 말 네덜란드에서 처음 시작되어 스웨덴을 거쳐 17세기 초 유럽 전체로 확산되었다. 유럽 국가들은 지구상의 거의 모든 비유럽 지역을 군사적으로 제압할 수 있는 전투력을 갖게 되었으며, 유럽 국가들이 전 지구를 식민지로 지배하는 정치적 결과로 이어졌다. 1920~1930년대 등장한 두 번째 군사혁명은 내연기관과 무선통신, 항공기 기술의 결합으로 실현되었다. 제1차 세계대전 말 영국이 구현했던 전차 중심의 기갑부대 개념은 1930년대 말과 1940년대 초 나치 독일에 의해 잠재력을 꽃피웠다. 그리고 서부 유럽의 군사력 균형 및 세력균형까지도 잠정적이지만 변화했다.

1970년대 말 ICTInformation and Communications Technology(정보통신기술)의 폭발적인 발전으로 소련은 미국을 중심으로 하는 NATO가 '핵무기를 사용하지 않고도 핵 공격 수준의 파괴력'을 보유할 것이라고 우려했다. NATO로 대표되는 서방국가들은 ICT 발전을 통해 전장에서 목표물을 더 멀리서 포착할 수 있게 되었고, 이전까지 전술 핵무기로만 파괴할 수 있었던 목표물을 재래식 전력으로 정확하게 파괴할 수 있게 되었다. 이 같은 두려움이 1970년대 말에서

"죽음의 고속도로"에서 파괴된 이라크 병력과 차량 (© TECH. SGT. JOE COLEMAN / Wikimedia Commons Public Domain)

1980년대 초 소련군과 소련 자체를 지배했고, 소련은 이에 적절하게 대응하려 노력했지만 실패하고 체제 자체가 붕괴했다.

냉전 시기에 미국이 구축한 군사 혁신의 위력은 1991년 걸프전쟁Gulf War에서 잘 드러났다. 이라크의 쿠웨이트 침공을 계기로 시작된 걸프전쟁에서 미국을 중심으로 하는 서방 연합군은 압도적인 파괴력을 보여주었다. 1991년 1월과 2월 연합군 공군은 10만 회 이상 출격해 9만 톤에 가까운 폭탄을 투하해 이라크 군사력을 파괴했다. 2월 23일 시작된 미국 중심의 연합군 지상병력의 진격에 이라크군은 궤멸될 정도로 타격을 입었다. 쿠웨이트에서 철수하던 이

역사 속 역사 동부 73번 지역 전투 Battle of 73 Easting

1991년 2월 26일 16시 20분경, 미군 2기갑수색연대의 선두 중대는 이라크 공화국 수비대 타와 칼나 기갑사단과 조우했다. 중대장 맥매스터(H. R. McMaster) 대위는 즉시 공격을 감행했다. 이후 40분 동안의 전투에서 전차 10대와 장갑차 12대로 구성된 미군 병력은 이라크 전차 37대와 장갑차 32대를 파괴했다. 미군은 사격술 등의 기본적인 전투력에서 이라크군을 압도했다. 근접 전투라 사정거리는 무의미했지만, 미군 전차는 10초 동안 3번 사격해 이라크 전차 3대를 파괴했으며, 미군의 전체 명중률은 85%에 달했다. 하지만 이라크군은 7번 사격해야 목표물을 1번 명중시킬 수 있었다. 미군 중대가 이라크군 연대 병력을 격퇴하면서 2기갑수색연대와 3기갑사단 전체가 투입되어 전투는 더욱 확대되었다. 이후 이라크의 4개 기갑사단이 후퇴하는 결과가 초래되었다.

라크 병력은 미군 공습으로 '죽음의 고속도로Highway of Death'에서 전멸했다. 2월 26일 미군 기계화부대 정찰중대는 40분 동안의 전투에서 이라크 기갑사단의 1개 연대를 격파하기도 했다.

탈냉전기의 미국 군사기술 가운데 가장 대표적인 무기는 1991년 도입된 대지상 조기경보통제기인 E-8 JSTARSJoint Surveillance Target Attack Radar System이다. 이것은 합성개구레이더 등을 장착해 고정 목표물과 이동 목표물을 동시에 포착할 수 있으며, 항공기 아래 120도 지역 전체를 포괄하면서 대한민국의 절반 면적인 5만km^2를 감시할 수 있다. 또한 250km 떨어진 지역에 있는 600개의 목표물을 동시에 추적하고, 개별 목표물에 대한 실시간 정보를 처리해 지상부대에 제공할 수 있다.

ICT 덕분에 무기의 정밀도는 획기적으로 개선되었다. GPS 기술이 보편화되면서 모든 병력은 자신들의 위치를 쉽게 실시간으로 파악할 수 있으며, 동시에 목표물의 위치 또한 매우 정밀하게 확보할 수 있게 되었다. 덕분에 기존 무유도 자유낙하폭탄을 간단하게 개조해 통합직격탄JDAM; Joint Direct Attack Munition으로 사용할 수 있었다. 미국은 1997년 JDAM을 본격 도입해 코소보전쟁(1998. 2. 28~6. 11)에서 처음 사용했다. 28km의 사정거리에서 투하하면 목표물에 50%의 확률로 7~13m 이내에 명중하고, 초기 단계에서는 87%의 확률로 목표물을 파괴했다.

2 낮은 수준의 도발과 군사력 사용

군사력의 정밀도가 획기적으로 증가하면서, 기술적으로 진보한 상대방과 전장에서 정면 대결하는 것은 자살 행위가 되었다. 1991년 걸프전쟁에서 이라크는 미국과 정면 대결을 선택해 군사적으로 궤멸했다. 미군 1개 중대의 전투력이 이라크군 1개 연대를 파괴하는 수준이었기 때문이다. 그 후 미국의 기술력은 더욱 증가했고, 미국이 달성한 군사 혁신은 RMARevolutions in Military Affairs라는 표현으로 널리 소개되면서 주요 국가들로 확산되었다. 따라서 약소국들이 강대국과의 전쟁에서 정면 대결을 회피해 미국을 비롯한 주요 강대국들은 점차 게릴라 전쟁으로 규정할 수 있는 저항 세력과의 반란전insurgency에 휩쓸렸다. 강대국들은 일차적으로 군사적 우위를 이용해 상대의 군사력을 무력화하고, 동시에 상대 국가의 내부에서 반란전을 유발해 저항 세력에게 필요한 무기와 병력을 제공하는 방식으로 전쟁이 진행되었다.

그런데 군사 혁신 결과 역설적인 상황이 초래되었다. 첨단 군사기술이 실제 전쟁에서 잘 사용되지 않게 된 것이다. 탈냉전기의 전쟁은 막대한 화력을 집중시키고 적을 섬멸하는 방식이 아니라, 제한적으로 군사력을 사용해 자신들의 정치적 목적을 달성하도록 노력하는 방식으로 진행되었다. 또한 초기 단계의 첨단 군사력 사용만으로는 정치적 목적을 달성하기가 쉽지 않았다. 미국의 아프가니스탄전쟁과 이라크전쟁, 그리고 돈바스와 크림반도에 대한 러시아의 우크라이나에 대한 제한적 침공 전쟁 등에서 이러한 특성이 공통적으로 나타났다.

제2차 세계대전 말 개발된 핵무기로 미국과 소련으로 대표되는 강대국들이 1945년 이후 전면 전쟁을 수행하지 않았던 것처럼, RMA 자체는 미국의 강력한 군사력과 결합하면서 강대국의 전쟁 가능성을 봉쇄했다. 하지만 미국, 러시아 등 강대국이 아프가니스탄, 이라크, 우크라이나 등 약소국을 공격하는 행태는 반복되었다. 전쟁의 양상 또한 전장에서 대규모 병력 충돌에 의해 결정되기보다, 낮은 수준에서 상대방의 정치적 의지를 약화시키는 방식으로 전개되었다.

또 다른 경향성은 군사력을 독자적으로 건설하는 것 자체가 매우 어려워졌다는 사실이다. 정밀도가 높은 무기를 장비하고 운용하려면 상당한 기술력이 필요하고 병력 개개인도 높은 능력이 요구된다. 어느 정도 이상의 능력이 있지 않고는 RMA 기반 군사력으로 무장한 상대방과 정면 대결하는 것이 불가능하다. 그리고 어느 정도의 RMA 능력을 가졌다고 해도 효과적인 군사력 창출에 필요한 조건들이 점차 강화되고 있다. 교육 수준이 낮은 국가는 발달한 군사기술을 사용하는 것 자체가 어려워져 선진국과 후진국의 군사력 격차는 더욱 벌어졌다.

일반적인 군사기술에서도 많은 문제가 초래되었다. RMA에 기반한 첨단기술이 아니더라도 무기 자체가 점차 복잡해지고 더 발달한 군사기술을 사용하는 데 필요한 조직력이 중요해지면서 군사력을 창출하는 데 필요한 교육 및 훈련을 더욱 많이 요구하게 되었다. RMA 기반 군사기술이 확산되면서 정밀 폭격 등에 대비한 일반적인 군사기술 자체가 복잡해졌으며, 엄격한 조직력과 명령 체계의 유지, 하급 지휘관 및 개별 병사들의 기술 이해도가 점차 중요한 변수로 부각되었다.

III

미국의 아프가니스탄전쟁

1 9·11 테러와 아프가니스탄 침공

1979년 12월 소련이 아프가니스탄을 침공했다. 이에 미국은 소련에 저항하는 아프가니스탄 저항 세력인 무자헤딘mujahedin을 지원했고, 이슬람권에서는 무자헤딘 반군을 지원하는 수니파 근본주의 세력이 결집했다. 초기 단계에서 미국과 이슬람 근본주의 세력은 소련이라는 공동의 적을 앞에 두고 협력했다. 하지만 1988~1989년 소련이 철수하고 1991년 소련 자체가 소멸하면서 미국과 이슬람 근본주의 세력의 동거는 종결되었다. 1990년대 수니파 근본주의 세력은 빈라덴Osama bin Laden 휘하에서 알카에다Al-Qaeda라는 이름으로 조직화되어 미국을 이슬람 세계에서 축출하기 위해 테러 공격에 집중했다. 2001년 9·11 테러는 이러한 공격의 연장이었다. 그 과정에서 아프가니스탄의 탈레반Taliban 정권은 알카에다와 결탁해 미국에 대한 공격을 지원했다.

9·11 테러 직후 부시George W. Bush 행정부는 미국에 대한 추가 테러 공격을 방지하기 위해 알카에다를 제거하고, 알카에다를 비호하는 아프가니스탄의 탈레반 정권을 무너뜨려야 한다고 판단했다. 이에 미국은 2001년 10월 아프가니스탄을 침공했다. 미국은 대규모 병력을 투입하지 않고 소규모 특수부대를 통해 남부 파슈툰Pashtun 부족 중심의 탈레반 정권에 반대하는 북부 타직과 우즈벡 부족 중심의 북부동맹Northern Alliance 세력을 지원하고, 항공 지원을 통해 탈레반 정권의 군사력을 파괴했다. 아프가니스탄에 침투한 400명 규모의 미군 특수부대는 북부동맹의 19세기 수준 군사기술과 미국의 21세기 첨단 군

아프가니스탄 북부동맹군과 함께 말을 타고 이동하는 미군 특수부대
(© Department of Defense employee / Wikimedia Commons Public Domain)

사기술을 결합해 탈레반 정권을 무너뜨렸다.

후방에 위치한 미군 특수부대는 레이저 조준기와 GPS로 폭격을 유도하면서 '수백 년 동안 변화하지 않았던 기병 돌격과 21세기 군사력을 연결하는 역할bridging force'을 수행했다. 2001년 10월 말 미군은 10km 전방의 목표물에 대한 폭격을 정밀하게 유도해 파괴했다. 어떤 경우에는 인근 지역에 아무런 피해도 주지 않고 단 하나의 폭탄으로 8km 전방의 탈레반 방어진지를 완전히 증발시켰다. 이를 본 북부동맹 지휘관들은 미국의 군사력에 확고한 믿음을 갖게 되었다.[2] 정밀 폭격은 탈레반 병력에게 상상할 수도 없는 능력이었고, 결국 이 때문에 탈레반 정권은 소멸했다.

역사 속 역사 아나콘다 작전 초기 전투 2002년 3월 2일

아나콘다 작전 초기인 2002년 3월 2일 하루 동안 미국 공군은 177개의 JDAM(합동직격탄)과 레이저 유도 폭탄을 투하해 10분마다 하나씩 목표물을 제거했다. B-1 폭격기 2대가 출격해 한 대는 2시간에 10개의 목표물에 19개의 JDAM을 투하해 모두 명중시켰으며, 다른 한 대는 15개의 JDAM을 6개의 목표물에 투하해 모두 명중시켰다.

2 Stephen D. Biddle, "Allies, Airpower, and Modern Warfare: The Afghan Model in Afghanistan and Iraq", *International Security*, Vol. 30, No.3 (Winter 2005/06), pp.161~176.

2 아프가니스탄 국가 건설의 실패

미국의 군사적 승리는 완벽했다. 하지만 군사적 승리가 아프가니스탄 침공에 대한 미국의 정치적 목표 달성으로 이어지지 않았다. 미국의 부시 행정부는 탈레반 정권을 제거해 앞으로 미국에 대한 테러 공격을 방지하는 것을 정치적 목표로 설정했다. 이를 위해 탈레반과 알카에다 연합 세력을 축출하는 것을 넘어, 어떤 테러 조직도 아프가니스탄을 장악해 미국에 대한 테러 공격기지로 사용되지 않도록 적절한 국가 조직을 건설할 필요가 있었다. 하지만 이것을 달성하기란 쉽지 않았다. 오랜 전쟁으로 아프가니스탄의 교육 수준이 너무 낮았고, 따라서 국가 건설에 필요한 훈련된 인력을 확보하기가 매우 어려웠다.

아프가니스탄 국가 건설에 걸림돌로 작용했던 또 다른 사항은 새롭게 구성된 아프가니스탄 정부가 결국 탈레반 정권에 저항하던 북부동맹 중심의 군벌 세력을 기반으로 하고 있다는 사실이었다. 군벌들은 총 50만 명에 이르는 무장 병력을 통제하면서 각자의 군사력에 기반해 미국이 제공하는 원조를 사실상 탈취하려 행동했고, 그 결과 아프가니스탄 내부에서 사소한 무력 충돌과 엄청난 부정부패가 발생했다. 미국은 아프가니스탄 국가 건설을 가속화하기 위해 많은 예산을 투입했지만, 아프가니스탄은 이런 개발 원조를 효과적으로 사용하는 데 필요한 정치, 경제, 행정적 역량을 갖추지 못했다.

모든 근대국가는 징세를 통해 재정적 기반을 확립하지만, 카불의 아프가니스탄 정부는 이러한 관점에서 조세 수입을 확보하지 못했다. 지방의 조세 수입이 자동적으로 수도 카불에 집중되는 것이 아니라 재무장관이 직접 해당 지방을 방문해 지역의 무장 세력 및 개별 지방의 행정을 담당하는 지사知事들과 협상을 거쳐야 '수금收金'이 가능했다. 개별 지방 세력이 통제하는 조세 수입은 결국 횡령되거나 군벌 및 무장 세력의 재정 기반으로 작동했고, 잦은 무력 충돌의 원인으로 작용했다.

무엇보다 아프가니스탄 중앙정부는 효과적인 공권력을 수립하지 못했다. 아프가니스탄 중앙정부가 통제하는 군 및 경찰 병력은 군벌 병력에 비해 너무나 규모가 작았고, 아프가니스탄 보안군 및 경찰 병력을 증강하려는 계획은 실패했다. 미국은 5억 5,000만 달러를 투입해 2004년 말까지 7만 명의 아프가니스탄 보안군 병력에 대한 훈련을 마치려 시도했다. 미군 및 NATO 병력 2만 명을 훈련 교관으로 투입했지만, 훈련을 마친 병력은 2005년 초까지 1만 5,000명을 약간 넘는 수준이었다. 50만 명의 무장 병력을 통제하는 군벌 세력이 존재하는 국가에서 1만 5,000명 정도의 병력을 가진 중앙정부는 생존 자체가 불가능했다.

이와 같은 공백을 이용해 탈레반 저항 세력이 재결집하기 시작했다. 미국과의 전쟁에서 궤멸한 탈레반 세력은 파키스탄으로 철수했고, 2005년까지도 체계적인 반격을 시도하지 못했다. 하지만 아프가니스탄 국가 건설이 지지부진하고 미국이 이라크전쟁에 집중하면서 탈레반 세력은 재결집 기회를 포착했다. 2003년 6월 1만 명 수준이었던 아프가니스탄 배치 미군 병력은 지속적으로 증강되어 2006년 6월 2만 명, 2008년 6월 3만 명 규모가 되었다. 하지만 2003년 3월 미국은 이라크를 침공하는 데 15만 명을 동원했으며, 10만 명 이상의 병력을 이라크에서 계속 운용했다. 미국이 이라크 전쟁에 집중하고 아프가니스탄을 상대적으로 방치하는 가운데 아프가니스탄 중앙정부의 역량은 쉽게 향상되지 않았고, 탈레반 세력은 재집결하면서 일부 지역을 장악하기도 했다.

2005년 가을 이후 탈레반 세력이 점차 아프가니스탄에 복귀하면서 주변 지역들 주민들을 겁박하고 카불 정부가 임명한 지방 공무원들을 살해했다. 2006년 봄 탈레반이 본격적으로 반격을 시작하면서 미국의 적극적인 군사 개입이 필요해졌다. 하지만 부시 행정부는 이라크전쟁에 집중했다. 결국 아프가니스탄전쟁은 버려진, 잊힌 전쟁으로 진행되었다. 교전 규모도 매우 소규모였다. 아프가니스탄전쟁에서 '가장 치열했다'고 평가되는 2008년 7월의 와낫 전투Battle of Wanat와 2009년 10월 캄데시 전투Battle of Kamdesh에서 발생한 미군 전사자는 각각 9명과 8명이었으며, 탈레반 전사자는 50명 미만과 150명 수준이었다. 미군 전사자가 가장 많이 발생했던 것은 2005년 6월 작전Operation Red Wings으로, 해당 작전에서 미군 특수부대원 4명이 이동하다 탈레반 병력과 교전하게 되었고, 증원 병력을 수송하던 미군 헬리콥터가 휴대용 로켓(RPG-7)에 격추되면서 19명이 전사했다.

하지만 이 같은 전사자는 일반적인 '강대국 전쟁'과는 비교할 수 없는 수준이었다. 1916년 7월 1일 솜 전투 첫날, 영국군 사상자는 5만 7,470명이었고 전사자는 1만 9,240명이었다. 1944년 6월 6일 노르망디 상륙 당일 연합군 전사자는 4,414명이었으며, 부상자까지 포함한 총 사상자는 1만 명 이상이었다.

탈레반의 공격이 있기 하루 전인 2008년 7월 12일, 와낫 근처의 전초기지에서 경계 중인 미군 병사들 (© 173rd ABCT soldiers / Wikimedia Commons Public Domain)

이라크전쟁을 포함한 탈냉전기의 전쟁은 모두 사상자 측면에서 20세기 전반 강대국 사이의 전면 전쟁의 주요 전투와는 비교할 수 없는 '경미한' 전쟁이었고, 아프가니스탄전쟁은 이라크전쟁에 비해서도 경미한 전쟁이었다. 이런 전쟁에서 미국은 자국의 정치적 목표를 달성하지 못했다.

3 오바마의 아프가니스탄전쟁

2009년 1월 취임한 오바마Barack Obama 대통령은 아프가니스탄전쟁을 '필요한 전쟁war by necessity'이라 규정하고, 18개월 동안 추가 병력을 투입해 아프가니스탄을 안정화시키기로 결정했다. 취임 직후인 2009년 2월, 1만 7,000명의 병력을 일단 아프가니스탄에 배치하고, 3월에는 4,000명의 교관 병력을 추가 배치했다. 이후 6개월 동안 아프가니스탄 전략을 검토해 2009년 12월 아프가니스탄 미군 병력을 10만 명 수준으로 증강하고 향후 18개월 동안 아프가니스탄 안정화에 전력하겠다고 선언했다. 오바마 대통령은 "미국은 아프가니스탄을 점령할 의도가 없다"고 강조하면서 미군 증파는 '18개월 동안 한정'한다고 말했다. 미국은 아프가니스탄전쟁에서 승리해야 하지만, 아프가니스탄전쟁에 자원을 무한정 투입하지 않는다는 것이 오바마 행정부의 기본 원칙이었다.[3]

오바마 대통령은 아프가니스탄에서 알카에다가 근거지를 확보하지 못하도록 하고, 탈레반의 기세를 꺾어 중앙정부를 전복할 능력을 약화시키며, 아프가니스탄 보안군 역량을 강화해 중앙정부가 아프가니스탄의 미래를 주도하도록 한다는 세 가지 사항에 집중했다. 즉 장기적으로 국가 건설에 집중해야 하지만, 단기적으로는 알카에다와 탈레반 세력을 군사적으로 제압하려 했다. 문제는 대통령이 직접 설정한 18개월이라는 기간 동안 미군은 장기 목표인 국가 건설에 집중하면서 단기 목표인 알카에다와 탈레반 세력의 군사적 제압을 달성하지 못했다는 사실이다.

오바마 행정부는 아프가니스탄에 자원을 투입하면서 아프가니스탄 정부가 통제하는 군 및 경찰 병력의 증강에 집중했다. 아프가니스탄 보안군 훈련을 가속화해 2011년까지 군 병력 13만 4,000명과 경찰 병력 8만 2,000명을 달성하고 추가 병력에 대한 훈련 또한 진행하겠다고 선언했다. 2008년 여름, 부시 행정부는 아프가니스탄 육군 병력을 13만 4,000명으로 증강하는 데 필요한 비용을 제공했지만, 오바마 행정부는 이것을 다시 두 배로 증강해 26만 명으로 확대하기로 했다. 동시에 경찰 병력 또한 14만 명으로 확대해, 아프가니스탄 정부가 국내외 안전 유지에 동원할 수 있는 총 병력을 40만 명 수준까지 증강하고 필요한 장비와 비용을 미국이 지원하기로 결정했다.

하지만 오바마 행정부의 계획은 실행되지 못했다. 아프가니스탄 군 및 경찰 예산이 기본적으로 해외와 미국의 원조로 충당했기 때문에, 병력 규모는 국제적인 합의를 통해 결정되었다. 다른 원조 제공국들의 반대로 아프가니스탄 정부 군사력을 40만 명으로 증강한다는 계획은 검토 단계에서 중단되었고, 병력 증강 속도가 조정되었다. 미국은 2009년 6월 아프가니스탄 육군 병력을 9만 3,000명, 경찰 병력을 9만 2,000으로 확대하고, 이후 2010년 10월까지 육군 병력을 13만 4,000명, 경찰 병력을 10만 9,000명, 2011년 10월까지 육군 병력 17만 1,600명, 경찰 병력 13만 4,000명으로 증강하기로 목표를 수정했다.

수량적 측면에서 병력 증강은 순조롭게 진행되었다. 2010년 7월 아프가

....

3 아프가니스탄 증파를 결정하는 과정에서 후일 대통령을 역임하는 바이든 부통령은 아프가니스탄 증파에 반대하면서, 아프가니스탄 국가 건설을 시도하지 않아야 한다고 주장했다. 대신 바이든 부통령은 소규모 미군 병력을 유지하면서 알카에다 테러 조직을 소멸하는 대테러 작전에 집중해야 한다고 역설했다. 하지만 최종 결정 권한을 가진 오바마 대통령은 대규모 국가 건설을 선택했고, 바이든 부통령은 이를 존중했다.

아프가니스탄 군 및 경찰 병력 증강 계획

	아프가니스탄 육군 병력	아프가니스탄 경찰 병력	아프가니스탄 보안군 총 병력	비고
2002년 12월	70,000	62,000	132,000	2006년 12월 런던 회의에서 재확인
2007년 5월	80,000	82,000	162,000	
2009년 6월	93,000	92,000	185,000	
2010년 1월	113,000	102,000	215,000	2010년 3월 목표
	134,000	109,000	243,000	2010년 10월 목표
2011년 10월	171,600	134,000	305,600	2011년 10월 목표
	195,000	157,000	352,000	2012년 10월 목표

니스탄 육군 병력은 13만 4,028명, 경찰 병력은 11만 5,525명을 기록하면서 2010년 10월 목표를 3개월 조기 달성했다. 이러한 추세라면 2011년 10월 증강 목표의 달성 또한 어렵지 않았다. 2010년 10월 1일에서 2011년 3월 31일까지 3만 6,229명이 아프가니스탄 보안군에 지원해 육군에 2만 1,199명, 경찰에 1만 5,030명이 각각 배속되었다. 하지만 탈레반 저항 세력과의 군사작전에 투입할 병력은 여전히 부족했고, 병력 증강은 불가피했다. 이전 목표는 2010년 1월에 승인된 계획에 따라 2011년 10월까지 육군 17만 1,600명, 경찰 13만 4,000명으로 구성된 총 병력 30만 5,600명의 아프가니스탄 보안군을 확보하는 것이었지만, 2011년 10월 병력 정원이 추가되었다. 이에 따라 2012년 10월까지 총 병력이 35만 2,000명으로 확대되어 육군을 19만 5,000명, 경찰을 15만 7,000명으로 구성하기로 했다. 2011년 10월 말 현재 육군은 17만 781명, 경찰은 13만 6,122명 등으로 목표 달성은 가능했다.

여기서 두 가지 문제가 발생했다. 첫째, 병력의 수량적 증강이 아니라 육군과 경찰 병력의 전투력 측면에서 아프가니스탄 군 및 경찰 병력은 효율적이지 않았다. 아프가니스탄 병력은 우수한 전사warrior였으나, 조직을 구성하고 체계적인 전투를 수행하는 능력이 몹시 떨어졌다. 아프가니스탄 보안군 병력 규모가 상향 조정되면서 군 및 경찰 병력에 대한 훈련 프로그램은 점차 느슨해졌다. 훈련 프로그램의 질quality이 저하되면서 아프가니스탄 보안군의 군사적 능력이 감퇴되었다. 그 결과 더욱 많은 병력, 엄격한 훈련을 받지 않은 병력이라도 더욱 많은 병력이 필요하게 되었고, 상향 조정된 병력 규모를 달성하기 위해 훈련 프로그램의 질은 더욱 저하되었다. 이것은 심각한 악순환이었다.

둘째, 미군은 아프가니스탄 병력 증강에 많은 노력을 기울였지만, 아프가니스탄 군 및 경찰의 역량을 강화하려는 실질적인 투자가 아니라 지휘부에게 보고하기 위한 매우 형식적인 실적 쌓기가 팽배했다. 2002년 6월에서 2008년 6월까지 6년간 미국 국방부는 소화기 및 기타 무기 총 38만 정, 액수로 따지면 2억 2,300만 달러에 상당하는 물량을 아프가니스탄에 제공했다. 그중 2004년 11월까지 제공한 13만 8,000정의 무기에 대한 상세 자료는 존재하지 않았으며, 제공한 무기의 총 수량만 남아 있었다. 2004년 12월에서 2008년 6월 사이의 자료 또한 부실해 24만 2,000정의 무기 자료에서도 8만 7,000정에 대한 기록이 부정확해 4만 6,000정에 대해서는 총기번호 등 기본 정보가 남아 있지 않았고, 4만 1,000정에 대해서는 총기번호 기록만 있을 뿐 현재 어느 부대가 사용하는지에 대한 현황 파악조차 되지 않았다.

오바마 행정부는 아프가니스탄 주민들의 지지를 확보하려고 노력했다. 미군 지휘관들은 저항 세력을 군사적으로 제압outgun하는 것이 아니라 더 나은 통치 및 공공서비스를 제공해 정치적으로 제압outgovern하는 것이 필요하다고 강조했다. 이를 위해 탈레반 저항 세력을 군사적으로 소탕하고 해당 지역을 유지하면서 그 지역의 사회경제적 기반을 구축하겠다는 전략을 제시했다. 그에 따라 탈레반 저항 세력과의 직접적인 교전은 최소화했다. 미군은 '아프가니스탄전쟁은 통상적인 전쟁과 다르며,' 따라서 '화력을 지나치게 사용해 주민에게 피해를 입히는 일은 심각한 위험 요인'이라고 인식했다. 화력을 통한 적군 격멸을 강조하는 일상적인 전쟁과 달리 정치적 결과가 더욱 중요한 아프가니스탄전쟁에서는(이라크전쟁도 마찬가지지만) '주민에게 피해를 줄 수 있는 근접 항공 지원'은 가능한 자제해야 하며, 폭격과 포격은 '매우 제한되고 사전에 규정된 조건'에서만 허용했다.

화력 사용을 제한하면서 미군은 탈레반 저항 세력을 격파하는 데 많은 어려움에 직면했다. 주민 보호와 지역 장악을 위해 미군은 소규모 병력을 넓은 지역에 분산 배치했기 때문에 일부 지역에서는 탈레반 병력이 소규모 미군 기지를 공격하기도 했다. 대부분 순찰 병력에 대한 저격이나 사제 폭탄IED을 이용한 공격이라 미국이 자랑하는 RMA 기반의 첨단기술은 전쟁 기간에 거의 사용할 수 없었다. 미군 병력은 담당 지역을 순찰하고 지역 주민과 교류하면서 미국 및 아프가니스탄 정부의 존재감을 과시했지만, 탈레반 저항 세력을 군사적으로 박멸하지 못한 상태에서 그 영향력을 완전히 배제할 수는 없었다.

4 양귀비와 아편, 그리고 마약 전쟁

아프가니스탄전쟁에서 양귀비와 아편 같은 마약은 심각한 문제였다. 이것은 아프가니스탄 정치의 고질적인 부정부패를 심각한 수준으로 악화시켰다. 또한 아편과 마약은 탈레반 저항 세력의 자금원으로 작용함으로써, 탈레반 저항 세력은 미국의 지원을 받는 아프가니스탄 정부와의 전쟁에서 밀리지 않을 수준의 자원을 동원했다. 양귀비와 아편 문제를 해결하지 않는 한, 아프가니스탄전쟁은 마약 자금을 둘러싼 무장 세력의 충돌 형태로 변질될 수밖에 없었다.

소련과의 전쟁 과정에서 아프가니스탄 농민들은 양귀비를 재배해 생계를 유지했다. 1989년 아프가니스탄은 전 세계 생산량의 1/3 정도인 1,200톤의 아편을 생산했다. 그 후 아편 생산은 빠르게 증가해 1994년 전 세계 생산량의 절반, 1999년에는 전 세계 생산량의 80%에 육박했다. 부시 행정부는 양귀비와 아편 문제에 무관심했고, 오히려 이에 관심을 기울이는 지휘관들을 질책했다. 럼스펠드Donald Rumsfeld 국방장관은 '마약 단속은 경찰 업무'이며, 미군 병력이 '직접 동원될 필요 없는 사항'이라고 보았다. 2005년 영국은 아프가니스탄의 양귀비 재배를 10년 안에 근절한다는 계획을 세우고 양귀비 재배지를 파괴하고, 대신 해당 지역의 농민들에게 보상금을 지급했다. 그러자 농민들은 보상금 수령을 위해 더 많은 농지에 양귀비를 재배했다. 2008년 이후 미국은 보상금을 지급하지 않고 항공기로 고엽제와 제초제를 살포해 경작지의 양귀비를 제거했다. 이에 대해 지역 주민들이 반발하면서 탈레반 저항 세력에 대한 지지가 강화되는 역효과를 낳았다. 카르자이Hamid Karzai 아프가니스탄 대통령은 "미국이 의도적으로 아프가니스탄 경제를 파괴하려 한다"고 주장하면서 고엽제 살포에 반발했다. 오바마 행정부에서 아프가니스탄전쟁 특사로 활동하면서 미국의 아프가니스탄전쟁 전략을 기획, 집행했던 홀브룩Richard C. A. Holbrooke의 표현처럼 아프가니스탄 아편 근절 전략은 '미국 외교 정책 역사상 단일 사안으로 가장 비효율적인 프로그램'이었다.

무엇보다 아편은 탈레반 저항 세력의 자금원이었다. 부시 행정부와 오바마 행정부 모두 아편 문제를 해결하는 데 실패해 2017년 아편 생산과 관련된 총 수익이 41억 달러에서 66억 달러 수준으로 추정되었다. 이것은 아프가니스탄 GDP의 19~32%였고, 아프가니스탄 보안군 전체 병력보다 많은 59만 명 정도가 양귀비 재배와 아편 생산에 종사했다. 2018년 2월 추산에 따르면, 탈레반 저항 세력은 재정 수입의 65%를 양귀비 재배와 아편 생산으로 확보했다. 농촌 지역을 장악한 탈레반은 생존에 필요한 자금을 확보할 수 있었다. 하지만 아프가니스탄 정부는 여전히 재정 기반을 마련하지 못했고, 외부 그것도 주로 미국의 지원에 의존하는 형편이었다.

5 트럼프의 아프가니스탄전쟁

2017년 1월 출범한 트럼프Donald Trump 행정부는 아프가니스탄전쟁을 종식시키겠다고 공언했다. 트럼프 대통령은 '오바마의 전쟁'은 이미 패배했다고 판단하고 아프가니스탄에서 미군 병력을 철수하는 데 집중했다. 4년 임기 동안 아프가니스탄전쟁과 관련한 연설을 한 차례도 하지 않았으며, 이전의 부시 대통령이나 오바마 대통령과 달리 트럼프 행정부의 아프가니스탄전쟁 전략을 제시하지도 않았다. 대통령의 적대적 무관심 속에 미국의 '패전 처리'가 본격화되었다. 트럼프 행정부는 탈레반 저항 세력과 협상을 시작해 2020년 2월 29일, 14개월 안에 미군이 철수하고 탈레반은 알카에다 테러 조직과의 관계를 단절한다는 평화조약을 체결했다.

아프가니스탄에 배치한 미군 병력은 2015년 1월 1만 명으로 감축한 뒤 2016년 말까지 그 수준을 유지했다. 트럼프 행정부는 출범 직후 4,000명의 병력을 증강해 1만 4,000명으로 확대했지만, 그 규모를 유지하지 않고 7,000명 수준으로 감축했다. 미군 병력의 감축으로 알카에다 테러 조직과 탈레반 저항 세력은 본격적으로 아프가니스탄 정부의 통제력에 도전했다. 하지만 700억 달러를 투자해 만든 아프가니스탄 정부의 군 및 경찰 병력은 저항 세력을 격퇴하지 못했다. 탈레반 저항 세력이 '농촌 지역의 대부분을 통제'함에 따라 아프가니스탄 정부가 통제하는 도시 지역이 탈레반 저항 세력이 장악한 농촌 지역에 포위되는 형국이 초래되었다.

아프가니스탄 정부는 실제로 복무하지 않으면서 급여를 착복한 병력ghost soldiers을 대대적으로 단속했지만 큰 효과는 없었다. 아프가니스탄 보안군 병력에서 15~40% 정도의 병력은 실제로 존재하지 않는 허수로 추정되었다. 2019년 7월 미군이 전체 병력을 전수조사하자, 공식적으로 존재해야 하는 병력 31만 4,699명 가운데 실제로 파악된 병력은 25만 3,850명에 지나지 않았다. 하지만 미군 지휘부는 이 문제를 방치하고 외면했다.

트럼프 행정부는 탈레반 저항 세력과 협상을 시작해 2020년 2월 평화협정을 체결했다. 평화협정 자체는 미국과 탈레반 저항 세력의 양자 합의로 추진되었고, 아프가니스탄의 가니Ashraf Ghani 행정부는 배제되었다. 탈레반 저항 세력은 협상 과정에도 그랬지만 평화조약이 체결된 이후에도 가니 행정부를 압박하는 차원에서 지속적으로 무력을 사용했다. 카불Kabul을 비롯한 주요 도시에서는 테러 행위가 자행되었으며, 아프가니스탄 보안군이 장악한 지역에 대한 공격도 계속되었다.

평화협정 이후 미국은 일단 병력을 철수하기 시작했다. 하지만 미군 병력의 철수 이외에 다른 사항에서는 진전이 없었다. 탈레반과 아프가니스탄 정부의 포로 교환 및 대화는 잘 진척되지 않았다. 평화 체제는 이루어지지 않았으며, 탈레반 저항 세력은 알카에다 테러 조직과의 관계를 청산했다고 주장했지만, 실질적으로 유대 관계는 그대로 유지되었다. 이에 아프가니스탄 정부는 자신이 통제하는 지역 자체를 축소하고 병력과 자원을 절약한다는 방침을 결정했고, 탈레반 저항 세력은 영향력을 확대했다. 그런데도 미군은 병력을 지속적으로 감축했다. 2020년 11월 4,000명 이상이었던 미군 병력이 2021년 1월 15일 2,500명으로 줄어들었다. 그리고 바이든Joe Biden이 미국 대통령에 취임했다.

6 바이든의 완전 철군과 카불 함락

2021년 1월 출범한 바이든 행정부는 거의 모든 측면에서 트럼프 행정부의 대외 정책을 번복했다. 하지만 중국에 대한 강경한 입장과 아프가니스탄 철군,

두 가지 사항만큼은 기존 정책 기조를 유지했다. 바이든 대통령은 오바마 행정부에서 부통령을 역임했고, 2009년 12월 아프가니스탄 증파를 논의하는 과정에 적극 참여해 제한적 증파와 알카에다 병력을 집중 제거하는 대테러 전쟁의 중요성을 강조했다. 이제 대통령으로서 바이든은 이전의 입장에서 더 나아가 아프가니스탄의 미군 병력을 철수하기로 결정했다. 2021년 4월 14일 바이든 대통령은 9·11 테러 20주년이 되는 2021년 9월 11일까지 아프가니스탄에서 모든 미군 병력을 철수하겠다고 선언했다. 그는 "미국에 대한 테러를 응징한다는 목표는 2011년 5월 빈라덴을 사살하면서 달성되었다"고 지적하면서, "미국을 위협하는 테러 조직이 아프가니스탄에만 존재하는 것이 아니라 많은 지역에 확산된 상황"에서 수천 명의 미군 병력을 아프가니스탄에 주둔시키는 행동은 '합리적이지 않다'고 강조했다. 특히 미국이 현재 직면한 위협은 테러 공격에 국한되지 않으며, '점차 공격적으로 행동하는 중국'에 대비하기 위해 경쟁력을 확보해야 한다고 주장했다.

아프가니스탄에서 완전히 철군한다는 바이든 대통령의 결정에 대해 미국 내에서도 상당한 반대가 존재했다. 하지만 바이든은 전면 철군을 고수하면서, "상황이 안정된 이후 철군해야 한다는 주장은 허구"이며, "과연 언제 아프가니스탄 상황이 좋아지겠는가?"라고 반문했다. 바이든 대통령은 "아프가니스탄전쟁은 수세대에 걸친 국가 건설 사업이 되어서는 안 되었다"고 역설했다. 2021년 7월 2일 새벽, 미군 병력은 바그람 공군기지에서 완전히 철수했다. 그 과정에서 미군은 아프가니스탄 정부에 사전 통보를 하지 않고 사실상 야반도주를 감행했다. 7월 8일 바이든 대통령은 "탈레반이 아프가니스탄 전체를 장악할 가능성은 매우 낮다"고 평가하면서, 30만 이상의 병력을 보유한 아프가니스탄 정부는 탈레반과의 전쟁에서 생존을 확보할 수 있다고 강조했다.

하지만 상황은 바이든 대통령의 예상과 전혀 다른 방향으로 전개되었다. 미군 병력이 전면 철군한 상황에서 아프가니스탄 보안군은 무너지기 시작했다. 특히 2021년 5월 탈레반 저항 세력이 전면 공세를 취하면서 사상자가 급증하자, 아프가니스탄 정부는 전체 병력을 전선에 배치했다. 하지만 보급과 유지가 되지 않으면서 보안군 병력은 내부에서 붕괴했다. 남부 칸다하르에 고립된 보안군은 5개월 동안 급여를 받지 못했고, 일주일 식량으로 감자 몇 알만 보급된 채 지속적으로 전투에 투입되었다. 6월에서 7월 사이에 보안군 병력은 전선에서 대거 이탈해 많은 병력이 탈레반 저항 세력으로 전향했다. 4월 13일 바이든 대통령이 철군을 선언한 시점에 탈레반 저항 세력은 아프가니스탄의 총 400개 행정단위district 중 77개를 장악했지만, 6월 16일에는 100개 정도, 그리고 8월 3일에는 절반 이상인 223개를 차지했다.

미국 외교관과 정보기관, 군은 아프가니스탄 상황이 급속도로 악화되고 있다고 지속적으로 경고하면서, 미군 병력의 아프가니스탄 재배치를 건의했다. 하지만 통수권자인 바이든 대통령은 철군 결정을 번복하지 않고 상황 악화를 방관하면서, "미군 재진입은 없다"는 원칙을 고수했다. 8월 6일 이란과의 밀무역 중심지였던 자란즈Zaranj가 마약 및 밀수 조직과 탈레반 저항 세력이 결탁하고 아프가니스탄 보안군 병력이 전향하면서 교전 없이 함락되었다. 그 후 일주일 동안 아프가니스탄 주요 도시와 행정 중심지들이 도미노처럼 붕괴했다. 8월 13일 바이든 대통령이 결정을 번복해 미군 병력 3,000명을 카불 공항에 배치했지만, 상황은 이미 돌이킬 수 없었다. 30만 규모였던 아프가니스탄 보안군은 5만 명으로 축소되었고, 탈레반 병력은 카불 외곽까지 장악했다. 미군이 배치된 직후인 8월 15일 점심 무렵, 2014년과 2019년 선거를 통해 선출된 가니 아프가니스탄 대통령이 미국과 어떤 협의도 없이 단독으로 해외로 도피했다.

2021년 8월 19일 미군 수송기 편으로 카불에서 탈출하는 아프가니스탄 피난민 (© Staff Sgt. Brandon Cribelar / Wikimedia Commons Public Domain)

정부 수반이자 국가원수가 사라지면서 아프가니스탄 정부는 소멸하고, 미국은 패배했다. 탈레반 저항 세력은 미군에게 카불 전체를 통제할 것을 제안했지만, 미군 병력은 카불 전체가 아니라 공항 지역만 통제하겠다는 입장을 고수했다. 미국은 카불 지역에 집중되어 있던 미국인과 기타 외국인, 지난 20년 동안 미국과 NATO 병력, 아프가니스탄 정부에 협력했던 아프가니스탄인들을 해외로 소개하는 데 집중했다. 총 8만 명 정도가 8월 30일까지 카불 공항을 통해 해외로 도피했고, 그날 밤 11시 30분, 미군 지휘관이 카불 공항을 마지막으로 돌아보고 수송기에 탑승해 카불을 떠났다. 그리고 미국은 아프가니스탄전쟁에서 패배하였다.

IV

미국의 이라크전쟁

1 이라크 침공과 초기 단계의 난맥상

2001년 9·11 테러 이후 미국의 부시 행정부는 사실상 이라크 침공을 결정했다. 부시 행정부는 이라크가 핵무기를 개발하고 있고, 일단 핵무기를 개발하면 사담 후세인 정권의 사우디아라비아 공격을 저지할 수 없다고 판단했다. 또한 완성된 핵무기를 알카에다 등 테러 조직에 제공해 미국에 대한 핵무기 테러를 감행할 것으로 보았다. 이런 비관론과 함께 부시 행정부는 이라크와의 전투가 쉽게 종식될 것으로 판단했다. 이라크 국민들은 미군을 해방자liberators로 환영해 저항하지 않을 것이고, 이라크에서 민주주의가 쉽게 자리 잡을 것이라고 낙관한 것이다. 이에 미국은 UN 안보리의 결의와 같은 국제사회의 지지를 확보하지 않은 상태로 2003년 3월, 영국 등과 함께 이라크를 침공했다.

대통령 차원에서 결정한 침공이지만, 어느 정도의 병력을 동원할 것인가에 대해서는 내부 의견이 대립했다. 침공을 주장했던 부시 행정부의 핵심인 네오콘Neoconservatives 세력은 RMA에 기초한 첨단무기로 무장한 10만 명 정도의 병력이라면 정밀 타격과 정보 처리 능력을 통해 이라크의 사담 후세인 정권을 무너뜨릴 수 있다고 판단하고, 총 16만 명을 동원하기로 결정했다. 하지만 미군은 이라크 침공 병력이 너무 적다고 주장했다. 전투 이후의 질서 유지를 위해서는 민간인 1,000명당 20~25명의 병력이 필요하다고 본 것이다. 즉 인구 3,000만 명 수준의 이라크를 안정시키려면 60만~75만 명의 병력이 투입되어야 한다고 계산해, 16만 명으로는 전후의 질서 유지에 심각한 문제가 발생한다고 우려했다. 침공 직전인 2003년 2월 미국 육군참모총장은 상원 국방위원회 증언을 통해 이라크 질서 유지에 최소 '수십만 명의 병력이 필요하다'고 주장했다. 이에 대해 국방부는 '터무니없다'고 반박하면서, '어떻게 이런 숫자가 등장했는지 모르겠다'는 반응을 보였다. 결국 미군 25만 명을 주축으로 하는 총 30만 명 규모의 침공군이 쿠웨이트에 집결했고, 2003년 3월 침공을 시작했다.

'충격과 공포Shock and Awe'로 명명한 이라크 침공은 화려했다. 1991년 걸프 전쟁 때는 미국이 사용했던 폭탄의 7%만이 정밀유도폭탄PGM이었으나, 2003년 이라크 침공 때는 70%의 항공기 폭탄이 정밀유도폭탄이었다. 덕분에 이라크 기상 상황과 모래바람에 아랑곳하지 않고 목표물을 타격할 수 있었다. 3월 20일 진격을 시작한 미군을 저지하기 위해 이라크군은 유프라테스강의 교량을 파괴했어야 했다. 하지만 실제로 파괴된 교량은 없었다. 3월 25일 모래바람으로 진격이 3일간 중지되었다. 미군은 이 기간 동안 보급을 충원하고 휴식을 취하면서 전투력을 끌어올렸다. 그렇지만 정밀유도폭탄에 의한 공습은 계속돼 이라크 군사력은 지속적으로 감소했다.[4]

4월 1일 미군 병력의 일부가 바그다드 인근 지역에 도달했고, 다음 날에는 바그다드로 진입하는 대형 교량까지 확보했다. 4월 4일 바그다드 외곽 고속도로 지역에서 미군 전차 2대와 장갑차 2대가 이라크군 전차 12대와 교전해, 미군의 인명 피해 없이 이라크 병력을 전멸시켰다. 그 후 전차 5대를 증강한 미군은 800~1,300m 거리에서 교전해 이라크 전차 22대를 격파했다. 이라크 전차는 미군 전차와 장갑차를 전혀 명중시키지 못했다. 4월 5일 미군은 전차 29대와 장갑차량 14대로 구성한 특수 정찰부대를 동원해 바그다드 시가지에 진입했다. 이라크 정규군의 저항이 미미한 가운데 사담 후세인이 직접 지휘하는 민병대 병력이 격렬하게 저항했지만, 엄청난 인명 피해만 입고 퇴각했다. 모든 미군 전차와 장갑차가 피격되었으나 전차 1대를 제외하고 파괴된 차량은 없었으며, 파괴된 차량에서도 승무원은 전원 구출했다.

4월 7일 미군은 전차 70대와 장갑차량 60대를 동원해 다시 바그다드 전투정찰을 감행했다. 항공 지원과 함께 실시간으로 JSTARS의 정찰 정보를 받은

....

4 전투 기간에 미국과 영국의 공중급유기는 7,525회 출격해 총 4,600만 갤런의 항공연료를 공급했다. Williamson Murray and Robert H. Scales, Jr., *The Iraq War: A Military History*, Cambridge, MA: Harvard University Press, 2003, pp.73~74.

2003년 4월 9일 미군과 시아파 주민들에 의해 파괴되는 바그다드 중심부의 사담 후세인 동상 (© Unknown U.S. military or Department of Defense employee / Wikimedia Commons Public Domain)

미군 병력은 바그다드 중심부의 관공서 지역을 장악하고 진지를 구축했으며, 미군 기지로 변모한 바그다드 국제공항과의 연결 및 보급로 확보를 시도했다. 이후 30시간 동안 지속된 전투에서 미국은 가공할 파괴력을 보여주었다. 4월 8일 오후에는 사담 후세인이 사용할 수 있는 군사력이 사실상 소멸했으며, 4월 9일 바그다드 시민들이 사담 후세인 동상을 끌어내려 파괴했다. 미국은 전투에서 승리했고, 부시 대통령은 5월 1일 페르시아만에 정박한 미국 항공모함에서 '임무 완수Mission Accomplished'를 선언했다. 미국 군사 조직은 탁월한 효율성으로 이라크를 압도했고, RMA 기반 군사력과 정면 대결한 이라크의 사담 후세인 정권은 소멸했다. 하지만 이것은 전쟁의 끝이 아니라 시작이었다.

뛰어난 군사력에 기반한 미국의 낙관론은 전투 직후 문제로 인하여 무너지기 시작했다. 점령지의 행정을 담당할 부대와 병력이 없은 없었고, 때문에 전투 직후 질서를 유지하는 것이 불가능했다. 바그다드를 비롯한 이라크의 주요 도시에서 약탈이 발생했다. 이에 대한 뚜렷한 명령을 받지 못했던 미군 병력은 여성과 어린이들에 의한 약탈을 방관했다. 그 과정에서 향후 점령 통치에 필요한 이라크 정부 재산과 행정 데이터가 소실되었다. 이라크 남부의 움카스르Umm Qasr 항구에서는 '지반에 단단히 고정된 크레인을 제외한 모든 항구 시설이 사라졌다.' 바그다드의 약탈은 철저했다. 모든 정부기관의 사무용 집기가 통째 사라졌다. 건물 내부의 전선과 배관 파이프도 빼가고, 온갖 서류를 바닥에 팽개친 채 서류함마저 쓸어갔다. 보건부 건물에서는 종이 서류가 1m 높이까지 쌓였으며, 6톤의 종이 쓰레기가 배출되었다. 약탈한 물품은 시리아와 요르단 중고시장에서 거래되어 인근 국가의 물가가 하락하는 결과를 초래했다. 사담 후세인 정권이 권력 유지를 위해 축적했던 모든 행정 데이터는 파괴되었다. 이라크 주민들에 대한 신분 기록, 주민등록, 납세 데이터가 완전히 사라졌다. 후세인 정권에서 비밀경찰 관련자들이 자신들의 안전을 위해 파괴를 주도한 것이다.

2 국가 건설과 종파 내전

전투의 승리가 전쟁의 승리로 이어지지는 않았다. 미국은 사담 후세인이 사라진 이라크에서 새로운 정치 질서를 만들어야 했다. 하지만 미국은 이 부분에서 실패했다. 이라크는 기본적으로 이슬람 시아파가 인구의 절반 정도를 차지했는데, 사담 후세인은 소수파인 수니파의 지도자로서 시아파를 억압하면서 군림했다.[5] 미국의 침공과 사담 후세인이 이끄는 수니파 소수 정권의 소멸은 이라크 시아파에게 엄청난 정치적 기회였다. 반면 수니파 입장에서, 이러한 상황은 시아파의 보복과 억압에 노출되는 악몽의 시작이었다. 2005년 12월 총선에서 이라크 시아파가 승리하면서 시아파가 권력을 장악했다. 시아파는 새롭게 장악한 권력에 기초해 수니파를 철저하게 탄압했다. 수니파의 정치 및 군부 세력을 말살하고 두 번 다시 권력을 장악하지 못하도록 파괴했다.

게다가 미국의 침공 명분이 점차 무너지기 시작했다. 첫째, 2004년 4월 아부그라이브Abu Ghraib 감옥의 고문 문제가 언론에 폭로되면서, '이라크 민주주의 수립'이라는 미국의 전쟁 명분이 치명적인 타격을 입었다. 아부그라이브 감옥은 과거에 이라크 독재정권이 이라크인을 불법 체포하고 고문했던 시설이다. 그런데 여기서 미군 병력이 이라크 주민들을 불법 체포하고 고문했다. 둘째, 2004년 9월 이라크 핵무기 계획에 대해 국제조사단은 사담 후세인 정권이

....

5 세계 이슬람 인구의 80%는 수니파이며, 시아파는 20% 정도로 소수파이다. 하지만 시아파는 이란을 중심으로 이라크와 바레인, 아제르바이잔 등에 집중되어 있다. 이상 4개 국가에서는 세계적으로 소수파인 시아파가 인구의 다수를 차지하고 있다.

1990년대 초반 핵무기 개발 계획을 포기했으며, 2003년 침공 시점에는 이미 계획을 포기했다는 최종 보고서를 발표했다. 즉 부시 행정부는 잘못된 정보에 기초해 존재하지도 않는 핵무기를 포기하지 않는다는 명분으로 이라크를 침공했던 것이다.

무엇보다 큰 문제는 이라크 내부가 안정되지 않았다는 사실이다. 2005년 12월 총선에서 시아파는 합법적인 방식으로 권력을 장악해 2003년 미국 침공 이후 자신들이 휘두른 권력을 정당화했다. 과거에 수니파 정권에 의해 탄압받았던 시아파 세력은 자신들의 수적 우위를 바탕으로 전 국가기관을 장악하고 거의 모든 영역에서 수니파를 축출했다. 침공 직후 미국은 사담 후세인 정권의 잔재를 제거했지만, 그 과정에서 수니파 세력의 영향력 또한 같이 소멸했다. 즉 미국과 미국의 힘을 이용한 시아파는 수니파 숙청De-Sunnification을 감행했으며, 더 나아가 수니파 세력 자체를 물리적으로 말살하려 했다. 침공 이후 2005년 6월까지 모두 2만 5,000여 명에 이르는 이라크 민간인이 살해되었는데, 대부분 수니파였다. 수니파 정권 시절 고소득층은 수니파였지만, 시아파 정권에서 수니파는 고소득층이었기 때문에 납치 대상이 되었다. 의사와 변호사 등은 가장 손쉬운 목표물이었고, 의사와 변호사가 납치·피살되고 생존을 위해 해외로 도피하면서 이라크 의료체계와 사법체계는 마비되었다. 수니파 엘리트들이 권력에서 축출되고 물리적으로 사라지면서 수니파 세력은 빠른 속도로 약화되었다.

이것이 미국이 추진했던 '이라크전쟁의 이라크화Iraqification'의 실체였다. 본래 이라크전쟁의 이라크화는 미국이 이라크 정부(선거를 통해 만들어지고 미국이 지원하는)에게 주권을 이양하고, 이라크 정부가 적극적으로 전쟁을 수행하면서 이라크 저항 세력을 분쇄해 미군이 점차 철수하는 것이었다. 이라크화를 통해 이라크 정부의 역할을 강조하고, 미국은 '제국주의 국가와 같은 행동'을 하지 않으며, 최종적으로 이라크 국가 건설을 완료한다는 것이다. 문제는 이라크 시아파가 이라크 정부를 통제하면서 이라크전쟁을 이라크 수니파에 대한 탄압의 방향으로 수행해, 알카에다의 입지가 더욱 강화되었다는 사실이다.

시아파의 가혹한 탄압에 노출된 수니파는 외부에서 유입된 수니파 근본주의 테러 조직인 알카에다와 연계해 자신들의 생존을 도모했다. 알카에다는 수니파 세력이 자신들을 더욱 강력하게 지지하도록 강요하기 위해 시아파 세력에 대한 테러 공격을 지속했다. 2006년 2월 알카에다 특공대는 시아파 성지聖地인 사마라의 알아스카리 사원Al-Askari Mosque을 파괴했다. 사원이 파괴된 후 4일 동안 '바그다드에서만 1,300명의 민간인이 살해'되었으며, 너무나 많은 시체가 유프라테스강에 버려진 나머지 '강에서 잡힌 물고기의 맛이 달라졌다'는 증언까지 등장했다. 이제 이라크전쟁은 시아파 무장 세력이 수니파 민간인을 무차별 공격하는 종파 내전sectarian civil war으로 변질되었다.

미군은 이라크 내부에서 진행되는 시아파와 수니파의 대결에 휘말렸다. 미국이 보유한 RMA 첨단 장비는 이 대결에 별다른 효과를 발휘하지 못했다. 시아파와 수니파가 혼재한 바그다드와 수니파 거주 지역에서 전체 공격의 80%가 발생했지만, 미군은 이를 저지하지도 못하고 오히려 부수적 인명 피해가 두려워 병력을 도시 외곽에 집결시키고 있었다. 대신 시아파가 통제하는 이라크 군 및 경찰 병력과 시아파 민병대가 바그다드의 상당 부분을 장악하고 수니파 세력에 대한 폭력을 행사했으며, 수니파 또한 자신들의 생존을 위해 알카에다 등과 연계해 시아파의 공격에 맞섰다. 이라크 정부를 지원해 이라크전쟁을 이라크화하겠다는 부시 행정부의 전략은 상황을 더욱 악화시키고 있었다. 2006년 말 미국 정보기관은 이라크의 문제점이 '알카에다가 아니라 이라크 내부의 폭력 사태Iraqi on Iraqi Violence'라고 진단했다.

2007년 1월 부시 행정부는 이라크전쟁의 이라크화 전략을 잠정적으로 포기하고, '추가 병력을 투입'해 미군이 직접 '이라크와 바그다드 시민들이 요구하는 안전을 제공하겠다'고 선언했다. 이전까지 바그다드 외곽에 머물며 바그다드의 유혈사태를 수수방관하던 미군 병력을 바그다드 시내에 직접 투입해 수니파 거주 지역을 방어하겠다는 세부사항까지 공개했다. 미군 병력은 다음 그림과 같이 바그다드 전역에 50개 이상의 기지를 구축하고 24시간 주둔하면서 도시 전체를 미시적 차원에서 장악하고 전투원이 아니라 경찰로 행동했다. 이전까지 미군 병력은 가급적 이라크 주민들과 직접 교류하지 않도록 치안 및 질서 유지에 대한 일반 업무는 이라크 정부에게 맡겼다. 하지만 이라크 정부를 통제하는 시아파 세력은 공권력을 동원해 수니파를 억압했다. 이것이 이라크전쟁의 기본 역동성이었다. 이제 미국은 이러한 역동성을 변화시키려 했다.

동시에 수니파 일부 세력이 미군에게 접근했다. 시아파의 공세에 노출된 이라크 수니파는 생존을 위해 외부에서 유입된 알카에다 세력과 연합했지만,

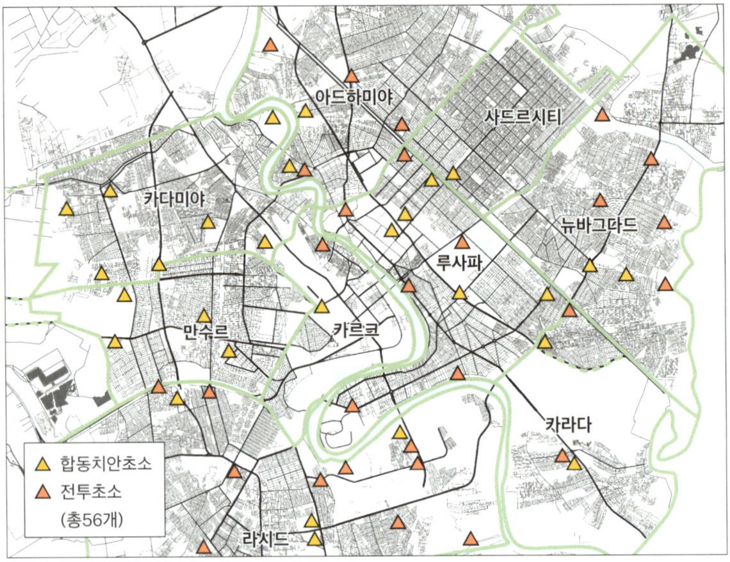

바그다드 전역의 미군 기지 배치 현황(2007년 5월 31일)
(출처: 이근욱, 『이라크전쟁: 부시의 침공에서 오바마의 철군, 그리고 IS 전쟁까지』, 한울, 2021. p.264)

세속적인 성향의 이라크 수니파는 근본주의 세력인 알카에다와 융합하기 어려웠다. 2006년 여름, 이라크 수니파 세력의 일부가 안바르 지방에서 알카에다 테러 조직과 대립했다. 현지 미군 지휘관들은 이러한 균열을 파고들어 수니파와 알카에다의 무력 충돌에서 수니파 무장조직을 지원했다. 과거에 사담 후세인을 지원했던 이라크 수니파와 사담 후세인 정권을 무너뜨린 미군의 연합은 2007년 들어 이라크 전역으로 확대되었고, 미군이 바그다드의 수니파 지역을 방어하고 수니파 무장 조직을 지원하면서 상황은 빠른 속도로 안정되었다. 그리고 이라크, 특히 바그다드에서 알카에다 세력의 영향력 또한 급속도로 약화되었다.

2007년 6월 일주일에 1,650회에 가까웠던 공격은 9월에 절반 수준인 900회로, 2008년 4월에 400회 정도로 감소했다. 그리고 2008년 말 일주일당 공격은 200회 미만으로, 즉 최악의 시기였던 2007년 여름의 10% 수준으로 줄어들었다. 미국은 이라크의 안정화를 이루었고, 이라크전쟁의 정치적 목표를 달성하면서 승리를 쟁취했다. 이후 미국은 철군을 준비해 2011년 12월 이라크에서 완전히 철수했다. 이라크의 군사 상황은 안정되었지만, 이에 기반으로 작용하는 정치 상황은 여전히 불안했다. 이런 정치적 불안은 2013~2014년 심각한 문제를 야기했다.

미국은 철군을 준비하면서 이라크 수니파의 정치, 경제, 사회적 이익을 보장하는 여러 가지 제도적 장치를 마련했다. 특히 내각 구성에 수니파의 목소리가 반영되도록 했다. 하지만 수니파에 대한 기존 시아파 정권의 적대감과 두려움을 불식시키는 것은 쉽지 않았다. 2006~2007년 미군과 협력했던 수니파 무장 조직의 상당 부분을 이라크 군 및 경찰 조직으로 편입시키고, 해당 조직들이 적절하게 운용되도록 이라크 정부가 운영 예산을 지급하고 지휘권을 행사할 수 있도록 했다. 그러나 시아파가 통제하는 이라크 정부는 수니파 병력에 대한 지원을 거부하거나 가급적 지연시켰다. 표면적으로는 안정화가 이루어졌다. 2011년 12월 이라크의 말리키 수상이 워싱턴을 방문했을 때 오바마 대통령은 '이라크전쟁의 종식을 기념'한다고 발언했다.

그런데도 시아파 정권 자체의 문제는 그대로 유지되었다. 2010년 3월 총선에서 세속적 성향의 시아·수니 연합 세력이 승리했지만, 내각 구성권은 기존 시아파 세력이 가져갔다. 이라크의 많은 정치 세력이 이런 상황을 비난했지만, 미국 오바마 행정부는 이라크의 정치적 안정을 위해 시아파 세력의 우선권을 인정하면서 기존 정권의 행동을 추인했다. 권력을 다시 장악한 시아파는 미군 병력의 완전한 철수를 요구했고, 미군 주둔협정SOFA을 위한 협상은 지지부진했다. 결국 2011년 12월 미군 전투 병력 전원이 철수해 부시 행정부가 시작했던 미국의 이라크전쟁은 일단락되었다.

3 아랍의 봄과 IS의 등장

2010~2011년 중동 지역에서 '아랍의 봄Arab Spring'이라 불리는 민주화 운동이 폭발해 아랍 지역의 많은 독재정권이 붕괴했다. 이라크에 인접한 시리아에서도 아사드Bashar al-Assad 독재정권에 대한 저항이 폭발했다. 하지만 1970년 이후 시리아를 지배했던 부자 세습의 아사드 정권은 필사적으로 저항하면서, 내전이 발발하였다. 그리고 수니파 근본주의 세력은 내전에 휩쓸린 시리아에서 근거지를 구축하였다. 이슬람 국가IS; Islamic State로 불린 수니파 근본주의 세력이 2014년 1월 초 이라크를 침공하면서 이라크전쟁은 새로운 방향으로 전개되었다. 미국 지상군 병력이 직접 전투를 수행하지 않았다는 측면에서 미국의 이라크전쟁은 종결되었다고 할 수 있겠지만, 이라크전쟁 자체는 아직 종결

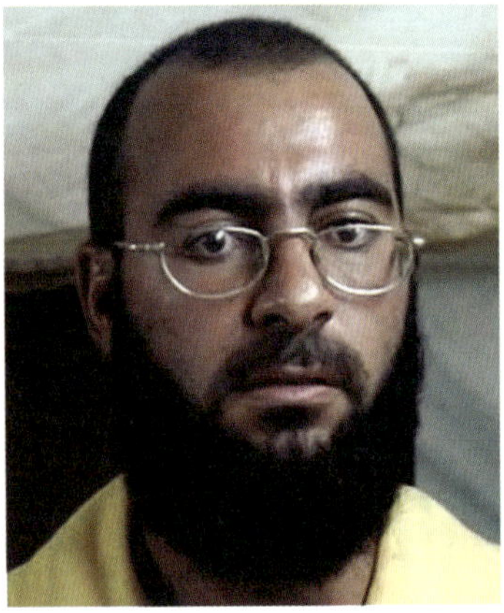

IS의 지도자 알바그다디(Abu Bakr al-Baghdadi). 알바그다디는 2004년 2월 미군에 체포되었으나 2004년 12월 석방되었다. 해당 사진은 수감 당시 촬영되었다. (© U.S Army / Wikimedia Commons Public Domain)

되지 않았다. 이제 IS 전쟁이 시작된 것이다.

2011년 12월 미군 철수 후 이라크를 통제하던 시아파 세력은 수니파에 대한 억압을 가속화하였다. 미군 철수가 완료되자 시아파 세력은 수니파의 정치적 이익을 대변하던 국회의원들을 불체포특권을 무시하고 체포하였고, 수니파 출신의 이라크 부통령을 기소했으며, 부통령이 피신하자 궐석재판에서 사형을 언도했다. 미군과 연합해 알카에다 축출에 적극적으로 협조했던 수니파 무장조직은 미군이 철수하면서 시아파 정부의 압력에 노출되었고, 결국 이라크 정부 공권력에 의해 해체되었다. 2013년 이라크 수니파 정치 및 군부 세력이 무력화되면서 그들은 시아파의 위협에 또다시 노출되었다. 2007년 이전까지 인명 피해를 경험했던 이라크 수니파는 긴장했고, 외부의 어떤 세력과도 연계해 시아파의 위협에 대응하려 했다.

이와 같은 상황에서 시리아에 근거지를 마련한 IS가 이라크를 침공했다. 수니파의 상당 부분은 생존을 위해 2014년 초 IS의 침공에 호응했다. 이라크 수니파 지역 전체가 IS에 가담하고, 이라크 정부군의 수니파 병력 일부는 전투와 함께 소멸했다. 보병용 자동화기와 기관총, RPG-7 정도로 무장한 1,000명 미만의 IS 병력의 공격에 대응해 이라크 정부는 2개 사단을 동원했다. 하지만 2014년 6월 이라크 정규군 3만 병력은 1,500명 수준으로 확대된 IS 병력을 저지하는 데 실패하면서 제2의 도시 모술Mosul이 함락되었고, 시아파가 통제하는 이라크 중앙정부는 수니파 근본주의 세력의 공격으로 붕괴 직전의 상황에 봉착했다.

이라크 정부는 50만 명에 가까운 군 및 경찰 병력을 보유하고 있었지만, 병력의 상당 부분은 서류상으로만 존재했다. 군 및 경찰 조직의 부정부패는 심각했다. 병사들의 급여와 보급품을 착복한 장교들은 병력 규모를 항상 과대 보고했다. 특히 군사적 능력보다 시아파 정권에 대한 충성심이 더욱 중요한 요인으로 작용하면서, 충성심과 인맥, 뇌물을 통해 승진한 장교들은 상납한 뇌물 이상을 횡령하기 위해 자신들이 지휘하는 병력 규모를 부풀렸으며, 훈련 예산을 유용했다. 전체 병력이 모두 서류상으로만 존재한 것은 아니었지만, 병력 규모의 과장은 여러 정황상 분명하다. 예를 들어, 모술과 키르쿠크Kirkuk 지역에서 1,500명 규모의 IS 병력과 교전했다는 이라크군 2개 사단, 3만 명은 서류상으로만 존재하는 부대였을 가능성이 높다.

미국은 폭격 등으로 개입했을 뿐 지상군은 투입하지 않았다. 2014년 8월 모술 함락 직후 미국은 폭격을 시작했고, 오바마 대통령은 IS 격멸을 다짐하며 폭격을 가속화했다. 2014년 8월에서 2016년 6월까지 2년 가까운 기간 동안 미군은 IS 목표물에 1만 6,000회 이상 폭격을 감행해 IS 군사력을 제거하고, IS의 재정 기반인 유전과 모술 등지에서 탈취한 현금 보관소 등을 파괴했다. 동시에 이라크 군사력의 재건을 위해 병력 모집 및 훈련 등에 집중했다. 2015년과 2016년 미국과 이라크는 IS 점령 지역에 대한 본격적인 수복을 위해 무인기 및 특수부대 공격으로 IS 수뇌부를 제거했다. 작전은 효과적이었다.

이와 함께 쿠르드족 병력은 이라크 북부의 유전도시인 키르쿠크를 장악했다. 해당 지역은 오랫동안 쿠르드족 영역이었지만, 사담 후세인은 쿠르드족의 영유권을 약화시키기 위해 키르쿠크에 수니파 주민들을 이주시켰다. 해당 수니파 주민들이 IS와 결탁하면서 쿠르드족 병력은 IS 격퇴라는 명분으로 키르쿠크를 점령하고 그 지역에 대한 영유권을 주장했다. 시리아와 이라크에 퍼져 있는 쿠르드족 세력은 IS의 팽창에 격렬하게 저항하면서 국제사회의 지지를 확보했고, 이제 자신들의 희생을 정치, 경제적 이익으로 바꾸려고 시도했다. IS 격퇴에 집중했던 미국은 이라크 중앙정부가 반대하는데도 쿠르드족 자치정부에 미국 육군 2개 여단 분의 장비를 비롯해 차량과 중화기, 탄약을 제공했다.

수니파의 공격에 직면한 이라크 시아파 정권은 이웃의 시아파 국가인 이란에게 도움을 요청했고, 이란은 매우 적극적으로 개입해 이라크 시아파 정권의 생존에 필요한 무기와 병력을 제공했다. 상당수의 이란군 장교들이 이라크에서 시아파 병력을 지휘했으며, 이란군 특수부대가 직접 이라크에 들어와 IS 병력과 교전했다. 미국은 이라크에서 이란의 영향력이 증가하는 상황을 우려했지만, 시아파 세력이 이라크 정부를 통제하는 상황에서 이란의 영향력이 확대되는 것을 막을 방법은 없었다.

이라크 정부는 2015년 3월 티크리트Tikrit를 수복하고, 2015년 12월에는 라마디Ramadi, 이듬해 6월에는 팔루자Fallujah를 수복했다. 미국의 폭격과 재건된 이라크 정부군의 공격에 2017년 7월 IS의 마지막 근거지인 모술이 함락되었다. 모술에서 IS는 최후의 순간까지 저항했다. 1170년대에 건축한 모술 중심부의 알누리 사원Great Mosque of Al-Nuri은 이때 IS 병력이 철수하면서 폭파했다.

2016년 11월 16일, 모술 전투 당시 파괴된 거리 (© Mstyslav Chernov / Wikimedia Commons CC BY-SA 4.0)

모술 전투로 수십만 명의 피난민이 발생했고, 1만 명 정도의 민간인이 희생되었다.

IS는 2017년 여름을 기점으로 사실상 소멸했다. 한때 이라크 전 영토의 약 1/3을 장악했던 IS는 미국·이란·이라크 연합 군사력에 의해 제거되었다. 그 과정에서 이라크에 대한 이란의 영향력은 더욱 강화되었다. IS 잔존 세력은 여전히 이라크 내부에서 활동했지만, 실질적인 위협 요인은 아니었다. 2019년 10월 미군 특수부대의 공격으로 IS 수장이었던 알바그다디Abu Bakr al-Baghdadi가 사살되면서 IS 세력은 종지부를 찍고, IS 전쟁 또한 종결되었다.

V

러시아의 돈바스와 크림반도 침공

1 푸틴 정권과 러시아의 대외 팽창

1991년 12월 소련이 붕괴하고, 소련 영토는 16개의 독립 공화국으로 분리되었다. 독립국가연합CIS에서 러시아는 주도권을 행사했지만, 냉전 경쟁과 소련 붕괴 후 정치적 혼란으로 러시아 경제는 심각하게 쇠락했다. 뚜렷한 산업 경쟁력을 가지지 못한 러시아는 원유와 천연가스 생산에 의존했는데, 1990년대에 낮은 석유 가격으로 상당한 타격을 입었다. 2000년대 들어 석유 가격 상승으로 경제적으로 회복했으나, 산업 생산량은 여전히 낮으며 주로 석유와 천연가스 수출에 의존한다. 2019년 러시아 경제 규모는 1조 6,378억 달러로, 한국의 GDP 1조 6,295억 달러와 대등하다. 러시아 인구가 1억 5,000만 명 정도로, 한국 인구 5,200만 명의 약 3배라는 사실을 고려한다면, 러시아의 1인당 소득은 한국의 1인당 소득의 1/3 수준이다.

그런데도 러시아는 2000년 이후 점차 공격적인 행보를 보여왔다. 경제의 구조적인 문제 때문에 미국과 중국에 대항하는 제3세력으로 부상하지 못했지만, 러시아는 동부 유럽 같은 인근 지역에 충분한 위협 요인으로 작용했다. 2000년 권력을 장악한 푸틴Vladimir Putin은 위대한 러시아를 강조하면서 소련 붕괴를 역사적 실수로 규정하고 러시아의 영향력 확대를 다짐했으며, 우크라이나 등에 대한 영향력도 확대했다.

우크라이나는 소련을 구성했던 공화국 중 하나였으나, 1991년 소련이 붕괴하면서 러시아와는 다른 국가로 독립했다. 냉전 시기 소련 정부는 자국 영토였던 우크라이나에 핵무기를 배치했다. 1992년 1월 독립 직후 우크라이나 영토에는 130기의 S-19 대륙간 탄도미사일, SS-24 대륙간 탄도미사일, 36대의 전략폭격기 등 총 212개의 전략무기가 배치되어 있었고, 1,512개의 전략 핵탄두가 존재했다. 즉 1992년 1월 기준으로 우크라이나는 미국과 러시아 다음으로 핵무기가 많은 세계 3위의 핵무기 보유 국가였다. 미국과 러시아는 이처럼 분산된 소련 핵무기를 제거하려고 많은 노력을 기울여 1994년 12월 부다페스트 안전보장각서Budapest Memorandum on Security Assurances를 체결했다. 이를 통해 우크라이나는 모든 핵무기를 포기하고 자국 영토에 있는 핵 능력을 무력화시키는 대신 미국과 러시아 등은 우크라이나의 정치적 독립과 영토적 완결성을 보장하기로 했다.

남북한 전체 넓이인 22만km^2의 거의 3배 가까운 면적을 가진 우크라이나는 60만 3,628km^2에 4,000만 명 정도의 인구를 가진 나라이다. 남북한의 한반도가 단일민족으로 구성된 데 비해 우크라이나는 78%의 우크라이나인이 서부와 중부, 18%의 러시아인 및 기타 소수민족들이 동부와 남부 지방에 집중되어 있다. 우크라이나는 하나의 강력한 국가 정체성을 구축하지 못했고, 민주주의 체제를 통해 민족 구성원의 대립을 중재하지 못하면서 내부의 취약성이 점차 증폭되었다. 이런 상황에서 러시아의 영향력 팽창은 우크라이나 내부의 러시아계 및 기타 소수민족의 분리 욕구를 부추기는 결과를 초래해 동유럽의 불안정성을 증폭시켰다.

석유와 천연가스를 기반으로 2008~2009년 세계 금융위기를 극복하는 데 성공한 푸틴 정권은 경제난에 빠진 우크라이나 등을 압박했다. 당시 우크라이나 내부에서는 러시아와의 우호 관계를 강조하는 세력과 서부 유럽과의 유대 관계를 역설하는 세력이 대립하고 있었다. 극심한 부정부패를 자행하고 친러시아 성향을 드러낸 야누코비치Viktor Yanukovych 대통령은 이전까지 진행된 우크라이나의 EU 가입 협상을 중단하고 러시아와의 경제 협력을 강화한다고 발표했다. 우크라이나 내부의 친서방 세력은 정부의 결정에 반발하면서 2013년 11월 말 유로마이단 시위Euromaidan Protest와 내전이 발생했다. 그 결과 2014년 2월 말 우크라이나 동부를 기반으로 하는 친러시아 정권이 붕괴하고, 서부와 중부 지역을 기반으로 하는 친서방 정권이 등장했다.

러시아의 푸틴 정권은 우크라이나의 상황을 방관하지 않았다. 문제는 우크라이나 영토와 주권을 보장했던 1994년 12월의 부다페스트 안전보장각서였다. 하지만 푸틴은 "현재 우크라이나에서 진행되는 상황은 혁명이고, 혁명 결과 만들어진 우크라이나는 신생 국가"라고 규정하면서, 러시아는 "새롭게 탄생한 우크라이나와는 어떤 의무도 가지지 않는다"고 선언했다. 즉 유로마이단 시위로 러시아는 이전의 합의를 파기하고 우크라이나에 군사력을 사용하기로 결정했다. 하지만 미국과 NATO의 전면적인 군사 보복을 가져올 수준의 고강도 전면침공이 아니라, 매우 낮은 수준에서 제한적으로 행동하여 서방의 군사개입 가능성을 차단하려고 했다.

2 저강도 크림반도 침공

러시아의 팽창은 우크라이나 남부의 크림반도에서 시작되었다. 그 지역은 총 240만 명의 주민 가운데 65%가 러시아계, 15%가 우크라이나계, 11%가 크림 타타르인 등으로 불리는 기타 소수민족으로 구성되며, 러시아계가 절대다수를 차지하는 지역이다. 따라서 러시아 입장에서는 '같은 러시아 동포를 지원'한다는 명분을 내세워 개입하는 것이 가능했고, 이것을 주민자치의 관점에서 정당화할 수 있었다. 다만 침공은 전면 침공이 아니라 낮은 수준의 정치적, 군사적 개입으로 진행되었다.

2014년 2월 말 크림반도에서 러시아계 주민들이 시위하는 가운데 우크라이나계 주민을 중심으로 하는 반러시아 시위가 발생했다. 2월 25일 크림반도의 최대 도시인 세바스토폴에서 기존 시장이 사임하고 새 인물이 시장으로 선출되었으며, 27일 크림 지방정부에서 쿠데타가 발생해 친러시아계 정치인 악쇼노프Sergey Aksyonov가 크림 자치공화국 총리로 취임했다. 그 직후 세바스토폴의 러시아 흑해함대 병력이 인근 공항을 장악했다. 악쇼노프 자치공화국 총리는 외교권을 갖고 있지 않았지만, 러시아에 크림 자치공화국의 보호를 요청했다.[6]

....

6 소련 붕괴 후 흑해함대는 러시아와 우크라이나가 분할했으며, 세바스토폴 해군기지는 우크라이나가 러시아에 임대했다. 따라서 세바스토폴에는 러시아 해군 및 해병대가 주둔했으며, 이들 러시아 병력은 2014년 2월 크림반도 침공에서 결정적인 역할을 수행했다.

2014년 2월 27일 크림 자치공화국 지방의회 건물을 방어하는 러시아의 녹색 병력 (© Sebastian Meyer / Wikimedia Commons Public Domain)

2014년 3월 1일 러시아는 2,000명의 병력을 동원해 크림반도를 장악했다. 표식 없는 군복과 복면을 쓰고 러시아군 제식 장비로 무장한 '녹색 병력Little Green Men'은 크림반도의 독립과 질서 유지를 위해 '지역 주민들이 조직한 자경단'이라 자칭했지만, 실제로는 러시아군 특수부대 병력이었다. 초기 단계에 러시아 정부는 러시아 병력의 개입 자체를 부인했지만, 2014년 4월 푸틴 대통령이 러시아 특수부대의 개입이 있었다는 사실을 인정했다. 미국을 비롯한 국제사회는 러시아의 군사 개입에 반발했고, 오바마 대통령은 "러시아는 우크라이나 군사 개입에 대한 대가를 지불하게 될 것이다" 하고 경고했다. 하지만 구체적인 행동은 없었고, 무엇보다 우크라이나를 지원하기 위한 군사 개입도 없었다. IS의 이라크 침공으로 미국 및 서방 세계는 낮은 수준에서 이루어진 러시아의 우크라이나 침공 및 크림반도 합병 시도에 적극적으로 대응하지 못했다.

러시아 병력이 사실상 크림반도를 장악한 상황에서 크림 자치공화국 의회는 3월 11일 우크라이나에서 독립한다는 결의안을 통과시켰다. 3월 16일 러시아 편입과 자치공화국 독립 등 두 가지 선택지를 놓고 주민투표가 실시되었다. 투표 결과 96.77%가 크림 자치공화국의 러시아 귀속을 찬성했고, 3월 21일 러시아는 크림 자치공화국의 러시아 귀속을 공식 승인했다. 무력 충돌이 있었지만, 총 사망자는 5명으로 민간인 2명과 군인 3명 등이었다. 이로써 우크라이나 영토를 보장했던 1994년 부다페스트 안전보장각서는 파기되고 우크라이나는 크림반도를 상실했다.

3월 15일 미국은 우크라이나의 독립과 영토의 완결성이 유지되어야 한다는 결의안을 UN 안전보장이사회에 상정했고, 15개 이사국 중 13개국이 찬성했다. 하지만 중국이 기권하고 러시아가 거부권을 행사하면서 채택되지 못했다. 이에 3월 27일 UN 총회는 크림 자치공화국의 주민투표 및 러시아 귀속은 무효invalid라고 선언하는 결의안을 통과시켰다. 미국을 비롯한 100개국이 찬성하고 러시아를 비롯한 11개국이 결의안에 반대했으며, 중국 등 58개국이 기권, 24개국은 투표에 참여하지 않았다. 이후 미국 등 서방세계는 러시아에 대한 경제 제재를 부과해 러시아는 상당한 경제적 타격을 입기는 했다.

3 돈바스전쟁

경제 제재에도 러시아는 물러서지 않고 우크라이나에 대한 압박을 지속했다. 2014년 4월 우크라이나 동부 돈바스Donbas에서 러시아계 주민들의 분리독립 및 러시아 귀속 운동이 발생했다. 러시아는 정치적 지원을 넘어 특수부대를 동원했고, 러시아계 민병대에 무기를 지원했다. 녹색 병력은 우크라이나 동부 지역에서 활동하면서 우크라이나 병력과 충돌했다. 크림반도에서 러시아의 저강도 침공에 속수무책으로 당했던 우크라이나는 동부 돈바스 지역에서 격렬히 저항했다.

2014년 4월 러시아계 민병대 병력이 도네츠크Donetsk와 슬로비안스크Slovi-ansk 등 우크라이나 동부 지역 주요 도시의 관공서를 공격, 점거하면서 전투가 시작되었다. 우크라이나 정부는 국가기관을 공격하는 '테러 조직'을 격퇴하고자 병력을 동원해 러시아계 민병대 병력과 교전을 벌였다. 거점 도시를 장악하려는 군사 활동이 지속되는 가운데 러시아계 반군은 2014년 7월 17일 네덜란드 암스테르담에서 말레이시아 쿠알라룸푸르로 비행하던 민항기Malaysia Airlines Flight 17를 격추해 승무원 15명과 승객 283명 전원이 사망하는 사건이 일어났다. 그 직후인 7월 19일 우크라이나 정부군은 도네츠크 수복작전을 시작해 먼저 인근 지역을 장악했다. 러시아계 민병대는 우크라이나 정부군과의 교전에서 패배하면서 도네츠크 시가지 내부에 방어선을 구축했다. 8월 9~10일 정부군은 도네츠크 시가지에 대한 포격을 감행했다. 그 과정에서 수백 명의 민간인

2014년 5월 공격으로 전소된 마리우풀 경찰서 건물 (© Carl Ridderstråle / Wikimedia Commons CC BY-SA 4.0)

이 희생되었지만 우크라이나 정부군은 러시아계 민병대 병력을 화력으로 제압했고, 상황은 통제 가능한 수준으로 변화했다.

이에 러시아는 정규군을 동원했다. 2014년 8월 14일 러시아군 번호판을 장착한 차량이 우크라이나 국경을 넘어 러시아계 민병대가 장악한 지역으로 이동했다. 러시아 정규군 병력이 투입되면서 우크라이나 정부군은 다시 수세에 몰렸다. 전쟁은 대테러 작전 또는 분리 독립을 위한 비정규전에서 러시아와 우크라이나 정규군의 무력 충돌로 확대되었다. 2014년 9월 휴전협정(Minsk I)이 체결되었지만, 2015년 1월 다시 교전이 시작되어 도네츠크 국제공항을 둘러싼 전투에서 러시아계 민병대와 러시아 특수부대가 승리했다. 2015년 2월 두 번째 휴전협정(Minsk II)이 체결되어 2016년 말까지 특별한 무력 충돌 없이 사소한 교전만 벌어졌다.[7]

그러다 2017년 들어서면서 교전이 재발했다. 1월 말 러시아계 병력이 우크라이나 정부가 통제하고 있는 아우디이우카Avdiivka를 공격해 지역 주민들이 식량과 물, 전기 공급 없이 전장에서 고립되었다. 이후 다시 휴전이 이루어졌지만 얼마 안 가 곧 파기되었다. 휴전과 재교전이 반복되면서 양측 병력은 물

7 두 번의 휴전협정은 독일과 프랑스가 적극 중재했고, 우크라이나와 러시아, 유럽안보협력기구(OSCE: Organization for Security and Co-operation in Europe)가 서명했다. 여기에 돈바스 지역의 러시아계 민병대 병력을 대표하는 도네츠크 인민공화국과 루한스크 인민공화국 또한 국가 지위를 인정받지는 않았지만 합의 당사자로 서명했다.

론 주민들이 곤경에 처했다.

2019년 10월 '슈타인마이어 방식Steinmeier formula'에 따라 우크라이나 동부 지역이 자유선거를 비롯한 상당한 자치권을 가지는 상태로 우크라이나에 재귀속된다는 부분에 우크라이나 정부와 러시아계 세력이 합의했다. 양측은 포로를 교환하고 유럽연합 및 프랑스와 독일이 감시하는 선거를 실시하기로 했다. 2020년 7월 27일 29번째 휴전합의가 발효되었다. 하지만 이후에도 양측의 충돌은 간헐적으로 진행되었다. 2021년 러시아가 크림반도와 우크라이나 접경지대에 병력배치를 강화하면서 긴장이 더욱 고조되었다.

2014년 봄 이후 2021년 말까지 계속된 전쟁에 우크라이나 정부는 6만 4,000명 수준의 병력을 투입해 4,500명이 전사하고 1만 명 정도가 부상당했다. 우크라이나 동부의 러시아계 민병대 전사자는 5,700명 정도이며, 1만 3,000명의 부상자가 발생했다. 민간인 인명 피해는 훨씬 많았다. 1만 3,000명 정도가 사망하고, 3만 명 이상 부상을 입었다. 250만 명 정도의 우크라이나 국민들이 난민으로 전락했고, 그중 100만 명은 해외로, 150만 명은 우크라이나 내부에서 난민으로 생활하고 있다. 러시아군 사상자에 대한 정보는 매우 부족하다. 2014~2015년 동안 400~500명의 러시아 정규군이 전사한 것으로 추정되고, 2020년까지 1,500명 정도가 사망한 것으로 보인다.

4 러시아의 우크라이나 침공 위협

2021년 봄, 러시아는 또다시 군사력을 사용하겠다고 위협했다. 우크라이나에 대한 전면 침공은 미국과 NATO의 반발을 불러올 수 있기 때문에 러시아는 무력 사용 위협을 하고 우크라이나 국경에 병력을 집중시키면서 위기를 고조시켰다. 러시아는 '서방 세력의 동부 유럽으로의 확대'를 비난하면서, 향후 우크라이나가 NATO에 가입하지 않을 것과 동부 유럽에 대한 NATO의 군사력 감축을 요구했다. 이것은 전형적인 위기를 통한 협상력 강화 전술escalate to de-escalate이다. 미국 등 서방 측과 우크라이나는 러시아의 요구를 거부하면서도 우크라이나의 NATO 가입에 대해서는 미온적이다.

이후 소강상태가 유지되면서 전면적인 무력 충돌은 발생하지 않았다. 하지만 2021년 가을 러시아는 우크라이나 국경에 병력을 증강했다. 서방 측은 러시아가 우크라이나를 침공하려 한다고 경고했다. 미국과 프랑스, 독일 등은 구체적인 무력 사용 위협을 하지는 않았지만, 우크라이나를 침공할 경우 러시아에 대해 '전례 없는 경제 제재를 부과'하겠다고 강력하게 경고했다. 2022년 2월 러시아는 집결한 병력을 철수하겠다고 선언했지만, 서방 측은 러시아 철군에 대한 구체적인 증거가 없다는 입장을 고수하며 대화를 요구했다.

2022년 3월 1일 러시아의 공격으로 파괴된 키이우 통신탑 (© Mvs.gov.ua / Wikimedia Commons CC BY 4.0)

이 같은 상황에서 러시아는 우크라이나 정부 및 금융기관에 대한 사이버 공격을 감행하고, 돈바스 지역에서 간헐적인 포격을 가하면서 군사력 사용 위협을 지속했다. 미국은 러시아가 우크라이나를 침공하기 위해 무력 사용의 빌미가 될 사건을 날조하려 한다고 비난하면서, 푸틴 대통령이 이미 우크라이나 공격을 결정했다고 주장했다. 러시아의 지원을 받는 돈바스 지역의 민병대 및 반군 병력이 우크라이나 정부군을 공격하는 상황에서, 2022년 2월 24일 푸틴은 우크라이나에 대한 '특수 군사작전'을 선언하고 우크라이나를 전면 침공했다.

VI

맺음말: 탈냉전기 전쟁의 의미

1991년 12월 소련이 붕괴하면서 미국과 소련이라는 두 개의 강대국이 대립했던 냉전은 종식되고 국제질서는 미국 중심의 일극체제로 재편되었다. 이와 함께 1970년대 후반에 이미 시작된 ICT의 군사적 잠재력은 1990년대 이후 본격적으로 실현되었다. 다른 국가들을 압도하는 미국이라는 유일 강대국의 존재와 전장 상황을 정확히 파악하고 정밀하게 공격하는 ICT의 등장으로, 그리고 핵무기의 존재 때문에 주요 국가 사이의 전면 전쟁은 미연에 방지되었다. 하지만 전쟁은 발생했다. 탈냉전기의 전쟁은 고강도가 아니라 저강도 전쟁으로 진행되었다. 이것이 탈냉전기 전쟁의 가장 중요한 특징이다.

저강도 전쟁이기 때문에 전쟁 자체는 상당 기간 지속되었다. 동시에 상대방의 군사력을 물리적으로 파괴하는 방식이 아니라 정치적 의지를 약화시키는 정치적 목적을 가지고 전쟁이 수행되었다. '전쟁은 정치적 목적 달성을 위한 수단'이라는 클라우제비츠Carl von Clausewitz의 발언은 모든 시기에 적용되지만, 탈냉전기 전쟁에는 더욱 적절한 분석이다. 상대방의 군사력을 강력한 화력으로 분쇄하기보다 상대적으로 낮은 수준에서 군사력을 사용해 상대방의 정치적 의지를 약화시키는 방식으로 전쟁이 진행되었다.

따라서 상대방 정부와 국가의 역량을 파괴하고 권위와 통제력을 약화시키는 전략이 중요해졌다. 반대로 우호국에서의 국가 건설이 핵심 사안으로 부각되었고, 특히 우호국이 자신의 영역에서 자원을 동원하고 무력 수단을 독점하지 못하는 실패 국가인 경우에 국가 역량을 강화하는 작업은 전쟁의 승패를 좌우하게 되었다. 이를 위해 러시아는 우크라이나를 침공하면서 러시아계 병력에게 단순히 무기를 제공하는 것 이상으로 특수부대를 동원해 우크라이나 정부군에 저항하는 러시아계 반군을 지원했고, 미국은 아프가니스탄과 이라크 병력을 훈련시켜 해당 정부의 역량을 강화하려 했다. 하지만 어느 것도 쉽지 않았다. 초기 역량이 낮은 군사 조직을 훈련을 통해 강화하는 것은 어려운 일이었다. 미국은 아프가니스탄과 이라크전쟁에서, 러시아는 우크라이나의 러시아계 병력을 훈련하는 과정에서 많은 어려움에 직면했다.

군사기술 관점에서 1990년대와 2000년대에 주목받은 RMA는 탈냉전기 전쟁에서 결정적인 역할을 하지 못했다. 전쟁 자체가 저강도로 진행되면서, 고강도 전쟁을 상정하고 만든 RMA 군사기술은 적절하게 사용되지 못했다. 아프가니스탄과 이라크를 침공하는 단계에서 미국은 JSTARS로 대표되는 전장 인식 능력과 JDAM 등의 정밀 타격 능력을 활용했지만, 아프가니스탄과 이라크 전쟁에서 미국의 RMA 군사 능력은 결정적인 변수로 작용하지 않았다. 미국이 상대했던 아프가니스탄과 이라크 저항 세력은 JSTARS가 파악할 수 없는 개별 국가의 사회 조직 내부에 기반했고, 물리적 지형이 아니라 사회적 지형을 파악해야 하는 상황에서 RMA 군사기술은 효과를 발휘하지 못했다.

장기적 관점에서, 특히 미국 중심의 일극체제 관점에서 탈냉전기의 전쟁은 유일 강대국 미국의 정치, 경제, 군사적 능력을 고갈시켰던 전쟁으로 기록될 것이다. 미국은 2001년 일극체제 중심으로 유일 강대국의 지위를 향유했지만, 2021년 현재 시점에서 중국의 거센 도전에 직면한 상황이며, 아프가니스탄에서 철군하면서 지난 20년 동안의 노력에 대한 적절한 성과를 확보하는 데 실패했다. 2022년 2월 말 시작된 러시아의 우크라이나 침공은 상황을 더욱 복잡하게 만들었다. 탈냉전기 전쟁의 가장 중요한 정치적 의미는 바로 미국 중심의 일극체제를 예측보다 빠르게 종식시켰다는 사실일 것이다.

참고문헌

김충남·최종호, 『미국의 21세기 전쟁: 테러와의 전쟁, 아프간전쟁, 이라크전쟁, IS와의 전쟁을 해부하다』, 오름, 2018.
라지브 찬드라세카란, 『그린 존』, 북스토리, 2010.
스티븐 태너, 『아프가니스탄: 알렉산더 대왕부터 탈레반까지의 전쟁사』, 한국해양전략연구소, 2010.
오정석, 『이라크전쟁: 전쟁의 배경과 주요 작전 및 전투를 중심으로』, 연경문화사, 2014.
이근욱, 『아프가니스탄전쟁: 9·11 테러 이후 20년』, 한울, 2021.
이근욱, 『이라크전쟁: 부시의 침공에서 오바마의 철군, 그리고 IS 전쟁까지』, 한울, 2021.
황재연, 『미국의 아프가니스탄과 이라크 전쟁사』, 군사연구, 2017.

영화
<12 솔저스>(12 Strong, 2018), <그린 존>(Green Zone, 2010), <론 서바이버>(Lone Survivor, 2013), <아메리칸 스나이퍼>(American Sniper, 2014), <아웃포스트>(The Outpost, 2020), <허트 로커>(The Hurt Locker, 2009)

12

21세기 전쟁과 미래 전쟁

사이버, 로봇(드론), AI

박동휘 육군3사관학교 군사사학과 교수

I

4차 산업혁명과 전쟁

독일 정부를 위해 최신 기술 전략을 연구하던 과학자팀이 처음 사용했다고 알려져 있는 '4차 산업혁명'은 인공지능AI, 사물인터넷IoT, 로봇기술(드론), 자율주행 자동차, 가상현실VR 등이 주도하는 차세대 산업혁명을 뜻한다. 이 용어를 전 세계적으로 대유행시킨 인물은 세계경제포럼WEF: World Economic Forum 의장인 클라우스 슈바프Klaus Schwab였다. 그는 2015년 12월 12일 『포린 어페어스*Foreign Affairs*』에 「4차 산업혁명」이란 제목의 글을 기고해 대중의 이목을 끌었다. 슈바프는 이듬해 열린 다보스Davos 포럼에서 이전의 1, 2, 3차 산업혁명처럼 4차 산업혁명이 전 세계의 질서를 새롭게 만드는 동인이 될 것이라고 말했다.[1] 그의 선언적 강조 이후 이 단어는 현재와 미래의 경제, 정치, 사회 등 모든 분야의 논의에서 최대 화두가 되었다. 또한 앞으로의 전쟁을 논함에 있어서도 4차 산업혁명을 빼놓고는 이야기를 할 수 없게 되었다. 4차 산업혁명의 대표 기술들을 적용한 무기가 이 시대의 전장을 지배하고 있기 때문이다.

4차 산업혁명의 기술을 적용한 21세기와 미래 전쟁의 가장 큰 특징은 경계의 모호성으로 요약할 수 있다. 먼저 대부분의 과학기술은 민군民軍 이중 사용dual-use이 가능하다. 민수용으로 개발한 기술이 무기에 적용되고, 군사용으로 개발한 기술이 민간에서 사용 가능한 경우가 대부분이라 이에 대한 구분과 관리 감독이 쉽지 않다. 두 번째로 전쟁의 주체가 국가부터 테러 집단, 개인

....

1 1차 산업혁명은 물과 증기의 힘으로 생산을 기계화한 것을 말한다. 기술혁명으로도 불리는 2차 산업혁명은 전기의 힘으로 대량생산을 이루어낸 것을 말한다. 3차 산업혁명은 디지털 혁명으로 대중에게 더 잘 알려져 있다. 정보통신기술의 디지털 혁명으로 인류는 정보화 시대로 접어들게 되었다.

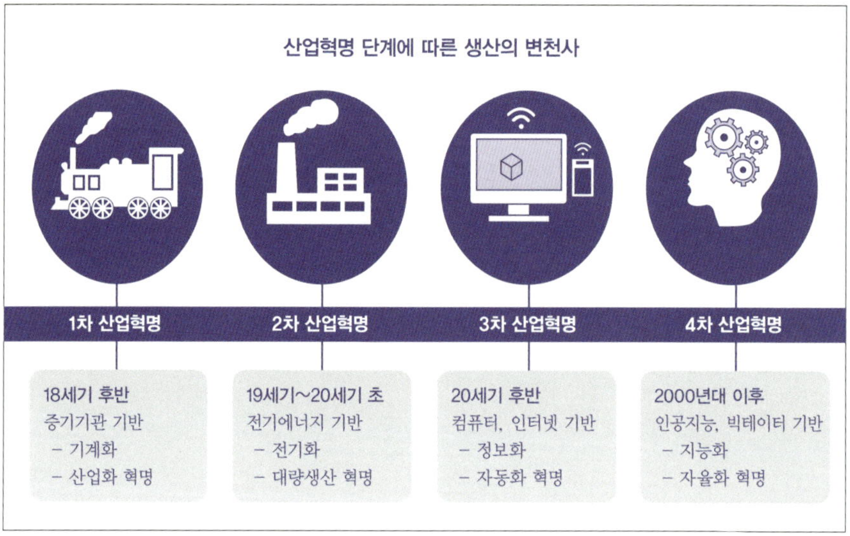

정보통신기술의 융합으로 이루어지고 있는 4차 산업혁명

에 이르기까지 이전보다 더 다양해지고 있다. 특별히 사이버전에서는 행위의 주체를 구분하기 쉽지 않을뿐더러 역량에 따라 개인이 국가와 단체(조직)보다 더 강할 수도 있다. 그것이 안보를 위협하는 행위인지 사이버 범죄인지에 대한 구분도 모호하다. 여기서 한발 더 나아가 인공지능 기술을 적용한 로봇은 전장에서 인간 전투원과 같은 대우를 받아야 하는지와 같은 주제에 대한 깊이 있는 논의도 필요한 날이 올 것이다. 세 번째는 시공간의 모호성이다. 전장 공간은 디지털 혁명으로 육·해·공·우주에서 사이버공간까지 확장되었다. 전쟁은 이 공간 모두에서 동시다발적으로 일어나게 되며 영역 간의 경계도 모호하다. 국경 침범 역시 자주 일어나며 통제가 쉽지 않게 변했다. 전투에 투입하는 로봇의 대표적 형태인 무인운송체는 유인운송체보다 외교적, 법적으로 자유롭게 타국의 주권 영역을 통과하고 있다. 더욱이 무인운송체는 지구 반대편의 원거리에 있는 조종사(지휘부)에 의해 통제되기도 한다. 사이버공간 전투는 이보다 더 시공간적으로 제약이 덜하다. 네 번째는 공격 목표이다. 과거에는 국가의 중요 시설과 군대, 지도자가 직접적인 공격 대상이었다면, 이제는 민간에 대한 공격이 국가의 안보와 직결되고 있다. 온라인상에 퍼지는 허위·조작정보와 국가 비밀도 새로운 공격 수단으로 사용되고 있으며, 온라인상의 여론은 적의 새로운 공격 목표이기도 하다. 다섯 번째로 전시와 평시의 구분이 모호해지고 있다. 국가와 국가에 준하는 집단 간의 무력 행위는 형식을 갖추고 진행되지 않으며, 시작과 끝이 명확하지 않다. 과학기술은 다양한 수준과 형태의 무력 행위를 만들어내고 있으며, 이는 전시에 국한되지 않고 평시에도 사용되어 그 위험성이 크다.

이러한 변화가 있는데도 4차 산업혁명 시대의 전쟁이 과거와의 단절을 의미하지는 않는다. 4차 산업혁명은 갑자기 일어난 것이 아니며, 이전의 산업(과학)혁명에 의해 축적된 기술을 바탕으로 하고 있다. 21세기 전쟁은 최첨단 무기의 경연이기도 하지만 그 이면에서 군인들은 여전히 재래식 무기를 함께 사용한다. 4차 산업혁명으로 탄생한 기술과 무기는 아직 완벽하지도, 완전히 전장을 장악한 것도 아니다. 언제 또 새로운 기술이 4차 산업혁명의 것보다 월등한 무기를 만들어 전장의 모습을 바꿔놓을지 알 수 없다. 또한 재래식 무기든 최첨단 무기든 이를 운용하는 주체는 인간이라는 사실 역시 간과할 수 없는 부분이다. 즉 아무리 훌륭한 최첨단 무기도 누가, 언제, 어떻게 사용하느냐에 따라 결과는 언제든 달라질 수 있다. 뒤에서 자세히 다룰 2020년 '나고르노-카라바흐 전쟁Nagorno-Karabakh War'과 하이브리드 전쟁hybrid war의 대명사가 된 2022년의 '러시아-우크라이나 전쟁Russo-Ukrainian War'은 이러한 사실을 극명히 보여주고 있다. 결국 전쟁에서는 과학science과 예술art 모두가 중요하다. 4차 산업혁명 시대에도 이것은 변하지 않는다.

본 장은 시대 위주의 앞 장들과 달리 사이버전, 로봇과 드론전, AI(인공지능)라는 세 가지 주제를 중심으로 21세기 전쟁과 미래 전쟁을 좀 더 자세히 이야기해보고자 한다.

II

사이버전

20세기 중반 시작된 정보통신 과학기술ICT; Information and Communication Technology의 급격한 발전은 정치, 경제, 사회, 문화 등 모든 분야에 걸쳐 새로운 기회를 창출해왔다. 하지만 이러한 발전은 긍정적 측면 이면에 사이버전cyber warfare이라는 새로운 공간에서의 안보적 위협도 만들어냈다. 인간은 이전까지 과학기술의 진보를 통해 육상으로부터 해상(해저), 공중, 우주까지 전장의 영역을 확장해왔다. 그런데 ICT의 발전은 자연의 공간을 넘어 인간이 창조한, 눈에 보이지 않는 사이버공간cyberspace까지 전장의 영역으로 끌어들였다.

미국은 사이버전의 중요성을 고려해 2006년 설립했던 공군의 사이버사령부를 2009년 3군 통합의 사이버사령부US Cyber Command로 확대 개편했다. 이에 발맞춰 이듬해 미국은 『국가안보전략*National Security Strategy*』을 통해 사이버공간을 제5의 전장 공간으로 명시했다. 그리고 미국 정보기관 커뮤니티는 글로벌 안보 위협에 관한 연례 정규 보고서의 2013년판부터 처음으로 사이버 문제를 포함하는 한편 이를 제일 먼저 언급하기도 했다. 2014년 보고서부터는 사이버 위협을 일으킬 주체로 테러리스트 단체, 사이버 범죄 조직과 함께 4개국(러시아, 중국, 이란, 북한)을 별도로 명시하기 시작했다. 이들은 다른 국가들에 비해 더 적극적으로 사이버공간에서의 비밀스러운 활동을 통해 그들의 국가적 이익을 추구하고 있다. 따라서 그들의 사이버전략을 살펴보는 것은 현재 은밀히 일어나고 있는 사이버전의 이해를 도울 것이다.

러시아는 궁극적으로 미국을 중심으로 한 서방 국가 주도의 인터넷 거버넌스와 체제를 근본적으로 변화시키고자 한다. 이를 위해 그들은 군사적으로 미국의 사이버사령부와 유사한 조직을 창설해 사이버전을 준비하고 있다. 특별히 러시아는 서구 국가가 사용하는 사이버전 대신 정보전information warfare과 하이브리드전hybrid warfare이라는 용어를 사용한다. 이는 전통적인 군사전략과 ICT 영역 전체를 포괄하는 것으로 사이버전보다 큰 개념으로 볼 수 있다. 러시아는 이 개념에 기초해 2007년 에스토니아, 2008년 조지아, 2014년 우크라이나에 대한 대규모 사이버공격을 실시했다. 그들은 2016년 미국 대통령 선거 결과에 영향을 주기 위해 온라인상에 허위·조작정보를 퍼뜨리고 민주당 전국위원회의 서버를 해킹하기도 했다. 더욱이 2022년 러시아의 우크라이나 침공은 러시아의 정보전 전략이 총망라된 하이브리드 전쟁이었다.

중국의 사이버전략은 경제 성장과 국내 정치의 안정, 잠재적 군사적 충돌 대비로 요약할 수 있다. 이러한 기조를 잘 보여주는 것이 표면적으로 사이버 보안을 기치로 내세워 가상공간에 구축한 '사이버 만리장성Great Firewall of China'이다. 중국의 지도자는 사이버공간을 주권 영역으로 설정해 해외 글로벌 IT 기업의 사업을 제한함으로써 후발주자인 자국 기업의 경쟁력을 높이고 있다. 또한 사이버 만리장성은 국내 정치체제 보호를 위한 인터넷 검열 시스템 역할도 하고 있다. 한편 중국은 서구의 앞선 과학 및 군사기술 탈취를 통해 미국의 패권에 도전하려 한다는 의심을 사고 있다.

끝으로 이란과 북한은 국제사회에서 예측 불가능한 국가로 분류하고 있다. 사이버공간에서도 마찬가지이다. 두 국가 모두 국가적 이익 실현을 위해 사이버전사를 적극적으로 양성하고 있다. 그들은 전·평시의 사이버전을 위한 전투요원일 뿐 아니라 금전과 기술 탈취 등 각종 사이버 범죄 행위에 가담하며 자유민주주의 체제와 국제질서를 심각하게 위협하고 있다.

1 사이버공간의 탄생

사이버공간은 냉전 초기 미국과 소련이 대립하는 과정에 탄생했다. 미국은 1945년 8월 초 일본 히로시마와 나가사키에 핵무기를 투하해 제2차 세계대전을 종식시켰다. 불과 4년 뒤 소련도 핵무기 개발에 성공했다. 미국과 소련이 핵무기로 서로 위협하는 상황에 놓이게 된 것이다. 당시 양국은 '상호확증파괴

MAD; mutual assured destruction'의 핵 억제전략을 사용했다. 여기서 상호확증파괴란 어느 한쪽이 상대방에게 선제 핵 공격을 가한다면 다른 쪽도 보복 핵 공격을 실시해 양측 모두 공멸하는 상황이 조성되므로 둘은 핵전쟁을 피하게 된다는 개념이다.

그런데 상호확증파괴 전략은 예방적 타격을 실시하는 국가가 유리하다는 심각한 논리적 결함을 갖고 있었다. 만약 핵에 의한 선제타격이 상대국의 핵무기 통제시스템을 완전히 마비시킨다면 보복 핵 공격은 실행할 수 없다. 미국은 최악의 시나리오를 상정해 핵 공격에도 운용 가능한 통신시스템을 고안하고자 했다. 그 방안은 핵시설을 통제할 수 있는 서버를 여러 곳으로 분산해 설치함으로써 일부 서버가 공격으로 파괴되더라도 나머지 서버들은 온전히 작동할 수 있게 하는 것이었다. 여기서 고려할 사항은 서로 떨어진 서버들의 연결 방법과 원거리에 위치한 서버들에 의한 핵무기 통제 방법이었다.

랜드연구소의 연구원 배런Paul Baran은 원거리 서버 연결을 위한 방법으로 정보를 메시지 블록들로 나누는 통신시스템 개념을 제안했다. 그러나 미국 정부는 현실성이 떨어진다는 이유로 그의 제안에 주목하지 않았다. 이와 별개로 비슷한 시기에 영국인 데이비스Donald Davies도 상업적 목적으로 유사한 개념을 고안했다. 그는 전화에 사용하는 수동의 서킷교환 방식이 디지털화된 정보의 원거리 전송에 적합하지 않다고 생각했다. 그도 배런처럼 정보를 메시지 블록 형태로 나누는 방법을 제안한 것이다. 그는 이를 '패킷교환packet switching'이라 지칭했다. 현재 인터넷에 쓰이는 정보 교환 방식은 배런과 데이비스에 의해 고안된 것이다.

패킷교환 방식은 미국과 소련 간의 군사기술 경쟁으로 조금 더 빨리 세상의 빛을 보게 되었다. 1957년 10월 소련은 스푸트니크Sputnik 인공위성 발사에 성공했다. 냉전 초기 우주로 인공위성을 쏘아올린 소련의 군사기술은 경쟁자였던 미국을 큰 충격에 빠뜨렸다. 그리고 이듬해 미국 국방부의 고등연구계획국ARPA; Advanced Research Projects Agency의 설립으로 이어졌다. 현재 국방고등연구계획국DARPA; Defense Advanced Research Projects Agency으로 불리는 기관이다. 이 기관은 소련보다 앞선 우주항공과 군사기술을 확보하기 위한 여러 프로젝트를 관장했다. ARPA는 천문학적인 예산을 사용해 12대가량의 메인프레임 컴퓨터를 구매했다. 원거리 통신이 가능한 수준의 컴퓨터들이라 가격이 매우 비쌌다. 이들 컴퓨터는 ARPA와 연구 계약을 맺은 몇몇 대학과 연구소에 배치되었다. ARPA는 컴퓨터를 통해 전국에 흩어져 있는 여러 대학과 연구소 간에 연구 내용과 자원을 실시간으로 상호 교환시키려 했다.

그런데 ARPA의 계획은 예상치 못한 큰 문제에 봉착했다. 각각의 컴퓨터는 다른 컴퓨터와 호환되지 않았다. 미 전역에 퍼져 있는 각기 다른 연구 커뮤니티들이 가지고 있는 연구 자원을 공유할 수 없는 상황이었다. 이러한 문제의 해결을 위해 등장한 것이 인터넷의 초기 모델로 알려진 '아르파넷ARPANET'이었다.

ARPA의 지원을 받은 미국 컴퓨터 과학자들의 노력은 1969년 10월 29일 마침내 결실을 맺었다. 연구자인 클라인Charley Kline이 캘리포니아대학교 로스앤젤레스 캠퍼스UCLA의 네트워크 측정 센터Network Measurement Center에서 같은 주 북부의 팔로알토에 위치한 스탠퍼드연구소Stanford Research Institute의 컴퓨터로 'LOGIN'이라는 첫 메시지를 발송했다. 이때 스탠퍼드연구소의 시스템에 문제가 생겨 'LO'만 전송되었다. 현재 사용하고 있는 인터넷 데이터 전송 방식의 첫 성공이었다. 이는 앞으로 전 인류에게 새로운 기회를 창출해줄 사이버공간의 탄생을 알리는 신호였다.

소련과의 군사적 경쟁 때문에 탄생했는데도 초창기 사이버공간에 대한 연구는 이를 만들어낸 컴퓨터 과학자와 공학자, 수학자가 이끌었다. 서서히 새로운 공간은 자본주의적 열망과 정보의 확산이라는 목표 아래 대중화의 길로 나아갔다. 사이버공간의 대표적인 예인 인터넷의 대중화로 ICT는 비약적인 발전을 이루었고, 이는 상업적으로 가장 가치 있는 수단이 되었다. 그런데 사이버공간의 급속한 팽창은 인간을 눈에 보이지 않는 새롭고 다양한 범죄와 폭력, 불법 행위에도 노출시켰다. 급기야 국가 또는 국가에 준하는 집단은 사이버공간에서 조직적인 군사적 행동을 시작했다. 즉 사이버공간은 정치, 경제, 사회적으로 인류를 진일보시킴과 동시에 역설적으로 전 세계를 새로운 종류의 전쟁터로 몰아갔다.

2 사이버전의 이해

언론은 세밀한 분석 없이 사이버공간에서 일어나는 모든 형태의 불법적 범죄 행위를 사이버전으로 구분하는 경향을 보인다. 무분별한 사이버전 용어의 남발은 단순한 용어의 혼란을 넘어 사람들을 전쟁의 공포로 몰아넣기도 한다. 반면 명확한 용어의 정의는 눈에 보이지 않는 사이버전의 성격과 특징, 그 중요성에 대한 이해를 제공한다. 따라서 사이버전에 대한 잘못된 인식의 배제와 정확한 이해를 돕기 위해 사이버, 사이버공간, 사이버전을 정의하고자 한다.

'사이버'는 '사이버네틱스Cybernetics'의 준말이다. 어원은 그리스어로 '키잡이'를 뜻하는 'kubernetes'이고, 훗날 영어의 '통치하다'는 뜻의 'govern'이 된다. 따라서 사이버네틱스는 '조종'과 '통제'라는 두 가지 의미를 담고 있다고 볼 수 있다. 이 단어는 수학자 위너Norbert Wiener에 의해 널리 쓰이게 된다. 그는 자신이 창안한 새로운 학문을 지칭하는 말로 '사이버네틱스'를 택했다. 그것은 스스로 최적의 상태, 또는 의도된 특정 상태에 도달할 수 있는 시스템을 연구하는 학문이었다. 또한 그의 저서 『인간을 이용하는 인간*The Human Use of Human Beings*』(1950)은 그 용어를 인간과 기계 사이에 메시지를 전송하는 이론으로 정의했다. 즉 사이버는 의사소통과 통제의 시스템을 의미하는 것이었다.

'사이버공간'은 '사이버'와 '공간'이 합쳐진 단어이다. 미국계 캐나다 소설가 깁슨William Gibson은 이 용어를 가장 먼저 사용한 인물이다. 그는 자신의 공상과학소설 『뉴로맨서*Neuromancer*』(1984)에서 사이버공간을 "전 세계 수억 명의 합법적 운영자와 수학 개념을 배우는 어린아이들이 매일 경험하는 합의된 환상… 인간 체계 내에 보유한 모든 컴퓨터의 뱅크로부터 추출된 데이터의 시각적 표상, 상상 이상의 복잡함, 정신의 비공간nonspace 속을 누비는 빛의 행렬, 데이터의 무리와 군집"으로 묘사했다.

사이버공간에 대한 현대적 의미는 물리적 측면에서 수천만, 아니 그 이상의 상호 연결된 컴퓨터, 서버, 라우터, 광섬유 케이블이 만들어낸 정보기술 기반시설의 독립된 네트워크를 의미한다. 이는 인터넷, 통신네트워크, 컴퓨터시스템, 그리고 중요 산업시설 내에 있는 임베디드 프로세서들과 컨트롤러들을 포함하는 것이다. 추상적인 측면을 포함한 사이버공간은 ICT를 사용해 독립되거나 연결된 네트워크들을 통해 정보의 생산과 저장, 수정, 교환, 이용이 행해지는 공간이다. 이 공간은 컴퓨터 과학과 전자공학, 전자기 스펙트럼으로 만들어진 독특하고 구별되는 정보환경 속에 위치한 글로벌 영역으로 볼 수 있다. 여기에 인간의 정신적 사고 과정을 포함한다면, 정의는 사이버공간을 네트워크와 기계들로 구성된 물리적 하드웨어, 데이터와 미디어로 대표되는 정보, 인간의 정신적 사고 과정과 그들 간의 사회적 관계가 일어나는 가상의 세계 모두를 말하는 것이 된다. 즉 사이버공간은 컴퓨터 과학기술에 의해 탄생한 물리적 장치들과 인간의 사고와 인지 과정을 통해 만들어지는 것들, 그리고 그 둘 사이의 상호작용으로 빚어낸 가상의 공간이다. 이는 독립적으로 존재할 수도 있지만, 인간과 과학기술이 만들어낸 장치들이 존재하는 기존의 공간과 긴밀한 연계성을 가지고 존재한다고 볼 수 있다.

ICT도 이전의 다른 과학기술처럼 민간과 군 모두에서 사용이 가능하다. 국가 또는 이에 준하는 집단은 언제든 ICT를 군사적으로 활용할 수 있으며, 그들의 전쟁과 분쟁은 ICT가 만든 제5의 전장 공간에서도 발발할 수 있다. 그러나 사이버전을 행위자들이 ICT라는 수단을 갖고 사이버공간에서 벌이는 전투로만 단순히 묘사하기는 어렵다.

사이버전의 정의는 주체가 국가라는 인식 또는 명시하지는 않지만 국가를 떠올리게 하는 방식이 주를 이루고 있다. 미국 대통령 안보 특별보좌관과 국가안보실 사이버안보 디렉터였던 클라크Richard A. Clarke와 네이크Robert Knake는 사이버전(쟁)을 특정 국가가 손상 또는 파괴를 일으키기 위한 목적으로 다른 국가의 컴퓨터 또는 네트워크에 침투하는 행위로 규정했다.

그런데 사이버전의 주체는 국가로만 한정되지 않는다. 공격 대상과 목표는 군대, 국가의 지도자와 핵심 기반시설만이 아니다. 공격의 행위 주체는 전통적인 군인만이 아닌 컴퓨터 전문가와 일반 인터넷 사용자로까지 확대될 수 있다. 모든 것이 연결된 사이버공간의 특성처럼 공공과 직접 연결된 민간 영역부터 국가 안보와 전혀 상관이 없을 것 같은 일반인 역시 사이버공격의 대상이 될 수 있다. 따라서 사이버전은 좀 더 포괄적이고 유동적인 방식으로 정의할 필요가 있다. 즉 사이버전은 사이버공간에서 국가 또는 국가에 준하는 정치집단이 자신들의 정치적 의지를 달성하기 위해 직접 또는 제3자 등을 이용해 ICT로 상대방의 컴퓨터, 서버, 네트워크에 침입하거나 파괴, 정보 탈취 및 정상적 활동을 방해하는 등의 다양한 활동을 말한다.

3 주요 사이버전 사례

사이버 안보와 보안에 대한 보편적 인식이 없던 1983년 영화 〈워게임War-Games〉이 개봉되었다. 십대 해커를 주인공으로 한 사이버전을 다룬 최초의 영화였다. 주인공은 실수로 전화 모뎀을 통해 미 공군 핵미사일 기지의 서버에 접속해 미국과 소련 간의 핵전쟁을 일으킬 뻔했다. 이 영화는 미국의 정책 결정자들에게 컴퓨터 범죄 예방을 위한 법 제정의 필요성을 환기시켰다. 안보 전문가들 역시 사이버전의 위협을 경고하고 나섰다. 대표적으로 1993년 아르킬라John Arquilla와 론펠트David Ronfeldt는 '사이버전쟁이 온다!Cyberwar is Coming!'는 제목의 글로 정보혁명이 사이버전으로 이어질 것을 경고했다.

현실판 사이버전의 시작은 코소보Kosovo 분쟁으로 거슬러 올라간다. 코소보를 둘러싼 세르비아와 알바니아 민족 간의 오래된 갈등이 격화되어 1999년 물리적 무력 충돌로 비화되었다. 그들의 분쟁은 온라인상에서도 전개되었다. 양측에 속한 국가와 시민들 모두가 뒤섞여 상대방을 악의적으로 묘사하고 잘못된 정보를 퍼뜨렸다. 또한 대내외적으로 우호적 여론을 형성하기 위한 선전 활동도 이루어졌다. 여기에 양측의 컴퓨터 전문가와 조직화된 해커 집단, 알바니아를 지지하는 미국과 나토, 세르비아를 지지하는 러시아와 중국까지 참여해 서로의 웹사이트 탈취, 인터넷 서비스 방해 등을 일으켰다.

국가의 개입 여부와 조직적 공격의 정도 측면에서 2007년 에스토니아를 상대로 실시한 대규모 사이버공격을 사이버전의 시작으로 보는 시각도 있다. 에스토니아는 러시아 서쪽에 위치한 인구 130만 명의 작은 국가이다. 소련의 몰락과 함께 1991년 독립한 에스토니아는 친서방 정책을 취하며 2004년 NATO와 EU 가입에 성공했다. 그런데 영광스런 과거 제국의 부활을 노리던 러시아는 에스토니아의 친서방 정책을 노골적으로 반대해왔다. 2007년 4월 27일 에스토니아는 러시아로부터 상징적인 독립을 시도했다. 제2차 세계대전의 전사자를 기리기 위해 소련이 에스토니아 수도 탈린 중심부에 세운 '탈린 해방 기념비Monument to the Liberators of Tallinn'를 시의 외곽으로 이전시킨 것이다. 이에 대한 러시아의 복수는 사이버공간에서 조직적 폭력 행위로 나타났다.

에스토니아에 대한 사이버공격은 4월 27일 22시부터 즉각 개시되어 약 3주간 지속되었다. 공격의 대상은 에스토니아 정부의 공식 웹사이트를 비롯해

대규모 사이버전의 빌미가 된 탈린 해방 기념비

주요 언론사와 은행, 학교, 통신사, 민간 회사 등 국가 기능에 필요한 모든 곳이었다. 공격은 웹사이트 탈취 및 위·변조 공격, 단순한 도스DoS; Denial of Service(서비스 거부) 공격부터 조직화된 디도스DDoS; Distributed Denial of Service(분산 서비스 거부) 공격에 이르기까지 다양했다. 에스토니아는 작은 신생 국가였지만, 법적으로 유효한 인터넷 기반 총선거를 최초로 실시할 만큼 사이버 분야에서만큼은 선도적 국가여서 그 피해와 불편은 더 컸다.

에스토니아 정부를 비롯한 서구 국가와 글로벌 컴퓨터 전문가들은 공격의 배후로 러시아를 지목했다. 공격에 동원된 약 100만 대의 좀비 PC 중 대다수가 러시아 것이었다. 공격에 사용된 IP 주소들 중 일부는 러시아 정부기관들이 사용하는 것이었다. 이외에도 많은 과학적 증거들이 러시아를 배후로 지목했다. 그러나 러시아는 자신들의 관련성을 강하게 부인했으며, 공격의 배후를 밝히기 위한 에스토니아의 노력에도 협조하지 않았다. 결국 공격 출처를 밝히는 행위와 그에 대한 적절한 처벌 및 보복 행위는 이뤄지지 않았다. 그런데도 전 세계는 2007년 첫 대규모 사이버공격 사례를 통해 사이버전이 현실화되었음을 명확히 인식하게 되었다. 또한 NATO는 사이버공격에 대한 회원국 간의 집단방위를 위해 에스토니아 수도 탈린에 NATO 합동 사이버방어센터를 설립했다. 대한민국도 국제 공조를 통한 사이버안보 증진을 위해 2022년 5월 NATO 합동 사이버방어센터의 정회원 자격을 얻었다.

2008년 러시아는 또다시 전 세계를 놀라게 했다. 그들은 조지아를 전통적

러시아-조지아 전쟁 전황도

공간과 가상의 공간에서 동시에 군사적으로 공격했다. 러시아의 하이브리드전 개념이 적용된 것이다. 인구 400만 명의 조지아는 유럽과 아시아가 만나는 전략적 거점인 캅카스 지방에 위치한 국가이다. 조지아 민족은 1991년 소련으로부터 독립하는 과정에서 친러시아 성향의 이질적인 민족들과 함께 하나의 국가를 이루었다. 이 문제는 러시아와 조지아 간의 분쟁으로 이어졌다. 미국을 향한 친서방 정책을 취한 조지아 정부와 조지아로부터 독립을 외치는 친러시아 성향의 민족들의 대립은 끊임없이 이어졌다.

2008년 조지아와 분리 독립을 외치던 친러시아 성향의 민족들 간의 긴장감이 그 어느 때보다 높아졌다. 급기야 8월 7일 조지아의 중무장한 군대가 테러 행위를 진압하기 위해 무력 행사에 나섰다. 러시아는 그에 대한 대응으로 즉각적으로 육·해·공 세 개의 전선에 재래식 군사력을 투입했다. 그런데 또 하나의 전선이 더 있었다. 바로 사이버공간이었다. 이미 개전 3주 전인 7월에 조지아 정부의 주요 웹사이트가 러시아로 의심되는 세력의 디도스 공격을 받은 상태였다. 당시 공격으로 조지아 대통령의 웹사이트가 약 24시간 동안 접속 불가능한 상태에 놓이기도 했다. 불길한 일에 대한 전조처럼 보였다.

러시아의 재래식 전력이 조지아의 국경을 넘기 하루 전인 8월 7일, 조지아의 지휘 체계를 무력화시키기 위한 사이버공격이 시작되었다. 본진이 공격을 개시한 8일 조지아의 주요 서버에 대한 통제권이 외부 세력에게 넘어갔다. 조지아의 대통령, 국방부, 내무부, 외교부, 의회 등의 웹사이트들이 디도스와

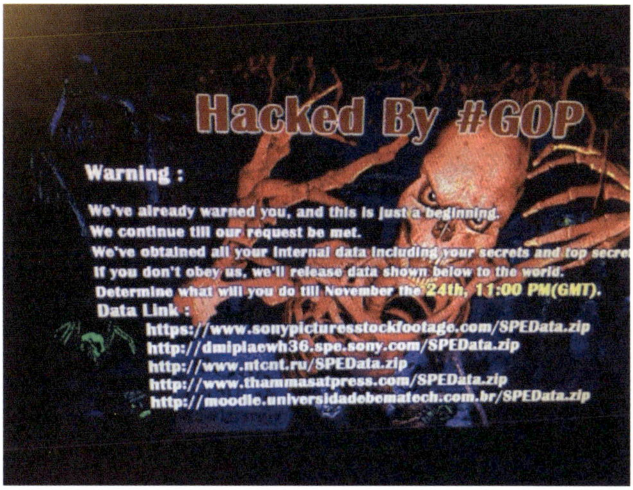

해킹당한 소니 내부 컴퓨터의 모니터 화면

멀웨어, 웹사이트 위·변조 공격을 받아 기능을 완전히 상실했다. 사이버공격은 조지아 시민들도 공포로 몰아넣었다. 조지아 시민들이 가장 많이 사용하는 인터넷 커뮤니티 사이트, 뉴스포털, 영문 뉴스 사이트, 민영 TV, 그리고 외국계 통신사 등도 사이버공격으로 무력화되었다. 시민들은 전쟁에 관한 소식부터 전선 상황, 현재 취해야 할 행동 요령 등 중요한 정보를 제공받지 못해 불안에 떨어야 했다. 조지아를 도와줄 외국 정부와 언론도 조지아에서 벌어지는 상황을 알지 못했다.

러시아는 육상과 해상, 공중, 사이버공간의 4개 전선에서 압박해 단 5일 만에 조지아의 항복을 받아냈다. 러시아는 차이가 현격한 재래식 군사력만으로도 손쉬운 승리를 얻을 수 있었다. 그런데 그들의 사이버공격은 조지아를 더 쉽게 무력화시켰다. 2008년 러시아와 조지아 간의 전쟁은 앞으로 벌어질 새로운 형태의 전쟁 양상인 하이브리드 전쟁의 첫 사례였다. 그런데 2010년대 들어 사이버전은 스파이전, 사보타주sabotage, 사이버 범죄와 그 구분이 모호해지기 시작했다. 2010년 6월 스턱스넷Stuxnet 공격은 사보타주 형태의 사이버전이다. 매우 복잡한 형태의 스턱스넷이라 불리는 웜 바이러스가 이란의 핵 개발 시설을 노렸다. 이란의 핵 개발 시설을 통제하는 스카다SCADA: Supervisory Control And Data Acquisition가 공격을 받아 물리적 피해가 발생했다. 길지 않았지만 이 일로 이란의 핵 개발이 지연되었다고 평가된다. 공격의 배후로는 미국과 이스라엘의 정보기관이 지목되었다.

2014년 소니 해킹 사건은 정치적 목적을 위해 국가가 사이버 수단을 적극적으로 이용할 수 있다는 것을 보여주었다. '평화의 수호자GOP: Guardians of Peace'라는 이름을 가진 해커 단체가 북한의 독재자 김정은을 풍자한 영화 〈인터뷰The Interview〉의 상영을 반대할 목적으로 세계 최대 영화사인 소니의 서버에 침투했다. 이때 회사와 직원 정보가 유출되었다. 민간 회사에 대한 공격이었지만 미국은 이를 국가 안보를 위협하는 행위로 규정했다. 정황적 증거와 과학적 조사 결과가 북한을 배후로 지목했다. 북한은 계속해서 사이버전사를 활용해 국가의 이익을 위한 각종 불법적 행위를 자행하고 있다. 그들은 대한민국의 안보를 직접적으로 위협하는 것을 넘어 국가 통치 자금 확보를 위한 공격도 이어나가고 있다. 대표적으로 2016년 방글라데시 중앙은행 해킹 사건과 2017년의 워너크라이WannaCry 랜섬웨어 공격, 그리고 시도 때도 없이 계속되는 암호화폐 시장에 대한 사이버공격을 들 수 있다.

러시아도 공격 방식을 다변화하고 있다. 2015년 12월 우크라이나 전력회사에 대한 사이버공격이 발생했다. 약 23만 명의 우크라이나 주민이 최소 1시간에서 6시간까지 전기를 사용하지 못했다. 유사한 공격은 이후 계속 이어졌다. 러시아가 친서방 정책을 펼치던 우크라이나를 압박하기 위해 사이버공격을 선택했던 것이다. 러시아는 2016년 미국 대통령 선거에 개입하기도 했다. 그들은 선거 결과에 영향을 주기 위해 온라인상에 허위·조작정보를 퍼뜨렸다. 러시아 해커들은 미국 민주당 전국위원회를 해킹해 유력한 대통령 후보였던 힐러리 클린턴Hillary Clinton에게 불리한 정보들을 유출했다.

중국은 사이버작전을 통해 오랫동안 미국 등 선진국의 과학기술을 탈취해 왔다고 의심받고 있다. 이를 기반으로 중국이 외관상 미국의 것과 닮은 최신 무기를 개발하고 있다는 의심도 받고 있다. 이 문제는 미국과 중국의 주요 정치적 의제가 된 지 오래이다. 2021년 7월 19일 미국은 같은 해 초에 발생한 마이크로소프트의 이메일 서버 소프트웨어 '익스체인지'를 겨냥한 해킹 공격을 비롯해 각종 사이버공격에 중국 정부가 깊이 관여하고 있다고 주장했다. 미국과 NATO는 한목소리로 중국 국가안전부와 연계된 해커들과 중국 정부의 보호를 받는 해커들이 글로벌 기업에 대한 랜섬웨어 공격과 기술 탈취 등의 악의적 사이버 활동을 하고 있다고 보고 있다.

사이버전은 전시에 전장의 한 영역에서만이 아니라 평시에도 은밀히 일어나고 있다. 국가는 전면전 발생 시 사이버수단을 적극적으로 활용해 전쟁을 유리하게 끌고 가고자 할 것이다. 평시에 사이버공격은 국가의 이익을 위해 사용할 수 있는 매우 유용한 수단이다. 직접적으로 적의 주요 시설을 타격해 정치적 목적을 달성할 수 있을 것이다. 또는 사이버 범죄 행위와 유사한 형태로 금전과 기술 탈취로도 일어날 수 있다. 즉 사이버전은 국가가 전시이든 평시이든 활용할 수 있는 전 세계적 안보를 위협하는 새로운 수단이라 할 수 있다.

러시아는 2022년 2월 24일 우크라이나를 전격적으로 침공했다. 러시아 블라디미르 푸틴Vladimir Putin 대통령은 우크라이나의 '탈나치화'와 '중립화'를 전쟁의 명분으로 삼았다. EU와 NATO에 가입하려는 우크라이나의 친서방 정책에 대한 강력한 반발이었다. 속전속결의 전략에 따라 러시아 군대는 2014년 이후 분쟁 지역이었던 우크라이나 동부 돈바스뿐 아니라 북쪽 국경과 남쪽의 크림반도 등 3면에서 진격해왔다. 이는 냉전 이후 가장 큰 전면전으로 우크라이나는 물론 전 세계를 충격에 빠뜨렸다. 그러나 조기 결전을 통해 전쟁 종결을 원했던 러시아의 군사적 목표는 우크라이나의 항전 의지와 국제사회의 전폭적인 지지로 큰 차질을 빚었고, 전쟁은 장기전으로 접어들게 되었다.

러시아의 우크라이나 침공은 단순한 재래식 전쟁이 아닌 다양한 수단이 결합된 하이브리드 전쟁의 전형이었고, 그 핵심에 사이버전이 있었다. 러시아는 전쟁 이전부터 사이버전 전략을 통해 우크라이나를 무너뜨리고자 했다. 2022년 1월 13일 러시아 관련 해커가 제작한 것으로 추정되는 랜섬웨어로 위장한 파괴형 '와이퍼 멀웨어wiper malware'가 등장해 우크라이나의 주요 시스템을 노렸다. 다음 날인 1월 14일에는 대규모 디도스 공격이 발생해 약 70여 개의 우크라이나 정부기관 웹사이트가 다운되어 서비스를 제공하지 못하게 되었다. 더욱이 위·변조 공격을 받은 일부 정부 웹사이트의 홈페이지 화면에 "우크라이나인이여! 너희의 모든 개인 데이터가 인터넷상에 업로드되었다. 컴퓨터에 있는 모든 데이터는 파괴되었고, 그것들을 복구하는 것은 불가능하다. 너희들과 관련된 모든 정보가 세상에 공개되었다. 두려워하고 최악을 기대하라"라고 쓰여 있었다. 이후에도 전쟁 발발 이전까지 러시아와 이를 추종하는 세력에 의해 계속된 사이버공격으로 우크라이나인들은 단순한 서비스 사용의 불편 정도가 아닌 물리적 전쟁 발발을 예상하며 공포에 떨어야 했다.

2월 24일 물리적 재래식 전쟁 발발 직전, 마치 공격 준비 사격처럼 러시아에 의한 집중적 사이버공격이 발생했다. 사이버 칼날은 러시아의 전면적 침공에 우크라이나가 효과적으로 대응하지 못하도록 군과 정부 등의 핵심 네트워크를 마비시키고자 했다. 이에 더해 전쟁 초반 볼로디미르 젤렌스키Volodymyr Zelensky 우크라이나 대통령이 폴란드로 탈출했다는 허위·조작정보disinformation가 온라인상에 확산되어 러시아 침략에 저항하는 우크라이나 군인과 국민들의 사기가 꺾일 위기에 놓이기도 했다. 흔히 일반 대중에게 가짜 뉴스로 불리는 허위조작정보는 악의적 행위자가 전·평시 상대국의 사회혼란과 저항의지 감소 등을 일으키기 위해 의도적으로 허위, 조작, 또는 잘못된 정보를 퍼뜨리는 것을 말한다. 단순한 글만이 아니라 생성형 인공지능generative AI 등 최신 컴퓨터 기술이 동원되어 정교하게 조작된 사진과 동영상이 소셜미디어와 온라인 스트리밍 서비스를 통해 전 세계로 유포되어 국가안보에 큰 문제가 되고 있다. 이는 사이버심리전, 인지전cognitive warfare 등과도 직접적으로 연결되어 있다. 허위조작정보의 위험을 인지한 젤렌스키는 즉각 우크라이나 수도 키이우에 있는 자신의 모습을 찍은 영상을 소셜미디어에 공개해 적극 대응하는 상황이 벌어지기도 했다. 이후에도 러시아의 물리적 공격과 사이버전에 대항해 우크라이나는 사이버전의 도구로써 소셜미디어를 전쟁의 추악한 실상을 대외적으로 알리는 매체이자 자신을 지지해달라고 호소하는 창구로 사용했고, 내부적으로는 국민들의 저항의식을 고취하기 위한 용도로 적극 활용했다.

러시아와 우크라이나 간의 물리적 전쟁은 사이버공간으로도 전이되어 활발히 진행되었다. 양측의 군과 정부에 소속된 사이버전사들은 정치·군사적으로 중요한 목표물에 대해 사이버 수단을 통해 공격과 방어를 지속했다. 이들만이 아니라 민간 IT 전문가와 해커, 일반인까지도 자신들이 지지하는 국가를 위해 사이버전에 뛰어들었다. 게다가 사이버전장에는 국경과 인종, 나이와 성별조차 구분이 없었다. 대표적으로 국제적인 핵티비스트 그룹 어나니머스Anonymous는 러시아에게 사이버전쟁을 선포했다. 우크라이나를 지지하는 국내외 IT 전문가부터 일반인들까지 많은 사람들이 텔레그램Telegram을 통해 공격 정보를 공유하며 공동으로 러시아를 상대로 한 사이버전을 수행했다. 반대로 러시아를 지지하는 해커 그룹과 IT 전문가, 일반인들 역시 러시아의 군사작전을 돕기 위해 우크라이나를 상대로 한 사이버전을 벌였다. 즉 러시아-우크라이나 전쟁은 전면전에서 사이버전 수단이 실제로 군사적으로 어떻게 활용되고 있는지 확인시켜주는 중요한 사례라 할 수 있다.

III

로봇과 드론전

1 로봇의 어원과 현대적 의미

'로봇robot'이라는 단어의 기원은 1,000년 전으로 거슬러 올라간다. 고대 교회 슬라브어Old Church Slavonic 단어인 '라보타rabota'는 중세 중유럽 농노제도 아래에서 노동을 강요받는 사람을 뜻했다. 철자가 하나 바뀐 체코어 '로보타robota'는 땅 주인을 위한 농노의 고된 노동을 뜻할 뿐 아니라 힘들고 단조로운 일이라는 의미도 함께 갖고 있었다.

현대적 의미의 로봇은 체코 극작가 차페크Karel Čapek가 1920년 출판한 희곡「로숨의 유니버설 로봇Rossumovi Univerzální Roboti」에 처음 등장했다. 로숨Rossum 박사와 그의 조카는 인간의 노동을 대체할 인조인간 로봇을 만들어 상용화에 성공했다. 주인공 도민Domin을 비롯한 몇몇 사람들은 로봇을 만들어 전 세계로 수출했다. 인간적인 욕구 없이 오로지 노동만 하는 로봇은 급속도로 인간사회에서 중요한 위치를 차지했다. 그러나 인공지능을 지닌 로봇은 인간의 역사와 삶을 통해 배운 지식과 판단을 기초로 자신들의 창조주인 인간에게 반기를 든다. 결국 로봇은 인간사회를 파멸시킨다.

그런데 20세기 들어 차페크의 희곡에 등장했던 상상의 산물 로봇이 현실 세계에 등장했다. 그리고 인간사회의 다양한 분야에 큰 파장을 불러일으키고 있다. 희곡에서처럼 로봇은 노동과 직접적으로 관련되지 않은 기능 전부를 제거한 가장 값싼 노동자로서 산업 현장으로부터 가정에서까지 인간의 일을 대신하고 있다. 더욱이 차페크의 묘사처럼 영혼도 본능도 없이 생명에 대한 어떠한 집착도 하지 않는 로봇은 전장에서도 그 역할과 영역을 점차 넓혀가고 있다.

이러한 언어적 기원을 가졌지만 현대적 의미로 로봇을 정의하는 것은 단순하지 않다. 모든 기계는 로봇이 아니다. 일반적으로 인간은 자신들이 조종하는 대로 움직이는 기계인 고전적 개념의 자동차를 로봇으로 분류하지 않는다. 그렇다고 앞선 어원적 기원과 차페크의 희곡을 기준으로 모든 로봇이 인간과 유사한 모습을 한 휴머노이드humanoid로서 인간이 하던 일을 대신해야 함을 의미하지도 않는다. 오히려 로봇을 정의하는 핵심 기준은 외적인 형태가 아닌 행동의 자율성에 있다. 로봇은 컴퓨터에 의해 특정한 행동을 하도록 프로그래밍되어 다양하고 복잡한 행동을 자율적으로 할 수 있는 기계를 의미한다.

싱어Peter W. Singer에 따르면 인간이 창조한 로봇의 자율적 행동은 '감지sense-사고think-행동act'의 패러다임을 기반으로 구현된다. 위의 패러다임은 로봇의 세 가지 핵심 구성인 센서sensor와 프로세서processor, 작동체effector에 의해 이루어진다. 먼저 '감지'를 담당하는 센서는 주위 환경을 모니터하고 변화를 탐지한다. 다음으로 '사고'는 프로세서 또는 인공지능이 센서에 의해 탐지된 변화하는 환경에 어떻게 대응할지 결정하는 것이다. 마지막으로 '작동체'는 사고의 과정을 통해 결정된 사항을 행동으로 구현해 주변 환경에 일정 정도의 변화를 일으키는 구성요소이다. 따라서 로봇은 이 세 요소가 유기적으로 함께 작동하는 것으로 한정된다.

그런데도 로봇의 범주는 여전히 유동적이다. 일반적으로 집이나 사무실에 있는 컴퓨터는 사고를 담당할 수 있지만 행동을 만들어내는 작동체를 보유하지 않기 때문에 로봇이라 할 수 없다. 그러나 컴퓨터에 감지를 하는 센서와 행동을 담당하는 작동체가 연결된다면 그것은 로봇이다. 또한 고전적인 자동차는 로봇이 아니지만 각종 센서와 프로세서 등 최신 기술이 적용된 자율주행 자동차는 위의 세 요소를 지니고 있어 로봇으로도 분류할 수 있다. 넓은 의미에서 로봇은 어떤 정형화된 모습을 가진 것을 말하는 것이 아니라 감지-사고-행동의 패러다임을 기반으로 특정한 행동을 하도록 프로그래밍되어 자율적으로 작동하는 것의 통칭이라 하겠다.

2 전장에서의 로봇: 무인운송체(UV)

인간의 모습을 한 휴머노이드 군사용 로봇들이 〈터미네이터Terminator〉 등 주변에서 흔히 볼 수 있는 공상과학영화에 자주 등장하곤 한다. 그러나 휴머노이드 군사용 로봇은 아직까지 실전에서 활용할 만한 단계에 와 있지 않다. 오히려 현실적인 군사용 로봇은 무인운송체UV; Unmanned Vehicle 형태이다. 이들은 이미 정규전과 비정규전 모두에서 성공적으로 임무 수행 중에 있다.

UV는 인간이 직접 운용하는 운송체에 비해 획득과 운용을 위한 비용이 적게 든다는 장점을 갖고 있다. 또한 인간은 육상과 해양, 공중 모두에서 오랜 기간 작전 활동을 할 수 없는 한계점을 가지고 있다. 인간은 군사작전 간 부상과 죽음이라는 위험에도 직면하게 된다. UV는 이러한 문제를 한 번에 해결한 로봇이기도 하다. 그렇다고 UV가 인간을 군사 활동에서 완전히 배제하는 것을 목적으로 하지는 않는다. 오히려 인간의 군사적 활동을 더 강화시키기 위한 것이다. 즉 군사용 UV의 궁극적 목적은 인간과 UV 간의 상호작용과 균형을 통한 군사적 효율성 달성이다.

UV는 운용되는 육·해·공 전장 영역에 따라 크게 지상무인차량UGV; Unmanned Ground Vehicle, 무인수상정USV; Unmanned Surface Vehicle · 무인잠수정UUV; Unmanned Underwater Vehicle, 무인항공기UAV; Unmanned Aerial Vehicle로 나뉜다. 이들은 기능에 따라 전투, 정찰, 구조용 등의 UV로 구분할 수도 있다. 전투용에는 무인전투항공기UCAV; Unmanned Combat Aerial Vehicle처럼 '전투Combat'라는 단어를 추가해 부르기도 하지만, 동시에 여러 임무를 수행할 수도 있기에 포괄적인 형태로 그냥 UAV로 부르는 경우가 대부분이다. UAV는 드론drone으로 더 잘 알려져 있다. 어원은 뒤에서 자세히 설명하겠다. 그런데 다른 전장 영역에서 운용되는 UV도 엄밀히 UAV만을 뜻하는 드론으로 불리는 추세이다.

UV는 자율성autonomy 정도에 따라 나뉘기도 한다. 이들은 높은 단계의 완전한 자율성fully autonomy과 반자율성semi-autonomy부터 낮은 단계의 미리 프로그래밍된 각본대로 움직이는 자동화automation와 단순히 원격으로 조정되는 remotely operated 것으로 구분할 수 있다. 예를 들어 USV는 자율성에 따라 크게 ASVAutonomous Surface Vehicle와 ROSVRemotely Operated Surface Vehicle로 나눌 수 있다. 이 부분은 뒤의 인공지능 파트에서 더 자세히 알아보겠다. 본 장은 이러한 구분 중 전장 영역을 기준으로 UV를 설명할 것이다. 이들 UV의 시작은 대체적으로 20세기 초로 거슬러 올라간다.

지상무인차량UGV; Unmanned Ground Vehicle

제1차 세계대전 동안 프랑스와 미국의 발명가들은 서부의 고착된 전선을 극복하기 위한 방법을 찾으려 했다. 그중 하나가 케이블을 연결해 원격으로 조종하는 작은 트랙터 형태의 차량으로, 지상 어뢰의 개념으로 개발한 것이었다. 전기로 움직이는 단일 모터를 장착한 차량은 폭약을 싣고 적진으로 침투해 들어가도록 고안되었지만 성공을 거두지는 못했다. 이것이 UGV의 시작이었다.

UGV는 제2차 세계대전과 함께 진전을 이루었다. 1921년 미국의 대표적인 전자기업 RCA의 매거진 『범세계 무선전신*World Wide Wireless*』에 원격에서 무선으로 조종하는 자동차가 소개되었다. 그 기술이 군용 무기에 도입되었다. 소련은 1930년대에 기관총이 달린 전차인 '텔레탱크Teletank'를 개발했다. 유인 전차에 탑승한 군인이 무선으로 인접한 텔레탱크를 조종하는 방식으로 운용했다. 소련은 1939년 핀란드를 상대로 한 겨울전쟁Winter War에 텔레탱크를 투입했다. 소련의 신무기는 1941년 독일과 맞선 동부전선에서도 사용되었다. 영국은 1941년 '마틸다 2호 보병 전차Matilda II Infantry Tank'의 무선조종 버전을 개발했다. 대전차 무기를 유인하는 등의 보조적 임무에 사용하려고 개발했지만 이것은 대량화에 실패했을뿐더러 전장에서 특별한 활약을 하지 못했다. 독일

2차 대전 때 연합군이 탈취한 독일의 골리앗 이동 지뢰 (© Cassowary Colorizations / Wikimedia Commons CC BY 2.0)

은 1942년 트랙이 달린 '골리앗 이동 지뢰Goliath Tracked Mine'를 전장에 투입했다. 골리앗 이동 지뢰는 유선으로 원격조종했으며, 최대 100kg의 폭탄을 운반할 수 있었다. 그러나 이 역시도 비용, 느린 기동 속도, 원거리 조종의 불안정성 등의 문제로 앞선 무기들처럼 성공을 거두지 못했다.

원거리에서 무선조종하는 단순한 RC카 형태를 벗어나 진정으로 기동성 있는 로봇이 출현한 것은 1960년대였다. 미국 국방고등연구계획국DARPA이 개발한 샤키Shakey는 '감지-사고-행동'의 구성요소를 갖춘 로봇이었다. 샤키는 이동이 가능하도록 바퀴가 달렸으며, 주위 환경의 변화를 감지하는 TV 카메라와 센서를 부착했다. 따라서 감지된 환경에 따라 이동해 나무조각을 찾아 집어올렸다 내려놓을 정도의 행동을 할 수 있었다. 이후 DARPA는 미 육군과 협력해 일정 수준의 자율성을 지닌 다양한 형태의 로봇을 개발하고 있다. 이들은 현재 사용하는 UGV 발전의 밑거름이 되고 있다.

그런데 UGV는 직접적인 전투 임무보다 보조 수단으로 활용되며 전투원의 생명을 보호하는 데 결정적인 역할을 하고 있다. 대표적인 임무는 크게 수색정찰, 폭발물 제거, 군수품 수송, 기동로 확보, 제한적 공격작전 수행으로 요약할 수 있다. UGV의 효용성은 2001년 9.11 테러의 잔해 속에서 증명되었다. 무게 20kg짜리 팩봇PackBot은 실제 전장에서 활약하기에 앞서 테러 현장인 세계무역센터에 첫 모습을 드러냈다. 아이로봇iRobot이 DARPA의 요청으로 1998년 개발한 로봇이었다. 당시 2차 붕괴가 예상되는 테러 현장에서 인명 구조 인력의 임무를 팩봇이 대신한 것이다. 약 15만 달러의 팩봇은 자동화 기능을 탑재한 원격조종이 가능한 무한궤도 로봇이었다. 이 무인 로봇 차량은 궤도를 위아래로 들어올리며 바위를 타넘고 구불구불한 터널을 비집고 이동하는 등 다양한 지형에서 활동이 가능했다. 심지어 1.8m 깊이의 수심에서도 작동했다.

미국은 얼마 후 테러와의 전쟁을 선포하며 아프가니스탄에서 작전을 시작했다. 그들은 그곳의 수많은 동굴 수색을 위해 팩봇을 투입했다. 팩봇은 군인을 대신해 탈레반이 부비트랩을 설치해놓은 동굴을 누볐다. 또한 이라크전쟁에서 폭발물 제거 임무로 더 큰 가치를 입증했다. 이라크전쟁에서 반군은 값싸고 만들기 쉬운 급조 폭발물IED; Improvised Explosive Devices로 미군과 민간인에게 큰 타격을 주었다. IED는 부대의 기동과 작전 수행에 큰 지장을 초래했다. 폭발물 처리EOD; Explosive Ordnance Disposal 팀은 이러한 IED를 선제적으로 찾아

2021년 미국과 사우디아라비아 군대의 연합훈련 간 급조 폭발물 제거 훈련에 투입된 팩봇

해체하는 중책을 맡았다. 그러나 불안정한 반군의 IED를 제거하는 임무는 인명의 희생을 요구했다. IED 해체 과정만이 아니라 접근과 동시에 폭발하는 경우가 비일비재했다. 이러한 문제를 해결하기 위해 팩봇 등 여러 UGV를 적극적으로 사용한 것은 당연한 일이었다. 이라크에 투입한 미군의 EOD 임무용 로봇은 2004년 150대에서 2005년 5,000대로 빠르게 늘었다. 2005년 말 기준으로 로봇이 제거한 도로용 IED는 1,000개를 웃돌았다.

전장의 군인을 보조하기 위한 지상용 로봇도 제작되고 있다. 대표적인 것이 사족四足보행이 가능한 군수품 운반용 로봇이다. 보스턴 다이내믹스Boston Dynamics는 DARPA의 지원 아래 빅도그BigDog를 개발해 2005년 공개했다. 빅도그는 군인과 동행하며 험준한 전장 지역에서 약 150kg의 무거운 짐을 싣고 최대 시간당 6.4km를 이동할 수 있게 제작되었다. 크기는 길이 0.91m, 높이 0.76m, 무게 110kg이었다. 그러나 2015년 말 빅도그의 개발이 돌연 중단되었다. 수많은 테스트를 거쳤지만 연구자들은 빅도그의 시끄러운 엔진 소음을 줄이는 데 실패했다. 은밀하게 기동해야 하는 전장 환경에서 빅도그가 만들어내는 요란한 소음은 알맞지 않았던 것이다. 빅도그와 유사한 기능을 하지만 훨씬 조용한 스팟Spot의 경우에는 짐을 고작 18kg밖에 싣지 못해 개발이 중단되었다. 이렇게 실패를 했는데도 군인을 보좌하기 위한 유사한 형태의 로봇은 끊임없이 개발되고 있다.

전방에서 군인 대신 정찰 및 감시 역할을 하기 위한 UGV 유형의 로봇도 개발되고 있다. EOD 임무를 위해 제작한 X-2는 고해상 영상을 구현하는 합성 개구 레이다SAR; Synthetic Aperture Radar를 장착해 전방에서 정찰 및 감시 임무 수행이 가능하다. 추가적으로 이 로봇은 소화기 정도의 무장을 갖고 있으며, 통신 중계, 지뢰 찾기 및 제거의 역할을 수행할 수 있다. 최대 시속은 5km/h 정도이다.

에스토니아의 밀렘 로보틱스Milrem Robotics가 2015년 개발한 테미스THeMIS는 전선에서 전투하는 군인을 직접적으로 지원하는 UGV이다. 모듈화 방식을 채택한 THeMIS는 모듈 교체를 통해 전장에서 군수품과 환자의 수송은 물론 전투, 정찰 및 감시, EOD까지 다양한 임무를 수행할 수 있다. 크기는 전장 2.4m, 넓이 2m, 높이 1.15m이며, 무게는 1,630kg 정도이다. 무장 모듈은 경기관총 또는 중기관총, 40mm 유탄발사기, 30mm 오토캐논, 대전차 미사일 등을 장착할 수 있다. 2021년 기준으로 에스토니아, 미국, 영국, 네덜란드, 프랑스 등이 THeMIS를 도입했고, 실전에 투입하기 위해 군인과 실기동 훈련을 실시하고 있다.

이외에도 많은 종류의 UGV가 전 세계에서 끊임없이 개발되어 실제 전장에 투입되기 위한 준비를 하고 있다. 그러나 UGV 형태의 로봇이 대규모 전장에서 군인의 전투 임무를 완벽히 대체한 사례는 아직 찾아보기 어렵다. 그렇지만 과학기술의 급격한 발전으로 UGV, 또는 더 진화한 휴머노이드 형태의 지상 전투로봇이 가까운 미래의 전장에서 활약할 날이 올지도 모르는 일이다.

2015년 에스토니아의 밀렘 로보틱스가 개발한 테미스(THeMIS) (© Milrem Robotics / Wikimedia Commons CC BY-SA 4.0)

무인수상정USV; Unmanned Surface Vehicle과 무인잠수정UUV; Unmanned Underwater Vehicle

해양용 UV는 최근에 개발한 현대식 신무기가 아니다. 일찍이 제2차 세계대전 기간에 해양에서 사용할 다양한 형태와 목적의 UV 개발이 진행되었다. 개발 초창기에 이들은 통상 모선에서 유선 또는 무선으로 원거리에서 조종하는 형태로 낮은 자율성을 갖고 있었다. 해상용 USV 개발의 불을 붙인 첫 이유는 다름 아닌 포와 미사일 사격훈련을 위해 동력으로 움직이는 해상 표적이 필요해서였다. 이외에도 각국 해군은 적을 기만하기 위한 것부터 주변 해상의 정보 획득, 기뢰 수색, 전투피해평가BDA; Battle Damage Assessment 등을 위해 USV에 관심을 보였다. 한 예로, 미국은 1946년 중반 태평양 마셜 제도의 비키니 환초에서 크로스로드 작전Operation Crossroads이라 불린 원자폭탄 폭발 실험을 했다. 이때 USV를 사용했는데, 그 임무는 원자폭탄 투하 직후 주변 지역의 방사능 오염수를 채취하는 것이었다.

USV는 1950년대부터 기뢰 제거를 위해 본격적으로 제작되었다. 미 해군은 1954년 원격조종 기뢰 제거 보트를 실험했다. 그리고 1960년대 말 베트남전쟁 당시 유리섬유 소재로 된 약 7m 길이의 선체 앞부분에 '체인 드래그chain drag'를 매단 기뢰 제거용 원격조종 함선을 만들었다. 미군은 이것을 남베트남 해군에 배속해 해안의 기뢰 제거 작전에 활용했다. 1970년대 말 유럽의 여러 국가들은 기뢰 대항MCM; Mine countermeasure 시스템으로 개량된 기뢰 제거용 USV를 개발해 전술적으로 유용하게 사용하기 시작했다. 그들은 인명 보호를 위해 해군 승조원이 탑승한 기뢰 소해용 함정 전면에서 무선으로 조종되는 기뢰 탐색 및 제거용 USV를 전술적으로 운용했다. 한 명의 오퍼레이터가 여러 대의 USV를 원격으로 동시에 운용하며 넓은 범위의 해상을 신속하게 수색할 수 있었다. 대표적으로 독일의 '트로이카 MCM 시스템'이 1980년 실전에 투입되었다.

미 해군은 1970년대 중반부터 해군 해양시스템센터NOSC; Naval Ocean Systems Center 주도로 수상이 아닌 수중 무인 기뢰 무력화장치MNV; Mine Neutralization Vehicle 개발에 박차를 가했다. NOSC는 10년간의 다양한 노력 끝에 1985년부터 MNV의 생산을 시작했다. 이들 MNV는 발전을 거듭한 끝에 1990년대 중반 AN/SLQ-48 MNSMine Neutralization System로 명칭이 변경되었고, 각종 기뢰 제거 작전에 투입되었다. 이때까지만 해도 USV와 UUV 모두 원격으로 조종하는 ROVRemotely Operated Vehicle였다.

2000년대에 해양 UV에 자율성의 향상이라는 큰 변화가 생겼다. 미국은 2003년 이라크전쟁에서 최초로 기뢰 탐색을 위한 자율 UUV '레무스REMUS; Remote Environmental Monitoring UnitS'를 투입했다. 어뢰 모양의 레무스는 소형인 만큼 작은 보트에 적재했다가 필요할 때 작전 지역의 수중에서 활동했다. 당시 투입했던 모델은 100m까지 잠항이 가능한 '스워드피시Swordfish'로 명명한 레무스 100이었다. 이외에도 세 가지 개량형 모델이 더 개발되었다. 최대 600m 해저에서 활동이 가능하며 '킹피시Kingfish'로 불린 레무스 600부터 가장 작지만 공중 투하가 가능한 레무스 M3V, 길이 3.84m로 가장 큰 몸집에 최대 6,000m 해저까지 내려갈 수 있는 레무스 6000이 운용 중에 있다.

싱가포르 해군은 2000년대 중반 첫 전투용 USV인 '프로텍터Protector'를 도입했다. 프로텍터는 이스라엘 방산업체가 해상 테러에 대응하기 위해 개발한 길이 약 9m의 USV이다. 공격력을 갖추기 위해 프로텍터에는 원격조종 가능한 작은 사이즈의 미니 타이푼 무기장착대가 설치되어 있다. 여기에 12.7mm 기관총, 7.62mm 기관총, 40mm 유탄발사기를 거치할 수 있다. 싱가포르 해군은 2005년 페르시아만 북부의 평화유지군 임무를 수행하기 위해 프로텍터를 투입했다. 프로텍터는 한 번에 8시간 이상 정찰 및 감시, 선박 보호 작전을 실시할 수 있었다. 싱가포르 외에 이스라엘과 멕시코 해군도 프로텍터를 사용하는 것으로 알려져 있다.

2003년 이라크전쟁에서 최초로 쓰인 레무스 100

2010년대 미국은 기존의 위협 세력인 러시아와 새롭게 부상하는 중국과의 패권 경쟁을 위해 해군력 증강을 선언했다. 2020년대에도 이 같은 기조가 이어지고 있다. 미국은 해군력 증강을 위해 해군 함정 수를 대폭 늘리는 계획을 추진 중이다. USV와 UUV도 해군력 증강에 중요한 부분을 차지하고 있다. 다만 함정과 잠수함에서 발사해 운용하는 소규모 USV와 UUV는 법적으로 함정으로 구분하지 않기 때문에 추가 건조 함정 수에 포함되지 않는다. 그러나 미 해군은 배수량 기준 중형급 이상의 USV와 초대형 UUV를 차기 해군력의 핵심으로 구분하고 있다. 일반 함정 및 잠수함과 동일하게 항구에서 출발해 유사한 작전을 수행할 수 있기 때문이다.

미국의 해군력 증강 정책 측면에서 주목받고 있는 USV는 '시헌터Sea Hunter'이다. 개발 초기 드론십drone ship으로 불렸던 이 ASV(자율 무인함정)는 DARPA의 대잠수함전 무인항해선박 프로그램의 일환으로 개발되었고, 2016년 4월 시제품 진수식을 가졌다. 배수량이 140톤 전후인 시헌터 시제품은 약 40m 길이의 메인 선체 양쪽에 작은 선체를 붙인 3동선trimaran 형태이며, 2대의 디젤엔진 동력을 바탕으로 최대 27노트(50km/h)의 속력으로 기동할 수 있다. 시헌터는 40톤의 연료를 완충했을 때 추가 보급 없이 30~90일까지 작전 수행이 가능하며, 12노트(22km/h)의 속력으로 약 1만 9,000km 거리까지 이동할 수 있다. 장착한 소나SONAR와 카메라, 레이다를 통해 주변 물체와의 충돌을 피하고, 정해진 작전 지역 내의 적 함정과 잠수함을 수색하며 각종 정보를 획득할 수 있다. 이 ASV는 작전을 마치면 스스로 아군의 항구로 복귀한다.

2018년 DARPA는 시헌터 시제품을 미 해군에 인계했다. 미 해군은 다양한 실험을 통해 성능을 단계적으로 테스트한 후 실전에 투입할지를 가늠하고 있다. 첫 단계로 2019년 초 승조원 없이 미국 본토 샌디에이고에서 하와이까지 운항에 성공하며 가장 기본이 되는 자율주행 능력을 증명했다. 이후에도 다른 구축함과의 통합작전, 가변 심도 소나 장착 후 대잠수함 작전, 정보 및 감시·정찰ISR 분야 등에서 시헌터의 능력을 계속 시험하고 있다.

미 해군은 2021년 4월, UxS IBP 21Unmanned Integrated Battle Problem 21로 명명한 대규모 유인 및 무인 해군 전력 통합훈련을 약 1주간 진행했다. 유인 해상 전력으로 여러 구축함과 순양함, 상륙함, 잠수함, 그리고 항공 전력으로 P-8A 포세이돈과 E-2C 호크아이, 시호크 헬리콥터 등이 참여했다. 무인 전력

테스트 중인 자율 무인함정 시헌터

으로는 중형급 USV인 시헌터와 시호크SeaHawk, 크기가 작은 여러 다양한 USV와 UUV가 참여했다. 시호크는 시헌터와 유사한 USV로 훈련 바로 직전인 4월 초 해군에 인도되었다. 이외에도 미국의 최정예 무인항공기인 MQ-9 리퍼Reaper와 MQ-8 파이어 스카우트Fire Scout 헬리콥터 드론 등이 훈련에 투입되었다.

미 해군은 ASV인 시헌터와 시호크에 대한 다양한 실험과 훈련을 통해 이를 전력화할지, 아니면 여기서 얻은 기술과 경험을 차기 무인함정에 적용할지 결정할 것이다. 이는 시기의 문제일 뿐 시헌터와 같은 ASV는 미래 해상전의 주역이 될 것이 분명하다. 이들 시제품은 비무장형으로 건조했지만, 추후 다양한 무기를 탑재해 전투용으로도 사용할 것으로 기대하고 있다. 자율 무인함정이 전력화의 기대를 높일 만한 다음과 같은 극명한 장점을 가지고 있기 때문이다. 우선 이들은 승무원을 위한 공간과 장치를 줄여 기존의 배보다 건조비용이 저렴할 뿐 아니라 해상작전 비용 역시 일반 함선에 비해 현격히 적다. 여기에 더해 해군은 UV를 운용한다면 작전 참여 승무원의 전투 피로도를 고려하지 않아도 되고 인명 손실에 대한 부담감도 피할 수 있다.

무인항공기UAV; Unmanned Aerial Vehicle

지상과 해양에서 운용하는 UV가 비전투 분야에서 보조적인 수단으로 활용되고 있는 것과 달리, UAV는 정규전과 비정규전 모두에서 결정적인 영향을 미치는 로봇으로 큰 주목을 받고 있다. 대표적으로 UAV는 2020년 아르메니아와 아제르바이잔의 나고르노-카라바흐 전쟁의 승패에 결정적인 영향을 미쳤다.

UAV는 드론으로도 불리는 무인비행체 모두를 총칭한다. 드론의 사전적 정의는 원격으로 조종해 날아다니거나 내장된 센서와 GPS 장치를 기반으로 컴퓨터의 프로그램화 소프트웨어에 의해 완전히 자율적으로 날아다니는 무인 항공 로봇을 말한다. 원거리에서 조종 또는 사전 프로그래밍해 자율적으로 운용되는 무인항공기는 조종사가 탑승하지 않기에 인간 조종사를 위한 장비들을 비행체에 탑재할 필요가 없다. 따라서 무인기는 유인기보다 크기가 작고 가벼운 특징을 갖는다. 또한 무인항공기는 인간 조종사의 중력 한계와 장시간 임무 수행에 따른 피로도 등을 고려할 필요가 없기에 상공에서 더 큰 융통성을 발휘할 수 있다는 장점을 갖고 있다. 그리고 군사적으로 조종사의 인명 피해에 대한 부담감이 없기에 적진 깊은 곳에서 위험을 수반한 다양한 임무를 수행할 수 있다. 무인항공기의 작은 기체는 적에게 노출될 확률도 줄여준다. 구체적으로 군사용 드론의 목적은 정보, 감시, 표적 획득, 정찰, 목표물 타격이다. UAV는 크기와 적재 용량에 따라 다양한 미사일, 대전차 유도미사일, 폭탄 등의 항공 무기를 탑재하고 목표물 타격 임무를 수행한다.

통상적으로 대부분의 UAV는 실시간으로 드론 조종사의 통제를 받는다. 그러나 UAV는 종류에 따라 다양한 수준의 자율성을 갖고 있다. 대표적인 예로 이스라엘이 개발한 자폭 드론 '하롭Harop'과 유무인 복합체MUM-T; Manned-Unmanned Teaming를 들 수 있다. 하롭은 조종사의 직접적 통제 없이 목표물을 발견하면 자동으로 돌진하도록 프로그래밍되어 있다. 임무 수행을 위한 목표물을 발견하지 못한 하롭은 최초 발진했던 기지로 자율적으로 돌아오도록 설계되어 있다. 유무인 복합체에 사용하는 UAV는 하롭보다 한 단계, 아니 그 이상 진화한 자율성을 갖고 있다. 진화한 인공지능 기술과 스마트해진 센서를 장착한 무인전투 항공기UCAV는 전장에서 자신과 짝을 이룬 인간이 조종하는 최신 전투기의 움직임을 실시간 학습하며 임무를 수행한다. 자율성과 관련된 부분은 인공지능 파트에서 더 자세히 다루도록 하겠다.

UAV의 개념은 1800년대 중반에 나타났다. 1849년 오스트리아 군대가 폭약으로 가득 채운 무인열기구 약 200개를 이탈리아 베네치아 상공으로 날려 보냈다. 당시 바람의 방향 변화로 한 개를 제외한 나머지는 모두 다른 곳으로

미 공군 국립박물관 (오하이오주 데이턴)에 전시된 케터링 항공 어뢰 (© Greg Hume / Wikimedia Commons CC BY-SA 3.0)

날아가 작전은 실패로 끝났다.

무선으로 조종하는 현대식 UAV의 발전은 다른 영역과 마찬가지로 제1차 세계대전의 영향이 컸다. 1916년 영국 과학자 로Archibald Low는 군인들의 사격훈련을 돕기 위해 무선으로 통제하는 '러스턴 프록터 공중 표적Ruston Proctor Aerial Target'을 개발했다. 미 육군의 경우 1917년 '버그Bug'로 명명한 무인비행 폭탄 '케터링 항공 어뢰Kettering Aerial Torpedo'를 개발했다. 지대지미사일과 유사한 개념의 무인항공 어뢰는 4개의 바퀴가 달린 짐수레를 통해 사출한 후 내장된 자이로스코프 항법장치, 고도계와 기압계를 통해 목표물까지 날아가도록 고안되었다. 그러나 초기의 낮은 명중률과 개발비 부족으로 전장에서 사용한 적은 없다.

제1차 세계대전 이후 UAV는 전투 목적으로 영국과 미국, 독일에서 지속적으로 발전했다. 1935년 영국에서 개발한 '퀸비Queen Bee(여왕벌)'는 무선조종을 하는 표적 드론이었다. UAV가 '수벌'을 뜻하는 드론으로 불리게 된 이유는 이 모델의 명칭과 깊은 관련이 있다. 우선 여왕의 나라인 영국에서 '여왕벌'을 뜻하는 '퀸비'라는 표적에 포격한다는 것은 부적절해 보였다. 그래서 그들은 항공 표적을 퀸비 대신 수벌을 뜻하는 '드론'으로 바꾸어 불렀다는 설이 있다. 어원적으로 고대 영어부터 드론은 오로지 여왕벌과 짝짓기를 하는 역할에만 충실한 수벌을 뜻하는 단어였다. 다른 설은 영국의 무선 표적을 주목한 미국이 영국과 유사한 것을 만드는 과정에서 영감을 준 퀸비에 경의를 표하기 위해 자신들이 만든 UAV에 '드론'이라는 이름을 붙였다는 것이다. 또한 드론(수벌)은 지상 또는 다른 항공기에 탑승한 오퍼레이터(퀸비)의 조종에만 충실하기 때문이라고 보는 시각도 있다. 16세기에 이르러 드론은 벌처럼 윙윙거리는 소리를 뜻하는 동사로 사용하기 시작했다. 즉 마지막 설은 UAV의 소리가 벌처럼 윙윙거리는 소리와 유사해 드론이라 부르게 되었다는 것이다. 어떤 설이든 드론이라는 명칭은 1935년 개발된 영국의 퀸비에서 유래하고 있다.

영국에 이어 미 해군은 1937년 '커티스Curtiss N2C-2' 드론을 내놓았다. 독일은 제2차 세계대전 때 최초의 순항미사일 격인 'V-1' 로켓을 선보였다. 자이로스코프 항법장치를 사용한 V-1은 순항미사일 개념이 없던 당시 비행폭탄으로 불렸다. 직선으로 날아가는 V-1의 유도 방식은 로켓 앞부분에 달린 프로펠러로 거리를 측정해 일정 거리의 목표물에 도달했다. 명중률이 떨어졌지만, 항공기 조종사의 피해 없이 상대방의 전략 거점을 폭격할 수 있는 값싼 공격 방식이었다. 그러나 이들은 현재 군에서 운용 중인 UAV와는 개념과 방식에서 약간의 차이가 있다.

UAV에 대한 현대적 개념의 시작은 1940년 간행물 『파퓰러 메커닉스*Popular Mechanics*』에 실렸던 포리스트Lee De Forest와 사나브리아Ulises Armand Sanabria의 글이었다. 이들은 각각 라디오 장치 발명가와 텔레비전 개발자로 알려진 인물이다. 그들의 아이디어를 현실화한 인물은 핵물리학자이자 캘리포니아주 리버모어에 위치한 로렌스 방사능연구소Lawrence Radiation Laboratory[2]의 4대 소장인 포스터John Stuart Foster Jr.였다. 포스터는 1971년 잔디깎이 기계 엔진을 장착한 비행기와 유사한 물체를 만들어 공중에 날렸다. 물체의 하단 중앙에는 카메라와 폭탄이 달려 있었다. 그로부터 2년 뒤, 그는 DARPA의 탄도미사일 방어 프로그램에 참여해 '프레리Prairie'와 '칼레라Calera'라는 두 개의 실험용 UAV 시제품을 만들었다. 세계 최초의 UAV는 잔디깎이 기계의 엔진을 장착한 몸체만 약 34kg 되는 기계였고, 13kg가량의 실험용 폭탄 장착이 가능했다. 두 시제품은 약 2시간 동안 비행에 성공했다.

UAV를 성공적으로 전장에 투입한 국가는 이스라엘이었다. 이스라엘 방위군의 정보기관은 1967년 제3차 중동전쟁 직후부터 UAV 개발에 착수했다. 미국과 비슷한 시기였다. 이는 적의 진지 정찰과 항공기 조종사 보호라는 두 마리 토끼를 잡기 위해서였다. 1969년 여름 이스라엘의 비무장 UAV가 수에즈 운하 근처의 항구도시 이스마일리아Ismailia 상공에서 이집트 진지의 사진 촬영에 성공했다. 이스라엘 UAV의 첫 번째 비전투 임무였다. 이후 이스라엘은 자체 개발한 UAV에 더해 미국 방위산업체 노스롭 그루먼Northrop Grumman이 개발한 '텔레다인 라이언 124-R 파이어비Firebee'를 정찰 임무에 투입했다.

이스라엘은 1973년 제4차 중동전쟁에 UAV를 적극적으로 활용했다. 자국

....

2 로렌스 리버모어 국립연구소(Lawrence Livermore National Laboratory)로 명칭 변경.

글라이더 형태의 진화한 UAV, 스카우트
(© Bukvoed / Wikimedia Commons CC BY-SA 3.0)

기업이 개발한 '마스티프Mastiff'와 미국의 파이어비를 정찰 및 감시를 위해 이집트와 시리아 전선에 전개시켰다. 마스티프는 글라이더 형태의 첫 UAV였다. 파이어비는 폭탄을 이집트의 미사일 기지와 기갑차량에 투하하는 임무까지 수행했다. 원거리 지상에 위치한 조종사는 파이어비의 콧잔등에 달린 TV 카메라를 이용해 잠재적 목표물을 확인한 후 몸체에 장착한 AGM-65 매버릭 탄도미사일을 발사했다. 탄도미사일의 첨단에 위치한 이미지센서가 파이어비의 카메라에 찍힌 이미지를 전송받아 자동으로 목표물을 타격할 수 있었다. 또 다른 여러 UAV가 적 방공망을 교란하기 위한 미끼로 사용되었다. 대표적으로 미국 기업의 'AQM-91A' 표적 드론은 상대방 지대공미사일의 오인 사격과 미사일의 조기 소진을 유도했다. 제4차 중동전쟁 동안 이스라엘은 단순 정찰 및 아군 표적 드론 역할을 하던 UAV를 UCAV로 탈바꿈시켜 전술적 수준에서 효과적으로 운용했다.

이스라엘은 1970년 후반부터 무게를 경량화한 글라이더 형태의 진화된 UAV를 개발하기 시작했다. 글라이더 형태의 첫 UAV는 마스티프였지만, 이 시기에 개발한 '스카우트Scout'가 전 세계의 큰 이목을 끌며 이러한 변화를 상징하는 모델이 되었다. 1981년 남아프리카공화국 방위군은 앙골라를 상대로 실시한 프로테아 작전Operation Protea에 스카우트를 전투용으로 처음 사용했다. 1982년 레바논전쟁에 투입된 스카우트는 마스티프와 함께 시리아 지대공미사일 기지의 위치 파악과 미사일 소모를 위한 미끼 역할을 성공적으로 수행했다.

이스라엘군의 성공은 미군의 UAV 개발과 도입에 큰 영향을 미쳤다. 1986년 미국 방위산업체는 이스라엘 업체와 공동으로 정찰 및 감시용 UAV인 '파

MQ-1 프레데터(좌)와 RQ-4 글로벌 호크(우)

이어니어Pioneer' 개발에 성공했다. 파이어니어는 1991년 걸프전쟁을 시작으로 소말리아와 보스니아, 코소보 분쟁에 투입되었다. 걸프전쟁 동안 적어도 한 대의 UAV는 항상 공중에 떠서 미국이 이끄는 다국적군의 작전을 지원했다. 파이어니어는 2007년 퇴역하기 전까지 미군 전함에 배치되어 상륙부대의 작전을 지원했다. 이스라엘의 글라이더형 UAV의 영향을 받은 또 다른 성공적 모델로는 '헌터Hunter'가 있다. 헌터는 1995년 미국과 이스라엘이 공동 개발했으며, 1999년 코소보 분쟁에 투입되어 4,000시간 이상의 비행 기록을 남겼다.

1990년대 접어들어 UAV는 또 다른 전환기를 맞이했다. 앞서 설명한 헌터를 비롯해 가장 유명한 제너럴 아토믹스General Atomics와 노스롭 그루먼이 각각 개발한 'MQ-1 프레데터Predator'와 'RQ-4 글로벌 호크Global Hawk'가 이 시기에 등장했다. 프레데터는 1994년 항공 정찰용으로 첫 비행에 성공한 뒤 이듬해에 실전 배치되었다. 특히 2000년대 들어서며 프레데터는 전차와 벙커를 파괴하는 AGM-114 헬파이어 미사일 등으로 무장한 공격용 UCAV로 개조되었다. 이와 같은 공격 무기로의 변화는 UAV가 정찰과 감시나 소량의 폭탄 투하라는 전투 보조 수단에서 탈피했음을 의미한다. 2001년 9·11 테러 사건 이후 미국은 테러와의 전쟁을 위해 프레데터를 요인 암살 임무에 본격적으로 투입했다. 중동의 우방국 기지에서 출격한 프레데터는 유인전투기에 비해 외교적 문제로부터 자유롭게 아프가니스탄과 파키스탄, 우즈베키스탄, 예멘, 소말리아 상공을 날아다니며 알카에다 같은 테러 집단의 지도자 암살 임무를 수행했다.

미군은 2007년 제너럴 아토믹스의 'MQ-9 리퍼'를 도입했다. UAV가 완전한 헌터킬러로 변모한 순간이었다. 리퍼는 프레데터가 사용하는 지상 조종시

MQ-9 리퍼(좌). 2020년 1월 3일 리퍼의 폭격으로 바그다드 공항 인근 차량이 폭발하면서 쿠드스군 사령관 솔레이마니가 사망했다.

스템을 사용하지만, 크기와 무장력 등 성능이 비교할 수 없을 정도로 강력해졌다. 최대 14시간 고고도 비행이 가능하며 프레데터보다 15배가량 많은 무기를 장착할 수 있도록 설계되었다. 리퍼는 2007년 헬파이어 미사일로 아프가니스탄 반군을 사살한 이후 수많은 지역 분쟁과 비정규전에 투입되고 있다. 리퍼의 대표적 임무는 2020년 1월 3일 바그다드 국제공항 근처의 차량 폭격을 꼽을 수 있다. 이 공격으로 이란 이슬람 혁명수비대의 특수부대인 쿠드스군 사령관 솔레이마니Qasem Soleimani가 사살되었다.

1990년대를 기점으로 UAV는 공격용뿐 아니라 정찰용으로서의 능력도 크게 향상되었다. 미국은 1998년 고고도 정찰 무인기인 RQ-4 글로벌 호크의 첫 비행을 성공시켰다. 대형 정찰용 글로벌 호크의 기능과 역할은 록히드 마틴의 U-2 정찰기와 흡사했다. 이륙 가능 최대 중량이 대략 1만 4,628kg이나 되는 글로벌 호크의 크기는 길이 14.5m, 날개폭 39.9m, 높이 4.7m에 이른다. 정찰 임무는 고해상도의 영상을 구현하는 SAR를 통해 이루어진다. 고고도 정찰 무인기로 특화된 글로벌 호크는 최대 6만ft(18km) 상공에서 32시간 이상 임무 수행이 가능하며, 하루 동안 한반도의 휴전선 남쪽 지역에 해당하는 약 10만 km^2의 면적을 감시할 수 있다. 글로벌 호크의 조종은 이륙 및 회수부 조종사, 작전통제부 조종사, 센서 운용자의 세 파트로 나뉘어 원거리의 지상기지에서 맡는다.

미국은 대형 드론인 글로벌 호크의 개발과 동시에 UAV의 소형화도 추진했다. 대표적인 모델은 각각 2003년, 2007년, 2008년 군에 도입한 'RQ-11 레이븐Raven', 'RQ-12 와습Wasp', 'RQ-20 퓨마Puma'이다. 이들은 크기가 모형항공기처럼 작아서 군인이 직접 던지는 방식으로 이륙이 가능하다. 주된 목적은 전방부대에 배속되어 전선을 주야로 정찰 및 감시하는 것이다. 1만 9,000대 이상 생산한 레이븐은 미국뿐 아니라 전 세계 30개국 이상에서 운용 중에 있다. 실시간으로 운용자에게 정찰 내용을 전송할 수 있는 와습은 길이와 날개폭이 각각 38cm와 72.3cm에 불과하지만, GPS와 관성항법장치를 장착해 경우에 따라 이륙부터 임무 수행, 복귀까지 자동으로 운용이 가능하다.

미국과 이스라엘이 주도한 군사 목적의 UAV 개발은 전 세계적으로 보편화되고 있다. 대부분의 국가는 저렴한 비용과 조종사 인명 손실 방지, 외교적 갈등을 최소화한다는 장점 때문에 UAV의 매력에 끌릴 수밖에 없다. 최신 기술이 들어간 UAV의 값은 유인전투기만큼 비싸지는 경향을 보인다. 또한 고가의 UAV 조종사를 비롯한 운용 인력을 양성하는 비용 역시 일반 전투기 조종사 양성과 다를 바 없다는 주장도 있다. 그러나 저렴한 비용의 UAV도 일반적인 수준의 정찰 활동에 큰 지장이 없다. 그리고 약간의 비용만 추가하면 UCAV로 개조도 가능하다. 이러한 낮은 진입 장벽 탓에 천문학적인 국방비를 지출하지 못하는 국가와 테러 단체도 손쉽게 정찰과 공격이 가능한 UAV를 전술부터 전략적 수준에서 활용하기 위해 개발과 도입을 서두르고 있다.

튀르키예, 중국, 러시아 등은 UAV 도입에 앞선 국가들이다. 튀르키예는 2016년부터 분리 독립 운동을 시도하는 쿠르드 반군에게 드론 사용량을 늘리고 있다. 국내만이 아니라 이라크 북부와 시리아 내의 쿠르드 반군 세력을 제압하는 데도 드론을 이용하고 있다. 튀르키예는 자체 개발한 다양한 드론을 사용할 뿐 아니라 실전 경험을 통해 성능을 확인, 개량까지 진행하고 있다. 2020년 나고르노-카라바흐 전쟁은 튀르키예가 드론 강국의 면모를 보여준 사건이다. 아제르바이잔은 튀르키예의 바이카르Baykar의 '바이락타르Bayraktar TB-2'를 적극 활용해 숙적 아르메니아를 제압할 수 있었다.

중국은 꾸준히 다양한 UAV를 개발해 운영 중에 있다. 대표적인 모델은 CH로 잘 알려진 차이훙Cai Hong과 윙룽Wing Loong 계열의 군사용 UAV가 있다. 차이훙은 중국 항천과학기술그룹 산하 항천공기동력 기술연구원이 개발한 UAV이다. 'CH-1'과 'CH-2'는 6~8시간 상공에서 체류할 수 있는 비무장 정찰 드론이다. 'CH-3'부터는 무장을 갖춘 공격용 드론이며, 'CH-5'의 경우 최대 1,000kg의 무장 능력을 지녔다. 시리즈를 거듭하며 상공에 체류할 수 있는 시간도 길어졌다. 시제기로만 제작된 미국 노스롭 그루먼의 최신 항공모함용 드론 'X-47B'와 유사한 'CH-7'은 스텔스 기능을 가진 드론으로 알려져 있다. 이외에도 다양한 종류의 CH 계열의 군사용 드론이 있다.

청두항공기공업그룹이 개발한 윙룽은 정찰과 공격 임무를 동시에 수행할 수 있게 제작되었다. 외관은 미국의 프레데터와 리퍼를 연상시킨다. 윙룽도 다양한 종류의 모델이 존재한다. 최신 윙룽은 다양한 센서와 SAR, 전면부에 터렛과 미사일 등이 장착되어 있다. 2018년 첫선을 보인 '윙룽-2'의 경우 12기의 지대공미사일이 탑재된다. 중국은 차이훙과 윙룽 계열의 드론을 전 세계에 수출하고 있다. 대표적으로 파키스탄, 사우디아라비아, 아랍에미리트 등이 군사적 목적으로 중국의 UAV를 운용하고 있다.

중국의 UAV가 실전에 투입된 사례는 2019년 리비아 내전을 들 수 있다. 리비아 정부 합의군GNA; Government of National Accord과 리비아 국가군LNA; Libyan National Army은 외부로부터 무기와 자금을 지원받아 전투를 벌였다. 이 과정에서 GNA와 LNA는 각각 튀르키예의 바이락타르 TB-2와 중국의 윙룽-2를 제공받았다. GNA와 LNA 양측 모두 제공받은 UAV를 전투에서 적절히 활용했다. 튀르키예와 중국은 리비아 내전을 통해 간접적으로 자국 UCAV의 실전 성능을 전 세계에 입증했다.

중국은 2020년 5월 시작된 인도와의 국경 분쟁에도 윙룽-2를 비롯한 여러 UAV를 투입했다. 중국과 인도의 국경에 중국군의 일방적 도로 건설 강행으로 시작된 분쟁은 6월 중순 지상군 병력 동원으로 이어졌다. 이때 중국의 UAV는 공대지미사일로 무장한 채 분쟁 지역 상공에서 정찰 및 감시 임무를 수행하며 인도를 위협했다. 반면 변변한 군사용 UAV가 없던 인도의 대응은 그에 미치지 못했다. 결국 인도는 중국의 최신 UAV에 맞서기 위해 그해 10월 미국과 MQ-9 리퍼 도입에 합의했다.

군사 강국인 러시아는 우크라이나와의 군사적 분쟁에 드론을 투입했다. 그들은 2014년 7월 수많은 드론으로 국경 인근 돈바스 지역 내 우크라이나의 기계화부대를 실시간 감시했다. 그리고 정찰 결과를 토대로 장거리포를 유도해 단 3분 만에 기계화부대를 무력화시켰다. 2022년 러시아의 우크라이나 침공 시에도 양측 군대는 군사작전에 드론을 적극 활용 중에 있다. 특히 초기 전역에서 우크라이나는 자체 개발 드론만이 아니라 전쟁 직전 튀르키예로부터 수입한 바이락타르 TB-2와 서방으로부터 지원받은 외국산 드론 등을 활용해 러시아의 기계화부대와 수송부대 등을 정찰 및 감시해 좌표를 확보하거나 직접 폭격 임무를 수행하는 등의 성과를 낸 바 있다. 이렇듯 UAV는 전 세계적으로 군사용으로 사용 빈도가 급격히 늘고 있다. 2020년대 초를 기준으로 이미 전 세계에 실전 배치한 군사용 UAV의 종류와 숫자는 헤아리기조차 어려워졌다. 군사전문가들은 앞으로도 군사용 UAV 거래가 기하급수적으로 늘 것으로 내다보고 있다.

군집 로봇과 군집 드론

군집은 주변에서 흔히 볼 수 있는 자연현상이다. 개미, 벌, 새 등의 생명체는 떼를 이루어 이동과 먹이찾기, 집짓기, 심지어 다른 생명체에 대한 집단 공격과 방어 행위를 한다. 대표적으로 군대개미army ant는 떼를 지어 다른 곤충을 습격함으로써 상대적으로 몸체가 작은 단점을 보완한다.

군집 로봇Swarm Robot은 앞서 설명한 자연현상을 다수의 움직임을 가진 물리적 로봇들로 구현한 것이다. 동일한 집단으로 묶인 다수의 로봇이 주변 환경과 조화를 이루며 상호협력을 통해 공동의 목표를 추구하게 된다. 이러한 기술은 인공지능의 한 부분인 인공군집지능Artificial Swarm Intelligence 분야와 군집 행동을 하는 곤충 등을 연구하는 생물학 분야를 바탕으로 발전하고 있다. 즉 군집 로봇의 집단행동은 자연에서 군집 행동을 하는 생명체의 모습을 인공지능 기술을 통해 구현하는 것이다.

군집 로봇은 자율무기체계로서 큰 주목을 받고 있다. 전 세계적으로 군사용 군집 로봇 기술은 드론 형태로 지상, 해양, 항공 전 분야에 적용되고 있다. 군집 로봇의 대표적인 사건은 2019년 9월 사우디아라비아에서 일어났다. 당시 사우디아라비아의 국영 석유회사 아람코가 이란의 후원을 받은 후티 반군의 드론 공격으로 엄청난 손실을 입었다. 사우디아라비아의 방공시설은 군집 자폭 드론을 방어하는 데 실패했다. 값이 약 1억 원으로 예상되는 십여 대의 군집 드론이 수만 배에 달하는 금전적 피해와 함께 국민들에게 정신적 충격을 안겨주었다. 그리고 한 국가의 방어시스템 전체의 신뢰도 역시 떨어뜨렸다.

군집 드론Drone Swarm은 가장 먼저 항공 영역에 도입되었다. 공중은 다른 전장 영역에 비해 지형적 제약이 적기 때문에 군집 드론을 군사적으로 적용하

군집 행동을 하는 생명체의 모습을 인공지능 기술을 통해 구현한 군집 드론

기에 유리한 점이 있다. 2010년대 중반 미 해군이 인간의 간섭을 최소화한 상태로 다수의 드론을 동시에 날리는 것을 테스트하기 시작했다. 같은 시기 미 공군은 마이크로 드론을 전술적으로 운용하는 것을 실험하기 시작했다. 초경량화된 군집 드론의 임무는 적의 방어시스템을 회피한 상태로 정찰 및 감시, 대형 드론의 작전 지원, 여러 표적을 동시에 타격하는 것으로 요약할 수 있다.

해양 군집 드론은 바다가 주는 어려운 자연환경의 극복과 조화를 통해 발전하고 있다. 이들의 주임무는 함대와 항구의 방어, 지속적인 정찰과 감시, 기뢰 탐지 및 제거, 항공 UAV에 대한 대응을 수상과 해저에서 실시하는 것이다. 끝으로 지상용 군집 드론도 개발 중에 있다. 지형적인 어려움이 더 크기 때문에 항공과 해양 군집 드론에 비해 발전이 더디지만 앞으로의 기술 발전이 이러한 문제를 극복할 것으로 예상된다.

군집 드론을 방어하는 수단은 전파 교란jamming, 레이저, 레일건, 지능탄smart bullet, 사이버공격, 군집 드론 등이 있다. 2009년 이라크 반군은 약 30달러짜리 해킹 소프트웨어를 사용해 미국의 드론인 프레데터를 가로챈 사실이 있다. 기본적으로 드론의 납치hijacking는 지상 지휘통제 시스템과의 커뮤니케이션 시스템의 해킹을 통해 가능하다. 군집 드론도 이러한 해킹에 취약하다. 즉 군집 드론에 대한 해킹은 통제권이 완전히 적에게 넘어가 역으로 아군을 위협하는 상황부터 단순 통제불능 상태에 이르기까지 다양한 수준에서 발생할 수 있다. 그런데도 자율 군집 드론은 낮은 생산과 유지, 작전 비용을 장점으로 미래 전장에서 지속적으로 몸값을 높여갈 것으로 보인다.

3 2020년 나고르노-카라바흐 전쟁

군사로봇 분야를 선도하는 국가는 미국, 중국, 러시아, 이스라엘 등이라 할 수 있다. 그런데 정작 UV를 전장의 주인공으로 끌어드린 전쟁은 영어로 코카서스Caucasus로 불리는 캅카스Kavkaz 지역에서 발생했다. 캅카스에 위치한 아르메니아와 아제르바이잔은 두 나라 사이에 있는 나고르노-카라바흐 지역을 놓고 2020년 9월 27일부터 11월 10일까지 45일간 치열한 전쟁을 벌였다. 전쟁의 승패는 드론에 의해 결정났다.

아르메니아와 아제르바이잔의 분쟁은 19세기 러시아 제국의 남방정책으로부터 시작되었다. 러시아는 이란을 견제하기 위해 자신들처럼 동방정교회를 믿는 아르메니아인을 이슬람 국가인 아제르바이잔에 거주하도록 허용했다. 독특하게도 시간이 흐르며 아제르바이잔 영토 내 나고르노-카라바흐 지역은 아르메니아인의 비율이 압도적으로 높아졌다.

아르메니아와 아제르바이잔 모두 소련의 지배하에서는 나고르노-카라바흐 문제로 크게 충돌하지 않았다. 그러나 1980년대 후반 소련이 약화되자 두 국가는 해당 지역을 놓고 대립하기 시작했다. 해당 지역에 거주하는 아르메니아인은 아르메니아로 통합 또는 독립을 원했다. 당연히 아제르바이잔은 이를 거부했다. 두 국가 간의 국지적 분쟁은 1988년 시작되어 1992년 겨울부터 전면전인 제1차 나고르노-카라바흐 전쟁으로 확대되었다. 1994년 아르메니아는 미국의 지원 속에 전쟁에서 승리를 거두었다. 그리고 민족적으로 대부분 아르메니아인으로 구성된 아르차흐 공화국Republic of Artsakh은 나고르노-카라바흐 지역의 통치권을 유지할 수 있었다.

제1차 전쟁 종료 후에도 나고르노-카라바흐 지역을 둘러싼 아르메니아와 아제르바이잔의 국지적인 도발과 정전협정 위반은 끊임없이 반복되었다. 2016년 4월 초 발생한 나고르노-카라바흐 분쟁은 양측의 국지적 도발 사례 중 가장 심각한 사건이었다. 4일간의 분쟁은 양측이 서로 승리했다는 주장으로 막을 내렸다. 그러나 실질적인 이득은 추후 벌어지는 전쟁에서 사용하게 될 전략적 고지 두 곳을 점령한 아제르바이잔에게 돌아갔다.

제2차 나고르노-카라바흐 전쟁으로도 불리는 2020년 전쟁은 아르메니아가 양측 모두에게 역사와 문화적으로 중요한 도시인 슈샤Shusha를 아르차흐의

나고르노-카라바흐 전쟁 지도

새로운 수도로 정하려는 시도에서 비롯되었다. 아르메니아의 정치적 결정은 그해 7월 양국 국경에서 일어난 소규모 충돌로 이어졌다. 아제르바이잔의 국내 여론은 아르메니아에 대한 전면전 선전포고 요구였다. 아제르바이잔은 7월 29일부터 8월 10일까지 군사훈련을 실시했다. 상황이 급박하게 돌아가는데도 8월에 아르차흐 정부는 의회를 슈샤로 이전했다. 결국 아제르바이잔은 확고한 지지를 천명한 튀르키예와 9월에 연합훈련을 실시하며 전쟁 준비를 마쳤다.

2020년 9월 27일 이른 아침, 아제르바이잔이 마르투니를 공격하며 본격적인 전쟁의 막이 올랐다. 먼저 기계화부대가 포병과 드론의 지원 속에 나고르노-카라바흐 국경을 공격했다. 아제르바이잔의 드론은 초기부터 신속하게 아르메니아의 저고도 지대공미사일을 제압하며 제공권을 장악했다. 전선의 아르메니아 진지는 아제르바이잔의 드론에 의해 고립되거나 파괴되었다. 아제르바이잔의 정찰 드론은 전선으로 이동하는 아르메니아의 예비대를 조기에 발견했다. 그들의 공격 드론과 포병 화력은 아르메니아의 예비대가 이동할 것으로 예상되는 도로와 교량, 투입이 예상되는 진지를 차례로 파괴했다. 아제르바이잔은 개전 초기부터 3일간 유사한 전략을 유지했고, 아르메니아와 아르차흐 군대는 전선에서 밀려나기 시작했다. 아제르바이잔은 로켓 포병과 집속탄을 이용해 아르차흐의 수도와 주요 시설물에 대한 전략폭격도 실시했다. 아르메니아와 아르차흐를 유일하게 연결해주는 라친 회랑Lachin Corridor에 있는 교량이 미사일 폭격을 받은 것이 대표적이었다.

개전 후 4일차가 되어서야 아르메니아의 반격작전이 개시되었다. 그러나 아르메니아의 기갑부대와 포병부대가 아제르바이잔의 정찰 드론에게 노출되고 말았다. 정찰 드론에 의해 유도된 드론 폭격, 자폭 드론 공격, 그리고 포병 화력에 의해 아르메니아군은 철저히 파괴되었다.

드론에 의해 전략적 우위를 점한 아제르바이잔은 전쟁 개시 7일차 아침에 지상군의 주 병력을 투입해 국경 북쪽과 남쪽 모두를 압박했다. 북쪽이 산악지대로 구성되어 있었기에 일정 부분 영토 점령 후부터 공격은 평지 지형의 남쪽으로 집중되었다. 아제르바이잔의 주력은 남쪽의 주요 도시들을 하나둘 점령한 끝에 11월 8일 아르차흐의 수도인 스테파나케르트Stepanakert에서 불과 15km 떨어진 슈샤까지 진출했다. 수도가 위협받자 11월 9일 아르메니아는 아제르바이잔에게 유리한 휴전협정을 받아들였다. 11월 10일 0시 기준으로 양측 간의 모든 적대 행위가 종식되었다.

아제르바이잔군의 인명 피해는 전사 2,893명, 실종 19명, 포로 14명, 아르메니아군은 전사 3,933명, 실종 321명, 포로 최소 60명, 부상 최대 1만 1,000명이 발생했다. 난민은 아제르바이잔과 아르메니아에서 각각 4만 명과 10만 명 정도가 발생한 것으로 알려져 있다. 무기 피해는 아르메니아 측이 185대의 전차, 45대의 기계화 전투차량, 44대의 보병 전투차량, 147대의 견인포, 19대의 자주포, 72대의 다연장 로켓발사대와 12대의 레이다가 파괴되었다. 아제르바이잔의 피해 규모는 아르메니아의 6분의 1 수준으로 알려졌다.

휴전협정에 따라 약 2,000명의 러시아군이 평화유지군으로 아르메니아와 나고르노-카라바흐 사이의 라친 회랑에 주둔하게 되었다. 아제르바이잔은 1994년 이후 아르메니아가 점령 또는 실효적 지배력을 행사하던 나고르노-카라바흐 내의 여러 주요 도시와 마을들을 점령하는 한편 그 지역을 둘러싼 주변 영토까지 양도받았다. 또한 아르메니아 영토 내 회랑을 통해 그들의 고립된 영토인 나히체반 자치공화국Nakhichevan Autonomous Republic에 접근할 수 있게 되었다.

군사전문가들은 이 전쟁을 드론에 의해 승패가 갈린 첫 전투로 평가하고 있다. 양측은 전쟁 준비 자체가 달랐다. 아르메니아는 2009~2014년보다 2014~2019년에 무기를 약 3.5배 더 수입하며 전쟁을 준비했다. 대부분 러시

아제르바이잔이 구매한 이스라엘제 하롭 (© Julian Herzog / Wikimedia Commons CC BY 4.0)

아로부터 수입한 무기였다. 또한 제1차 전쟁에 승리했던 그들은 변화를 읽지 못하고 포병을 필두로 한 지상군 중심의 전통적 제병협동 전투력을 건설했다. 그들은 상대의 공중 공격에 대한 고려 없이 오로지 지상군에 대비한 대칭적인 전쟁 계획을 수립했다. 그 결과는 국경선상에 구축된 강력한 진지와 교통호뿐이었다.

아제르바이잔은 아르메니아와 달리 드론을 이용한 비대칭적인 방식으로 전쟁 준비를 했다. 그들은 무기의 다변화를 위해 러시아 대신 이스라엘과 튀르키예로 시선을 돌렸다. 그들은 드론 전투를 위해 1차적으로 기존에 보유하고 있던 소련제 An-2기를 무인기로 개조했다. An-2기의 역할은 적의 미사일시스템을 찾아내는 동시에 적의 대공미사일을 조기에 소진시키는 미끼였다. 아제르바이잔의 드론 전투의 핵심은 이스라엘과 튀르키예제 최신 드론이었다. 이스라엘제는 크게 두 종류로, 정찰용 드론 '오비터-1KOrbiter-1K'와 자폭 드론 하롭이었다. 배회폭탄으로 불리는 하롭은 자율적으로 운용되는데, 목표물을 발견하면 자폭 형태로 공격하고 목표물을 발견하지 못하면 자동으로 복귀하도록 프로그래밍되어 있다. 튀르키예에서 수입한 드론은 최대 55kg의 폭탄을 장착할 수 있는 바이락타르 TB-2였다. 바이락타르 TB-2는 이미 시리아와 리비아에서 러시아가 개발한 대공방어 시스템에 효과적임이 입증되었다. 아제르바이잔의 전술은 정찰용 드론이 식별한 공격 목표물을 공격용 드론이 타격하는 방식이었다. 드론은 자체적인 공격력이 부족한 경우 포병의 정밀하고 강력한 화력을 유도했다.

아제르바이잔의 주장에 따르면, 전쟁 첫날 대략 1,000여 대의 드론이 아르메니아의 방공시스템과 포병 진지를 거의 완전히 무력화시켰다고 한다. 개전 후 2주간 아제르바이잔의 드론은 약 60개의 아르메니아 방공시스템을 제압했

튀르키예제 바이락타르 TB-2
(© Bayhaluk / Wikimedia Commons CC BY-SA 4.0)

다. 정찰 드론과 개조된 무인 An-2가 적의 방공시스템, 대공방어체계, 지대공 미사일의 위치를 조기에 확인 및 파괴했다. 바이락타르 TB-2는 적의 진지와 기동로를 타격해 적의 부대를 고립시킨 후 화력을 유도해 정밀 타격으로 목표물들을 제거했다. 자폭형 드론 하롭도 고립 또는 정지한 적을 공격해 큰 성과를 거두었다.

아제르바이잔의 효과적인 전투는 전장뿐 아니라 온라인상에서도 이루어졌다. 아제르바이잔은 아르메니아의 전투력을 파괴하는 전투 영상을 촬영한 후 국가의 공식 소셜미디어 계정을 통해 온라인상에 공유했다. 국가 주도의 선전전이었다. 영상 속에서 아제르바이잔의 드론은 아르메니아 진지와 군인이 탑승한 기계화차량을 순식간에 파괴했다. 유사한 수많은 영상들이 소셜미디어를 통해 전 세계로 퍼져나갔다. 아르메니아 군인들은 전장에서 이들 영상을 접하고 공포에 휩싸였다. 아르메니아 국민들의 전의는 꺾여갔다. 반면 영상을 접한 아제르바이잔의 군과 국민은 승리에 대한 확신으로 하나가 되었다.

2020년 전쟁은 드론이 전쟁의 승패를 가른 첫 사례였다. 무인으로 운용하는 아제르바이잔의 드론은 아군의 인명 피해를 최소화한 상태에서 적에 대한 정보뿐 아니라 주요 표적을 조기에 제압해 전쟁의 주도권을 확보하는 데 혁혁한 공을 세웠다. 또한 드론은 재래식 야포와 미사일을 중심으로 한 포병 화력과 함께 운용하는 하이브리드 전투를 수행해 그 효과를 증대시켰다. 즉 이 전쟁은 공중과 지상 전력이 융합된 다영역 전투 개념이 적용되었다고 볼 수 있다. 끝으로 아제르바이잔은 사이버전의 하위 영역인 소셜미디어를 통한 사이버심리전을 수행해 적의 군대와 국민들의 전투 의지를 약화시켜 완벽한 승리를 이끌어냈다고 할 수 있다. 한편, 드론은 2022년에 시작된 러시아-우크라이나 전쟁과 2023년의 이스라엘-하마스 전쟁2023 Israel–Hamas War에서도 중요한 역할을 담당하고 있다.

IV

인공지능(AI)과 미래 전쟁

현재와 미래의 전쟁에서 가장 큰 화두 중 하나는 인공지능AI, Artificial Intelligence의 군사적 활용이다. 인공지능이란 일반적으로 인간의 지능을 요구하는 임무를 수행할 수 있는 컴퓨터시스템의 능력을 말한다. 인공지능은 그 자체로만 전쟁을 수행하지 않는다. 인공지능의 군사적 활용은 전쟁 준비와 수행에 있어서 중요한 여러 가지 임무를 인공지능을 가진 컴퓨터가 인간을 대신해 빠르고 효율적으로 처리하는 것을 의미한다. 따라서 인공지능은 전쟁의 기초가 되는 정보 수집과 분석, 전장 감시부터 결정적 전투를 위한 의사결정, 사이버전, 그리고 무인 무기체계와 미사일을 통한 군사작전에 이르기까지 전 영역에 걸쳐 모든 군사 활동의 효율성을 크게 향상시킬 것으로 예상된다. 또한, 생성형 AI를 통해 정교하게 제작되어 유포되는 허위 또는 조작된 글과 사진, 동영상 등도 국가의 안보를 크게 위협하고 있다.

1 인공지능의 역사와 이해

인공지능은 인간만이 지녔다고 여겨온 지적 능력의 일부 또는 전체를 인공적으로 구현한 것을 말한다. 제2차 세계대전 당시 독일군의 암호를 해독하는 데 큰 공을 세운 영국의 튜링Alan Turing은 일찍이 인간처럼 생각할 수 있도록 컴퓨터 프로그램을 가르칠 수 있다며 이를 구현하기 위해 노력했다. 1956년 미국의 컴퓨터와 인지 분야 전문가인 매카시John MaCarthy는 다트머스대학의

워크숍에서 처음으로 인간처럼 생각하는 컴퓨터의 지능을 '인공지능'이라는 용어로 불렀다. 그 후 인공지능 분야는 DARPA의 투자로 천천히 발전해왔다. 그러다 2010년대 들어 다양한 컴퓨터 과학기술의 진보와 함께 엄청난 속도로 발전하고 있다.

인공지능은 그 수준에 따라 단순 '자동화Automation'와 완전한 '자율성Autonomy'으로 구분된다. 사람이 자신의 일을 머신machine에게 맡길 경우, 머신이 구체적인 규칙에 따라 범위 내에서 일을 처리하는 것은 낮은 단계의 자율성을 의미하며 자동화되었다고 표현한다. 반면 일을 위임받은 머신이 주어진 규칙이 아니라 스스로의 판단으로 모든 것을 자유롭게 수행해낸다면 그것은 완전한 자율성을 지닌 것이다. 따라서 인공지능 기술이 적용된 군사용 시스템 또는 무기체계의 자율성 정도는 적용된 기술 수준에 따라 가장 낮은 단계의 단순 자동화부터 높은 수준의 완전한 자율성 사이에 위치한다.

인공지능의 핵심인 자율성의 수준은 컴퓨터가 스스로 '학습learning'할 수 있는가의 여부에 달려 있다. 학습은 주어진 상황 속에서 반복되는 경험을 통해 동일한 패턴을 찾아내는 것이다. 컴퓨터가 기본적인 규칙만 주어진 상태에서 입력 받은 정보를 통해 학습된 행동을 하는 것을 '머신 러닝Machine Learning'이라 한다. 이 단어를 처음 사용한 것은 1960년경 IBM의 컴퓨터 과학자인 새뮤얼Arthur Samuel이었다. 그는 컴퓨터 게임과 인공지능 분야의 선구자답게 당시 스스로 학습하는 체스 게임을 만들었다.

머신 러닝은 해결하고자 하는 문제의 난이도에 따라 아래로부터 '지도 학습supervised learning', '비지도 학습unsupervised learning', 최상의 단계인 '강화 학습reinforcement learning'으로 나뉜다. 지도 학습은 문제와 정답이 존재하는 데이터를 통해 패턴을 학습하는 것이다. 비지도 학습은 문제와 정답이 존재하지 않는 데이터에서 비슷한 특징끼리 군집과 분류의 과정을 통해 새로운 데이터에 대한 결과를 예측하는 것을 말한다. 능동적인 학습법인 강화 학습은 정답이 없으며 분류가 불가능한 데이터를 가진 컴퓨터가 자신이 한 행동에 대해 보상과 벌을 받으며 학습하는 것이다. 강화 학습의 대표적인 예는 규칙을 따로 정해놓지 않은 게임이다. 그 게임에서 컴퓨터는 가상의 환경 속에서 다양한 상황을 접하며 높은 점수를 얻는 방법을 찾아가며 강화 학습을 실시한다. 따라서 강화 학습은 예측이 불가능한 다양한 상황 속에 놓인 실제 전장 상황에 적용할 수 있는 학습 방법이다.

한편 1957년 로젠블랫Frank Rosenblatt은 컴퓨터의 학습법 중 가장 중요한 신경망neural network 학습의 기초를 세웠다. 그는 당시 인간의 뇌가 생각하는 과정을 컴퓨터로 구현하기 위해 인공 신경망을 처음 설계했다. 그러나 이 분야의 발전은 대량의 데이터 처리가 가능한 하드웨어 등의 부재와 관련 기술들의 부족으로 더디게 진행되었다. 그런데 최근 컴퓨터 과학기술의 급속한 발전과 함께 이러한 문제가 해결되었다. 현재 가장 주목받고 있는 '딥 러닝Deep Learning'은 인공 신경망에서 발전한 인공지능을 말한다. 딥 러닝은 인간 뇌의 뉴런과 유사한 정보 입출력 계층을 활용해 데이터를 학습하는 것이다. 딥 러닝은 머신 러닝의 한 학습 방법론인데도 분류할 데이터를 스스로 학습할 수 있다는 점에서 학습 데이터를 수동으로 제공받아야 하는 머신 러닝과 구분된다.

딥 러닝은 자신의 상위 개념인 머신 러닝의 실용성을 강화시켰다. 그리고 이는 가장 큰 개념인 인공지능의 영역을 확장시키는 데 기여했다. 다양한 인공지능 기술은 소형 가전부터 자율주행 자동차, 의료 등 광범위한 분야에 이미 사용되거나 실용화를 앞두고 있다. 더욱이 인공지능은 그 시대 최첨단 과학기술이 경쟁하는 전장에서도 이미 큰 역할을 하고 있으며, 그 중요성이 앞으로 더 커질 것으로 예상되고 있다.

2 인공지능의 군사적 활용

자율성에 대한 논의는 군사적으로 활용하거나 활용될 인공지능 분야를 이해하기 위한 첫걸음이다. 인공지능 기술의 자율성은 '정적 자율성autonomy-at-rest'과 '동적 자율성autonomy-in-motion'으로 구분된다. 정적 자율성이란 가상세계에서의 자율성으로 소프트웨어에서 자동화되는 시스템을 말한다. 정보 및 감시·정찰ISR과 의사결정, 전장의 군수물자 관리, 사이버전 등에 쓰이는 인공지능 기반 소프트웨어는 정적 자율성에 속한다. 반면 동적 자율성이란 대체로 물리적 세상과 상호작용하는 시스템을 뜻한다. 동적 자율성의 대표적인 예인 자율살상 무기체계LAWS: Lethal Autonomous Weapon Systems는 일정한 시간 동안 정해진 작전 지역을 돌며 목표물을 사냥한다. 다시 말해 자율살상 무기체계는 인간의 통제 없이 목표물을 식별한 후 타격해 파괴한다. 인공지능을 탑재한 전투 플랫폼 드론이 여기에 속한다. 그렇다고 군사적 측면에서 정적 자율성이 동적 자율성보다 덜 위험할 것이라는 생각은 오해이다. 미래 전장에서 정적 자율성은 취합한 정보를 기반으로 엄청난 재앙으로 이어질 물리적 폭력의 사용을 결정할 수 있다. 물론 정적 자율성과 동적 자율성 간의 명확한 구분이 어려운 경우, 또는 두 가지 기능이 섞여 있는 경우가 있을 수 있다. 그런데도 개념상 인공지능의 자율성은 위의 두 가지로 나눌 수 있다.

현재 군사적으로 주목받는 인공지능을 활용한 분야는 전투 플랫폼, 군수물자 관리 및 보급, ISR, 데이터 정보 처리, 표적 식별, 사이버전, 전투 시뮬레이션과 훈련, 전장 의료 등으로 세분화해 살펴볼 수 있다.

먼저 전 세계 대부분의 군대는 전쟁 플랫폼에 인공지능 기술을 결합하고자 한다. 인공지능을 탑재한 무기와 시스템은 육상, 해상, 공중은 물론 우주의 전 영역에서 인간의 개입에 의존하지 않고 스스로 최상의 상태로 효율적인 전투를 수행할 수 있다. 인공지능을 탑재한 드론과 미사일은 지휘부의 통제 없이 자율적으로 목표물을 식별, 추적해 타격할 수 있다.

두 번째는 군수물자의 관리 및 보급이다. 인공지능은 전쟁에 필요한 군수품과 탄약을 효율적으로 관리하고 전선으로 보급하는 매우 복잡한 일들을 인간을 대신해 처리할 수 있다. 이는 단순한 비용 절감을 넘어 적재적소에 물자를 신속히 보급해 작전 지속 능력을 크게 향상시킬 수 있다. 또한 인공지능은 함선과 전투기, 전차 등의 이상 유무를 실시간으로 감시하고 보수해 전투 장비의 가동률을 최상의 상태로 유지할 수 있다.

세 번째는 정보 및 감시·정찰ISR; Intelligence, Surveillance and Reconnaissance의 향상이다. ISR의 임무를 수행하는 인공지능을 장착한 무인시스템은 원격으로 작동하거나 미리 정해놓은 경로를 따라 움직인다. 무인시스템은 수집한 대량의 데이터를 네트워크로 연결한 모든 곳에 실시간으로 전파해 적의 위협요소를 파악할뿐더러 적의 취약점을 이용한 공격 계획 수립도 보조한다. 인공지능 기반 ISR를 통해 군은 더 신속하게 적을 알아채고, 상황을 판단하며, 대응 방안을 결정해 전쟁을 아군에게 유리하게 끌고 갈 수 있다.

네 번째는 데이터 정보 처리 능력의 향상이다. 인공지능은 앞서 설명한 ISR를 담당하는 각종 센서와 감시체계를 통해 획득한 대량의 데이터와 실시간으로 변화하는 아군의 상황 등을 종합적으로 빠르게 분석할 수 있다.

다섯 번째는 표적 식별 능력의 향상이다. 이미지 인식 및 텍스트 분석과 관련된 인공지능 기술은 영상과 이미지 정보를 통해 전장의 적을 식별하고 대중 속에서 안보 위협 인물을 조기에 식별할 수 있으며, 보고서와 문서 등 텍스트 정보에서 적의 계획 같은 위협 요소를 분석해낼 수 있다. 예를 들어 DARPA의 TRACETarget Recognition and Adaption in Contested Environments 프로그램은 드론에 부착한 SAR에서 보낸 데이터를 통해 실시간으로 표적을 추적하고 식별할 수 있다.

여섯 번째로 인공지능은 사이버전에도 효과적이다. 인공지능을 장착한 시스템은 온갖 종류의 불법적인 침입으로부터 네트워크와 컴퓨터, 데이터를 자율적으로 보호할 수 있다. 인공지능은 적극적인 방어의 일환으로 적에 대한 사이버공격도 실시할 수 있다.

일곱 번째는 전투 시뮬레이션 및 훈련이다. 인공지능은 기존의 전쟁과 전투 분석, 다양한 전장 환경에 대한 정보 수집 등을 통해 실제 전장 상황과 유사한 가상 환경을 만들 수 있다. 이러한 가상 훈련 프로그램은 전투 경험이 없는 군인에게 실전 감각을 제공하게 된다.

끝으로 인공지능은 전장 의료 지원을 해준다. 인공지능 프로그램은 군인의 의료 기록을 관리하고 전투에서 부상당한 군인에게 치료를 위한 맞춤형 정보를 제공할 수 있다. 또한 인공지능을 부착한 로봇 수술 시스템은 인간의 개입 없이 부상병을 신속하게 수술할 수도 있다.

인공지능의 군사적 활용 분야는 허위·조작정보 작전을 포함하는 등 이외에도 더 많으며 계속 새로운 분야에 적용될 것이다. 미국, 중국, 러시아 등 군사 선진국들은 가능성이 무궁무진한 인공지능을 다양한 군사 분야에 적극적으로 적용해 앞으로의 전장을 주도하려 할 것이다.

V

맺음말

ICT 기술은 사이버공간을 만들었다. 그곳은 누군가에게 기회의 땅이었지만, 다른 한편으로 새로운 분쟁의 공간이기도 했다. 시공간의 경계가 모호한 그곳은 익명성이 보장되다보니 더 위험한 장소가 되었다. 국가부터 테러 집단, 심지어 해커 등은 자신들의 정치적 목적 달성을 위해 사이버공간에서 컴퓨터 과학기술에 기반한 전투를 벌이고 있다. 사이버전은 국가 간의 직접적인 전투부터 정치적 의도가 담긴 사이버 범죄 행위까지 그 모습과 형태가 다양하다. 사이버공간의 안보적 위협은 가상공간에 한정되는 것이 아니라 현실세계와도 연결되어 있으며, 기존의 다른 전장 공간과 동시에 군사작전이 이루어질 수도 있다. 최근 인공지능 분야가 사이버전의 공격과 방어 모두에 활용되기 시작하며 안보적 위험성은 더 심각해지고 있다.

로봇은 전장에서 다양한 임무를 맡기 시작했다. 로봇은 단순 자동화부터 높은 단계의 완전한 자율성까지 다양한 수준으로 제작되고 있다. 다만 아직까지 기술적인 한계로 인간의 모습을 한 휴머노이드가 아닌 무인운송체UV가 그 중심에 있을 뿐이다. 그리고 육상과 해양의 UV는 ISR 임무 등 전투 보조적 수단에 국한되고 있다. 그러나 공중에서 활동하는 UAV는 ISR뿐 아니라 전투 임무에 적극 투입되어 큰 전과를 내고 있다. 아제르바이잔은 드론을 효과적으로 사용해 2020년 나고르노-카라바흐 전쟁에서 아르메니아를 손쉽게 제압했다.

여기에 더해 최근 군사적으로 각광받는 분야가 인공지능이다. 군사 강국들은 인간만이 지녔다고 여겨온 지적 능력의 일부 또는 전체를 인공적으로 구현한 인공지능을 군사적으로 활용하고자 기술개발에 박차를 가하고 있다. 인공지능이 적용되는 분야는 전투 플랫폼, 군수물자 관리 및 보급, ISR, 데이터 정보 처리, 표적 식별, 사이버전, 전투 시뮬레이션과 훈련, 전장 의료 등이 대표적이다. 앞으로 더 다양한 군사 분야에 인공지능 기술이 적용되어 전쟁의 준비와 수행 등 모든 측면에서 효율성이 극대화될 것으로 기대되고 있다.

한편, 본문에서 다루지 못한 인지전과 우주전space warfare에 대해 간략히 언급하고자 한다. 먼저 인지전은 사람의 생각과 생각에 기반한 행동 방식을 인위적으로 바꾸는 형태의 전쟁을 의미한다. 공격자는 전술적 또는 전략적인 목표 달성을 위해 사이버와 심리전 수단, 사회공학Social Engineering적 방법을 통합시켜 공격 대상인 개인이나 그룹의 신념과 행동에 영향을 미친다. 인지전으로 평시에 사회 전체가 분열될 수 있으며, 전시에는 개인과 집단이 쉽게 전투 의지를 상실할 수도 있다. 무엇보다도 소셜미디어를 통해 전 세계로 빠르게 퍼져나가는 거짓 정보와 허위·조작정보에 의해 이미 여러분 주위에서 인지전이 은밀하게 수행되고 있을 수도 있다.

과거 공상과학영화에서나 볼 수 있었던 우주전도 이제는 현존하는 안보적 위협이 되었다. 우주전은 우주공간outer space에 위치한 행위자들 간의 전쟁부터 우주와 지상 간의 무력 충돌 행위까지 포함한다. 즉 우주와 지상 간의 전투는 지구 주위를 돌고 있는 위성에서 지상의 목표물을 타격하는 것과 지상의 무기가 우주에 있는 위성 등을 파괴하는 행위들을 포함한다. 현재 국제조약에 따라 우주공간에 핵무기를 포함한 대량살상무기의 배치와 사용을 제한하고 있는데도 국가는 조약을 교묘히 피해 활발하게 우주전을 위한 무기의 개발과 실험을 진행 중에 있다. 또한 앞선 우주 과학기술을 가진 미국, 러시아, 인도 등 주요 국가들은 오래전부터 우주전을 담당하는 전문 조직과 부대를 창설해 운영 중에 있다. 대한민국도 독자적으로 위성을 발사할 수 있는 역량 개발과 우주전을 전담하는 조직을 군 내에 창설해 미래의 안보 위협에 대응하고자 노력하고 있다.

상황이 이렇지만 21세기 전쟁과 미래 전쟁에서 과학기술만이 전부는 아닐 것이다. 당대 최신 과학기술과 무기가 한 국가의 전쟁 승패에 중요한 역할을 해왔던 것은 자명한 사실이다. 그러나 역사에서 보아왔듯이 군사적으로 필요한 최신 기술을 선별해 개발하고, 이를 효과적으로 전쟁에 활용하는 것은 언제나 인간의 몫이었다. 앞으로의 전쟁에 대비해 최첨단 무기의 지속적인 개발과 이를 전술적 또는 전략적으로 적절히 운용할 수 있는 인간의 능력을 균형 있게 발전시키는 것이 필요하겠다.

참고문헌

로렌스 프리드먼(조행복 역), 『전쟁의 미래』, 비즈니스북스, 2020.
박동휘, 『사이버전의 모든 것』, 플래닛미디어, 2022.
피터 W. 싱어(권영근 역), 『하이테크 전쟁: 로봇 혁명과 21세기 전투』, 지안, 2011.

Geers, Kenneth (ed.), *Cyber War in Perspective: Russian Aggression against Ukraine*, Tallinn, Estonia: CCDCOE, 2015.
Janczewski, Lech J. and Andrew M. Colarik (eds.), *Cyber Warfare and Cyber Terrorism*, Hershey, PA: Information Science Reference, 2008.
Kenney, Martin, "The Growth and Development of the Internet in the United States," in Bruce Kogut (ed.) *The Global Internet Economy*, Cambridge, MA: MIT Press, 2003.
Morgan, Forrest E. and et al, *Military Applications of Artificial Intelligence: Ethical Concerns in an Uncertain World*, Santa Monica, CA: Rand Corporation, 2020.
Rip, Michael Russell, Military Photo-Reconnaissance during the Yom Kippur War: A Research Note, *Intelligence and National Security*, vol.7, no.2 1992, pp.126-132.
Roberts, Geoff and R. Sutton (eds.), *Advances in Unmanned Marine Vehicles*, Stevenage, UK: The Institution of Engineering and Technology, 2006.
Sanders, Andrew William, "Drone Swarms." MA thesis, U.S. Army Command and General Staff College, 2017.

찾아보기

ㅂ

ㅅ

ㅇ

ㅈ

ㅊ

ㅋ

ㅌ

ㅍ

ㅎ

집필진 소개

기세찬 3장

국방대학교 군사전략학과 교수. 고려대학교 사학과에서 역사학으로 박사학위를 취득했다. 주요 저서로 『고대 중국의 전쟁수행방식과 군사사상』, 『중일전쟁과 중국의 대일군사전략(1937~1945)』, 번역서로 『하버드 중국사 청: 중국 최후의 제국』, 『중일전쟁: 역사가 망각한 그들(1937~1945)』(공역), 주요 연구 논문으로 「중국 지도자들의 전략문화 인식에 관한 연구」, 「중일전쟁시기 국민정부의 전시동원에 관한 연구」 등이 있다. 주요 관심 분야는 중국의 전쟁사와 군사사상 등이다.

나종남 8장, 10장

육군사관학교 군사사학과 교수. 미국 노스캐롤라이나대학교에서 미국 현대사와 냉전 연구, 군사사로 박사학위를 받았다. 주요 논저로 『군사작전을 통해 본 6.25전쟁』, 『대한민국 만들기, 1945~1987』(번역), 『군사전략 입문』(번역), 「한국전쟁 중 한국 육군의 재편성과 증강, 1951~53」, 「백마고지 전투의 재조명」 등이 있다. 한국아메리카학회, 한국군사사학회, 한국전쟁학회 등에 소속되어 활동하고 있으며, 주로 한국전쟁, 냉전시기 군사사, 한국군 역사 관련 연구를 진행하고 있다.

박동휘 12장

육군3사관학교 군사사학과 교수. 육군사관학교에서 군사사를 전공한 후, 연세대학교 사학과(서양사)에서 석사학위를 취득했다. 미국 워싱턴대학교에서 전쟁사를 기반으로 국가의 사이버전 전략을 연구하여 박사학위를 받았다. 주요 저서로 『사이버전의 모든 것』, 『전쟁 영웅들의 멘토, 천재전략가 마셜』(공역) 등이 있다. 주요 연구 분야는 사이버전과 하이브리드전쟁 등에 관한 현재와 미래의 전쟁, 그리고 6.25전쟁과 서양 전쟁사 등이다.

박영준 7장

국방대학교 안보대학원 교수. 일본 도쿄대학교에서 국제관계학 박사를 받았으며, 미국 하버드대학교 웨더헤드센터에서 방문학자로 미일 관계를 연구했다. 주요 연구분야는 일본 정치외교, 동아시아 국제관계, 전쟁과 평화 등이며, 주요 저서로 『해군의 탄생과 근대 일본』, 『제국 일본의 전쟁, 1868~1945』, 『제3의 일본』, 『한국 국가안보전략의 전개와 과제』,

『현대의 전쟁과 전략』(편저), 『21세기 한반도 평화연구의 쟁점과 전망』(편저) 등이 있다. 현대일본학회, 한국평화학회, 한국정치외교사학회장 등을 역임했으며, 대통령실 NSC, 외교부, 한미연합사, 해군 등의 정책자문위원을 맡고 있다.

반기현 1장, 2장

육군사관학교 군사사학과 교수. 영국 킹스칼리지런던에서 로마제국 군대와 군사전략에 관한 연구로 서양고전학 박사학위를 받았다. 주요 논저로 「Aurelian's Military Reforms and the Power Dynamics of the Near East」, 「서기 3~4세기 로마와 페르시아 접경의 아르메니아 왕국: 지정학적 관점에서 본 아르메니아 왕국의 그리스도교화」, 「군사전략으로 본 원수정기 로마의 반(反)파르티아 프로파간다」 등이 있다. 현재 한국서양고대역사문화학회 총무이사로 활동 중이며, 로마제국이 브리타니아에서 벌인 전쟁과 하드리아누스 성벽에 대한 연구를 진행하고 있다.

심호섭 9장

육군사관학교 군사사학과 교수. 육군사관학교와 일본 와세다대학 대학원을 졸업했으며, 미국 캔자스대학교에서 군사사로 역사학 박사학위를 받았다. 주요 논저로 「Journey to Equality: The Establishment of the Relationship Between the United States and Republic of Korea Forces in the Vietnam War」, 「The Battle of An Khe Pass (1972): The Implications of the South Korean Army's Pyrrhic Victory in the Vietnamization Phase of the Vietnam War」, 「주월 한국군의 중대전술기지 운용이 지닌 이상과 현실: 둑꼬 전투(1966)를 중심으로」 등이 있다. 현재 전쟁과 역사를 다루는 국방TV의 '역전다방'에 고정멤버로 출연 중이며, 한국군의 베트남전쟁 수행 등 근현대 전반에 걸쳐 군사사, 전쟁사 연구를 진행하고 있다.

이근욱 11장

서강대학교 정치외교학과 교수. 미국 하버드대학교에서 국제정치이론 및 군사동맹에 대한 연구로 정치학 박사학위를 받았다. 주요 단독 저서로 『왈츠 이후: 국제정치이론의 변화와 발전』, 『냉전: 20세기 후반의 국제정치』, 『쿠바 미사일 위기: 냉전기간 가장 위험한 순간』, 『이라크전쟁: 부시의 침공에서 오바마의 철군, 그리고 IS 전쟁까지』, 『아프가니스탄전쟁: 9.11 테러 이후 20년』 등이 있다.

이내주 6장

한국군사문제연구원 군사사연구실장 및 육군사관학교 군사사학과 명예교수. 육군사관학교 졸업 후 서강대학교 사학과에서 석사, 영국 서식스대학교에서 영국 근현대사로 석사 및 박사학위를 마쳤다. 영국사학회 회장, 한국연구재단 책임전문위원, 학술지 『서양사론』 및 『군사연구』 편집위원장 등을 역임했다. 주요 저서로 『영국 과학기술교육과 산업발전, 1850~1945』, 『전쟁과 무기의 세계사』, 『군신의 다양한 얼굴』, 『영웅, 그들이 만든 세계사』, 『전쟁과 문명』(공저) 등이 있으며, 이외에 다양한 연구논문들이 있다.

이용재 4장, 5장

전북대학교 사학과 교수. 서울대학교 서양사학과에서 학사·석사 과정 후 프랑스 파리1대학에서 박사학위를 받았다. 한국프랑스사학회 회장, 한국서양사학회 회장 등을 역임했으며, 유럽 정치사회사 전반에 대해 공부하고 있다. 주요 저서로 『함께 쓰는 역사』(공저), 『프랑스의 열정: 공화국과 공화주의』(공저) 등이 있으며, 역서로는 『아메리카의 민주주의』, 『소유란 무엇인가』 등이 있다.

홍용진 2장

고려대학교 역사교육과 교수. 고려대학교 사학과에서 학사·석사 과정 후 프랑스 팡테옹소르본 파리 1대학교에서 14세기 정치문화사에 대한 연구로 역사학 박사학위를 받았다. 주요 논저로 「14세기 전반기 프랑스의 정치현실과 공공성」, 「정치와 언어-14세기 전반기 초기 발루아 왕조의 언어전략」, 「백년전쟁과 왕국의 개혁, 그리고 정치체에 대한 권리: 14세기 정치적 담론장 파리를 중심으로」 등이 있으며, 「13세기 말~14세기 초 프랑스 왕권 이미지 생산」으로 제3회 역사학회 논문상(2014)을 수상하였다. 중세 말~근대 초 서유럽 근대국가 발생 문제를 정치·경제·사회·문화 등의 차원에서 다각도로 연구하고 있다.